焦氏易林注

（西汉）焦延寿◎著
尚秉和◎注
王鹤鸣　殷子和◎整理

九州出版社
JIUZHOUPRESS

图书在版编目(CIP)数据

焦氏易林注 / (西汉) 焦延寿著;尚秉和注;王鹤鸣,殷子和整理.
—北京:九州出版社,2010.10 (2013 年 1 月重印)
ISBN 978-7-5108-0684-1

Ⅰ. ①焦… Ⅱ. ①焦… ②尚… ③王… ④殷… Ⅲ. ①占卜—中国—古代 ②易林—注释 Ⅳ. ①B992.2

中国版本图书馆 CIP 数据核字(2010)第 193108 号

焦氏易林注

作　　者	(西汉) 焦延寿　著　尚秉和　注　王鹤鸣　殷子和　整理
出版发行	九州出版社
出 版 人	徐尚定
地　　址	北京市西城区阜外大街甲 35 号(100037)
发行电话	(010)68992190/2/3/5/6
网　　址	www.jiuzhoupress.com
电子信箱	jiuzhou@jiuzhoupress.com
印　　刷	北京毅峰迅捷印刷有限公司
开　　本	710 毫米×1000 毫米　16 开
印　　张	33
字　　数	580 千字
版　　次	2010 年 10 月第 1 版
印　　次	2013 年 1 月第 2 次印刷
书　　号	ISBN 978-7-5108-0684-1
定　　价	56.00 元

前　言

《易经》是我国最古老而深邃的一部经典，它是由符号系统和文字系统组成的完整体系，是我国上古预测事物发生、发展实践中形成的一个预测系统。这一预测系统是由阴阳两个符号组成八卦，由八卦两两相重而成六十四卦，每卦六爻，计有三百八十四爻，构成一个完整的符号系统。在长期的预测实践中，不断总结筮占的命中率而又形成卦辞、爻辞的文字系统。由符号系统以及与之相配的文字系统而形成的《易经》，不仅在中国，在世界上也是独一无二的。

《焦氏易林》又称《易林》，西汉易学大师焦延寿所作，此书上承孟喜及先秦易学，下启京房象数易学，集秦汉易学之大成，开易学象数理论之先河，在易学史上占有重要地位，被收录于《道藏》和《四库全书》。全书一十六卷，每卷四林，共六十四林。每一林六十四卦，共四千零九十六卦。每一卦后面配上一首诗歌，共有四千零九十六首。因为每个断辞都是根据本卦、互卦、之卦等卦象推断出的预测结果，包含了事物发生、发展及结果的全部预测信息。《汉书·京房传》概括焦延寿的学术道："其说长于灾变，分六十四卦值日用事，以风雨寒温为候，各有占验。"所以问卦的人只要察看"之卦"的断辞，便可轻易得知其结果。如查字典一样，具有预测手册的特点和作用。《焦氏易林》不仅是易学史上继往开来、别开生面的一部解经之作，也是我国现存最古老、最简便、最实用的一部预测手册。

钱钟书先生在其所著的《管锥编》中说，《焦氏易林》和《诗经》是中国四言诗的两座高峰。从文学艺术方面而言，《焦氏易林》是我国秦汉时期一部绝妙的诗歌总集。这是因为书中的四千零九十六个断辞都是用四言诗歌形式写成的，而且这些诗大都是古韵，体裁和风格大多吸收和改编自《诗经》，赋予了占卜以优美的文学色彩。从运筹帷幄方面来看，《焦氏易林》是一部神奇的智谋之书，其中的每一个断辞对于善于运用的人来说都是一条计谋。只要读者细细品味，就能理解其"趋利避害"的智慧所在。

焦延寿，字赣，汉代梁地人，官至小黄县令，颇有政绩。汉元帝（公元前 48—前 33 年在位）时被封为三老。焦延寿专攻《易经》，自称得孟喜之传，曾传授给京房，于是汉代《易》遂有京氏之学。

京房（公元前 77—前 37 年），东郡顿丘（今河南清丰西南）人。本姓李，字君明，好音律，推律自定为京氏。京房师从焦延寿，深得焦氏易学"真谛"，对《周易》象数多有发明，言纳甲、八宫、世应、飞伏、五星、四气等，而且能够运用象数理论进行占验。据其弟子说："房言灾异，未尝不中。"他把焦延寿以灾异讲《易》的做法推向极端，到处宣讲，以之干政，使《易》学此一流派在当时声名显赫，对后世影响极大，以致人们把这一流派称之为"京氏学"。焦延寿大概看出了京房以《易》干政的危险性，曾不无忧虑地说："得我道以亡身者，京生也。"（《汉书・京房传》）最后结局果然不出焦氏所料。

著名学者南怀瑾在《易经杂说》中讲到："焦赣著《易林》，又名《焦氏易林》。其中把八八六十四卦所演变的卦都解释出来，所用的卦辞，统统不用《周易》，而是自己另外创造一套，他是把《易经》研究通了。法则通了以后，不一定照原来的东西，等于每个庙的签诗，有关帝签、观音签、济颠和尚签……各有各的签诗，都不相同。所以焦赣的《易》，卜卦的解释方法，和《周易》不一样，可以说是一个革命。因为他懂了，他的智慧够了，所以才能产生出来他的一套卜法。焦赣传《易》给京房，京房在东汉的时候，言无不中，皇帝有什么事情都去问他，但焦赣说，京房把我的易学学通了，可是将来也必死于易学，结果京房果然是被杀头而死的。"

今版《焦氏易林注》是以晚清进士尚秉和注释版整理而成。尚秉和（1870 年—1950 年）河北行唐人，字节之，号滋溪老人。他是一位名副其实的易学名家，注释、撰写了很多易经方面的书籍，其中《焦氏易林注》、《焦氏易诂》、《周易古筮考》、《周易尚氏学》对后世易学界影响最大。尚秉和以《易》象探讨《易经》的筮法，着重于卦象的整理归纳和推衍，并提出了相对完整而详细的卦象解说，对易学的发展研究起到了很大的推动作用。

易学体系的完整构成包括易理、易象、易数、易占等。据《左传》载："龟，象也；筮，数也。物生而后有象，象而后有滋，滋而后有数。"这是最早明确提出象数概念和说明象与数关系的肇始。《系辞》说："参伍以变，错综其数。通其变复，遂成天下之文；极其数，遂定天下之象"。所谓"定天下之象"，即用形象化、符号化的卦来象征各种事物的性质及其相互关系。万物相杂而互变，必须用象数来表示其中的联系。所以当今读者需加深理解易经精髓，玩味易学象数，将易味无穷矣！

王鹤鸣　殷子和

2010 年 8 月于北京

目 录

焦氏易林注卷八

焦氏易林注卷九

焦氏易林注卷十

焦氏易林注卷十一

焦氏易林注卷十二

焦氏易林注卷十三

焦氏易林注卷十四

焦氏易林注卷十五

焦氏易林注卷十六

焦氏易林注叙

昔者同年友尚君节之著《焦氏易诂》，河北大儒王晋卿先生见之，曰："此书将二千年《易》家之盲词呓说，一一驳倒，使西汉《易》学复明于世，孟子所谓其功不在禹下。"陈散原与王晋卿书曰："读尚氏《焦氏易诂》，叹为千古绝作，以今世竟有此人著此绝无仅有之书，本朝诸儒，见之当有愧色。"夫王、陈二先生，皆老师宿儒，于《周易》皆有著述，胡以倾佩此书若是之极哉！墉于《周易》夙未致力，徒震乎二先生之言，而莫明其所以然，乃既《焦氏易诂》而读之。久之，悉节之先注《易林》，复抽绎焦《易》著为《易诂》，其大本大原皆在《焦氏易林注》中，然后知二先生倾佩之由，而绝非妄叹也。盖《易林》一书，二千年来无有通其义者，今所传元刊旧注，及陆敕先、顾千里、黄荛圃所考订，丁宴《易林释文》，翟云升、牟庭等之《易林校略》，统所释只二三百条，且只人物故事及字句之讹误，至于考及《易》象者，千余年来无一人也。独节之谓西汉释《易》之书，无如《易林》之完善，凡《易林》之辞，无一字不从象生，且无一象不本之《易》。于是搜求《易》象之根源，考稽林词之依据，校勘版本之沿革，纠正音韵之讹谬，逐字注释，使读者燎若观火，无一不解之词，亦无一无根之象。盖古圣人之作《易》，本由观象；后圣人之系《易》，亦由观象。《焦氏易林》之辞，仍不外观象而已。但其所用之正象、覆象，多半失传，故学者不解其所谓。岂知以艮为龟、为金，以兑为月、为老妇，以坎为矢，以乾为日，坤为水，皆本之《易》，而二千年来无有识者，故《易》多误解，《易林》之辞亦遂难通。今节之独得之，盖不知几经研考，几经印证，反复寻绎，不得不休，积之既久，始逐次领悟。又久之，始融会贯通。大义既通，不但为焦氏之功臣，实于《易》学所关至巨，其有功于后学甚大。至于爬梳字句，阐发幽滞，考稽故事，为先儒所不能释，或释之而误，为一一订正其失者，犹其余事也。乃《焦氏易诂》既付梓传世，《易林》之注以篇帙浩繁，印行匪易。小儿道益从先生游，筹之至再，力亦未赡。会丰润董宗之、董作人昆仲闻之，曰："是我后学之责也。"慨然相助，是书始得公之于世。夫以二千年人人爱读之书，而人人不能解其义，今忽冰消雾释，割然得解，则是书之出，如剑光射斗，不能终湮者，理也。然非宗之昆仲之热心，文学亦不能成功若是之速。语云附骥而名益彰，其是之谓乎！故并及之。己卯冬月，年愚弟蒲城仵墉谨识。

焦氏易林注例言

尚秉和

一、西汉释《易》之书，其完全无缺者，只有《焦氏易林》与杨子《太玄》。乃《太玄》，至汉末宋衷首为之注，吴陆绩因之作释失，范望更因宋、陆而集其成。至唐王涯、宋许翰、司马光等，更起迭为，而注益详。独《易林》无注者。乌程蒋氏影元本略注其故实，然甚尠，十卦九注未详，偶有注者，皆《左传》、《国语》所习见，无大益也。后牟庭作《校略》，丁晏作《释文》，陈乔枞据《易林》以解《齐诗》，顾千里、黄丕烈等于字句皆略有考订。而丁晏解汇为猬，以李耳为虎名，最为精当。然皆病其太略，且所释只名物故实。至于以卦象释《易林》文者，讫无一人。盖自东汉以来，《易》象即失传，后儒所知卦象，皆以汉魏人所用者为范围。而《易林》之辞，无一字不从象生，其所用之象，与《易》有关者，约百七十余，皆为东汉人所不知，故东汉人解《易》多误。后儒不知其误，而反疑《易林》，以其用象与汉魏人不合也。于是林辞之难解过于《易》矣。其详尽在《焦氏易诂》中。

二、《易林》虽不明解《易》，然能注《易》者，莫过于《易林》。如以坤为水，为鱼，为心志，为疾；以艮为牛，为龟，为国，为邑，为床；以兑为华，为老妇；以巽为少姬等逸象，《易》之不能解者，皆赖以得解。及其既解，然后知《易林》所取之象，仍本之《易》，至为明白。无如二千年学者，竟熟视无睹也。而尤要者，则在其正覆象并用。圣人叙卦，除乾、坤、坎、离、颐、大过、中孚、小过正覆不变外，余一正卦必次以覆卦；而杂卦震起、艮止、兑见、巽伏、咸速、恒久诸辞，尤示人以象正如此覆则如彼之义。乃自正覆象失传，凡《易》之言正覆象者，多不得解。独《易林》知之。凡遇正覆震相背者，不曰谗，即曰讼。于是《震》卦之“婚媾有言”，《左传》之以谦为谗得解。凡正反兑相背者，不曰谗佞，即曰争讼。于是《困》之“有言不信”，《讼》之“小有言”得解。其正覆震相对者，不曰此鸣彼应，即曰此唱彼和，于是《中孚》之“鹤鸣子和”得解。其余象覆即于覆象取义，象伏即于伏象取义者，亦皆本之《易》，而先儒皆不知，致《易》义多晦。故唯《易林》，能补二千年《易》注之穷。

三、《系辞》云："圣人观象系辞。"是所有卦爻辞皆从象生也。而说卦之象，皆举其纲领，使人类推，非谓象止于此也。又示人以复象，如乾为马，震、坎亦为马；坤为舆，震、坎亦为舆；坤为腹，离亦为腹。非谓某卦有某象，既不许某卦再有某象也，视其义何如耳。而其例甚繁，为笔所难罄，盖其详尽在口传。至东汉，口传一失，所有《易》象大都不知，而浪用卦变，不变不能得象。如颐、损、益之龟象，虞翻不知艮即为龟，必使某爻变成离，以取龟象。由汉讫清，几视为天经地义。至焦循遂以一卦变为六十四卦，而《易》学之亡，遂与王弼以来之扫象等矣。愚初亦惑其说，故读《易林》皆莫知其所指。及印证既久，始知《易林》之象，尽本于《易》，或本于《左传》、《国语》，近在眉睫，日睹之而不识。然后悟无情无理之卦变爻变，直同儿戏，又何怪王弼等之扫象不谈！

四、《易林》于说卦象，《九家逸象》，《左氏》、《国语》象，无不用之。惟《虞氏逸象》，其误者不见于《易林》，其不误者《易林》皆用之。故《易林》实为《易》象之渊薮。其为各家所无，《易林》所独有之象，遇之多年，皆莫知其所指。后与《易》回环互证，知其仍本之《易》。如以兑为华、为老妇，则本之《大过》；以艮为臣、为祖，则本之《小过》。如是者共百七十余象，其详说皆在《焦氏易诂》中，兹不复赘。

五、本注释以《易》象为重，《易》象得《林》辞与《易》辞始能解。次则《林》中所用故实，凡以前旧注所释者是也。总各家所注，寥寥无几事。兹重加搜讨，增旧注所无者约数千则，正旧注之误者约数十则。然《易林》所据之书，如《左》、《国》、《诗》、《书》，尚易研讨。最难者谈妖异，说鬼怪，其详盖在《虞初志》诸小说部中，而其书久佚，故明知其有故实，而不得其详。如《恒之晋》："雨师娶妇，黄岩季子。"元刊注引《博物志》，太公为灌坛令事当之，于事实不合，是不能注也。又如《兑之比》云："嵩融持戟，杜伯持弩。降观下国，诛逐无道。夏商（应作周）之季，失势逃走。"杜伯之鬼白日射死宣王，见《国语》，人皆知之。嵩融事必与杜伯相类，而注家皆不知。后读《墨子·非攻篇云》："有神谓商汤曰：'余得请于帝，帝命融隆火于夏之城。'"融隆即嵩融，《楚辞》及《淮南》又作丰隆，皆音同字异。由《楚辞》及《淮南》注知融隆为雷师。《国语》云："夏之亡也以回禄，帝命融隆火于夏之城。"即帝命雷师以雷火烧夏桀之城也。于《国语》及《林》辞，夏周之季皆合，而持戟事则不能详。又如《涣之大壮》云："鬼哭于社，悲商无后。"自来注家亦不知。后读《墨子·非攻篇》云："至商王纣，妇妖宵出，有鬼宵吟。"又《论衡》云："纣之时，鬼郊夜哭。"又云："纣郊鬼哭。"其事得矣，而太简略。如此者，无可如何也。

六、《易林》用韵甚古。凡亥皆音喜，殆皆音以，罢皆音婆，下皆音虎，家皆音姑，而尤与豪韵，真与东韵，如此者尤多。有注出者，有不及注者，读者知其例则无扞格矣。且可以正《易》韵俗读之失，如乾象辞下与普韵，中孚三爻罢与歌韵是也。

七、《易林》说《诗》之处最多。昔儒考其渊源，以焦氏学丁孟喜。喜父孟卿，家传《齐诗》，故《焦氏》所说，皆《齐诗》。不惟于《毛诗》十九不同，于《鲁》、《韩》亦多异。如《凯风》，《毛》谓"有母不安于室"，《焦》谓"母亡思母"。"蝃蝀"，《毛传》谓"刺淫"，《焦》谓"伤谗"。如此者有数百则之多。又其字与《毛》异而义胜者尤多，皆随文注出。然以其过多，恐有遗漏，故特举出，以见《易林》不惟能传《周易》绝学，且能传《齐诗》。《齐诗》至东汉末即亡，亦绝学也。

八、《林》辞重出者甚多，本宜全注。后详加观察，凡卦不同而辞同者，其象必同。如《坤之离》云："齐鲁争言。"离中爻互兑巽，巽齐兑鲁，又为正反兑，故曰"争言"。而《比之蛊》、《谦之咸》，亦用此辞。则以蛊初至四、咸二至上，亦兑巽也。注其一，余即可隅反，以期简约。

九、《易经》所有人名、地名，无不从象生。如《泰·五》之"帝乙"，以震为帝，坤为乙；《明夷》之"文王"、"箕子"，以坤为文，以震为王，故曰"文王"，震为子，为箕，故曰"箕子"。《既济》之"鬼方"，以坎为鬼也。《易林》之注，凡人名、国名、鸟兽名、地名，随手举来，无不与象妙合。如遇剥曰"高奴"，高奴，地名，见《汉书·地理志》，则以艮为奴，艮一阳在上，故曰"高奴"。遇谦曰"重耳"，互坎为耳，坤为重，故曰"重耳"。学者苟由是以求其机趣，必更有进于是者。

十、《易林》于既、未济等卦，偶用半象，又常用遇卦象。《左氏》云："震之离，亦离之震。"《易》于既、未济，盖兼用半象，故悉本之。凡遇此等，必先注曰："此用遇卦象，此用半象，以期易明。"

十一、《易》数至为繁琐，皆用汉儒常用之数注之。惟邵子所传一二三四五六七八之先天八卦数，汉儒无知者，而《易林》每用之，如遇兑每言二是也。注中遇此必指明，曰卦数几，以为区别，俾阅者知其所自来。八卦数之名，实愚所创，具详于《焦氏易诂》。后阅宋王湜《易学》，有专论八卦数一篇。谓一二三四以在阳位，故左旋而东；五六七八以在阴位，故右转而西。各起于南，而终于北。是则取八卦以制数，故起于一而终于八云云。（按：王湜专绍述邵学者，故能补邵子所未言。而其书只一卷，只通志堂有之，他无刊本。前未见之，故矜为创论，而不知宋时已言之。补详于此，以见余之陋，且喜余说之有本也。）

十二、本注意在指明《易》象，俾学《易》者有所裨益，以正旧解之误，而济《易》注之穷。至《林》辞义意有极浅显者，则不必注。有极奥深者，则详称博引，使昆仑之语明晰而后已，故又不免于繁冗，阅者谅之。

十三、初读《易林》，即疑其本象以系辞。无如初学《易》，于《易》象既不娴熟，于失传之象尤茫然不知其所谓，故求之十年之久，讫不能通其辞。后阅《蒙之节》云："三夫共妻，莫适为雌。子无名氏，翁不可知。"恍然悟节上坎，上互艮，下互震，三男俱备，下兑为女，故曰"三夫共妻"。震为子，艮为名，坎隐伏，故"子无名氏"。艮为寿、为祖，故曰"翁"。坎伏，故"不可知"。悟《林》辞果从象生，由是言正象者皆解。又久之，阅《剥之巽》云："三人同行，一人言北。伯仲欲南，少叔不得。中路分道，争斗相贼。"巽通震，震为人、为行，二至四覆震，上下震，故曰"三人同行"。震为南，上震下震皆南行，二至四艮，艮为少男，故曰"少叔"。震长为伯，坎中男为仲，故曰"伯仲欲南"，独少叔一人不南而北也。坎为中，震为道路，伯仲南，少叔北，故曰"分道"。艮为手，二至上正反艮相背，故曰"争斗"。坎为盗贼，故"相贼"。自通此辞，知《林》用覆象，神妙已极。于是凡言正覆象者皆解，《易经》亦然。而以此二《林》为入门之始，故特志之，以示不忘。

十四、说卦系自古相传之象。至《周易》愈演愈精，故《经》用象每与《说卦》异。如《说卦》以震为长男，兑为少女，《经》则间以震为小子，兑为老妇。盖以二人言，初生者长，后者少；以一人言，初少上老，此其义唯《易林》知之。以《易林》书太古，尚存古义，能得《周易》真解，为后儒所不知。如《旅之大壮》云："独夫老妇。"以大壮上震为独夫，互兑为老妇也。又《观之睽》云："老女无夫。"亦以睽下兑为老女。又《夬之中孚》云："道路不通，孩子心愦。"以中爻震为孩子。又《家人之巽》云："孩子贪饼。"巽伏震，亦以震为孩子。皆以《易·随》卦二三两爻，"系小子"、"失小子"为本。又《易林》遇巽，每曰少齐，亦以大过下巽为女妻为本也。又说卦以坎为月，而《经》则多以兑为月。至东汉马、郑、荀、虞诸儒，皆不知此义，故《经》多误解，于是后人并《易林》用象亦不知矣。

十五、《逸周书》所载《周公时训》之七十二候，与《卦气图》相附而行。后细按七十二候之辞，皆由卦象而生。如"蚯蚓结"，"识中孚"之候，则以中孚上巽为虫，为蚯蚓，而下兑为覆巽，正反巽集于中，故曰"蚯蚓结"。于复曰"麋角解"，复下震为鹿，艮为角，震为覆艮，角覆在地，则角解矣。于屯曰"水泉动"，屯上坎为水泉，下震故曰"动"。于屯上又曰"雁北乡"，则以屯上互艮为雁，坎北，故曰"北乡"。以艮为雁，于是《易》渐鸿象得解。统七十二候语，无不与卦密合，且用正象、用覆象无不精妙，而皆为《易林》之所本。故《易林》实集象学之大成。

易林逸象原本考

《易林》逸象，其与《易》有关，可以解《经》，并可以正《易》注之误者，其详皆在《焦氏易诂》中，凡百七十余象。其与《易》无关，推广之象，尚不知其几千百，皆省而不录。录其有关者，下注明其所本，以见此逸象仍原本于《易》，俾阅者不至再有疑惑。

乾逸象

为日（《乾·九三》：君子终日乾乾。《彖》：大明终始。大明即日。《晋·彖传》：顺而丽乎大明。是。） 河海（《同人》：利涉大川。） 山陵（《同人》：升其高陵。） 石（《说卦》：乾为玉。） 南（《同人》荀注：乾舍于离，相与同居。） 虎（《文言》：风从虎。履：虎尾。） 大川（见《同人》。）

坤逸象

为水（《益》：利涉大川。） 江淮河海 鱼（《剥》：贯鱼。） 蛇（《上系》：龙蛇之蛰。） 渊（《讼·象传》：入于渊。） 云（《小过》：密云不雨。） 墟（《升》：虚邑。） 茅茹（《否》：拔茅连茹。） 逆（坤逆行。《乾凿度》：坤右行阴时六。） 北（先天。） 心（《益·九五》：有孚惠心。） 志（《益·九五》：大得志。） 忧（《泰·九三》：勿恤。《升·象》：勿恤。） 疾病（《复》：出入无疾。《损·六四》：损其疾。） 毒（《师》：以此毒天下。） 劳（坤役天下，故劳。） 风（《文言》：风从虎。《内经》谓风，土气所生。） 野（龙战于野。） 郊（《小畜》：自我西郊。郊用伏坤。） 原（《比》：原筮，元永贞。）

震逸象

为武（《国语》：震，车也。车有震武。） 旗（《左氏》：火焚其旗。以震为旗。） 鸿（渐伏象。） 隼（《解·上六》：公用射隼。） 射（见上。《左传》：射其元。皆以震为射。） 南（《升》：南征吉。《左传》：南国蹙。） 爵（《中孚》：我有好爵。） 樽（《坎·六四》：樽酒。） 食（《颐》：自求口食。） 鹤（《中孚》：鸣鹤在阴。） 君（《归妹·六五》：其君之袂。） 征伐（《谦·六五》：利用侵伐。征不服。） 周（《文言》：反复道也。周而复始。） 姬（周姓。） 瓮（《井・九二》：瓮敝漏。伏象。） 胎（《屯・六二》：十年不字。字，妊娠也。震象。） 舟船（《中孚》：乘木舟虚。） 飞翼（《明夷・初九》：明夷于飞，垂其翼。飞、翼，皆指应爻震。） 老夫（《大过・九二》伏象。） 商旅（《复・传》：商旅不行。） 公（《解》：公用射隼。） 父（《蛊・六四》：干父之蛊。初爻用伏。） 口（《颐》：自求口食。） 羊（《大壮》、《归妹》，《上六》皆曰羊。） 神（帝出乎震。帝即神。） 繻（《既济》，繻有衣。繻、缧通。） 缶（《比・初六》：有孚盈缶。言阳来初成震。） 瓶（《井》：羸其瓶。用伏。） 辰（邵子以震为辰，本此。辰，时也。《损》、《益》皆曰与时偕行，皆以震故。） 登（《明夷》：初登于天。） 狩（《明夷》：于南狩。） 乘（《解》：负且乘。） 华（《说卦》：震为鼻。干宝云：华也。） 羽翰（《贲》：白马翰如。） 发（巽寡发。巽反为震，故多毛。） 袂（《归妹》：其君之袂。） 东北（先天位。） 萌芽（解：百果草木皆甲坼。又为反生。） 箕子（《明夷》：箕子以之。） 孩子（《随・二》：系小子。《明夷・六五》之箕子，即孩子。） 田（《师》：田有禽。） 山阴（《中孚》：鸣鹤在阴。震，艮之反，故为山阴。） 嘉（《随・五》：孚于嘉。） 邻（《泰・六四》、《谦・六五》：以其邻。） 藩（《大壮・九三》：羝羊触藩。） 斗（《丰・九四》：日中见斗。） 福（《震》：恐致福也。） 虚（《归妹》：承虚筐也。） 岁年（为辰，故为岁年。《同人》：三岁不兴。用伏。）

巽逸象

为母（《小过》：遇其母。《蛊・二》：干母之蛊。） 齐（《说卦》：齐乎巽。） 姜（齐姓。犹震为周，故为姬。《左传》：若异国，必姜姓也。以巽为姜。） 少姜 少齐（《大过》：老夫得其女妻。以巽为少。） 陨落（《姤・五》：有陨自天。《左传》云：夫从风，风陨。又，我落其实。） 豕（《姤》：羸豕孚踟躅。《井》：羸其瓶。《中孚》：豚鱼吉。） 豚（见上。） 虫（《左传》：三虫为蛊。故巽为虫。） 蠹（《大过》：栋桡。虫在下也。） 腐（剥，烂也。） 敝漏（《井》：瓮敝漏。） 隙（下断，故有隙，漏之所由来也。以上数象，于《易》所关至巨。自此象失传，于是大过之有它吝，中孚有它不燕，恒之田无禽，井二之瓮敝漏，遂不知其故。） 袽（《既济》：缧有衣袽。） 盗贼（《杂卦》：巽，伏也。故与坎同。） 烂（《杂卦》：剥，烂也。烂始于巽。） 寇戎（《同人》：伏戎于莽。） 病（为羸。《说文》：羸，病。） 枯（《大过》：枯杨。） 馀（马支云：麋也。《未济之无妄》：求麋耕田。以无妄互巽为麋。） 疑（《丰・六二》：往得疑疾。《巽・初》：进退，志疑也。）

坎逸象

为首(《说卦》:为下首。《明夷》:得其大首。) 大首(见上。) 肉 胏(《噬嗑》:噬干肉。噬干胏。噬腊肉。) 夫(《左传》:夫从风。) 矢(《噬嗑·九四》:得金矢。) 鬼(《既济》:高宗伐鬼方。《说卦》:坎隐伏。) 孤(《睽·九四》:睽孤。) 西(先天位。《既济·九五》:不如西邻之禴祭。) 泥(《需·九三》:需于泥。《震·九四》:震坠泥。) 食(《需·九五》:需于酒食。《讼·六三》:食旧德。) 筮(《蒙》:初筮告。《比》:原筮,元永贞。)

离逸象

为星(《丰·九二》:日中见斗。见沫。) 东(《既济》:东邻杀牛。) 金(《鼎·六五》:金铉。外坚之义。) 巷(《睽·九二》:遇主于巷。巷指六五离。) 肤(《睽·六五》:厥宗噬肤。)

艮逸象

为火(《旅·九二》:焚其次。) 鸟(《小过》:飞鸟以凶。《左传》:离之艮当鸟。) 鸿(《渐》:鸿渐于干)。 隼(《说卦》:艮为黔喙。) 面(《革·上六》:小人革面。以伏艮为面。) 簪(《豫》:朋盍簪。) 须(《归妹》:以须。) 祖(《小过》:过其祖。) 臣(《蹇》:王臣蹇蹇。) 臣妾(《遯》:畜臣妾吉。) 角(凡《易》言角,指上阳。) 啄(《说卦》:艮为黔啄。) 负(《大畜》:何天之衢。《解》:负且乘。) 寿(《说卦》:坚多节。) 贵(《随》:官有渝。官贵。) 邑邦国(《无妄》:邑人之灾。《坎》:王公设险,以守其国。《中孚》:乃化邦也。皆以艮为邑,为国,为邦。) 床(《剥》:剥床以足。) 斯析(《旅》:斯其所。) 贝(《震》:亿丧贝。) 金(《蒙》:见金夫。) 观(《颐》:观颐。) 视(《颐》:虎视眈眈。) 光明(《谦》:天道下济而光明。) 龟(《损》、《益》:十朋之龟。) 西北(先天位。) 天(《大畜·上九》:何天之衢。) 刀剑(《萃》:君子以除戎器。) 枕(《坎》:险且枕。) 牛(《无妄》:或系之牛。以艮为牛。)豕(《大畜》:豮豕之牙。) 夫(《蒙》:见金夫。《比》:后夫凶。) 巢(《旅》:鸟焚其巢。) 僮仆(《旅》:得僮仆。) 终日(《豫·六二》:不终日。) 谷(《井·九二》:井谷射鲋。伏象。)

兑逸象

为月(《小畜》:月既望。) 华(《大过》:枯杨生华。) 老妇(《大过》:老妇得其士夫。) 鲁(《说卦》:兑刚鲁。鲁、卤通。) 资斧(《旅》:得其资斧。) 井(本《井》卦兑象。) 牙齿(《大畜》:豮豕之牙。) 鸡(居酉。) 燕(《中孚》:有它不燕。) 耳(《鼎·六五》:黄耳。《象传》:巽而耳目聪明。)

酒(兑水,故与坎同象。) 穴(《需》:出自穴。) 兵戎(《萃》:君子以治戎器,戒不虞。《旅》:得其资斧。) 雨(《睽》:往遇雨。)

右共一百七十余象,皆失传,为东汉《易》家所不知,故《易》解多误。兹所注,但明其所本,俾阅者不至再有疑惑。若其详义,皆在《焦氏易诂》中。凡注内遇此等逸象而不知其义者,可于以上各象求之。如《乾林》注:以乾为山、为石,乍阅之,必生疑,可于乾逸象中寻之。因《易林》逸象过多,注中不及详说其原本,故于篇首总揭其义,以补注中所未备。

焦氏易林注卷一

䷀ 乾上 乾下 乾之第一

道陟石阪，胡言连謇。译瘖且聋，莫使道通。请谒不行，求事无功。

乾为道，为陟，为山，故曰“石阪”。为言，在西北，故曰“胡言”。连謇，口吃也。震为鸣，坎为耳，艮为道，为请求。今为纯乾，乾三子俱不见，故曰“瘖”，曰“聋”，曰“道不通”，曰“请求无功”。盖三子各分乾一爻也。又林词所以不吉者，以卦为纯阳，阳遇阳则窒故也。此《易》之根本大义。自此义不明，而《易》多误解。

之坤 **招殃来螫，害我邦国。病伤手足，不得安息。**

乾变阴，故曰“招”，曰“来”。坤阴，为灾殃，为毒螫，为害，为邦国。艮手，震足，今纯坤，艮、震毁，故曰“病伤手足”。坤逆行，故曰“来”。《系辞》：来者，伸也。即谓坤逆行。

屯 **阳孤亢极，多所恨惑。车倾盖亡，身常忧惶。乃得其愿，雌雄相从。**

坎为孤，一阳居五，民皆归初，故曰“孤亢”。坎为忧疑，故曰“恨惑”，曰“忧惶”。艮为盖，震为车，坎破，故倾亡。坤为身。初阳四阴，二阴五阳，皆有应与，故曰“雌雄相从”。

蒙 **鸹䳭鸤鸠，专一无尤。君子是则，长受嘉福。**

艮为鸟，故曰“鸹䳭鸤鸠”。艮止，故专一。说鸤鸠义，与《毛》同。艮为君子，坎为法则，震为嘉福。

需 **目瞤足动，喜如其愿，举家蒙宠。**

互离为目瞤，亦动也。乾为喜，为宠。坎为宫室，为家。《西京杂记》：目瞤得酒食。故曰“喜”。足，疑为指讹。《左传》“食指动”是也。伏艮象。

讼 **龙马上山，绝无水泉。喉焦唇乾，舌不能言。**

乾为龙马，为山，在上。坎在下，而中为火，为日，故水泉绝。兑为喉舌，为唇，乃兑覆而与火邻，故焦渴不能言。

师 **仓盈庾亿，宜种黍稷。年丰岁熟，民人安息。**

坤为腹，为囊，仓庾象也。坤众，故曰“盈”，曰“亿”，曰“丰熟”。震为黍稷，坤为岁年，为民人，为安息。后《比之升》、《坤之恒》词同，亦皆以坤为仓庾。《诗·小雅·楚茨》云：我黍与与，我稷翼翼。我仓既盈，我庾维亿。又《甫田》云：曾孙之稼，如茨如梁。曾孙之庾，如坻如京。乃求千斯仓，乃求万斯箱。黍稷稻粱，农夫之庆。

比 **中夜犬吠，盗在墙外。神明佑助，消散皆去。**

坤、坎皆为夜，坎为中，故曰“中夜”。艮为犬，伏兑口，故曰“犬吠”。坎为盗，艮为墙，坎在外，故曰“在墙外”。伏乾为神，艮为明。坤消，故曰“消散”。

小畜 **据斗运枢，顺天无忧，与乐并居。**

通豫，艮为星，数七，故曰“据斗”。坎为枢，故曰“运枢”。乾顺行，故曰“顺天”。坎伏，故无忧。震为乐，艮为居。

履 **空拳握手，倒地更起。富饶丰衍，快乐无已。**

通谦，艮为拳，为手。坤为地，为下，震起，故曰“倒地更起”。坤为富饶，震为快乐，全用伏象。《易》卦爻词每如此也，《易林》无创例。

泰 **不风不雨，白日皎皎。宜出驱驰，通利大道。**

巽伏，故不风。半坎，故不雨。震为白，乾为日，震为出，为驰驱，为大涂，为通利。

否 **载日晶光，骖驾六龙。禄命彻天，封为燕王。**

坤为载，乾为日在上，故曰“载日”。伏震为龙，为驾，乾数六，故曰“骖驾六龙”。乾为禄，巽为命。乾在上，故曰“彻天”。伏震为王，兑为燕，故曰“燕王”。

同人 **子号索哺，母行求食。反见空巢，訾我长息。**

通师。震为子，为号，为哺，为请。请，求也，故曰“索哺”，曰“求食”。震为行，坤为母。艮为巢，坤虚，故曰“空巢”。震为长息。坎上下两兑口相背，兑为口舌，故曰“訾”。

大有 **上帝之生，福佑日成。修德行惠，乐且安宁。**

乾马上帝，为福，为德惠。通比，比乐、坤安，本象、伏象兼取。

谦 **山险难登，涧中多石。车驰辖击，载重伤轴。担负差踬，跌踒右足。**

艮为山，为石，坎为涧。坎险，故难登。震为车，坎多眚，故辖击伤轴。坎为辖，为轴。艮为何，故曰“担负”。坎蹇，故差踬，故跌踵。差同蹉也。震为足，艮伏兑，故曰“右足”。

豫 **禹凿龙门，通利水源。东注沧海，民得安存。**

震为帝，故曰“禹”。艮手，故曰“凿”。坤为门，震为龙，故曰“龙门”。坎水，坤水，故曰“水源”。震为通利，为东，坤为沧海，为民，为安。《禹贡》：导河积石，至于龙门。

随 **乘龙上天，两蛇为辅。踊跃云中，游观沧海，民乐安处。**

震为龙，艮为天，故曰“乘龙上天”。巽蛇，兑卦数二，故曰“两蛇”。辅，附也。互大坎为云，坎在上，震起，故曰“踊跃云中”。兑为泽，故曰“海”。艮为观，为安。

蛊 **彭祖九子，据德不殆。南山松柏，长受嘉福。**

艮为寿，故曰“彭祖”。彭祖，名篯，寿八百岁，即《论语》所谓老彭也。震为子，数九，故曰“九子”。艮为据，震为德。艮山，震南，故曰“南山”。巽为松柏，震为嘉福。

临 **南山昊天，刺政闵身。疾悲无辜，背憎为仇。**

通遁。艮为南山。乾盈巳，正当夏日，故曰“昊天”。本象坤为政，为身，为悲，为憎，故刺政悯身。艮为背也。南山、昊天，皆出《小雅》，皆刺幽王而悲悯身世也。刺政承南山而言，谓赫赫师尹，不平谓何也。闵身承昊天言，谓若此无罪，熏胥以铺也。

观 **江河淮海，天之奥府。众利所聚，可以饶有。乐我君子，百福是受。**

坤为江河淮海。艮为府，坤伏乾，故曰“天府”。坤为众，为利，为聚，为富饶。艮为君子，巽伏，震为乐，坤为我也。

噬嗑 **坚冰黄鸟，终日悲号。不见白粒，但见藜蒿。数惊鸷鸟，为我心忧。**

坎为坚冰。震为黄，艮为鸟，为终，离为日，故曰“终日”。坎为悲，震为号，为粒，坎隐，故不见。震为藜蒿，为惊。艮马黔喙，为鸷鸟，坎为心忧。《诗·小雅》：黄鸟黄鸟，无集于谷。此邦之人，不我肯谷。言旋言归，复我邦族。林似说此诗意。

贲 **室如悬磬，既危且殆。早见之士，依山谷处。**

艮为室，震为磬，上卦震覆，故曰"悬磬"。坎险，故危殆。震为士，为旦，故曰"早见之士"，离为见也。艮为山谷，艮止，故曰"依"。

剥 **大禹戒路，蚩尤除道。周匝万里，不危不殆。见其所使，无所不在。**

伏乾为王，故曰"大禹"。艮为路，伏兑为口，故曰"大禹戒路"。言警备也。坤为恶，故曰"蚩尤"。艮为道，为手，故曰"除道"。除，治也。反震为周，坤为万里。坤安，艮止，故不危殆。艮为僮仆，故曰"所使"。卦为大艮，故无不在。

复 **三人为旅，俱归北海。入门上堂，拜谒王母，饮劳我酒。**

震为人，数三，故曰"三人"。坤为海，为北，震为反，故曰"俱归北海"。坤为门户，震往，故曰"入"，曰"上"。坤为母，震为王，故曰"王母"。坤为我，为浆，故亦为酒。震为言，故曰"劳"。

无妄 **传言相误，非干径路。鸣鼓逐狐，不知迹处。**

震为言，艮败言，故曰"误"。艮为径路，为求。非干径路，言非所求之径路也。震为鼓，为鸣。艮为狐，震为逐，为迹，巽为伏，故无迹。

大畜 **三羊争雌，相逐奔驰。终日不食，精气劳疲。**

兑为羊，震数三，故曰"三羊"。兑为雌，艮为手，正反两艮相对，故曰"争雌"。震为驰逐。乾为日，兑为食，艮为终，艮止，故终日不食。乾为精气，争故劳疲。

颐 **纯服素裳，载主以兴。德义茂生，天下归仁。**

坤为黑，为裳，震为白，故曰"纯服素裳"。震为主，为载，为兴，故曰"载主以兴"。坤为义，震为德，为生，故曰"德义茂生"。坤为天下，震为归，为仁，故曰"天下归仁"。《史记》：武王载木主，观兵孟津，八百诸侯来归。故必素裳。

大过 **桀跖并处，人民劳苦。拥兵荷粮，战于齐鲁。**

伏坤为恶，故曰"桀"。巽为盗，故曰"跖"。坤为人民，为忧，为劳，故曰“劳苦”。伏艮为兵，为荷，震为粮，故曰“拥兵荷粮”。巽齐，兑鲁。正覆两艮相背，艮手，故曰“战”。

坎 **黄鸟采菉，既嫁不答。念我父兄，思复邦国。**

黄鸟、采菉，皆《小雅》篇名，皆伤怨旷，故曰“既嫁不答”。震为黄，为菉，艮为鸟，为采，故曰“黄鸟采菉”。震为嫁，为言，艮止，故曰“不答”。坎为思念，震为父兄，为复，艮为邦国。

离 **胎生孚乳，长息成就。充满帝室，家国昌富。**

通坎。互震为胎，为生，坎为孚，艮为乳，故曰“胎生孚乳”。震为长息，艮为成，故曰“成就”。震为帝，为昌，艮为室，为家国。全取旁通象。

咸 **三人求橘，反得丹穴。女清以富，黄金百镒。**

互乾为人，艮数三，故曰“三人”。艮为求，乾为橘，故曰“三人求橘”。兑为穴，乾为赤，故曰“丹穴”。巽为女，承乾，故富。乾为金，伏坤为黄，故曰“黄金”。乾为百。顾千里曰：清者人名，《货殖传》所谓巴寡妇清也。清家得丹穴。

恒 **东山西岳，会合俱食。百家送从，以成恩福。**

通益。互艮为山岳，震东，本卦兑为西，故曰“东山西岳”。坤为会合，震为食，正覆震，故曰“俱食”。艮为家，震为百，为从，为恩福，艮为成也。

遁 **眵鸡无距，与鹊交斗。翅折目盲，为鸠所伤。**

巽为雉。《说文》：目眦伤曰眵。眦，眼角也。艮离目不全，故曰“眵鸡”。震伏，故无距。艮为鹊，为斗。震为羽翰，震覆，故翅折。离为目，目眦下裂，故为目盲。艮为鸟，为鸠，巽羸，故伤。

大壮 **隙大墙坏，蠹众木折。狼虎为政，天降罪罚。高弑望夷，胡亥以毙。**

通观。巽为隙，为坏，为墙，故曰“隙大墙坏”。巽为虫，为木，坤众，故曰“蠹众”。风陨，故木折。艮为狼虎，坤为政，故曰“狼虎为政”。乾为天，坤为罪罚，故曰“天降罪罚”。艮为宦寺，坤为弑，艮为观，坤为夷，故曰“高弑望夷”。言赵高弑胡亥于望夷宫也。坤为胡，居亥，又为毙也。虽人名、地名，无不从象生，本之《易》也。

晋 **三痴俱走，迷路失道。惑不知归，反入患口。**

坤为痴，爻数三，故曰“三痴”。互艮为道路，坤迷，故曰“迷路失道”。坎为惑，震为归，阳居四，不反初，故曰"不知归"。坎为患，四五形兑，故曰"患口"。

明夷 **弓矢俱张，把弹折弦。丸发不至，道遇害患。**

互坎为弓，为矢，震为张，故曰"弓矢俱张"。坎为弹，伏巽为弦，坎折，故曰"把弹折弦"。坎为丸，震为发，坤闭，故不至。震为道涂，坤为患害，故曰"道遇患害"。

家人 **三人求夫，伺候山隅。不见复关，长思忧叹。**

卦二离一巽，皆女象，坎为夫，故曰"三女求天"。艮为关，卦有两半艮形，故曰"复关"。坎伏，故不见。不见复关，《诗·卫风》语也。艮止，故曰"伺候"。艮山，故曰"山隅"。坎为忧思，故曰"长思忧叹"。

睽 **阳旱炎炎，伤害禾谷。穑人无食，耕夫叹息。**

重离，故曰"旱"。震为禾稼，二三四五半震，兑毁，故曰"伤害禾谷"。兑为食，坎失，故无食。震为耕，为夫，兑口，故耕夫叹息。

蹇 **骑豚逐羊，不见所望。径涉虎庐，亡羝失羔。**

坎为豚，伏兑为羊，半震为骑，为逐，故曰"骑豚逐羊"。坎隐，故不见，离为望也。艮为径，为虎，为庐。兑伏，故亡羝失羔。

解 **暗昧冥语，转相诖误。鬼魅所舍，谁知卧处。**

坎为暗昧，为冥，震为言，故曰"冥语"。坎上下两兑口相背，故曰"诖误"。坎为鬼魅，为舍，为伏，故曰"卧"。坎伏，故不知。

损 **姬姜祥淑，二人偶食。论仁议福，以安王室。**

互震为周，故曰"姬"。伏巽，故曰"姜"，巽为齐也。震为仁，故曰"祥淑"。震为人，兑卦数二，故曰"二人"。兑为食也。震为言，故论仁议福。震为王，艮为室，为安，故曰"以安王室"。

益 **公孙驾骊，载聘东齐。延陵说产，遗季纻衣。**

艮为孙，震为公，为骊，为驾，故曰"公孙驾骊"。震为东，巽为齐，震为载，故曰"载聘东齐"。艮山，故曰"延陵"。震乐，震生，故曰"悦"，曰"产"。艮为季，坤为衣裳，震为纻，故曰"遗季纻衣"。《左传》：吴公子札聘于郑，见子产如旧相识，与之缟带，子产献纻衣焉。

夬 **孤竹之墟，老妇亡夫。伤于蒺藜，不见少齐。东郭棠姜，武子以亡。**

武子，崔杼也。棠姜，杼妻也。困三爻，据于蒺藜，入于其宫，不见其妻。杼占词也，事见《左传·襄二十五年》。"少齐"者，《左传》晋人。谓之少齐，言美也。伏剥。坤为寡，中虚，故曰"孤竹之墟"，坤为墟也。兑为老妇，本大遇也。艮为夫，艮伏，故无夫。余象多未详。

姤 **仁政不暴，凤凰来舍。四时顺节，民安其处。**

通复。震为仁，故曰"不暴"。坤为文，故曰"凤凰"。震为辰，卦数四，坤顺，故曰"四时顺节"。坤为民，为安，故民安其处。

萃 **任劣力薄，孱驽恐怯。如猬见鹊，不敢拒格。**

坤柔，故曰"任劣力薄"，曰"孱驽"。互大坎，故曰"恐怯"。巽为猬，艮为鹊，坤弱，故不敢拒格。《史记·龟策传》注：猬能制虎，见鹊则仰地。

升 **卫侯东游，惑于少姬。亡我考妣，久迷不来。**

震为警卫，为诸侯，为东游。大坎为惑，兑为少姬。震为父，坤为母，故曰"考妣"。坤死，故亡。坤为我，为迷。震往，故不来。卫文侯避国难游齐。少姬，卫女，齐桓夫人。

困 **噂噂所言，莫如我垣。欢喜坚固，可以长安。**

《诗》：噂沓背憎。《笺》云：噂噂，对语，背则相憎。困三至上，正反两兑口相背，故《易》曰"有言不信"。其伏象则正反两震言相对，故曰"噂噂所言"。巽为垣墉，坎陷，故莫如我垣。兑悦而伏艮，故曰"欢喜坚固"，曰"长安"。

井 **鼋鸣岐山，鳖应幽渊。男女媾精，万物化生。文王以成，为开周庭。**

通噬嗑。互艮为鼋鳖，为山，下震两歧，故曰"岐山"。而初至四正反艮震，震为鸣，故上鸣下应，与《中孚·九二》"鸣鹤在阴，其子和之"，用象同也。坎为幽，坎男，离女，而坎为精，故曰"男女媾精"。震为万物，为生，为王，上离为文，故曰"文王以成"。艮为成也。艮又为庭，震为周，为开，故曰"为开周庭"。

革 **玄黄虺颓，行者劳罢。役夫憔悴，逾时不归。**

通蒙。互震为玄黄。《诗·毛传》：玄黄、虺颓，病也。蒙，坎为病，为罢劳，震为行，故曰"行者劳罢"。坎为夫，为劳卦，故曰"役夫憔悴"。艮为时，在外，故逾时不归。

鼎 **弱足刖跟，不利出门。市贾无利，折亡为患。**

下巽，震伏不见，故曰"弱足刖跟"，故不利出门。《鼎·初六》"鼎颠趾”，即如是取象。三五伏艮，艮为门。巽为市贾，为利，兑折，故不利，故折亡。大坎为患。

震 **悬貆素餐，居非其官。失舆剥庐，休坐徙居。**

悬貆素餐，《伐檀》诗语也。互艮为貆，伏巽绳，故悬貆。震为食，为白，故曰“素餐”。艮为居，为官，艮覆，故居非其官。震为舆，坎失，故曰“失兴”。艮为庐，艮覆，故剥庐。君子得舆，小人剥庐，《剥·上九》爻词也。艮为坐，为居，艮覆，故休坐徙居。

艮 **民怯城恶，奸人所伏。寇贼大至，入我郛郭，妻子俘获。**

《左传·成九年》：楚伐莒，莒城恶，众溃。艮为城，坎为民，为怯，为陷，故曰“民怯城恶”。坎为伏，为奸，互震为人，故曰“奸人所伏”。坎为寇贼，艮为郛郭，伏巽为入，故曰“入我郛郭”。震为子，伏兑为妻，艮止，故曰“妻子俘获”。

渐 **阳低头，阴仰首。水为灾，伤我宝。进不利，难生子。**

坎为首，坎伏，故低。坎阳卦而在下，离阴卦在坎上，故曰“阴仰首”。坎为水灾。震为玉，为宝，震覆故伤。震为行，为子，为生，震覆故不利，故难。

归妹 **背北相憎，心意不同，如火与金。**

兑伏艮，艮为背，坎为北，为憎，为心意。离为火，伏艮为金。《诗·十月之交篇》：噂沓背憎。

丰 **太微帝室，黄帝所值。藩屏周卫，不可得入，常安无患。**

离为星，故曰“太微”，曰“帝室”。“帝室”者，帝座，即紫微垣也。震为帝，伏坎为宫室，故曰“帝室”。震为黄，故曰“黄帝”。黄帝，轩辕星也。震为丛木，为屏藩，为周，为卫。巽入，巽伏故不可入。

旅 **茧栗牺牲，敬享鬼神。神嗜饮食，受福多孙。**

互巽，故曰“茧”。艮为果，故曰“栗”。离为牛，故曰“牺牲”。《礼》：祭天地之牛角茧栗。言其色似之也，故曰“茧栗牺牲”。伏坎为鬼，震为神，为饮食，故曰“神嗜饮食”。艮为孙，坎众，故多孙。

巽 **出门逢恶，为患为怨。更相击刺，伤我手端。**

通震。互艮，故曰“出门”。坎为恶，为患，为怨。初至四反正艮，艮手，故更相击刺。坎折，故伤手。

兑 **鹢飞中退，举事不遂，宋人乱溃。**

《左传》：六鹢退飞，风也。为宋襄公败征，故曰“宋人乱溃”。兑伏艮，艮为鹢，巽骂退。互震为举，为人，艮为宋。《说文》：架木为屋曰宋。艮形似之，故林以艮为宋。

涣 **跛踦相随，日暮牛罢。陵迟后旅，失利亡雌。**

坎蹇，故曰“跛踦”。巽顺，故曰“相随”。艮为日，坎为暮，故曰“日暮”。艮为牛，坎劳，故曰“牛疲”。巽为陵迟，震为后，故曰“陵迟后旅”。巽为利，为雌，坎失，故曰“失利亡雌”。

节 **龙角博颡，位至公卿。世禄久长，起动安宁。**

震为龙，艮为角，震为颡。龙角，犹日角；博颡，大颡也，皆贵相。艮为位，震为公，坎为禄，艮为久长，故曰“世禄久长”。震为起，为动，艮为安，故曰“起动安宁”。

中孚 **舜升大禹，石夷之野。征诣王庭，拜治水土。**

震为帝，故曰“舜”、“禹”。艮为石，为野。按《洛书灵准听》曰：禹出石夷，掘地代，怀玉斗。石夷不见于他书，而《蜀志·秦宓传》云：禹生石纽。又谯周《蜀本纪》：禹本汶山广柔县人，生于石纽。又《吴越春秋》：鲧娶女嬉，吞薏苡有感，剖胁而产高密，家于西羌，地曰石纽。又《地理通释》引皇甫谧曰：《孟子》称禹生于石纽，西夷人也。兹曰“石夷”，不知于石纽是否为一地，不能明也。震为王，艮为庭，震往，故曰“征诣王庭”。艮手为拜，伏大坎，坎为水，为土，故曰“拜治水土”。此以坎为土，与邵子同。

小过 **从风放火，荻芝俱死。三害集房，叔子中伤。**

巽为风，艮为火，巽艮连，故曰“从风放火”。巽为草莽，为荻芝，中爻互大过，大过死，故曰“荻芝俱死”。艮为房，数三，坎为害，在中爻，故曰“三害集房”。艮为叔子，兑毁，故中伤。以艮为火，邵子所本。三害，暴、虐、颇也。见《左传·昭十四年》注。

既济 **梗生荆山，命制输班。袍衣剥脱，夏热冬寒。饥饿枯槁，众人莫怜。**

卦有三震形，故曰“梗”，曰“荆”。又有半艮，故曰“山”。又有半巽，巽为命，为工，为输班，坎为制，故命制输班。震为襦，故曰“袍衣”。三震上下往复如剥脱然。言上六之初，即成未济也。坎冬寒，离夏热，离虚，为饥饿，为枯槁。坎为众，震为笑乐，故曰“莫怜”。

未济 **长面大鼻，来解己忧。遗吾福子，惠我嘉喜。**

艮为鼻，为面，三艮形，故曰“长面大鼻”。坎为忧，震为解，为福，为子，为嘉喜。此与上卦皆用半象，本之《易》也。

䷁ 坤上 坤下 坤之第二

不风不雨，白日皎皎。宜出驱驰，通利大道。

纯坤，无巽、兑象，故不风不雨。伏乾为日，大明。故曰“白日皎皎”。震为出，为驱驰，为通，为大涂。言阴极宜阳复成震也。

之乾 **谷风布气，万物出生。萌庶长养，花叶茂盛。**

《诗毛》传：谷风，东风也。阴阳和则谷风至。按乾纳甲，故曰“东风”。又阴变阳，故万物出生而茂盛。坤为万物，为萌庶也。

屯 **苍龙单独，与石相触。摧折两角，室家不足。**

震为苍龙，坤寡，故曰“单独”。艮为石，在上，故龙触石。艮为角，坤数二，坎折，故曰“折其两角”。艮为室家，坤穷，故不足。

蒙 **城上有乌，自名破家。招呼酖毒，为国患灾。**

艮为城，为乌，为家。坎破，故曰“破家”。坤为自，艮为名也。震为言，艮手，故曰“招呼”。坤为毒，为灾患，为国。

需 **霜降闭户，蛰虫隐处。不见日月，与死为伍。**

通晋。坤为霜。艮为户，坤闭，故曰“闭户”。坎伏，故曰“蛰虫”，曰“隐处”。坎月，离日，坎伏，故不见。坤为死。

讼 **天之德室，温仁受福。衣裳所在，凶恶不起。**

乾为天，为德，坎为室。乾为仁福，为衣，伏坤，为裳，为凶恶。坤伏，坎陷，故不起。

师 **皇陛九重，绝不可登。谓天盖高，未见王公。**

震为帝，故曰“皇”。震数九，自二至上，若阶陛然，故曰“皇陛九重”。坤为重也。震为登，坤闭，故不可登。乾为天，为王公，乾伏，故不见。

比 **孔德如玉，出于幽谷，飞上乔木。鼓其羽翼，辉光照国。**

艮坚，为金玉。坎为幽谷，在上，故曰“出”。艮为飞，为乔木。艮手，为鼓，为羽翼。艮为辉光，为国。《诗·小雅》：其人如玉。又伐木丁丁，鸟鸣嘤嘤。出自幽谷，迁于乔木。

小畜 **五轭四轨，优得饶有。陈力就列，驺虞悦喜。**

轭，辕端横木，驾马领者。轨，《论语》：小车无轨。注：轨，辕端持衡者。通豫，艮为小木，为轭，为轨。坎数五，震卦数四，故曰“五轭四轨”。乾富，故曰“饶有”。震为陈列，艮为驺虞。《毛传》：驺虞，义兽也。震为乐，故悦喜。陈朴园云：《礼记·射义》，驺虞，乐官备也。注：乐官备者，谓驺虞一发，五豝五豵，喻得贤众多也。故焦氏言陈力就列，驺虞悦喜也。又按：五轭四轨，言猎车之盛也。

履 **敝笱在梁，鲂逸不禁，渔父劳苦。焦喉干口，虚空无有。**

通谦。坤为敝，震为筐筥，为笱，艮为梁，故曰“敝笱在梁”。坤为鱼，为鲂，在外，故逸。乾为父，坎为劳，兑为口，离火，故曰“焦喉干口”。

泰 **雷行相逐，无有攸息。战于平陆，为夷所覆。**

震为雷，为逐，为战。坤为平陆，为夷狄。坤死，兑折，故曰“为夷所覆”。如卫懿公是也。

否 **六龙争极，服在下饰。谨慎管钥，结禁无出。**

乾为龙，数六，在上，故曰“六龙争极”。乾为衣，坤为裳，故曰“服”。坤为下，为文，故曰“下饰”。坤闭，故曰“管钥”，曰“结禁”。《坤·六四》曰“括囊”，是其义也。

同人 **长男少女，相向共语，福禄欢喜。**

通师。震为长男，巽为少女。大过以巽为女妻，故巽亦为少女。震为语，巽、震同声相应，故曰“共语”。又离上下两兑口相对，明夷谓曰有言，亦共语也。震为福，为乐。

大有 **迁延恶人，使德不通。炎火为殃，禾稼大伤。**

离为恶人，为炎火，为殃，余未详。

谦 **修其翰翼，随风向北。至虞夏国，与舜相得。年岁大乐，邑无盗贼。**

震为翰翼，坤为北，伏巽，故曰“随风向北”。坤为国，震为帝王，故曰“虞夏”，曰“舜”。坤为年岁，震为乐。坤为邑，坎为盗贼，坎隐伏，故无盗贼。

豫 **铅刀攻玉，坚不可得。尽我筋力，胝茧为疾。**

艮坚在外，为刀，坤柔，故曰“铅刀”。震为玉，艮为坚。“胝茧”者，足病。震为足。坎疾，故曰“胝茧为疾”。筋力象是否为艮，未详。

随 **举袂覆目，不见日月。衣衾簟篚，就长夜室。**

震为袂，为举，艮为目，为日，兑为月，巽为伏，故曰“覆”，曰“不见”。震为衣衾，为簟篚，艮为室，兑为夜。盖三至上互大过，大过死，故就夜室。言墓内无光，如长夜也。《礼记》：齐大饥，黔敖设食于路。有蒙袂而来者，黔敖曰，嗟，来食。曰，余唯不食嗟来食，以至于此。遂死。《士丧礼》：幂目缁尺二寸。注：幂目，覆目者也。即袂也。

蛊 **贼仁伤德，天怒不福。斩刈宗社，失其邦国。**

巽为贼，为伤，震为怒，艮为天。艮手，为斩刈。震为宗，艮为社，四至上艮震反复，故曰“斩刈宗社”。艮为邦国，坎为失。

临 **白龙赤虎，战斗俱怒。蚩尤败走，死于鱼口。**

震为白，为龙，伏艮为虎，乾为赤，故曰“白龙赤虎”。震为战，为怒。坤为恶，故曰“蚩尤”。兑毁，故败。震为走，故曰“败走”。坤为死，为鱼，兑为口。《湘中志》：湘南有鱼口滩。唐李绅诗：洛阳城见梅迎雪，鱼口桥逢雪送梅。又兑亦为虎，兑纳丁，故曰“赤虎”，亦通。

观 **北辰紫宫，衣冠中立。含和建德，常受天福。**

坤为北，艮为星辰，为宫，故曰“北辰紫宫”。《天文志》：中宫曰紫宫，即紫微垣也。坤为衣裳，艮为冠，居中五，故曰“中立”。伏乾为德，为天福。

噬嗑 **稷为尧使，西见王母。拜请百福，赐我喜子。**

震为稷，为帝，为行，故曰“稷为尧使”。坎为西，震为王，伏巽为母，故曰“王母”。艮手，为拜。震为言，为请，为百福；为喜，为子，故曰“喜子”。

贲 **三人异趣，反复迷惑。一身五心，乱无所得。**

互震为人，数三，故曰“三人”。而三至上正覆震相背，故曰“异趣”，曰“反复”。坎为迷惑也。艮为身，坎数一，故曰“一身”。坎为心，纳戊数五，故曰“五心”。离为乱，离虚，故无得。

剥 **南山大玃，盗我媚妾。怯不敢逐，退而独宿。**

艮山，纳丙，又为玃，故曰“南山大玃”。坤为我，伏兑，为媚，为妾。坤柔，为怯。震为逐，震覆为艮，故不逐。震为进，震覆，则为退矣。坤为宿。《博物志》：蜀南山有大玃，妇人好者辄盗以去。《广韵》：玃，大猿也。

复 **众鬼所逐，反作光怪。九身无头，魂惊魄去，不可以居。**

坤为鬼，为众。震为逐，为反，为玄黄，故曰“光怪”。坤为身，震纳庚金，数九，故曰“九身”。乾为头，乾伏，故曰“无头”。伏乾为魂，坤为魄，震为惊。艮为居，艮覆，故不可居。

无妄 **延颈远望，眯为目病。不见叔姬，使伯心忧。**

艮为颈，为望，离为目。大离，故目病。《说文》：眯，草入目中也。震为草莽。而与大离连，故曰“眯”。《易林》小学之精，用一字无不与卦象确切如此。震为姬，艮为叔，故曰“叔姬”。震为伯，巽为心，为忧。

大畜 **典册法书，藏在兰台。虽遭乱溃，独不遇灾。**

伏坤为文，故曰“典册法书”。巽为伏，为香，故曰“藏在兰台”。艮为台也。坤为乱溃，为灾，乾福，故无灾。全用旁通象。

颐 **自卫反鲁，时不我与。冰炭异室，仁道隔塞。**

震为卫，为反，伏兑为鲁，故曰“自卫反鲁”。艮为时，坤为我，为冰。艮为火，为炭，为室，卦正覆艮相背，故曰“异室”。艮为道，坤闭，故道塞。

大过 **瘤瘿秃疥，为身疮害。疾病瘫残，常不远逮。**

通颐。艮为节，故曰“瘤瘿秃疥”，曰“疮”。坤为身，为死，故疾病瘫残，不能逮远。

坎 **齐东郭卢，嫁于洛都。俊良美好，媒利过倍。**

《战国策》：韩子卢者，天下之良犬。东郭逡者，天下之狡兔。《诗·齐风》：卢令令。《毛传》：卢，田犬。坎中爻艮为郭，为犬，震为东，伏巽为齐。又卢者，黑色，艮为黔，故曰“齐东郭卢”。举一字，于卦之象数皆合，神已！艮为都，震为嫁，坎为河，故曰“洛都”。按：此林屡见。嫁，往也。《列子·天瑞篇》：列子居郑圃四十年，人无视者，将嫁于卫。又，女子适人亦曰嫁。嫁于洛都者，往售于洛都也。故下云“媒利过倍”。“媒”者，因也，言因犬得利也。

离 **齐鲁争言，战于龙门。构怨连祸，三世不安。**

中爻巽齐兑鲁，而二至五正反两兑相背，兑为言，故曰“齐鲁争言”。伏坎，中爻震为战，为龙，艮为门，故曰“龙门”。又，坎为怨，为祸。离卦数三，故曰“三世”。离为乱，故不安。

咸 **膏泽肥壤，农人丰敞。利居长安，历世无患。**

兑为膏，为泽。艮为壤，乾为肥，故曰“肥壤”。伏震为农人，为丰敞。坤为长安，为世，震乐，故无患。

恒 **仓盈庾亿，宜种黍稷。年丰岁熟，民得安息。**

通益。艮为仓庾，坤众，故盈亿。震为黍稷，坤为岁年，为民，为安息。详《乾之师》。

遁 **鸱鸮破斧，邦人危殆。赖旦忠德，转祸为福，倾危复立。**

艮为鸱鸮，兑为斧，兑覆，故曰“破斧”。鸱鸮、破斧，《豳风》篇名，皆咏周公之德也。伏坤为邦，震为人。兑毁，故危殆。震为旦，为德。坤为祸，震为福。

大壮 **岁饥无年，虐政害民。乾溪骊山，秦楚结冤。**

通观。坤为岁，为饥，为政，为民，为虐害。本卦兑为溪，下乾，故曰“乾溪”。《易》以乾为陵，为马，故曰“骊山”。兑西为秦，震为丛木，为楚。骊山，秦地。乾溪，楚地。灵王死乾溪，始皇葬骊山，故曰“结冤”。

晋 **捌絜堁堁，缔结难解。嫫母衒嫁，媒不得坐，自为身祸。**

捌，捩也。絜，《说文》：麻一端也。艮为手，言以手捩麻，缔结难解也。堁堁，尘起貌。坤为丑，故曰“嫫母”。离为见，故曰“衒”。坎为合，为媒，坤为身，为祸，为自。

明夷 **娵訾开门，鹤鸣弹冠。章甫进用，舞韶和鸾。三人翼事，国无灾患。**

候卦坤居亥为门，互震为开，故曰“娵訾开门”。娵訾，亥辰也。震为鹤，为鸣。覆艮为冠，艮手向下，故曰“弹冠”。章甫，礼冠。震为进，为乐，故曰“舞韶”；为音，故曰“和鸾”。鸾，铃也。坎为和，坤文，为鸾凤。震为人，数三，又为翼，故曰“三人翼事”。翼，辅也，赞也。坤为事，为国，坎为忧患，震乐故无。

家人 **弟姊合居，与类相扶。愿慕群丑，不离其友。**

长女、中女，故曰“弟姊”。互坎为合，故曰“合居”。艮手为扶，离正反半艮，故曰“相扶”。《易·家人》用半象，故亦用半象。互坎为愿慕，离为丑，义本《离·上九》也。重离，故曰“群丑”。离坎为友，体连，故不离。东汉人皆以阴与阴为友，岂知阴阳相遇方为友也。

睽 **邯郸反言，父兄生患。涉叔忧恨，卒死不还。**

坎正反兑口相背，故曰“反言”。坎为患，为忧恨。余象多未详，或用半象。《史记》：陈胜，字涉；吴广，字叔。陈胜遣武臣徇赵，乃反楚自立为赵王。陈王乃徙系武臣等家属宫中。后涉叔二人，皆为下所杀。林似用其事。

蹇 **二人逐兔，各争有得。爱亡善走，多获鹿子。**

震为人，三四及五上两半震，故为二人。震为兔，为逐，故曰“二人逐兔”。两震，故各争有得。震为争，为鹿，为子，艮为获。“爱亡”者，言喜走也。亡，往也。

解 **北辰紫宫，衣冠立中。含和建德，常受天福。**

坎为北，为宫室，为和。震为辰，为衣，为建，为福。余详观卦。

损 **拜跪请免，不得其哺。俛首衔枚，低头北去。**

艮为拜跪，震为言，为请；艮止，故曰“请免”。兑为哺，坤虚，故不得哺。艮为首，坤下，故曰“俛首”，曰“低头”。艮为小木，为枚，兑口，故曰“衔枚”。坤位北，震往，故北去。

益 **鹤盗我珠，逃于东隅。求之郭墟，不见所居。**

震为鹤，为珠，巽为盗。震往为逃，为东，故逃于东隅。艮为求，为郭，坤为墟。艮为居，巽伏，故不见。《说苑》：桓公至郭墟，问郭之所以亡。下二句用其事。又，此林屡见。鹤盗珠，必有故实，今不能考。

夬 **一簧两舌，妄言谬诀。三奸成虎，曾母投杼。**

兑为簧，为舌。《诗》：巧言如簧。乾卦数一，兑卦数二，故曰“一簧两舌”。乾为言，兑口亦为言，乃兑言与乾言相背，故曰“妄言谬诀”。《夬·九四》闻言不信，义与此同也。伏艮马虎，坤为奸，互三坤，故曰“三奸成虎”。坤为母，重坤，故曰“曾母”。曾、层通。凡《易林》用一姓一名，无不从象生，与《易》同也。艮为小木，为杼，艮手为投，故曰“投杼”。《战国策》：今有人言，市有虎，王信之乎？曰否。三人言之，则信矣。《史记·甘茂传》：昔鲁人有与曾参同姓名者，杀人。人告其母，织自若也。又一人告之，织自若也。又告之，其母遂投杼而走。古乐府：三夫成市虎，曾母投杼趋。林正用其词。

姤 **孤独特处，莫与为旅。身日劳苦，使布五谷，阴阳顺序。**

巽寡，故曰“孤独”，曰“无旅”。乾为日，通复，坤为身，万物皆致役，故曰“劳苦”。巽为谷，卦数五，故曰“五谷”。巽为顺。

萃 **褰衣涉河，水深渍罢。赖遇舟子，济脱无他。**

坤为衣，为河，艮手为褰，故曰“褰衣”。坤水，互大坎亦为水，故曰“河”，曰“水深”。坤为劳，故曰“罢”。罢同疲，音婆。三至五伏震为舟，为子；震出，故济脱。

升 **凭河登山，道路阻难，求事少便。**

坤为河，二阳临坤水，故曰“凭河”。本《泰·九二》也。震为登，为道路，互大坎，故曰“阻难”。坤为事，艮为求，三至五艮覆，故少便。山象，《升·六四》“用享于岐山”，即以震为山。

困 **兔罝之容，不失其恭。和谦致乐，君子攸同。**

离为网，为罝，伏震为兔，故曰“兔罝”。坎为和，兑悦，故曰“致乐”。伏艮为君子。《诗·周南》：肃肃兔罝。传：肃，敬也。故曰“不失其恭”。林说诗意。

井 **三女求夫，伺候山隅。不见复关，泣涕涟如。**

下巽，上互离，下互兑，故曰“三女”。坎为夫，本《左氏》也。二至四伏艮，为山；艮止，故曰“伺候”。艮为关，初至四正反艮，故曰“复关”。坎伏，故不见。坎为泣涕。二句《诗·氓》之语也。

革 **螟虫为贼，害我五谷。箪笥空虚，家无所食。**

互巽为虫，为伏，故为螟。螟食苗心，言其冥冥难见。巽为贼，为谷，卦数五，兑毁，故曰“害我五谷”。伏坤为我。伏震为箪笥，坤为虚。伏艮为家。兑为食，坤虚，故无所食。语语本象与对象互用。

鼎 **望尚阿衡，太宰周公。藩屏辅弼，福禄来同。**

离为望，巽为称，为权，故曰“望尚阿衡”。望尚，太公；阿衡，伊尹也。伏震为周，为福禄，艮为藩屏。

震 **三牛生狗，以戍为母。荆夷上侵，姬伯出走。**

艮为牛，数三，故曰“三牛”。互艮为狗，震为生，故曰“生狗”。艮先天居戍方，戍狗，故曰“以戍为母”。震为草莽，为荆，为侵，为姬，为伯，为走，故曰“姬伯出走”。

艮 **涂遏道塞，求事不得。**

艮为道涂，艮止，故遏塞。艮为求，坎陷，不得。

渐 **探怀得蚤，所愿失道。**

艮为手，为探，坎为怀，巽虫为蚤。坎为愿，为失，艮为道。

归妹 **飞楼属道，趾多搅垣。居之不安，覆压为患。**

艮为楼，震为覆艮，故曰“飞楼”。震为道，为趾，伏巽为垣。“趾多搅垣”者，言楼临道，行人多，搅乱不安也。艮为居，艮覆，故不安，故覆压。坎为患也。

丰 **义不胜情，以欲自倾。几利危宠，折角摧颈。**

艮为角，为颈，上卦艮覆，故曰“折角”、“摧颈”。又，兑亦毁折也。几利，言好利也。

旅 **潼滃蔚荟，扶首来会。津液下降，流潦滂沛。**

互大坎为云，故曰“潼滃蔚荟”。艮为首，为扶。《后汉书·舆服志》曰：凡先合单纺为一系，四系为一扶，五扶为一首。云气来会，与丝缕集合同，故曰“扶首”。互大坎，故曰“津液下降，流潦滂沛”。下《履之恒》词同，惟扶首作肤寸。何休注《公羊》云：侧手为肤，按指为寸。恒，震为反艮，艮反故象侧手，象按指。盖旅必作扶首，恒必作肤寸，方与卦象密切。近人不论卦象，概谓作扶首合，作肤寸非。疏矣。

巽 **白驹生刍，猗猗盛姝。赫喧君子，乐以忘忧。**

伏震为驹，巽白，故曰“白驹”。巽为草莽，故为生刍；为长，为高，故曰“猗猗盛姝”。姝，美也。二四伏艮，艮为君子。“赫喧”者，容仪盛貌。震为乐，故忘忧。

兑 **车驰人趍，卷甲相仇。齐鲁寇战，败于犬丘。**

伏震为车，为人，为驰。艮为甲，艮伏，故卷甲。巽齐，兑鲁。伏艮为犬，为丘。兑折，故败于犬邱。地名。《左传》：郑子然侵宋，取犬邱。林但取卦象，不必与事相符。

涣 **举首望城，不见子贞，使我悔生。**

震为举，坎为首，艮为城，为望。坎伏，故不见。震为于，艮止为贞。《诗·卫风》：乘彼垝垣，以望复关。子贞，盖犹《郑风》之不见子都、子充，不必有其人。

节 **龙斗时门，失理伤贤。内畔外贼，则生祸难。**

震为龙，中爻正覆震，故曰"斗"。艮为时，为门，故曰"时门"。《左传·昭二十九年》"龙斗于郑时门之外"，是也。艮为贤，坎为失；为贼，在外，故曰"外贼"。震为生，坎为祸难。畔象未详。

中孚 **安如泰山，福喜屡臻。虽有豺虎，不致危身。**

互艮为安，为山；震东，故曰"泰山"。震为福喜，为至。艮为豺虎，为身；震乐，故不危。

小过 **初忧后喜，与福为市。八佾列陈，饮御嘉友。**

互大坎为忧。震为喜，为后，故曰"后喜"。巽为市，震为舞。佾舞，行列也。行数人数。纵横皆同。艮九宫数八，上下正反震亦正反艮，故曰"八佾"。取象之能，直同于《易》矣。震为陈列。兑口为饮，艮为友。艮阳在上，下乘二阴，《易》所谓一人行则得其友也。

既济 **持刀操肉，对酒不食。夫行从军，少子入狱，抱膝独宿。**

艮为刀，为持，坎为肉，故持刀操肉。坎为酒，兑为食；艮止，故不食。坎为夫；为众，故为军；在外，故曰"从军"。艮为小子，坎为狱，巽入，故曰"小子入狱"。艮为抱，为节，故曰"抱膝"。坎为宿，坎孤，故独宿。除坎外皆用半象。

未济 **阴衰老极，阳建其德。履离戴光，天下昭明。功业不长，虾蟆大王。**

首二语言阳皆居上，阴居下也。半震为履，半艮为戴，重离，故履离戴光，故天下昭明。震为功业，半震，故不长。震为鸣，为王，故曰"虾蟆大王"。《淮南子》云：骍牛被青紫，入太庙，用以求雨，不如黑蜧。注：黑蜧即虾蟆。古谓虾蟆能求雨。《大过之升》云：虾蟆群聚，从天请雨。又《随之临》：蛙池鸣响，呼求水潦。故《春秋繁露》云：春旱求雨以甲乙日，为苍龙一丈八尺立于坛上，取五虾蟆错置社池中，方八尺深二尺，具清酒膊脯，拜跪陈词。又《淮南子·说林训》云：土龙刍狗，旱岁疾疫，则为帝。帝即大王，言当时尊贵也。“功业不长，虾蟆大王”者，言如虾蟆，天旱用以求雨，尊贵一时，已则弃置也。

䷂ 坎上震下 屯之第三

兵征大宛，北出玉关，与胡寇战。平城道西，七日绝粮，身几不全。

坎众，坤众，故曰“兵”。震为征，坎位西，故曰“大宛”。艮为关，震为玉，为出，坤位北，故曰“北出玉关”。坤阴为胡，坎为寇。正覆艮震，故曰“战”。艮为城，为道，坎为平，为西。震数七，伏乾为日；震为粮，坤虚，故曰“七日绝粮”。坤为身，为死，故曰“不全”。《史记》：高帝至平城，为匈奴所围，七日不得食。大宛，西域国名，《史记》有《大宛传》。坎、坤全用先天卦位。

之乾 **泛泛柏舟，流行不休。耿耿寤寐，心怀大忧。仁不逢时，退隐穷居。**

九家及荀爽皆以乾为河，《易林》亦以乾为江河，乃知荀及九家之所本。为河，故曰“泛泛”，曰“流行”。乾由屯变来，屯之乾亦乾之屯。屯下震为木，为舟，故曰“柏舟”。坎为心，为忧，为隐。艮为时，为居，故曰“退隐穷居”。《左传》云：震之离亦离之震。林所本也。《诗·邶风》：泛彼柏舟，亦泛其流。《毛传》谓妇以柏舟自比。兹曰“退隐”，义与《毛》异。

坤 **采薪得麟，大命陨颠。豪雄争名，天下四分。**

坤为薪；为文，故为麟。坤死，故曰“大命陨颠”。遇卦屯，震为豪雄；艮为名，初至五正反艮震，故曰“争名”。坤为天下，坤拆，故四分。《公羊·哀公十四年》：薪采者获麟，孔子闻之，反袂拭面，涕沾巾，自知死不久也。

蒙 **山崩谷绝，大福尽竭。泾渭失纪，玉历既已。**

二四艮覆，故曰“山崩”，曰“谷绝”。乾为福，为大，三至五乾伏坤丧，故大福竭。坤水，坎水，混合漫流，故曰“泾渭失纪”。震为玉；为时，故为历。《论语》：天之历数在尔躬，天禄永终。“玉历既已”者，言历数尽也。《史记·周本纪》：幽王二年，三川竭，岐山崩。《竹书》：幽王二年，泾渭洛竭，岐山崩。后幽王被犬戎所杀，西周亡。

需　夏台羑里，汤文所厄。鬼侯输贿，商王解合。

通晋。艮为台，为里；上离，故曰“夏台”。《书·康诰》“羑”，王肃云“道也”。艮为道，故曰“羑里”。坎为水，下有艮火，故曰“汤”。离为文。桀囚汤夏台，纣囚文王于羑里，故曰“汤文所厄”。坎为鬼，四为诸侯，故曰“鬼侯”。艮为贝，艮手为输，故曰“输贿”。乾为王，为言，故曰“商王”。坎为合。史称鬼侯进女于纣，女不喜淫，醢鬼侯。与此异。

讼　泥滓污辱，弃捐沟渎。所共笑哭，终不显录。

坎为泥滓，为污辱，为沟渎，为众。伏震为笑哭。坎为隐伏，故不显录。

师　李梅冬实，国多盗贼。扰乱并作，君不得息。

互震为李梅；乾为木果，坎为冬，故曰“冬实”。《左氏春秋》：僖公三十三年十二月，李梅实，书不时也。坤为国，坎为盗贼，坤众，故曰“多”。坤为配，震为扰，为作；为君，震行故不息。

比　獐鹿逐牧，饱归其居。反还次舍，无有疾故。

艮为獐鹿，坤为牧，反震为逐。坎中满，故曰“饱”。艮为居，为次舍，反震为反还。坎为疾，坤为死，为故；艮坚，故无有疾故。

小畜　夹河为婚，期至无船。摇心失望，不见所欢。

通豫。坎为河，四上下皆阴，故曰“夹河”。艮为时，为期，坎为婚。震为船，坎伏，故无船。坎为心，震为摇，艮为望；坤失，故曰“摇心失望”。震为欢，坎伏，故不见所欢。

履　百足俱行，相辅为强。三圣翼事，王室宠光。

通谦。互震为足，为百，为行，故曰“百足俱行”。百足，虫名。《淮南子》“百足之虫，至死不僵”，是也。兑为辅；坎为圣，震数三，故曰“三圣”。震为翼，坎为事，故曰“翼事”。震为王，坎为宫室，艮为光，故曰“王室宠光”。三圣，谓文、武、周公。

泰　坐位失处，不能自居。调摄违和，阴阳颠倒。

言与天尊地卑之义相反也，故曰“阴阳颠倒”。

否　登几上舆，驾驷南游。合从散横，燕齐以强。

艮为几，坤为舆。乾为马，为行，故曰“驾驷”。乾位南，故曰“南游”。坤为顺，故曰“合从”。艮东北，为燕，巽为齐。乾健，艮坚，故曰“强”。

同人 **三系维弩，无益于辅。城弱不守，郭君受讨。**

互巽为绳，故曰“系”；离卦数三，故曰“三系”。《后汉书·舆服志》“凡先合单纺为一系”是也。伏坎为弓，为弩。维，系也。言以三系之丝，系于弩上，太弱，故曰“无益于辅”。伏坤为城，坤柔，故曰“城弱”。坤为郭，伏震为君，为讨伐，故曰“郭君受讨”。郭，国名，灭于齐

大有 **河伯大呼，津不得渡。船空无人，往来亦难。**

丁云：河伯，水神。《援神契》：河者水之伯。按：此用遇卦屯象，坎为河，震为伯，为呼，故曰“河伯大呼”。艮为止，故津不得渡。震为船，坤虚，故曰“船空”。震为人，坎隐伏，故无人。震为往，震覆，故往来难。

谦 **甘露醴泉，太平机关。仁德感应，岁乐民安。**

互坎为水，坤为水，故曰“甘露”，曰“醴泉”。坎为平，为机，艮为关。震为仁德，为岁，为乐。坎为心，故曰“感应”。坤为民，艮为安。旧注，《瑞应图》云：王者德至，则甘露降于松柏。《六帖》云：醴泉，太平则出。

豫 **重茵厚席，循皋采藿。虽踬不惧，复反其宅。**

震为茵席，正覆震，故曰“重茵厚席”。艮为皋，震为藿；艮手，故曰“采藿”。坎为忧惧，为踬；震乐，故不惧。艮为宅，震为反，故曰“反宅”。

随 **太乙驾骝，从天上来。征我叔季，封为鲁侯，无有凶忧。**

太乙，星名，即北辰也。艮为星，震为马，艮在震上，故曰“驾骝”。否上之初，故曰“从天上来”。艮为叔季，为求，故曰“征我叔季”。兑为鲁，震为侯，故曰“鲁侯”。坎为忧，震乐，故无有凶忧。

蛊 **南巴六安，石斛戟天。所指不已，已老复一。将耋乃嫁，墟敝室旧，更为新家。**

丁云：石斛、巴戟天，皆药草名。《神农本草经》曰：石斛，出六安。巴戟天，出巴郡。按：震为南，艮为城邑，故曰“南巴”。互大坎数六，艮为安，故曰“六安”。艮为石，震为斛，故曰“石斛”。艮为刀，为戟，在上，故曰“戟天”。艮为指，震为反，为复。“已老复一”者，言已年老，复其一子，免其赋役也。艮为坚，故为耋。震为嫁，故曰“将耋乃嫁”。艮为墟，为室，巽为敝，故曰“墟敝室旧”。艮为光明，为新，为家。

临 **家给人足，颂声并作。四夷宾伏，干戈韬阁。**

通遁。艮为家，震为人，为足。震为音声，为言，为作，故曰“颂声并

作”。震卦数四，坤为夷，故曰“四夷”。震为宾客。“宾伏”者，言四夷宾于王庭。巽为伏。兑为斧，为干戈，坤藏，故曰“干戈韬阁”。

观 **东邻嫁女，为王妃后。庄公筑馆，以尊王母。归于京师，季姜悦喜。**

通大壮。震为东邻，为嫁，兑为女，为妃。震为王，为木，故为桓。庄，讹字也。震又为公，故曰“桓公”。艮为馆，为筑。坤为母，伏乾为王，故曰“王母”。震为归，坤为京师。艮为季，巽为姜，伏震为喜。按，《左传·庄元年》：鲁为主，筑馆以逆王姬，非为王后。又《桓九年春》：纪季姜归于京师，为桓王后。林词全用此事。据《谷梁疏》：鲁为主方书归。为主，则必筑馆。然则庄为桓之讹字无疑。

噬嗑 **陈妫敬仲，兆兴齐姜。营邱是适，八世大昌。**

震为陈，坎为仲，艮为笃敬，故曰“敬仲”。坎为兆，伏巽为齐，为姜。互艮为营邱，震往故曰“适”。艮为世，数八，震为昌。妫，陈姓；敬仲，即公子完，庄二十二年奔齐。初，懿氏卜妻敬仲，曰有妫之后。将育于姜，故曰“兆兴齐姜”。八世之后，莫之与京。

贲 **路多枳棘，步刺我足。不利旅客，为心作毒。**

艮震为道路，坎为枳棘，为刺。震为步，为足，为旅客；坎险，故不利。坎为心，为毒。

剥 **天官列宿，五神共舍。宫阙光坚，君安其居。**

艮为官，为星，故曰“天官列宿”。汉乐章有《五神歌》曰：五神相，包四邻。如淳曰：五神相太一也。盖即五星也。艮为舍，反震为神，坤五行数五，故曰“五神共舍”。艮为宫阙，为光，为坚，为居，为安；一阳止于上，故曰“君安其居”，故曰“共舍”。言五阴承一阳也。

复 **牧羊稻园，闻虎呻喧。惧畏惕息，终无祸患。**

坤为养，为牧，震为羊，震为稻。坤为园，为虎，震为喧。伏乾，乾惕，故惧畏惕息。坤为祸，震乐，故无。

无妄 **鸣条之灾，北奔犬胡。左衽为长，国号匈奴。主君旄头，立尊单于。**

震为鸣，为木，故曰“鸣条”。乾伏坤位北，坤又为胡，艮犬，故曰“北奔犬胡”。震为衽，为左，为长。《论语》：吾其被发左衽。胡俗也。艮为国，为奴仆，震为号，故曰“国号匈奴”。震为主，乾为君，为头，震为多发，故曰

“主君旄头”。震为立，艮为尊，乾君，故曰“单于”。《史记》：汤伐桀于鸣条。又《匈奴传》，《索隐》引乐彦《括地谱》云：汤放桀鸣条，其子獯粥，妻桀之众妾，避居北野，随畜移徙，中国谓之匈奴。旄头，被发也。《汉官仪》“旧选羽林为旄头，被发先驱”，是其证。由林词观之，《括地谱》之说，与古故实合。

大畜 **克身洁己，逢禹巡狩。锡我玄圭，拜受福佑。**

艮为身，退在上，故曰“克身”。乾为王，震出，故曰“逢禹巡狩”。震为玄黄，为玉，乾为锡，故曰“锡我玄圭”。艮为拜，乾为福佑。

颐 **冬华不实，国多盗贼。疾病难医，鬼哭其室。**

艮为果实，坤为冬；震为花，坤虎，故花而不实。坤为国，伏巽为盗，正反巽，故多盗。坤为疾病，坤死，故难医。坤为鬼，震为哭，艮为室，故曰“鬼哭其室”。

大过 **襄送季女，至于荡道。齐子旦夕，留连久处。**

兑少，故曰“季女”。伏震为诸侯，故曰“襄”。震为大涂，故曰“荡道”。《齐风》：鲁道有荡，齐子发夕。刺齐襄与文姜乱也。巽为齐，伏震为子，震为旦，兑昧为夕。艮止，故留连久处。《左传·桓三年》：齐侯送姜氏于驩。注：驩，鲁地。繇词言齐襄与妹乱，既送至鲁境，而不忍别也。词皆本象与对象杂用。陈朴园云：《齐风》，齐子发夕。《释文》引《韩诗》云：发，旦也。今《焦氏》言齐子旦夕，是《齐诗》以发夕为旦夕，与《韩诗》训同。

坎 **朽根倒树，花叶落去。卒逢火焱，随风偃仆。**

通离。中爻巽为木，故曰“根”，曰“树”。巽敝，故曰“朽”，曰“倒”。巽陨落，故花叶落去。大过，兑为华。离上互也，离上下皆火。互巽风陨，故偃仆。

离 **阴变为阳，女化作男。治道得通，君臣相承。**

通坎。乾二五之坤成坎，坎为中男，为阳卦，故阴化阳，女作男。坎中爻艮为道路，为臣，震为君，故曰“君臣相承”。《五行志》：魏襄王十三年，有女子化为丈夫。

咸 **炎绝续光，火灭复明。简易理得，以成乾功。**

下艮为火，故曰“炎”；上兑为绝，故曰“炎绝”。巽绳，为续。艮为火，为光，巽伏，故光灭。乾日，故复明。乾简，坤易。中爻乾，故曰“以成乾功”。

恒 **多载重负，捐弃于野。予母谁子，但自劳苦。**

坤、震皆为车，坤厚载物，故曰“多载”。艮为负，坤重，故曰“重负”。坤为野，兑附决，故曰“捐弃”。坤母，震子，兑决，故无子。坤致役万物，故曰“劳苦”。多用伏象。

遁 **江河海泽，众利室宅。可以富有，饮御嘉客。**

乾为江河海泽，巽为利，艮为室宅。乾为富。伏兑为口，故曰“饮”。震为嘉客。

大壮 **冬采薇兰，地冻坚坼。利走东北，暮无所得。**

此用遇卦屯象。坎为冬，艮手为采，震为薇兰。坤为地，履霜坚冰，故曰“地冻坚坼”。震为东北，为走，伏巽为利。坤为暮，坤虚故无得。

晋 **鸟鸣嘻嘻，天火将起。燔我室屋，灾及妃后。**

《左传·襄十三年》:有鸟鸣于宋太庙，曰嘻嘻出出。宋火，伯姬被焚，卒。晋离为鸟。离正反皆兑口，故曰“嘻嘻”。离为火，艮为天，亦为火，故曰“天火”。艮为室屋，坤为妃后。火多，故曰“燔”，曰“灾”。

明夷 **趸室蜂户，螫我手足。不可进取，为身害速。**

此用遇卦屯象。坎为室，为毒，坤为户，伏巽为虫，故曰“趸室蜂户”。坎为棘，为刺，为螫。艮为手，震为足；为进取，坤凶，故不可进取。坤为身，为害，震为速。

家人 **崔嵬北岳，天神贵客。温仁正直，主布恩德。闵哀不已，蒙受大福。**

此用屯象。坎北，艮山，故曰“北岳”。震为神，为仁，为客。坎为忧，故曰“闵哀”。震为恩德，为大福。

睽 **伯蹇叔盲，莫与守牧。失我衣裘，代己除服。**

此用屯象。震为伯，坎蹇，故曰“伯蹇”。艮为叔，互大离，故曰“叔盲”。坤为牧，坤寡，故莫与守牧。震为衣裘，为服；坤丧，坎盗，故曰“失”。除，治也。言衣裘为人盗去，代我治理服用也。

蹇 **为季求妇，家在东海。水长无船，不见所欢。**

艮为季，为求，伏兑为艮妇。艮为家，互离为东，坎为海，为水。震为船，震覆，故无船。震为欢，震覆，坎伏，故不见。

解 **山陵丘墓，魂魄失舍。精诚尽竭，长寝不觉。**

此用屯象。艮为山陵，为丘墓。坎为舍，为心，为精诚，坎失，故竭尽。坎为夜，为寝；坤死，故不觉。

损 **踦牛失角，下山伤轴，失其利禄。**

坤为牛，艮为角，兑毁折，故牛踦，故角失。踦，蹇也。艮为山，坤为下，坎为轴；兑折，故伤轴。伏巽为利，坤为失。

益 **水载船舟，无根以浮。往来溶溶，心劳且忧。**

坤为水，震为船，坤为载。巽下断，在水上，故曰“无根以浮”。震为往，又为反，故曰“往来”；坤水，故曰“溶溶”。伏大坎为心，为劳，为忧。

夬 **有鸟来飞，集于宫树。鸣声可恶，主将出去。**

屯，艮为鸟，为飞；为宫，为集，为木，故曰“集于宫树”。下震为鸣，为声，坤为恶。下震为主，为出。此用《左传》，见前晋卦。

姤 **东徙不时，触患离忧。井泥无濡，思叔旧居。**

通复。震为东，为徙；艮为时，艮覆，故不时。坤为忧患，震为触。坤为井，为泥；艮为叔，为居，坤为旧。剥穷上反下，言复旧为剥艮也。

萃 **黄帝所生，伏羲之宇。兵刃不至，利以居止。**

通大畜。震为黄，为帝，为生，故曰“黄帝所生”。巽为伏，艮为宇，故曰“伏羲之宇”。艮刚在上，为兵刃；艮止，故不至。巽为利，艮为居止。按，伏羲都陈，黄帝为有熊国君少典之子。皇甫谧曰：有熊，今河南新郑，非陈地。焦氏时古籍尚多，或别有所据欤？

升 **东山拯乱，处妇思夫。劳我君子，役无休已。**

震为陵，为东，故曰“东山”。坤为乱，伏艮为手，为拯。巽为妇，在内，故曰“处妇”。坤为思，震为夫。坤为劳，震为君子。坤为役，艮止，故已；艮覆，故不已。词皆用《东山》诗意。

困 **跛踬未起，失利后市，不得鹿子。**

坎蹇，故跛踬。坎伏，故未起。互巽为利市，坎失，故失利后市。震为鹿，为子，震伏，故不得。

井 **大蛇当路，使季畏惧。汤火之灾，切近我肤。赖其天幸，趋于王庐。**

巽为蛇，伏震为大涂，故曰“大蛇当路”。伏艮为季，坎为畏惧。中爻离上坎，故曰“汤火”。伏艮为肤，为庐。震为王，为走，故曰“趋于王庐”。

革 **从容长闲，游戏南山。拜祠祷神，神使无患。**

通蒙。反正艮，艮止，故从容。震为游戏，为南，艮为山，故曰“南山”。艮手，为拜，为祠。震为祷，为神。坎为患，震乐，故无患。全用旁通。

鼎 **区脱康居，慕义入朝。湛露之欢，三爵毕恩。复归野庐，与母相扶。**

通屯。坤虚，故曰“区脱”。《史记·匈奴传》：东胡与匈奴中间，有弃地千余里，各居其边，为区脱是也。坎西，康居西方国，坤国，故曰“康居”。坤为义，坎为心，故曰“慕义”。震往，故曰“入朝”。坎为露，震为欢；为爵，数三，故曰“三爵”。坤为野，艮为庐，震为反，为归，故曰“复归野庐”。坤为母，艮手为扶，初至五正反皆艮，故曰“相扶”。湛露，《诗》篇名，天子宴诸侯入朝之诗。

震 **龟鳖列市，河海饶有。长财善贾，商季悦喜。**

互艮为龟鳖，伏巽为市。坎为河海，坎众，故曰“饶有”。伏巽为利，为长，为商贾。艮为季，震为列，为善，又为悦喜。

艮 **年常蒙庆，今岁受福。三夫采芑，出必有得。**

互震为年，为庆，为福，为夫。数三，故曰“三夫”。艮手为采，震为芑。《诗·小雅》：薄言禾芑。《疏》：芑，似苦菜。震为出，坎为得。

渐 **二人俱东，道怒争讼。意乖不同，使君悩悩。**

通归妹。震为人，为东，兑卦数二，故曰“二人俱东”。震为大涂，为怒，故曰“道怒”。震为言，兑亦为言，故争讼。坎为意，为忧，故为悩悩。震为君。悩同恼，惧也。

归妹 **树我藿荳，为鹿兔食。君不慎护，秋无收入。**

震为藿荳；为立，故为树。震为足，为走，故为鹿兔。兑口，为食。震为君。坎为忧恤。兑正秋，兑毁，故秋无收入。

丰 **黄鸟悲鸣，愁不见星。困于鸷鸟，鹯使我惊。**

震为黄，为鸟，为鸣；互大坎，故悲鸣，故愁。离为星，坎伏，故不见。

伏艮为鸷鸟，为鹯；坎为困，震为惊。

旅 **双凫俱飞，欲归稻池。经涉萑泽，为矢所射，伤我胸臆。**

通节。兑卦数二，震为凫，为飞，故曰“双凫俱飞”。兑为池，震为稻，故曰“稻池”，故曰“萑泽”。震为涉，坎为矢，震为射。兑为伤，艮为胸臆。

巽 **久客无依，思归故乡。霖雨盛溢，道未得通。**

巽为商旅，为客，重巽故曰“久客”。伏坎为思，震为归，艮为乡，故曰“思归故乡”。兑为雨，正反兑，故曰“霖雨”，曰“盛溢”。伏艮为道，坎陷，故不通。

兑 **道路辟除，南至东辽。卫子善辞，使国无忧。**

通艮，为道路。震为辟除，为南，先天震东北，故曰“东辽”。震为卫，为子，为辞；艮初至五正反震，故曰“善辞”。艮为国，互坎为忧，震乐故无忧。

涣 **同枕共袍，中年相知。少贾无利，独居愁思。**

艮为枕，震为袍，中爻正反艮震，故曰“同枕共袍”。震为年，坎为中，故曰“中年”。伏兑为少，巽为贾；为利，风散，故无利。巽为寡，艮为居，故曰“独居”。坎为忧思。

节 **众神集聚，相与议语。南国虐乱，百姓愁苦。兴师征讨，更立贤主。**

震为神，坎为众，故曰“众神”。坎为集聚，二至五正反震，故曰“相与议语”。艮为国，震南，故曰“南国”。伏离为虐乱。震为百，为人，故曰“百姓”。上坎为愁苦。震为征讨，坎众，故曰“兴师征讨”。互震为主，为立，故曰“更立贤主”。

中孚 **北陆闭蛰，隐伏不出。目盲耳聋，道路不通。**

通小过。中互大坎，坎为北陆。陆者，道也。《左传》，日在北陆而藏冰是也。坎为冬，为隐伏，故曰“闭”。巽为虫，亦为伏，故曰“闭蛰”，曰“不出”。本卦互大离，目睛涨大，故盲。小过互大坎，耳空塞实，故聋。艮震为道路，坎塞，故不通。

小过 **痴狂妄作，心诳善惑。迷行失路，不知南北。**

此用屯象。震为狂，坤迷，故曰“痴狂”。坎为心，为惑，正覆震相背，故曰“诳”。诳，妄语也。艮震为道路，震为南，坎为北；坎失，故不知。

既济 **栋隆辅强，宠贵日光。福善并作，乐以高明。**

此用屯象。坎为极，为栋，为车，为辅。大过，栋桡之凶，不可以有辅也。《诗》：勿弃尔辅。《毛传》：辅以佐车。辅，夹车木也。坎在上，故曰“栋隆”。艮坚，故曰“辅强”。艮为日，为光，为宠贵。震为福善，为乐；艮为高明。

未济 **爱我婴女，牵衣不与。冀幸高贵，反日贱下。**

此仍用屯象。震为婴孩，坤为女，坎为爱，故曰“爱我婴女”。震为衣，艮为手，为牵；艮止，故不与。艮为高贵，为求，故曰“冀幸高贵”。坤为贱下。

䷃ 艮上坎下 蒙之第四

何草不黄，至未尽玄。室家分离，悲忧于心。

震为草，为玄黄；坤贞未，言草至未而将变色。《小雅》诗：何草不黄，何草不玄。《笺》：玄，赤黑色。艮为室家，二四艮覆，故曰“分离”。坎为心，为悲愁。

之乾 **海为水王，聪圣且明。百流归德，无有畔逆，常饶优足。**

乾为海，为水，为王；为聪圣，为明，为百。《禹贡》“江汉朝宗于海”，故百流归德。乾顺行，故无有畔逆。乾富，故常饶优足。

坤 **左辅右弼，金玉满堂。常盈不亡，富如敖仓。**

此全用蒙象。震为左，震反为右；震为辅弼，故曰“左辅右弼”。艮为金，震为玉，艮为堂，为敖仓。敖仓，所以盛粟。震为粟，故尤切。

屯 **安息康居，异国穹庐。非吾习俗，使我心忧。**

坎位西，安息、康居，皆西方国。又，中爻艮止，故曰“安息康居”。艮为国，为庐，为天，故曰“穹庐”。坤为我，为俗；坎为心，为忧。

需 **范公鸱夷，善贾饰资。东之营邱，易字子皮。把珠载金，多得利归。**

坎为毒，故曰“范公”。范，蠭也。《檀弓》“范则冠而蝉有緌”是也。伏艮为鸱。"鸱夷"者，革囊，盛酒器。杨雄《酒箴》所谓鸱夷滑稽，腹大如壶是也。艮又为革，坎为酒，故曰"鸱夷"。《易林》用一字兼数象，往往如是。"范公鸱夷"者，言范蠡适齐，号鸱夷子皮也。乾为资财。饰、饬通，治也。离为东，伏艮为营邱；为皮，伏坤为字，故曰"易字子皮"。艮为把，为金，反震为珠。坤为载，为利。兼用旁通。

讼 **老杨日衰，条多枯枝。爵级不进，日下摧颓。**

巽木，乾老，故曰"老杨"。离为日，为枯，为爵。巽为陨落，故摧颓。

师 **小狐渡水，污濡其尾。利得无几，与道合契。**

此用蒙象。上艮，故曰"小狐"，曰"尾"。坤、坎皆为水，故污濡其尾。坤为财，为聚；坤虚，故得少。震为大涂，故曰"道"。坎为合，为信，故曰"合契"。

比 **豕生鱼鲂，鼠舞庭堂。奸佞施毒，上下昏荒，君失其邦。**

坎为豕，坤为鱼，为育，故曰"豕生鱼鲂"。丁晏云：《开元占经》引京氏云豕生鱼鲂，其邑大水是也。艮为鼠，为庭堂，艮手为舞。《汉书・五行志》：燕有黄鼠，衔其尾，舞王宫。《京房易传》曰诛不原情，厥妖鼠舞门是也。坎为毒，为奸，坎上下兑口相背，故曰"奸佞"。艮为上。坤为下，为昏荒，为邦。震为君，震覆，故失邦。

小畜 **天地配享，六位光明。阴阳顺叙，以成厥功。**

乾天，伏坤为地。兑食，故曰"享"。乾数六，离为光明，伏艮为位，故曰"六位光明"。乾阳，巽顺，乾为功。

履 **踝踵足伤，右指病痈。失旅后时，利走不归。**

通谦。震为踝，为足；艮多节，故曰"肿"，曰"伤"，曰"痈"。《释名》：踵，钟也，聚也。义与肿同，与《易林》合。艮为指，兑为右，故曰"右指"。坎为孤，为失，故曰"失旅"。艮为时，震为后，故曰"后时"。震为走，为归，坎陷，故不归。

泰 **异体殊患，各有所属。西邻孤媪，欲寄我室。主母骂詈，求不可得。**

坤为体，为患害；乾阳坤阴，故曰"异体殊患"。六爻皆有应予，故曰"各有所属"。兑为西，为孤媪。伏艮为室，为寄。震为主，坤为母，震言，兑言，故曰"主母骂詈"。艮为求，艮伏，故求不可得。

否 **操秬乡亩，祈贷稷黍。饮食充口，安和无咎。**

艮手为操，巽为秬，为稷黍。坤为亩，乾为言，故曰“祈贷”。言以秬为祭而祈田也。伏兑为口，为食，坤为安。

同人 **新受大宠，福禄重来。乐且日富，蒙庆得财。**

离为新，乾为大，为宠，为福禄。重乾，故曰“重来”。离日，乾富，故曰“日富”。乾为庆，为财。

大有 **举杯饮酒，无益温寒。指直失取，亡利不欢。**

通比。坤为缶，为杯，艮为举，坎为酒，兑为饮。离温，乾寒，时之自然，非酒所能改易也。艮为指，为取，乾为直，故指直失取。言指僵不能取物也。坤贫，故亡利。震覆，故不欢。

谦 **日月相望，光明盛昌。三圣茂承，功德大隆。**

坎月，伏离为日，为目，故曰“日月相望”。艮为光明，震为盛昌。坎为圣，艮纳丙，数三，故曰“三圣”。震为茂，为隆；伏乾为功德。

豫 **猾夫争强，民去其乡。公孙叔子，战于城南。**

坎为奸猾，震为夫，为强。坤为民，为乡；震往，故民去其乡。艮为叔，为孙，震为子。正反两震相背，故曰“战”。艮为城，震为南，故曰“城南”。下二句故实未详。

随 **猿堕高木，不踒手足。保我金玉，还归其室。**

巽为高，艮为猿，艮在震木上，故曰“猿堕高木”。艮手震足，兑折在外，故不踒。踒，折也。艮为金，震为玉，为归，艮为室。

蛊 **逐狐东山，水遏我前。深不可涉，失利后便。**

艮狐，震逐，震东，艮山，故曰“逐狐东山”。互大坎，故曰“水”，曰“深不可涉”。巽为利，坎为失，故曰“失利后便”。

临 **凿井求玉，非卞氏宝。名困身辱，劳无所得。**

震为玉，兑为井，伏艮为求。非卞氏宝，言求之非地也。艮为名，艮反，故名困。坤为身，为下，故为辱。坤虚，役万物，故劳无所得。

观 **黄玉温厚，君子所服。甘露溽暑，万物生茂。**

伏震为黄，为玉，坤为厚；艮火，故曰“温厚”，曰“溽暑”。艮为君子。

坤为万物，为暑；兑为露。

噬嗑 **画龙头颈，文章不成。甘言善语，说辞无名。**

震为龙，艮为头颈。离为文章，坎隐伏，故不成。初至四正覆震，故曰“甘言善语”，曰“说辞”。艮为名，坎隐，故无名。

贲 **招祸致凶，来弊我邦。病在手足，不得安息。**

艮手为招，为致；坎为灾祸，为凶。艮为邦，伏巽为敝。坎为病，艮手，震足，坎居中，故病在手足。艮止，为安息；坎险，故不安。

剥 **履位乘势，靡有绝毙。皆为隶圉，与众庶位。**

艮为位，反震，为履位乘势。坤丧，故曰“绝毙”。艮为隶圉，坤为众庶。艮仆、坤聚合居，故曰“与众庶位”。

复 **獐鹿雉兔，群聚东圃。卢黄白脊，俱往趋逐。九龄十得，君子有喜。**

此用蒙象。坤文，为雉。艮为獐，震为鹿，为兔。坤为群，为聚，为圃。震东，故曰“东圃”。卢，黑犬；黄、白，皆犬名。《史记·李斯传》：吾与汝牵黄犬。《西京杂记》：李亨有白望犬。震为玄黄，又为白也。震为追逐，为口，为龄。震数九，故曰“九龄”。坤数十，故曰“十得”。震为喜，艮为君子。

无妄 **织锦未成，纬尽无名。长子逐兔，鹿起失路。见利不得，因无所据。**

巽为帛，为锦，为纬。巽下断，故曰“未成”，曰“纬尽”。艮为名，巽为伏，故无名。震为兔，为长子，为逐；为鹿，为起，为路。巽伏，故失路。震为后，巽为利；艮止，故不得。

大畜 **天厌周德，命与仁国。以礼靖民，兵革休息。**

震为周，为德；乾为天，兑绝，故曰“天厌周德”。艮为国，震为仁，故曰“仁国”。伏坤为民，为体。艮止，为靖。艮刚在外，为刀兵，为肤革；艮止，故休息。

颐 **重译贡芝，来除我忧。善说遂良，与喜相求。**

震为言，正反震，故曰“重译”。艮为芝，震为进，故曰“贡芝”。坤为我，为忧；震乐，故不忧。正反震，故曰“善说”，故曰“喜”。艮为求，正反艮，故曰“相求”。

大过 **膏壤肥泽，人民孔乐。宜利居止，长安富有。**

上卦兑，故曰“膏泽”。乾为肥，伏坤为壤，为人民，伏震为乐。巽为利，伏艮为居止。坤为长安，乾为富有。

坎 **白龙黑虎，起鬐暴怒。战于涿鹿，蚩尤败走。居止不殆，君安其所。**

震为白，为龙。艮为虎，为黔，故曰“黑虎”。震为起，为鬐，为威武，为怒，为战，为鹿。坎水，故曰“涿鹿”。坎为寇盗，故曰“蚩尤”。坎险，故曰“败走”。艮为居止，震为君。

离 **抱关传言，聋跛摧筋。众贱无下，灾殃所在。**

伏艮为关，为手，故曰“抱关”。正反兑口，故曰“传言”。坎为耳，震为行。坎伏，故聋；震伏，故跛。巽为殒落，兑毁折，故曰“摧筋”，盖伏坎为筋也。坎为众，离为灾殃。

咸 **忧祸解除，喜至庆来。坐立欢门，与乐为邻。**

通损。震乐，故忧祸解除，喜至庆来。艮坐，震立，震欢，艮门，故曰“坐立欢门”。

恒 **折锋载殳，舆马放休。行军依营，天下安宁。**

兑为锋，为殳，为折。艮覆，兑折，故曰“折锋”。震为车，故曰“载殳”。震为马，在外，故曰“放休”。坤为军，伏艮为营；艮止，故曰“依营”，言不出也。坤为天下，为安宁。

遁 **至德之君，仁政且温。伊吕股肱，国富民安。**

乾为君，为至德，为仁。艮火，故曰“温”。艮为臣，故曰“伊吕”。巽为股，艮为肱，故曰“伊吕股肱”。伏坤为国，为民；乾富，艮安。

大壮 **千里望城，不见山青。老兔虾蟆，远绝无家。**

震为千里，艮为城，为望，为山。震东方，色青，艮伏，故不见。震为兔，为虾蟆。艮为家，艮覆，故无家。

晋 **有莘季女，为夏妃后。贵夫寿子，母字四海。**

坤为茅茹。故曰“有莘”。艮为季，坤女，故曰“有莘季女”。离为夏，坤为妃后。艮为贵，为寿；坎为夫，为中子。坤为母，为字。“字”者，养也。坤为水，为海；反震卦数四，故曰“四海”。有莘氏，大禹之母。

明夷 **不虞之患，祸至无门。奄忽暴卒，痛伤我心。**

坤为患，为祸，坎为忧虞。艮为门，三至五艮覆，故曰“无门”。坤死，故曰“卒”。坎为心，为痛，坤为我。《道德指归论》：道之为物，窥之无户，察之无门。无门，言不知祸之所自来也。

家人 **飞鹰退去，不食雉鸡。忧患解除，主君安居。**

此用蒙象。艮为鹰，为飞，震反，故退去。本卦离为雉，巽为鸡，兑为食。上卦兑覆故不食。坎为忧患。震为解除，为君主。艮为安居。

睽 **踒蹉侧跌，申酉为祟。戌亥灭明，颜子隐藏。**

二折震成兑，故踒蹉侧跌。兑西方金，故曰“申酉为祟”。艮居戌亥，艮为明，艮伏，故灭明。艮为颜，艮伏，故颜子隐藏。

蹇 **司禄凭怒，谋议无道。商氏失政，殷人乏嗣。**

《汉书·天文志》：司禄，文昌第六星。此用蒙象。艮为星，为官，故曰“司禄”。震为怒，为言，故为议。坎为心，故曰“谋议”。艮为道，坎伏，故曰“无道”。震为子，为人。子者，殷商之姓。坤杀，故无子而乏嗣。

解 **望鸡得雏，冀马获驹。大德生少，有廖从居。**

巽为鸡，离目为望，巽伏，故不得鸡而得雏。震为雏也。坎为马，震为雏，为驹。下二句疑有讹字，义皆未详。

损 **切切怛怛，如将不活。黍稷之恩，灵辄以存。**

《诗·陈风》：心焉切切。传：切切，忧貌。坤为忧，故曰“切切怛怛”。怛，亦忧也。坤死，故曰“不活”。震为黍稷，为恩。坤虚为饿，故曰“灵辄”。《左传·宣二年》：初，赵盾田，见灵辄饿，食之。故曰“灵辄以存”。

益 **噂噂嗫嗫，夜作昼匿。谋议我资，来攻我室。空尽我财，几无以食。**

初至五正反震相对，故曰“噂噂嗫嗫”。噂嗫，对语也。此句宋、元本、汲古原作莫莫辑辑，于卦象不切，依《节之艮》校。坤为夜，与震连。故夜作昼伏。乾为大明，为昼，巽为伏，故曰“昼匿”。坤为财，为我，正反震，故曰“谋议我资”。艮为室，震为伐，为攻。坤虚，故财空。震为食，坤饥，故无食。

夬 **天之所坏，不可强支。众口指笑，虽贵必危。**

乾为天，兑毁，故曰“天之所坏”，不可强支。兑为口，为笑，坤众，故曰

“众口”。伏艮为指，为贵。兑毁，一阴将尽，故危。

姤 **目动睫瞤，喜来加身。举家蒙欢，吉利无殃。**

《说文》：瞤，目动也。《西京杂记》：陆贾曰目瞤，得酒食。伏震为动，为喜，坤为身。目睫象未详。

萃 **鼋羹芬香，染指拂裳。口饥于手，子公恨馋。**

艮为鼋，坤为羹；巽为臭，故曰“芬香”。艮为指，为拂；坤水，故染指。坤为裳，艮手，故拂裳。兑为口，坤为饥。“口饥于手”者，言口饥而恃手也。于，依也。孔融书：举杯相于。曹植乐府：心相于。杜甫诗：良友幸相于。皆作依恃解，是其证。子公，郑公子宋也。《左传·宣四年》：楚人献鼋于郑灵公。公子宋与子家将见。子公之食指动，以示子家曰，他日我如此，必尝异味。及入，宰夫将解鼋，相视而笑。公问，子家以告。及食大夫鼋，召子公而弗与。子公怒，染指于鼎，尝之而出。林词全述其事。

升 **天福所丰，兆如飞龙。成子得志，六二以兴。**

伏乾，故曰“天福”，曰“丰”。震为飞，为龙，坤坼，为兆，故曰“兆如飞龙”。伏艮为成，震子，故曰“成子”。震为兴，巽为志，故曰“得志”。坤数二，伏乾数六，故曰“六二”。翟云升云：六二谓十二世也。愚按，《庄子·胠箧篇》：田成子十二世有齐国。《释文》云：自敬仲奔齐，至庄子九世，知齐政；自太公和至威王，三世而有齐国，共十二世。故曰“六二以兴”。

困 **氓伯易丝，抱布自媒。弃礼急情，卒罹悔忧。**

《诗·氓》之篇，氓之蚩蚩，抱布贸丝。匪来贸丝，来即我谋。布，币也。贸，即易也。伏震为伯，巽为丝，为布。巽为商贾，故抱布易丝。伏艮为抱，坎为合，为媒，为忧。

井 **夏姬亲附，心听悦喜。利以搏取，无言不许。**

通噬嗑。离为夏，震为姬。兑悦，故亲附，故悦喜。坎为心，为听。巽为利，艮为搏取。震为言。

革 **南山昊天，刺政闵身。疾悲无辜，背憎为仇。**

通蒙。震南，艮山，故曰“南山”。本卦离为夏，故曰“昊天”。《尔雅·释天》：夏为昊天。注：言气皓旰也。坎为刺，坤为政，为身。坎为忧闵，为悲，为疾，为憎，为仇。坤为辜，坤虚，故无。艮为背，下坎，故曰“背憎”。《诗·小雅》：节彼南山，不吊昊天。为刺讥厉王之诗。林辞全用其意。

鼎 **三人为旅，俱归北海。入门上堂，拜谒王母。劳赐我酒，欢乐无疆。**

通屯。震为人，后天数三；震为商旅，故曰“三人为旅”。坤为海水，位北，故曰“北海”。震为归，故归北海。艮为门堂，震为入，为上。艮为拜，震为谒，为王；坤母，故曰“王母”。坎为劳，为酒，坤为我。象全用旁通。

震 **愆淫旱疾，伤害稼穑。丧制病来，农人无食。**

愆者不及，淫者过也。艮为火，坎为疾，故曰“旱疾”。震为稼穑，艮火，故伤害禾稼。震为人，为农，为食，稼伤故无食。震初至四，与无妄初至四同。京房以无妄为大旱卦，自虞翻莫明其义，由艮火之象失传也。

艮 **攫饭把肉，以就口食。所往必得，无有虚乏。**

坎为饮，为肉；艮手为攫，为把。互震为口，为食，为往。坎为得，故无有虚乏。

渐 **鸟飞无翼，兔走折足。虽欲会同，未得所欲。**

离为鸟，为飞；震为翼，震伏，巽寡发，故无翼。震为兔，为走，为足；震伏坎折，故曰“折足”。

归妹 **体重飞难，未能逾关。行坐忧愁，不离室垣。**

此用蒙象。坤为身，为重，故曰“体重”。震为飞，坎陷，故难飞。艮为关，坤闭，故未能逾关。震为逾，为行。坎为忧愁，为宫室；坎陷，故不离。

丰 **四雄并处，人民愁苦。拥兵西东，不得安所。**

震为雄，卦数四，故曰“四雄”。互大坎为人民，坎忧故愁苦。兑为斧，为兵；坎聚，故曰“拥兵”。震东兑西。震动，坎险，故不安。

旅 **译重关牢，求解已忧。心感乃成，与善并居。**

通节。中爻反正震，故曰“重译”。坎为牢，震为开，为解。艮为求，坎为忧，为心。辞皆费解，必有讹字。

巽 **患解忧除，王母相于。与喜俱来，使我安居。**

通震为乐，故无忧患。震为王，巽为母。“相于”者，相依也，义已见前萃卦。震为喜，艮为安居，皆用旁通。

兑 **冬生不华，老女无家。霜冷蓬室，更为枯株。**

伏坎为冬，震为生，兑为华。冬，故不华。大过以兑为老妇，艮为家，艮伏，故老女无家。坎为霜，为冷。艮为室，震为蓬，故曰“蓬室”。巽为木，互离，故曰“枯株”。

涣 **震栗恐惧，多所畏恶。行道留难，不可以步。**

坎为恐惧，为畏恶。震为道，为行。坎陷，故留难，故不可步。

节 **三夫共妻，莫适为雌。子无名氏，翁不可知。**

节长中少三男俱备，祇兑为女象，故曰“三夫共妻”。适，主也。莫适为雌，言兑女无所适从也。震为子，艮为名，坎隐，故无名氏。震为父。“翁”者，父也。坎隐，又二至五正反皆震，故曰“不知”。此林为愚求索林词知其用象之始，故志其艰于此。

中孚 **早凋被霜，花叶不长。非时为灾，家受其殃。**

震为花叶，兑为霜；巽为陨落，故曰“凋”，曰“不长”。艮为时，为家；兑折，巽落，故为灾殃。

小过 **雉兔之东，狼虎所从。贪饕凶恶，不可止息。**

艮为鸟，为雉。震为兔，为东，为之。之，往也。艮为狼虎，震为从。兑为食，震亦为食，故曰“贪饕”。兑毁，为凶恶。艮为止息，坎险，故不可止息。

既济 **马惊破车，主堕深沟。身死魂去，离其室庐。**

此用蒙象。震为马，为车，为惊；坎破，故马惊破车。震为主，坎为陷，故曰“主堕”。坎为沟，在下，故曰“深沟”。坤为身，为死，故曰“身死”。震为神，为魂，为去；艮为室庐。

未济 **山林麓薮，非人所处。鸟兽无礼，使我心苦。**

此用蒙象。艮为山，震为林麓，故曰“山林麓薮”。震为人，坎险，故人不可处。艮为鸟，为兽。坤为礼，坎隐伏，故无礼。坎为心，为劳苦。

焦氏易林注卷二

☵☰ 坎上乾下 需之第五

久旱三年，草木不生。粢盛空乏，无以供灵。

通晋。离火，艮火，故曰“久旱”。离数三，坤为年，故曰“三年”。震为生，为草木；震覆，故不生。震为粢，为簠簋，故为盛。坤虚，故空乏。

之乾 火灭复息，君明其德。仁人可遇，身受利福。

此用需象。中爻离火，上临坎水，故火灭。然《革·象》曰：水火相息。故曰“火灭复息”。乾为君，为德，为仁人。离为明。伏坤为身。

坤 温山松柏，常茂不落。鸾凤所庇，得其欢乐。

此仍用需象。乾为山，离为火，故曰“温山”。坎为木，为坚，故曰“松柏”，故曰“不落”。离为文章，故曰“鸾凤”。互兑为悦，故欢乐。

屯 西诛不服，恃强负力。倍道趋敌，师徒败覆。

坎位西，坤杀，故曰“西诛”。艮为负，为坚，故曰“恃强负力”。艮为道，震为大涂，故曰“倍道”。震为趋，正反艮震，故曰“敌”。坤为师徒，为丧，故败覆。丁晏云：《史记》，项梁西击秦，屡败之，有骄色，后败死定陶。林辞似用其事。

蒙 三涂五岳，阳城太室。神明所伏，独无兵革。

丁云：《左传·昭四年》，四岳、三涂、阳城、太室，九州之险。注：皆山名。正反艮，故山多。震为神明，坎为伏，艮为兵刃，为肤革，坤虚故无。

讼 三牛生狗，以戌为母。荆夷上侵，姬伯出走。

详《坤之震》。

师 凫游江海，没行千里，以为死亡。复见空桑，长生乐乡。

震为凫，为游行。坤为江海，为没，为千里，为死亡。二上体复，震为桑，坤虚，故曰“复见空桑”。震为生，为乐，坤为乡。《吕氏春秋》：伊尹生空桑。

比 **太乙驾骝，从天上来。征召叔季，封为鲁侯，无有凶忧。**

坤乙，艮星，故曰“太乙”。坤为马，五居坤上，故曰“驾骝”。艮为天，为求，为叔季。伏兑为征召，为鲁。坎为合，为封。坤为凶，坎为忧，坤虚，故无。

小畜 **纴绩独居，寡处无夫。阴阳失志，为人仆使。**

巽为纴续，为独，为寡。震为夫，震伏，故无夫。伏坎为志，坤为失。艮为仆使。

履 **兵征大宛，北出玉门。与胡寇战，平城道西。七日绝粮，身几不全。**

通谦。与屯同象。解见屯林。

泰 **楚灵暴虐，罢极民力。祸起乾溪，弃疾作毒。扶伏奔逃，死申亥室。**

震为木，为楚，楚丛木也；为神，为灵，为暴。坤为害，为虐。坤役万物，故罢极。坤为民，为祸，兑为溪；下乾，故曰“乾溪”。坤为疾，为毒。弃疾，灵王弟。艮为扶，为伏。扶伏，匍匐也，言匍匐而逃也。震为奔逃。坤死，坤后天位申，消息卦居亥，故死申亥。伏艮为室。

否 **雌单独居，归其本巢。毛羽憔悴，志如死灰。**

坤为雌，为寡；艮为居，为巢。伏震为归，故曰“归其本巢”。巽为寡发，故毛羽憔悴。坤为死，为志。灰，盖艮象。

同人 **两矛相刺，勇力钧敌。交绥结和，不破不缺。**

兑为斧，为矛；下离两兑相对，故曰“两矛相刺”。乾健，故曰“勇”。伏坎为和，巽为退。交绥，退军名。见《左传·文十二年》交绥注。坎为破，为缺，坎伏故否。

大有 **乘船济渡，载水逢火。赖幸免祸，蒙我生全。**

通比。坤虚为船。坎为水，坤为载，故曰“载水”。互艮为火，故曰“逢火”。坤为祸，乾为幸。坤为我，乾为生。

谦 **丧宠益尤，政倾家覆。我宗失国，秦灭周室。**

艮为宠，坤为丧，为尤，为政。艮为家，坎陷，故倾覆。震为宗，坤为我，为国，为失。坎位西，故曰“秦”。震为周，艮室坤丧，故灭。

豫 **冬无藏冰，春阳不通。阴流为贼，国被其殃。**

坎为冬，为冰，坤为藏；在下，故不藏。震为春阳，坎陷，故不通。坤为阴，坎为贼。坤为国，为殃。

随 **田鼠野鸡，意常欲逃。拘制笼槛，不得动摇。**

艮为鼠，巽为鸡，艮为田野，故曰“田鼠野鸡”。震为逃，艮为笼槛，为拘，故不得动摇。

蛊 **佩玉蕊兮，无所系之。旨酒一盛，莫与笑语。孤寡独特，常愁忧苦。**

互震为玉，为华，为蕊，艮为佩。巽为系，兑决，故无系。互大坎为酒，震为盛；坎数一，故曰“一盛”。震为笑语，巽寡，故无与。艮阳在上，故孤。巽寡，震阳在下，为独。兑为特，大坎为忧愁。凡六子，《易林》皆有鳏寡孤独象。

临 **没游源口，求鲛为宝。家危自惧，复出生道。**

兑为源，为口；坤为水，震为游，故曰“没游源口”。坤禹鱼，为鲛。震为玉，为宝。伏艮为求，故曰“求鲛为宝”。《述异记》：鲛人居水中，如鱼，不废机织，眼泣成珠。故曰“求鲛为宝”。艮为家，艮覆，故家危。二至上体复，震为出，为生，为道，故曰“复出生道”。

观 **河水孔穴，坏败我室。水深无岸，鱼鳖倾倒。**

坤为河水，艮为孔穴。巽为败坏，艮为室，坤为我。重坤，故曰“水深”。艮为岸，巽敝，故无岸。艮为鳖，坤为鱼；巽漏，故倾倒。

噬嗑 **教羊牧兔，使鱼捕鼠。任非其人，费日无功。**

伏兑为羊，巽为鱼；震为兔，艮为鼠。巽为命，故曰“教”，曰“使”。艮手为牧，为捕。震为人，上离为日；坎失，故失任，故无功。

贲 **升户入室，就温熯食。冰冻北陆，不能相贼。**

艮为户，为室；震为升，伏巽为入，故曰“升户入室”。离火为温，震为缶，在离上，有若熯食。坎为食也。坎为冰，为冻，为北陆，为贼。震乐，故不贼。

剥 **孤竹之墟，老妇亡夫。伤于蒺藜，不见少妻。东郭棠姜，武氏破亡。**

坤为寡，坤虚，故为竹。坤为墟，故曰“孤竹之墟”。伏兑为老妇，震为夫。震覆坤丧，故曰“亡夫”。三四句用遇卦需象。坎为蒺藜，兑为少妻，坎伏，故不见。艮为城郭，震为武，震覆，故武氏破亡。武子者，崔杼，娶东郭偃之姊，棠公之妻。棠公死，武子吊，见棠姜而美之，遂娶之。事见《左传·襄二十五年》。

复 **凶忧灾殃，日益明彰。福不可厘，三郤夷伤。**

坤为凶忧灾殃，震为明彰。坤祸，故无福。厘，予也。《诗·大雅》“厘尔士女”是也。震，数三。三却，郤锜、郤犨、郤至。伏巽为隙，坤丧，故夷。

无妄 **载璧秉珪，请命于河。周公作誓，冲人瘳愈。**

震为璧，为珪，为载，艮手为秉，故曰“载璧秉珪”。巽为命，震为请，上乾为河，故请命于河。震为周，为作，为誓，为冲人；为乐，故瘳愈。《史记·鲁世家》：成王病，周公为自揃其蚤沈之河，成王病果愈。冲人，成王也。

大畜 **鸟飞鹊举，照临东海。龙降庭坚，为陶叔后。封圻英六，履福绥厚。**

艮为鸟鹊，震为飞举。乾为海，纳甲，故曰“东海”。震多毛。龙，多毛犬也。艮为庭，为坚。艮为火，为陶，故曰“陶叔”。震为后，为英，乾数六；艮为封圻，故曰“封圻英六”。庭坚，皋陶字。言皋陶之后，封在英、六二国也。见《史记·陈世家》。又《左传·文五年》：楚人灭六，灭蓼，臧文仲曰，皋陶庭坚，不祀忽诸。又《楚世家》：成王二十六年灭英。张守节疑英既蓼，非。据《杞世家》，英亦皋陶后。

颐 **危坐至暮，请求不得。膏泽不降，政戾民忒。**

艮为坐，坤暮。艮为请求，坤虚，故不得。上伏兑为膏泽，艮止，故不降。坤为政，为民，坤凶，故曰“戾”，曰“忒”。

大过 **宜昌娶妇，东家歌舞。宴乐有绪，长安嘉喜。**

通颐。巽为妇，震为娶；为东，为歌舞。艮为家，故曰“东家歌舞”。巽为绪，震为嘉乐。

坎 **凿井求玉，非卞氏宝。名困身辱，劳无所得。**

艮手为凿，为求，坎为井。震为玉，为宝。艮为身名，坎为困辱。楚卞和玉最良，然求之于井，非其地。坎为劳，为失，故无得。

离 **鹄思其雄，欲随凤东。顺理羽翼，出次须日。中留北邑，复反其室。**

通坎。震为鹄，为东。离文为凤，震为羽翼。艮手为理，互巽，故曰"顺理"。震为出，艮为次，离为日。艮止，故须日。艮为邑，坎北，故曰"北邑"。艮止，故留。震为复，坎室。

咸 **早霜晚雪，伤害禾麦。损功弃力，饥无所食。**

乾为冰，为霜雪。巽为禾麦；兑为伤，为害，为损弃。乾为功，兑为食。伏坤为饥，故无所食。

恒 **蝙螻生子，深目黑丑。虽饰相就，众人莫取。**

蝙螻，即蝙蝠。《尔雅注》：齐人谓之蝙螻。巽为虫，震为生，为子。伏大离，故曰"深目"。伏坤为黑，为丑，为文饰，为众。震为人，艮手为取；艮覆，故莫取。

遁 **去如飞鸿，避凶直东。遂得全脱，与福相逢。**

艮阳在上为飞，艮为鸟，故为鸿。巽伏，故曰"避凶"。伏震为东，为脱，乾为福。

大壮 **婚姻合配，同枕共牢。以降休嘉，子孙封侯。**

此合对象言，震巽为婚姻，为合配。艮木为枕，震为盆，为牢。《史记·平准书》：官与牢盆。乐彦云：牢乃盆名。《礼记·昏义》：共牢而食。注：共牢者，共食一牲也。此则以震盆为象。震为休嘉，为子。兑为孙，震为诸侯。

晋 **咸阳辰巳，长安戌亥。丘陵生止，非鱼鳅市。不可避阻，终无悔咎。**

伏乾为阳，消息卦乾居辰巳。坤为安，消息卦居戌亥。互艮为丘陵，为止。坤为鱼鳅。言丘陵之地，非鱼市也。坎为阻。

明夷 **螟虫为贼，害我五谷。箪笥空虚，家无所食。**

伏巽为螟。螟，食苗心虫。坎为贼，坤为害。互震为谷，坤数五，故曰

"五谷"。震为簟笥，坤为空虚，故无所食。

家人 **蒙恩拜德，东归吾国。慷慨宴笑，欢乐有福。**

象多未详。祇东归，及宴笑、欢乐，知用伏象。

睽 **赍贝赎狸，不听我辞。系于虎须，牵不得来。**

伏蹇。艮为赍，离为贝，艮为狸。震为辞，震覆，故不听。坎为听也。艮为虎，为须，为牵。艮止，故不来。

蹇 **比目附翼，欢乐相得。行止集周，终不离忒。**

伏重离，故曰"比目"。兑悦为欢乐，艮为止。

解 **一指食肉，口无所得。染其鼎鼐，舌馋于腹。**

坎为肉，数一，故曰"一指食肉"。一，或为以之讹字，不敢定也。震为口，在外，故无得。震为鼎鼐，故染指于鼎鼐也。离为腹。此仍用子公染指于鼎事，详《蒙之萃》。

损 **曳纶江湖，钓挂鲂鲤。王孙利得，以享仲友。**

通咸。巽为纶，艮手为曳，坤为江湖，故曰"曳纶江湖"。艮为钓，为挂，坤为鱼。震为王，艮为孙，故曰"王孙"。巽为利，兑为友，伏大坎为仲。

益 **商纣牧野，颠败所在。赋敛重数，黎元愁苦。**

坤为恶，故曰"商纣"。坤为野，为养，为牧，故曰"牧野"。坤丧，故颠败。坤为藏，故为赋敛。坤为重，故曰"重数"。坤为民，为黑；又艮黔，震苍，故曰"黎元"。伏大坎，为愁苦。

夬 **北辰紫宫，衣冠立中。含和建德，常受天福。**

通剥。艮为星，坤北，故曰"北辰"。艮为宫，为冠，乾为衣，兑为和。乾为天，为福。

姤 **轻战尚勇，不知兵权。为敌所制，从师北奔。**

通复。震为勇，为战。坤为兵，巽为权。坤迷，故不知兵权。震为征，为奔；坤为师，为北，故曰"从师北奔"。

萃 **大口宣唇，神使伸言。黄龙景星，出应德门。兴福上堂，天下安昌。**

兑为口，为唇，巽白为宣。伏震为神，为伸，兑为言。伏震为黄，为龙。

艮为星，为明，故曰“景星”。艮为门堂。

升 **凶子祸孙，仗剑出门。凶讼欢嚣，惊骇我家。**

坤为凶祸，震为子孙。伏艮为匕，为剑。坤为门户，震出，故曰“出门”。初至四，正反两兑口相背，故曰“凶讼欢嚣”。震为惊骇，坤为我，艮为家，艮反，故惊骇我家。

困 **祝伯善言，能事鬼神。辞祈万岁，使君延年。**

三至上正反兑口，故善言。《易》所谓尚口也。故曰“祝伯”。祝史以口舌为用。伏震为伯，坎为鬼。伏震为神，为辞，为岁年，为万，为君。辞，犹拜表、拜书。

井 **珪璧琮璋，执贽见王。百里宁戚，应聘齐秦。**

伏震为玉，为王。伏艮为手，为执。震为百里，坎为忧戚。巽为齐，兑为秦。百里奚用于秦穆，宁戚以《饭牛歌》干齐桓也。

革 **昧旦乘车，履危蹈沟。亡失裙襦，摧折两轴。**

通蒙。震为昧旦，为乘，马车，为履，为蹈。坎险为沟渎，震上坎下，故履危蹈沟。坤为亡失，震为裙襦。坎折坤，坤数二，故曰“两轴”。坤为轴也。

鼎 **胶著木连，不出牛栏。斯飨羔羊，家室相安。**

通屯。坎为胶，震艮坎皆为木，故曰“木连”。又屯初至五，正反两震相合，亦有木连象。震为出，坤为牛，艮为栏，艮止故不出。本卦兑为羔羊，为食，故曰“飨”。艮为家室，为安。

震 **卷领遁世，仁德不舍。三圣攸同，周国茂兴。**

艮为领，坎伏，故曰“卷领”，曰“遁世”。震为仁德，艮止，故不舍。舍，发也。坎为圣，震数三，故曰“三圣”。艮为国，震为周，为兴，故曰“周国茂兴”。

艮 **黍稷苗稻，垂秀方造。中旱不雨，伤风枯槁。**

互震为禾苗，为秀，为造。造，作也。坎为中，为雨；艮火，故旱，故不雨。伏巽为风，离为枯槁。

渐 **冠带南游，与福喜逢。期于嘉贞，拜为公卿。**

艮冠，巽带，离南。伏震为福喜，为嘉。“贞”者，卜问。《周礼·天府》

“季冬，陈玉以贞来岁之美恶”是也。艮手为拜，艮为官，故为公卿。

归妹 一巢九子，同公共母。柔顺利贞，出入不殆，福禄所在。

离为巢，坎数一，故曰“一巢”。震为子，数九，故曰“九子”。震为公，伏巽为母，故曰“同公共母”。震出巽入，震为勇，往故不殆。震又为福禄也。

丰 韩氏长女，嫁于东海。宜家宜主，柔顺以居，利得过倍。

《说文》：韩，干也。故震为韩，为长。兑为女，故曰“长女”。震为嫁，为东，兑为海。震为主，伏艮为家。巽为顺，为利；二四正反巽，故曰“倍”。

旅 因祸受福，喜盈我室，所愿必得。

通节。坎为祸，震为福喜，艮为室。

巽 晋平有疾，迎医秦国。病乃大秘，分为两竖。逃匿肓上，伏于膏下，和不能愈。

通震为晋，坎平坎疾，故曰“晋平有疾”。医、醷同字，酒也。坎为酒，故借用以与象合。坎西，故曰“秦”。艮为国也。坎为病，为隐伏，故曰“病乃大秘”。互艮为僮仆，故曰“竖”；正反艮，故曰“两竖”。坎为心，为膏肓。《成十年》杜注：肓，鬲也。心下曰膏。坎又为逃匿，为和；坎疾，故不愈。《左传·成十年》：晋景公疾，求医于秦，秦使医缓为之。未至，公梦疾为二竖子，曰：彼良医也，惧伤我，焉逃之？”其一曰：居肓之上，膏之下，若我何？”医至，曰：疾不可为也，在肓之上，膏之下，攻之不可，达之不及。

兑 牡飞门启，患忧大解。修福行善，不为身祸。

牡，门牡也。兑牡在艮，艮伏不见，故曰“飞”。艮为门，震为启，故曰“牡飞门启”。艮中爻坎为忧患，震为解，为福。艮为身，坎为祸，震乐，故不为身祸。《汉书·五行志》：成帝元延元年，长安章城门门牡自亡。或谓此事，为焦氏所不及见。岂知京房死于元帝时，真不及见此事者，而房有厥妖门牡自亡之占。可见此事，古已有之，不始于成帝时。

涣 追亡逐北，至山而得。稚叔相呼，反其室庐。

互震为追逐。艮止，故至山而得。艮为叔，中爻正反震，故曰“相呼”。震为反，艮为室庐。

节 **鸟鸣葭端，一呼三颠。动摇东西，危栗不安，疾病无患。**

震为苇，为葭，为鸣，艮鸟在上，故曰“葭端”。坎数一，震数三，震为呼，为颠，为动摇。震东，兑西。坎为栗，为疾病，为患；震乐，故无。

中孚 **龙化为虎，泰山之阳。众多从者，莫敢敉藏。**

震为龙，艮为虎，震反为艮，故龙化为虎。艮山，震东，故曰“泰山”。艮纳丙，丙南，故曰“山阳”。震为从，正覆震，故曰“众”。坎为藏，坎伏，故莫藏。

小过 **猋风阻越，车驰揭揭。弃古追思，失其和节，忧心惙惙。**

巽风，艮火炎上，故曰“猋风”。《尔雅》：扶摇谓之猋。注：暴风从下上。又《月令》：猋风暴雨总至。注：回风为猋。中爻正反巽，故曰“猋风”。越，散也，坠也。阻越，犹逾越也。《易林》用一字能含数象，此等虽《易》亦少也。震为越，为车，为驰。揭揭，驰貌。震为追，坎为思。坎为和，为失，为忧，为心。《诗·桧风》：匪风发兮，匪车偈兮。顾瞻周道，中心怛兮。思周道也。“弃古追思”者，言古周道灭绝，今追思之。正诗意也。或作弃名，则违诗意矣。

既济 **游居石门，禄安身全。受福西邻，归饮玉泉。**

此用需象。乾为石，为门，为行，故曰“游居石门”。乾为福，为禄，为玉，坎为西邻。兑口，故曰“饮”。石门，地名。《论语》：子路宿于石门。

未济 **登高上山，见王自言。申理我谗，得职蒙恩。**

震为登，艮为高，为山。震为王，为言，为申。坎离皆上下兑口相背，故曰“谗”。艮为官，故曰“得职”。多用半象，《易林》于既、未济通例也。

䷅ 乾上坎下 讼之第六

文巧俗弊，将反大质。僵死如麻，流血漂橹。皆知其母，不识其父，干戈乃止。

通明夷。坤为文，坎为俗，巽为敝。震为反，为白，故曰“大质”。坤为死，震为麻，坎为血，为橹。坤水坎水，故流血漂橹。伪古文《尚书·武成篇》：血流漂杵。《孟子》同。杵，焦作橹。坤为母，乾为父。明灭，故不知。离为干戈。

之乾 **文王四乳，仁爱笃厚。子畜十男，夭折无有。**

此用遇卦讼象。乾王，离文，故曰“文王”。艮为乳，初二与三四皆形艮，故曰“四乳”。又巽数四也。乾为仁爱，伏坤为厚。震为子、男，坤数十，故曰“十男”。坤为死，故曰“夭”。坎为折，震生，故夭折无有。又全用讼伏。

坤 **日入望车，不见子家。长女无夫，左手搔头。**

此亦用遇卦讼象。离伏，在下，故曰“日入”。《易》所谓后入于地也。离为望，伏震为车，为子，坎为室家。讼巽为长女，坎为夫，坎隐，故无。伏震为左，反艮为手，为搔，坎为头。亦用讼伏。

屯 **东上泰山，见尧自言。申理我冤，以解忧患。**

艮山，震东，故曰“泰山”。震为帝，为言，故曰“见尧自言”。坎为冤，为忧患；震，解。

蒙 **奎轸汤汤，过角宿房。宣时布和，无所不通。**

艮为星，先天居西北；对兑，兑居东南，故曰“奎轸”。奎西北宿，轸东南宿；而坤坎皆为水，故曰“汤汤”。角、房皆东方宿，震为东，故曰“过角宿房”。艮为时，坎为和。为通。震为轸，艮为角、房，尤切。

需 **引髯牵头，虽惧无忧。王母善祷，祸不成灾。**

通晋。艮为引，为牵，为髯，为头。坎为忧惧，坤安故无忧。坤母，乾王。故曰“王母”。坎上下皆兑口，故曰“善祷”。坎为祸灾，坤安故不灾。

师 **凫得水没，喜笑自啄。毛羽悦怿，利以攻玉。公出不复，伯氏客宿。**

震为凫，坤水、坎水，故曰“没水”。震为喜笑，为口，为啄；坤为自，故曰“自啄”。震为毛羽，为悦怿，为玉。伏巽为利，坎为破，为攻，故曰“利以攻玉”。震为公，为出，为复；坤死，故不复。震为伯，为客，坎为夜，为宿。

比 **水流趋下，欲至东海。求我所有，买鲂与鲤。**

坎坤皆水，故曰“趋下”。坤为海，纳乙，故曰“东海”。艮为求，坤为我；为鱼，故曰“鲂鲤”。

小畜 **獐鹿逐兔，安饱其居。反还次舍，无有疾故。**

通豫。艮为獐鹿；震为逐，为兔，在前，故曰“獐鹿逐兔”。艮为居，为安，坎为饱。艮为次舍，震为反，故反次舍。坎为疾，震乐，故无疾。坤为死，为故。

履 **树植藿豆，不得芸锄。王事靡盬，秋无人收。**

通谦。震为藿豆，艮手为树植，为芸锄；坎陷，故不得。震为王，坤为事。震为行，故曰“靡盬”。靡盬，无定也，见《诗·唐风》注。震为人，震伏，故无。兑为秋。

泰 **弱水之西，有西王母。生不知老，与天相保。**

坤水，坤柔，故曰“弱水”。互兑为西，乾王坤母，故曰“王母”。震为生，乾为老，震乐故不知老。乾为天，震为健，故曰“与天相保”。

否 **数穷廓落，困于历室。幸登玉堂，与尧侑食。**

乾为阳九，居数之极，故曰“数穷”。乾为速，故廓落。艮为室，为时，故曰“历室”。艮止为困，乾为玉；艮为堂，乾行，故登玉堂。乾为帝，故曰“尧”。伏兑为食。

同人 **子锄执麟，春秋作经。元圣将终，尼父悲心。**

通师。震为锄，为子，坤文为麟，坎为获，故曰“子锄执麟”。震为春，坤为秋，坤为文，故曰“春秋作经”。乾为圣，为元，坤死故曰“终”。乾为父，为山，故曰“尼父”。坎为心，为悲。按《左传·哀十四年》：叔孙氏之车子锄商获麟。《公羊》、《谷梁》皆以孔子感获麟而作《春秋》。《后汉·班固传》注引《演孔图》云：孔子母征在梦感黑龙而生孔子，故曰“元圣”。《公羊》：孔子见麟，反袂拭面，涕沾袍。言孔子知将死而悲也。

大有 **尹氏伯奇，父子生离。无罪被辜，长舌所为。**

周尹吉甫，子伯奇，为后母所谗，被逐。故曰“父子生离”。林用其事。此用遇卦讼象。讼通明夷，互震为尹，为伯，为子。讼天水违行，故曰“父子生离”。讼上乾为善，故曰“无罪”。坎为刑，故曰“被辜”。兑为舌，明夷互震，似兑形而长，故曰“长舌”。

谦 **播木折枝，与母别离。九皋难和，绝不相知。**

坎为播，为折，震为木，为枝，坤为母。播，种也。言折枝种于他处，故此枝与母木分离。震纳庚，数九，艮为皋，故曰“九皋”。《诗》：鹤鸣于九皋。震为鹤，在山上，高远故难和。

豫 **眵鸡无距，与鹊格斗。翅折目盲，为鸠所伤。**

旁通小畜。上巽为鸡，半离，故眵目。《说文》：眵，目伤眦也。震为足，巽下断，故无距。离为鹊，为鸠，两兑口相对，故格斗。震为羽，坎折，故翅折。震形目无上眦，故目盲。兑决，故为鸠所伤。

随 **甲乙丙丁，俱归我庭。三丑六子，入门见母。**

震东方，故曰"甲乙"。艮纳丙，兑纳丁。艮为庭，震为归，故曰"甲乙丙丁，俱归我庭"。巽贞丑，震数三，故曰"三丑"。卦六子俱备，故曰"六子"。艮为门，巽为入，为母，兑见，故曰"入门见母"。

蛊 **桑叶螟蠹，衣敝如络。女工不成，丝布为玉。**

巽为桑，为螟蠹，为络。震为衣，巽为敝。言桑坏蚕饥，无所得丝，故衣敝如络。巽为女，为工，巽下断，故不成。巽为丝布，震为玉，言丝布贵如玉也。

临 **开牢辟门，巡狩释冤。夏台羑里，汤文悦喜。**

伏艮为牢门，震为开，为巡狩，为释。艮为台，为里，乾大，故曰"夏台"。夏，大也。艮为道，故曰"羑里"。羑，道也。震为帝王，故曰"汤文"。震为乐，故悦喜。

观 **钦明之德，坐前玉食。必保嘉美，长受安福。**

艮为光明，为坐，伏震为玉。兑为食，震为佳美，坤为安。

噬嗑 **武夫司空，多口争讼。金火当户，民不安处，年饥无有。**

震为武夫，艮为官，故曰"司"；离虚，故曰"司空"。震为口，正反震，故曰"多口"，故曰"争讼"。艮为户，为金，离火，故曰"金火当户"。金火，谓金星、火星也。《史记·天官书》：月、五星顺入，轨道。其逆入，若不轨道，以所犯命之；中坐，成形，皆群下从谋也。金、火尤甚。故《后汉书·天文志》：孝和帝永元七年二月癸酉，金、火俱在参。戊寅，金、火俱在东井。特书其异。唐杨炯《浑天赋》：金火犯之而甚忧。兹曰"当户"，是金、火并见也。首二句似用《左传》宋华元使民筑城，民讴歌嘲笑华元故事。坎为民，坎险不安。震为年，离虚，故饥。

贲 **紫阙九重，尊严在中。黄帝尧舜，履行至公。冠带垂裳，天下康宁。**

艮为阙，坎赤，故曰“紫阙”。震数九，上震覆，故曰“九重”。艮贵，故尊严。震为帝，为黄，故曰“黄帝尧舜”。震为履，为行。艮为冠，伏巽为带。震为裳，艮为反震，故垂裳。震又为康宁也。

剥 **负牛上山，力劣行难。烈风雨雪，遮遏我前，中道复还。**

艮为背，为负，为山；坤牛，故曰“负牛上山”。震为行，震覆，故行难。坤柔，故力劣。坤为风，为冰霜，故曰“烈风雨雪”。艮止为遮遏，坤为我。艮为道，反震为还，为复。

复 **蹇兔缺唇，行难齿寒。口病不言，为身生患。**

震为兔，伏巽下断，故曰“蹇”，曰“缺唇”。震为行，坤闭，故难行。震为齿，坤为冰霜，故寒。震为口，为言；坤害，故曰“病”。坤闭，故不言。坤为身，为患；震为生，故生患。

无妄 **合体比翼，嘉耦相得。与君同好，使我有福。**

艮为体，正反艮相对，故曰“合体”。震为翼，正反震相连，故曰“比翼”，故曰“嘉耦”。乾君，震君，故同好。乾为福，故曰“有福”。

大畜 **口啄卒卒，忧从中出。丧我宝贝，无妄失位。**

兑为口，为啄，震为卒卒。《汉书·司马迁传》：卒卒无须臾之间。注：卒卒，促遽也。乾为惕，为忧；震为出，为宝，艮为贝。兑毁，故丧。无妄覆，故曰“失位”。

颐 **两心不同，或从西东。明论终日，莫适我从。**

震起艮止，故两心不同。震东，伏兑为西，艮明，震论，艮终，伏乾为日，故明论终日。坤为我，震为从，下动上止，故莫适所从。

大过 **哑哑笑言，与喜饮食。长乐行觞，千秋起舞，拜受大福。**

兑为笑言，为饮食。伏震为喜，为乐，为觞，为起舞。兑为正秋，乾为千，故曰“千秋”。伏艮为拜，乾为大福。

坎 **初忧后喜，与福为市。八佾列陈，饮御嘉友。**

坎为忧，震为喜，为福。艮后天数八，震为佾。佾，乐舞八佾，横纵皆八。正反艮震，故用以为象。《易林》用象，其精妙不可思议如此。伏巽为市。震为列陈,为饮御。艮为友。

离 **西徙无家,破其新车。王孙失利,不如止居。**

中爻兑为西,艮为家,艮伏故无家。离为新,伏震为车,兑折故破。伏震为王,艮为孙,巽为利,兑折故失利。艮止,艮居。

咸 **凤凰在左,麒麟处右。仁圣相遇,伊吕集聚。时无殃咎,福为我母。**

通损。坤为凤凰,为麒麟。震左兑右,乾为仁圣。正反震兑口,故曰"伊吕"。伊,吾语声;吕,双口,皆取象震兑。坤为积聚,为殃咎,艮为时。乾福,坤母。

恒 **区脱康居,慕仁入朝。湛露之欢,三爵毕恩。复归旧庐,与母相扶。**

对象益中空,故曰"区脱"。兑西,故曰"康居"。震为仁,为朝,巽为入,故曰"慕仁入朝"。互大坎为湛露。湛露,《小雅》诗篇名,劳使臣也。震为欢,为爵,数三,故曰"三爵"。震为归,艮为庐。坤为母,正反艮手,故曰"相扶"。故实详《屯之鼎》。

遁 **疾贫望幸,贾贩市井。开牢择羊,多得大牂。**

独断云:天子所临曰幸,言或得赏赐而喜幸也。伏坤为贫,艮为望;乾为福,为君,故曰"幸"。巽为贾贩,为市井。艮为牢,伏震为开,兑为羊,为牂。牂,《说文》:牡羊也。乾为大,故曰"大牂"。

大壮 **处高不伤,虽危不亡。握珠怀玉,还归其乡。**

伏巽为高,震乐,故不伤,不危亡。伏坤为亡也。震为珠,乾为玉,伏艮为握。震为归,坤为乡。

晋 **右手弃酒,左手收柈。行逢礼御,饵得玉杯。**

艮为手,伏兑为右,坎为酒。离为左。柈,食器也。震为柈,二四震反,故曰"收柈"。坤为礼,艮为玉,为杯。

明夷 **养虎牧狼,还自贼伤。大勇小捷,虽危不亡。**

坤为虎狼,为牧养。坤丧,故贼伤。坎为贼也。震为勇捷,乾大坤小。坎险,故危。震乐坤安,故不亡。

家人 **戴尧扶禹，松乔彭祖。西过王母，道路夷易，无敢难者。**

通解。震为帝，故曰“尧”、“禹”。下两半艮，艮为戴，为扶；为坚木，为寿，故为松乔彭祖。坎为西，震为王，巽为母，故曰“王母”。赤松子、王子乔，皆仙人。彭祖，名篯，寿八百岁。《穆天子传》：穆王西巡，宴王母于瑶池之上。艮为道路，坎为平，故曰“夷易”。“夷”者，平也。艮皆用半象。

睽 **秋冬探巢，不得鹊雏。衔指北去，愧我少姬。**

兑为秋，坎为冬，为巢。半艮为手，故曰“探巢”。离为鹊，兑为雏；坎失，故不得。兑口为衔，艮为指；坎北，故曰“北去”。坎为愧，兑为少姬。

蹇 **两羝三牂，俱之我乡。留连多难，损其食粮。**

伏兑为羊，故曰“羝”，曰“牂”。羝、牂，皆牡羊也。兑卦数二，艮数三，故曰“两羝三牂”。艮为乡。坎陷，艮止，故流连。坎为难。震为食，为粮；震覆，故曰“损”。

解 **南徙无庐，鸟破其巢。伐木思初，不利动摇。**

震为行，为南，艮为庐；艮覆，故曰“南徙无庐”。离为鸟，坎为巢；坎破，故鸟破其巢。震为木，为伐；坎为思，故曰“伐木思初”。《诗》：伐木丁丁，鸟鸣嘤嘤。言鸟尚知求友也。震为动摇，坎险，故不利。

损 **争讼不已，更相牵击。张季弱口，被发北走。**

二至上正反震，故争讼。正反艮，故相击。震为张，艮为季；坤柔兑口，故曰“弱口”。震为发；坤位北，故北走。

益 **延颈望酒，不入我口。初喜后否，利得无有。**

艮为颈，为望，兑为酒；又为口。坤我，口象覆，故不入我口。震为喜，为后；坤丧，故初喜后否。巽为利，坤亡，故利得无有。

夬 **被发倾走，寇逐我后。亡失刀兵，身全不伤。**

通剥。震为发；震反，故被发。“被”者，下垂也。震为走；震反，故倾走。艮阳在上，为刀兵；坤为亡失，故曰“亡失刀兵”。坤为身。

姤 **麟凤所游，安乐无忧。君子抚民，世代千秋。**

通复。坤为文，为麟凤。震为游，为乐。坤为忧，震乐，故安乐无忧。乾为君子；坤为民，为世，为千秋。

萃 **褰衣涉河，水深渍罢。赖幸舟子，济脱无他。**

坤为衣裳，艮手为褰。坤为水，故曰“涉河”。上兑，互大坎，下坤，皆为水，故曰“水深”。坎劳，故疲。伏震为舟，为子，为济。

升 **愦愦不悦，忧从中出。丧我金罂，无妄失位。**

坤迷，故曰“愦愦”。坤忧，故不悦。坤在外，故曰“出”。坤为丧，为我；伏艮为金，震为罂，故曰“丧我金罂”。伏无妄，故失位。

困 **绊跳不远，心与言反。尼父望家，萏菡未华。**

巽为绳，伏震为跳，故曰“绊跳”。震反，故不远。坎为心，三上正覆兑相背，故曰“心与言反”。《易》所谓有言不信者以此。伏震为父，艮为山，故曰“尼父”。互离为望，艮为家，故曰“望家”。兑为华，为萏菡；巽落，故不华。

井 **大牡肥牸，惠我诸舅。内外和穆，不忧饥渴。**

通噬嗑。离为牛，为牡，为牸。震为父，为舅；正反震，故曰“诸舅”。坎为和，内互大坎、外坎，故曰“内外和穆”。离为饥渴，坎为忧；震乐，故不忧。《诗·伐木篇》：既有肥牡，以速诸舅。林所本也。

革 **黄帝建元，文德在身。禄若阳春，封为鲁君。**

通蒙。震为黄，为帝。为“建元”者，首也，言黄帝始作甲子也。乾为首。坤为文，为身，为禄。震为阳春，为君。兑为鲁，故曰“鲁君”。

鼎 **虎聚磨牙，以待豚猪。往必伤亡，宜利止居。**

通屯。正反艮，艮虎，故曰“虎聚”。艮为磨，兑为牙；正反兑，故磨牙。坎为豚猪，艮止，故曰“待”。震为行，坎灾在上，故往必伤。艮为居止。

震 **天地配享，六位光明。阴阳顺序，以成和平。**

震为口，为食；上下震，故曰“天地配享”。艮为位，为光明。坎数六，故曰“六位光明”。阳遇阴则通，故曰“顺序”。坎为和平。

艮 **猿坠高木，不踒手足。保我金玉，还归其室。**

艮为猿，在震上，故曰“猿坠高木”。艮为手，震为足。坎为折，为踒；震行，故不踒。艮为金，为保。震为玉，为反，艮为室。

渐 **营室紫宫，坚不可攻。明神建德，君受大福。**

艮为宫室，为星。营室，宿名，居亥方，艮象也。《天文志》：紫宫为皇极之居。即北辰也。坎赤，故曰“紫”。艮为坚，为明。伏震为神，为建，为君，为福。

归妹 **孤翁寡妇，独宿悲苦。目张耳鸣，无与笑语。**

震为翁，坎为孤。伏巽为震妇，巽寡，故曰“寡妇”。坎为独，为宿，为愁苦。互离为目，震为张，为鸣；坎耳，故曰“目张耳鸣”。震为笑语，坎孤，故无与笑语。

丰 **低头窃视，有所畏避。行者不利，酒酸鱼败，众莫贪嗜。**

艮为头，为视。艮覆，故曰“低头”，曰“窃视”。巽为伏，故曰“畏避”。震为行，巽颠趾，故不利。巽为鱼，为臭，故曰“鱼败”。兑为酒，从木作酸，故酒酸。

旅 **载金贩狗，利弃我走。藏匿渊底，悔折为咎。**

通节。震为车，为载，为商贩。艮为金，又为狗，故曰“载金贩狗”。震为走，巽为利；坎失，故曰“利弃我走”。坤为渊，坎为隐，坎入坤中，故曰“藏匿渊底”。兑为折。

巽 **行触大忌，与司命牾。执囚束系，拘制于吏。**

伏震为行，为触。初至四大过死，故曰“大忌”。巽为命，初四正反两巽相背，故与司命牾。《晋书·天文志》：文昌六星，在北斗魁前。五曰司命。主寿。《礼记》五祀之一。伏艮为拘系，为官，故曰“拘制于吏”。

兑 **执玉欢喜，佩之解挛。危详反安，使我无患。**

通艮。艮为执，震为玉，为喜。中二句必有讹字，义未详。

涣 **机杼纷扰，女功不成。长女许嫁，衣无襦袴。闻祸不成，凶恶消去。**

坎为机杼。巽为绳，为女功。震为动，艮为成；二五正反震艮，故曰“纷扰”，曰“不成”。巽为长女，震为归，为嫁，为言，故许嫁。震为襦，巽为袴；坎隐，故无襦袴。下二句疑赘。

节 **金人铁距，火烧左右。虽惧不恐，独得全处。**

艮为金铁，震人，震距，故曰“金人铁距”。艮为火，震左兑右，故火烧左右。坎为忧恐，震乐艮安，故得全处。

中孚 **谢恩拜德，东归吾国。舞蹈欣跃，欢乐受福。**

艮为拜，震为谢，兑为恩泽。震为东，为归；艮为吾，为国。下二句皆震象。

小过 **青牛白咽，呼我俱田。历山之下，可以多耕。岁乐时节，民人安宁。**

艮为牛，震东方，色青，故曰“青牛”。巽色白，兑为咽，故曰“白咽”。咽，音燕，与田韵。震为呼，为耕。艮为山，兑为下，故曰“山下”。震为岁时，为乐，艮为安宁。

既济 **白雉群雊，慕德朝贡。湛露之恩，使我得欢。**

离为雉，震为白，为雊；重离，故群雊。坎为慕，震为朝。坎为露，为恩，震为欢。多用半象。

未济 **避患东西，反入祸门。糟糠不足，忧思我心。**

坎为避，为患，为西；离为东，故曰“避患东西”。艮为门，坎为祸。震为糟糠；离饥，故不足。坎为忧思，为心。艮、震皆用半象。

䷆ 坤上 坎下 师之第七

鸟鸣呼子，哺以酒脯。高楼之处，子来归母。啬人成功，年岁大有，妬妇无子。

震为鸟，为鸣，为子，为哺。坎为酒，为脯；为室，坤为重，故曰“高楼”。坤母震子，震归，故曰“子来归母”。震为人，坤为吝啬，故曰“啬人”。啬人，乡官也。震为功，坤为年岁，为积聚，故大有。坎为妬，伏巽为妇；坤丧，故无子。

之乾 **一簧两舌，佞言谄语。三奸成虎，曾母投杼。**

此全用师象。震为音，故曰“簧”。坎数一，故曰“一簧”。震为舌，坤数二，故曰“两舌”。震数三，坤为奸，乾为虎，故曰“三奸成虎”。坤为母，为重，曾与层同，故曰“曾母”。坎为杼，事详《坤之夬》注。佞言谄语，言坎上下皆兑口。凡《易》云“有言”者，象皆如此。

坤 **春桃生花，季女宜家。受福且多，在师中吉，男为邦君。**

此用遇卦师象。震为春，为桃，为花，为生。坎为室家，伏巽为季女。《诗·召南》：桃之夭夭，灼灼其华。之子于归，宜其室家。坤为邦；震为长男，为君，故曰“男为邦君”。

屯 **殊类异路，心不相慕。牝牛牡猳，独无室家。**

艮、震皆为道路，相反，故曰“殊类异路”。心不相慕，坎为心也。坎为牡猳，坤为牝牛。艮为室家，坤寡坎孤，故无室家。

蒙 **折若蔽日，不见稚叔。三足孤乌，远其元夫。**

《楚辞》：折若木以蔽日。若，木名也。坎为木，为折；离伏，故曰“蔽日”。艮为叔，为少；坎隐，故不见稚叔。震为足，数三；艮为鸟，为乌，故曰“三足孤乌”。震为夫，为长，故曰“元夫”。

需 **雀东求粒，误入罔域。赖仁君子，脱服归息。**

通晋。离为雀，位东。艮为求，艮为反，震为粒，故曰“雀东求粒”。离为网罭。乾为仁，为君子。震为服，为归。震反为艮，艮止，故曰“脱服”，曰“归息”。《诗》：两服上襄。注：两服者，马之上驾也。脱服，即弛驾也。

讼 **王孙季子，相与孝友。明允笃诚，升擢荐举，为国干辅。**

通明夷。震为王，为子；反艮为孙，为季。坤顺，故孝友。离明，坎信，故曰“明允笃诚”。震为升擢、荐举。坤为国，震为辅。

比 **刖树无枝，与子分离。饥寒莫食，独泣哀悲。**

艮为刀，为手，为木，故曰“刖树”。坎为孤，故曰“无枝”。坎为寒，坤为饥。兑口为食，兑伏，故莫食。坎为独，为泣，为悲哀。第二句象未详。

小畜 **舜升大禹，石夷之野。征诣玉阙，拜治水土。**

通豫。震为帝，为升，故曰“舜升大禹”。艮为石，坤为夷，为野，故曰“石夷之野”。《洛书·灵准听》“禹出石夷”是也。震为徵，为诣，为玉。艮为阙，为拜。坎为水，为土。

履 **义不胜情，以欲自营。见利危躬，灭君令名。**

通谦。坤为义，坎为情，为欲。巽为利，艮为躬；坎危，兑见，故曰“见利危躬”。震为君，艮为名，坎灭，故曰“灭君令名”。

泰 **二人北行，六位光明。道逢淑女，与我骥子。**

震为人，数三，故曰“三人北行”。坤为北。乾数六，伏艮为位，为光明，故曰“六位光明”。艮为道，伏巽为淑女，为震妇，故曰“与我骥子”。震为马，为子。

否 **羿张乌号，彀射天狼。柱国雄勇，斗死荥阳。**

坤为恶，故曰“羿”。羿篡夏。《论语》：羿善射。乌号，弓名。伏震为号，为射，艮为乌，故曰“乌号”，曰“彀射”。艮为狼，上乾，故曰“天狼”。星名也。坤为国，艮为柱，故曰“柱国”。乾健，故曰“雄勇”。坤为死，为水，故战死荥阳。荥，水名。按《史记・陈涉世家》：陈王以房君蔡赐为上柱国，后败死。不著死地。“死荥阳”者，为李归。又吴叔虽死荥阳，为部下所杀，非斗死也。林词或别有所据，抑蔡赐亦死荥阳欤？

同人 **季姬踟蹰，结衿待时。终日至暮，百两不来。**

离为日，伏坎为暮。乾为百，坤为大舆，数二，故曰“百两”。巽伏，故不来。季姬，指互巽。大遇以巽为女妻，《易林》本之，见巽即谓为少齐。季亦少也。陈朴园云：案《左传》，齐桓公有长卫姬，少卫姬。疑《易林》所云季姬，即少卫姬。又《同人之随》有“望我城隅，终日至暮，不见齐侯”之语，陈氏并谓其说《卫风》静女之诗。

大有 **鸿雁翩翩，始怨劳苦。灾疫病民，鳏寡愁忧。**

通比。艮为鸿雁，为飞，故曰“翩翩”。坎为怨，为劳苦，为灾病。坤为民，为寡。艮为鳏，坎为寡。

谦 **穿胸狗邦，僵离旁春。天地易纪，日月更始。**

坤为腹，为胸。卦一阳在五阴之中，坎为穿，故曰“穿胸”。坤为邦，艮为狗，故曰“狗邦”。坤死，故曰“僵离”。艮手，故曰“旁春”。坤地，艮为天。艮居丑寅，成始成终，故曰“易纪”，曰“日月更始”。坎月，艮为日，震为春，故更始。《尔雅・释地》疏：蛮类有八，五曰穿胸，七曰狗轵，八曰旁春。又《逸周书・王会》：正西，昆仑、狗国、贯胸、离丘。丁晏云狗邦即犬戎，非。又，《山海经》有贯胸国。《淮南子・坠形训》有穿胸民。《后汉书・南蛮传》有封离，杨竦破封离是也。又有那离，见《西羌传》。疑僵离或封离之音讹字。

豫 **北山有枣，使叔寿考。东岭多栗，宜行贾市。陆梁雌雉，所至利喜。**

艮为山，坤为北，艮为果，故曰“北山有枣”。艮为叔，为寿考。震为东，艮为岭，为栗。伏巽为贾市。艮为梁，伏离为雉，震为喜。

随 **干旄旌旗，执帜在郊。虽有宝珠，无路致之。**

震为木，为干，为羽，故为旄，为旌旗。《左传》：火焚其旗。即以震为旗。艮手为执，震为宝玉，为路。艮止，故无路。《诗·墉风》：孑孑干旄，在浚之郊。《毛》谓美大夫下贤。兹日虽有宝珠，无路致之，是齐说与《毛》异。

蛊 **精洁塞渊，为谗所言。证讯诘问，系于枳温。甘棠听断，怡然蒙恩。**

震为精洁，兑为渊，坎为塞。《诗·卫风》：秉心塞渊。《笺》：塞，充实；渊，深也。三上正反震，故曰“谗言”，曰“讯问”。艮为拘系。枳，地名，在魏郡；温，在河内。巽木为枳，艮火为温，故曰“枳温”。凡《易林》用字，无论地名、人名，无不从象生。巽为棠。初四正反兑，故曰“听断”。兑为耳，为听，为恩。按，以正反震兑为谗，为诘问，则《易》与《左传》用覆之处皆得解。系于枳温，《左传·僖二十八年》：会于温，卫侯与元喧讼于是，卫侯不胜，置诸深室。“甘棠听断”者，《诗·召南·甘棠篇》，鲁韩《诗》说皆谓召伯听讼棠下，兹曰“蒙恩”，似谓召伯能平反冤狱也。

临 **玄黄瘣颓，行者劳罢。役夫憔悴，逾时不归。**

震为马，为玄黄，坤弱，故曰“玄黄”。瘣、颓，皆病也，见《毛诗》、《周南》注。震为行，坤役万物，故劳疲。坤为役。震为夫，为逾，为时，为归。坤丧，故不归。

观 **肤敏之德，发愤晨食。虏豹禽说，以成主德。**

艮为肤，巽为敏。伏震为发，为愤，为晨，为食。艮为拘系，为虏，为禽。艮为豹，伏兑为说，故曰“虏豹禽说”。豹，魏王豹；说，代相夏说也。见《史记·淮阴侯传》。伏震为主。

噬嗑 **采唐沫乡，要我桑中。失信不会，忧思约带。**

艮为采，震为唐。唐，莱也。艮为乡，坎隐，故曰“沫乡”。沫，卫邑，见《卫风》。震为要，为桑，坎为中，故曰“桑中”。《诗》：期我乎桑中。坎为信，为失；艮止，故不会。坎为忧思，伏巽为带，为约。约带，即结带。按，《桧风·素冠篇》：我心蕴结。《曹风·鸤鸠篇》：心如结兮。《正义》云：言忧愁不散，如物之裹结。即约带之义也。杨慎谓即古诗衣带日以缓之义，非。

贲 **伯宁子福，惠我邦国。蠲除苛残，使季无患。**

震为伯，为子，为福。艮为邦国，为季。坎为患，震乐，故无患。

剥 **谗父佞雄，贼乱邦国。生虽忠孝，败困不福。**

通夬。兑为言，乾为言，兑口与乾言相背，故曰"谗父佞雄"。"父"，长者之称，言为谗人之长，佞者之雄也。坤为贼，为乱，为邦国。

复 **渊泉堤防，水道利通。顺注湖海，邦国富有。**

坤马渊，为泉，坤闭为堤防。震为道，坤水，故曰"水道"。震为通，伏巽为利。坤为顺，为湖海，为邦国，为富有。

无妄 **江南多蝮，螫我手足。冤繁诘屈，痛彻心腹。**

乾为江河，位南，故曰"江南"。蝮，毒蛇也。伏坤为螫，艮手，震足。正反震，故曰"冤繁"。正反艮，故曰"诘屈"。伏坤为心，为腹。

大畜 **三人俱行，别离独宿。一身五心，反复迷惑，乱无所得。**

震为人，为行，数三，故曰"三人俱行"。一阳止上，故曰"别离独宿"。通萃，坤为身，乾卦数一，故曰"一身"。巽卦数五，伏坤为心，故曰"五心"。三至上，正覆巽，坤迷，故反复迷惑。坤虚，故乱无所得。

颐 **鸦鸣庭中，以戒灾凶。重门击柝，备不速客。**

艮为鸦，为庭，震为鸣，坤为灾凶。古人常以鸦鹊鸣为占。艮为门，正反艮，故曰"重门"。震为柝，为鸣，艮为击，震为客。

大过 **功成事就，拱手安居。立德有言，坐饬贡赋。**

通颐。震为功，艮为成，坤为事。艮为拱，为手，为安居。震为立，为德，为言。艮为坐，坤为贡赋，震为饬。全用旁通。

坎 **国乱不安，兵革为患。掠我妻子，家中饥寒。**

中爻艮为国，震动，故不安。艮为兵，为革，坎为患。艮手，为掠，震子，伏巽为妻。艮为家，坎为寒，伏离为饥。

离 **戴尧扶禹，松乔彭祖。西过王母，道路夷易，无敢难者。**

通坎。中爻震为帝，故曰“尧禹”。艮为扶，为戴，艮坚，为松乔，为彭祖。解详《讼之家人》。坎为西，震为王，巽为母，故曰“王母”。艮为道路，坎平，故道路夷易。

咸 **长尾蝼蛇，画地成河。深不可涉，绝无以北，惆怅喟息。**

艮为尾，巽长，故曰“长尾”。巽为蛇，故曰“蝼蛇”。蝼蛇，虫名也。《管子·水地篇》“蝼，一头两身，其形若蛇，其长八尺”是也。通《损》。坤为地，为江河，艮为画。坤水，临大泽，故曰“深不可涉”。兑为绝，坤位北。兑口为喟息。喟息，犹叹息。

恒 **乘龙从霓，征诣北阙。乃见宣室，拜守东域。镇慰黎元，举家蒙福。**

震为龙，为乘，巽为霓。霓，日旁气。伏艮为关，坤为北。震往为诣，为宣明；艮室，故曰“宣室”。艮为拜，为守，震东，故守东域。坤为黑，为黎元。艮家，震福。

遁 **土与山连，终身无患。天地高明，万岁长安。**

艮为土，乾为山，故曰“土与山连”。艮为终，为身，伏震为乐，故终身无患。乾天坤地，巽高艮明，故曰“高明”。乾为万岁，艮安，巽长，故曰“长安”。

大壮 **久旱水涸，枯槁无泽。虚修其德，未有所获。**

通观。艮为火，故旱。故水涸。坤为水，巽为枯槁。枯槁，故无泽。坤为虚，虚故无获。

晋 **依山倚地，凶危不至。上清下净，君受其利。**

坤地艮山，艮为依倚，故曰“依山倚地”。坤为凶，坎为危，艮安，故凶危不至。艮上坤下，坎水，故曰“清净”。伏乾为君。

明夷 **火烈不去，必殪僵仆。燔我衣裾，祸不可悔。**

离火；震往为去，坎陷故不去。不去必僵仆，坤为死也。震为衣裾，离为燔。坤为我，为祸。

家人 **配合相迎，利之四乡。欣喜兴怿，所言得当。**

此用师象。坎为配合，巽为利，震为之。震卦数四，故曰“利之四乡”。

坤为乡。震为乐，为兴，为言。

暌 **清人高子，久屯外野。逍遥不归，思我慈母。**

高子，高克。清，郑邑名。《诗序》：郑文公恶高克，使将兵河上，久不召，兵散，故赋《清人》诗。此似用遇卦师象。

蹇 **武库军府，甲兵所聚。非里邑居，不可舍止。**

此兼用师象。震为武，坤为军，为府库。艮为甲兵，坎为聚。艮为邑，为里居，为舍止。多兵，故不可舍止。

解 **三德五才，和合四时。阴阳顺序，国无咎灾。**

《书・洪范》：六，三德，一曰正直，二曰刚克，三曰柔克。五材，金木水火土也。震数三，故曰"三德"。坎数五，震木，故曰"五材"。坎为和，为合。震为时，卦数四，故曰"四时"。离坎杂居，故曰"阴阳顺序"。

损 **解衣毛羽，飞入大都。晨门戒守，郑忽失家。**

震为解，为衣，为毛羽，为飞。坤为大都。艮为门，震为晨，故曰"晨门"。艮为守，震言为戒，故曰"戒守"。坤为郑。《释名》：郑，町也；地多平，町町然也。町，田区畔也。故坤为郑，纯取卦形。坤亡，故曰"郑忽失家"。艮为家也。郑忽，郑昭公名。《左传・桓十一年》"郑忽出奔卫"是也。

益 **刖根烧株，不生肌肤。病在心腹，日以焦枯。**

艮为刀兵，为手，故曰"刖根"。巽下断，刖根之象。艮为火，故烧株。震巽皆为本株。艮为肤，巽落，故不生。坤为腹，为心，为病。艮火为焦枯，伏乾为日。是可为艮刀艮火证。

夬 **文山紫芝，雍梁朱草。生长和气，王以为宝。公尸侑食，福禄来处。**

通剥。艮山坤文，故曰"文山"。艮形似芝，乾舍离，离宫色紫，故曰"紫芝"。乾为大赤，故曰"朱草"。兑西，故曰"雍梁"。乾为生长，兑悦，故曰"和"。乾为王，为宝，为父，为公。坤为尸，兑为食。乾为福禄。《诗・大雅》：公尸来燕来处，福禄来下。陈朴园云：《凫鹥》诗。《郑笺》以为第三章为祭天地山川之诗。盖王者德配天地，紫芝朱草符瑞并臻也。

姤 **多载重负，捐弃于野。予母谁子，但自劳苦。**

通复。坤为多载重负，为捐弃，为野。坤为母，震为子，震伏坤死，故曰“谁子”。言无子也。坤役万物,故劳苦。坤焉自。

萃 **凫雁哑哑,以水为家。雌雄相和,心志娱乐,得其欢欲。**

艮为凫雁,正反兑口,故曰“哑哑”。艮为家,坤为水。兑雌艮雄,坎为和,故曰“相和”。坎为心志,兑悦为娱乐,为欢。

升 **耳目盲聋,所言不通。伫立以泣,事无成功。**

兑为耳,坤闭,故聋。离为目,兑半离,目不全,故盲。兑口为言,坤闭,故不通。震为立,坎为泣。坤为事,坤丧,故无功。

困 **天官列宿,五神所舍。宫阙坚固,君安其居。**

通贲。艮为官,在上,故曰“天官”。艮为星,故曰“列宿”。坎亦为宿也。震为神,坎数五,故曰“五神”。五神,金木水火土五星也。艮为舍,为宫阙,为坚固,为安居。震为君。

井 **范子妙材,戮辱伤肤。后相秦国,封为应侯。**

巽为虫,故曰“范”。《礼·檀弓》:范则冠而蝉有緌。注:范,蠭也。伏震为子,故曰“范子”。巽为材,兑为毁折,离为肤,故戮辱伤肤。伏震为相,艮为国,兑西,故曰“相秦国”。艮为封,伏震为诸侯,为声,正反震相和答,故曰“应侯”。《史记·范雎传》:魏齐笞雎,摺胁,弃厕中,更溺之。后为秦相,封应侯。以应侯象正反震,神妙。

革 **秋冬探巢,不得鹊雏。衔指北去,惭我少夫。**

兑为秋,互乾为冬。艮为巢,为手,故曰“探巢”。兑为鹊雏,坤为失,故不得。兑口为衔,艮为指。坎为北,震往,故曰“北去”。艮为少夫,坎为惭,故曰“惭我少夫”。正伏象杂用。

鼎 **子畏于匡,厄困陈蔡。德行不危,竟脱厄害。**

通屯。震子,坎畏。匡,目匡,离象。坎陷,故厄困。震为陈,艮为龟,为蔡。事皆见《论语》。震为行,艮安,故不危,故脱厄害。坤为害。

震 **鸿飞在陆,公出不复。仲氏任只,伯氏客宿。**

互艮为鸿,为飞;为陆,故曰“在陆”。震为复,为公,为出;坎陷,故不复。坎为仲,为宿。震为伯,为客。首二语见《豳风》,美周公也。震为周,故因以起兴。三句见《邶风》。“任”者,《郑笺》:相亲信也。

艮 **鹤鸣九皋，避世隐居。抱朴守贞，竟不随时。**

互震为鹤，为鸣。艮为皋，震数九，故曰“九皋”。坎为隐避，艮为居；为抱，为守。震木为朴，艮为贞；为时，坎隐，故不随时。

渐 **舜升大禹，石夷之野。征诣王庭，拜治水土。**

解见《乾之中孚》，《师之小畜》。渐伏象，与前同。

归妹 **左辅右弼，金玉满堂。常盈不亡，富如廒仓。**

本象、对象杂用。解见《蒙之坤》。

丰 **崔嵬北岳，天神贵客。衣冠不已，蒙被恩德。**

通涣。巽高，故崔嵬。艮山，坎北，故曰“北岳”。震为神，为客，艮阳在上而贵，故曰“天神贵客”。艮为冠，震为衣，为恩德。

旅 **空槽注器，猏毚不至。张弓祝鸡，雄父飞去。**

艮为槽，互巽为猏毚。《庄子·达生篇》：以瓦注者巧。《释文》：注，击也。“注器”者，击器。使猏毚闻然，槽空无食，亦不至也。艮止，故曰“不至”。艮少，故曰“猏毚”。伏坎为弓，震为张，故曰“张弓”。巽为鸡，兑口为祝。“祝”者，呼声。《说苑》：犹举杖而祝狗，张弓而祝鸡。伏震为雄，为父，为飞。巽伏，故曰“飞去”。

巽 **蛮夷戎狄，太阴所积。涸冰冱寒，君子不存。**

初四大坎，故曰“太阴”。蛮夷、戎狄，皆阴类。坎为冰，为寒，艮为君子。二至四艮伏，故君子不存。

兑 **甘露醴泉，太平机关。仁德感应，岁乐民安。**

解见《屯之谦》。兑通艮，艮象与谦同。

涣 **恶来呼伯，慎惊外客。甲守闭宅，以备凶急。临折之忧，虽灭无灾。**

丁云：恶来，纣臣名。然此似非用事。恶来，犹闻凶耗也，故呼伯为助。震为呼，为伯。巽为旅客，在外，故不惊外客。震为惊。艮为甲，为守，为宅。坎闭，故曰“闭宅”。伏兑为急，为毁折。坎为忧，为灭，为灾。震乐，故无灾。

节 **日月相望，光明盛昌。三圣茂功，仁德大隆。**

坎为月，艮为日，为观；正反艮，故曰“相望”。艮为光明，震为盛昌。

坎为圣，震数三，故曰"三圣"。震为茂，为功，为仁德，为隆。三圣，指文、武、周公。

中孚 **葛藟蒙棘，华不得实。谗佞乱政，使恩壅塞。**

震为葛藟，伏大坎为棘，故曰"蒙棘"。兑为华，艮为实；巽陨，故不实。中爻正反震，故曰"谗佞"。正覆艮，艮止，故壅塞。兑为恩泽。葛藟，本《唐风·葛生篇》。《毛》谓刺晋献公好攻战。兹谓刺谗佞，与《毛》异。

小过 **邻不我顾，而望玉女。身多癞疾，谁肯媚者？**

震为东，故曰"邻"。艮阳在上，为望。震为玉，兑为女，故曰"玉女"。艮为身，多节，故曰"癞疾"。兑为媚。

既济 **精诚所在，神之为辅。德教尚忠，弥世长久。三圣茂功，多受福祉。**

此用师象。坎为精诚，震为辅，为教。坎为忠，故曰"尚忠"。坤为世，重坤，故曰"弥世长久"。坎为圣，震数三，故曰"三圣"。震为功，为福佑。

未济 **钻木取火，掘地索水。主母饥渴，子为心祸。**

此仍用师象。伏同人，巽木离火；师，坤地坎水。坤为母，震为主，故曰"主母"。震为子，坎为心。

䷇ 坎上 坤下 比之第八

鹿得美草，鸣呼其友。九族和睦，不忧饥乏。

艮为鹿，反震为草，为鸣呼。阴阳相遇为友，艮为友，以阳遇阴也，此谓九五也。坤为族，《汉上易》谓坤数九，以乙至癸也，故曰"九族"。坎为和睦，为忧。坤虚，为饥乏；比乐，故不忧。

之乾 **继祖复宗，追明成康。光照万国，享世久长。**

乾为祖宗，为大明，为光，为久长。伏坤为万国。

坤 **麟子凤雏，生长嘉国。和气所居，康乐温仁，邦多哲人。**

坤为文，为麟凤，为国，为邦。遇卦比，坎为和，为明哲。艮火，故曰“温仁”。

屯 **灼火泉源，钓鲤山巅。鱼不可得，火不肯燃。**

坎为泉，坤亦为水，而坎在上，故为泉源。艮为火，在坎下，故曰“灼火泉源”。艮为山，坤为鱼，艮手为钓。故曰“钓鲤山巅”。坤虚，故二者皆不可得。

蒙 **彭生为豕，白龙作灾。盗尧衣裳，桀跖荷兵。青禽照夜，三日夷伤。**

艮为寿。故曰“彭老”。彭寿八百。震为生，坎为豕。《左传》：豕人立而啼，从者曰：公子彭生也。震为白，为龙。坎为灾，为盗。震为帝，故曰“尧”。震衣坤裳。坤为恶，故曰“桀跖”。艮为兵，为荷。震为马。青禽、照夜，皆马名。震东方，色青，艮鸟，故曰“青禽”。艮火，坤夜，故曰“照夜”。坤为夷伤，伏离为日；震数三，故曰“三日”。

需 **黍稷醇醲，敬奉山宗。神嗜饮食，甘雨嘉降，庶物蕃殖。独蒙福祉，时灾不至。**

坎为酒，故曰“醇醲”。乾为宗，伏艮，故曰“山宗”。坎为饮食，为雨。伏坤为庶物，乾为福祉。

讼 **李华再实，鸿卵降集。仁哲权舆，荫国受福。**

通明夷。震为李，为花，乾为实。震为鸿，为卵，坤为降集。震为仁，坎为哲，巽为权。震为舆，为荫，坤为国。

师 **千岁之墟，大国所屠。不见子都，城空无家。**

坤为千岁，为墟，为国；为杀，故曰“屠”。震为子，坤为都，故曰“子都”。坎伏，故不见。《郑风》语也。坤为城，为虚，故曰“城空”。艮为家，艮覆，故无家。家，音姑。

小畜 **公子王孙，把弹摄丸。发辄有得，室家饶足。**

通豫。震为公子，为王；艮为孙，故曰“王孙”。坎为弹丸，艮手为把，为摄。震为发，坎为得。艮为家，坎为室，坤为饶足。

履 **骊姬谗喜，与二嬖谋。谮杀恭子，贼害忠孝。申生以缢，重耳奔逃。**

乾马，兑姬，故曰“骊姬”。正反兑相对，故曰“谗”。谗喜，言喜谗也。伏坎为谋，为嬖。嬖，爱也。兑卦数二，故曰“二嬖”。《左传·庄二十八年》：骊姬嬖，赂外嬖梁五与东关嬖五，使谮太子于公而杀之。伏坤为杀，震为子。巽为贼，坤为害，坤顺为忠孝，故曰“贼杀忠孝”。震为申，为生，巽绳为缢，故曰“申生以缢”。坎为耳，坤为重，故曰“重耳”。震为奔逃。

泰 **长生无极，子孙千亿。柏柱载梁，坚固不倾。**

震为长生，为子。伏艮为孙，乾为千万。又坤众，故曰“千亿”。伏艮为柏，为梁柱；为坚固，故曰“不倾”。

否 **失意怀忧，如幽狴牢。亡子丧夫，附托寄居。**

卦否，而象全用遇卦比。坎为意，为忧怀，为牢狴。坎陷，故曰“幽”。艮为子，为夫；坤为丧亡，故曰“亡子丧夫”。附托寄居，言阴顺阳也。艮为居。

同人 **仁智隐伏，麟不可得。龙蛇潜藏，虚居堂室。**

通师。震为仁，坎为智，为隐伏。坤文为麟，坤亡，故不可得。震龙巽蛇，巽伏，故曰“龙蛇潜藏”。坤为虚，坎为室，故曰“虚居堂室”。

大有 **捌絜堁堁，缔结难解。嫫母衒嫁，媒不得坐，自为身祸。**

捌，捩也。絜、挈同，度也。《庄子·人间世》“见栎社树，絜之百围”是也。堁，尘起貌。《淮南子·主术训》“扬堁而弭尘”是也。卦通比，比互艮手，故曰“捌絜”。言捩转絜度而堁堁尘起也。下重坤，坤土，故曰“堁堁”。坎陷，故缔结难结。坤恶，故曰“嫫母”。反震为嫁，离明在上，故曰“衒嫁”。坎为和合，为媒，艮为坐；坎陷，故不得坐。坤为自，为身，为祸。

谦 **蜩飞坠木，不毁头足。保我羽翼，复归其室。**

伏巽为蜩。震为飞，为木，为足。艮为头。艮坚，故不毁。震为羽翼，为归。艮为室。

豫 **陈妫敬仲，兆兴齐姜。乃适营邱，八世大昌。**

详《屯之噬嗑》。象多同，故辞同。

随 **过时不归，雌雄苦悲。徘徊外国，与母分离。**

艮时，震归；艮止，故不归。兑、巽雌。艮、震雄。中互大坎，故曰“苦悲”。艮为国，为外；艮止，故徘徊外国。巽为母，震行为离。

蛊 **齐鲁争言，战于龙门。构怨结祸，三世不安。**

解见《坤之离》。蛊初至四，与离中爻正反兑同，故语同。皆《易·困》有言不信的注。

临 **府藏之富，王以赈贷。捕鱼河海，笱网多得。**

坤为府藏，为富。震为王，为赈。赈，振也。坤为鱼，为河海，伏艮为捕。震为笱，伏巽为绳，为网。

观 **鸣鹤北飞，下就稻池。鳣鲔鰋鲤，众多饶有。一笱获两，利得过倍。**

通大壮。震为鹤，为鸣，为飞。坤北，故北飞。兑为池，震为稻，坤下，故曰“下就稻池”。巽坤皆鱼，故曰“众饶”。震为筐，为笱。乾卦数一，故曰“一笱”。兑卦数二，故曰“获两”。巽为利市三倍，故曰“过倍”。

噬嗑 **苍梧郁林，道易利通。元龟象齿，宝贝南金，为吾福功。**

震为丛木，故曰“苍梧郁林”。皆南方郡。艮为郡，震南，故象之尤切。震艮皆为道路，坎为平，故道易利通。易，平易也。离艮皆为龟，艮黔，故曰“元龟”。震为齿，艮为象，故曰“象齿”。震为宝，艮为贝，为金；离南，故曰“南金”。《诗·鲁颂》：元龟象齿，大赂南金。

贲 **两火争明，虽斗不伤。分离且忍，全我弟兄。**

艮火离火，故曰“两火”。三至上正反艮，故曰“争明”，曰“斗”。坎和，故不伤。坎为分离，为忍。震为伯，为兄，艮、坎皆弟；震福，故得全。

剥 **伯夷叔齐，贞廉之师。以德防患，忧祸不存。**

震为伯，震覆，故伯夷。夷，伤也。艮为叔，卦为大艮，故曰“叔齐”。艮为贞，为廉。廉，侧隅也。《前汉·贾谊传》：廉远则堂高。艮阳在上，故曰“廉”。坤为师，为患；艮为防，故曰“防患”。坤为忧祸，艮安，故无祸。

复 **伯去我东，发栉如蓬。展转空床，内怀忧伤。**

震为伯，为去，为东。坤为我。震为发，为蓬。《卫风》诗语也。伏巽为床，坤虚，故曰“空床”。震动，故曰“展转空床”。展转，动貌也。坤为内,为怀,坤丧,故忧伤。

无妄 **百足俱行,相辅为强。三圣翼事,王室宠光。**

乾为百,震足,故曰“百足”。震为行,为辅,为强。《淮南子》:百足之虫,虽死不僵,以扶之者众也。扶、辅义同。乾为圣,震数三,故曰“三圣”。震为翼,伏坤为事。艮为室,震王,故曰“王室”。乾为宠,艮为光。

大畜 **壅遏堤防,水不得行。火盛阳光,阴霓伏藏,退还其乡。**

艮为壅遏,为堤防,乾为江河。艮止,故水不得行。艮为火,为光,阳在上,故曰“阳光”。巽为虫,故曰“霓”。巽伏,故藏。震为归,艮为乡,故曰“退还其乡”。

颐 **螣蛇乘龙,年岁饥凶,民食草蓬。**

《左传·襄二十八年》:蛇乘龙,宋郑必饥。《尔雅》:螣蛇,龙类,能兴云雾。坤为蛇,震为龙,为乘;坤在上,故曰“螣蛇乘龙”。坤为年岁,坤虚,故饥凶。坤为民,震为食,为草蓬。

大过 **铅刀攻玉,坚不可得。尽我筋力,胝茧为疾。**

通颐。上艮为刀,坤柔,故曰“铅刀”。震为玉,艮为攻,为坚胝。茧,手足病。《荀子·子道篇》:手足胼胝。注:皮厚也。《战国策》:足重茧而不休息。注:皮皱似茧也。艮为肤,为坚,故曰“胝茧”。又上艮手,下震足,尤切。凡《易》用一字,含数象,每如此。

坎 **恒山浦寿,高邑具在。阴气下淋,洪水不处,牢人开户。**

翟云升云:《地理志》,常山郡有灵寿、浦吾,皆山邑。故曰“高邑”。按中爻艮山,坎北,故曰“恒山”。恒山,北岳也。坎为浦,艮为寿,为高,为邑。坎水,故曰“阴气下淋”。上下坎,故曰“洪水”。震行,故不处。坎为牢,震为人,为开,艮为户。

离 **比目四翼,来安我国。福善上堂,与我同床。**

重离,故曰“比目”。伏震为翼,卦数四,故曰“四翼”。伏艮为国,为安,为堂,为床。

咸 **杜口结舌,心中怫郁。去灾生患,莫所告冤。**

兑为口舌,互大坎,故杜口结舌。或取艮止,亦通。坎为心,为忧,故怫郁。坎为灾患,为冤。兑口为告,在外,故无可告。

恒 **牵尾不前，逆理失臣，卫朔以奔。**

通益。艮为尾，为牵；坤下，故不前。坤为理，为逆，为臣；坤失，故曰“失臣”。震为卫，为奔；坤北为朔，故曰“卫朔以奔”。《左传·桓十六年》：卫朔奔齐。朔以谗构得国，致急于、寿子皆死。逆理失臣，谓朔不义，为二公子所逐也。

遁 **早霜晚雪，伤害禾麦。捐功弃力，饥无所食。**

详解在《需之咸》。遁初至五与咸同，彼以兑为伤害，此以巽落。

大壮 **适戍失期，患生无知。惧以怀忧，发藏闭塞，邦国骚愁。**

通观。艮为守，故曰“适戍”。艮为时，坤失，故曰“失期”。坤迷，故曰“无知”。坤为患，为忧惧，为藏，为闭塞。震为发，坤为邦国。

晋 **昊天白日，昭临我国。万民康乐，咸赖嘉福。**

离为夏，故曰“昊天”，曰“白日”，曰“照临”。坤为我，为国，为万民。反震为乐，为嘉福。

明夷 **元吉无咎，安宁不殆。时行则行，勿之有悔。**

震为元吉，坎为殆，震为行。之，往也。言勿往则悔也。

家人 **懿公浅愚，不受深谋。无援失国，为狄所贼。**

通解。震为公，为懿。懿，善也。坎为谋，艮为手，为国。艮覆，故无援，故失国。坤为夷狄，坎为贼。丁晏云：《列女传》，许穆夫人，初，许求之，齐亦求之，公将与许。女曰：许小而逮，齐大而近，倘有戎寇，赴告大国。懿公不听。故曰“不受深谋”。

睽 **城上有乌，自名破家。呼唤鸩毒，为国患灾。**

通蹇。解详《坤之蒙》。蹇、蒙象同，故辞同。惟此以互离为乌。

蹇 **长股善长，趋步千里。王良嘉喜，伯乐在道，申见王母。**

巽为股，为长，故曰“长股”。《竹书》：黄帝五十九年，长股氏来宾。又，《淮南·坠形训》：海外三十六国，自西北至西南，有修股氏。高诱曰：修，长也。《淮南》以父讳长，故改为修。股长，故善走。半震为走，为步，为千里；为王，为良，为嘉喜；为伯乐，为道。离为见。

解 **耕石山颠，费种家贫。无聊虚作，苗发不生。**

震为耕，半艮为石，为山，为家。震为种，离虚，故贫。震为苗，为发；离燥，故不生。

损 **二人共路，东趋西步。千里之外，不相知处。**

震为人，兑卦数二，故曰"二人"。震为路。震东兑西，震为趋，为步。坤为千里，坤迷，故不知。

益 **纯服素裳，载主以兴。德义茂生，天下归仁。**

坤为服，色黑，故曰"纯服"。震为白，坤为裳，故曰"素裳"。震为主，为载，为兴，为德。坤为义，为天下。震为茂生，为归，为仁。《史记·周本纪》：武王载木主，观兵孟津，八百诸侯皆归周。

夬 **玉铣铁颐，仓库空虚。贾市无盈，与利为仇。**

乾为玉，为金，兑为铣，为颐。铣，钟口两旁也。伏艮为仓库，坤虚，故空。巽为贾市，为利；巽覆，故不利。

姤 **登昆仑，入天门。过糟丘，宿玉泉。同惠欢，见仁君。**

乾为山，为行；在西北，故曰"登昆仑"。乾为天，为门户。《内经》以戌亥为天门。巽入，故曰"入天门"。巽为糟。乾为山，故曰"糟丘"。乾为玉，伏坤为水，为夜，故曰"宿玉泉"。伏震为乐，乾为君，为仁。《六韬》：殷君喜为糟丘，回船酒池。又《南史·陈暄传》：暄好饮，语兄子秀曰，速营糟丘，吾将老焉。

萃 **团团白日，为月所食。损上毁下，郑昭出走。**

乾为日，为圜；兑为月，乾上缺，故曰"为月所食"。兑为毁折，在上，故曰"损上"。互巽，故曰"毁下"。坤为郑，艮为光明，为昭，故曰"郑昭"。伏震为出走。《左传·桓十一年》：郑昭公立，四月出奔卫。

升 **仓盈庾亿，宜稼黍稷。年岁有息，国家富有。**

伏艮为仓、庾，为多，故曰"盈"、"亿"。震为稼，为黍稷，为年岁；为生，故曰"息"。坤为国，为富有。

困 **虎狼结谋，相聚为保。伺啮牛羊，道绝不通，伤我商人。**

通贲。艮马虎狼，坎为谋，为聚。艮止为伺，兑为羊，为啮。离为牛，故曰"伺啮牛羊"。艮为道，坎陷，故不通。兑为伤，震为商人。

井 **中年摧折，常恐不活。老赖福庆，光荣相辅。**

坎为中，兑为摧折，伏震为年。初四大过死，故曰“不活”。坎为恐也。伏艮为寿，为老，震为福庆。艮为光荣，兑为辅。正伏象互用。

革 **同载共车，中道分去。丧我元夫，独与孤居。**

通蒙。震为车，为载，坤亦为车，故曰“同载共车”。艮为道，震为去；正反艮亦正反震，所向不同，故曰“分去”。坤为丧，震为夫，为长，故曰“丧我元夫”。艮为居，为独，震为孤；艮震对，故独与孤居。

鼎 **饮酒醉酗，距跳争讼。伯伤叔僵，东家治丧。**

兑为饮。通屯。坎为酒，坤迷，震为决躁，故曰“醉酗”，曰“距跳”。正反震，故争讼。震为伯，艮为叔；坤死为僵，为伤。震为东，艮为家，坤丧；艮手为治，故曰“东家治丧”。

震 **出值凶灾，逢五赤头。跳言死格，扶伏听命，不敢动摇。**

震为出，坎为灾凶。坎数五，为头，为赤，故曰“逢五赤头”。震为言，为跳。艮手为格，初四伏大过死，故曰“死格”。扶伏，丁晏云：与扶服同，即匍匐也。坎伏，故曰“匍匐”。坎为耳，故曰“听”。伏巽为命。震为摇动，坎惧，故不敢。

艮 **狼虎争强，礼义不行。兼吞其国，齐鲁无王。**

艮为虎狼，三至上正反艮，故曰“争强”。坤为礼义，艮止，故不行。言坤变艮也。震口为吞，艮为国。伏巽为齐，兑为鲁。震为王，震覆，故无王。

渐 **南国少子，才略美好。求我长女，贱薄不与。反得丑恶，后方大悔。**

艮国，艮少，离南。艮巽皆为材，伏兑为美好。艮为求，巽为长女。坎为薄，离为丑恶。伏震为后，坎为悔。此林屡见，殆有故实。陈朴园云：观《明夷之噬嗑》云仲氏爰归。及此林，乃知南国本求婚长女，而女家不与，但以仲女往媵。迨嫡不从，以媵备数。故《明夷之噬嗑》云“不我肯顾，乃大悔恨。后其长女，反得丑恶”，故亦悔也。其它林词类此者，皆指此事。

归妹 **一身两头，莫适其躯。无见我心，乱不可治。**

通渐。艮为身，坎数一，故曰“一身”。坎为头，兑卦数二，故曰“两头”。坎为心，为隐，故不见。互离为乱。

丰 **李耳汇鹊，更相恐怯。偃尔以腹，不能距格。**

丁晏云：《广雅·释兽》：于䖍、李耳，虎也。《尔雅·释兽》：汇，毛刺。注云：今猬。《史记·龟策传》：猬能伏虎，见鹊仰腹。虎畏猬，猬畏鹊。故云更相恐怯。按卦通涣，坎为耳，震为李，故曰"李耳"。坎为棘，为猬。艮为鸟，为鹊。坎为恐怯。离为腹，在下，故曰"偃"。震为距格，巽顺，故不能。

旅 **柏桂栋梁，相辅为强。入敷五教，王室宁康。**

艮禹木，为坚，故曰"柏桂"，曰"栋梁"。兑为辅，为强。巽卦数五，又为命令，为入，故曰"入敷五教"。艮为室，伏震为王；为乐，故曰"宁康"。

巽 **雀行求食，暮归孚乳。反其室舍，安宁无故。**

通震。艮为雀，震为行，为食。艮求。坎为暮，为孚。《说文》：卵，孚也。杨子《方言》：鸡伏卵而未孚。艮为乳，为室舍，震为反。艮为安康。

兑 **四尾六头，为凶作妖。阴不奉阳，上失其明。**

通艮为尾，震卦数四，故曰"四尾"。坎为头，卦数六，故曰"六头"。坎为凶，为妖。兑上下卦阴在上，故曰"阴不奉阳"。兑昧，故上失其明。

涣 **一衣三关，结缉不便。歧道异路，日暮不到。**

震为衣，坎数一，故曰"一衣"。艮为关，数三，故曰"三关"。关即结束如今之纽扣。坎为合，故曰"结缉"。坎陷，故不便。艮震皆为道路，二五正反艮震，所向不同，故曰"歧道异路"。坎为暮，离为日，离伏，故曰"日暮不到"。

节 **牙蘖生齿，室堂启户。幽人利贞，鼓翼起舞。**

牙、芽通。震为牙蘖，兑为齿。言齿初生，若草木之芽蘖也。艮为堂户，震为启。艮为幽人。又，坎为幽，震为人，亦合。震为鼓，为翼，为起舞。

中孚 **春鸿飞东，以马货金。利得十倍，重载归乡。**

震为东，为春，为鸿，为飞，为马。艮为金，震为商旅；与艮对，故曰"以马货金"。《玉篇》：货，卖也。巽为利，兑数十，故曰"十倍"。震为载，为归，艮为乡。

小过 **欢悦以喜，子孙具在。守发能忍，不见殃咎。**

震为乐，为子，艮为孙，故曰“子孙具在”。“具”者，备也。艮为守，为忍，震为发。

既济 **精华销落，形骸丑恶。龃龉顿挫，枯槁腐蠹。**

此用比象。坎为精，坤死，故销落。坤为形，为丑恶。伏兑为齿牙，正反兑，故曰“龃龉”。伏离为枯槁。

未济 **登高上山，见王自言。申理我冤，得职蒙恩。**

艮为山。震为登，为王，为言，为申明。坎为冤。艮为官，坎为恩，故曰“得职”。多用半象。

焦氏易林注卷三

䷈ 巽上 乾下 小畜之第九

白鸟衔饵，鸣呼其子。斡枝张翅，来从其母。伯仲叔季，元贺举手。

巽为白，离为鸟，兑口为衔，巽为饵。通豫。震为鸣，为子，为枝，为羽，为斡，为张。坤为母。震为从，为伯。互坎为仲，艮为叔季，为手。“元贺”者，贺元日也。举手，揖也。

之乾 **东遇虎蛇，牛马奔惊。道绝不通，商困无功。**

此用遇卦象。离为东，乾虎，巽蛇，故曰“东遇虎蛇”。离牛乾马，伏震为惊奔，为道。伏坎，故不通。巽为商贾。

坤 **子锄执麟，春秋作经。元圣将终，尼父悲心。**

依汲古《讼之同人》校。此用小畜象。

屯 **灼火泉源，钓鱼山巅。鱼不可得，火不肯然。**

详《比之屯》。

蒙 **机关不便，不能出言。精诚不通，为人所冤。**

坎为机关，坤闭，故不便，故言不能出。震为言，为出。坎为心，为精诚；坤闭，故不通。坎为冤，震为人。

需 **故室旧庐，稍蔽绂组。不如新巢，可以乐居。**

坎为宫室，为庐。乾为故旧。伏坤为帛，为绂组。坎为蔽。离为巢，为新。兑悦，故曰“乐居”。

讼 **蝼蛇循流，东求大鱼。预且举网，庖人歌讴。**

巽为蛇，为鱼。委蛇，行貌。离位东，坎为流水。乾大，故曰“大鱼”。预且，宋渔人名。《庄子》：神龟见梦于元君，不能避余且之网。离为网。离火，故曰“庖人”。伏震为歌讴。

师 **凿山通道，南至嘉国。周公祝祖，襄适荆楚。**

艮覆，故曰“凿山”。震为大涂，为通，故曰“通道”。震为南，坤为国。震为周，为公，为祝；为荆楚，为诸侯，故曰“襄适荆楚”。《左传·昭七年》：公将往楚，梦襄公祖。梓慎曰：襄公之适楚也，梦周公祖而行。按，《诗》云：仲山甫出祖。《毛传》：祖，祭道神也。“周公祝祖”者，谓襄公适楚，梦周公祖而行也。

比 **鹊近却缩，不见头目。日以困急，不能自复。**

艮为鹊，坤为近，为退，故曰“缩”。却缩，退也，言鹊近人而避也。离为目，乾为首；离、乾伏，故不见。艮为时，坎为困，震为复；震覆，故不能复。

履 **五舌啄难，各自有言。异国殊俗，使心迷惑，所求不得。**

互巽卦数五，兑为舌，故曰“五舌”。舌多，故啄难。正反兑相对，故各自有言。通谦。坤为国，为俗；艮亦为国，正覆艮，故曰“异国殊俗”。坤为迷，坎为心，故曰“使心迷惑”。艮为求，坤丧，故不得。

泰 **天门开辟，牢户寥廓。桎梏解脱，拘囚纵释。**

乾坤皆为门户，而乾居戌亥，故曰“天门”。《乾凿度》云：乾为天门。《庄子·庚桑楚》云：天门者，无有也，万物出乎无有。本之《易》也。互震，故曰“开辟”。坤闭，故曰“牢户”，曰“桎梏”，曰“拘囚”。震为人，人闭坤中，故有此象。而震为通达，故得解脱纵释也。

否 **坚冰黄鸟，啼哀悲愁。数惊鸷鸟，雏为我忧。**

艮为坚，乾为冰。坤为黄，艮为鸟。伏震为啼，为惊，坤为悲愁。艮为鸷鸟，兑为雏；兑覆，故忧。

同人 **日走月步，趣不同舍。夫妻反目，主君失居。**

通师。离日坎月。震为步，为趣，为夫。巽为妻，初至三两半离相对，故曰“反目”。震为主君，艮为居。艮覆，故失居。《小畜·九三》夫妻反目，即以两半离相对为反目也。

大有 **金牙铁齿，西王母子。无有祸殃，候舍涉道，到来不久。**

兑为齿牙，乾为金铁。兑位西，乾王坤母，故曰“西王母子”。坤为祸殃，坤伏故无。候舍涉道，未详。疑有讹字。

谦 **式微式微，忧祸相绊。隔以岩山，室家分散。**

式微，《邶》诗篇名。坤柔，故曰“式微”。坎为忧，伏巽绳，故曰“绊”。艮为岩山，为室家；正反艮，故曰“分散”。

豫 **众神聚集，相与议语。南国虐乱，百姓劳苦。兴师征伐，更立贤主。**

解详《屯之节》。节中爻艮震，与豫体同。

随 **虎狼争食，礼义不行。兼吞其国，齐鲁无王。**

艮为虎狼，初四正反艮，震口，故曰“争食”。坤为礼义，否初往上，坤形毁，艮止，故不行。艮为国，兑口，故曰“吞”。巽齐兑鲁，震为王，正反震故曰“无王”。言列国互相兼并，周王不能制止也。

蛊 **寄生无根，如过浮云。本立不固，斯须落去，更为枯树。**

《汉书·东方朔传》，著树为寄生。师古曰：寄生者，芝菌之类，为雨淋著树而生。故曰“无根”。上艮形似寄生，巽下断，故无根。互大坎，故曰“浮云”。巽下断，故本不固，故落去。艮为时，为待，故曰“斯须”。言寄生顷刻即枯落也。离为枯。丁据《诗正义》，以茑释寄生，非。茑固名寄生，然非斯须落去之物，与此不合。

临 **子啼索哺，母行求食。反见空巢，訾我长息。**

详《乾之同人》。

观 **驾驷逐狐，轮挂荆棘。车不结辙，公子无得。**

伏震为驾，为驷，为逐，艮为狐。伏乾为圜，为轮。震为荆棘，艮止，故曰“挂”。坤为车，艮为道路，为辙。坤闭艮止，故曰“车不结辙”。言轮不动而无辙迹也。震为公子，坤虚，故无所得。正伏象杂用。

噬嗑 **方喙广口，仁智圣厚。释解倒悬，家国大安。**

通井。兑为口，艮为喙。震为仁，坎为圣，为智，艮为厚。井巽绳为悬，兑为倒巽，故曰“倒悬”。震为解释。艮为国家，为安。

贲 **驾福乘喜，东至嘉国。戴庆南行，移居安宅。**

震为驾，为乘，为福喜；为东，为嘉。艮为国，为戴。震为庆，故曰“戴庆”。离为南，故曰“南行”。艮为宅，为居，为安。

剥 **孔鲤伯鱼，北至高奴。木马金车，驾游大都。王母送我，骕牝字驹。**

坤为鲤，为鱼，中虚故为孔。坤位北，艮为奴，艮山在上，故曰“高奴”。高奴，地名。《项羽传》，董翳王上郡高奴是也。坤为马，艮木，故曰“木马”。坤为车，艮金，故曰“金车”。坤为都，伏乾为大，故曰“大都”。乾王坤母，坤我，故曰“王母送我”。坤为马，为牝，故曰“骕牝字驹”。《史记·平准书》：乘字牝者，不得集会。字，乳也，即牝也。

复 **三足无头，不知所之。心狂精伤，莫使为明，不见日光。**

震足，数三。乾为头，乾伏，故曰“三足无头”。震为之，坤迷，故不知所之。震为狂，为精神，坤为伤，故曰“精伤”。坤黑，故不明。乾为日，乾伏，故不见。

无妄 **骕牝龙身，日驭三千。南止苍梧，与福为婚。道里夷易，安全无忌。**

震为马，为龙，巽为牝，艮为身。乾为日，震为驭驱也。为三千，为南，为苍梧。艮止，震巽为夫妇，故曰“婚”。艮为道，为里，震为夷易。艮安震乐，故无忌。

大畜 **辰次降娄，王驾巡狩。广佑施惠，安国无忧。**

降娄，即奎娄，戌分。艮先天位戌，故曰“辰次降娄”。乾为王，震为驾，为巡狩。乾为广，为施惠。艮为安，为国，震乐故无忧。

颐 **望幸不到，文章未就。王子逐走，马骑衔伤。佚迹不得，曷其有常。**

蔡邕独断云：天子所至，辄有赏赐。故曰“幸”。言人民冀幸得赏也。艮为望，震为王，为行，为幸。艮止，故不到。坤为文章，艮止，故不就。震为王子，为走；为马，为骑，为口，故为衔。坤伤，故曰“衔伤”。震为迹。佚，避也，言遁迹不得也。

大过 **中原有菽，以待饔食。饮御诸友，所求大得。**

乾为郊，故曰“中原”。下巽为菽。兑为饮食，为友。伏艮为求。

坎 **乱茅缩酒，灵巫拜祷。神怒不许，瘁愁忧苦。**

伏巽为茅，坎为酒。祭时灌酒茅上，曰缩酒。缩，漏也。《井·九三》云：瓮敝漏。巽为漏也。伏兑为巫，为祷，艮为拜。震为神，为怒。坎为劳瘁愁苦。

离 **李华再实，鸿卵降集。仁哲以兴，荫国受福。**

详《比之讼》。

咸 **源出陵足，行于山趾。不为暴害，民得安处。**

通损。坤为水，艮陵。震为足，为趾。上山下足，水从山出，故曰“源出陵足，行于山趾”。坤为害，艮安故不害。坤为民。

恒 **客入其门，奔走东西。童女不织，士弃耕亩。暴骨千里，岁饥民苦。**

通益。震为客，艮为门，巽入。震东兑西，震为奔走。兑少，故曰“童女”。巽为织，艮止，故不织。震为士，为耕，坤为亩；艮止，故不耕。兑为骸骨，坤为千里。艮火在上，故曰“暴骨千里”。坤为岁，为民，为饥。

遁 **天之所予，福禄常在。以永康宁，不忧危殆。**

乾为天，为福禄。艮安，故不危。

大壮 **蝗食我稻，驱不可去。实穗无有，但见空稿。**

伏巽为蝗，兑为食，震为稻，为驱。艮为果蓏，为实穗。艮伏，故无有。坤虚，故曰“空稿”。

晋 **牛骥同槽，郭氏以亡。国破空虚，君奔走逃。**

艮为槽，坤牛坎马。皆与艮连体，故曰“同槽”。《说文》：槽，马食器也。艮为郭，坤亡，故曰“郭氏以亡”。郭，国名，为齐所灭。坤为国，为空虚；坎破，故曰“国破”。乾为君，乾伏，故曰“君逃”。

明夷 **狗无前足，阴谋叛北。为身害贼，何以安息。**

艮为狗，初爻阳，故曰“无前足”。坎为谋，为伏，故曰“阴谋”。震为反，为叛。坤为北，为身，为害。坎为贼。震行，故不息。

家人 **两轮自转，南上大阪。四马共辕，无有屯难，与禹笑言。**

通解。坎为轮，重坎，故曰“两轮”。离为南，震为上，为阪。坎为木，为辕；震为马，卦数四，故曰“四马共辕”。坎为屯，震乐，故无有屯难。震为笑言，为王；坎劳，故曰“与禹笑言”。

睽 **芽蘖生达，阳昌于外。左手执钥，公言锡爵。**

此用小畜伏象。伏震为芽蘖，为生达。在上，故曰“昌外”。艮为手，为执。震为左，为钥；为公，为言，为爵。全用小畜伏象。

蹇 **秋花冬萼，数被严霜。甲兵当庭，万物不生。雄犬夜鸣，民扰大惊。**

此用小畜象。兑为花萼，为秋。乾为冬，为霜。离为甲兵，伏艮为庭。当庭，疑有讹字。震为万物，兑折，故不生。艮为犬，坎夜，震为扰惊。

解 **霜降闭户，蛰虫隐处。不见日月，与死为伍。**

详《坤之需》。

损 **身载百里，功加四海。为文开基，武立天柱。**

坤为身，为载，为百里，为海。震为功，数四，故曰“功加四海”。坤为文，艮为基。震为武，艮为天，为柱。

益 **禹作神鼎，伯益衔指。斧斤高阁，憧立独坐。卖庸不仇，苦困为祸。**

震为王，为禹，为神，为鼎，为伯。坤为聚，为益。艮为指，震口为衔。伏兑为斧斤，艮为高阁。言斧斤阁置不用也。憧，《说文》：意不定也。《咸·九四》：憧憧往来。“憧立”者，言徙倚不定也。又《集韵》：憧，音惷，与呆同。憧立，犹痴立也。尤与坤迷象合。震立艮坐，坤寡，故曰“独坐”。庸、佣同。艮为庸，巽为市易，故曰“卖庸”。《汉书·乐布传》：穷困卖庸。注谓受雇也。坤害，故不仇。《汉书·高祖纪》：每留酤，仇数倍。如淳曰：仇，售也。坤为困苦。为害。丁晏云：《吕览》：周鼎著倕而龁其指。《淮南子·本经》：周鼎著倕，使衔其指。注：明不当太巧也。兹作伯益，乃传闻异词。凡子书述故事多如此。

夬 **福祚之聚，喜至忧除。如鱼逢水，长乐受喜。**

乾为福，重乾，故曰“聚”。伏坤为鱼，为水。兑悦，故喜。

姤 **苍龙隐伏，麟凤远匿。寇贼同处，未得安息。**

震为苍，为龙，震伏故曰“隐”。坤文，为麟凤，坤伏故曰“匿”。巽为寇贼，在内，故曰“同处”。消阳，故不息。

萃 **白鹤衔珠，夜食为明。怀安德音，身受光荣。**

伏震为鹤，为珠。兑口为衔，为食。坤为夜，艮为光明，故曰“夜食为明”。言得珠而明也。伏震为音。坤为身，艮贵，艮光，故曰“光荣”。

升 **旦生夕死，名曰婴鬼，不可得祀。**

震为旦，为生。坤为夕，为死。兑为婴儿，坤为鬼。兑食，为祀。坤闭，故不可得。

困 **行役未已，新事复起。姬姜劳苦，不得休息。**

通贲。震为行役，正反震，故不已。离为新，震起。震为姬，巽为姜。坎为劳，故不息。

井 **忧患解除，喜至庆来。坐立欢忻，与乐为邻。**

详《蒙之咸》。

革 **晨风文翰，大举就温。昧过我邑，羿无所得。**

晨风，鹯也。通蒙。艮为鹯。震晨，巽风，故曰“晨风”。坤为文，震为翰，故曰“文翰”。文翰，详《大过之豫》。艮火，故曰“就温”。坤为我，为邑，坤黑，故曰“昧过我邑”。坤为恶，故曰“羿”。坤虚，故无得。陈朴园云：《诗》，鴥彼晨风，郁彼北林。疑《齐诗》作温彼北林，故林词屡言就温。温、蕴通用。《云汉》诗：蕴隆虫虫。《韩诗》作郁。蕴、郁义同。《毛传》：郁，积也。就温，犹集菀耳。

鼎 **下田种黍，方华生齿。大雨淋集，纷涝满瓮。**

通屯。坤为下，为田。震为黍，为华，为生。本卦兑为齿。坎雨坤水，故曰“大雨淋集”，曰“纷涝”。震为瓮，在下承之，故满瓮。

震 **鸟庇茂木，心乐愿得。君子碌碌，见者有谷。**

艮为鸟，为庇，震为茂木。艮为君子，艮止，故碌碌。坎为心愿，震为乐，为谷。谷，善也。

艮 **折臂蹇足，不能进酒。祠祀阔旷，神怒不喜。**

艮为臂，坎折；震为足，坎蹇，故曰“折臂蹇足”。坎为酒，坎陷，故不进。震为祠祀，艮止，故阔旷。震为神，为怒，为喜；坎忧，故不喜。

渐 **学灵三年，仁圣且神。明见善祥，吉喜福庆。鸹鹊知来，告我无忧。**

学灵，小儿学语也。小畜兑为雏，为口；正反兑相对，故曰“学灵”。乾为年，离卦数三，故曰“三年”。伏震为仁，坎为圣，震为神，为善。艮为明。“祥”者，兆也，吉凶之先见者也。惟明者能先见之。震为喜庆，为鸹鹊。震覆为艮，口向内，故曰“来”。震为言，故曰“告”。坤为我，坎为忧；震解，故无忧。顾千里曰，《淮南·泛论训》：乾鹊知来而不知往。郑注《大射仪》引为鸹。愚按，《广雅》：鸹鹊，鹊也。《广韵》：鸹鹊，鸟名。陆贾云：乾鹊噪而行人至。鸹鹊、乾鹊、乾鹊，实一物，即今俗所云喜鹊也。

归妹 **三妇同夫，志不相思。心怀不平，至常愁悲。**

兑为妇，震数三，故曰“三妇”。震为夫，坎为心志，坎陷故不平。坎忧，故愁悲也。

丰 **中田膏黍，以享王母。受福千亿，所求大得。**

坎为土，为中，互大坎，故曰“中田”。巽为黍，为母，兑食为享；震为王，故曰“以享王母”。震为福，为千亿，伏艮为求。

旅 **阳火不灾，二耕庆来。降福送喜，鼓瑟歌讴。**

离艮皆为火，中互大坎；坎水，故不为灾。旁通节。震为耕，兑卦数二，故曰“二耕”。春耕、秋耕也。震为喜庆，为福，为鼓瑟，为歌讴。

巽 **阳明不息，君无恩德。伯氏失利，农丧其力。**

互离火，故明不息。震为君，为恩德，为伯。震伏，故无，故失利。巽为利也。震为农人。震伏，故丧力。

兑 **燕雀衔茅，以生孚乳。兄弟六人，姣好悌孝。各得其愿，和悦相乐。**

兑为燕雀，为衔；互巽为茅，故曰“衔茅”。伏坎为孚，艮为乳。震为生，为兄。艮、坎为弟，坎数六，故曰“兄弟六人”。兑为媚，为悦，故曰“姣好”。互巽为顺，故曰“悌孝”。兑悦，故曰“和乐”。艮为鸷鸟。凡雕鹗之属皆为艮象。兑与艮对，燕、雀皆小鸟，故为兑象。俗象离，非。

涣 **鹑尾贲贲，火中成军。虢叔出奔，下失其君。**

《左传·僖五年》：龙尾伏辰，鹑之贲贲。火中成军，虢公其奔。杜注：鹑，鹑火星；尾，尾星。言丙子平旦，鹑火中，军事有成功也。艮为火，为尾,为星,又为鸟,故曰"鹑火",曰"鹑尾"。贲贲,星体之象。互震为武人,故曰"军"。艮手,艮虎,故曰"虢"。《说文》:虢,虎所攫画,明文也。艮为少,故曰"虢叔"。震为奔,为君。坎为失,为下。

节 **两人相距,止不同舍。夫妻离散,卫侯失居。**

中爻正反艮,故曰"相距"。正反震,故曰"两人"。又兑卦数二,亦两人象。艮为舍,为止。正反艮,故不同舍。震夫巽妻,巽为风而伏不见,故曰"离散"。震为诸侯,为卫,故曰"卫侯"。艮为居,坎陷,故失居。

中孚 **魃为旱虐,风吹云却。欲止不得,反归其宅。**

艮为火,故曰"旱虐"。震为神,与艮火连体,故曰"魃"。《诗·大雅》:旱魃为虐。《毛传》:魃,旱神也。巽为风,兑口为吹。大坎为云,坎伏,故曰"云却"。却,退也。艮为止,为宅,震为归,故曰"反归其宅"。

小过 **关雎淑女,配我君子。少姜在门,君子嘉喜。**

艮为城关,为鸟,故曰"关雎"。兑女,震善,故曰"淑女"。艮为君子,兑者艮妻,故曰"配"。巽为姜,大遇以巽为女妻,故曰"少姜"。艮为门,震为喜。

既济 **慈母赤子,飨赐得士。夷狄服除,以安王家。**

此用小畜象。伏坤为母。震子,坎赤,故曰"赤子"。兑为宴飨,震为士。伏坤为夷狄,坤顺,故服。震王,艮家。

未济 **三足孤乌,灵明督邮。司过罚恶,自贼其家,毁败为忧。**

《汉志》:日中有三足乌。小畜伏震为足,数三,故曰"三足"。离为乌,伏坎,故曰"孤乌"。离为明。坎为贼,艮为家。伏坤为过恶,艮为司,坎为罚。

䷉ 乾上 兑下 履之第十

十乌俱飞,羿射九雌。雄得独全,虽惊不危。

元刊《易林》旧注云:尧时十日并出,羿射其九日,九乌皆死。离为乌,兑数十,故曰"十乌"。离为恶人,故曰"羿"。伏震为射,数九,故曰"羿射九雌"。坤为雌。坤伏,乾出,故曰"雄得独全"。伏震为惊,坎为险;坎伏,故不危。

之乾 **东向蕃垣，相与笑言。子般执鞭，圉人作患。**

此用履象。巽为蕃垣。蕃垣，墙也。蕃与藩通。《诗·大雅》，四国于蕃是也。离东，故曰“东向”。初至五两兑口相对，故曰“相与笑言”。伏震为子，为般。般，反也。伏艮为执，巽为鞭，故曰“执鞭”。艮为圉，坎为患。《左传·庄三十二年》：雩，女公子观之。圉人荦自墙外与之戏，子般鞭之。后荦弑子般。林全用其事。

坤 **循河榜舟，旁淮东游。渔父举网，先得大鳅。**

坤为河，为淮。履伏震为舟，为东，故曰“东游”。坤为聚，为渔，乾为父，故曰“渔父”。离为网，坤为鳅，巽亦为鳅，兼用遇卦。

屯 **辕折轮破，马倚仆卧。后旅先宿，右足跌踒。**

震为辕，坎为轮，为折，为破。震马，艮仆；艮止，故马倚仆卧。震为后，为行旅。坎为宿。震为足，遇险故跌踒。

蒙 **两人相绊，相与悖戾。心乖不同，讼争恼恼。**

震为人，正反震，故曰“两人”。伏巽为绳，正反巽，故相绊。坎为悖戾，两人相背，故悖戾，故不同。坎为心，震为言；正反震，故讼争。

需 **北辰紫宫，衣冠立中。含和建德，常受天福。**

详《坤之观》。

讼 **游居石门，禄安身全。受福西邻，归饮玉泉。**

详《需之既济》。惟此以巽为石，乾为门。

师 **羊肠九萦，相推稍前。止须王孙，乃能上天。**

坤为肠，震为羊；数九，故曰“九萦”。震为王，伏乾为天。详《蛊之剥》。

比 **争讼相倍，和气不处。阴阳俱否，谷风毋子。**

坎上下两兑口相倍。倍，反也。坎为和，相倍故不和。谷风，《邶》诗篇名。《毛》谓为夫所弃。兹谓无子，是《齐诗》义也。坤为风。

小畜 **郭叔矩颐，为棘所拘。龙额重颡，祸不成殃，复归其乡。**

旧注皆云故实未详。盖所据者，古今无其书。但以象论，似无讹字。

卦通豫。艮为郭，为叔，兑为颐。坤方，故曰“矩颐”。坎骂棘，艮拘。震龙，艮为额，为颡。坤为重，故曰“重颡”。坤为祸，震解，故不成殃。艮为乡，震为复，为归。

泰 **蛩室蜂户，螫我手足。不得进止，为吾害咎。**

详《屯之明夷》。

否 **怒非其怨，因物有迁。贪妬腐鼠，而呼鸮鸢。自令失饵，倒被困患。**

伏震为怒。坤为物，为嫉妬。艮为鼠，巽敝，故曰“腐鼠”。艮为鸮鸢，震为呼。《庄子》：鸱得腐鼠，鹓雏过之，仰而视之，曰吓。林似本此而变其意，言贪得腐鼠，呼鸮鸢相助，岂知反为所夺而失饵也。

同人 **婴孩求乳，母归其子，黄麑悦喜。**

此用履伏象。震为婴孩，艮为乳，为求。震为子，为归，坤为母。坤舍震上，故曰“母归其子”。震为鹿。麑，鹿子也。坤黄，故曰“黄麑”。震为喜。

大有 **针缕徒劳，锦绣不成。鹰逐雉兔，爪折不得。**

此用履象。伏坎为针，巽为缕，为锦绣。兑毁，故曰“徒劳”，曰“不成”。伏艮为鹰，离为雉。震为兔，为足，为爪。坎蹇，故爪折不得。本象、对象杂用。

谦 **雨潦集降，河渠不通。齐鲁闭塞，破费市空。**

坤水，坎水，故曰“雨潦”，曰“河渠”。坎为塞，故不通。伏巽为齐，兑为鲁。坤闭，故曰“齐鲁闭塞”。坎破，巽为市；坤虚，故市空。

豫 **封豕沟渎，水潦空谷。客止舍宿，泥涂至腹，处无黍稷。**

坎为豕，为沟渎。《天官书》：奎为封豕，为沟渎。主江河之事，故曰“水潦”。坎为水，艮为谷；坤虚，故曰“空谷”。震为旅客，艮止。艮舍，坎为宿，为泥涂。坤为腹，故曰“至腹”。震为黍稷，坤死故无。

随 **三奸相扰，桀跖为友。上下骚离，隔绝天道。**

震数三，巽为伏，为奸，震为扰。正反震，故曰“相扰”。兑刚，故曰“桀”。巽为盗，故曰“跖”。艮上兑下，互大坎，故隔绝。艮为道。

蛊 **齐景惑疑，为孺子牛。嫡庶不明，贼孽为患。**

巽为齐，互离日，故曰“齐景”。互坎，故疑惑。艮为孺子，离为牛。震为嫡子，兑为孽，为庶。坎为贼，为患，为孺子牛。事见《左传·哀六年》：鲍子曰，汝忘君之为孺子牛而折其齿乎？孺子，名荼。

临 **三羊俱亡，奔走南行。会暮失迹，不知所藏。**

兑为羊，震数三，故曰“三羊俱亡”。“亡”者，逃也。震为亡，为奔走，为南。坤为暮，震为迹；坤迷，故失迹。坤为藏，坤黑，故不知。

观 **请伯行贾，岱山之野。夜历险阻，不逢危殆，利如浇酒。**

通大壮。震为伯，为商贾。艮为山，震东，故曰“岱山”。坤为野，为夜，艮为险阻。巽为利。酒，疑坤水象。

噬嗑 **桑之将落，陨其黄叶。失势倾侧，而无所立。**

侧为桑，伏巽为落，为陨。震为黄，故曰“陨其黄叶”。坎陷，为倾侧，为失。

贲 **山求鱼，入水捕狸。市非其归，自令久留。**

震上艮山。艮求，下离为鱼。坎为水，艮为捕，为狸。狸在上而于下坎水捕之，鱼在下而于上山求之，当然不得。伏巽为市。归，聚也，言所市非地。艮止，故久留。

剥 **名成德就，项领不试。景公耋老，尼父逝去。**

艮阳在上，为名，坤为成。艮为项领。《诗·小雅》：有莺其领。传：领，颈也。又，四牡项领。传：项，大也。《笺》：但养大其领，不肯为用。兹曰“不试”，与《诗》义同也。艮止，故不试。艮为火，为景，坤为老。伏乾为父，艮山，故曰“尼父”。坤死，故逝去。《论语》：景公曰，吾老矣，不能用也。孔子行。《左传》：孔子卒，公诔之曰，哀哉尼父！勿自律。

复 **天之奥隅，尧舜所居。可以存身，保我国家。**

伏乾为天，坤方大，故曰“奥隅”。震为帝，故曰“尧舜”。坤为聚，为居，为身，为国家。坤安，为保。

无妄 **涉伯殉名，弃礼诛身。不得其道，成子奔燕。**

《左传·定十年》：晋赵鞅围卫，讨卫之叛，曰由涉佗、成何。遂杀涉佗，成何奔燕。君子曰，此之谓弃礼。震为伯，艮为名。坤为礼，为身；坤伏，故曰“弃礼诛身”。震为道，巽伏，故不得。艮为成，震为子，为奔，为燕。

大畜 **两人俱争，莫能有定。心乖不同，讼言起凶。**

震为人，三上正反震。故曰“两人”，曰“相争”，曰“无定”，曰“心乖不同”而“讼”也。伏坤为凶。

颐 **雎鸠淑女，贤圣配偶。宜家受福，吉庆长久。**

艮为鸟，为雎鸠，震淑坤女。伏乾为圣贤，乾坤为配偶。艮为家，震为福，为吉庆。艮为长久。

大过 **逾江求橘，并得大栗。烹羊食炙，饮酒歌笑。**

伏坤为江河，震为逾；艮为橘，为求。乾为大，为木果，故为大栗。兑为羊，为饮食。大坎为酒，震为歌笑。正伏象杂用。

坎 **山险难行，涧中多石。车驰辖击，重载折轴。担负差蹶，跌踒右足。**

详《乾之谦》。

离 **允利孔福，神所子畜。般乐无苦，得其欢欲。**

互巽为利。伏震为孔，为福；为神，为子；为般乐，为欢。

咸 **鸟鹊食谷，张口受哺。蒙被恩福，长大成就。柔顺利贞，君臣合德。**

艮为鸟，兑为食，巽为谷。兑为口，为哺。乾为恩福。伏震为长，下艮为成。坤为柔顺，巽为利。乾君艮臣，故曰“合德”。

恒 **潼滃蔚荟，肤寸来会。津液下降，流潦滂沛。**

详《坤之旅》。惟彼曰扶首来会，以艮为扶，互坎为首，巽为丝缕，故必曰扶首乃切。此则震为覆艮，艮为手。《公羊传·僖三十一年》：何休注此句云，侧手为肤，按指为寸。艮覆，象侧手按指，故必曰肤寸方切。或者不论何卦，谓扶首是、肤寸非者，殊不知林词林字皆由象生也。

遁 **路多枳棘，步刺我足。不利旅客，为心作毒。**

详《屯之贲》。

大壮 虺蝮所聚，难以居处。毒螫痛甚，疮不可愈。

通观。巽为虫，为虺蝮，坤聚。艮居，坤害，故不可居。坤阴，为毒螫。艮为节，为疮；坤丧，故不可愈。

晋 麟凤相随，察观安危。东国圣人，后稷周公。君子攸同，利以居止，长无忧凶。

离文，坤文，故曰“麟凤”，曰“相随”。离为观，艮安坎危。坤为国，离东，故曰“东国”。坎为圣，坤土为后稷。反震为周，为公。艮为君，为居止。坤为忧凶，离明在上，故不凶。

明夷 桀乱不时，使民恨忧。六趾为笑，君危臣羞。

离为恶人，坤亦为恶，故曰“桀”。离为乱，坤亦为乱。艮为时，艮覆，故曰“不时”。坤为民，坎为忧。震为趾，坎数六，故曰“六趾”。震为笑，为君；坤为臣，为羞。坎险，故危。

家人 黄帝所生，伏羲之宇。兵刃不至，利以居止。

详《屯之萃》。

睽 雀行求粒，暮归屋宿。反其室舍，安宁如故。

详《比之巽》。

蹇 太仓积谷，天下饶食。阴阳和调，年岁时熟。

此用履伏象。艮为仓，震为谷；坤聚，故曰“积谷”，故曰“饶食”。坎为食也。坎为和，坤为年岁，艮为时。

解 干旄旌旗，执帜在郊。虽有宝珠，无路致之。

详《师之随》。

损 履尾蹈颠，坠入寒渊。行不能前，足跛不便。

震为履蹈，艮为尾，为颠。坤为渊，为寒；坤下，故坠。震为行，艮止，故不能前。兑折，故足跛。

益 衔命上车，合和两家。蛾眉皓齿，二国不殆。

巽为命，震口为衔，为上，坤马车。艮为家，正反艮相对，故曰“和合两家”。巽为蛾，艮为眉，震为齿，为白，故曰“蛾眉皓齿”。坤为国，数二；震乐，故曰“二国不殆”。此似有故事，待考。

夬 **吉日车攻，田弋获禽。宣王饮酒，以告嘉功。**

乾为日，为吉。伏坤为车，为田。艮为禽获。乾为王，乾又为大明，故曰“宣王”。兑为饮，为告。乾为功。吉日、车攻，皆《小雅》美宣王诗篇名。禽、攻为韵。与《易·比·九五》象辞禽、中韵正合。

姤 **金帛贵宝，宜与我市。嫁取有息，利得过母。**

乾为金，为贵，为宝。伏坤为帛，为我。巽为市。震为嫁，为生，为息。巽为母。

萃 **延颈望酒，不入我口。深以自喜，利得无有。**

详《讼之益》。

升 **牧为代守，飨食甘赐，得吏士意。战大破胡，长安国家。**

此用李牧事。坤为养，为牧，为邑；为北，故曰“代”。伏艮为守。兑为飨，坤为甘。震为吏士，为战。兑为折，坤为胡，故曰“破胡”。坤为安，为国家，巽为长。

困 **日出温谷，临照万国。高明淑仁，虞夏配德。**

离为日，为温，兑为谷，故曰“日出温谷”。伏艮为国，震为万，为临，离日为照，故曰“照临万国”。艮为高，为明。震为淑仁，为帝王，故曰“虞夏”。

井 **逐兔索乌，破我弓车。日暮不及，失利后时。**

通噬嗑。震为兔，为逐；艮为求，为乌，故曰“逐兔索乌”。坎为破，为弓，为车。离日，坎暮；坎蹇，故不及。巽为利，震为后，为时，坎为失，故曰“失利后时”。

革 **讹言妄语，传相诖误。道左失迹，不知所处。**

二上正反两兑口相背，故曰“讹言妄语”，曰“传相诖误”。《战国·韩策》：诖误人主。《汉书·景帝纪》：诖误吏民。言疑误也。艮为道，震为左，为迹，伏坎为失。

鼎 **履虎蹑蛇，贬损我威。君子失车，去其国家。**

此用伏象屯。震为履蹑，艮为虎，坤为蛇。坤柔，故损威。震为威也。艮为君子。坤为车，为丧，故失车。坤为家国，震为去。

震 **本根不固，华叶落去。更为孤妪，不得相视。**

通巽，下断，故曰“本根不固”，华叶落去。兑为华，巽损落。妪，老母也。巽为母，为寡，故曰“孤妪”。离目为视。

艮 **五軏四轨，优得饶有。陈力就列，驺虞喜悦。**

详《坤之小畜》。惟彼作四轨。此作軏，音月。《说文》，辕端持衡者。皆取艮象。驺虞，亦艮象，白虎黑文。

渐 **黄帝紫云，圣哲且神。光明见祥，告我无殃。**

通归妹。震为帝，为黄，坎为云。九宫，九色紫。离九，故曰“紫云”。坎为圣哲，震为神，为福祥。坎为殃，震解，故无殃。震为言，故曰“告”。

归妹 **五利四福，俱田高邑。黍稷盛茂，多获稿稻。**

通渐。巽卦数五，为利，故曰“五利”。震为福，卦数四，故曰“四福”。巽为高，艮为邑。震为黍稷，为盛茂，为稻。离枯，故曰“稿稻”。

丰 **群虎入邑，求索肉食。大人卫守，君不失国。**

通涣。艮为虎，正反艮，故曰“群虎”。巽入，艮邑。艮求，坎为肉，为食。五为大人，艮为守，故曰“大人卫守”。震为君，艮为国，坎失；震为主，故不失国。

旅 **乌子鹊雏，常与母居。愿慕群侣，不离其巢。**

离为乌鹊，伏震为子，兑为雏。巽为母，艮为居。伏坎为心，为愿慕。离为巢，艮止，故不离。

巽 **蹇驴不材，骏骥失时。筋劳力尽，疲于沙丘。**

通震，为马。坎蹇，故曰“蹇驴”。震为材，坎折，故不材。震为骏骥，艮为时；坎陷，故失时。坎为劳疲，艮为沙，为丘。丁宴云:《列子·说符篇》，穆公使九方皋求马，三月而反，曰，得之矣，在沙丘。按，坎为脊，为要。筋力，或为坎象。

兑 **玄鬣黑颡，东归高乡。朱鸟道引，灵龟载庄。遂抵天门，见我贞君。**

通艮。坎为玄，震为鬣，艮为颡，坎为黑，故曰“玄鬣黑颡”。互震为东，为归。艮为高乡，为鸟。坎赤，故曰“朱鸟”。艮为龟，居西北，故曰“天门”。震为君,艮为贞,故曰“贞君”。载庄,言载运行李也。

涣 **探巢得雏,鸠鹊来俱,使我音娱。**

艮为巢,为探,伏兑为雏。离为鸠,震为鹊,故曰“鸠鹊来俱”。震为音,为娱。

节 **安上宜官,一日九迁。升擢超等,牧养常山,君臣获安。**

互艮为官,为安;阳在上,故曰“安上”。伏离为日,坎数一,故曰“一日”。震为迁,为升;数九,故曰“九迁”。艮为山,为臣,震为君。

中孚 **大头明目,载受嘉福。三雀飞来,与禄相得。**

伏大坎,故曰“大头”。互大离,故曰“明目”。震为载,为嘉福,为雀;数三,又为飞,为禄,故曰“三雀飞来”,与禄相得。

小过 **远视千里,不见黑子。离娄之明,无益于光。**

震为远,为千里,艮为视。互大坎隐伏,故不见黑子。坎为黑,震为子也。伏大离,故曰“离娄之明”。艮为光,居坎下,故无益于光。

既济 **三女为奸,俱游高园。背夫夜行,与伯笑言。不忍主母,为失醴酒,冤尤谁告。**

此用履伏象谦。坤为女,震数三,故曰“三女”。坤为奸,故曰“三女为奸”。艮为园,巽为高,故曰“高园”。坎为夫,为夜,艮为背,震行,故曰“背夫夜行”。震为伯,为笑言;正反震,故曰“与伯笑言”。坤母震主,故曰“主母”。坎为忧,故曰“不忍”。坎为酒,为失,为冤尤。坎隐伏,故无可告语

未济 **日辰不良,强弱相振。一鸟两雏,客胜主人。**

此仍用履伏象。

䷊ 坤上乾下 泰之第十一

求玉陈国,留连东域。须我王孙,四月来复。主君有德,蒙恩受福。

坤为国,震为玉,为陈,为东。伏艮为流连,为须,为孙。乾为王,故曰“王孙”。兑为月,震为复,卦数四,故曰“四月来复”。震为主,为君,乾为德,为恩福。

之乾 **伯夷叔齐，贞廉之师。以德防患，忧祸不存。**

详《比之剥》。此用泰象。震为伯，坤杀，故曰“伯夷”。夷，灭也。伏艮为叔，巽为齐，故曰“叔齐”。

坤 **济深难渡，濡我衣袴。五子善棹，脱无他故。**

坤为水，故曰“济深”，曰“摊渡”，曰“濡”。坤为我，为衣袴。

屯 **倚立相望，适得道通。驱驾奔驰，比目同床。**

艮倚，震立。艮望，正反艮，故曰“相望”。震为道，为通，为驱驾奔驰。艮为目，初至五正反艮相对，故曰“比目”。艮为床，坤众，故曰“同床”。

蒙 **葛藟蒙棘，华不得实。谗佞为政，使恩壅塞。**

详《师之中孚》。

需 **四足无角，君子所服。南征述职，与福相得。**

此用泰象。震为足，卦数四，故曰“四足”。艮为角，艮伏，故无角。乾为君子。震为南，为征。乾为福。

讼 **踝踵足伤，左指病痈。失旅后时，利走不来。**

详《蒙之旅》。通明夷。震为足，为踝踵。坎为伤，为病痈。震为左。因明夷互震，中互坎，故有此象。

师 **春城夏国，生长之域。可以服食，保全家国。**

坤为城，为国，震为春；伏离为夏，故曰“春城夏国”。震为长生，为食。坤为家，震乐，故保全。

比 **望骥不来，拘蹇为忧。雨惊我心，风撼我肌。**

艮为望，乾为骥。乾伏，故不来。坎为蹇，为忧，为雨，为心。坤为我，为风。艮为肌肤，为撼。

小畜 **久客无床，思归我乡。雷雨满盈，道不得通。**

巽为旅客，为床，兑毁折，故无床。伏坎为思，震为归，坤为我，为乡。震为雷，坎为雨；坤亦为水，故曰“满盈”。艮为道，坎陷，故不通。

履 **方船备水，傍河燃火。积善有征，终身无祸。**

通谦。坤为方，震为船，坎为水。方，并也。《诗》方舟为梁是也。以船为梁，故曰“备水”。坤为河，艮为火，故曰“傍河然火”。坤为积，震为善。坤为身，艮为终，坤为祸。

否 **陟岵望母，役事未已。王政靡盬，不得相保。**

互艮为山，为望，坤为母，故曰“陟岵望母”。《尔雅·释山》：有草木曰岵。坤为役，为事。乾为王，坤为政。《诗·魏风》：陟彼岵兮，瞻望母兮。又《唐风》：王事靡盬。传：盬，不攻致也。坤恶，故曰“靡盬”。

同人 **多载重负，捐弃于野。予母谁子，但自劳苦。**

通师。坤为载负，为重，为野；为丧，故曰“捐弃”。坤为母，震为子，坎为劳苦。

大有 **生直地乳，上皇大喜。赐我福祉，寿算无极。**

通比。坤为地，艮为乳。《洛书甄耀度》：政山在昆仑西南，为地乳。王勃《九成宫颂》：峰横地乳。翟云升释地乳为醴泉，非。乾为帝，为皇。艮高，九五独尊，故曰“上皇”。乾为大，兑为悦，故曰“大喜”。坤为我，乾为福祉。艮为寿，坤多，故曰“寿算无极”。

谦 **翕翕軥軥，陨坠山颠。灭我令名，长没不全。**

详《否之离》。

豫 **东邻嫁女，为王妃后。庄公筑馆，以尊王母。归于京师，季姜悦喜。**

详《屯之观》。

随 **伯虎仲熊，德义渊闳。使布五谷，阴阳顺序。**

震为伯，坎为仲，艮为熊虎。巽为谷，卦数五，故曰“五谷”。

蛊 **敏捷劲疾，如猿升木。彤弓虽调，终不能获。**

巽风为敏捷，为木。艮为猿，在巽上，故曰“升木”。互大坎为弓，震为玄黄，故曰“彤弓”。

临 **举袂覆目，不见日月。衣裘簟席，就长夜室。**

详《坤之随》。

观 **忍丑少羞，无面有头。耗减寡虚，日以削消。**

坤为丑，为羞。艮止为忍，又为面，巽为广颡。艮在下，巽伏，故无面。广颡在上，故有头。坤为耗，为虚，巽为寡。伏乾为日，坤为消。

噬嗑 **涸阴冱寒，常冰不温。凌人惰怠，雹大为灾。**

坎为阴寒，为冰。离为温，居坎上，故不温。震为人，为凌，故曰“凌人”。艮止，故曰“怠”。离为灾，坎为雹。言冬不藏冰，夏致雹灾。

贲 **夏麦麸麱，霜击其芒。疾君败国，使民夭伤。**

离为夏，震为麦，为麸麱。坎为芒，为霜。艮手为击，故霜击其芒。坎为疾，震为君，艮为国，坎为败，为民。艮为少，伏兑折，故夭伤。

剥 **渊涸龙忧，箕子为奴。干叔陨命，殷破其家。**

坤为渊，艮火在中，故涸。震为龙，震覆，故忧。又坤亦为忧。《萃·初六》云：勿恤。《升·象》云：勿恤。以坤为恤，是其证。震为箕子，艮为奴。上震覆为艮，故曰“箕子为奴”。艮为叔，为求，故曰“干叔”。殷比干也。坤死，故曰“殒命”。殷，子姓。震为子，震覆，故曰“殷破其家”。艮为家也。《明夷·彖传》云：箕子以之。由此可证箕子指震。

复 **跛踦相随，日暮牛罢。陵迟后旅，失利亡雌。**

震为行，坤退，故跛踦。坤为夜，故曰“暮”。为牛，为役，故罢。震为后，为旅。巽为利，巽伏故失利。坤为雌，为亡。

无妄 **桑之将落，陨其黄叶。失势倾侧，如无所立。**

《诗·卫风》：桑之落矣，其黄而陨。震为桑，巽为陨落。震为黄，为叶，为立。巽为倾，故曰“失势倾侧”，如无立也。

大畜 **生长以时，长育根本。阴阳和德，岁乐无忧。**

震为生长，艮为时。震为根荄，二五相应与，故曰“阴阳和德”。和，合也。震为岁，为乐。

颐 **童女无夫，未有配合。阴阳不和，空坐独宿。**

伏巽为童女，震为夫。坤寡，故无夫。上下卦皆男象，故未有配合，故不和。艮为坐，为宿；坤为寡，为夜，故曰“空坐独宿”。

大过 **春令原宥，仁德不周。三圣攸同，周国茂兴。**

通颐。震为春，巽为命，故曰“春令”。古者霜降申宪，立春息刑，故曰“原宥”。震为仁，为周，震伏故不周。震数三，乾为圣，故曰“三圣”。坤为国。

坎 **金精跃怒，带剑过午。两虎相距，虽惊无咎。**

坎水为金精，震为跃怒。艮为剑，纳丙，故曰"遇午"。艮为虎，正覆艮，故曰"两虎相距"。震为惊。

离 **危坐至暮，请求不得。膏泽不降，政戾民忒。**

详《需之颐》。离中爻亦伏颐，故语同。

咸 **老杨日衰，条多枯枝。爵级不进，日下摧颓。**

详《蒙之讼》。

恒 **蔡侯适楚，留连江滨。逾日历月，思其后君。**

巽为蔡，震为楚。乾为江河，为日，兑为月。乾为君。

遁 **右抚剑佩，左援钩带。凶讼不止，相与争戾，失利市肆。**

艮为剑，为钩，巽为带。乾为言，兑口与乾言反，故曰"讼"，曰"争"。巽为利市。风陨故失。

大壮 **水流趋下，远至东海。求我所有，买鲔与鲤。**

详《讼之比》。

晋 **登几上舆，驾驷南游。合从散横，燕齐以强。**

详《屯之否》。

明夷 **求兔得獐，过其所望。欢以相迎，高位夷伤。**

震为兔，艮为獐；艮覆，故得獐。离目为望，震在上，故曰"过望"。震为欢。伏巽为高，艮为位；艮覆，故夷伤。

家人 **过时不归，道远且迷。旅人心悲，使我徘徊。**

震为时，为归；震伏，故不归。又震巽相反复，震究为巽，故曰"遇时"。震为道，坎伏故迷。巽为商旅，坎为心，为悲。

睽 **魂孤无室，御宿舍食。盗张民溃，见敌失内。**

坎为魂，为孤，为室。坎隐，故无室。兑为食。坎为宿，为盗，为民。

蹇 **居如转丸，危不得安。东西不宁，动生忧患。**

坎为丸，坎险，故曰"危"，曰"不宁"。离东坎西。坎为忧患。

解 **坤厚地德，庶物蕃息。平康正直，以绥百福。**

此用泰象。坤为厚，为庶物，震为蕃息。震大涂，故曰“平康正直”。乾为百福。

损 **树蔽牡荆，生虈山旁。雠敌背憎，孰肯相迎。**

震为树，为荆；震阳卦，故曰“牡荆”。震为生，为虈，艮为山。二至上正反两艮震相背，故曰“背憎”，曰“雠敌相背”，故不相迎。

益 **凤凰衔书，赐我玄珪，封为晋侯。**

坤为凤，为书。震口为衔，为玄，为珪。艮为封，震为晋，为诸侯。

夬 **作凶不善，相牵入井。溺陷辜罪，祸至忧有。**

兑毁折，故曰“凶”。又通剥，下坤为凶。艮手为牵。坤为渊，为井；为辜罪，为忧祸；为水，故溺。

姤 **悲鸣北行，失其长兄。伯仲不幸，骸骨散亡。**

通复。震为鸣，坤为悲，为北，为失。震为长兄，为伯，震伏故失。兑为骸骨，兑覆风散，故曰“散亡”。

萃 **羔衣豹裘，高易我宇，君子维好。**

兑为羔，互艮为豹，坤为衣裘。巽为高，艮为宇，为君子。

升 **日中为市，各抱所有，交易货赀。贪珠怀宝，心悦欢喜。**

通无妄。巽为市，乾为日。艮手为抱。巽为交易，乾为货赀。震为珠玉，为悦喜。

困 **振急绝理，恒旸不雨。物病焦乾，华实无有。**

通贲。下离火，艮又为火，故曰“旸”，曰“不雨”。互坎为雨，为病，离火为焦乾。艮为果，为实，兑为华。

井 **狐貉载剥，徙温厚蓐。寒棘为疾，有所不足。**

坎为狐貉，伏艮为手，为剥。巽为茅蓐。坎为寒，为棘，为疾。震为足，震伏故不足。

革 **履践危难，脱执去患。入福喜门，见诲大君。**

通蒙。震为履践，坎险，故曰“危难”。震为脱，为去。坎陷，故曰“执”。坎忧，故曰“患”。艮为门，震为福喜，巽为入。乾为大君，震为诲。

鼎 **四乱不安，东西为患。退止我足，无出国域。乃得全完，赖其生福。**

通屯。坤为乱，震数四，故曰“四乱”。震东坎西，坎为忧，故曰“东西为患”。震为足，艮止。坤为国，艮为域；上坎陷，故不出。震为福。言见险能止，故得安全而生福也。全用对象。

震 **南国少于，材略美好。求我长女，贱薄不与。反得丑恶，后乃大悔。**

详《比之渐》。

艮 **妄怒失理，阳孤无辅。物病焦枯，年饥于黍。**

互震为愁，坎为失。阳止于上，故曰“孤”，曰“无辅”。坎为病，艮为火，故物病焦枯。震为黍，为年。焦枯，故饥。

渐 **倬然远咎，辟患害早。田获三狐，巨贝为宝。**

风散，故倬然远咎。坎为患害，巽出险，故能辟患。艮为狐，数三，故曰“三狐”。坎为获。艮为贝，巽为高，为长，故曰“巨贝”。

归妹 **逐鹿山巅，利去我西。维邪南北，无所不得。**

震为鹿，为逐。艮覆，故至山颠。兑为西。离南坎北。维邪，呼声。

丰 **龙蛇所聚，大水来处。滑滑沛沛，使我无赖。**

震龙，巽蛇。互大坎，故曰“聚”，曰“大水”，曰“滑滑沛沛”。

旅 **从风吹火，牵骐骥尾。易为功力，因摧受福。**

巽为风，兑口为吹。离在上，故曰“吹火”。艮为尾，为牵，伏震为马。兑为摧折，震为福。

巽 **泽狗水凫，难畜少雏。不为家饶，心其亟逋。**

通震。互艮为狗，兑为泽，故曰“泽狗”。《说文》，獭如小狗，水居食鱼是也。震为凫，坎水，故曰“水凫”。二者皆野物，故难畜。震为子，为雏；震伏，故曰“少雏”。互艮为家，坎为心。震往，故曰“逋”。言泽狗水凫，不为家畜，时时欲逃也。

兑 **水坏我里，东流为海。龟凫欢嚣，不见慈母。**

通艮，为里。互坎，为水。互震为东，兑为海。艮为龟，震为凫；为乐，故曰“欢嚣”。巽为母，坎伏，故不见。

涣 **褰衣涉河，水深渍罢。赖幸舟子，济脱无他。**

节 **龟厌江海，陆行不止。自令枯槁，失其都市。忧悔为咎，亦无及己。**

艮为龟，兑为河海。震为行，艮为陆。互大离为枯槁。巽为市，坎为忧。

中孚 **同本异叶，乐仁政德。东邻慕义，来兴我国。**

互大离为东邻，艮为国。

小过 **桃李花实，累累日息。长大成熟，甘美可食，为我利福。**

震为桃李，兑为花。艮为实，为成。巽为长，兑为食。震为福，巽为利。

既济 **重瞳四乳，聪明顺理。无隐不形，微见千里。灾害不作，君子集聚。**

此用泰象。伏艮为目，坤为重，故曰“重瞳”。艮为乳，巽数四，故曰“四乳”。艮明，坤顺。巽伏，故隐。兑为见，坤为千里，为灾。乾为福，故不灾。艮为君子，坤为积聚。文王四乳，舜目重瞳，见《淮南子》。

未济 **实沈参墟，以义讨尤。次止结盟，以成霸功。**

按《左传·昭元年》：迁实沈于大夏，主参。故参为晋星。泰伏艮，艮为星，故曰“实沈”，曰“参”。而实沈与参，皆晋墟。震为晋也。皆用泰象。文意似指晋文伐楚事。止，首止。僖五年，齐侯会诸侯于首止。

䷋ 乾上坤下 否之第十二

秦为虎狼，与晋争强。并吞其国，号曰始皇。

此全用伏。兑为秦，为虎狼。震为晋，为争。兑为吞。乾为皇，为始。

之乾 **江河淮济，天之奥府。众利所聚，可以饶有，乐我君子。**

此用否象。坤为江河淮济。乾为天，坤为府，为众。巽为利，坤为聚，故曰“饶”。艮为君子。

坤 **天之所灾，凶不可居。转徙获福，留止忧危。**

否，坤为灾，为凶。伏震为转徙；震为福，故曰“获福”。艮为留止，坤为忧危。言弗化也。

屯 **名成德就，项领不试。景公耋老，尼父逝去。**

艮为名，为成，为项领。坎伏，故不试。震为诸侯，艮为光，故曰“景公”。坤为老，艮为山，故曰“尼父”。震亦为父也。坤亡，故曰“逝去”。《论语》：景公曰，吾老矣，不能用也。孔子行。

蒙 **持善避恶，福禄常存。虽有豺虎，不能危患。**

艮手为持，伏乾为善，坤为恶；坎隐，故曰“避”。震为福禄。艮为豺虎。坎为危患。震出险，故无患。

需 **避患东西，反入祸门。糟糠不足，忧动我心。**

详《讼之未济》。

讼 **珪璧琮璋，执贽见王。百里宁戚，应聘齐秦。**

详《需之井》。惟此以乾为珪璧琮璋。

师 **扬水潜凿，使石洁白。里素表朱，游戏皋沃。得君所愿，心志娱乐。**

坎为水，震为扬，坎为潜。伏巽为石，为白，为素。伏乾为表，为朱。震为戏游，为陵，为皋。坎为沃。震为君，为乐。坎为心志。《诗·唐风》扬之水，白石凿凿，素衣朱襮，从子于沃。注：凿凿，洁白貌。襮，领也。然则此所谓潜凿，亦取伏巽象也。又襮，即表。《吕氏春秋·忠廉篇》：臣请为襮。高诱注曰：襮，表也。兹《焦》亦训襮为表，与《毛传》训领异。又读衣为裹，尤异也。

比 **官爵相保，居之无咎。求兔不得，使伯恨悔。**

艮为官爵，为居，为求。震为兔，为伯。震覆，故求兔不得。坎为忧，故曰“悔恨”。

小畜 **戴元无裈，裸裎出门。小儿作笑，君子忧患。**

通豫。艮为戴，坎为首，故曰“戴元”。元，首也。坤为裈，坤伏，故曰“无裈”。艮为皮肤，为身，故曰“裸裎”。艮为门，震出，故曰“出门”。震为子，为笑乐。艮小，故曰“小儿作笑”。艮为君子，坎为忧患。

履 **把珠入口，为我利宝。得吾所有，欣善嘉喜。**

乾为珠玉，兑口，伏艮为手，故曰“把珠入口”。伏坤为我，为利，为吾。乾为嘉喜。

泰 **行不如还，直不如屈。进不如退，可以安吉。**

内刚外柔方泰，乾进而外则否矣。故林词以为戒。乾为行，为进。震为反。坤为安。

同人 **众鬼瓦聚，中有大怪，九身无头。魂惊魄去，不可以居。**

通师。坤为鬼，坎亦为鬼；坎众，故曰“众鬼”。震为瓦，坤为聚。坎为怪。坤为身，震数九，故曰“九身”。坎为头，坎伏，故曰“无头”。震为神，为魂，坤为魄。震又为惊，为去也。

大有 **家给人足，颂声并作。四夷宾服，干戈橐阁。**

此用否象。艮为家，伏震为人。坤聚，故曰“给足”。震为颂声，为作。坤为夷，震卦数四，又为宾客，故曰“四夷宾服”。艮为干戈，坤为囊。艮止，故曰“橐阁”。言偃武不用也。

谦 **人面鬼口，长舌如斧。斫破瑚琏，殷商绝嗣。**

震为人，艮为面，坤为鬼，震为口，故曰“人面鬼口”。兑为舌，震形长于兑，故曰“长舌”。伏兑为斧。艮为斫。震为玉，故曰“瑚琏”。震为子，子为殷商姓。坤为杀，震子被坤杀死，故殷绝嗣也。

豫 **南山之峻，真人所在。德配唐虞，天命为子。保佑歆享，身受大庆。**

震为南。艮为山，为真人，为保佑。震为唐虞，为子，为庆。伏乾为天，为命。坤为身。

随 **春桃生花，季女宜家。受福多年，男为邦君。**

详《师之坤》。

蛊 **鸱鸮破斧，冲人危殆。赖其忠德，转祸为福，倾危复立。**

艮为鸱鸮。兑为斧，为毁折，故曰“破斧”。艮为少子，故曰“冲人”。互大坎为忠德。震为福，为立。殆，音以。鸱鸮、破斧，《豳风》诗篇名。冲人谓成王，忠德指周公。

临 **猿堕高木，不踒手足。保我金玉，还归其室。**

详《讼之艮》。

观 **天之奥隅，尧舜所居。可以存身，保我邦家。**

详《履之复》。

噬嗑 **伯蹇叔盲，足病难行。终日至暮，不离其乡。**

震为伯，坎为蹇。初四互大离，坎为叔，故曰“叔盲”。震足为行，坎病，故难行。离为日，艮为终，坎夜，故曰“终日至暮”。艮为乡，艮止，故不离。

贲 **日月相望，光明盛昌。三圣茂功，仁德大隆。**

详《师之节》。

剥 **桃李花实，累累日息。长大成就，甘美可食。**

详《泰之节》。

复 **入和出明，动作有光。运转休息，所为允康。**

入巽，故曰“和”。出震，故曰“明”。震为动作。震旦，故曰“光明”。震出，故运转。龙潜在下，故休息。出入无疾，故允康。

无妄 **阴衰老极，阳建其德。履离戴光，天下昭明。功业不长，虾蟆大王。**

详《坤之未济》。此以巽为虾蟆。

大畜 **行役未已，新事复起。姬姜劳苦，不得休止。**

震为行役，为起。伏坤为事，艮为光明，故曰“新事”。震为周，故曰“姬”。伏巽为齐，故曰“姜”。艮为休止，震起，故不得休止。

颐 **狐鸣室北，饥无所食。困于空丘，莫与同力。**

艮为狐，震为鸣。艮为室，坤北。故曰“室北”。坤为饥，震为食。艮为困，为丘；坤虚，故曰“空丘”。

大过 **雄圣伏，名人匿。麟远走，凤飞北。扰乱未息。**

乾为雄，为圣。伏艮为名。巽伏，故曰“名人匿”。坤文为麟，坤伏不见，故曰“远”。坤为凤，为北；坤伏，故曰“走”，曰“飞”。按韵，前四句，句皆三字，第五句乃为四字。汉魏丛书本竟以四字断句，非。

坎 **疾贫望幸，使伯行贩。开牢择羊，多得大牂。**

详《讼之遁》。

离 **翕翕轴轴，陨坠颠崩。灭其令名，长没不存。**

详《泰之谦》。

咸 **华落实槁，衣敝如络。女功不成，丝布如玉。**

兑为华，巽为陨，故华落。艮为果实，艮火，故槁。巽为络，为敝，伏震为衣。巽落，故曰“女功不成”。巽为丝布，伏震为玉。

恒 **温山松柏，常茂不落。鸾凤所止，得其欢乐。**

详《需之坤》。

遁 **失恃毋友，嘉偶出走。攫如失兔，傫如丧狗。**

坤伏风陨，故曰“失恃”。艮为友，巽寡，故毋友。坤为偶，震为嘉，为走；坤、震皆伏，故曰“嘉偶出走”。艮手为攫。攫，扑也。震为兔，为失。失、佚古通。佚兔，言兔逸也。艮为狗，巽寡，故曰“傫如”。伏坤为丧。

大壮 **太乙驾骝，从天上求。征我叔季，封为鲁侯。**

通观。坤纳乙，居北，而互艮为星，故曰“太乙”。本卦震为驾，为骝，为从。乾为天，伏艮为求，故曰“从天上求”。艮为叔季。兑为鲁，震为诸侯，故曰“鲁侯”。

晋 **双凫俱飞，欲归稻池。径涉萑泽，为矢所射，伤我胸臆。**

详《屯之旅》。

明夷 **深坑复平，天下安宁。意娱心乐，赖福长生。**

坎陷，故曰“深坑”。坎又为平，故曰“复平”。坤为天下，坤顺，故曰“安宁”。震为娱乐，坎为心意。震为福，为长生。

家人 **俱为天民，云过吾西。风伯雨师，与我无恩。**

此用否象。乾天坤民，故曰“天民”。坤为云，伏兑为西。巽为风，伏震，故曰“风伯”。伏兑为雨，故曰“雨师”。独断云：风伯箕星，雨师毕星。艮为星，故曰“风伯”，曰“雨师”。《小畜》云：密云不雨，自我西郊。“与我无恩”者，言上风下火，雨泽不至也。

睽 **野鸟山鹊，来集六博。三枭四散，主人胜客。**

伏艮为鸟，为山野。坎为集，数六，故曰“来集六博”。枭、雉，皆博采名，故曰“野鸟山鹊”。兑上缺，故曰“三枭”。离卦数三。三枭四散，必当时六博采名。《战国策》云：夫枭棊之所以能为者，以散棊能佐之也。夫一枭不胜五散，明矣。兹曰“三枭四散”，孰胜孰负，皆不能解。

蹇 **北阴司寒，坚冰不温。凌人惰怠，大雹为灾。**

详《泰之噬嗑》。

解 **伊伯智士，去桀耕野。执顺以待，反和无咎。**

震为音，为伯，故曰“伊伯”。伊吾，读书声也。坎为智，故曰“智士”。离为恶人，故曰“桀”。震为耕。否，艮为野，为执，为待。坎为和。

损 **秋风牵手，相从笑语。伯歌季舞，燕乐以喜。**

兑为秋，坤为风，艮手为牵。震为笑语，为从。二上正反震，故曰“相从笑语”。震为伯，为歌舞。艮为季。兑为燕。

益 **徙巢去家，南过白马。东西受福，与母相得。**

艮为巢，为家。震为徙，为去，为南。巽为白，坤为马，故曰“白马”。白马，津名，在大伾山南。震为东，伏兑为西，震为福。坤为母。

夬 **鸟飞跌跛，两两相和。不病四支，但去莫疑。**

伏艮为鸟，为飞。兑折，故跌跛。坤数二，重坤，故曰“两两”。兑为和，坤为病，为疑。坤伏，故不病，不疑。

姤 **三牛生狗，以戌为母。荆夷上侵，姬伯出走。**

详《坤之震》。

萃 **破筐敝筥，弃捐于道。坏落穿败，不复为宝。**

通大畜。震为筐筥，兑为破，巽为敝。艮为道，艮止不用，故曰“弃捐”。兑毁，故曰“坏落穿败”。震为玉，为宝；震覆，故不为宝。

升 **结纽得解，忧不为祸。食利供家，受福安坐。**

巽为结纽，震为解；为乐，故忧不为祸。坤为忧，为祸也。巽为利，兑口，故曰“食利”。伏艮为家，为安坐。震为福。

困 **白日扬光，雷车避藏。云雨不行，各自还乡。**

巽白，离日，震雷。震伏，故曰“避藏”。坎为云雨，日出坎上，故云雨不行。伏震为反，艮为乡，故曰“各自还乡”。

井 **杜口结舌，心中怫郁。去灾生患，无所告冤。**

兑为口舌，坎伏，故杜口结舌。坎为心，为忧患凶灾，为冤。上坎，下互大坎，故无所告冤。

革 **赍贝赎狸，不听我辞。系于虎须，牵不得来。**

详《需之睽》。

鼎 **鸣鹤抱子，见蛇何咎。室家俱在，不失其所。**

通屯。震为鹤，为子，艮手为抱。巽为蛇，兑见，故曰“见蛇”。鹤以蛇为粮，故无咎。艮为室家。

震 **逐兔山西，利走入门。赖我仁德，获为我福。**

震为兔，为逐。艮山坎西，故曰“山西”。伏巽为利，艮为门。震为仁德，为福。

艮 **兴役不休，与民争时。牛生五趾，行危为忧。**

互坎为劳，故曰“兴役不休”。坎为众，为民。艮为时，三上正反艮震，故曰“争时”。震为生，为趾。坎纳戊，数五，故曰“五趾”。艮为牛。坎为忧，为危，震行。按《汉书·五行志》：兴徭役，夺民时。厥妖牛，生五足。秦孝文王五年，有献五足牛者，刘向以为近牛祸。此自旧事，《五行志》述之。不得谓林本《汉书》。

渐 **春栗夏梨，山鲜希有。斗千石万，贵不可贩。**

艮为果，故曰“栗”、“梨”。伏震为春，离为夏。艮为山，巽为鱼，故曰“山鲜”。梨、栗至春夏即坏，故曰“希有”。艮为斗，为石，为贵，为求。伏震为千万。

归妹 **悲号北行，失其长兄。伯仲不幸，骸骨散亡。**

震声，兑口，坎悲，坎北，故曰“悲号北行”。震为长兄，坎隐伏，兑折，故曰“失其长兄”。震为伯，坎为仲。兑为骸骨，兑折坎险，故曰“不幸”，曰“散亡”。

丰 **赋敛重数，政为民贼。杼轴空虚，去其家室。**

坎为聚，故曰“赋敛”。互大坎，故曰“重数”。坎为民，为贼，为杼轴。离虚，故曰“空”。艮为家室，艮覆，故去。

旅 **履服白缟，殃咎并到，忧不能笑。**

通节。震为履，为服。巽为白，为缟。坎为殃咎，为忧。震为笑。

巽 **杜口结舌，言为祸母。代伯受患，无所祷免。**

互兑为口舌，为言。正覆兑相背，故曰“杜口结舌”。巽为母，震为伯。震巽相往来，故曰“代伯受患”。兑为患。兑口为祷。

兑 **免冠进贤，步出朝门。仪体不正，贼孽为患。**

通艮。艮为冠，互震为进，为贤。进贤，冠名也。《汉书·贡禹传》：见责，免冠谢。故曰“免冠进贤”。震为步，为出，艮为朝门。互坎为贼，为患。坎曲，故不正。艮为身体。

涣 **娶于姜女，驾迎新妇。少齐在门，夫子悦喜。**

巽为姜，震为娶，为驾。巽为妇，为少齐。《左传·昭二年》，晋人谓之少齐是也。艮为门。震为夫子，为悦喜。

节 **牧羊稻园，闻虎喧欢。畏恐悚息，终无祸患。**

详《屯之复》。

中孚 **老妾据机，纬绝不知。女功不成，冬寒无衣。**

兑为妾。老妾，本大过九五也。巽为进退，为机，为纬；兑折，故纬绝，故女功不成。《左传·昭二十四年》：嫠不恤其纬，而忧宗周之陨。乾为冬，为寒，为衣。今上下乾象皆缺，故无也。

小过 **黑龙吐光，使阴复明。燎猎载圣，六师以昌。**

震为龙，艮为黔，故曰“黑龙”。兑口为吐，艮为光明，故曰“吐光”，曰“使阴复明”。艮为火，故曰“燎”。震车为载，坎为圣。言文王出猎，载太公以归也。坎数六，坎众，故曰“六师”。震为昌也。

既济 **东邻嫁女，为王妃后。庄公筑馆，以尊王母。归于京师，季姜悦喜。**

详《屯之观》。

未济 **灌颉东从，道顿跌踦。日辰不良，病为身祸。**

离为恶人，故曰“灌颉”。离为东。言颠颉从公子重耳于东也。灌，疑为颠之音讹字。离为日，坎为病，为祸，为跌踦。

焦氏易林注卷四

䷌ 乾上 离下 同人之第十三

橐置山颠，销锋铸刃。示不复用，天下大欢。

通师。坤为橐，震为陵。乾亦为山陵，为颠。艮为锋刃，艮覆，故销，故不用。坤为天下，震乐，故曰"大欢"。

之乾 **一臂六手，不便于口。莫肯为用，利弃我走。**

坤 **獐鹿逐牧，饱归其居，安宁无悔。**

屯 **鸿鱼逆流，至人潜处。蓬蒿代柱，大屋颠仆。**

艮为鸿，坤为鱼，为水，为逆，故曰"鸿鱼逆流"。鸿，大也。坎为圣人，在下，故曰"潜处"。坤为蓬蒿，震木为柱；坤在艮屋下，故曰"代柱"。坎陷，故颠仆。

蒙 **三羖五牂，相随俱行。迷入空泽，经涉六驳，为所伤贼。**

伏兑为羊，故曰"羖"，曰"牂"。艮纳丙，故曰"三羖"。坎纳戊，故曰"五牂"。互震为行，坤为迷，为虚，故曰"空泽"。坎陷，故曰"泽"。艮为驳，能食虎豹。然曰经涉，则非兽也。《诗·秦风》：隰有六驳。传：驳如马。《疏》：陆机云，驳马，梓榆也。树皮青白驳荦，遥视似驳马，故谓之驳。下章云：山有苞棣，隰有树檖。皆言木。此不应言兽。兹林词曰，经涉六驳，为所伤贼，正用《诗》语，亦以六驳为木，与陆诂合。坎数六，故曰"六驳"。坎又为贼。

需 **黄帝出游，驾龙乘马。东上泰山，南过齐鲁，邦国咸喜。**

离为黄，乾为帝。乾为马，故曰"驾龙乘马"。离为东，乾为山。兑为鲁，伏坤为邦国，兑悦为喜。

讼 **履危不安，心欲东西。步走逐鹿，空无所得。**

通明夷。震为履，坎为危，故履危不安。坎为心，为西，离为东。震为鹿，为走。坤虚，故空无所得。

师 **望尚阿衡，太宰周公。藩屏汤武，立为侯王。**

伏离为望，伏巽为权衡。震为主，为周，故曰“太宰周公”。又乾为圣人，伏重乾，故圣人多也。坤为城，为屏藩。坎水，故曰“汤”。震为武，为王，故曰“汤武也”。

比 **白龙黑虎，起伏俱怒。战于阪泉，蚩尤败走，死于鱼首。**

详《蒙之坎》。鱼首，地名。坎为首，坤为鱼，故曰“鱼首”。

小畜 **载石上山，步跌不前。嚬眉之忧，不得所欢，长思忧叹。**

通豫。艮为石，为山，坤为载，故曰“载石上山”。震为步，坎陷，故步跌不前。坎为忧，故曰“嚬眉”。艮为眉也。震为欢，坎伏，故不得。坎为忧。

履 **周德既成，行轴不倾。申酉昳暮，耋老衰去，箴石不佑。**

通谦。震为周，艮为成，故曰“周德既成”。震为行，坎为轴；坎平，故不倾。坤居申，坎先天居酉，故曰“昳暮”。言日至申酉而暮也。坤为老衰，坎为箴，艮为石。箴，针也。石，砭石，即石箴也。丁晏云：《山海经》，高氏之山，其下多箴石。注：可以为砥针者是也。坤死，故虽有箴石，不能佑助。

泰 **乘云带雨，与飞鸟俱。动举千里，见我慈母。**

坤为云，兑为雨。震为乘，伏巽为带。震为飞，为鸟，为举动，为千里。坤为母，为我，兑为见。

否 **赍贝赎狸，不听我辞。系于虎须，牵不得来。**

详《需之睽》。

大有 **三翼飞来，是我逢时。俱行先至，多得大利。**

离数三，为飞，为翼。伏艮为时，坤为我。乾为行，为先。伏坤为利。

谦 **两足四翼，飞入我国。宁我伯姊，与母相得。**

坤数二，震为足；为翼，卦数四，故曰“两足四翼”。震为飞，坤为国，为我。震为伯，伏巽为姊。坤为母。

豫 **按民呼池，玉杖文案。鱼如白云，一国获愿。**

艮手为按，坤为民，为河。震言坎水，故曰“呼池”。呼池，即呼沱河。

《周礼·职方氏》作虖池。《国策》作呼沱。并同。震为玉,为杖,坤为文,艮为案,故曰"玉杖文案"。《后汉书·礼仪志》:仲秋,县道皆案民比户,年七十授以玉杖。八十九十,礼有加。文案,乃养老加礼。坤为鱼,为云,震白,故曰"鱼如白云"。

随 **季姬踟躅,望我城隅。终日至暮,不见齐侯,居止无忧。**

兑为季姬,艮止故踟躅。艮为日,为望,为城,为终。兑昧,故曰"终日"。巽为齐,震为诸侯,故曰"齐侯"。巽伏,故不见。艮为居止,震乐,故无忧。陈朴园云:案《左传》,齐桓公有长卫姬、少卫姬。《易林》所云季姬,即指少卫姬。《卫风》静女云:俟我于城隅。戴震云:此媵俟迎之礼。诸侯惟亲迎嫡夫人,媵则至乎城下,以俟迎者而后人。故《易林·师之同人》云"结衿待时,终日至暮"也。谓林词全说《静女》诗,而与《毛》异。

蛊 **龙渴求饮,黑云影从。河伯捧觞,跪进酒浆,流潦滂滂。**

震为龙,兑口为饮,艮为求。互大坎为黑,为云,为河。震为伯,故曰"河伯"。震为觞,艮手为捧,坎为酒浆,为流潦。

临 **出门逢患,与福为怨。更相击刺,伤我手端。**

震为出,坤为门,为患。坤祸,故不福。伏艮为击,对遁、临正反艮,故相击。兑为伤,伏艮为手,坤为我。

观 **播天舞,光地乳。神所守,乐无咎。**

艮为天,为手,为播,为舞。坤地,互艮为乳。艮为守,伏震为乐,坤为安。

噬嗑 **两金相击,勇气钧敌。终日大战,不破不缺。**

震为金,正反震,故曰"两金"。艮手为击,正反艮,故曰"相击"。震为勇,正反震,故曰"钧敌"。艮为终,离为日,震为战。兑为破缺,兑伏,故不破不缺。

贲 **车虽驾,两靷绝。马奔出,双轮脱。行不至,道遇害。**

震为车,为驾。伏巽为蚓,兑卦数二,故曰"两靷"。兑折,故绝。震为马,为奔出。坎为轮,兑卦数二,兑毁,故曰"双轮脱"。坎陷,故行不至。震为道,坎陷为害。

剥 **文山紫芝，雍梁朱草。长生和气，王以为宝。公尸侑食，福禄来处。**

详《师之夬》。

复 **把珠入口，为我畜宝。得吾所有，欣然嘉喜。**

震为口，为珠玉，为宝。坤为我，为吾，为畜。震为嘉喜。

无妄 **负牛上山，力尽行难。烈风雨雪，遮遏我前。中道复还，忧者得欢。**

艮为负，为山，为牛。艮止，故力尽行难。互巽为风，乾为冰，故曰“雨雪”。艮止，故曰“遮遏”。艮为道，震反，故曰“还”。坎为忧，震乐，故曰“得欢”。

大畜 **陶朱白圭，善贾息资。三致千金，德施上人。**

艮火，故曰“陶”。乾为大赤，故曰“陶朱”。震为玉，为白，故曰“白圭”。二人皆善治生致富。乾为富，故曰“息资”。伏巽为商贾。艮数三，乾为金，为千，故曰“三致千金”。乾为德，震为人。“上人”者，及人也。

颐 **子锄执麟，春秋作经。元圣将终，尼父悲心。**

详《讼之同人》。

大过 **春日载阳，福履齐长。四时不忒，与乐为昌。**

通颐。震为春，乾为日，为阳。震为福履，巽齐，故曰“齐长”。艮为时，震数四，故曰“四时”。震为乐，为昌。

坎 **孔德如玉，出于幽谷，飞上乔木。鼓其羽翼，辉光照国。**

详《坤之比》。

离 **区脱康居，慕仁入朝。湛露之欢，三爵毕恩。复归穹庐，以安其居。**

注详《讼之恒》。

咸 **秋冬夜行，照览星辰。道理利通，终身无患。**

兑为秋，乾为冬，互大坎为夜。艮为明，为观，故曰“照览”。艮为星辰，为道里。巽为利。艮为身，为终。坎为患，兑悦，故无患。

恒 **鸣鹄抱子，见蛇何咎。室家俱在，不失其所。**

注详《否之鼎》。古鹄、鹤通用。

遁 **安如泰山，福寿屡臻。虽有豺虎，不能危身。**

艮为山，为安，为寿。乾为福。艮为豺虎，为身；艮安，故不危。

大壮 **耆蒙睡眠，不知东西。岁君失理，命直为曲，王称为宝。**

乾老，故曰“耆”。《说文》：耆，老也。伏艮，故曰“蒙”。耆蒙，即老少也。艮止坤迷，故曰“睡眠”。震东兑西。坤迷，故不知。乾为君，为年，故曰“岁君”。坤为理，坤伏，故失理。伏巽为命。《孟氏逸象》：乾为直，为王，为宝。震口为称。

晋 **植璧秉珪，请命于河。周公克敏，冲人瘳愈。**

此用同人象。伏震为珪璧。艮手，故曰“秉”，曰“植”。坎水坤水，故曰“河”。艮为冲人。冲，幼也。震为公，为周。艮坚，故瘳愈。

明夷 **太王执政，岁熟民富。国家丰有，王者有喜。**

震为王，坤老，故曰“太王”。坤为政；为岁，为利，故曰“岁熟”。坤为民，为富，为国家，为丰。震为王，震喜。

家人 **讼争相背，和气不处。阴阳俱否，谷风无子。**

离为有言，故争讼。坎为和，坎伏，故不处。谷，《毛诗》作谷，传云：东风也。巽为风，离东，故曰“东风”。震为子，震伏，故无子。《谷风》诗，《毛传》谓刺夫妇失道。兹曰“无子”，盖《齐诗》义也。

睽 **齐鲁争言，战于龙门。构怨结祸，三世不安。**

兑鲁。齐，似用半巽象。正反两兑口相对，故曰“争言”。余详《坤之离》。

蹇 **鹿得美草，鸣呼其友。九族和睦，不离邦域。**

此用同人象。伏震为鹿，为草，为鸣。伏坤为族，震数九，故曰“九族”。震乐，故和睦。坤为邦域。

解 **百里南行，虽微复明。去虞适秦，为穆国卿。**

百里奚自虞适秦，故曰“南行”。震为百，为南，为行。离为明。坎为忧虞，震乐，故去虞。坎位西，故曰“秦”。

损 **梅李冬实，国多寇贼。乱扰并作，王不能制。**

详《屯之师》。

益 **府藏之富，王以赈贷。捕鱼河海，笱网多得。巨蛇大鳅，战于国郊，君遂走逃。**

详《比之临》。

夬 **牡飞门启，忧患大解。修福行善，不为身祸。**

详《需之兑》。

姤 **宜昌娶妇，东家歌舞，长乐欢喜。**

巽为震妇。震为娶，为昌，为东，为歌舞，为欢乐。伏坤为家。

萃 **正阳之央，甲氏以亡。祸及留吁，烟灭为墟。**

《左传·宣十六年》正月，晋人灭赤狄甲氏及留吁。春正，故曰“正阳”。央，中也，言正月之中也。伏乾为阳，互大坎为中。艮为甲，坤丧，兑毁，故曰“甲氏以亡”。坤为祸，兑口为吁。坤为墟，为灭。

升 **凫过稻庐，甘乐䵃鳅。虽驱不走，田畯怀忧。**

震为凫，为稻，为乐，为䵃。䵃，大麦也。巽为鳅，坤亦为鱼。震为驱，为走。坤为田畯，为忧。

困 **跛踦俱行，日暮车伤，失旅乏粮。**

通贲。坎蹇，故曰“跛踦”。震为行。离为日，坎为夜，故曰“日暮”。震为车，坎折，故伤。震为行，旅为粮，兑毁，故曰“失旅乏粮”。

井 **龙门水穴，流行不害。民安其土，君臣相保。**

通噬嗑。震为龙，艮为门，为穴。坎水为流，流顺故不害。坎为民，艮为安，为土。震君艮臣。

革 **山陵四塞，遏我径路。欲前不得，复还故处。**

通蒙。艮为山，为塞，为遏，为径路。坎陷艮止，故欲前不得。震卦数四，故曰“四塞”。

鼎 **两虎争斗，血流漂杵。城郭空虚，蒿藜塞道。**

通屯。艮为虎，坤数二，故曰“两虎”。又正反艮，故曰“争斗”。坎为血，为杵。艮为城郭，坤为空虚。震为藜蒿，艮为道。

震 **依叔墙隅，志下心劳。楚亭晨食，韩子低头。**

艮为墙，为叔，为依。坎为志，为心，为劳。震为楚，为晨，为食。艮为亭。坎为信，故曰“韩子”。“韩子”者，韩信也。艮为头，坎下首，故低头。《史记·淮阴侯传》：常数从南昌亭长寄食，亭长妻患之，不为具食，信怒，绝去。

艮 **龙生无常，或托空桑。凭乘风云，为尧立功。**

震为龙，为生，为桑。互大离，离虚，故曰“空桑”。坎为云，伏巽为风，震为乘，艮手为凭。震为帝，故曰“尧”。按，皇甫谧云：伊尹生于空桑，尧时诸臣。禹生石纽，见《史记》注。无生空桑者，西汉时古籍多，或别有所据。

渐 **魁行摇尾，逐云吹水。污泥为陆，下田宜稷。**

艮为星，为尾。魁，北斗星也。巽进退，故曰“摇尾”。坎为云水，兑口向坎，故曰“逐云吹水”。坎为污泥。坎陷，故亦为下田。艮为陆，巽为稷。言宜种黍稷也。

归妹 **跛踦相随，日暮牛罢。陵迟后旅，失利亡雌。**

坎蹇，故跛踦。离为日，为牛；坎夜坎劳，故曰“日暮牛罢”。震为商旅，为后。巽为利，巽伏，故曰“失利亡雌”。巽为震妇，故曰“雌也”。

丰 **三人俱行，北求大牂。长孟病足，倩季负粮。柳下之宝，不失我邦。**

震为人，为行；数三，故曰“三人俱行”。互大坎为北，兑为羊。震为长孟，为足；坎病，故曰“病足”。按《家语》：叔梁纥之妾生孟皮，孟皮病足。季，季路也。《家语》：子路曰，吾为亲负米百里之外。互巽为粮，伏艮为季，为负。震为柳，伏坤为下，为邦。

旅 **凤凰在左，麒麟处右。仁圣相遇，伊吕集聚。伤害不至，时无殃咎，福为我母。**

离为凤凰，为麒麟。离东为左，兑西为右。坎为圣，为集聚。兑口为伊，巽为齐，为吕。

巽 **乘筏渡海，虽深不殆。曾孙皇祖，累累俱在。**

伏震为筏，为乘。互大坎为海，为深。兑悦，故不殆。伏艮为曾孙，为祖。

兑 **比目四翼，来安吾国。赍福上堂，与我同床。**

详《比之离》。

涣 **娶于姜吕，驾迎新妇。少齐在门，夫子悦喜。**

详《否之涣》。

节 **螟虫为贼，害我稼穑。尽禾殚麦，秋无所得。**

坎为贼，为害。伏巽为螟虫，震为禾稼。兑正秋，兑毁折，故秋无所得。

中孚 **衣裳颠倒，为王来呼。成就东周，邦国大休。**

震为衣裳，正反震，故曰“颠倒”。震为王，为呼，为东周。艮为成，为邦国。按《齐风》：东方未明，颠倒衣裳。颠之倒之，自公召之。《毛诗叙》谓朝廷兴居无节。《焦》意似指太公佐周，与《毛》异。

小过 **王孙季子，相与为友。明允笃诚，升擢荐举。**

震为王。艮为孙，为季子，为友。震为明允，艮为笃诚。震为荐举，艮手为擢。词似用《史记》舜举八元八恺事。

既济 **踊泉滑滑，流行不绝。污为江海，败毁邑里。家无所处，闻虎不惧，向我笑喜。**

坎为泉，重坎，故流行不绝，故污为江海。坤为邑里，三坤爻隔绝，故云败毁。坎为惧。虎与笑喜，盖用半象。

未济 **桑扈窃脂，啄粟不宜。乱政无常，使心孔明。**

离为鸟，故曰“桑扈”、“窃脂”。坎为窃，为脂。窃脂，即桑扈，一物也。《左传·襄四年》：桑扈窃脂，为蚕驱雀者也。《诗·小雅》：交交桑扈。余似用半象。

䷍ 离上 乾下 大有之第十四

白虎张牙，征伐东莱。朱雀前驱，赞道说辞。敌人请服，衔璧而趋。

兑为虎，为牙；西方色白，故曰“白虎张牙”。白虎，西方宿。离为东，兑为决，为斧钺，故曰“征伐东莱”。莱，汲古本作东华。按《史记》云：师尚父封于营邱，未至国，莱人来伐，争营邱。营邱边莱。莱，夷人也。但太公征莱，今史不详。不知华、莱孰是？姑从宋、元。朱雀，南方宿。离为雀，南方色赤，故曰“朱雀”。兑口，故曰“赞道说辞”。道、导通。乾为玉，兑口，故曰“衔璧”。

之乾 **南山太行，困于空桑。老沙为石，牛马无食。**

此用大有象。乾为山，为行，位南，故曰“南山”。太行，亦山名也。伏坎为困，艮为桑，坤虚，故曰“空桑”。艮为沙石，坤为老，为牛马。兑为食，坤闭，故曰“无食”。

坤 **播木折枝，与母别离，绝不相知。**

依《讼之谦》校。播，种也。言折枝种于他所，与母树分离也。

屯 **噂噂所言，莫如我垣。欢乐坚固，可以长安。**

详《乾之困》。

蒙 **雹梅零坠，心思愦愦。怀忧少愧，乱我魂气。**

艮为果，为梅；坎为冰，故曰“雹梅”。《尔雅》：葖芦葩注，紫花大根，俗呼雹葖。由此例之，是雹梅为象形之字，作李者非也。坎折，故零坠。坎为心思，坎忧，故愦愦。坤为我，为乱，为魂气。

需 **火虽炽，在吾后。寇虽多，在吾右。身安吉，不危殆。**

离为火，伏坤为吾；在下，故曰“在后”。坎为寇，兑为右。伏坤为身，为安。殆，音以。

讼 **虎卧山隅，鹿过后朐。弓矢设张，猬为功曹。伏不敢起，遂至平野，得我美草。**

乾为虎，为山。伏震为鹿，为后。《广韵》：朐，山名。《史记·始皇本纪》：立石上朐界中。由是例之，后朐，或山名也。坎为弓矢，为棘，为猬，为伏。伏坤为平野，为我。震为美草。

师 **三火起明，雨灭其光。高位疾颠，骄恣诛伤。**

伏离为火，数三，故曰“三火”。坎为雨，为黑，故无光。坎为疾，坤为诛伤。

比 **疋居楚乌，遇谗无辜，久旅离忧。**

丁云：疋、雅同。《说文》：雅，楚乌也。一名鸴，一名卑居，秦谓之雅。

言雅居楚即谓乌也。艮为鸟,故曰“乌”,曰“雅”。坎上下兑口相背,故曰“谗”。坎为忧。

小畜 **一室百子,同公异母。以义防患,祸灾不起。**

通豫。坎为室,数一。坤为百。震为子,为公。坤为母,上下坤相背,故曰“异母”。坎为患。坤为祸灾,坎伏,故不起。

履 **商人行旅,资所无有。贪其利珠,流连王市。还家内顾,公子何咎。**

通谦。震为商旅,为行人,为珠。巽为利市,乾为王,故曰“王市”。艮为家,离为顾,震为公子。

泰 **禹将为君,北入昆仑。稍进扬光,登入温汤。代舜为治,功德昭明。**

乾为君王,故曰“禹”。伏艮为昆仑,坤位北。艮阳在上,为光;艮手,故曰“扬光”。坤水为汤,艮火,故曰“温汤”。震为帝,故曰“舜”。

否 **乾行天德,覆帱无极。呕呼烹熟,使各自得。**

乾为天,故覆帱无极。伏震兑,故曰“呕呼”。艮火坤釜,故曰“烹熟”。

同人 **南国盛茂,黍稷醴酒。可以享老,乐我嘉友。**

乾为南,伏坤为国。震为盛茂,为黍稷。伏坎为酒。乾为老,震为乐。

谦 **方船备水,傍河燃火,终身无祸。**

震为船,坤为方。方,并也。《诗》:方舟为梁,故可备水。坎水坎河,艮为火,故曰“傍河然火”。坤为身,为祸;震喜,故无祸。

豫 **雷行相逐,无有休息。战于平陆,为夷所覆。**

详《坤之泰》。

随 **踯躅踟蹰,拊心搔头。五昼四夜,睹我齐侯。**

震足,故踯躅踟蹰。坎为心,为首;艮手,故拊心搔头。艮为日,为昼,兑为夜。震卦数四,巽五。巽为齐。

蛊 **大口宣唇,神使伸言。黄龙景星,出应德门。与福上堂,天下安昌。**

详《需之萃》。

临 **阴衰老极，阳建其德。履离戴光，天下昭明。**

详《否之无妄》。

观 **三涂五岳，阳城太室。神明所伏，独无兵革。**

详《需之蒙》。

噬嗑 **年丰岁熟，政仁民乐。利以居止，旅人获福。**

震为年岁，为丰熟，为仁乐。伏巽为利，艮为居止。震为旅人。

贲 **楚乌逢矢，不可久放。离居无群，意昧精丧。作此哀诗，以告孔忧。**

楚乌即雅。见《说文》。艮为黔啄，故曰“乌”。震为丛木，故曰“楚乌”。坎为矢，故曰“楚乌逢矢”。艮为居，坎为孤，故曰“离居无群”。坎为心，为隐伏，故曰“意昧”。震神坎陷，故精丧。坎为哀忧，震为告。《诗·四月篇》：君子作诗，维以告哀。

剥 **出门大步，与凶恶忤。骂公詈母，为我忧耻。**

坤为门户，为凶，为母，为我忧。伏乾为行，为公。兑为骂詈。

复 **火至井谷，阳芒生角。犯历天市，窥观太极。登上玉床，家易六公。**

无妄 **牧羊逢狼，虽忧不伤。畏怖惕息，终无祸殃。**

震为羊，震艮对，故曰“逢狼”。艮为狼。坤为牧，为忧伤。乾惕，故曰“惕息”。坤为祸殃，坤伏，故无。

大畜 **茧栗牺牲，敬事鬼神。神嗜饮食，受福多孙。望季不来，孔圣厄陈。**

上四句详《乾之旅》。艮为季，艮止，故不来。乾为圣，震为孔，为陈。

颐 **大泽治妆，南归牧羊。长伯为我，多得牛马，利于徙居。**

坤为水，为海，故曰“大泽”。妆，俗作妆，为装之讹字。震为行，故治装。伏兑为羊，坤为牧。震为归，为南，为伯，为长。坤为我，为牛，为马。震行，故徙居。

大过 **枯树无枝，与子分离。饥寒莫养，独立哀悲。**

通颐。震为树，互大离科上槁，故曰“枯”。巽寡，故无枝。震为子，风散,故分离。乾为寒,离虚为饥。坤死,故莫养。坤为哀悲。

坎 **天地九重,尧舜履中。正冠垂裳,宇宙平康。**

互震为帝,故曰"尧舜"。震为履,坎为中。艮为冠,坤为裳,坎为平。

离 **凫鹥游泾,君子以宁。履德不衍,福禄来成。**

伏震为凫鹥,坎为泾。艮为君子。震为履,为福禄。

咸 **裸裎逐狐,为人观笑。牝鸡雄晨,主作乱根。**

通损。坤为身,故曰"裸裎"。艮为狐。震为逐,为人,为笑。艮为观。互巽为鸡,震为雄;为旦,为鸣,故曰"雄晨"。震为主,坤为乱。

恒 **典册法书,藏在兰台。虽遭乱溃,独不遇灾。**

详《坤之大畜》。

遁 **三痴且狂,欲之平乡。迷惑失道,不知昏明。**

通临。坤为痴,震数三,故曰"三痴"。震起,故曰"且狂"。《诗·郑风》:不见子都,乃见狂且。《说文》:且,荐也。荐,进也。《集韵》:且,徂也。且狂,犹狂且也。坤为平乡,震为之。坤为迷惑,为失,震为大涂。坤夜震旦,故曰"昏明"。坤迷,故不知。全用对象。

大壮 **瘿瘤疡疥,为身疮害。疾病癃痾,常不危殆。**

通观。艮多节,故曰"瘿瘤疡疥",曰"癃痾"。坤为身,为害,为疾病。艮安,故不危殆。

晋 **三豕俱走,斗于谷口。白豕不胜,死于坂下。**

坎为豕,离卦数三,故曰"三豕"。艮为谷,伏兑为口。兑刚鲁毁折,故斗。兑西方,色白,故曰"白豕"。坤死,艮坂,故曰"死于坂下"。

明夷 **赖主之光,受德之佑。虽遭颠沛,独不凶咎。**

震为主,离为光。震为德。

家人 **上义崇德,以建大福。明哲且聪,周武立功。**

通解。震为德,为福,为建。离为明,为哲,为聪。震为周,为武,为功。

睽 **四乱不安,东西为患。身止无功,不出国城。乃得全完,赖其生福。**

兑数四,离为乱。坎险,故不安。离为东,坎为西,为患。伏艮为身,为止，为国城。艮止，故不出。

蹇 **金牙铁齿，西王母子。无有患殆，涉道大利。**

详《小畜之大有》。此亦用大有象。

解 **贺喜从福，日利蕃息，欢乐有得。**

震为喜乐，为贺，为福。伏巽为利，离为日，震为蕃息。

损 **昊天白日，照临我国。万民康宁，咸赖嘉福。**

艮一阳在上，故为天，为日。纳丙，故曰“昊天”。昊天，夏日也。坤为我，为国。艮为光明，故曰“照临”。坤为万民。震为康宁，为嘉福。

益 **左眇右盲，视暗不明。下民多孽，君失其常。**

震为左，伏兑为右。互大离，故曰“眇”，曰“盲”，曰“不明”。坤为黑暗，为下，为民，为孽。震为君。

夬 **吾有黍粱，委积道傍。有囊服箱，运到我乡，藏于嘉仓。**

通剥。艮为道。坤为委积，为囊，为箱，为乡。坤载，故曰“运到我乡”。坤为藏，艮为仓，又为果蓏。蓏，草实也。黍粱，疑故为艮象。

姤 **殊类异路，心不相慕。牝豕无猳，鳏无室家。**

通复。坤为类，为心。震为大涂。坤为牝，巽为豕，故曰“牝豕”。猳，牡也。坤寡，故曰“鳏”。

萃 **雀行求食，出门见鹞。颠蹶上下，几无所处。**

艮为雀，为求，兑为食。艮为门，为鹞。兑折，故颠蹶。

升 **野有积庾，穑人驾取。不逢狼虎，暮归其宇。**

坤为野，为积，为庾。震为稼穑，为人，故曰“穑人”。艮为虎狼，艮伏，故不逢。坤为莫，震为归。

困 **肤敏之德，发愤晨食。虏豹禽说，为王求福。**

详《师之观》。

井 **光祀春成，陈宝鸡鸣。阳明失道，不能自守，消亡为咎。**

《汉书·郊祀志》：秦文公获若石，于陈仓北阪城祠之。其神来常以夜，光辉若流星，从东方来，集于祠城，其声殷殷，若雄雉野鸡夜鸣，名曰陈宝。兹云"春成",疑祠城之讹。疑原句无春字。祀成,即祠城。或为光集祠城也。卦通噬嗑。离为光,坎为集,艮为祠城。震为陈,为鸣。本卦巽为难。

革 **左抱金玉,右得熊足。常盈不亡,获心所欲。**

通蒙。震为左,为玉。艮为金,为抱。兑为右,艮熊,震足。坤为多,故曰"常盈"。坤为亡;震乐,故不亡。坎为心,为欲。

鼎 **履泥污足,名困身辱。两仇相得,身为痛疟。**

通屯。震为足,为履;坤为土,为水,故曰"履泥污足"。艮为名,坎陷,故名困。坤为身,坤下,故辱。坤数二,故曰"两"。正反艮,故相仇。

震 **安居重迁,不去其廛。禾米相间,乐得常产。**

艮为居,艮止,故安居不迁。震往,艮廛;艮止,故不去其廛。震为禾米,为乐。

艮 **天灾所游,凶不可居。转徙获福,留止忧危。**

互坎为灾凶,震为游。上下卦阳在上,故曰"天灾"。艮为居,坎险,故不可居。震为徙,为福。艮止坎危。

渐 **昧昧墨墨,不知白黑。景云乱扰,光明隐伏。犬戎来攻,幽王失国。**

坎隐伏,故曰"昧墨",故不知白黑。巽为白,坎为黑,为云。离明,故曰"景云"。离为乱,为光明。坎伏。艮犬。坎为幽,为失,艮为国。震为王,震伏,故曰"幽王"。

归妹 **凫雁哑哑,以水为宅。雌雄相和,心志娱乐,得其所欲。**

详《大畜之鼎》。

丰 **长生无极,子孙千亿。柏柱载梁,坚固不倾。**

震为长生,为子。伏艮为孙。震为千亿,为柏柱,为载,为梁。伏艮为坚固。

旅 **麒麟凤凰,善政得祥。阴阳和调,国无灾殃。**

离为文明,故曰"麟凰"。卦一阴从一阳,二阴从二阳,故曰"和调"。

巽 **天之奥隅，尧舜所居。可以存身，保我室家。**

伏艮为天。震为帝，故曰“尧舜”。艮为居，为身，为室家，为保。全用旁通。

兑 **配合相迎，利之四邻。昏以为期，与福笑喜。**

兑昧为昏。震为福，为笑喜。迎、邻为韵。邻音灵。

涣 **砥德砺材，果当成周。拜受大命，封为齐侯。**

震为德，为材。艮石，故曰“砥砺”。震为周。艮为拜。巽为命，为齐。

节 **与福俱坐，蓄水备火，终无灾祸。**

震为福，艮为坐。坎水艮火。坎为积蓄，为灾祸。

中孚 **晨昏潜处，候时煦煦。卒逢白日，为世荣主。**

震为晨，兑为昧，为昏。巽为潜。艮为待，为时，震为煦。煦，和也。巽为白，艮为日。震为主，为荣。

小过 **视日再光，与天相望。长生欢悦，与福为多。**

艮为日，为光，为望，为天。巽长震生。震欢悦，为福为多也。

既济 **大头明目，载受嘉福。三雀飞来，与禄相触。**

坎为大首，离为明目。震为载，为嘉福。离为鸟，卦数三，故曰“三雀飞来”。震为飞，为禄。除坎离外，皆用半象。

未济 **梗生荆山，命属输班。袍衣剥脱，夏热冬寒。立成枯槁，众人莫怜。**

详《乾之既济》。

䷎ 坤上 艮下 谦之第十五

王乔无病，狗头不痛。亡跛失履，乏我徒从。

艮为寿，故曰“王乔”。王乔，古仙人。坎为病，震乐，故无病。艮为狗，坎为首，为痛。震为履，坎蹇，故跛。坤为我。

之乾 **喋嗫噱嚾，昧冥相搏。多言少实，语无成事。**

此取遇卦谦象。注解详卷九《明夷之豫》。豫与谦同象。

坤 **北辰紫宫，衣冠立中。含和建德，常受大福。铅刀攻玉，坚不可得。**

详《坤之观》。多下二句。此亦用谦象。艮为刀，为金。坤柔，故曰“铅刀”。震为玉，艮为坚。

屯 **东壁余光，数暗不明。主母嫉妒，乱我事业。**

震为东，艮为壁，故曰“东壁”。艮又为火，为光明。坎为暗，故不明。坤为母，震为主，故曰“主母”。坎为嫉妒，坤为乱，为事业。《列女传》：贫妇徐吾，与邻妇会烛夜绩。烛数不给，邻妇欲摈之，吾曰，一室之内，增一人烛不为暗，少一人不为明，何爱东壁之余光乎？林用其事。

蒙 **下背其上，盗明相让。子婴两头，陈破其墟。**

坤为下。艮为背，为上，为明。坎为盗，震为言。正反震相对，故曰“相让”。震子震婴；坎为首，坤数二，故曰“两头”。震为陈，坎为破，坤为墟。两头于象甚合，其义未详，疑为面缚之讹。

需 **凤生会稽，稍巨能飞。翱翔桂林，为众鸟雄。**

离文为凤，伏艮为山。会稽，山名。艮阳在上，为飞，为翱翔，为林，为鸟。坤为众。全用伏。

讼 **凿井求玉，非和氏宝。名困身辱，劳无所得。**

坎陷为井，乾为玉，为宾。坎为和。伏坤为身，为辱。艮为名，艮覆，故名困。坎为劳。

师 **邦桀载殳，道至东莱。百僚具举，君王嘉喜。**

坤为邦，为恶，故曰“桀”。艮为殳，兵器也。《诗·卫风》：邦之桀兮，伯也执殳。震为大涂，为陵；震东，故曰“东莱”。东莱，山名。坤为百，艮为官。互震为君王，为嘉喜。

比 **安息康居，异国穹庐。非吾邦域，使伯忧戚。**

详《蒙之屯》。

小畜 **江河淮海，天之都市。商人受福，国家富有。**

详《否之乾》。

履 **同本异业，乐仁尚德。东邻慕义，来兴吾国。**

通谦。震为木，正反震，而以三爻为本，故曰“同本异叶”。震为仁德，为乐，为东，为兴。坤为吾，为国。

泰 **白鹤衔珠，夜室为明。怀我德音，身受光荣。**

震为白，为鹤，为珠。兑为口，故曰“衔”。坤为夜，为室。震为明，为音。坤为怀，为我，为身。乾为光荣。《搜神记》：哙参行，遇黔鹤为弋人射伤，收养之，放去。一夜，雌雄各衔一明月珠来，以报参。

否 **践履危难，脱厄去患。入福喜门，见吾邦君。**

伏震为践履，坤为患，乾在外，故脱厄去患。艮为门，乾为福喜，巽为入。坤为吾，为邦，乾为君。

同人 **宫商既和，声音相随。骊驹在门，主君以欢。**

通师。震为乐，故曰“宫商”，曰“声音”。震为随，为马。坤为门。震为主，为君，为欢。又震为行。骊驹，为送行之诗。

大有 **天地配享，六位光明。阴阳顺叙，以成厥功。**

详《讼之震》。

豫 **江河淮海，天之奥府。众利所聚，可以饶有，乐我君子。**

详《否之坤》。

随 **双鸟俱飞，欲归稻池。径涉萑泽，为矢所射，伤我胸臆。**

详《屯之旅》。

蛊 **伯仲叔季，日暮寝寐。赢卧失明，丧我贝囊，衔却道傍。**

震为伯，大坎为仲，艮为叔季。坎为莫，为寝寐。艮为身，为赢，为卧，为明。兑昧，故失明。兑毁折，故曰“丧”。艮为贝，震为道，为囊。

临 **受终文祖，承衰复起。以义自闲，虽苦无咎。**

坤为文，伏艮为终，为祖，故受终文祖。坤为衰，震为起。坤为义，为咎。震乐。故无咎。

观 **据斗运枢，顺天无忧，与乐并居。**

详《益之节》。

噬嗑 **周师伐纣，战于牧野。甲子平旦，天下悦喜。**

震为周，为伐，坎众为师。离为恶人，故曰“纣”。艮为城。《尚书注》：牧野城，周武王所筑。震为旦，为子。艮为甲，故曰“甲子”。坎为平，故曰“平旦”。艮为天，震为下，为乐。《周书》：武王伐纣，甲子昧爽，王朝至于商郊牧野。林所本也。

贲 **十雌百雏，常与母俱。抱鸡搏虎，谁敢害诸。**

通困。巽为雌，兑为雏；数十，故曰“十雌”。震为百，为子，故曰“百雏”。巽为母，为鸡；艮为虎，为抱，故曰“抱鸡搏虎”。

剥 **桀跖并处，人民愁苦。拥兵荷粮，战于齐鲁。**

此用谦象。坤为恶，故曰“桀”。坎为盗，故曰“跖”。震为人民，坎为愁苦。艮为兵，震为粮。艮手为拥，艮背为荷。震为战。伏兑为鲁，巽为齐，故曰“齐鲁”。

复 **南山昊天，刺政闵身。疾悲无辜，背憎为仇。**

详《乾之临》。

无妄 **百川朝海，流行不止。道虽辽远，无不到者。**

乾为海，为百川。震为行，为道，为远；为至，故无不到。

大畜 **目不可合，忧来摇足。怵惕危惧，去其邦域。**

大离，故目不合。震为足，为摇。乾为忧，为危惕。艮为邦域；艮在外，故曰“去”。

颐 **乌升鹊举，照临东海。龙降庭坚，为陶叔后。封于英六，履福绥厚。**

详《需之大畜》。

大过 **北方多枣，橘柚所聚。何囊载黍，盈我筐筥。**

通颐。坤为北。艮为枣，为橘柚。正反艮，故曰“聚”。坤亦为聚也。坤为囊，艮为何。震为黍，为载，为筐筥。

坎 **悬貆素飧，食非其任。失望远民，实劳我心。**

《诗·魏风·伐檀篇》：胡瞻尔庭有悬貆兮，不素餐兮。互艮为貆。震为素，为餐。坎为食。伏巽为绳，故曰“悬”。艮为望，坎失，故曰“失望”。

坎为民，为劳，为心。

离 **羔羊皮革，君子朝服。辅政扶德，以合万国。**

详《晋之临》。

咸 **齐鲁争言，战于龙门。构怨致祸，三世不安。**

详《坤之大畜》。

恒 **久阴霖雨，涂行泥潦。商人休止，市空无有。**

互大坎，故曰“阴”，曰“霖雨”，曰“泥潦”。震为大涂，为行，为商人。坎陷，故休止。巽为市，兑毁，故空无所有。

遁 **桃雀窃脂，巢于小枝。摇动不安，为风所吹。心寒栗栗，常忧殆危。**

艮为鸟，故曰“桃雀窃脂”。《诗·大雅》：肇允彼桃虫。传：桃虫，鷦鷯也。鷦鷯即桃雀。《尔雅》：桑扈，窃脂。皆小鸟。艮为小也。艮为巢，为枝。巽风进退，故动摇。乾为寒，为惕，故曰“栗栗”，曰“危殆”。

大壮 **防患备灾，凶祸不来，虽困无灾。**

通观。坤为患，为灾。艮为防。坤为凶祸，坤闭，故困。

晋 **引颈绝粮，与母异门。不见所欢，孰与共言。**

艮为颈，震为粮；震覆坤闭，故绝粮。坤为母，为门，艮亦为门。坤西南，艮东北，故曰“异门”。震为欢，为言；震覆坤闭，故不见所欢，故无与共言。

明夷 **鳅虾去海，藏于枯里。街巷褊隘，不得自在。南北极远，渴馁成疾。**

坤为鱼，故曰“鳅虾”。坎为海，坤在外，故曰“去海”。坤为里，为藏。离为枯，为巷。坎为褊隘。离南坎北。坎为疾，离为渴馁。

家人 **恭宽信敏，功加四海。辟去不详，喜来从母。**

坎为信，巽为母，伏震为喜。

睽 **岁饥无年，虐政害民。乾溪骊山，秦楚结怨。**

离虚，故饥。坎为众，为民。兑毁折，故曰“虐”，曰“害”。坎为溪，离火，故曰“乾溪”。坎为马，伏艮为山，故曰“骊山”。兑西，故曰“秦”。离南，故曰“楚”。楚灵王死于乾溪，秦始皇葬骊山，故曰“秦楚结怨”。坎为怨也。

蹇 **右目无瞳，偏视寡明。十步之外，不知何公。**

此用谦象。伏兑为右，艮离目不全，故无瞳，故偏视。坎黑，故寡明。坤数十。震为公，为步。正反震，故不知何公。

解 **蜩螗欢喜，草木嘉茂。百果蕃炽，日益庶有。**

此用谦象。震为鸣，伏巽，故曰“蜩螗”。《豳风》注：蜩，蝉也。宋曰螗。震为欢喜。《诗·大雅》：如蜩如螗，如沸如羹。《笺》云：言饮酒欢呼之声，似蜩螗之鸣。兹曰“欢喜”，用诗意也。震为草木，为嘉茂，为百，为蕃炽。艮为果，为日。

损 **常德自如，安坐无尤。幸入贵乡，到老安荣。**

艮止，故曰“常德”，曰“安坐”。艮为乡，为贵。坤为老，震为荣。

益 **狡兔趯趯，良犬逐咋。雄雌爰爰，为鹰所获。**

震为兔，为行。互艮为犬，震为逐。震口为咋，为雄。巽为雌。爰爰，行貌。艮为鹰，为获。《诗·小雅》：跃跃毚兔，遇犬获之。《释文》：跃，他历反，与趯同。又《王风》：有兔爰爰。传：爰爰，行缓也。

夬 **春桃生花，季女宜家。受福多年，男为邦君。**

详《师之坤》。

姤 **山石朽弊，消崩堕落。上下离心，君受其祟。**

乾为山，为石。巽为朽弊，为消崩堕落。乾为君，阴消阳，故曰“受祟”。

萃 **水坏我里，东流为海。龟凫欢哗，不睹我家。**

详《泰之兑》。

升 **七窍龙身，造易八元。法天则地，顺时施恩，富贵长存。**

元本注：圣人心有七窍，伏羲蛇身。《左传》：高辛氏有才子八人，天下谓之八元。互兑为穴，为窍；数七，故曰“七窍”。震为龙，坤为身，故曰“龙身”。坤数八，又为地。伏乾为天，故曰“法天则地”。震为时，坤顺，故曰“顺时”。伏乾为富贵。翟云升谓，伏羲龙身，八元即八卦。

困 **四夷慕德，来兴我国。文君陟降，同受福德。**

坎为夷，伏震卦数四，故曰"四夷"。坎为慕。伏艮为国。震为君，互离，故曰"文君"。正反震，故曰"陟降"，曰"福德"。

井 **华首山头，仙道所游。利以居止，长无咎忧。**

伏艮为山，坎为首，兑为华，故曰"华首"。艮为寿，故曰"仙道"。伏震为游。巽为利，为长。艮为居止，坎为忧。

革 **鹳鸠徙巢，西至平州。遭逢雷雹，损我苇芦。家室饥寒，思吾故初。**

通蒙。艮为鹳鸠，为巢。震行，故曰"徙巢"。坎为平，为西，为冰雹。震为雷，为苇芦。兑毁，坤我。艮为家室，坤为饥寒。

鼎 **狗无前足，阴谋叛北，为身害贼。**

详《小畜之明夷》。艮为狗。初二半艮，无初爻，故无前足。震为足，震伏，亦无。

震 **阳孤亢极，多所恨惑。车倾盖亡，身常惊惶。乃得其愿，雌雄相从。**

详《乾之屯》。

艮 **空槽注器，豚彘不到。张弓祝鸡，雄鸠飞去。**

渐 **长夜短日，阴为阳贼。万物空枯，藏于北陆。**

巽为长，坎为夜。离日，坎隐，故短日。坎为贼，北方阴。离日为阳，阳为坎阴所蔽，故曰"阴为阳贼"。巽为草莽，为万物；离虚，故空枯。坎为藏，为北；艮为道，故曰"北陆"。冬日行北陆。

归妹 **爪牙之士，怨毒祈父。转忧于己，伤不及母。**

兑为爪牙，震为士；为父，故曰"祈父"。坎为怨毒，为忧。巽为母，巽伏，故伤不及母。《诗·小雅·祈父》：予王之爪牙。胡转于予恤，有母之尸饔。祈父，司马也。言司马令我久役，移忧于己，不及事母。令母主饔也。林全说诗意。

丰 **拜跪请免，不得臭腐。俛眉衔指，低头北去。**

伏艮为拜跪，震为免；震言，故请免。巽为臭腐，巽伏，故不得。艮为眉，坎陷，故俛眉。艮为指，兑口，故衔指。坎为首，为低，为北。多用伏象。

旅 **有莘季女，为夏妃后。贵夫寿子，母字四海。**

巽为草莽，为莘，兑为季女。离为夏。艮贵艮寿，震夫震子。巽为母，兑为海。震卦数四，故曰"四海"。

巽 **季姬踌躇，待孟城隅。终日至暮，不见齐侯。**

详《同人之随》。

兑 **邯郸反言，父兄生患。涉叔忧恨，卒死不还。**

详《坤之睽》。

涣 **逐鹿山巅，利去我西。维邪南北，所求不得。**

艮为鹿，为山，为巅。震为逐，巽为利，坎为西。震为言，故曰"维邪"。维邪，呼声。震为南，坎为北，艮为求。

节 **穿鼻系株，为虎所拘。王母祝福，祸不成灾，突然自来。**

艮为鼻，坎为穿，伏巽为系，震为株。言既穿其鼻，又系于木也。艮为虎，为拘。震为王，伏巽为母，故曰"王母"。震为福，为祝。坎为祸，为灾。

中孚 **虎豹熊罴，游戏山谷。君子仁贤，皆得所欲。**

艮为虎豹熊罴，为山谷。《易·井·九二》，井谷射鲋，以伏艮为谷也。震为游。艮为君子，为仁贤。

小过 **梅李冬实，国多盗贼。扰乱并作，王不得制。**

详《屯之师》。此以正反巽为盗贼，故曰"多"。

既济 **望幸不到，文章未就。王子逐兔，犬踦不得。**

此用谦象。艮为望，坤为文章。震为王，为子，为逐，为兔。艮为犬，坎为踦。

未济 **千柱百梁，终不倾僵。仁智辅圣，周宗宁康。**

此用谦象。坤为千百。艮为柱，坎为极，为梁。震仁坎智。坎圣，震为周。

䷏震上坤下 豫之第十六

冰将泮散，鸣雁嗈嗈。丁男长女，可以会同，生育圣人。

坎为冰，下临艮火，故曰“泮散”。艮为雁，震鸣，故曰“嗈嗈”。伏兑纳丁。《晋书·李密传》：零丁孤苦。丁男，言孤男，无配偶也。巽为长女，震为生，坎为圣。言少男长女，及冰未泮而婚嫁也。《周礼·媒氏》疏引《韩诗传》：古者霜降逆女，冰泮杀止。按《诗·邶风》：士如归妻，迨冰未泮。据《韩诗》，是冰泮后禁嫁也。《荀子》及《家语》皆同《韩诗》说，郑误。

之乾 **龙马上山，绝无水泉。喉焦唇乾，口不能言。**

详《乾之讼》。此用豫象。

坤 **蔡侯朝楚，留连江滨。逾时历月，思其后君。**

《左氏·定三年》：蔡侯朝楚，子常求其裘，弗与，乃留蔡侯，弗使归。豫震为草莽，为蔡，为楚，为诸侯。坎陷，故流连。坎水，故曰“江滨”。艮为时，坎为月，为思。震为君。全用豫象。

屯 **文厄羑里，汤囚夏台。仁圣不害，数困何忧。免于缧绁，为世雄侯。**

中爻坤为文，为里。坤闭，故厄。坎为水，艮火，故曰“汤”，曰“夏”。艮为台。震为仁，坎为圣，坤为害。坎为困，为忧。巽为缧绁，巽伏，故免。震为雄，为侯。

蒙 **典册法书，藏在兰台。虽遭乱溃，独不遇灾。**

详《坤之大畜》。

需 **毡裘膻国，文礼不饬。跨马控弦，伐我都邑。**

伏坤为裘，为文礼，为马，为我，为都邑。谓匈奴寇边也。

讼 **星陨如雨，力弱无辅。强阴制阳，不得安土。**

《左传·庄七年》：星陨如雨。离为星，坎为雨，风陨。伏象明夷，明入地中，故曰“阴制阳”。坤为土。

师 **蝗啮我稻，驱不可去。实穗无有，但见空稿。**

详《小畜之大壮》。

比 **虎饥欲食，为猬所伏。禹导龙门，避咎除患，元丑以安。**

艮为虎，坤虚，故饥。伏兑为食。坎为猬，为伏。伏乾为王，为龙，为门，故曰“禹导龙门”。坎为患，为隐伏，故曰“避咎除患”。坤为丑，为安。

小畜 **蝙蝠夜藏，不敢昼行。酒为酸浆，鲂鼿鲍羹。**

巽为蝙蝠，伏坎为夜，为藏。离为昼，震为行；震伏，故不昼行。坎为酒浆。巽为鱼，为鼿，故曰“鲂鼿鲍羹”。

履 **精华坠落，形体丑恶。龃龉挫顿，枯槁腐蠹。**

兑为华，风陨，故坠落。伏坤为形，为丑恶。兑为口，正反兑相对，故龃龉。离为枯槁，巽为腐蠹。

泰 **两足不获，难以远行。疾步不能，后旅失时。**

互震为足，兑卦数二，故曰“两足”。兑毁，故不获，故不行。震为后，为时；坤丧，故失时。

否 **令妻寿母，宜家无咎。君子之欢，得以长久。**

巽为妻，乾善，故曰“令妻”。坤为母，艮寿，故曰“寿母”。艮为家，为君子。伏震为乐，故曰“欢”。巽为长，艮为久。

同人 **饥蚕作室，缗多乱缠，端不可得。**

巽为虫，为蚕；离虚，故曰“饥蚕”。伏坎为室。巽为缗，离为乱。

大有 **子锄执麟，春秋作经。元圣将终，尼父悲心。**

详《讼之同人》。

谦 **螟虫为贼，害我稼穑。尽禾殚麦，秋无所得。**

详《同人之节》。

随 **忧在腹内，山崩为疾。祸起萧墙，竟制其国。**

互大坎为忧，离为腹。艮为山，震为覆艮，故曰“山崩”。巽为草莽，艮为墙，故曰“萧墙”。艮为国。

蛊 **茹芝饵黄，饮食玉瑛。神与流通，长无忧凶。**

震为芝，为黄。兑口，故曰“茹”，曰“饵”，曰“饮食”。震为玉，为神；为乐，故不忧。此言神仙导引之事。黄，黄精也。

临 **一夫两心，歧刺不深。所为无功，求事不成。**

震为夫，坤为心；数二，故曰“两心”，曰“歧”。兑毁折，故无功，故不成。坤为事。

观 **十里望烟，涣散四分。形容灭亡，终不见君。**

坤为里，数十，艮为望。烟，音因，与氤通。班固《典引》：烟烟煴煴。烟煴，天地气也，与絪缊同。艮阳在上，坤在下，天地气接，故曰“望烟”。巽风为散，数四，故曰“四分”。坤为形，为死，故灭亡。乾伏，故不见君。

噬嗑 **张弓控弩，经涉山道。虽有伏虎，谁敢害诸。**

坎为弓，为弩，震为张。艮为山道；为虎，坎伏，故曰“伏虎”。坎为害。

贲 **泉闭泽竭，主母饥渴。君子困穷，乃徐有说。**

坎为泉。坎伏，故闭；下火，故竭。震为主，伏巽为母。离虚而燥，故饥渴。艮为君子，坎为困。说、脱通，言脱去困穷也。

剥 **野鸢山鹊，弈棊六博。三枭四散，主人胜客。**

艮为鸢，为鹊，为枭，为山。元本注：三枭四散，皆古局戏名。按《战国·楚策》云：夫枭棊之所以能为者，以散棊佐之也。夫一枭之不胜五散亦明矣。按黄山谷诗：安知樗蒱局，临关败三枭。今博戏失传，故不知其义。

复 **羊惊马走，上下挥扰。鼓音不绝，顷公奔败。**

震为惊，为羊，为马，为走，为鼓，为音。坤为顷，震为公，故曰“顷公”。震为奔，坤为败。《左传·成二年》：晋郤克与齐顷公战，晋人援桴而鼓之，顷公奔败。

无妄 **黄帝神明，八子圣聪。俱受大福，天下康平。**

震为黄，为帝，为神。艮为明，数八；震子，故曰“八子”。乾为圣聪，为大福，为天。震阳在下，故曰“天下”。《左传》：高阳氏有才子八人。林所本也。

大畜 **轻车醠祖，猋风暴起。泛乱祭器，飞扬鼓舞。明神降佑，道无害寇。**

震为车，为祭祀，故曰“醠祖”。祖者，将行犯軷之祭。《诗·大雅》，仲山甫出祖是也。伏巽为风,进退,故曰"猋风"。震为器。兑毁,故泛乱。震为飞扬,为鼓舞,为明神,为福佑,为道。坤为害,为杀;坤伏,故无。

颐 **螣蛇乘龙,宋郑饥凶,民食草蓬。**

《左传·襄二十八年》:梓慎曰,蛇乘龙,龙,宋、郑之星也。宋、郑必饥。震为龙,坤为蛇,在震上,故曰"乘龙"。《说文》:以木架屋为宋。故艮为宋。郑,《说文》:地町町然平也。故坤为郑。为凶,为民。震为食,为草莽。

大过 **扬水潜凿,使石洁白。里素表朱,游戏皋沃。得君所欲,心志娱乐。**

详《否之师》。按汲古作衣素表朱,宋、元本作里素表朱。《毛诗》诂襮为领,谓衣素而黼领朱也,与《尔雅》合。后儒据高诱《吕览》注及班赋,诂襮为表,以攻《毛》。岂知素衣朱表,语已不合。兹按林词,亦诂襮为表。然曰里素,则读衣为里也。素里朱襮,义始分明。

坎 **西过虎庐,惊我前驱,虽忧无危。**

坎位西,中爻艮为虎,为庐。震为惊,坎为忧危。

离 **衣成无袖,不知所穿。客指东西,未得便安。**

通坎。震为衣,坎为穿,震为袖。中爻正覆震相对,故曰"无袖"。又中爻亦正覆艮,艮止,故不知所穿。震为客,为东。兑为西。

咸 **晨风文翰,随时就温。雌雄相和,不忧殆危。**

诗𫛳彼晨风,传:鹯也。巽为风,伏震为晨,为翰。坤为文,故曰"文翰"。文翰,即晨风。详大遇之豫。艮为时;为火,故曰"温"。震雄巽雌。兑口震鸣,故曰"和"。

恒 **心多恨悔,出言为怪。枭鸣室北,声丑可恶,请谒不得。**

通益。坤为心,为悔恨。震为言,为出,为鸣。艮为枭,为室。坤北,故曰"室北"。震为声,坤为丑,为恶。震为请谒,坤闭,故不得。

遁 **离女去夫,闵思苦忧。齐子无良,使我心愁。**

下艮为夫。巽风,故曰"离女"。风散,故曰"去夫"。伏坤为苦忧。巽齐震子,坤恶,故无良。坤为我,为心,为愁。

大壮 **过时不归,雌雄苦悲。徘徊外国,与叔分离。**

详《比之随》。

晋 **鹊巢柳树，鸠夺其处。任力薄德，天命不佑。**

艮为鹊，离为巢。艮为木，故曰“柳树”。离又为鸠，正居巢中，故曰“鸠夺其处”。

明夷 **鹤盗我珠，逃于东都。鹄怒追求，郭氏之墟。不见踪迹，使伯心忧。**

震为鹤，为珠。坎为盗，故曰“盗珠”。震为逃，为东。坤为都，为郭，为墟。震为鹄，为怒，为伯。坎为心忧。

家人 **夫妇相背，和气弗处。阴阳俱否，庄姜无子。**

此用豫象。震巽为夫妇，巽伏，故曰“相背”。艮为背，正反艮，故曰“相背”。坎为和，震起，故弗处。卦一阳陷群阴中，而阴多无应，阴乘阳，故曰“俱否”。巽为姜。震子，坤杀，故无子。震为庄。《诗·绿衣篇》注：卫庄公惑于嬖妾，庄姜贤而无子。

睽 **日走月步，趣不同舍。妻夫反目，主君失位。**

此用豫象。艮日坎月。上震，故曰“步”，曰“走”。正反震，故曰“趋不同舍”。艮为舍也。震为夫，坤为妻。《文言》云：臣道也，妻道也。是以坤为妻也。艮为目，正反艮，故曰“反目”。震为主，为君。艮为位，震在外，故曰“失位”。坎为失也。又，《说文》：睽，两目不相听也。互坎为夫，离为坎妃，故曰“夫妻”。坎上下两半目相背，故反目。是睽原有反目象也。

蹇 **洛阳嫁女，善逐人走。三寡失夫，妇妬无子。**

此亦用豫象。坎水，故曰“洛”。坤为都，故曰“洛阳”。坤为女，震为归，故曰“嫁女”。震为人，为逐，为走，故曰“善逐人走”。坤为寡，震为夫，数三；坎失，故曰“三寡失夫”。坎为妬，震为子；坤为妇，为杀，故曰“妇妬无子”。

解 **周德既成，杼轴不倾。太宰东西，夏国康宁。**

震为周，坎为杼轴。震为宰，为东，坎为西。离为夏。夏国，大国也。坎又为平，故不倾。

损 **日中为市，交易资宝。各利所有，心悦以喜。**

通咸。乾为日，在中爻，故曰“日中”。巽为市，为交易。乾为宝，巽为利。兑悦震喜，坤为心。

益 **童妾独宿，长女未室，利无所得。**

伏兑为妾，为少女，故曰“童妾”。坤寡，故独宿。巽为长女，艮为室；巽寡，故未室。巽为利，坤丧，故无得。

夬 **忠言辅成，王政不倾。公刘兆基，文武绥之。**

乾为王，为成，为言。

姤 **牛骥同槽，郭氏以亡。国破为虚，主君奔逃。**

详《小畜之晋》。郭亡，见《说苑》，详前。

萃 **中原有菽，以待饔食。饮御诸友，所求大得。**

详《小畜之大过》。惟各本饔皆作雉，兹依大过林改。

升 **多虚少实，语不可知。尊空无酒，飞言如雨。**

阴多阳少，故曰“多虚少实”。震为言语，坤乱，故不可知。震为樽，兑为酒，坤虚，故空无。震言，兑亦为言，言多故如雨。兑为雨。

困 **青蝇集蕃，君子信谗。害贤伤忠，患生妇人。**

蕃，《毛诗》作樊，义皆通藩。《周官·大司徒》，蕃乐，杜子春读蕃为藩，是其证。青蝇，刺幽王诗也。巽为蝇，东方木色青，故曰“青蝇”。伏艮为蕃，为君子。三至上正覆兑相背，故曰“谗”。《困·彖》曰：有言不信。林所本也。坎为忠，为害，为患。巽为妇，伏震为人。

井 **履株覆舆，马惊伤车，步为我忧。**

通噬嗑。震为株，为舆，为履。二至四震覆，故曰“覆舆”。震为马，为惊。坎破，故车伤。震为步，坎为忧。言行路难也。

革 **商风召寇，来呼外盗。间谍内应，与我争斗。殚己宝藏，主人不胜。**

兑西，正秋，互巽，故曰“商风”。巽为伏，为寇盗。《史记·天官书》：风从南方来，大旱。西方，有兵。故曰“召寇”。二至上正覆兑，故曰“间谍”，曰“争斗”。乾为宝。震为主人，震伏，故不胜。

鼎 **逸豫好游，不安其家。惑于少姬，久迷不来。**

伏震为乐，故曰“逸豫”。震为游。伏艮为家，坎险，故不安。兑为少姬，伏坤为迷。此有故实，不能确指。

震 **吾有骍骝，畜之以时。东家翁孺，来请我驹。价极可与，后无贱悔。**

震为马。艮为止，为畜，为时，为家。震东，故曰“东家”。艮为祖，为少男，故曰“翁孺”。震为请，为驹，为后。坎为悔。

艮 **厄穷上通，与尧相逢。登升大麓，国无凶人。**

阳穷在上，故曰“厄穷上通”。互震为帝，故曰“尧”。三上正反震，故曰“相逢”。震为登，为升。艮为山麓，为国。震为人，震乐，故无凶人。《虞书》：纳于大麓，烈风雷雨弗迷。谓舜也。

渐 **众兔俱走，熊罴在后。踦不能进，失信寡处。**

伏震为兔，为走。坎众，故曰“众兔俱走”。艮为熊罴，震为后。坎蹇，故踦。艮止，故不进。坎为信，为失，巽为寡。

归妹 **旁行不远，三思复返。心多畏恶，日中止舍。**

震为行，为返。坎为思，震数三，故曰“三思”。坎为心，为畏，为中。离为日，伏艮为止，为舍。

丰 **仓唐奉使，中山以孝。文侯悦喜，击子征召。**

元本注：魏太子击，封中山，三年不召，其傅赵仓唐请使，魏文侯大悦，召击子立之。伏艮为仓，为山。巽顺，故曰“孝”。离为文，震为侯，为喜，为子。艮手，故曰“击子”。震为召。

旅 **入天门，守地户。君安乐，不劳苦。**

艮为门，阳在上为天。巽入，故曰“入天门”。先天艮居戌亥，《乾凿度》以乾为天门，与艮同位，故艮亦为天门。巽为地户，而艮为守，为户牖，故曰“守地户”。伏震为君，为乐。

巽 **登阶上堂，见吾父兄。左酒右浆，与福相迎。**

通震为登。艮为堂，为阶。震为父，为兄，为左。兑为右。互大坎为酒浆。震又为福。

兑 **秋蛇向穴，不失其节。夫人姜氏，自齐复入。**

兑正秋，巽为蛇，兑为穴。互巽为齐，为姜。伏震为人，为夫。《左传》：庄姜与齐襄通，屡赴齐会齐侯。

涣 **忍丑少羞，无面有头。耗减寡虚，日以削消。**

象多未详。

节 **景星照堂，麟游凤翔。仁施大行，颂声并兴。**

艮为星，伏离为日，亦为星，故曰“景星”。艮为堂。伏离为文，故曰“麟凤”。互震为游翔，为仁，为声，为行。

中孚 **干旄旌旗，执帜在郊。虽有宝珠，无路致之。**

详《师之随》。

小过 **李华再实，鸿卵降集。仁德以兴，荫国受福。**

详《小畜之离》。

既济 **白马赤乌，战于东都。天辅有德，败悔为忧。**

此用豫象。震为白，为马；艮为乌，坎赤，故曰“白马赤乌”。震为东，坤为都，正反艮，故曰“战于东都”。艮为天，坎为忧。《史记》：武王渡河，有火流于王屋，化为赤乌。丁晏云：《诗》，有客有客，亦白其马。盖白马为殷人所尚。东都，指牧野。

未济 **采薪得麟，大命陨颠。豪雄争名，天下四分。**

详《屯之坤》。此取遇卦豫象。坤为薪，为麟；艮手为采，坎为获，故曰“采薪得麟”。伏巽为命，为陨颠；乾为大，故大命陨颠。震为豪雄，艮为名；正反艮，故争名。坤为天下，坎为分；震卦数四，故曰“天下四分”。

焦氏易林注卷五

兑上 震下 随之第十七

鸟鸣东西，迎其群侣。似有所属，不得自专，空返独还。

艮为鸟，震为鸣，为东，兑西。初四正覆艮，故迎其群侣。震为返，为还。震虚，故空反。巽寡，故独还。

之乾 **鼻目易处，不知香臭。君迷于事，失其宠位。**

此取随象。艮为鼻，大离为目。艮在离上，故曰"易处"。巽为臭，兑昧，故不知香臭。震为君，坤为迷，为事。一阳居二阴下，故曰"君迷于事"。阳在下，故失位。

坤 **唐虞相辅，鸟兽喜舞。安乐无事，国家富有。**

此仍取随象。震为帝，为唐虞。正反震，故曰"相辅"。艮为鸟，为兽。震为喜，为舞，为乐。坤为国家。

屯 **左辅右弼，金玉满堂。常盈不亡，富如敖仓。**

详《蒙之坤》。

蒙 **苍龙单独，与石相触，摧折两角。**

详《坤之屯》。

需 **钓日厌部，善逐人走。来嫁无夫，不安其庐。**

日，从宋、元本。汲古、局本作目。均未详其义。似用遇卦随象。随下震为人，为走，为逐，故曰"善逐人走"。震为嫁，为夫；二四震覆，故无夫。艮为庐，震动，故不安。首句有讹字。

讼 **逐虎驱狼，避去不祥。凶恶北行，与喜相逢。**

通明夷。乾为虎，震为驱逐。坎为避，坤为不祥，为凶恶。坎位北，故北行，遇震而喜也。

师 **赍贝赎狸，不听我辞。系于虎须，牵不得来。**

详《需之睽》。

比 **同载共舆，中道别去。丧我元夫，独与孤居。**

详《比之革》。

小畜 **奋翅鼓翼，将之嘉国。愆期失时，反得所欲。**

通豫。震为翅，为翼，为鼓，为之，为嘉。坤为国。艮为时，坎陷，故愆期失时。震为乐，故曰“反得所欲”。

履 **目倾心惑，夏姬在侧。申公颠倒，巫臣乱国。**

离目，伏坎为心，为惑。兑为姬，离为夏，故曰“夏姬”。伏震为公，离明，故曰“申公”。巽为颠，正反巽，故曰“颠倒”。兑为巫，伏艮为臣，为国，离为乱，故曰“巫臣乱国”。《左传》：楚灭陈，取夏姬。楚王及子反等皆欲娶之，皆为申公巫臣谏止。后巫臣自娶夏姬，奔晋，楚灭其家。巫臣乃遣其子适吴，教吴伐楚。子重、子反一岁七奔命。

泰 **搏鸠弹鹊，逐兔山北。丸尽日暮，失获无得。**

坤为文，故为鸠。震为鹊，伏艮为手，故为搏，为弹。震为兔，为逐。乾为山，坤为北，故曰“山北”。乾为日，为丸。坤为暮；为失，故无得。

否 **鹿求其子，虎庐之里。唐伯李耳，贪不我许。**

艮为鹿，为求，为虎，为庐，为里。伏震为子，为伯，为李。伏兑为耳。丁云：《方言》，江淮南楚之间谓虎为李耳，关东西谓之伯都。唐伯、李耳，皆虎名也。

同人 **败鱼鲍室，臭不可息。上山履涂，归伤我足。**

巽为鱼，为败，为鲍，为臭。乾为山。伏震为履，为涂，为足。坎折，故伤足。又初二半震，足不全，亦为伤也。

大有 **华灯百枝，消暗衰微。精光讫尽，奄如灰糜。**

离为灯，乾为百，兑为华。伏坎，故暗。兑毁折，故衰微，故光尽。

谦 **颜叔子夏，游遨仁宇。温良受福，不失其所。**

艮为颜，为叔，震为子；伏离，故曰“颜叔子夏”。元刊注：颜叔，颜无繇也。震为游，为仁，为福。艮为宇。言颜叔、子夏同游圣门也。

豫 **梁柱坚固，子孙蕃盛。福喜盈积，终无祸悔。**

震为梁柱，艮为坚固。震为子，艮为孙；坤众，坎众，故曰“子孙蕃盛”。震为福喜。坤为积，为祸悔。艮为终，震乐，故无。

蛊 **边鄙不耸，民狎于野。穑人成功，年岁大有。**

艮居西北，故曰“边鄙”。震为穑，为人，为功，为年岁。

临 **蛙池鸣呴，呼求水潦。云雨大会，流成河海。**

震为鸣，为蛙，兑为池。坤为水潦，艮为求。兑为雨，坤为云，为江海。重坤，故大会。

观 **志合意同，姬姜相从。嘉耦在门，夫子悦喜。**

坤为志，为意；重坤，故曰“同”。伏震为周，故为姬。巽为齐，故为姜。坤为耦，为门。伏震为夫子，为悦喜。

噬嗑 **白马驳骝，更生不休。富有商人，利得如邱。**

震为白马，为玄黄，故曰“驳骝”。为生，正反震，故更生不休，故富有。震为商人。伏巽为利，艮为邱。

贲 **太姒夏禹，经启九道。各有攸处，民得安所。**

禹姒姓。离为夏，互震为王，故曰“夏禹”。震为启，为大涂，数九，故曰“九道”。艮为处。坎为民，艮为安。

剥 **甲戊己庚，随时转行，不失其心。唐季发愤，擒灭子婴。**

此用遇卦随象。随互艮，艮外坚为甲。随上互大坎，坎纳戊。下互大离，离纳己，震纳庚。甲，东方，春。庚，西方，秋。坎戊冬，离己夏。故曰“甲戊己庚，随时转行”。震为帝，故曰“唐”。艮少，故曰“唐季”，曰“子婴”。艮手，故曰“擒”。兑折，故曰“擒灭”。唐季，谓高祖。刘向《高祖颂》：汉帝本系，出自唐帝。班固述赞，皇矣大汉，纂尧之绪。

复 **穆违百里，使孟厉武。将帅袭战，败于殽右。**

《左传·僖公三十三年》：秦穆公不听蹇叔之谏，使百里孟明视袭郑，败于殽。而《史记》谓百里奚与蹇叔并谏，故曰“穆违百里”。坤为百里。震为诸侯，故曰“穆”。震为孟，为武，为将帅，为战伐。坤丧，故曰“败”。

无妄 **茅茹本居，与类相投。愿慕群旅，不离其巢。**

伏坤为茅茹。与乾为类，故相投合，故愿慕群旅。震为旅，艮为巢，伏坤为愿慕。

大畜 **伯仲叔季，日暮寝寐。坐卧失明，丧其贝囊。**

震为伯，伏大坎为仲，艮为叔季。乾为日，伏坤为暮，为寝寐。艮为坐卧，乾为明，坤失。坤丧，坤囊，艮为贝。

颐 **亡羊补牢，张氏失牛。骍驷奔走，鹊盗我鱼。**

兑为羊，兑伏，故亡羊。艮为牢。震为张，坤为牛；坤丧，故失牛。震为骍驷，为奔走，为鹊。坤为鱼，为我。

大过 **雀目燕颡，畏昏无光。思我狡童，不见子充。**

通颐。艮为雀，大离为目，兑为燕，艮为颡，故曰"雀目燕颡"。坤为昏，为畏，艮为光。坤黑，故无光。坤为思，为我，艮为童，震为子。狡童，《郑风》篇名，淫女见绝于人之诗。故曰"思"，曰"不见"。不见子充，亦《郑》诗语。

坎 **入暗出明，动作有光。运转休息，常乐允康。**

伏巽为入，坎为暗，震为出，艮为光明。震为动作，为运转。艮止，故休息。震为乐，为康强。

离 **不胜私情，以利自婴。北室出孤，毁其良家。**

互巽为利。伏坎为室，为北，为孤。伏艮为家；兑毁折，艮伏，故曰"毁其良家"。婴，绊也。陆机诗：世网婴吾身。

咸 **称幸上灵，媚悦于神。受福重重，子孙蕃功。**

兑为媚悦。伏震为神，为福。伏坤为重。震为子，艮为孙。蕃，多也。

恒 **齐姜叔子，天文在手。实沈参墟，封为康侯。**

巽为齐，为姜。伏震为子。艮为叔，为天。坤为文，艮为手。齐姜，武王后。叔子，即太叔。《左传·昭元年》：邑姜妊太叔时，梦天谓己曰，余命尔子曰虞。及生，有文在其手，曰虞。故曰"天文在手"。实沈参墟，晋分野，皆艮象。震为诸侯，为康乐，故封为康侯。

遁 **遨游无患,出入安全。长受其欢,君子万年。**

伏震为遨游,坤为患。震乐,故无患。震出巽入,艮为安,故出入安全。巽为长,震为欢。艮为君子,乾为万年。

大壮 **被服文德,升入大麓。四门雍肃,登受大福。**

乾为被服。伏坤为文,故曰"文德"。艮为山麓,震为升。震卦数四,乾为门,故曰"四门"。乾为福,为大,震为登。尧典,宾于四门,四门穆穆。内于大麓,烈风雷雨弗迷。谓舜也。

晋 **负金怀玉,南归嘉国。蜂虿不螫,利入我室。**

艮为负,为金。乾为玉,乾伏,故曰"怀玉"。离为南,艮为国。坎为刺,为峰虿,为螫,为室。坤为我。

明夷 **日在阜颠,向昧为昏。小人成群,君子伤伦。**

离日,艮阜。艮倒首向下,与日连,故日在阜颠。坎为昧,为昏。言日至是不明也。坤为小人;坤坎皆为众,故曰"成群"。艮为君子,艮倒,故伤伦。伦,常也。言反常。

家人 **水父火母,先来鸣响。泽皋之士,从高而处。**

伏震为父,与坎水连,故曰"水父"。巽为母,与离火连,故曰"火母"。《左传》,火为水妃是也。随震为鸣响,为士。兑为泽,艮为皋。泽皋之士,盖犹山泽之士也。巽为高。

睽 **东邻少女,为王长妇。柔顺利贞,宜夫寿子。**

是用随象。下震为东邻,上兑为少女。震为王。巽为长妇,为柔顺,为利。艮为贞。故曰"柔顺利贞"。震为夫,为子,艮为寿。

蹇 **戴缾望天,不见星辰。顾小失大,福逃于外。**

艮形似戴瓶。艮为望,为缾所障,故不见天。艮为天,为星辰,为顾。兑为小。

解 **王乔无病,狗头不痛。亡跛失履,乏我徒从。**

震为王,为乔木。王子乔,古仙人。坎为病,震解,故无病。遇卦随互艮为狗,为头。坎为痛,震解,故不痛。坎为蹇,为跛,震为亡。亡,往也。为履,坎为失,故往跛失履。震为从。

损 **使燕筑室，身无庇宿。家不容车，后我衣服。**

兑为燕。艮为室，为筑，为身。身在外，故无庇宿。艮为家，坤为大舆；燕室狭小，故家不容车。坤为衣服，为我，震为后。

益 **威权分离，乌夜徘徊。争蔽月光，大人诛伤。**

震为威，巽为权。风散，故分离。艮为乌，坤为夜。震起艮止，故徘徊。伏兑为月，巽为伏，故光蔽。乾为大人，坤死乾伏，故诛伤。又对象恒象大遇，亦诛伤象也。

夬 **辩变黑白，巧言乱国。大人失福，君子迷惑。**

此用随象。兑为言，震亦为言，故曰“辩”，曰“巧言”。巽为白。兑为昧，故为黑。艮为国。乾为大人，为福；兑毁折，故失福。艮为君子，巽疑，故迷惑。

姤 **衣踞甲铠，敝筐受贝。大人不顾，少妇不取，弃捐于道。**

此用随象。震为衣。艮为坚，为铠甲，为贝。震为筐，巽为敝，故曰“敝筐受贝”。乾为大人。大遇巽为女妻，故巽为少妇。伏震为大涂，为道；巽为陨落，为弃捐。林义未详，韵亦不叶。

萃 **燕雀衔茅，以生孚乳。兄弟六人，姣好孝悌，得心欢欣，和悦相乐。**

详《小畜之兑》。

升 **登几上舆，驾驷南游。合从散横，燕齐以强。**

详《屯之否》。

困 **黮黮许许，仇偶相得。冰入炭室，消亡不息。**

黮黮，暗昧也。兑为暗昧。坎为众，故曰“许许”。许许，同力合作之貌。《诗》，伐木许许是也。坎离为夫妇，故曰“仇偶”。仇，匹也。坎为冰，为室。离火，故曰“炭室”。兑毁折，故不息。

井 **鸱鸮破斧，邦人危殆。赖其忠德，转祸为福，倾亡复立。**

伏艮为鸱鸮。兑为斧，兑毁，故曰“破斧”。伏艮为邦，震为人。坎险，故危殆。坎为忠，伏震为福。鸱鸮、破斧，皆《豳风》篇名。皆咏周公，言三监叛，国势危殆，周公复转危为安也。

革 **载金贩狗，利弃我走。藏匿渊底，悔折为咎。**

通蒙。艮为金，为狗。震为载，为贩，为走。巽为利。坎为藏匿。坤为渊，为悔。兑为折。

鼎 **渊坑复平，宇室安宁。忧患解除，赖福长生。**

通屯。坤为渊，坎为坑，为平。艮为宇室，为安宁。坎为忧患，震乐，故解。震为福，为长生。

震 **骊姬谗喜，与二嬖谋。谮我恭子，贼害忠孝。申生以缢，重耳奔逃。**

详《比之履》。震为马，为周，为姬。初四正反震，故曰“谗”，曰“谮”。震为生。伏巽为绳，故曰“缢”。坎为耳。

艮 **刲羊不当，血少无羹。女执空筐，不得采桑。**

互震为羊，艮为刲。互坎为血。震为筐，为桑。艮手为执，为采。全取《归妹·上六》爻词。

渐 **牧羊稻园，闻虎喧欢。畏惧悚息，终无祸患。**

详《否之节》。

归妹 **明德隐伏，麟凤远匿。周室倾侧，不知所息。**

离为明，坎隐伏。离为文，为麟凤；坎匿，故麟凤远匿。震为周，艮为室；艮覆，故曰“周室倾仄”。艮止为息，艮覆，故不知所息。

丰 **邻不我顾，而求玉女。身多秃癞，谁肯媚者。**

离为东邻，为顾。互大坎，坎隐伏，故不顾。震为玉，兑为女。伏艮为求，为身。艮多节，故曰“秃癞”。兑为媚。林词大意，言不自知而妄求，必不得也。

旅 **初虽无舆，后得战车。赖幸逢福，得离兵革。**

震为车，震伏，故无。伏节，中爻正覆震，亦正覆艮，两车、两手相对，故曰“战车”。震为福，正覆震，故曰“逢福”。离为兵革，在外，故离兵革。

巽 **水坏我里，东流为海。龟凫欢嚣，不睹王母。**

详《泰之兑》。兑巽象同。

兑 **两心不同，或欲西东。明论终始，莫适所从。**

通艮。坎为心，兑卦数二，故曰“两心”。兑西，互震为东，故或欲西东。震为始，艮为终，震为言论。适，主也。震为主，为从。艮三至上正反震，故莫适所从也。

涣 **天帝悬车，废礼不朝。攘服不制，失其宠家。**

中爻艮为天，震为帝，为车。三至五震覆，故曰“悬车”。元刊注：天文有帝车星。故曰“天帝悬车”。震为晋，为朝；三至五震覆，故曰“不朝”。艮手为攘，震为服。艮手为制，正反艮，故不制。艮为家，坎失。又“攘服”者，盖远于要服、荒服，必待攘而后服也。

节 **交川合浦，远湿难处。水土不同，思吾皇祖。**

坤为水，阳入坤成坎，故曰“交川合浦”。交川，即交州。皆南越地名。坎为交，为合也。坎为湿，坎险，故难处。震为皇，艮为祖，坎为思。

中孚 **勾践之危，栖于会稽。太宰机言，越国复存。**

震为足，为践，为王，故曰“勾践”。兑毁折，故危。艮止，故曰“栖”。艮山，故曰“会稽”。震为主，为宰，为言，坎为机。艮为国，震为南，故曰“越国”。《史记》：越王兵败，栖会稽山。赂太宰嚭说吴王，王竟许越平。

小过 **慈鸟鸤鸠，执一无尤。寝门内治，君子悦喜。**

《诗·曹风》：鸤鸠在桑，其子七兮。淑人君子，其仪一兮。艮为乌，兑悦，故曰“慈乌”。艮为鸤鸠。《尔雅注》：布谷也。艮为执，互大坎数一，故曰“执一”。艮为寝，为门，为君子。震为喜。

既济 **富年早寡，独立孤居。鸡鸣犬吠，无敢问诸。我生不遇，独罹寒苦。**

此多取随象。震为年，为早，巽为寡。艮为孤，震为独，艮为居。既济坎亦为孤。《睽·九四》睽孤是也。巽为鸡，震为鸣吠，艮为犬。震为问，为生。坎为寒。

未济 **江海变服，淫湎无侧。高位颠崩，宠禄反复。**

《书·洪范》：无反无侧。注：不偏邪也。重坎，故曰“江海”，曰“淫湎”。高位颠崩，似仍指随象。随艮覆在下，故曰“崩”。

䷑ 艮上 巽下 蛊之第十八

鲂生江淮，一转为百。周流四海，无有难恶。

巽为鱼，为鲂，互大坎为江淮，数一，震为百，故曰“一转为百”。言生殖速也。震为周，兑为海。震卦数四。故曰“四海”。

之乾 **首泽与目，载受福庆。我有好爵，与汝相迎。**

此用蛊象。艮为首，为目。震为福庆，为爵。三至上正反震，故曰“相迎”。《易·中孚·九二》：我有好爵，与尔靡之。靡，共也。亦以二至五正反震，故曰“共”。凡林词用象，多本之《易》。

坤 **輷輷轚轚，岁暮偏蔽。宠名捐弃，君衰在位。**

此用蛊象。震为舆，为声，故曰“輷輷轚轚”。皆车声也。坤为岁，为莫。艮为名，兑毁，故曰“捐弃”。震为君。

屯 **折若蔽日，屏遮王目。司马无良，平子没伤。**

《楚辞》：折若木以拂日兮。注：若，木名。震为木，坎折。坎蔽离伏，故蔽日，故遮目。震为王，为马。坤恶，故无良。坎为平，震为子。《左传》：鲁伐季平子，平子登台三请，弗许。叔孙氏之司马鬷戾言于众曰，无季氏，是无叔孙氏也。遂救季氏，公徒败。事在昭二十五年。

蒙 **家在海隅，绕旋深流。王孙单行，无妄以趋。**

艮家，坤海。坎水坤水，故曰“深流”。震为王，艮为孙；坤寡，故曰“王孙单行”。震为行。坤丧，坎险，故曰“无妄”。妄，西汉人多作望。

需 **执义秉德，不危不殆。延颈盘桓，安其室垣。屯耗未得，终无大恤。**

伏晋。坤为义，乾为德，艮手为执，为秉。坎为危殆，艮为安，故不危殆。艮为颈，艮止，故盘桓。艮为室垣，为安。

讼 **长舌乱家，大斧破车。阴阳不得，姬姜衰忧。**

通明夷。兑为舌，震形亦兑而长，故曰“长舌”。坤为乱，艮覆，故曰

“乱家”。兑为斧，震形长，故曰“大斧”。坎破，坤车。讼乾上升，水下降，故阴阳不相得。震姬，巽姜，坎忧。姬姜婚媾，今阴阳既不相得，故姬姜衰忧也。

师 **二人共路，东趋西步。千里之外，不相知处。**

震为人，坤数二，故曰“二人”。震为路，为东，为趋步；坎为西，故东趋西步。坤为千里。坎为隐伏，故不相知处。

比 **视暗不明，云蔽日光。不见子都，郑人心伤。**

离为视，为明，为日光。坎为云，为隐伏。离伏，故曰“暗”，曰“蔽”，曰“不见”。《诗·郑风》《毛传》：子都，男子之美称。盖艮象也。坎为平，为郑。《说文》：郑，地町町然平也。坎为心，为忧伤。

小畜 **初忧后喜，与福为市。八佾列陈，饮御嘉友。**

伏豫。坎为忧。震为喜，为福。巽为市。坤卦数八，震为乐，故曰“八佾”。八佾，乐舞也。震为陈，为饮御。阴遇阳为朋友，谓豫四也。

履 **童妾独宿，长女未室，利无所得。**

兑为妾，为少女，故曰“童妾”。巽为伏，为寡，故曰“独宿”。巽为长女，艮为室；艮伏，故未室。巽为利，兑毁折，故无得。

泰 **玄黄四塞，阴雌伏谋。呼我墙屋，为巫所识。**

震为玄黄，卦数四；坤闭，故曰“四塞”。坤为阴，为雌，为谋。伏巽为伏，故曰“伏谋”。震为呼，上坤为墙屋。兑为巫。

否 **中岁摧颓，常恐衰微。老复赖庆，五羖为相。**

坤为岁，巽为陨落，为摧颓。坤为老，为衰微。乾为庆，在后，故老复有庆也。巽数五，伏兑为羊。《史记》：穆公以五羖羊皮，赎百里奚相秦。

同人 **伯氏杀牛，行悖天时。亳社夷烧，朝歌丘墟。**

伏师。震为伯，坤为牛，为杀，故曰“伯氏杀牛”。震为行，坤为悖，乾为天；乾伏，故悖天时。震为子，商子姓。亳社、朝歌，子姓之社稷、都城也。离为火，坤为社，为墟。又震为旦，为歌，故曰“朝歌”。

大有 **日短夜长，禄命不光。早离父母，免见忧伤。**

卦旁通比。比上坎，坎为冬，为夜；离不见，故日短夜长。乾为禄，坤黑，故不光。大有、比，坎离皆在外，乾坤在内，故曰“早离父母”。

谦 **采唐沬乡，微期桑中。失期不会，忧思忡忡。**

详《师之噬嗑》。

豫 **昧视无光，夜不见明。冥抵空床，季叶逃亡。**

艮为视，为光。坎昧，故无光。坎夜，故不见明。坎为晦冥。艮为床，坤虚，故曰“空床”。艮手为抵。艮为季，震为叶，坤为亡。

随 **举趾振翼，南至嘉国。见我伯姊，与惠相得。**

震为趾，为翼，为举，为振，为南。艮为国，故南至嘉国。互巽为长女，故曰“伯姊”。兑为见也。

临 **则天顺时，周流其墟。与乐并居，无有咎忧。**

坤为顺，震为时，伏乾，故则天顺时。震为周，为乐。坤水为流，为墟，为忧。震乐，故无忧。

观 **虿室蜂户，螫我手足。不可进取，为吾害咎。**

详《履之泰》。泰通否，巽坤与观同象。巽为虫，故曰“虿蜂”。艮室，坤户。艮为手，伏震为足，坤为毒，故螫我手足。

噬嗑 **公孙驾骊，载游东齐。延陵悦产，遗季纻衣。**

详《乾之益》。益，震艮巽；噬嗑，震艮伏巽，故语同。

贲 **转作骊山，大失人心。刘季发怒，禽灭子婴。**

艮山，震马，故曰“骊山”。震为人，为大。坎为心，为失。艮为季，为婴。言秦役万民筑骊山，刘季因民怨而灭秦也。震为怒，为子，坎灭。

剥 **羊肠九萦，相推稍前。止须王孙，乃能上天。**

伏兑为羊，坤为囊，为肠。伏乾数九，故曰“九萦”。艮手为推，为前。艮为孙，乾为王，故曰“王孙”。艮为天，在上，故曰“上天”。《史记·佞幸传》：邓通，南安人。孝文帝梦欲上天，不能，有一黄头郎从后推之上天，觉而求得邓通。

复 **䗖蝀充侧，佞人倾惑。女谒横行，正道壅塞。**

伏巽为虫，震玄黄，故曰“䗖蝀”。䗖蝀，虹也。震为人，为言，故曰“佞人”。坤为惑，伏巽为倾。震为谒，为行；坤阴，故曰“女谒”。震为道，坤闭，故壅塞。

无妄 **福禄不遂，家多怪祟。麋鹿悲鸣，思其大雄。**

乾为福禄。艮为家。震为麋鹿，为鸣。乾为大雄。伏坤为悲，为思。

大畜 **云雷因积，大雨重叠。久不见日，使我心悒。**

震为雷，伏坤为云。兑为雨，乾大，故曰“大雨”。艮止，故曰“因积”，曰“重叠”。又伏坤亦为水，为重也。

颐 **三河俱合，水怒踊跃。坏我王屋，民困于食。**

震数三，坤为水，重坤，故曰“三河俱合”。震为怒，为踊跃，为王；艮为屋，故曰“王屋”。坤为坏，为民。震口为食，坤虚，故无食。

大过 **冒雨夜行，旱遍都城。更相覆倾，终无所成。**

伏震为行，艮为冒，兑为雨，坤为夜，故冒雨夜行。坤为都城。巽陨落，故曰“倾”。正反巽，故更相覆倾。艮为终，为成；坤亡，故无成。全用伏象。

坎 **褒后生蛇，垂老皆微。倒跌衰耄，酉灭黄离。**

震为生，伏巽为蛇。艮为老耄，坎蹇，故倒跌。《说文》：酉，就也。老也。坎为灭。黄离，火也。离伏，故曰“灭”。周以火德王，言褒姒灭周也。“褒后生蛇”者，言后生于龙漦也。余似有故事，而注家皆不详。

离 **鸿雁南飞，随阳休息。转逐天和，千里不衰。**

伏坎互艮为鸿雁，震为南，为飞。离日为阳，艮为休息。震为转逐，艮阳在上为天，坎为和。震为千，艮为里。

咸 **后时失利，不得所欲。**

艮为时，巽为利。兑折，故失利。风散，故不得所欲。

恒 **心多恨悔，出言为怪。枭鸣室北，声丑可恶，请谒不得。**

伏坤为心，为恨悔。震为言，为鸣。伏艮为枭，为室。坤位北，故鸣室北。震为声。《说苑》：齐景公筑台，台成而不通。问之，曰有枭夜鸣，其声可恶。

遁 **驷马过隙，时难再得。尼父孔圣，系而不食。**

乾为马，互巽数四，故曰“驷马”。《史记·留侯世家》：人生一世间，如白驹遇隙。巽为隙。艮为时，为山。乾父，故曰“尼父”。乾为圣，伏震为孔。巽绳为系，兑为食。兑覆，故不食。《论语》：吾岂匏瓜也哉？焉能系而不食。

大壮 **阴变为阳，女化为男。治道得通，君臣相承。**

通观。坤伏乾出，巽伏震出，故曰“阴变阳，女化男”。震为道，为通。乾为君，伏艮为臣。

晋 **昆仑源口，流行不止。龙门砥柱，民不安处。母归扶子，黄麑悦喜。**

艮山坎水，伏兑口，故曰“昆仑源口”。坤亦为水，与坎水合，故曰“流行不止”。艮为门，伏乾，故曰“龙门”。艮为石，为木，故曰“砥柱”。坤为民，为安处，为母。艮为少男，故曰“扶子”。艮为麑，坤为黄，伏兑为悦。

明夷 **葛藟蒙棘，华不得实。谗佞乱政，使恩壅塞。**

详《泰之蒙》。蒙，坎震，明夷亦坎震，象同。

家人 **公无长驱，大王骏马。非其所当，伤折为患。**

通解。震为公，为长驱，为王，为马。坎为患，坎蹇，故伤折。

睽 **大仓充盈，庶民蕃盛，年岁熟荣。**

伏艮，故曰“太仓”。坎为众，故曰“充盈”，曰“庶民蕃盛”。坎冬，离夏，兑正秋，故曰“年岁”。离为火，为光明，故曰“熟荣”。

蹇 **执蕡照牺，为风所吹。火灭无光，不见玄黄。**

此用蛊象。艮为执，为牺，为火，为照。巽为蕡。蕡，香草也。巽为风，兑为吹。艮为火，为光；坎黑巽伏，故火灭无光。震为玄黄，巽伏，故不见。《周礼·司烜》注：蕡烛，麻烛也。言执蕡火焰牲，使熟而食也。

解 **鸟反故巢，归其室家。心平意正，与叔相和。登高陨坠，失其宠贵。**

震为鸟，为反，为归。坎为巢，为室，为心意，为平正，为和。震为登，伏巽为高，为陨坠。艮为贵，艮覆，故失其宠贵。

损 **弩弛弓藏，良犬不行。内无怨女，征夫在堂。**

通咸。互大坎为弩，为弓。艮止，故曰“弛”。巽伏，故曰“藏”。艮为犬，坎蹇，故不行。以上皆用伏象。损内兑女，与上艮为夫妇。兑悦，故不怨。互震在外，故曰“征夫”。艮为堂也。

益 **特牺孔博，日新其德。文君燎猎，姜氏受福。**

坤为牛，故曰"特牺"。震为孔。艮为日，为新。坤为文，震为君，故曰"文君"。艮为火，震为猎，故曰"燎猎"。巽为姜，震为福。言文王出猎，遇姜尚，后受封于齐也。

夬 **季秋孟冬，寒露霜降。大阴在庭，品物不生。鸡犬夜鸣，家扰数惊。**

兑为秋，伏艮，故曰"季秋"。乾为冬，当亥，故曰"孟冬"。兑为露，伏坤为霜，故曰"寒露霜降"。伏坤为大阴，为品物。坤杀，故不生。艮为庭，为犬。坤为夜，兑为鸡，为鸣。乾为惕，为惊，艮为家。

姤 **心多恨悔，出门见怪。有蛇三足，丑声可恶。嫫母为媒，请求不得。**

通复。坤为心，为恨悔，为门户。震为出。巽为蛇，震为足，数三，故曰"有蛇三足"。震为声，坤为丑，为恶，为嫫母。嫫母，丑妇也。震为请，坤丧，故不得。丁云：任昉《述异记》，江淮中有兽名能，蛇精化也。《尔雅》：三足能。

萃 **虎豹争强，道闭不通。小人欢讼，贪天之功。**

艮为虎豹。坤为文，兑刚鲁；三至上正反兑，故曰"争强"。艮为道，坤为闭，故不通。坤为小人，三至上正反皆兑口，故曰"讼"。困有言不信，即如是取象。

升 **鸡方啄粟，为狐所逐。走不得食，惶怖惕息。**

巽为鸡，为粟，兑为啄。艮为狐，震为逐，为走；艮反向内，故曰"为狐所逐"。兑为食，坤闭，故不得食。坤为忧，故惶怖惕息。

困 **陈妫敬仲，兆兴齐姜。乃适营丘，八世大昌。**

详《屯之噬嗑》。

井 **昊天白日，照临我国。万民康宁，咸赖嘉福。**

详《比之晋》。

革 **云梦大薮，索有所在。虞人共职，骊驹悦喜。**

通蒙。坤为云，为梦，为薮。《易》震索索，《疏》：心不安之貌。《释文》：惧也。坎坤皆为忧惧，故曰“索”。震为欢虞，为人，为骊驹，为悦喜。

鼎 **獐鹿雉兔，群聚东国。卢黄白脊，俱往追逐。九龀十得，主君有喜。**

详《蒙之复》。鼎通屯，坤震象与复同。

震 **德惠孔明，主君复章，保其室堂。**

震为德，为孔，艮为明。震为主，为君。艮为章，为室堂。

艮 **天之所坏，不可强支。众口嘈嘈，虽贵必危。**

详《蒙之夬》。艮为天，阳在上而穷，故坏。初至五，正反两震言相背，故曰“嘈嘈”。艮为贵，艮穷于上，故虽贵必危也。

渐 **天之奥隅，尧舜所居。可以全身，保我邦家。**

详《否之观》。艮为天，坎隐故曰“奥”。伏震为帝，为尧舜。

归妹 **下泉苞稂，十年无王。荀伯遇时，忧念周京。**

坎为泉。稂，萧蓍之眉。震为稂，为年，为王。兑数十，故曰“十年”。坎隐伏，故十年无王。震为伯，为时，为周。坎为忧念。下泉，《曹风》诗。《毛诗序》谓刺共公。刘毓崧云：何楷世本古义据《易林》，谓此诗为曹人美晋荀跞纳敬王于成周，而作。其说自昭二十二年王子朝作乱，至昭三十二年城成周，为十年无王。《左传》：天王使告于晋曰，天降祸于周，俾我兄弟并有乱心，以为伯父忧，于今十年。正与《易林》合。荀，郇国后。称荀伯，犹称荀跞为知伯。荀字不误也。

丰 **江淮海隅，众利聚居。可以遨游，卒岁无忧。**

互大坎，故曰“江淮海隅”。巽为利，坎为聚。震为遨游，为岁。震乐，故无忧。

旅 **南山黄竹，三身六目。出入制命，东里宣政。主尊君安，郑国无患。**

丁云：《穆天子传》，天子命歌南山。又作诗曰：我徂黄竹。又曰：予归东土，和治诸夏。又曰：吉日丁亥，天子入于南郑。《易林》全用其意。离南艮山，伏震为竹，为黄，故曰“南山黄竹”。艮为身，纳丙，数三。离为目，纳己，数六。故曰“三身六目”。巽为命，为入。伏震为出，为东。艮为里，为尊，为安。震为君主。伏坎为平，为郑，为患。艮为国。兑悦，故无患。

巽 **重译贡芝，来除我忧。喜乐俱居，同其福休。**

伏震，故曰“重译”。巽为香，故曰“芝”。坎为忧，坎伏，故忧除。兑为喜乐，伏震为福。

兑 **南山高冈，麟凤室堂。含和履中，国无灾殃。**

伏艮为南山，为高冈。离为文，为麟凤。艮为室堂。兑为和，为口，为含。伏震为履，伏坎为中。伏艮为国。

涣 **紫芝朱草，生长和气。公尸侑食，福禄来下。**

巽为芝，为草。九宫之色，七赤九紫，震纳庚，五行数九，故曰“紫芝”。坎赤，故曰“朱草”。坎为和。震为生，为公，为尸。尸，主也。又为福禄。三四句，《凫鹥》诗也。

节 **宫成室就，进乐相舞。英俊在堂，福禄光明。**

艮为宫室，坎亦为室，艮为成，故曰“宫成室就”。震为乐舞，为英俊，为禄。艮为光明。

中孚 **商人子孙，资无所有。贪狼逐狐，留连都市。还辕内乡，嘉喜何咎。**

巽为商旅，震为人，为子，艮为孙。巽为利，为资；风散，故无。艮为狼，为狐。《史记·天官书》：狼变色，多盗贼。下有四星曰弧。弧矢向狼多盗。然则狼弧二星，皆主盗贼。“贪狼逐狐”者，言流为盗贼也。弧亦作狐，《秦本纪》据狼狐是其证。艮为流连，为都市。震为逐，为辕，为嘉喜。

小过 **执贽入朝，献其狐裘。元戎变安，沙漠以欢。**

艮手为执，为献，为贽。巽入震朝，故曰“执贽入朝”。艮为狐，震为裘；为武人，为主，故曰“元戎”。艮为沙，震为欢。

既济 **涌泉汩汩，南流不绝。洿为淮海，败坏邑里，家无所处。**

重坎，故曰“汩汩”，曰“不绝”。离为南，故曰“南流”。重坎，故曰“淮海”。坎折，故败坏。艮为邑里，为家。

未济 **固阴冱寒，常冰不温。凌人惰怠，大雹为灾。**

详《泰之噬嗑》。

䷒ 坤上 兑下 临之第十九

弱水之西，有西王母。生不知老，与天相保。行者危殆，利居善喜。

坤为水，坤柔，故曰“弱水”。坤为母，震为王，兑西，故曰“有西王母”。震为生，坤为老，震乐而健，故不知老。伏乾为天，艮为保。震为行，坤丧，故危殆，故不行，而居则利也。伏艮为居。

之乾 **黄狛生子，以戌为母。晋师在郊，虞公出走。**

《初学记》：狛，韩良犬也。临坤为黄，伏艮为狛，震为子。坤为母，候卦居戌，戌狗，故曰“以戌为母”。震为晋，坤为师，为郊。震为公，为出走，为欢虞。全用遇卦象。

坤 **仓唐奉使，中山以孝。文侯悦喜，击子征召。**

详《豫之丰》。此仍用遇卦临象。

屯 **机关不便，不能出言。精诚不通，为人所冤。**

坎为机关，坎陷，故不便。坤闭，故不能出言。震为言，为出，为精，为通，为人。坤闭，故不通。坎为冤。

蒙 **白茅醴酒，灵巫拜祷。神嗜饮食，使君寿考。**

详《小畜之坎》。

需 **重瞳四乳，耳聪目明。普仁表圣，为作元辅。**

《淮南子》：舜重瞳，文四乳。需通晋。坤为重，离为目，故曰“重瞳”。艮为乳，兑纳丁，数四，故曰“四乳”。坎为耳，离为目，为聪明。乾为仁圣，为元。

讼 **水长无船，破城坏堤。大夫从役，一朝亡殒，不见少妻。**

通明夷。坎为水，坤水，震为长，为船；坎伏，故无船。艮为城，为堤；艮覆，故坏。震为夫，坤为役，故大夫从役。震为朝，坎数一，故曰“一朝”。巽为少妻，坤亡，故不见。

师 **二人俱行，各遗其囊。鸿鹄失珠，无以为明。**

震为人，坤数二，故曰“二人”。坤为囊，为亡，故各遗其囊。震为鸿鹄，为珠，坤为失，故曰“失珠”。离为明，离伏，故无明。他林屡有鹤盗我珠，鹄怒追求等繇辞。然则鸿鹄失珠，必有故实，今不能考。

比 **随时转行，不失其常。咸乐厥类，身无咎殃。**

艮为时。坤为身，为咎殃。“咸乐厥类”者，言九五与群阴为类而乐也。

小畜 **蔡女荡舟，为国患忧。褒后在侧，屏蔽王目，搔扰六国。**

《左传·僖三年》：齐侯与蔡姬乘舟于囿，蕩公。公惧，变色。怒归之，未绝之也。蔡人嫁之。明年侵蔡。褒后，幽王后。巽为蔡，为女，伏震为舟。坤为国，为忧患，为后。乾为王，伏坎为屏蔽。离为目。

履 **驾龙骑虎，周遍天下，为神人使。西见王母，不忧危殆。**

伏谦。震为龙，艮为虎，故曰“驾龙骑虎”。震为周，坤为天下。震为神，为人，为行，故曰“为神人使”。坎位西，震为王，坤母，故曰“王母”。坎忧，震乐故不忧。

泰 **员怨之吴，画策阖闾。鞭平服荆，除大咎殃。威振敌国，还受上卿。**

伍子胥，名员。平王既杀其父兄，员犇吴，佐吴王阖闾伐楚，鞭平王之尸。震为员，员，云也。震为行，为南，故之吴。伏艮为手，为画，为闾。伏巽为鞭，为荆。坤为殃咎；在外，故曰“除”。坤为国，震为威；为公，故曰“上卿”。

否 **唐邑之墟，晋人以居。虞叔受福，实沈是国，世载其乐。**

坤为邑，为墟，伏震为唐。《玉篇》：尧称唐者，至大之貌。乾大，故曰“唐邑之墟”。《说文》：唐，大言也。《庄子·天下篇》，荒唐之言是也。震为晋，为人，艮为居，故曰“晋人以居”。艮为叔，乾为福。实沈，星次，晋分。《左传》：参为晋星。实沈，参神也。艮为星，坤国，故曰“实沈是国”。坤为世，为载，伏震为乐。《史记·晋世家》：唐叔虞者，成王弟。封于唐。至子燮徙居晋水，是为晋侯。

同人 **管鲍相知，至德不离。三言相桓，齐国以安。**

《史记》：管仲少与鲍叔牙游，鲍叔知其贤，荐于桓公。《管子》曰：仓廪实而知礼节，衣食足而知荣辱，上服度则六亲固。三言，盖指此。《韩诗外传》，君子有三言，可贯而佩之是也。同人通师。震为管，坤为鱼，为鲍。震为言，为桓；数三，故曰“三言”。坤为国，为安，巽为齐。

大有 **三十无室，长女独宿。心劳未得，忧在胸臆。**

离卦数三，兑数十；坎为室，坎伏，故曰“三十无室”。兑为老妇，故为长女。坎为宿，为孤，故曰“独宿”。坎为心，为劳，为忧。伏坤为胸臆。按《大过·九五》云老妇，指兑也。

谦 **散涣水长，风吹我乡。火灭无光，隳败桓公。**

坎水，坤水，故曰“水长”。伏巽风，故曰“散涣”，曰“风吹”。坤为我，为乡。艮为火，为光；上临坎水坤水，故火灭无光。震为桓，为公；坤丧，故曰“隳败”。言桓公死，齐乱，如火灭也。

豫 **蜎飞蠕动，各有配偶。小大相保，咸得其所。**

蜎、蠕，皆虫行貌。伏巽为虫，故曰“蜎飞蠕动”。巽震为夫妇，故曰“各有配偶”。坤为小，伏乾为大；艮止，故曰“相保”。

随 **安乐几筵，未出王门。**

艮安震乐，艮几震筵。震为王，艮为门；艮止，故未出。

蛊 **火生月窟，下土恩塞，抵乱我国。**

巽先天位西南，为月窟。兑为月，艮为火，故曰“火生月窟”。下互大坎，坎为土，为塞。兑为恩泽；为羊，故曰“抵”。艮为国，兑毁，故曰“抵乱我国”。

观 **长生无极，子孙千亿。柏柱载梁，坚固不倾。**

巽为长。伏震为生，为子。艮为孙。坤为千亿。巽为柏，为梁柱。艮为坚固，巽为倾。

噬嗑 **钦敬昊天，历象星辰。宣授民时，阴阳和调。**

离为夏，故曰“昊天”。艮为星辰，为时。坎为众，为民。离坎为夫妇，故曰“阴阳和调”。

贲 **三河俱合，水怒踊跃。坏我王屋，民困于食。**

坎为河，震数三，故曰“三河”。坎为合，为水。震为怒，为踊跃，为主。艮为屋，伏巽为坏。坎为民，兑为食。又河东、河南、河内，亦曰三河。

剥 **寿如松乔，与日月俱。常安康乐，不离祸忧。**

艮为寿，为木，为仙，故曰“松乔”。赤松、王乔，古之仙人。与日月俱，言寿永也。伏兑为月，艮为日。兑为悦，故曰“康乐”。坤为祸忧，一阳在上，故不离祸忧。

复 **天之所予，福禄常在，不忧危殆。**

伏乾为天，为福禄。坤为忧，为殆；震乐，故不忧。

无妄 **受谶六符，招摇室虚。虽跌无忧，保我命财。**

谶，《说文》：验也。《汉书·东方朔传》：愿陈《泰阶六府》。《艺文志》：《泰阶六符》一卷。李奇注：三台谓之泰阶，两两成体，三台故六，观色以知吉凶，故曰“六符”。招摇、室虚，皆星宿名。乾数六，艮为星。巽为跌，震乐，故无忧。巽为命，乾为财，互艮为安，故命与资财可保也。

大畜 **赍金买车，失道后时，劳罢为忧。**

乾为金，艮手为赍，震为车，为后。艮为道，为时；在外，故失道后时。伏大坎为劳，为忧。

颐 **华首山头，仙道所游。利以居止，长无咎忧。**

艮为山，为首，伏兑为华。艮为寿，为仙道，为居止。坤为忧，震乐，故无忧。

大过 **采唐沫乡，要期桑中。失信不会，忧思约带。**

详《师之噬嗑》。《诗》：我心蕴结。又曰：心如结兮。即约带之义。杨慎谓即衣带日以缓之意。非。

坎 **人面鬼口，长舌为斧。斫破瑚琏，殷商绝后。**

详《否之谦》。

离 **临溪桥疚，虽恐不危，乐以笑歌。**

兑为溪，伏艮为桥。伏坎为恐，为危。震为乐，为笑歌。

咸 **泱泱沸溢，水泉为害，使我无赖。**

互大坎，故曰“洋溢”，曰“水泉为害”。兑毁为害，伏坤为我。

恒 **蝗螟为贼，害我稼穑。秋饥于年，农夫鲜食。**

巽为蝗虫，为稼穑。巽为贼，为害；兑毁，亦为害。兑为秋，乾为年，伏坤为饥。震为农夫，兑为食；兑毁巽落，故鲜食。

遁 **八百诸侯，不期同时。慕西文德，兴我宗族，家门雍睦。**

巽纳辛，数八，艮后天数亦八；乾为百，伏震为诸侯，故曰“八百诸侯”。艮为时，伏兑为西。坤为文，为门，为族。乾为宗，艮为家。

大壮 **长男少女，相向笑语。来欢致福，和悦乐喜。**

震为长男，兑为少女。震为笑语，为欢，为和乐，为喜。乾为福。

晋 **平国不君，夏氏作乱。乌号窃发，灵公殒命。**

坤为国，坎为平。震为君，震覆，故不君。平国，陈灵公名。离为夏，为乱。夏氏，徵舒也。离为乌。坎为弓，为窃。乌号，弓名。坤为殒。言徵舒耻灵公与其母夏姬乱，射杀灵公也。事在《左传·宣十年》。

明夷 **春多膏泽，夏润优渥。稼穑成熟，亩获百斛。**

震为春，坎为膏泽。离为夏，坎为润渥。震为稼穑，离火，故曰“熟”。坤为亩，为百，震为斛。

家人 **客宿卧寒，席薅不安。行危为害，留止得欢。**

此用临象。震为客，坤为宿，伏乾为寒。巽为伏，故曰“卧寒”。巽为薅；为进退，故不安。

睽 **乘桴浮海，虽惧不殆。母载其子，终焉何咎。**

此用临象。临震为桴，为乘。坤水兑泽。故曰“海”。坤为惧，为母。震为子，故母载其子。伏艮为终。

蹇 **手拙不便，不能伐檀。车无轴辕，行者苦难。**

艮为手，坎陷，故不便。艮为伐，为檀。檀，坚木也。艮止，故不能。坎为车，多眚，故无轴辕。震为行，震反为艮，故难行。《诗》：檀车煌煌。古尝以檀造车。今不能伐檀，故无轴辕。

解 **唐虞相辅，鸟兽率舞。民安无事，国家富有。**

震为帝，故曰“唐虞”。为鸟，为舞。坎为众，为民。临，坤为国家，为富有。

损 **秋蛇向穴，不失其节。夫人姜氏，自齐复入。**

兑为秋，坤为蛇，艮为穴。震为夫，为人。伏巽为姜，为齐，为入。

益 **病笃难医，和不能治。命终永讫，下即蒿庐。**

伏恒。坎为病，互大坎，故曰"病笃"。坎为和，坤死，故曰"难医"，曰"和不能治"，曰"命终永讫"。巽为命，艮为终。巽为蒿，艮为庐，故曰"蒿庐"。蒿庐，即蒿里。《左传》：晋景公疾，秦伯使医缓为之。缓曰，是在肓之上，膏之下。攻之不可，达之不及，无能为也。既而公果卒。

夬 **青蛉如云，城邑闭门。国君卫守，民困于患。**

青蛉，即蜻蛉。《汉志》：越嶲有青蛉县。《水经注》引作蜻蛉。《埤雅》：蜻蜓，一名蜻蛉。《吕氏春秋》：海上有人，好蜻蛉，每至海上，蜻蛉从游者数万。夬通剥。坤为云，为城邑，为闭，为国，为民，为患。艮为守。蜻蛉，大首薄翼。艮一阳在上，疑即剥艮象也。

姤 **牙蘖生达，室堂启户。出入利贞，鼓翼起舞。**

此亦全用临象。震为牙蘖，为生。坤为堂户。震为出，巽入，故曰"出入利贞"。震为鼓，为翼，为起舞。

萃 **凫游江海，没行千里。以为死亡，复见空桑，长生乐乡。**

艮为凫，坤为江海，为千里。坤为死亡。巽为桑，坤虚，故曰"空桑"。伏震为生，兑悦，故曰"乐乡"。坤为乡。林意谓凫没江海不见，以为死亡矣。后复见于空桑，不惟未死，且甚安乐也。

升 **黄帝出游，驾龙乘马。东上泰山，南游齐鲁，邦国咸喜。**

震为黄，为帝，为游，为龙，为马，为东。伏艮为山，故东上泰山。震又为南，巽齐兑鲁，故南游齐鲁。坤为邦国，震为喜。

困 **履危不止，与鬼相视。惊恐失气，如骑虎尾。**

通贲。坎为危，在震下，故曰"履危"。坎为鬼，离为视；离坎连体，故曰"相视"。震为惊，为骑。艮为虎尾。谓遇鬼惊恐，如履虎尾也。

井 **秋南春北，不失消息。涉和履中，时无隐匿。**

通噬嗑。兑秋离南，震春坎北。雁秋南向，春北归，故不失消息。又消息卦起坎离，亦不失也。坎为和，为中；震为涉，为履。艮为时，坎为暱匿。四时毕见，故无隐匿。

革 **龙门砥柱，通利水道。百川顺流，民安其居。**

通蒙。震为龙，艮为门，为柱，为石，故曰“龙门砥柱”。震为通，巽为利，坎水艮道。《禹贡》，道河积石，至于龙门，东至砥柱是也。震为百。坎为川，为流，为民。艮为安，为居，故曰“民安其居”。

鼎 **千岁庙堂，栋桡倾僵。天厌周德，失其宠光。**

通屯。坤为千岁，艮为庙堂。巽为栋，为陨落，故曰“桡”，曰“倾僵”。震为周，艮为天。为光，坎失，故曰“失其宠光”。

震 **折若蔽目，不见稚叔。三足孤乌，远离室家。**

坎为折，震为若。若，木也。离为目，离伏坎隐，故曰“蔽目”，曰“不见稚叔”。艮为叔，为少男，故曰“稚叔”。震为足，数三；艮为乌，坎孤，故曰“三足孤乌”。艮为室家。

艮 **望叔山北，陵隔我目。不见所得，使我心惑。**

艮为望，为叔。互坎为北，故曰“山北”。坎为隐，离伏，故曰“陵隔我目”，曰“不见所得”。坎为心，为忧，故曰“心惑”。

渐 **匏瓠之息，一亩千室。万国都邑，北门有福。**

艮为果，为匏瓠。“息”者，生也，子也。艮为室。《说文》：室，实也。言匏瓠之实，一亩得千也。伏震为千，坎数一，故一亩千室。艮为国，为都邑；为门，坎北，故曰“北门”。

归妹 **域域牧牧，忧祸相伴。隔以岩山，室家分散。**

通渐。坎为忧，离为祸。坎离连体，故曰“相伴”。艮为山，为室家。艮止，故曰“隔”。上巽，故曰“分散”。

丰 **骐骥騄耳，游食萍草。逍遥石门，循山上下，不失其所。**

通涣。震为马，故曰“骐骥騄耳”。震为食，为草。草在坎水上，故曰“萍草”。震为逍遥，为食。艮为石，为门；为山，中爻正反震艮，故曰“循山上下”。

旅 **天所祚昌，文以为良。笃生武王，姬受其福。**

艮为天，伏震为祚，为昌。离为文。伏震为生，为武，为王，为姬，为福。

巽 **羊肠九萦，相推稍前。止须王孙，乃能上天。**

详《蛊之剥》。此皆用伏震象。以互艮为天。

兑 **贫鬼守门，日破我盆。孤牝不驹，鸡不成雏。**

通艮。互坎为鬼，艮为守，为门。震为盆，坎为破。兑为牝，震为驹；震伏，故不驹。巽为鸡，艮为雏；艮伏，故不雏。

涣 **饱食从容，入门上堂。不失其常，家无咎殃。**

坎为饮食，震乐，故从容。艮为门，为堂，巽为入。艮为家，坎为殃；震解，故无。

节 **阴淫不止，白马为海。皋泽之子，就高而处。**

坎为水，故曰"阴淫"。震为白，为马，兑为海。白马，津名，在大伾山南。言水多，津变为海也。震为子，艮为皋，兑为泽。言皋泽之人，因水多，皆就高而处也。

中孚 **执戈俱立，以备暴急。千人守门，因以益卑，终安何畏。**

艮为戈，为执。震为立，为暴急，为千人。艮为守，为门。兑为泽，为下，故曰"卑"。艮为终，为安。震乐，故无畏。

小过 **夹河为婚，水长无船。槌心失望，不见所欢。**

互大坎，故曰"夹河"，曰"水长"。震为船，兑毁，故无。艮为槌，坎为心。艮为望，坎失，故曰"失望"。震为欢。

既济 **阴阳变化，各得其宜。上下顺通，奏为肤功。**

言阴阳六爻各当位。

未济 **任劣德薄，失其臣妾。田不见禽，犬无所得。**

臣妾与犬，皆用临伏象艮。

䷓ 巽上 坤下 观之第二十

历山之下，虞舜所处。躬耕致孝，名闻四海。为尧所荐，缵位天子。

艮为山，为时，故曰"历山"。坤为下。伏震为帝，故曰"虞舜"，曰"尧"。艮为躬，巽顺为孝。艮为名；坤为海，巽数四，故曰"四海"。伏震为子，艮为天，故曰“天子”。

之乾 **蜎飞蠕动，各有所配。欢悦相迎，咸得其处。**

详《临之豫》。此用观象。巽虫，故曰“蜎”，曰“蠕”。

坤 **继祀宗邑，追明成康。光照万国，享世久长。**

坤为邑，为万国。观艮为光明，为照，为久。

屯 **秋冬探巢，不得鹊雏。衔指北去，愧我少姬。**

伏兑为秋，坎为冬。艮为穴，为巢，艮手为探。兑为鹊雏，兑伏，故不得。艮为指，坎为北。伏巽为少姬，坤为愧。巽少姬，本大过。

蒙 **僮妾独宿，长女未室，利无所得。**

艮为僮妾。为独，坎为宿。艮为室，巽为长女，为利。巽伏，故无得。

需 **洪波逆流，至人潜处。蓬蒿代柱，大屋颠仆。**

通晋。坎为水，坤水，故曰“洪波”。洪波，大波也。伏坤为逆。坎为圣，故曰“至人”。坎为潜。坤为薪，在艮屋下，故曰“蓬蒿代柱”。艮为屋柱，坤柔，故颠仆。

讼 **日暗不明，谗夫在堂。右臂疾瘰，君失其光。**

离为日，为明；坎隐，故暗。坎为夫，坎上下兑口相背，故曰“谗夫”。观艮为堂，为臂。坎为疾。乾为君，离为光；坎隐，故失光。

师 **王孙季子，相与孝友。明允笃诚，升擢荐举，为国干辅。**

此用遇卦观象。观艮为孙，为季子。伏震为王，故曰“王孙季子”。坤顺，故曰“孝友”。艮为明允，为笃诚。伏震为荐举，为干。坤为国。

比 **麟趾龙身，日驭三千。南上苍梧，与福为婚。道里夷易，安全无患。**

此亦用观象。坤为麟，为身。伏乾为龙，为日，为千。艮纳丙，数三，故曰“三千”。伏震为南，为苍梧。乾为福，与坤配，故曰“与福为婚”。艮为道里。坎为平，故曰“夷易”。艮为安，坎为患，安故无患。

小畜 **三子成驹，破其坚车。轮载空舆，后时失期。**

伏震为子，数三，故曰“三子”。震为驹，为车；坎为破，伏艮为坚，故曰“破其坚车”。坎为轮。艮为时，震为后，故曰“后时失期”。全用伏。

履 **逐祸除患，道德神仙。遏恶万里，常欢以安。**

坎为祸患，坎伏，故曰"逐祸除患"。伏艮为道，震为神，艮为仙。坤为万里，为恶；坤闭，故曰"遏恶"。兑为欢。

泰 **黄池之盟，吴晋争强。勾践为患，夷国不安。**

兑为池，震黄，故曰"黄池"。震为南，故曰"吴"。为进，故曰"晋"。震为健，乾亦为健，故曰"争强"。震为足，故曰"践"。坤为夷，为国；坤丧，故不安。

否 **青牛白咽，招我于田。历山之下，可以多耕。岁藏时节，人民安宁。**

坤为牛，巽为白，伏兑为咽。坤为我，为田。艮为山，为时，故曰"历山"。舜耕处也。坤为下，伏震为耕。坤为岁，艮为时。坤为民人，为安宁。

同人 **有头无目，不见菽粟。消耗为疾，三年不复。**

乾为头，离目。目应在头上，今在下，故曰"无目"，故不见菽粟。巽为菽粟也。伏坤为消，坎为疾。坤为年，震数三，故曰"三年"。

大有 **山没丘浮，陆为水鱼。燕雀无巢，民无室庐。**

通比。艮为山丘，在坎水、坤水上，故曰"山没丘浮"。坤为陆，为水，为鱼。兑为燕雀，艮为巢，为室庐，坤为民。坎陷，故曰"无巢"，无室庐也。

谦 **高冈凤凰，朝阳梧桐。雍雍喈喈，菶菶萋萋。陈辞不多，以告孔嘉。**

《诗·卷阿篇》：凤凰鸣矣，于彼高冈。梧桐生矣，于彼朝阳。菶菶萋萋，雝雝喈喈。又曰：矢诗不多，维以遂歌。林全用《诗》语。艮为高冈，坤文为凤。震为朝，伏离为日。震为鸣，故曰"雍喈"。为茂盛，故曰"萋菶"。震为言，故曰"辞"，曰"告"。为孔，故曰"孔嘉"。

豫 **鳏寡独宿，忧动胸臆，莫与宿食。**

艮为鳏，坎为宿，坤为寡，故曰"鳏寡独宿"。坎为忧，坤为腹，为胸臆。震口为食。

随 **马蹄踬车，妇恶破家。青蝇污白，恭子离居。**

震为马，为蹄。蹄音弟，与踶同，蹋也。马踶，故车踬。震为车，二至四震覆，故曰“蹶车”。巽为妇，坤为恶；艮为家，兑毁，故曰“破家”。巽为蝇，震为青，故曰“青蝇”。巽为白。震为子，巽顺，故曰“恭子”。谓申生也。艮为居。

蛊 **长女三嫁，进退无羞。逐狐作妖，行者离忧。**

巽为长女，震为嫁，数三，故曰“三嫁”。巽为进退。艮为狐，震为逐，为行。互坎为忧，为妖。

临 **人无足，法缓除。牛出雄，走羊惊。阳不制阴，男失其家。**

震为人，伏巽下断，故无足。除，授官也。坤柔，故缓。言人有疾不能授官也。坤为牛，震为雄；坤在上，故曰“出雄”。兑为羊，震为走，为惊，故曰“走羊惊”。阳少阴多，故曰“不制”。震为男，艮为家；艮伏，故失。

噬嗑 **茹芝饵黄，饮食玉英。与神流通，长无忧凶。**

伏巽为芝，伏兑为茹，为饵。震为黄，为玉，为英。坎为饮食。震为神，为通。坎忧，震乐，故无忧。芝，灵芝。黄，黄精。服之延年益寿。

贲 **东行无门，西出华山。道塞畏难，游子为患。**

震为东，为行。艮为门，坎陷，故无门。艮山，伏兑为西，为华，故曰“华山”。艮为道，坎为塞，为畏，为患。震为游子。

剥 **寿如松乔，与日月俱。常安康乐，不罹祸忧。**

详《临之剥》。

复 **探鷇得螽，所愿不喜。道宜小人，君子咎蹇。**

震为鷇，伏巽为螽。坤忧，故不喜。坤为小人。震为大涂，为道，为君，为子。坤为咎。

无妄 **蠕蠃生子，深目黑丑。虽饰相就，众人莫取。**

详《需之恒》。蠕，即蜾字。蠃，音骡。《说卦》，离为蠃是也。

大畜 **喜怒不时，霜雪为灾。稼穑无功，后稷饥寒。**

震为喜，为威，故为怒。艮为时，三至上正覆震艮，故曰“不时”。乾为冰，为霜雪；兑毁，故灾。震为稼穑，为稷。乾为后，为寒。

颐 **乌升鹊举，照临东海。龙降庭坚，为陶叔后。封圻蓼六，履禄绥厚。**

详《需之大畜》。

大过 **黄离白日，照我四国。元首昭明，民赖其福。**

伏颐为大离。《离·六二》曰：黄离，元吉。故离为黄，为日，为照。下震为白，故曰“白日”。坤为国，震卦数四，故曰“四国”。乾为元首，为福。坤为民。

坎 **黍稷醇醲，敬奉山宗。神嗜饮食，甘雨嘉降。独蒙福力，时灾不至。**

详《比之需》。

离 **福遇我里，入门笑喜，与吾利市。**

通坎。震为福，为里。艮为门，震为笑喜。巽为利市。

咸 **昼卧里门，悚惕不安。目不得阖，鬼搔我足。**

艮为里门，为卧。乾为日，为昼，为悚惕。伏大离，故目不得阖。阖，闭也。伏坤为鬼，震为足；艮手，故曰“搔足”。

恒 **春草荣华，长女宜夫。受福多年，世有封禄。**

震为春，为草，为荣华。巽为长女，震为夫，为福。乾为多，为年，为禄。伏坤为世。“长女宜夫”者，以震巽为配偶，故能受福也。

遁 **雍门内崩，贼贤伤仁。暴乱狂悖，简公失位。**

艮为门，伏兑悦，故曰“雍门”。巽为陨，为崩；在内卦，故曰“内崩”。乾为仁贤，阴消阳，故曰“贼贤伤仁”。巽为贼也。遁弑君父，故曰“乱悖”。震为竹，为简，为公；震伏，故曰“失位”。《论语》：陈成子杀简公，事在《左传·哀十四年》。陈成子既杀阚止，大陆子方亡出雍门。注：雍门，齐城门也。内崩，盖言内乱。

大壮 **心志无良，昌披妄行。触墙抵壁，不见户房。**

伏坤为心志，坤恶，故无良。震为昌，为行，为触。伏艮为墙壁，为户房。坤黑，故不见。

晋 **胶车木马，不利远贾。出门为患，安止得全。**

互坎为胶，坤为车，故曰“胶车”。坤为马，坎艮皆为木，故曰“木马”。胶车不坚，木马不动，故不利远贾。艮为门，坎为患。艮为安止。

明夷 **家在海隅，桡短流深。企立望宋，无木以趋。**

坤为海，坎为室，故曰“家在海隅”。坎为桡，为流；坤坎皆为水，故曰

"流深"。震为行，故曰"企立"。离为望。《说文》：以木架屋曰宋。故艮为宋。三至五互艮覆，故曰"无木以趋"。

家人 **冬叶枯槁，当风失道。蒙被尘埃，左右劳苦。**

坎为冬，巽为叶，离为枯槁。巽为风，坎为失。言叶埋道上，而失道也。坎为劳。

睽 **过时不行，妄逐王公。老女无夫，不安其居。**

通蹇。艮为时，为反震，故不行，故妄逐。兑为老女，本大过也。艮为兑夫，艮伏，故曰"无夫"。坎险，故不安。

蹇 **履泥污足，名困身辱。两仇相当，自为痛疾。**

坎为泥，为污。履足，似用半震象。艮为名，为身。坎为困辱，为仇；重坎，故曰"两仇"，曰"痛疾"。

解 **精华堕落，形体丑恶。龃龉挫顿，枯槁腐蠹。**

震为精华，伏巽，故堕落。离正反兑口相对，故曰"龃龉"。巽虫，故腐蠹。离火，故枯槁。

损 **长生无极，子孙千亿。松柏为梁，坚固不倾。**

详《临之观》。

益 **去辛就蓼，毒愈酷毒。避穿入坑，忧患日生。**

《说文》：蓼，辛菜。巽纳辛，震为蓼。坤为毒，为忧患，震为生。《诗·周颂》云：莫予荓蜂，自求辛螫。未堪家多难，予又集于蓼。

夬 **行尧钦德，养贤致福。众英积聚，国无寇贼。**

夬，乾为帝王，为德，故曰"行尧钦德"。乾为贤，为福；兑食，故曰"养贤至福"。伏艮为君子。坤为众，为聚，为国，故曰"积聚"。巽为寇贼，巽覆，故无。

姤 **狗逐兔走，俱入谷口。与虎逢晤，迫不得去。**

象多未详，疑用遇卦观象。

萃 **望尚阿衡，太宰周公。藩屏汤武，立为侯王。**

详《同人之师》。

升 **清人高子，久屯外野。逍遥不归，思我慈母。**

详《师之睽》。

困 **三虫作蛊，削迹无与。胜母盗泉，居不安处。**

巽为虫。《左传》：三虫为蛊。伏震为迹，艮手艮刀，故曰“削迹”。巽为母，兑刚，故曰“胜母”。坎为水，觅盗，故曰“盗泉”。艮为居，为安，艮伏兑折，故不安。

井 **狮牝龙身，进无所前。三日五夜，得其所欢。**

通噬嗑。震为龙，艮为狗。狮，良犬也。艮犬止震龙上，故曰“狮牝龙身”。艮为身，艮止，故不进。离为日，震数三，故曰“三日”。坎为夜，纳戊，数五，故曰“五夜”。震为欢。

革 **黄里绿衣，君服不宜。淫湎毁常，失其宠光。**

《诗·卫风》：绿兮衣兮，绿衣黄里。传谓卫庄公惑于嬖，妾衣上僭也。革通蒙。震为衣，为黄，为君。《笺》谓绿衣当为素里，今黄里逾制，故曰“不宜”。坎为淫湎，为失。离为光。

鼎 **天所顾佑，祸灾不到，安吉无惧。**

互乾为天，离为顾。坤为祸灾，坤伏，故不到而安吉也。

震 **盘纡九回，行道留难。止须于丘，乃睹所欢。**

艮止，故盘纡。震数九，为归，故曰“九回”。震为行，艮为道，艮止，故留难。艮为丘，为须。震为欢。艮为观，故曰“睹”。

艮 **暴虐失国，为下所逐。北奔阴胡，主君旄头。**

互震为暴虐。坎为失，艮为国，故曰“失国”。坎为下，震为逐，为奔。坎为北，为阴胡。震为主君，为毛羽；坎为首，故曰“旄头”。旄头，被发也。《汉官仪》：选羽林为旄头，被发先驱是也。乐彦《括地志》：夏桀死，其子荤粥北奔，逐水草而居，号曰匈奴。林词全用其事。

渐 **御骍从龙，至霍华东。与禹相逢，送致于邦。**

骍，赤马。坎为马，为赤，故曰“御骍”。伏震为从，为龙，故曰“御骍从龙”。艮为山，坎西，故曰“霍华”。霍华，西方大山也。离为东。伏震为王，故曰“禹”。艮为邦。

归妹　铜人铁距，雨露劳苦。终日卒岁，无有休息。

伏艮为铜铁，震为人，为距，故曰“铜人铁距”。坎为雨露，为劳苦。互离为日，伏艮为终，震为岁，故终日卒岁。艮止，为休息。艮伏，故不息。

丰　大人失宜，盈满复亏。长成之木，盛者复衰。

震为大人。巽为亏。震为成长，为木，为盛。巽为陨落，为衰。盖震巽相往来反复，故林词云尔。

旅　梅李冬实，国多盗贼。乱扰并作，王不能制。

详《屯之师》。此以巽为盗贼。

巽　泽枯无鱼，山童无株。长女嫉妬，使身空虚。

兑为泽，离枯，巽为鱼。枯，故无鱼。伏艮为山，兑上缺为童。《庄子·徐无鬼》：尧闻舜贤，举之童土之地。注：童，无草木也。巽为株，为长女，伏坎为嫉妬。艮为身，离为空虚。

兑　天门冬虚，既尽为灾。腦膝黯苍，秦伯受殃。

通艮。艮居戌亥，故曰“天门”。坎为冬，阳穷在上，故曰“既尽”。《广韵》：腦，肥也。膝，丑也。腦膝黯苍，言戌亥空亡，渺冥无有也。兑为西，故曰“秦”。伏震为伯，坎为殃。

涣　牵衣涉河，水深渍罢。幸赖舟子，济脱无他。

节　推车上山，高仰重难。终日至暮，不见阜颠。

震为车，艮手为推，为山，故曰“推车上山”。艮为高仰。坎为暮。伏离为日。艮为终，为阜颠。坎隐伏，故不见。

中孚　鼎炀其耳，热不可举。大路壅塞，旅人心苦。

通小过。震为鼎，兑为耳；艮火在下，故炀其耳，故热不可举。震为大涂，互坎，故壅塞。震为旅，为人，坎为心。《鼎·九三》云：鼎耳革，其行塞。兹与《睽之比》皆作“大涂壅塞”，是以行为道，与常解异。

小过　四乱不安，东西为患。退身止足，无出邦域。乃得完全，赖其生福。

震卦数四，兑毁，故曰“四乱不安”。震东兑西，互坎为患。艮为身，在下，故曰“退身”。震足，艮止，故曰“止足”。艮为邦域，震为生，为福；艮止巽伏，故无出邦域。

既济 **班马还师，以息劳罢。役夫嘉喜，入户见妻。**

坎为马，重坎，故曰“班马”。坎为众，故曰“师”。坎为劳疲，艮止，故曰“以息劳罢”。坎为役，为夫，震为喜。艮为户，离为坎妻。既、未济用半象，易通例也。

未济 **积德不怠，遇主逢时。载喜渭阳，身受荣光。**

坎为积。震主艮时，故曰“遇主逢时”。震车为载，为喜。坎水，故曰“渭”。艮为身，离为光荣。多用半象。林意谓姜太公垂钓，遇文王于渭水，后受封也。

焦氏易林注卷六

䷔ 离上震下 噬嗑之第二十一

麒麟凤凰，善政得祥。阴阳和调，国无灾殃。

离为文，下互大离，故曰“麒麟凤凰”。卦水火俱备，故曰“阴阳和调”。艮为国，坎为灾；震乐，故无灾殃。

之乾 **北风相牵，提笑语言。伯歌叔舞，燕乐以喜。**

详《否之损》。此全用遇卦噬嗑象，不及之卦。

坤 **甲戊己庚，随时运行。不失常节，咸逢出生。各乐其类，达性任情。**

此亦全用噬嗑象。坎纳戊，离己，震庚，震东方木，故曰“甲戊己庚”。艮为时。震为运行，为出生，为乐。盖噬嗑震春，离夏，坎冬，伏兑为秋，四时俱备，故林云尔。

屯 **破亡之虚，神祇哀忧。进往无光，留止有庆。**

坎为破，坤为亡，为虚。虚、墟同。震为神，坤为地，故曰“神祇”。祇，地神也。坎为忧，震为进。坎隐，故无光。艮止，故有庆。

蒙 **注斯膏泽，扞卫百毒。防以江南，虺不能螫。**

坎为膏泽，为注。艮守为扞卫。坤坎皆为毒，故曰“百毒”。艮为防，坤为江河，震为南。坎为虺，为螫。

需 **日月相望，光明盛昌。三圣茂功，仁德大降。**

坎月离日，坎西离东，故曰“相望”。离为光明。坎为圣，离卦数三，故曰“三圣”。谓文、武、周公也。乾为功，为仁德，为大，为隆。

讼 **大蛇巨鱼，战于国郊。上下隔塞，卫侯庐漕。**

《左传·庄十四年》：内蛇与外蛇斗于郑南门中。互巽为蛇，为鱼，乾为大。伏坤为郊，为国，故曰“国郊”。伏震为战，乾上坎下。伏震为卫，坎为室，为庐；坎水，故曰“庐漕”。卫侯，戴公也。时狄灭卫，故暂居漕。漕，

《左传》作曹，《毛诗序》作漕。

师 **龙入天关，经历九山。登高上下，道里险难。日晏不食，绝无甘酸。**

此用噬嗑象。震为龙，艮为天，为关，故曰“龙入天关”。艮为山，震数九，故曰“九山”。震为登，艮为高，为上，坎为下，故曰“登高上下”。艮为道里，坎陷，故曰“道里险难”。离为日，坎为暮，故曰“日晏”。震为口，为食，坎忧，故不食。巽为臭，巽伏不见，故绝无甘酸。

比 **沙漠北塞，绝无水泉。君子征凶，役夫力殚。**

互艮为小石，为沙，为塞；坎北，故曰“北塞”。坎为水泉，艮火在下，故无水泉。艮为君子，震为征；震覆，故征凶。坤为役，震为夫；震覆，故力殚。

小畜 **关折门启，衿带解堕。福与善生，忧不为祸。**

伏坎为关。关，门牡也。兑为折，乾为门。巽为带，为解堕。乾为福，为善，故曰“福与善生”。坤为忧，为祸；坤伏，故不祸。

履 **狼虎所嗥，患害必遭。不利有为，宜以遁逃。**

乾为虎狼，兑为嗥。伏坎为患害。巽为利，兑折，故不利。巽为伏，故曰“遁逃”。言遭遇危险，不利于进，利退也。

泰 **金精耀怒，带剑过午。两虎相距，弓弩满野，虽忧无苦。**

乾为金，震为耀怒。金精，虎也。《河图帝览嬉》：月者金之精。虎，西方宿，故亦为金精。噬嗑离为午。艮为剑，为虎；正反艮，故曰“两虎相距”。艮为野，坎为忧，为弓弩。

否 **朽根枯树，华叶落去。卒逢火焱，相随偃仆。**

巽为树，为陨落，故曰“朽根枯树，华叶落去”。艮为火焱，巽陨为偃仆。

同人 **入暗出明，动作有光。转运休息，常乐永康。**

通师。坎为暗，震为出，巽为入，离为明，为光。坎隐伏，故转运休息。震为乐。

大有 **国多忌讳，大人恒畏。结口无患，可以长存。**

通比。坤为国，坎为忌。乾为大人，乾惕，故曰“大人恒畏”。坎为患，兑为口。坤闭，故曰“结口”。言当忌讳之时，宜括囊自守，免于患害也。

谦 **天地淳厚，六合光明。阴阳顺序，厥功以成。**

艮为天，为光明。坤地为厚。坎为合，数六，故曰“六合”。坤为顺，九三阳遇阴，通行无阻，故曰“顺序”。震为功，艮为成。

豫 **裸裎逐狐，为人观笑。牝鸡雄晨，主作乱妖。**

详《大有之咸》。

随 **阴升阳伏，桀失其室，相餧不食。**

上下卦皆阴在上，阳居下，故曰“阴升阳伏”。艮为室。兑刚鲁，故曰“桀”。下卦艮覆，故曰“桀失其室”。震为食，初至四正反震，故曰“相餧”。艮止，故不食。

蛊 **蜎飞蠕动，各有配偶。大小相保，咸得其所。**

详《临之豫》。

临 **鬼守我庐，欲呼伯去。曾孙寿考，司命不许，与生相保。**

坤为鬼，为我；伏艮为守，为庐。震为呼，为伯；震往，故曰“欲呼伯去”。伏艮为曾孙，为寿。伏巽为命，震为生，故不许也。言鬼虽呼伯去，无如命本寿考，司命不许其去也。

观 **祸走患伏，喜为我福。凶恶消亡，菑害不作。**

伏大壮。坤为祸患，震为走。言阳长阴消也。震为喜，乾为福。坤为凶恶，为菑害；阴消，故曰“不作”。

贲 **智不别扬，张狂妄行。蹈渊仆颠，伤杀伯身。**

坎水为智。震为张狂，为行，为蹈。坎为渊，震在上，故曰“蹈渊”。伏巽，故仆颠。震为伯，艮为身；伏兑为毁折，故伤杀伯身。

剥 **凶忧灾殃，日益明章。祸不可救，三郤夷伤。**

坤为凶灾，艮为明，为日。坤为祸，为死，故曰“夷伤”，曰“不可救”。“郤”者，退也。坤消，故退。正互三坤，故曰“三却”。《左传·成十七年》：晋厉公杀郤至、郤锜、郤犨。

复 **长尾蝼蛇，画地为河。深不可涉，绝无以北，怅然啁息。**

详《师之咸》。

无妄 **爱我婴女，牵引不与。冀幸高贵，反得贱下。**

通升。坤为我，兑为婴女。艮手为牵引。巽为高，乾为贵，坤为贱。无妄皆事出意外，非所期望之事，故林辞如此。

大畜 **凫游江湖，甘乐其饵。既不近人，虽惊不骇。**

艮为凫，兑为江湖；凫在兑水上，故曰“凫游江湖”。震为饵，为甘乐，为人。艮凫在上，故不近人。震为惊。

颐 **明灭光息，不能复食。精魄既丧，以夜为室。**

艮为光明，坤黑，故息灭。震为食，坤死，故不食，故曰“丧”。震为精坤，为魄，为夜，艮为室。

大过 **奇适无偶，习静独处。所愿不从，心思劳苦。**

奇，只也。礼，投壶一算为奇。适，往也。奇适无偶，言独往也。巽为寡，正覆巽相背，又阳陷阴中，故所愿不从。伏坤为心，为思；坤万物致役，故为劳苦。

坎 **葛藟蒙棘，华不得实。谗佞乱政，使忠壅塞。**

详《师之中孚》。说《诗》异《毛》。

离 **鹊笑鸠舞，来遗我酒。大喜在后，授我龟纽。龙喜张口，超拜福祉。**

离为鸠，伏震为鹊，为笑舞，故鹊笑鸠舞。伏坎为酒，震为喜，为后，故曰“大喜在后”。艮为遗，为授，为龟。震为龙，为口。龟纽、龙口，皆印饰。《后汉·舆服志》：诸王金印龟纽。注引《汉旧仪》，传国玺，盘五龙。龟纽、龙口，言得印绶也。震为福祉，艮手为拜。全用伏象。

咸 **摇尾逐灾，云沈孽除。洿泥生梁，下为田主。**

艮为尾，伏坤为灾，震为摇，为逐。坤为云，为孽，为水，为洿泥。震为梁，为主。坤为田，为下。多用伏象。

恒 **白鹤衔珠，夜食为明。膏润优渥，国岁年丰。**

震为鹤，为珠；兑口为衔，为食。兑昧为夜，乾为光明，兑水，故曰“膏润优渥”。乾为年岁。按《搜神记》：有鹤为弋人射伤，哙参为疗养之，创愈放之。后鹤夜衔珠，雌雄各一，到门外为报。

遁 **内执柔德，止讼以默。宗邑赖德，祸灾不作。**

阴柔在下，故曰“内执柔德”。乾为言，兑为言，而兑反与乾言相背，故曰“讼”。下卦艮止，故嘿尔不讼。艮为邑，乾为宗，为德。坤为灾祸，坤伏，故不灾。

大壮 **犬吠惊骇，公拔戈起。玄冥厌火，消散瓦解。**

伏艮为犬。震为吠，为惊，为公，为起。艮为戈，为拔，故曰“公拔戈起”。玄冥，水神。《月令》：孟冬之月，其神玄冥。水克火，故曰“厌火”。伏坤为水，艮为火；火在水上，当然消散。震为瓦，为解。玄冥，北方水神。伏坤位北，而地黑，故曰“玄冥”。

晋 **公悦妪喜，子孙俱在。荣誉日登，福禄来处。**

象多未详。或用遇卦象。

明夷 **鸟鸣哺鷇，长欲飞去。循枝上下，适与风遇。颠陨树根，命不可救。**

离为鸟。震为鸣，为子，为食，故曰“哺”。鷇，小鸟也。震为长，为飞，为枝，为上。坤为下。伏巽为风，为颠陨，为树，为命。坤死，故不可救。

家人 **析薪炽酒，使媒求妇。和合齐宋，姜子悦喜。**

巽木为薪，坎为破，故析薪。坎为酒，火在下，故曰“炽酒”。坎为通，故曰“媒”。巽为妇，为齐。《说文》：以木架屋曰宋。故艮为宋。遇卦噬嗑，互艮姜，齐姓；子，宋姓。伏震为喜。《诗·齐风》：析薪如之何，匪斧不克。娶妻如之何，匪媒不得。《毛》谓文姜归鲁，齐襄思之。兹曰“齐宋”，是《齐诗》不指文姜。

睽 **邻不我顾，而望玉女。身多疣癞，谁当媚者。**

详《师之小过》。

蹇 **远视无光，不知青黄。黈纩塞耳，使君暗聋。**

此用噬嗑象。艮为观，为光。坎隐，故无光。离为黄，震为青，为黄。《汉书·东方朔传》：黈纩垂耳，所以塞聪。注：以黄绵为圈，悬于冕之两旁，示耳不外听。坎为耳，为塞，故耳塞。伏巽为绵。纩黈，黄色，亦震象。震为君，耳塞，故暗聋。

解 **克身整己，逢禹巡狩。赐我玄圭，蒙受福佑。**

艮为身，艮覆，故曰“克身”。震为王，为禹，为巡狩；为玉，为玄黄，故曰“玄圭”。又为福祉。

损 **远望千里，不见黑子。离娄之明，无益于光。**

坤为千里，艮为望。震为子，坤黑，故曰“黑子”。坤闭，故不见。离为光明，互大离，故曰“离娄”。离娄，古明目人，见《孟子》。

益 **斧斤所斫，疮痏不息。针石不施，下即空室。**

伏兑为斧。艮手为斫，为节，为疮痏，为石，为室。坤死，故曰“下即空室”。

夬 **南国少干，才略美好。求我长女，贱薄不与。反得丑陋，后乃大悔。**

详《比之渐》。

姤 **失俪后旅，天门地户。不知所在，安止无咎。**

巽与震为俪偶，为伴旅。巽寡，故失俪后旅。《内经》：乾居西北为天门，巽居东南为地户。巽进退，故不知所在。惧阴消阳，故安止无咎。

萃 **乌孙氏女，深目黑丑。嗜欲不同，过时无偶。**

艮为孙，为黔，故曰“乌孙”。兑为女，伏大离，故曰“深目”。坤为黑，为丑。艮为时，巽寡，故无隅。

升 **伯驾纯骝，南至东莱。求索车马，道阙中止。**

震为伯，为驾，为马。纯，黑也。坤为黑，故曰“纯骝”。震为南；又为东，为草莽，故曰“东莱”。山名。坤为车，为马。伏艮为求，为道，为止。

困 **二女宝珠，误郑大夫。交父无礼，自为作笑。**

丁云：《初学记》引《韩诗》：郑交甫过汉皋，遇二女佩两珠，交甫索其珠，二女与之，去十步亡矣。故曰“误”。兑为女，卦数二，故曰“二女”。伏震为珠，为夫。坎为郑，震为父，为笑。言交甫无礼于二女，致招笑侮，由自取也。

井 **阳城太室，神明所息。仁智之居，独无兵革。**

详《需之蒙》。伏震为仁，坎为智。

革 **大蛇为殃，使道不通。岁收尠少，年谷败伤。**

巽为蛇，乾大，故曰“大蛇”。伏震为道路，坤闭，故不通。《史记》：高祖夜径泽中，有大蛇当径是也。乾为岁，巽陨落，故岁收鲜少，故年谷伤。巽为谷也。

鼎 **三足孤乌，灵明为御。司过罚恶，自残其家，毁败为忧。**

详《坎之涣》。此以离为乌，伏震为足。

震 **车虽驾，两軥绝。马欲步，双轮脱。行不至，道遇害。**

震为车，为驾。伏巽为軥，巽陨，故绝。震为马，为步。互坎为轮，伏兑卦数二，故曰“两軥”，曰“双轮”。震为行，为道，坎为害。

艮 **郁映不明，为阴所伤。众雾集聚，共夺日光。**

艮为明，坎黑，三上皆乘重阴，故曰“郁映不明”。映，日食色也。坎为众，为云雾，为积。离日伏，故夺日光。

渐 **鸤鸠鸱枭，治成遇灾。周公勤劳，绥德安家。**

艮为鸟，故曰“鸤鸠”。《鸱鸮》、《豳风》，周公贻成王诗也。坎为灾，伏震为周，为公。坎为劳，艮为家。按《毛传》，鸱鸮，鸤鸠也，以喻管蔡。此作鸱凫，枭、鸮同。枭长大食母，故曰“治成遇灾”。言其母养成而遇害也。此与《韩诗》说合。《韩诗》：鸱鸮，所以爱其子者，适以病之。正以喻成王也。疑较《毛传》训切。

归妹 **名成德就，项领不试。景公耄老，尼父逝去。**

详《履之剥》。

丰 **一夫两心，歧刺不深。所为无功，求事不成。**

详《豫之临》。

旅 **羿张乌号，彀射天狼。柱国雄勇，败于荥阳。**

羿，古之善射者。《论语》曰“羿善射”是也。乌号，弓名。天狼，星名。《淮南子》：尧时十日并出，命羿射之落其九。此云射天狼，与《淮南子》异。《史记·陈涉世家》，以房君蔡赐为柱国，后战死，而不著其处。柱，各本皆作赵。惟翟氏校略作柱。恐赵国是人名。今姑依翟本。兑刚鲁，故曰“羿”。离为乌，兑为号。艮为天，为狼，为星，为柱，为国。兑为雄勇，为毁折，故败。荥，水名。伏坎为水。

巽 **东家杀牛，污秽腥臊。神背西顾，命衰绝周。**

互离为东，为牛，伏艮为家。兑毁折，故曰“杀”。巽为臭，故曰“腥臊”。伏震为神，艮为背，互兑为西，离为顾。巽为命，为衰绝，伏震为周。“神背西顾”者，言神背东邻纣，西顾于周。“命衰绝周”者，言殷命衰歇，而绝于周也。义本既济九五爻词。盖汉儒说多如此，然实非也。

兑 **火起吾后，喜炙我庑。苍龙衔水，泉噀屋柱，虽忧无咎。**

通艮。艮为火，震为起，为后，故曰“火起吾后”。震为喜，为口，为苍龙，为衔。坎为水泉。艮为屋，为柱。坎为忧。言火虽近，以龙衔水噀洒屋柱，而无咎也。

涣 **桃雀窃脂，巢于小枝。摇动不安，为风所吹。寒心栗栗，常忧殆危。**

详《谦之遁》。

节 **徙足去域，飞入东国。有所畏避，深藏远匿。**

震为足，为去，为飞，为东。艮为域，为国。坎为畏避，为藏匿。

中孚 **琼英朱草，仁政得道。凫鹥在渚，福禄来下。**

《齐诗》：尚之以琼英乎而。《笺》：琼英，犹琼华也。元本注：朱草，百草之精，王者德盛则生。互震为英，为草，为玉。艮纳丙，色赤，故曰“朱草”。艮为道，震为仁，为福禄。艮为鸟，为凫鹥。三四句，《小雅》诗语。

小过 **陈蔡之厄，从者饥罢。明德上通，忧不为凶。**

震为陈，为蔡，为从。互大坎为厄，为劳，故曰“饥罢”。艮为明，震为通。坎为忧凶，震出，故不忧凶。

既济 **春桃生华，季女宜家。受福多年，男为邦君。**

详《师之坤》。

未济 **径邪贼田，政恶伤民。夫妇呪诅，泰山覆颠。**

艮为径，为田。坎为邪，为贼。径邪则侵田，故曰“贼田”。坎为伤，为众，为民，为恶。政恶虐民，故曰“伤民”。坎夫离妇，离两兑口相对，故曰“呪诅”。艮为山，巽下断，故覆颠。多取半象。

䷕ 艮上 离下 贲之第二十二

仁政不暴，凤凰来舍。四时顺节，民安其居。

震仁坎和，故曰“不暴”。离为凤凰，艮为舍。震春，离夏，坎冬，伏兑为秋，故曰“四时顺节”。艮为节。坎为民，艮为安，为居。

之乾 **八口九头，长舌破家。帝辛沈湎，商灭其墟。**

此用贲卦象。震为口，艮数八，故曰“八口”。乾为首，数九，故曰“九头”。帝辛，纣也。震为帝，伏兑为秋。《月令》：秋，其味辛，其音商。故曰“帝辛”。互坎，故曰“沈湎”。艮为虚，坎伏，故曰“灭”。长舌，指贲互震。兑为舌，震形长于兑，故曰“长舌”。谓妲己也。艮为家，坎为破，故曰“破家”。

坤 **鬼守我门，呼伯入山。去其室家，舍其兆墓。**

此亦用贲象。坎为鬼，艮为门。震为伯，为呼。艮为山，为墓，为舍。坎为室。

屯 **日出阜东，山蔽其明。章甫荐屦，箕子徉狂。**

艮为山阜，震为东。离伏，故明蔽。艮为冠，为章甫；震为屦，为草。荐，草也。震为箕，为子，为狂。上朝服，下草屦，不类，故曰“狂”。

蒙 **戴盆望天，不见星辰。顾小失大，福逃墙外。**

震为盆。艮为戴，为天，为望，为星辰。坎隐，故不见。艮为小，震为大；坎失，故曰“失大”。震为福，艮为墙。

需 **两轮并转，南上大阪。四马共辕，无有重难，与语笑言。**

坎为轮，兑卦数二，故曰“两轮”。离为南。乾为山，为阪，为马。兑数四，故曰“四马”。兑为笑言。辕象似指坎。坎为栋，故为辕。古牛车两辕，马车一辕。辕左右各两马，辕居正中，正坎象也。

讼 **羊惊狼虎，耸耳群聚。行旅稽难，流连愁苦。**

此用贲象。震为羊，艮为狼虎，震为惊，故曰“羊惊狼虎”。坎为耳，为众，故曰“群聚”。震为行旅，艮止，故曰“稽难”。坎陷，故曰“流连”，曰愁苦。全用遇卦象。

师 **梗生荆山，命制输班。袍衣剥脱，夏热冬寒。饥饿枯槁，众人莫怜。**

详《大有之未济》。

比 **鸟飞无翼，兔走折足。不常其德，自为羞辱。**

艮为鸟。震为兔，为翼，为足。震覆，故无翼，故折足。又震为德，震覆，故曰“不常其德”。坤为羞辱。

小畜 **条风制气，万物出生。明庶长养，花叶茂荣。**

巽为风，为气；巽木，故曰“条风”。乾为生，伏坤为万物。兑为花。《史记·律书》：条风居东北，主生万物。故曰“长养”。

履 **坤厚地德，庶物蕃息。平康正直，以绥大福。**

通谦。坤为厚，为庶物。震为蕃息。坎为平正。乾为直，为大福。

泰 **昴毕附耳，将军乘怒。径路隔塞，燕雀惊骇。**

伏艮为星，故曰“昴毕附耳”。皆星名也。震为武人，故为将军；为怒，为径路。坤闭，故曰“隔塞”。兑为燕雀，震为惊骇。翟云升云：《天官书》，昴主旄头，毕主边兵。其大星旁有小星，曰附耳。附耳动摇，主有谗乱臣在侧。

否 **东风启户，黔啄翻舞。各乐其类，咸得生处。**

巽风艮户，艮为黔啄，为翻舞。六爻皆有应与，故曰“各乐其类”。

同人 **两足四翼，飞入家国。宁我伯姊，与母相得。**

通师。震为足，坤数二，故曰“两足”。震为翼，卦数四，故曰“四翼”。坤为我，为国。震为伯，巽为姊，故曰“伯姊”。坤为母。

大有 **岁暮花落，阳入阴室。万物伏匿，藏不可得。**

通比。坤为岁，为暮。兑为花，兑毁，故落。坎为室，九五居群阴之中，故曰“阳入阴室”。坤为万物，坎为伏，故曰“匿”，曰“藏”。

谦 **释然远咎，避患高阜。田获三狐，以贝为宝。**

坤为咎，在外，故曰“远”。坤为患害，在外，故曰“避”。艮山，故曰“高阜”。震为田，艮为狐；震数三，故曰“三狐”。艮为贝，震为宝。

豫 **迁延却缩，不见头目。日以困急，不能自复。**

艮止，故迁延却缩。乾为头，离为目；乾离皆伏，故不见。坎为困急。地雷复，今雷在上，故不能复。

随 **秋隼冬翔，数被严霜。鸡犬夜鸣，家扰不宁。**

兑秋，艮隼。互大坎，故曰“冬”，曰“霜”。巽为鸡，艮为犬，震为鸣，兑为夜，故曰“鸡犬夜鸣”。艮为家，震为惊扰。

蛊 **班马还师，以息劳疲。役夫嘉喜，入户见妻。**

此用贲象。震为马，为反，故曰“班马”，曰“还师”。坎为劳，艮止，故曰

“以息劳疲”。震为夫，为喜。艮为户，巽为入。震巽为夫妇，故人户见妻。

临 **老杨日衰，条多枯枝。爵级不进，逐下摧颓。**

震为杨，坤敝，故曰“老杨”。伏巽，故曰“枯”。震为爵。《左传》：不行之谓临。故曰“不进”。坤丧兑毁，故曰“摧颓”。震为逐，坤为下。“逐下”者，言渐流而下也。

观 **顺风吹火，牵骑骥尾。易为功力，因惧受福。**

噬嗑 **六人俱行，各遗其囊。黄鹄失珠，无以为明。**

详《临之师》。

剥 **依叔墙隅，志下心劳。楚亭晨食，韩子低头。**

详《同人之震》。

复 **三牛生狗，以戌为母。荆夷上侵，姬伯出走。**

详《坤之震》。

无妄 **鹤盗我珠，逃于东都。鹄怒追求，郭氏之墟。不见踪迹，反为祸灾。**

详《豫之明夷》。

大畜 **升舆中退，举事不遂。铺糜毁齿，失其道理。**

震为车，为升。上艮为反震。故曰“中退”，曰“举事不遂”。兑口为铺，为齿，震为糜。糜，至烂之食，乃铺之而齿毁，故曰“失道”。艮为道，兑毁。

颐 **鸿鹄高飞，鸣求其雌。雌来在户，雄哺嘻嘻。甚独劳苦，炰鳖脍鲤。**

艮为鸿鹄，为高飞。震为鸣，艮为求。坤为雌，为户。震为雄，为哺，为嘻嘻。坤役万物，故曰“劳苦”。艮为鳖，坤为鲤。

大过 **褰衣涉河，水深渍罢。幸赖舟子，济脱无他。**

详《剥之贲》。罢音婆，同疲。

坎 **虎啮龙指，泰山之崖。天命不佑，不见其雌。**

互艮为虎，震为龙，为啮。艮为指，故曰“虎啮龙指”。艮为山崖，为天。巽为命，巽伏，故曰“天命不佑”，故曰“不见其雌”。

离 **明不处暗，智不履危。终日卒岁，乐以笑歌。**

离为明智，伏坎为暗，为危。离为日，伏震为岁，艮为卒。震为笑乐。

咸 **三足俱行，倾危善僵。六指不便，𢤱累弟兄。树柱阂车，失其正当。**

通损。震为足，为行，数三，故曰“三足”。兑为倾危，艮止为僵，为指。乾后天数六，故曰“六指”。足、指，原恃以行动。乃三足，行宜速而善僵；六指，宜便利而为累，皆以有余而不利。坤为车，艮木在上而止，故曰“树柱阂车”。坤为失，为𢤱累。《左传·昭六年》：生不𢤱宾。注：𢤱，犹患也。

恒 **舍车而徒，亡其驳牛。虽丧白头，酒以疗忧。**

震为徒行，为驳。坤为车，为牛。坤伏，故曰“舍车”，曰亡牛。乾为头，巽白，故曰“白头”。互大坎为酒，为忧。

遁 **析薪炽酒，使媒求妇。和合齐宋，姜子悦喜。**

详《噬嗑之家人》。

大壮 **夜视无明，不利贾商。子反笑欢，与市为仇。**

通观。坤为夜，艮为视；坤黑，故无明。震为商贾，兑折，故不利。震为子，为归，故曰“子反”。震为笑欢，伏巽为市。

晋 **徒行离车，冒厌泥涂，利以休居。**

震为车，为行。震覆，故曰“徒行”，曰“离车”。震为冒。上坎，故曰“泥涂”。艮止，故休。

明夷 **作室山根，人以为安。一夕崩颠，破我壶飧。**

坎为室，艮为山；艮覆，故曰“崩”。震为人，坎为夕；数一，故曰“一夕”。坎为破，震为壶。

家人 **东山西山，各自言安。虽相登望，竟未同堂。**

此似用贲象。艮山，震东坎西。三至上正反震艮，故曰“相登望”。震为登，艮为望，为堂。正反艮相背，故未同堂。

睽 **君子在朝，凶言去消。惊骇逐狼，不见雄英。**

此亦用遇卦贲象。艮为君子，为朝。震为言，坎险，故曰“凶言”。《左传》：

艮为坏言。故曰“凶言去消”。震为惊骇。艮为狼，震为行，故曰“逐狼”。

蹇 **辚辚填填，火烧山根。不润我邻，独不蒙恩。**

辚辚，车声。填填，厚重貌。《庄子·马蹄篇》，至德之世，其行填填是也。此亦用遇卦贲象。火在山下，故曰“火烧山根”。震为邻，火在坎下，水涸，故不润我邻。

解 **南山之蹊，真人所在。德配唐虞，天命为子。保佑歆享，身受大庆。**

详《否之豫》。

损 **龙蛇所聚，大水来处。泱泱霈霈，潆潆礚礚，使我无赖。**

详《泰之丰》。

益 **旃裘苫盖，慕德献服。边鄙不耸，以安王国。**

坤为裘，为服，为边鄙，为国。震为毛羽，为旃，为草，为苫。艮为盖，为献。“不耸”者，言夷狄来服，而边鄙不震耸也。

夬 **光祀春成，陈宝鸡鸣。阳明失道，不能自守，消亡为咎。**

详《大有之井》。

姤 **下泉苞稂，十年无王。荀伯遇时，忧念周京。**

详《蛊之归妹》。

萃 **仁德不暴，五精就舍。四序允厘，民安其居。**

升 **隋和重宝，众所贪有。相如睨柱，赵王危殆。**

震为珠玉，故曰“随和重宝”。隋珠、和璧也。坤为众，为多。震为柱，为王。坤为危殆。

困 **凤生五雏，长于南郭。君子康宁，悦乐身荣。**

互离为凤，巽卦数五，故曰“五雏”。兑为雏。伏震为长，为南。艮为郭，为君子，为身。震为康乐。

井 **二人为旅，俱归北海。入门上堂，拜谒王母。劳赐我酒，女功悦喜。**

通噬嗑。震为人；正覆艮，故曰“二人”。坎为北，为海，震为归，故俱归北海。艮为门，为堂，巽入。震为王，巽为母，艮为拜，故曰“拜谒王母”。

坎为酒。兑为女，为悦喜。

革 **逐忧去殃，洿泥生粱，下田为王。**

通蒙。震为逐，坤为忧，为殃。坤坎皆为水，故曰“洿泥”。震为生，为粱。坤为下，为田，震为王。

鼎 **东门之坛，茹芦在阪。礼义不行，与我心反。**

通屯。震东，互艮为门，为坛。震为茹芦。《毛传》：茹芦，茅也。艮为阪。坤为礼义，坤闭，故不行。坤为我，为心。鼎巽为心，初至五正反巽，故曰“心反”。黄丕烈云：《正义》云，徧检诸本皆作坛，今定本作墠。《释文》云坛音善，依字当作墠云云。今《易林》正作坛，可见作《易林》时仍是坛字，与孔疏合。今作墠，似是实非。是《易林》可证经误字。

震 **凫遇稻芦，甘乐𪍿鳅，虽驱不去。**

艮为凫，震为芦稻，为𪍿。𪍿，《广韵》、《集韵》皆音矿。《玉篇》：大麦也。伏巽为鱼，为鳅。震归，故不去。

艮 **清人高子，久屯外野。逍遥不归，思我慈母。**

详《师之睽》。

渐 **谗佞所言，语不成全。虎狼之患，不为我残。**

伏震为言，伏兑亦为言，故曰“谗佞”。坎破，故语不成全。艮为虎狼。坎为患，为残；巽顺，故不残。

归妹 **张罗捕鸠，兔丽其灾。雌雄俱得，为网所贼。**

互离为罗网，为鸠。震为兔，坎为灾。丽，《左传·宣十二年》：射麋丽龟。注：丽，着也。言张罗本以捕鸠，不意兔当其灾，而被捕也。卦震兔居离网中，而兑为毁折，故有此象。坎雄离雌。坎为贼。

丰 **安仁尚德，东邻慕义，来安吾国。**

震为仁德。离为东邻。伏艮为国，为安。

旅 **猾丑假诚，前后相违。言如鳖咳，语不可知。**

艮为鳖。兑为言，为咳，为语。巽伏，故不可知。又离为恶人，为猾丑。坎为信，为诚。“假诚”者，言心本猾，而托为诚实，故前后相违。因二至五，正反兑相背，故语不信实。困有言不信，义同也。

巽 **怀璧越乡，不可远行。蔡侯两裘，久苦流离。**

伏震为璧，艮为乡。震为行，为蔡，为诸侯，为裘。重震，故曰“两裘”。《左传·定三年》：蔡侯如楚，有两裘，一献楚王，一自御。子常求之，不与，留之三年。

兑 **伯氏归国，多所恨惑。车倾盖亡，身常惊惶。乃得其愿，雌雄相从。**

详《乾之屯》。伏震为伯。

涣 **火石相得，干无润泽。利少囊缩，只益促迫。**

互艮为火，为石，皆干燥无润泽，故曰“相得”。巽为利，坤为囊；中只二阴爻，故曰“囊缩”，曰“促迫”。

节 **君明圣哲，呜呼其友。显德之徒，可以礼仕。**

震为君，艮为明，坎为圣哲。震为鸣，艮为友，为显，为仕。

中孚 **骑豚逐羊，不见所望。径涉虎庐，亡豚失羊。**

详《乾之蹇》。

小过 **玄黄瘣颓，行者劳疲。役夫憔悴，处于畏哀。**

震为玄黄，为行。兑折，故曰“瘣颓”。瘣颓，病也。互大坎为劳，为役。震为夫，巽为震妻而伏，故曰“处子”。坎为畏哀也。

既济 **右手掩目，不见长叔。失其所得，悔吝相仍。**

此用赍象。艮手离目。震长艮叔，坎隐，故不见。

未济 **免冠进贤，步出朝门。仪体不正，贼孽为患。**

详《否之兑》。

䷖ 艮上坤下 剥之第二十三

行触大讳，与司命忤。执囚束缚，拘制于吏，幽人有喜。

坤死，故曰“大讳”。坤恶，故曰“忤”。艮为官，故曰“司命”。《天文志》：斗魁六星，五日司命，主寿。艮为吏，为手，故曰“执”。为拘囚，为束缚。为高尚，故曰“幽人”。

之乾 **穿胸狗邦，僵离旁春。天地易纪，日月更始。**

详《师之谦》。

坤 **从风纵火，荻芝俱死。三害集房，十子中伤。**

剥艮为火。坤为荻芝，为死，为害。艮数三，故曰"三害"。艮为房，坤为集。数十，故曰"十子"。《左传·昭十四年》：三言而除三恶。注：三恶，暴、虐、颇也。三恶，即三害。《论衡》：进用也而蒙三害。《书胤征》：辰弗集于房。

屯 **北山有枣，橘柚所聚。荷囊载担，香盈筐筥。**

坎北。艮为山，为枣，为橘柚。坤为聚。艮为负荷，为担。坤为囊，为载。震为筐筥，伏巽为香。

蒙 **赍贝赎狸，不听我辞。系于虎须，牵不得来。**

详《否之革》。

需 **上下惟邪，寡妇无夫。欢心隔塞，君子离居。**

惟邪，叹息声也。坎上下皆兑口，二至四互兑，故曰"上下惟邪"。离为夫，伏坤为寡，故曰"寡妇"。坎隐伏，故无夫。坎为塞，为心；为忧，故不欢。伏艮为君子。

讼 **二人辇车，徙去其家。井沸釜鸣，不可安居。**

伏明夷。震为人，坤数二，坎为车，故曰"二人辇车"。坎为室家，震出，故徙去其家。坎为井，坤水在井上，故曰"井沸"。坤为釜，震鸣，故釜鸣。坎险，故不安。《水经注》：曲阿季子庙前井及潭常沸。《楚辞》：瓦釜雷鸣。然此似另有故实，为今所不解。

师 **蹇驴不才，俊骥失时。筋力劳尽，疲于沙丘。**

详《履之巽》。

比 **明夷兆初，为穆出郊。以谗复归，名曰竖牛。剥乱叔孙，馁于虚丘。**

坎隐伏，故曰"明夷"。初动，故曰"兆初"。坤为伤，坎上下兑口相背，故曰"谗"。艮为竖，坤为牛，为馁。艮为叔孙，为沙丘。《左传·昭四年》：叔孙穆子出亡，至庚宗，遇妇人，宿焉，生竖牛。及自齐归，遂使为竖。后叔孙田于丘莸，遇疾。竖牛遂为乱，穆子馁死。又五年云：初叔孙穆子之生，庄叔筮之，遇明夷之谦。故曰“明夷兆初”。林全用此事。惟虚丘，传作丘莸。而李善文选《运命论》注引作蒲丘。据此则虚丘应作蒲丘。

小畜 **天火大起，飞鸟惊骇。作事不时，自为身咎。**

乾天离火。伏艮为鸟，震为惊骇。艮为时，艮伏，故不时。伏坤为自，为身。

履 **土与山连，共保岁寒。终无灾患，万世长安。**

通谦。坤土，艮山，故曰“土与山连”。坤为岁，坎为寒，为灾患。坤为万，为世，艮为安。

泰 **日出阜东，山蔽其明。章甫荐履，箕子佯狂。**

详《贲之屯》。

否 **龙马上山，绝无水泉。喉焦唇干，口不能言。**

详《乾之讼》。

同人 **雄处弱水，雌在海滨。将别持食，悲哀于心。**

通师。坤为水，为柔，故曰“弱水”。九二居坤中，故曰“雄处弱水”。同人乾为海，六二居海中，故曰“雌在海滨”。坎为心，为悲哀。

大有 **庭燎夜明，追古伤今。阳弱不制，阴雄坐戾。**

通比。艮为庭，为燎，为明。坎为夜。比只九五一阳，故曰“阳弱”，曰“阴雄”。陈朴园云：宣王中年怠政，而《庭燎》诗作。后脱簪珥谏曰，妾不才，使君王宴朝，请待罪永巷。宣王悟。林曰追古伤今，指其事也。义与《毛》异。

谦 **三妇同夫，忽不相思。志恒悲愁，颜色不怡。**

震为夫，数三，坤为妇；坤震连，故三妇同夫。坎为思，为志，为悲愁。艮为颜色，坤为恶，故相恶而不相思。

豫 **鹤盗我珠，逃于东都。鹄怒追求，郭氏之墟。不见武迹，反为患灾。**

详《豫之明夷》。

随 **猕猴冠带，盗载非位。众犬共吠，狂走蹶足。**

艮为猕猴，为冠。巽为带，为盗。震为载，艮为位。“冠带”者，有位之服，今猕猴冠带，乃盗用耳，故曰“非位”。艮犬震吠，正反艮，故曰“众”。震为狂，为走，为足。兑折，故蹶足。

蛊 黍稷禾稻，垂亩方好。中旱不雨，伤风病槁。

详《需之艮》。

临 雄圣伏，名人匿。麟远走，凤飞北。乱祸未息。

详《否之大过》。

观 王母多福，天禄所伏。居之宠光，君子有福。

坤为母，伏乾，故曰“王母”，曰“福”，曰“天禄”。巽为伏。艮为居，为光，为君子。

噬嗑 被服文德，升入大麓。四门雍肃，登受大福。

详《随之大壮》。离为文。互艮为山麓，为门；震卦数四，故曰“四门”。震为登，为福。

贲 褰衣涉河，水深渍罢。幸赖舟子，济脱无他。

复 班马还师，以息劳疲。役夫嘉喜，入户见妻。

详《观之既济》。

无妄 东邻嫁女，为王妃后。庄公筑馆，以尊王母。归于京师，季姜悦喜。

详《屯之观》。庄当为桓。

大畜 百足俱行，相辅为强。三圣翼事，王室宠光。

详《屯之履》。

颐 危坐至暮，请求不得。膏泽不降，政戾民忒。

详《泰之离》。

大过 百川朝海，泛流不止。路虽辽远，无不到者。

兑为海，乾亦为河海；重乾，故曰“百川”。而海为水王，故曰“朝海”，故曰“泛流”。伏震为路，坤为远。艮止，故曰“到”。

坎 乘骝驾骊，东至于齐。遭遇仁友，送我以资，厚得利归。

互震为马，为乘，为驾，为东。伏巽为齐，为利，为资。艮为友。

离 **礼坏乐崩，成子傲慢。欲求致理，力疲心烂。阴请不当，为简生殃。**

通坎。坤为礼，坎阳居坤中，故礼坏。震为乐，三至五震覆，故乐崩。艮为成，震为子，为傲。艮为求。理，法也。欲求致理，言欲致之于法也。坎为法。为劳，故曰“力疲”。坎为心，离中虚，故曰“心烂”。震为请，为简。坎为殃。《论语》：陈成子弑简公，孔子沐浴而朝，请讨之。林词全指此事。

咸 **三人辇车，乘入虎家。王母贪叨，盗我犁牛。**

通损。震为人，数三，故曰“三人”。坤为车，故曰“辇车”。辇车，以人力行也。艮为虎，为家；艮在上，故入虎家。坤为母，对乾，故曰“王母”。兑食，故曰“食叨”。坤为牛，震为耕，故曰“犁牛”。犁，耕也。咸互巽为盗。

恒 **羊头兔足，少肉不饱。漏囊败粟，利无所得。**

乾首兑羊，故曰“羊头”。震为兔，为足，故曰“兔足”。坎为肉，伏坤中虚，故曰“少肉”，曰“不饱”。坤为囊，巽下断，故曰“漏囊”。震为粟，兑毁，故败。巽为利，兑折，故无得。

遁 **新田宜粟，上农得谷。君子唯好，以纡百福。**

通临。坤为田。《尔雅》：二岁曰新田。震为粟，为农人，为谷。本卦艮为君子。乾为百，为福。

大壮 **夷羿所射，发辄有获。双凫俱得，利以伐国。**

夷羿，即后羿。《左传·襄四年》：寒浞，伯明氏之谗子弟也。伯明氏弃之，夷羿收之。夷羿善射，篡夏，故云发辄有获。震为射，兑为刚鲁，故曰“夷羿”。震为发，为凫。兑卦数二，故曰“双凫”。震为征伐，坤为国。卦阳长阴消，故曰“利以伐国”。

晋 **凫舞鼓翼，嘉乐尧德。虞夏美功，要荒宾服。**

象多未详。

明夷 **登丘上山，对酒道欢。终年卒岁，优福无患。**

震为登，为上；为陵，故曰“丘山”。坎为酒。震乐震言，故曰“道欢”。坤为年岁，坎为冬，故曰“终年卒岁”。坎为患，震为福，故无患。

家人 **岁暮花落，阳入阴室。万物伏匿，藏不可得。**

详《贲之大有》。惟此词兼用对象解。

睽 **螟虫为贼，害我禾谷。箪瓶空虚，饥无所食。**

详《同人之节》。

蹇 **阳虎胁主，使德不通。炎离为殃，年谷病伤。**

艮为虎，纳丙，故曰“阳虎”。震为主，震覆，故曰“胁主”。坎塞，故不通。离火，故曰“炎”，曰“殃”。震为年谷，震覆，故伤。丁云：《定二年》，雉门及两观灾，正阳虎胁主之时。

解 **四马共辕，东上泰山。骍骊同力，无有重难，与君笑言。**

震为马，卦数四，坎为辕，故曰“四马共辕”。震为东；为马，故日骍骊。震为君，为笑言。

损 **牧羊稻园，闻虎喧欢。畏惧悚息，终无祸患。**

详《随之渐》。

益 **扬华不时，冬实生危。忧多横贼，生不能服。昆仑之玉，所求不得。**

震为华，艮为时；坤履霜为冬，故不时。艮为果实，坤为危为忧。巽为盗贼，故曰“忧多横贼”。艮为山，震为玉，故曰“昆仑之玉”。互艮为求，坤丧，故所求不得。

夬 **高阜所在，阴气不临。洪水不处，为家利宝。**

通剥。艮为山，故曰“高阜”。坤为阴，一阳居众阴之上，故曰“阴气不临”。坤为水，山高，故曰“洪水不处”。艮为家；为贝，为金，故曰“宝”。

姤 **释然远咎，避患高阜。田获三狐，以贝为宝。君子所在，安宁不殆。**

详《贲之谦》。

萃 **两目失明，日夺无光。胫足跛曳，不可以行。顿于丘旁，亡妾莫逐，嵬然独宿。**

兑半离，数二，故曰“两目失明”。离为日，半离，故日无光。震为胫足，兑半震，故跛不能行。《履·象》云：眇能视，不足以有明；跛能履，不足以有行。林所本也。艮为丘,艮止,故曰"顿于丘旁"。兑为妾,在外,故曰"亡妾"。震为逐,震覆,故曰"莫逐"。坤为宿,巽为寡,故曰"嵬然独宿"。

升 **鸿飞遵陆,公归不复,伯氏客宿。**

震为鸿,坤为陆,在上,故曰"鸿飞遵陆"。震为公,为归;坤亡,故曰"不复"。震为伯,为客,坤为宿。首二句《豳风》诗。

困 **佩玉累蘽,无以系之。孤怨独处,愁哀相忧。**

伏震为玉。累蘽,垂貌。巽为绳,为系。巽为寡,故曰"孤独"。坎为忧愁。

井 **载船渡海,虽深何咎。孙子俱在,不失其所。**

伏震为船,兑为海,坎为深。艮为孙,震为子。

革 **鹄求鱼食,道遇射弋。缯加我颈,缴缚两翼。欲飞不能,为羿所得。**

通蒙。震为鹄,坤为鱼,艮为求。震口,故曰"食"。艮为道路,震为射,巽为弋。弋,系矢射也。为缯缴。艮为颈,震为翼,为飞。艮止,故不能飞。坤为恶,故曰"羿"。

鼎 **泥面乱头,忍耻少羞,日以削消。**

通屯。坤为泥,艮为面,坤为乱,坎为首,故曰"泥面乱头"。坤为羞耻;坤亡,故曰"削消"。

震 **桑之将落,陨其黄叶。失势倾倒,如无所立。**

详《履之噬嗑》。

艮 **巨蛇大鳅,战于国郊。上下隔塞,主君走逃。**

详《噬嗑之讼》。

渐 **已动死,连商子。扬砂石,狐狢扰。军鼓振,吏士苦。**

艮者,震之反,故曰"已动"。互坎为棺椁,为死。巽为商贾,伏震为子。艮为砂石,巽风,故扬。艮为狐狢。伏震为军鼓。为士,坎为恐。

归妹 **张罗搏鸠,兔丽其灾。雌雄俱得,为网所贼。**

详《贲之归妹》。

丰 **三圣相辅，鸟兽喜舞，安乐富有。**

通涣。坎为圣，震数三，故曰“三圣”。艮为鸟，为兽。震为喜舞。巽利三倍，故曰“富有”。

旅 **三奇六耦，相随俱市。王孙善贾，先得利宝。居止不安，大盗为咎。**

三奇，乾也；六耦，坤也。旅三阳三阴，而一阴随一阳，二阴随二阳，故曰“相随”。巽为市。艮为王孙，为贝。巽为利，故曰“利宝”。艮为居止，兑折，故不安。巽伏为盗。

巽 **三人俱行，一人言北。伯仲欲南，少叔不得。中路分道，争斗相贼。**

通震为人，为行。上下震，二至四覆震，故曰“三人”。震为南，震覆即北，故曰“言北”。震为伯，互坎为仲，艮为少叔。“不得”者，言不随伯仲，独北行也。震为道路，为争斗。坎为贼。全用对象。

兑 **播天舞，光地乳。神所守，乐无咎。言不信误。**

通艮为天。“天舞”者，天之乐舞也。《史记·赵世家》：简子寤，曰余之帝所甚乐，与百神游于钧天，广乐九奏万舞，不类三代之乐，其声动人心。林词似指其事。艮为乳。地乳，山也。《洛书甄耀度》：政山，在昆仑东南，为地乳。王勃《九成宫颂》：峰横地乳。艮为光，互震为舞。《易林》既以阳在上为天，阳在下必为地也，谓震也。震为神，为乐，艮为守。“信”者，宿也。《左传·庄三年》：一宿为舍，再宿为信。《诗·豳风》：于女信宿。《周颂》：有客信信。注：四宿也。言不信误，即言不迟悮也。艮三至上正反震言，下言如何，上即如言而反，故不宿误也。

涣 **坐争立讼，纷纷汹汹。卒成祸乱，灾及家公。**

艮坐震立，三至上正反震言，故曰“争讼”。坎为祸灾，艮为家，震为公。

节 **蛇行蜿蜒，不能上阪。履节安居，可以无忧。**

伏巽为蛇，艮为阪。震为履，艮为安，为居。坎为忧，震乐，故无忧。上坎为陷，故不能上阪。

中孚 **隙大墙坏，蠹众木折。虎狼为政，天降罪罚。高杀望夷，胡亥以毙。**

详《乾之大壮》。

小过 **阳不违德，高山多泽。颜子逐兔，未有所得。**

艮为高山，互兑为泽。艮为颜，震为子；为兔，为逐。在外，故无得。

既济 **心多畏恶，时愁日惧。虽有小咎，终无大悔。**

坎为心，为畏，为愁，为惧。离为日。

未济 **众神集聚，相与议语。南国虐乱，百姓愁苦。兴师征伐，更立贤主。**

半震为神，坎为众，故曰“众神”。坎为集聚，离正反兑口相对，故曰“议语”。离为南，为虐乱。坎为众，为忧，故曰“百姓愁苦”。震为征伐，为主。除坎离外，皆用半象。

䷗ 坤上 震下 复之第二十四

周师伐纣，克于牧野。甲子平旦，天下悦喜。

震为周，为伐。坤为师；为恶，故为纣。坤为野，为养，故曰“牧野”。“牧”者，养也。乾初爻正值甲子，震为晨，故曰“甲子平旦”。坤为天下，震为悦喜。

之乾 **任武负力，东征不伏。蹈泥履涂，雄师败覆。**

此用遇卦复象。震为武，为东征，为蹈履。坤为水，为泥涂，为师。坤丧，故败覆。

坤 **义不胜情，以欲自营。觊利危躬，折角摧颈。**

坤为义，为情欲，为躬。坤死，故危躬。艮为角，为颈。复下震为覆艮，艮覆，故曰“折角摧颈”。此亦全用遇卦象。

屯 **悬貆素飧，食非其任。失舆剥庐，休坐徙居，室家何忧。**

艮为貆，艮阳在上，故曰“悬貆”。震为口，为白，故曰“素飧”。《诗·魏风》：胡瞻尔庭有悬貆兮，彼君子兮，不素餐兮。飧即餐也。震为食，为舆；坤丧，故失舆。艮为庐，坎破，故剥庐。艮为坐，为居；震行，故徙居。艮为室家，坎为忧；震乐，故无忧。

蒙 **鹳鸱娶妇，深目窈身。折腰不媚，与伯相背。**

艮为鹳鸱，震为娶，坤为妇。互大离，故曰“深目”。坤为身，为黑，故曰“窈身”。坎为腰，为折。震为武，为健，故曰“不媚”。震为伯，艮为背。

需 **东风解冻，河川流通。西门子产，升擢有功。**

坎为冻，离为东，故曰“东风解冻”。坎为河川；位西，乾为门户，故曰“西门”。魏西门豹、郑子产，皆循吏。乾为贵，故曰“升擢有功”。

讼 **三足俱行，倾危善僵。六指不便，恩累弟兄。树柱阂车，失其正当。**

详《贲之咸》。

师 **京庾积仓，黍稷以兴。极行疾至，以餍饱食。**

坤为仓庾，为积。震为黍稷，为行，为亟，为疾，为食。坎为饱。

比 **南山之蹊，真人所在。德配唐虞，天命为子。保佑歆享，身受大庆。**

详《贲之解》。

小畜 **车驰人趋，卷甲相仇。齐鲁寇战，败于犬丘。**

详《坤之兑》。

履 **十五许室，柔顺有德。霜降既嫁，文以为合。先王日至，不利出域。**

兑数十，巽卦数五，故曰“十五”。伏坎为室，震为言，故曰“许室”。言以女字人也。坤为柔顺。坎为霜，震为嫁。坤为文，坎为合。《诗》，文定厥祥是也。震为王。谦三至上复，为日至。丁晏云：《周礼·媒氏》疏，王肃引《韩诗传》，古者霜降逆女，冰泮杀止。《荀子·大略篇》说同。又引《家语》云：霜降而妇功成，嫁娶者行焉。冰泮而农业起，昏礼杀于此。兹云“霜降既嫁”，是《焦氏》说与《荀子》、《韩诗》说合。由是证《诗》迨冰未泮，言及冰未泮而归妻，若已泮则杀止。《郑笺》谓，正月中冰未泮，至二月可以昏者，非也。

泰 **任力劣薄，远托邦国。辅车不强，为痈所伤。**

震健，故曰“任力”。坤为邦国，为车；坤柔，故曰“不强”。伏艮为节，为痈，兑为伤。

否 **千岁旧室，将有困急。荷粮负囊，出门直北。**

坤为千岁，乾为旧，艮为室。巽为陨落，故曰“困急”。艮为荷，为负，巽为粮。坤为囊；为门，为北，故曰“出门直北”。

同人 **凶忧灾殃，日益章明。祸不可救，三郤夷伤。**

详《噬嗑之剥》。

大有 **冠危戴患，身惊不安。与福驰逐，凶来入门。**

通比。坎为危患。艮为冠戴，为身。坎陷，故不安。艮为门，坤为凶。

谦 **虎狼并处，不可以仕。忠谋辅政，祸必及己。退隐深山，身乃不殆。**

艮为虎狼，正覆艮，故曰“并处”。艮为仕，坎险，故不可仕。坎为忠，为谋。坤为祸，为己。艮为山，坎为隐。坤为身，为殆。震乐，故不殆。

豫 **卵与石斗，糜碎无处。挈瓶之使，不为忧惧。**

震为卵，艮为石；震艮相反，故曰“斗”。坤为浆，为糜。震为瓶，艮手为挈。坎为忧惧。《左传》：虽有挈瓶之知。注：汲者，喻小知。按，古汲用瓶。

随 **五心六意，歧道多怪。非君本志，生我恨悔。**

巽卦数五，互大坎为心意，数六。震为道路，为君。

蛊 **雨雪载涂，东行破车，旅人无家。**

震为大涂，为东，为车。互大坎为雨雪。兑折，故曰“破车”。震为商旅，为人。艮为家，在外，故曰“无家”。

临 **尚利坏义，月出平地。国乱天常，咎征灭亡。**

伏巽为利，坤为义。兑毁，故曰“坏义”。兑为月。坤为平地，为国，为灭亡。月出平地，用象神妙。

观 **东行破车，步入危家。衡门穿射，无以为主。卖袍续食，糟糠不饱。**

此用复象。震为东，为车；坤丧，故曰“破车”。震为步，为射，为主，为袍，为糟糠。坤为门，坤虚，故无以为主，故不饱。

噬嗑 **逐禽出门，并失玉丸。往来井上，破甑缺盆。**

震为逐，为出；艮为禽，为门。坎为失，为弹丸。震为玉，故曰“玉丸”。

兑为井，初四伏正反兑，故曰"往来井上"。震为甑，为盆；坎为破，为缺。

贲 **孟春醴酒，使君寿考。南山多福，宜行贾市。稻梁雌雉，所至利喜。**

震为春，为长，故曰"孟春"。坎为酒，震为君，艮为寿考，为南山。伏巽为贾市，为稻梁，离为雉。

剥 **持刃操肉，对酒不食。夫亡从军，少子入狱，抱膝独宿。**

艮手为持，为操，为刃。坤为军，艮为夫；在上，故曰"夫亡从军"。亡，往也。艮为少子，坤为宿。酒肉象，均不详。狱象，膝象，疑皆指艮。

无妄 **踦牛伤暑，不能成亩。草莱不辟，年岁无有。**

京房以无妄为大旱之卦。艮为火，故曰"暑"；为牛，巽下断，故曰"踦牛"。坤为亩，二阴，故不成亩。巽为草莱，乾为年岁。巽陨落，故无年。

大畜 **南邦大国，鬼魅满室。欢声相逐，为我行贼。**

乾为南，艮为邦国。伏巽为鬼魅，艮为室。震为乐，为声，为逐。伏巽为贼。《杂卦》：巽，伏也。伏，故为鬼，为盗贼。

颐 **噂噂所言，莫如我垣。欢乐坚固，可以长安。**

《毛传》：噂，对语也。震为言，正覆震相对，故曰"噂噂"。艮为垣，正覆艮相对，而艮为止，故曰"莫如"。如，往也。震为欢喜，艮为坚固，为安。

大过 **尧舜禹汤，四圣敦仁。允施德音，民安无穷。旅人相望，未同朝乡。**

乾为帝王，为圣，为仁。巽数四，故曰"四圣"。乾为德，兑为口，故曰"德音"。伏坤为民，艮为安，为望。震为商旅，为向；正反震相对，故曰"旅人相望"，曰"未同朝乡"。乡，向也。

坎 **桎梏拘获，身入牢狱。髡刑受法，终不得释。耳闭道塞，求事不得。**

坎为桎梏，为牢狱。伏巽为髡。坎陷，故不得释。坎为耳，为闭塞。艮为道路，为求。

离 **桀跖并处，民困愁苦。行旅迟迟，留连齐鲁。**

离为恶人，故曰"桀"。巽为盗，故曰"跖"。伏坎为众，为民，为愁苦。伏震为行旅，艮止，故曰"迟"，曰"留连"。巽为齐，兑为鲁。

咸 **求鸡获雉，买鳖失鱼。出入钧敌，利得无余。齐姜宋子，婚姻孔喜。**

艮为求，巽为鸡，为鱼。伏坤为文，为雉，艮为鳖。鸡雉、鱼鳖相等，故曰“钧敌”。巽为利，为齐姜。艮为宋。少男少女相遇，故曰“婚姻”。兑为悦，故曰“孔喜”。

恒 **雨师驾驷，风伯吹云。秦楚争强，施不得行。**

互兑为雨，伏坤为师，震为马，故曰“雨师驾驷”。巽为风，震为伯。伏坤为云，兑口，故曰“吹云”。兑为秦，震为楚，为争；乾健，故曰“争强”。独断云：雨师，毕星；风伯，箕星也。

遁 **仲冬无秋，鸟鹊饥忧。困于米食，数惊鹯雕。**

通临。复居子，故曰“仲冬”。兑为秋，坤虚，故无秋。言仲冬之时，百物凋落也。艮为鸟鹊，坤为饥，为忧困。震为米，兑为食。艮为鹯雕。

大壮 **三羝上山，俱至阴安。遂到南阳，见其芝香。两崖相望，未同枕床。**

兑为羊，震数三，故曰“三羝”。艮为山，艮反，故曰“阴”。言至山北也。乾为南，为阳。兑为见，伏巽为芝，为香。伏艮为崖，兑卦数二，故曰“两崖”。大壮上形似之。艮为枕，为床；艮伏，故曰“未同枕床”。

晋 **飞之日南，还归辽东。雌雄相从，和鸣雍雍，解我胸春。**

离为日，为南，为飞。艮东北，故曰“辽东”。坎雄离雌，坎为和。艮为胸，艮手为舂。“胸舂”者，言胸臆上下不定，如舂米于胸中也。

明夷 **尧饮舜舞，禹拜上酒。礼乐所丰，可以安处，保我淑女。**

震为帝，故曰“尧舜禹”。震为饮，为舞，坎为酒。坤为礼，震为乐。

家人 **大一置酒，乐正起舞。万福攸同，可以安处，绥我齯齿。**

大一，即北辰。《史记·天官书》：中宫天极星，其一明者，大一常居也。注：天神之最尊贵者也。离为星，故曰“大一”。坎为酒。伏震为乐，为舞，为万福。兑为齿，卦有两半兑形，故曰“齯齿”。《尔雅》：黄发齯齿。注：齿堕更生细者。古单作儿。按今诗正作儿齿。

睽 **白马骃骝，生乳不休。富我商人，得利饶优。**

坎为马，兑西方，色白，故曰“白马”。伏艮为乳。马乳可为酒。《汉书·礼乐志》注：以马乳为酒，撞桐乃成。卦有两半艮，故曰“生乳不休”。三四句，疑亦用半象。

蹇 **宛马疾步，盲师坐御。目不见路，中止不到。**

宛，踠之省。《后汉书·班固传》：马踠余足。注：踠，屈也。又《说文》：宛，屈草自覆也。是宛亦有屈意。“宛马疾步”者，言马足既屈，而使之速行也。互坎为马，坎为屈，故曰“踠马”。坎为众，为师；艮离目不全，故曰“盲师”。艮为坐御本立，为今以盲师而坐御，故不见路而不到也。艮为路，为止。

解 **春桃萌生，万物华荣。邦君所居，国乐无忧。**

震为桃，为春，为萌，为生；为华荣，为君，为乐。

损 **把珠入口，蓄为玉宝。得吾所有，欣然嘉喜。**

震为珠玉，兑为口。坤为吾，震为喜。艮手，为把。

益 **襦烧袴燔，羸剥饥寒，病虐冻挛。**

震为襦，巽为袴；艮为火，故曰“烧燔”。坤为羸，艮手为剥。坤为饥寒，为病虐，为冻。挛，系也。《说文》：凡拘牵连系者，皆曰挛。

夬 **水沫沉浮，沮湿不居，为心疾忧。**

通剥。坤为水，一阳在上，故曰“水沫沉浮”，曰“沮湿”。坤为心，为疾忧。

姤 **行如桀纣，虽祷不佑。命衰绝周，文君乏祀。**

通复。坤为恶，故曰“桀纣”。震为行；为言，故曰“祷”。震为周，为君。巽为命，坤丧，故命绝。坤为文，故曰“文君”。谓文王也。

萃 **蜱蜉戴盆，不能上山。脚摧跛蹶，损伤其颜。**

巽为虫，故曰“蜱蜉”。艮形似覆盆。故曰“戴盆”。艮为山。震为足，震覆，故曰“脚摧”，曰“跛蹶”。兑为损，艮为颜。

升 **长子入狱，妇馈母哭。霜降愈甚，向晦伏法。**

震为长子，互大坎为狱。巽为妇，坤为母，兑口为哭。坤为霜，为晦。

坤死，故曰“伏法”。

困 **求犬得兔，请新遇故。虽不当路，逾吾旧舍。**

通贲。艮为犬，为求，震为兔。离为新，坎为故。艮为路，为舍。

井 **鸟鸣葭端，一呼三颠。动摇东西，危而不安。灵祝祷祉，疾病无患。**

对噬嗑。震为葭，为鸣呼。艮为鸟。坎数一，震数三。离为东，坎为西。坎险，故危。震为言，故曰“祝祷”。坎为疾病，震喜，故无患。全用对象。只颠字用本卦巽。

革 **天厌禹德，命兴汤国。祓社衅鼓，以除民疾。**

通蒙。艮为天。震为王，故曰“禹”。坤为国，为水，故曰“汤国”。坤为社，震为鼓。坤为民，坎为疾。震乐，故除疾。

鼎 **阴雾作匿，不见白日。邪径迷道，使君乱惑。**

通屯。坤为雾，为阴。坎为匿，故不见。离日，震为白，故曰“白日”。艮为径，为道。坤为迷，为乱。震为君。

震 **猿堕高木，不踒手足。握珠怀玉，还归我室。**

艮为猿。震为木，为足。艮为手。踒，折也。艮在震上，故猿堕高木。震为珠玉，为归。艮为握，为室。

艮 **三骊负衡，南取芝香。秋兰芬馥，盈满筐筐，利我少姜。**

互震为马，数三。艮为负，为衡。震为南。伏巽为芝，为香，为兰，为芬馥。伏兑为秋。震为筐筐。巽为利，为姜。

渐 **春生夏乳，羽毛成就。举不失宜，君臣相好。盗走奔北，终无有悔。**

离为夏，艮为乳。伏震为春，为生，为羽毛，为君。艮为臣。坎为盗，为北。艮为终。

归妹 **东行破车，远反失家。天命讫终，无所祷凶。**

震为东，为行，为车；兑毁，故破车。震为反，艮为家；艮伏，故失家。伏巽为命，艮为天，为终。兑口为祷。

丰 **九雁列阵，雌独不群。为罾所牵，死于庖人。**

震为雁，数九，故曰“九雁”。震为阵。巽为雌，在后，故曰“不群”。离为罾。兑折，故死。震为人。

旅 **二人辇车，徙去其家。井沸釜鸣，不可以居。**

详《剥之讼》。

巽 **闭塞复通，与善相逢。甘棠之人，解我忧凶。**

通震。互坎为闭塞。震为通，为棠，为人。坎为忧，震通，故解。《诗·召南·甘棠篇》：鲁、韩《诗》说皆谓召公听讼棠下，兹曰"解我忧凶"，是齐说谓召公平反冤狱于其下也。

兑 **赋饮重数，政为民贼。杼柚空虚，去其家室。**

详《否之丰》。第四句，汲古作家去其室。依宋、元本。

涣 **怒非其怨，贪妬腐鼠。而呼鹊鸱，自令失饵，致被殃患。**

震为怒，坎为妬。艮为鼠，巽腐，故曰"腐鼠"。震为呼，艮为鹊鸱。坎为失，为殃患，震为饵。

节 **簪短带长，幽思苦穷。瘠蠡小疫，以病之瘫。**

艮为簪，兑折，故簪短。伏巽为带，为长。坎为幽思，为瘠疫。疫音陶，病也。

中孚 **三人俱行，各别采桑。蕴其筐筥，留我嘉旅。得归无咎，四月来处。**

震为人，为行，数三，故曰"三人俱行"。艮手为采，巽为桑。震为筐筥，为行旅，为归。兑为月，数四，故曰"四月"。艮为处。

小过 **逐鸠南飞，与喜相随。并获鹿子，多得利归，虽忧不危。**

震为逐，艮为鸠。震为南，为飞，为喜，为子，为鹿，为归。巽为利。

既济 **驱羊南行，与祸相逢。狼惊吾马，虎盗我子，悲恨自咎。**

此用复象。震为羊，为驱，为南，为行。坤为祸，为狼虎。震为马，为惊，为子。伏巽为盗。坤为悲恨。

未济 **东邻西国，福喜同乐。出得隋珠，留获和玉，俱利有息。**

离为东邻，坎为西国。既济九五爻词正如此也。徒以先天象失传，致解者皆误。复震为福喜，为乐，为珠玉，为出。坤闭，故曰"留"。

焦氏易林注卷七

䷘ 乾上 震下 无妄之第二十五

夏台羑里，汤文厄处。皋陶听理，岐人悦喜。西望华首，东归无咎。

艮为台，纳丙，故曰“夏台”。艮为里，为道，故曰“羑里”。羑，道也。乾为王，故曰“汤文”。艮为拘，巽为系，故曰“厄处”。昔桀囚成汤于夏台，纣囚文王于羑里也。艮为皋，为岐山。震为乐，为陶，为人，故曰“岐人悦喜”。伏兑为西，艮为望，为华岳。乾为首。震为东，为归。

之乾 **儋耳穿胸，僵离旁舂。天地易纪，日月更始。蝮螫我手，痛为吾毒。**

详《师之谦》。

坤 **慈母之恩，长大无孙。消息襁褓，害不入门。**

此用无妄象。乾为恩。巽为母，为长。乾为大。艮为孙，巽陨落，故曰“无孙”。巽为襁褓，为入。乾为门。

屯 **讹言妄语，转相诖误。道左失迹，不知狼处。**

震为言，初至五正覆震相背，故曰“讹妄”，曰“诖误”。震为道，为左，为迹。坎伏，故失迹，故不知狼处。艮为狼也。

蒙 **郁映不明，阴积无光。日在北陆，万物雕藏。**

艮为光明，坤坎皆黑，故曰“郁映”，曰“无光”。坤为阴，为积。艮为日。坤为陆，位北，故曰“北陆”。坤为万物，坤死，故雕藏。《左传》：日在北陆而藏冰。言冬日也。

需 **王母多福，天禄所伏。君之宠光，君子有昌。**

乾为王，伏坤为母，故曰“王母”。王母，大母也。乾为福，为天禄。坎为伏。乾为君，为宠。离为光。乾为君子。

讼 **不耕而获。家食不给。中女无良,长子跛足。疏齿善市,商人有喜。**

震为耕,为获。震伏,故曰"不耕"。伏坤为饥,故曰"不给"。离为中女,离恶,故曰"无良"。震为长子,为足,坎蹇,故曰"跛足"。兑为齿,震比兑形长,故曰"疏齿"。巽为市。震为商人,为喜。

师 **火起上门,不为我残。跳脱东西,独得生完。不利出邻,病疾忧患。**

伏离为火,乾为门户,故曰"上门"。震为跳脱,为东,为生。坎为西,坎险,故不利,故病忧。震为邻。

比 **持刀操肉,对酒不食。夫亡从军,少子入狱,抱膝独宿。**

详《复之剥》。

小畜 **鳅虾去海,游于枯里。街巷迫狭,不得自在。南北四极,渴馁成疾。**

巽为鱼,乾为海;巽在外,故曰"去海"。离为枯,伏坤为里。离中虚,故为街巷,为迫狭。离为南,伏坎为北。坤为馁,为疾。《易·睽·九二》云"遇主于巷",即以上离为巷。

履 **哑哑笑语,与欢饮酒。长乐行觞,千秋起舞,拜受大福。**

通谦。震为哑哑,为笑语,为欢。坎为酒。震为觞,为长乐,为起舞。兑为秋,乾为千,故曰"千秋"。艮手为拜,震为福。

泰 **登高上山,宾于四门。士伍得欢,福为我根。**

震为登,伏巽为高。艮为山,为门。震为宾。坤为师,为士伍。震为欢,为福。坤为我。

否 **天厌周德,命我南国。以礼静民,兵革休息。**

厌,满足也。乾为天,为周。天厌周德,即天与周德。巽为命,坤为我,为国。乾南,故曰"南国"。坤为礼,为民。艮为兵革,艮止,故休息。

同人 **壅遏堤防,水不得行。火光盛阳,阴霓伏藏,走归其乡。**

通师。坤闭,故为壅遏,为堤防。下与坎遇,故曰"水不得行"。离为火,为光。坎为阴霓,为伏。震为走,为归。坤为乡。

大有 **河海都市，国之奥府。商人受福，少子玉食。**

通比。坤为河海，为都市，为国，为奥府。艮为少子，兑为食；乾为玉，故曰“玉食”。

谦 **东行避兵，南去不祥。西逐凶恶，北迎福生，与喜相逢。**

震为东行，艮为刀兵，坎为避，故曰“东行避兵”。震为南，在外，故去不祥。坎为西，震为逐，坤为凶恶，故曰“西逐凶恶”。言坎遇坤也。坎为北，震为福喜。

豫 **东家中女，嫫母最丑。三十无室，媒伯劳苦。**

震为东，艮为家。伏离为中女。坤为母，为丑，故曰“嫫母”。嫫母，黄帝妃，貌丑。震数三，坤数十；艮为室，坤寡，故曰“三十无室”。坎为和，为媒。震为伯，坎为劳苦。

随 **破亡之国，天所不福，难以止息。**

兑毁折，故曰“破亡”。艮为国，为天，为止息。

蛊 **骖驾蹇驴，日暮失时。居者无忧，保我乐娱。**

震为骖驾，为马。艮小，故曰“驴”。兑折，故曰“蹇驴”。艮为日，兑为昧，为暮。艮为时，兑折，故曰“失时”。艮为居，为保，震为乐。

临 **蝃蝀充侧，佞幸倾惑。女谒横行，正道壅塞。**

详《蛊之复》。

观 **三羖五羜，相随并行，迷入空泽，循谷直北。径涉六驳，为所伤贼。**

通大壮。兑为羊，故曰“羖”，曰“羜”。艮数三，巽卦数五，故曰“三羖五羜”。震为行，坤为迷。兑为泽，坤虚，故曰“空泽”。艮为谷，坤为北。艮为驳，伏乾数六，故曰“六驳”。《诗·秦风》：隰有六驳。《疏》：陆机云，驳马，梓榆也。其树皮青白驳荦，遥视似驳马。据是，是六驳为木。“径涉六驳”者，言循谷走，经历林木，为杂树所伤也。若作兽诂，则径涉不合矣。然则《焦诂》六驳，正与陆合，与毛、郑异也。巽伏为贼。

噬嗑 **戴喜抱子，与利为友。天之所命，不忧危殆。荀伯劳苦，西来王母。**

震为喜，为子。艮为戴，为抱，为友。伏巽为利，震巽同声，故曰“与利为友”。艮为天，巽为命。坎为忧，为危殆。震喜，故不忧殆。荀伯，晋荀跞也，城成固定王室，故《诗》美之曰，郇伯劳之。荀，即郇国后也。与毛郑说异。震为伯。坎为劳，为西。震为王，伏巽为母。

贲 **织缕未就，针折不复。女工多能，乱我政事。**

伏巽为缕，艮手为织。坎为针，为折。巽为女工，离为乱。

剥 **行露之讼，贞女不行。君子无食，使道壅塞。**

行露，《召南》篇名。美女能以礼自守也。坤为霜，为露。震为言，艮为反。震，《左传》谓为败言，故曰“讼”。艮为贞，坤女；艮止，故不行。艮为君子，坤饥，故无食。艮为道。坤为积聚，故曰“壅塞”。

复 **羿张乌号，彀射天狼。钟鼓不鸣，将军振旅。赵国雄勇，斗死荥阳。**

详《噬嗑之旅》。此多二三两句。震为钟鼓，为鸣。坤闭，故不鸣。坤为师，为军，震为振。

大畜 **延颈望酒，不入我口。商人劳苦，利得无有。夏台羑里，虽危复喜。**

艮为颈，为望。坎为酒，此无坎象，疑以兑泽为酒也。兑为口，震为商人。伏巽为利。艮为台，纳丙，故曰“夏台”。艮为里。兑折为危，震为喜。汤囚夏台，文囚羑里。

颐 **冠带南游，与喜相期。邀于嘉国，拜位逢时。**

艮为冠，伏巽为带。震为南，为游，为喜，为嘉。坤为国。艮为拜，为位，为时。

大过 **东西触垣，不利出门。鱼藏深水，无以乐宾。爵级摧颓，光威减衰。**

伏震为东，兑西。艮为垣，震为触。颐正反艮，故曰“东西触垣”。巽为利，艮为门。巽为鱼，坤为深水。震为宾，为乐。言鱼藏水底难得，不能飨宾，故曰“无以乐宾”。震为爵。坤丧，故曰“摧颓”，曰“减衰”。艮为光，震为威，故曰“光威减衰”。

坎 **两母十子，转息无已。五乳百雏，骍驳骊驹。**

通离。互巽为母，兑数二，故曰“两母”。震为子，兑数十，故曰“十子”。震为生,正反震,故曰“转息无已”。艮为乳,坎数五,故曰“五乳”。震为百,为雏;为马,故曰“骊驹”。震为玄黄,故曰“骍驳”。骍,马色赤黄。驳,马色不纯也。

离 **雷黎祖后,司马太史。阳氏之灾,雕宫悲苦。**

丁云:《太史公自序》,昔在颛顼,命南正重以司天,北正黎以司地。当周宣王时,失其守而为司马氏。首二句,言重祖黎祖之后,为司马氏,为太史公也。离南坎北,故曰“重黎”。伏艮为祖。震为马,为言,为太史。太史,纪言之官也。

咸 **内执柔德,止讼以嘿。宗邑赖福,祸灾不作。**

通损。伏坤为柔。二至上正覆震,故曰“讼”。艮止,故嘿。乾为宗。坤为邑,为祸灾。震福,故不灾。

恒 **采唐沫乡,邀期桑中。失信不会,忧思约带。**

详《师之噬嗑》。

遁 **官成立政,衣就缺袂。恭俭为卫,终无祸尤。**

艮为官,为成。乾为衣。震为袂,震伏,故缺。艮为恭俭,为终。坤为祸尤,坤伏,故无。

大壮 **麒麟凤凰,子孙盛昌。少齐在门,利以合婚。振衣弹冠,贵人大欢。**

对观。坤为文,故曰“麒麟凤凰”。艮为子孙,震为盛昌。巽为齐,艮少,故曰“少齐”。《左传·昭二年》:韩须如齐,逆女少姜。少姜宠,晋人谓之少齐是也。艮为门。巽为利。坤为衣。艮为冠,为振,为弹,为贵人。震为欢。

晋 **乱危之国,不可涉域。机发身顿,遂至僵覆。**

离为乱,坎为危,坤为国,为域。震为涉,震覆艮止,故不可涉。坎为机。坤为身,为死,故曰“顿”。《释名》:顿,僵也。

明夷 **千雀万鸠,与鹞为仇。威势不敌,虽众无益,为鹰所击。**

坤为千万,离为雀鸠。反艮为鹰鹞,坎为仇。震为威,坎为众。反艮首向下,故曰“为鹰所击”。

家人 **众神集聚，相与议语。南国虐乱，百姓愁苦。兴师征讨，更立圣主。**

详《屯之节》。

睽 **颜渊闵骞，以礼自闲。君子所居，祸灾不存。**

通蹇。艮为颜，坎为渊，为悲闵。艮手为骞，故曰“颜渊闵骞”。艮为闲，为君子，为居。坎为祸，在外，故曰“不存”。

蹇 **三桓子孙，世秉国权。爵世上卿，富于周公。**

桓，木名。艮为木，离卦数三，故曰“三桓”。艮为子孙，艮手为秉。秉，持也。艮为国，为爵，为上卿。遇卦无妄震为周，为公；乾为富。鲁季孙、孟孙、叔孙，皆桓公后，故曰“三桓”，与鲁相终始也。

解 **鹤鸣九皋，处子失时。载土贩盐，难为功巧。**

震为鹤，为鸣。数九，故曰“九皋”。鹤鸣，《小雅》篇名。《毛》谓教宣王求贤。兹曰“处子失时”，义与《毛》异。巽为伏，故为处子。震为载，为商贩。坎为土。坎土象，后只邵子与《易林》同，他未见也。盐象，《说文》：古宿沙煮海水为盐。盐，咸也。又按，《洪范》：水润下作咸。疑仍坎水象。卦有重坎，故既曰土，又曰盐。

损 **方轴圆轮，车行不前。组囊以锥，失其事便。还师振旅，兵革休止。**

坤为方，为轴。伏乾为圆，故曰“方轴圆轮”。震为车，为行；艮止，故不前。坤为帛，为囊，故曰“组囊”。艮为刀刃，为锥。轴方车不行，以囊盛锥必脱颖，二者皆不便也。坤为师旅，震为反，故曰“还师”。艮为兵革，艮止，故休。

益 **鱼扰水浊，桀乱我国。驾龙出游，东之乐邑。天赐我禄，与生为福。**

坤为鱼，为水，为浊。震为扰，故曰“鱼扰水浊”。坤为恶，故曰“桀”。坤为乱，为国。震为龙，为出游；为东，为乐。坤为邑，故曰“乐邑”。伏乾为天，为禄，为福。

夬 **白虎黑狼，伏伺山阳。遮遏牛羊，病我商人。**

伏艮为虎狼。兑西方金，故曰“白虎”。坤色黑，故曰“黑狼”。艮止，故曰“伏伺”，曰“遮遏”。艮为山阳。坤为牛，兑为羊。坤为病，为我。巽为商旅。

姤 **履危不安，跌顿我颜，伤肿为瘢。**

伏震为履。巽殒落，故曰“不安”，曰“跌顿”。我颜、肿、瘢，疑用无妄艮象。

萃 **三人辇车，东入旁家。王母贪叨，盗我资财，亡失犂牛。**

对大畜。震为人，为车。震数三，故曰“三人辇车”。震为东，艮为家，巽为入。坤为母，对乾，故曰“王母”。兑食，故曰“贪叨”。互巽为盗。坤为资财，为亡失，为牛。

升 **三雁南飞，俱就塘池。虾鳅饶有，利得过倍。**

震为雁，为南，数三，故曰“三雁南飞”。兑为塘池。坤巽皆为鱼，故曰“虾鳅饶有”。巽为倍利。

困 **鹰栖茂树，候雀来往。一击获两，利在枝柯。**

对贲。艮为鹰，震为茂树，艮在震上，故曰“鹰栖茂树”。离为雀，巽为进退，为往来。艮为击，坎数一，故曰“一击”。坎为获，兑卦数二，故曰“获两”。巽为利，为枝柯。利在枝柯，言以枝柯为隐蔽也。

井 **尧舜钦明，禹稷股肱。伊尹往来，进履登堂。显德之徒，可以辅王。**

对噬嗑。震为帝，故曰“尧舜”。离为明。艮为臣，故曰“禹稷”，曰“伊尹”。巽为往来，为股肱。震为履，为进，为登，艮为堂，故进履登堂。艮贵为显，震为王。

革 **枯旱三年，草莱不生。粢盛空乏，无以供灵。**

详需林。

鼎 **方口缓唇，为知枢门。解释钩带，商旅以欢。**

兑为口，伏坤，故曰“方口”。兑又为唇，坤柔，故曰“缓唇”。伏坎为枢，为智，坤为门。言口舌为智慧之枢机也。震为解释。巽为带，为商旅。兑悦，故欢。坎为矫鞣，或为钩。

震 **皃池水溢，高陆为海。江河横流，鱼鳖成市。千里无墙，鸳凤游行。**

震为皃，坎为池，为水。艮为陆，四爻艮覆成坎，故高陆为海。又，四爻上下皆重阴，而坤为河海，故曰“横流”。伏巽为鱼，为市。艮为鳖，为墙。震为千里，艮覆，故无墙。伏离为鸳凤，震为游行。

艮 **烹鱼失刀，驾车马亡。锡刃不入，鲂鲤腥臊。**

伏巽为鱼。艮为刀，坎为失，故曰“失刀”。震为车，为马；坎隐，故马亡。艮为刃，下柔，故曰“锡刃”。伏巽为鲂鲤，为臭，故曰“腥臊”。又巽为入，巽伏，故不入。

渐 **戎狄蹲踞，无礼贪叨。非吾族类，君子攸去。**

此用遇卦象无妄。伏坤为戎狄，震为箕，故曰“蹲踞”。蹲踞，即箕踞也。伏震兑皆为口，故曰“贪叨”。坤为礼，为族类。坤伏，故曰“无礼”，曰“非吾族类”。艮为君子。

归妹 **渡河逾水，狐濡其尾，不为祸忧。捕鱼遇蟹，利得无几。**

坎为河，为水，为狐，为濡。伏艮为尾。坎为祸忧，震乐，故不忧。伏巽为鱼，为利。艮为蟹。言占得此者，虽无忧患，而利得甚少也。

丰 **河出小鱼，不宜劳烦。苛政害民，君受其患。**

伏坎为河。巽为鱼，兑小，故曰“小鱼”。坎为劳，为民，为患。震为君。言政苛害民，而卒受患者仍在君也。

旅 **偃武修文，兵革休安。清人遥逍，未归空闲。**

震为武，震伏，故曰“偃武”。离在上，故曰“修文”。艮为兵，为革；艮止，故休。

巽 **九疑郁林，沮湿不中。鸾鸟所去，君子不安。**

伏震数九，坎为疑，震为丛木，故曰“九疑郁林”。皆南方郡，震为南也。互坎，故沮湿。震为鸾鸟，震往，故曰“去”。艮为君子，为安。坎险，故不安。

兑 **搏猬逢虎，患厌不起。遂至欢国，与福笑语，君子乐喜。**

通艮为虎，为搏。互坎为猬，为患。猬能伏虎，故患厌不起。艮为国，互震为欢，为笑语。艮为君子。

涣 **狗生龙马，公劳妪苦。家无善驹，折悔为吝。**

艮为狗，震为龙马，为生。震为公，巽为妪，坎为劳苦，故曰“公劳妪苦”。艮为家，震为驹。坎为折。

节 **婴孩求乳，慈母归子。黄麑悦喜，得其甘饵。**

震为婴孩，艮为乳，为求，故曰“婴孩求乳”。伏巽为慈母，震为子，为归，故曰“慈母归子”。震为玄黄，为鹿，故曰“黄麑”。又为喜，为饵。

中孚 **有两赤鹞，从五隼噪。操矢无筈，趣释尔射。扶伏听命，不敢动摇。**

艮为鹞，为隼。正覆艮，兑卦数二，故曰“两鹞”。巽卦数五，故曰“五隼”。兑纳丁，故曰“赤”。艮为矢，为操。筈，箭末受弦处也，兑象也。艮矢在上卦，上卦兑覆，故无筈。震为射，矢无筈则不能射，故释不射也。艮为扶，巽为伏，为命。扶伏，即匍匐，伏地以手行也。艮震象也。动摇，应作摇动，与命协。

小过 **伊尹智士，去桀耕野。执顺以强，天佑无咎。**

震为士，为耕。兑刚鲁，故曰“桀”。艮手为执，巽顺，故曰“执顺”。震为强健，艮为天。

既济 **逐鹿西山，利入我门。阴阳和调，国无灾殃。**

无妄艮为鹿，为山，为门。震为逐。巽为利，为入。既济阴阳平均，六爻当位，故曰“阴阳和调”。

未济 **龙兴之德，周武受福。长女宜家，与君相保。长股远行，狸且善藏。**

无妄震为龙，为德，为周，为武，为君。巽为长女，为长股，为藏。艮为家，为狸。

䷙ 艮上 乾下 大畜之第二十六

朝鲜之地，箕伯所保。宜人宜家，业处子孙，求事大吉。

震为朝，艮在东北，故曰“朝鲜”。伏坤为地。震为箕，为伯，为人。艮为家，为子孙，为求。《后汉书》：箕子封朝鲜，教以礼义，其人终不相盗，无门户之闭。

之乾 **金柱铁关，坚固卫灾。君子居之，安无忧危。**

此全用大畜象。艮为金铁，震为柱。艮为关，为坚固，为君子，为居。

坤 **转祸为福，喜来入屋。春城夏国，可以饮食，保全家室。**

大畜震喜，艮屋，兑悦，故喜来入屋。艮为城，为国。震为春，故曰“春城”。艮纳丙，故曰“夏国”。兑为饮食。艮为室家，艮为守，故室家可保。

屯 **水暴横行，浮屋坏墙。泱泱溢溢，市师惊惶。居止不殆，与母相保。**

坎坤皆为水，故曰“横行”。艮为屋，为墙。艮在上，故曰“浮屋”。坎破，故曰“坏墙”。坤为师，震为惊惶，伏巽为市。艮为居止，坤为母。

蒙 **虎豹熊罴，游戏山隅。得其所欲，君子无忧。**

艮为虎豹熊罴。震为游戏，在艮下，故曰“山隅”。艮为君子，坎为忧；震解，故无忧。

需 **躬礼履仁，尚德止讼。宗邑以安，三百无患。**

乾为仁，伏坤为躬，为礼。天水讼。需坎水下降，乾阳上升，阴阳交，故止讼。乾为百，离卦数三，故曰“三百”。坎为患。丁云：齐管仲夺伯氏骈邑三百，没齿无怨。林或指此。

讼 **江淮易服，玄黄朱饰。灵公夏徵，衷衵无极。高位崩颠，失其宠室。**

对明夷。坤坎皆为水，故曰“江淮”。震为玄黄，坎为赤，故曰“朱饰”。震为公，为神，故曰“灵公”。离为夏。震为衣，坎伏，故曰“衷衵”。衵，亵衣。衷，怀也。艮为位，为室；艮覆，故曰“崩”，曰“失”。

师 **不虞之患，祸至无门。奄忽暴卒，痛伤我心。**

详《蒙之明夷》。

比 **三涂五岳，去危入室。凶祸不作，桀盗尧服。失其宠福，贵人有疾。**

艮山，故曰“三涂五岳”。艮数三，坎数五也。坎危在外，故曰“去危”。艮为室。坤为凶祸；为恶，故曰“桀”。坎为盗；为圣，故曰“尧”。坤为服也。乾为宠福，乾伏，故失。艮为贵，坎为疾，故曰“贵人有疾”。

小畜 **配合相迎，利之四乡。昏以为期，明星煌煌。欣喜奭怿，所言得当。**

巽为利，正反巽相合，故曰“相迎”。巽数四，故曰“四乡”。伏坤为乡，为昏，艮为时，故曰“昏以为期”。离为星，为明，故曰“明星煌煌”。兑悦，故欣喜。奭，盛也。怿，悦也。奭怿，犹大悦也。兑口为言，正反兑，故曰“得当”。

履 **三手六身，莫适所闲。更相摇动，失事便安。箕子佯狂，国乃不昌。**

伏谦。艮为手，数三，故曰“三手”。坤为身，坎数六，故曰“六身”。艮为闲，正反艮，故曰“莫适所闲”。正反震，故曰“更相摇动”。坤为事，坎为失。“失事便安”者，言事不得安也。震为箕子，为狂。坤为国，坤丧，故不昌。全用旁通。

泰 **虎卧山隅，鹿过后胸。弓矢设张，汇为功曹。伏不敢起，遂全其躯，得我美草。**

详《大有之讼》。

否 **麟凤执获，英雄失职。自卫反鲁，猥昧不起，禄福讫已。**

坤为文，故曰“麟凤”。艮为拘，故曰“执获”。乾为英雄，巽陨落，故失职。伏震为卫，为反。兑为鲁，又为昧。猥，曲也。坤死，故曰“不起”，曰“讫已”。乾为禄福。《公羊传·哀十四年》：获麟，孔子观之，反袂掩泣，自伤将死。

同人 **栾子作殃，伯氏诛伤。州犂奔楚，失其宠光。**

《左传·成十五年》：晋三郤害伯宗，谮而杀之，及栾弗忌，伯州犂奔楚。卦通师。震为木，为子，故曰“栾子”。为伯，为楚，为奔。坤死，故曰“殃”，曰“诛”，曰“失”。

大有 **黄帝出游，驾龙乘马。东至泰山，南过齐鲁。王良御右，文武何咎？不利市贾。**

此用大畜象。震为黄，乾为帝；为行，故曰“出游”。乾为龙马。震为东，艮为山，故东至泰山。乾为南，兑为鲁，伏巽为齐，故南过齐鲁。乾为王，兑为右。伏坤为文。巽为市贾，巽伏，故不利。

谦 **齐鲁争言，战于龙门。遘怨致祸，三世不安。**

详《坤之离》。齐鲁用伏象。

豫 **道礼和德，仁不相贼。君子往之，乐有其利。**

震为道，坤为礼。坎为和，为贼。震为仁，故不相贼。震为乐，艮为君子。

随 **妪妬公妮，毁益乱类。使我家愦，利得不遂。**

巽为妪，震为公。兑为毁。艮为家，巽为利。“妮”者，泥也，滞也。《论语》：致速恐泥。“公泥”者，公怠于事也。有此二因，致家事毁乱，利得不遂也。

蛊 **一巢九子，同公共母。柔顺利贞，出入不殆，福禄所在。**

艮为巢，坎数一，故曰“一巢”。震为子，数九，故曰“九子”。震为公，巽为母；为柔顺，为利，为入。震为福禄，为出。

临 **崔嵬北岳，天神贵客。温仁正直，主布恩德。闵哀不已，蒙受大福。**

详《师之丰》。

观 **三蛆逐蝇，陷堕釜中。灌沸渰殪，与母长诀。**

巽为蛆蝇，艮数三，故曰“三蛆”。巽为堕。坤为釜，为母；为死，故渰殪。

噬嗑 **东山西陵，高峻难升。灭夷掘垒，使道不通。商旅无功，复反其邦。**

艮为山陵，离东坎西，故曰“东山西陵”。艮为高峻，坎险，故难升。坎为平，故曰“灭夷”。艮为垒，艮手为掘；为道，为邦。震为商旅，为反。坎陷，坎险，居中爻，故道不通而商旅困也。

贲 **常德自如，不逢祸灾。乐只君子，福禄自来。**

坎为祸灾，震出，故不逢。艮为君子，震为乐，为福禄。

剥 **范子妙材，戮辱伤肤。后相秦国，封为应侯。**

详《师之井》。

复 **虎狼结集，相聚为保。伺啮牛羊，道绝不通，病我商人。**

此用大畜象。艮为虎狼，正反艮，艮止，故曰"虎狼结集，相聚为保"。伏坤为牛，兑为羊，为口，艮止，故曰"伺啮牛羊"。艮为道，震为商人，艮止，故道不通而商旅困也。

无妄 **不直杜公，与我争讼。媒伯无礼，自令塞壅。**

震为杜，为公。杜公，未详所指。初至四正反震，故曰"争讼"。震为伯。

颐 **上天楼台，登拜受福，喜庆大来。**

艮为天，坤为楼台。艮为拜。震为登，为喜。

大过 **三羊上山，东至平原。黄龙服箱，南至鲁阳。完其珮囊，执绥车中，行人有庆。**

伏颐。震为羊，艮为山，数三，故曰"三羊上山"。震为东，坤为平原。震为黄龙，为箱，为南。兑为鲁。鲁阳，在南阳郡。坤为囊，为车，巽为绥。震为行人。

坎 **天地闭塞，仁智隐伏。商旅不行，利深难得。**

艮为天，坎为闭塞。震为仁，坎为智，为隐伏，故曰"仁智隐伏"。震为商旅，为行。巽为利，巽伏，故曰"难得"。

离 **延陵适鲁，观乐太史。车辚白颠，知秦兴起。卒兼其国，一统为主。**

兼用对象。坎艮为少男，故曰"延陵"。"延陵"，季子也。兑为鲁。震为乐，离为观。"太史"者，掌乐之官。"观乐太史"，言观乐于太史也。震马车；为的颡，故曰"白颠"。兑为秦，震为兴起。艮为国，正覆艮，故兼其国。震为主，坎数一。言秦兼并六国，一统天下也。辚与《毛诗》异。全用吴季札在鲁观乐事。

咸 **櫜戢甲兵，归放马牛。径路开通，国无凶忧。**

艮为甲兵，艮止，故曰"櫜戢"。互乾为马。艮为牛，为径路。艮为国，震乐，故无忧。

恒 **牛骥同槽，郭氏以亡。国破为墟，主君走逃。**

兑为羊，象形，故亦为牛。震为马，故曰"牛骥同槽"。槽亦震象。震为主君，在外，故曰“走逃”。

遁 **大尾小腰，重不可摇。栋桡榱坏，臣为君忧。汤火之言，消不为患，使我复安。**

乾为大。艮为尾，为栋榱。巽陨，故桡坏。艮为臣，乾为君。遁阳消卦，故臣为君忧。乾为言，艮火在下，故曰“汤火之言”。“汤”者，九家、荀爽皆以乾为河，疑乾有水象。有水，故不畏火，故曰“消不为患”。艮止，故安。

大壮 **太一置酒，乐正起舞。万福攸同，可以安处，绥我齯齿。**

详《复之家人》。

晋 **饮酒醉酗，跳起争斗。伯伤叔僵，东家治丧。**

坎为酒，坤迷，故醉。大畜正反艮震，故曰“争斗”。震为伯，兑伤，故曰“伯伤”。艮为叔，艮止，故曰“叔僵”。震东，艮家。皆用遇卦象。

明夷 **山险难登，涧中多石。车驰辖击，重载伤轴。担负善踬，跌踒右足。**

详《乾之谦》。

家人 **争讼不已，更相击询。张季弱口，被发北走。**

详《讼之损》。顾千里云：《明夷之临》作击询，与下走韵，当从。各本皆作咨询。询即询之讹字。按顾说是也，今从之。

睽 **心志无良，伤破妄行。触墙抵壁，不见户房。先王闭关，商旅委弃。**

坎为心志，兑为伤破。伏艮为墙壁户房。坎隐，故不见。艮为关，坎闭。

蹇 **鸲鹆鸱鸮，治成遇灾。绥德安家，周公勤劳。**

详《噬嗑之渐》。

解 **清人高子，久屯外野。逍遥不归，思我慈母。**

详《贲之艮》。

损 **两虎争斗，股创无处。不成仇雠，行解却去。**

艮为虎，正反艮，故曰“两虎争斗”。伏巽为股，兑为创。巽伏，故曰

“无处”。

益 **天女踞床，不成文章。南箕无舌，饭多沙糠。虐众盗名，雄鸡折颈。**

巽为女，艮为天。天女，织女星也。艮为床，坤为文章。震为南，为箕，艮为星。箕，二十八宿星名。艮为沙，巽为糠。《诗·小雅》：跂彼织女，终日七襄。虽则七襄，不成报章。又，维南有箕，不可以簸扬。不簸扬，故饭多沙糠。坤为众。巽为盗，为鸡。震为雄。艮为颈，巽陨，故折。

夬 **太子扶苏，出于远郊。佞幸成邪，改命生忧。慈母之恩，无路致之。**

通剥。艮在上，故曰“太子”。艮手为扶，坤为薪苏，为郊。乾为言，兑口亦为言，故曰“佞”。巽为命，兑为反巽，故曰“改命”。言太子扶苏远出备边，李斯、赵高竟改始皇玺书，杀扶苏也。《革·九四》云“改命吉”，即谓巽覆也。坤为忧，为母。

姤 **寒暑相推，一明一微。赫赫宗周，光荣灭衰。**

姤夏至一阴生，消阳，故曰“寒暑相推”。乾为宗，震为周。震伏，故光灭。

萃 **鸡狗相望，仁道笃行。不吠昏明，各安其乡。周鼎和饵，国富民有，八极蒙佑。**

巽鸡，艮狗，艮望。兑为吠。坤为乡，为安。

升 **窗牖户房，通利明光。贤知辅圣，仁施大行。家给人足，海内殷昌。**

伏无妄。艮为窗牖户房，震为通利，艮为明光。乾为圣，为仁。艮为家，坤为海。

困 **雨雪三日，鸟兽饥乏。旅人失宜，利不可得。几言解患，以疗纷难，危者复安。**

坎为雨雪，离卦数三，故曰“三日”。伏艮为鸟兽，离虚，故饥。巽为旅人，为利。伏震为言，为解。坎为患，为危，艮为安。多用伏象。

井 **白鹄衔珠，夜食为明。膏润优渥，国岁年丰。中子来同，见恶不凶。**

伏震为白鹄，为珠，兑为衔，故曰“白鹄衔珠”。坎为夜，离为明。坎为膏润。艮为国，震为年岁。坎为中男，故曰“仲子”。

革 **从豕牵羊，与虎相逢，虽惊不凶。**

兑为羊，巽为豕，互乾为虎。言有羊豕，虎即不咥人。

鼎 **凫雁哑哑，以水为宅。雌雄相和，心志娱乐，得其所欲。**

详《大有之归妹》。

震 **逐狐平原，水遏我前。深不可涉，暮无所得。**

艮为狐，为震，为逐。坎水，艮止，故曰“水遏我前”。坎为暮，为失，故无得。

艮 **窟室蓬户，寒贱所处。千里望烟，散涣四方，形体灭亡。下入深渊，终不见君。**

艮为窟室，为户；互震，故曰“蓬户”。坎为寒，为烟。震为千里。坎为深渊。震为君，坎隐，故不见。

渐 **桀纣之主，悖不堪辅。贪荣为人，必定其咎。聚敛积实，野在鄙邑，未得入室。**

离为恶人，故曰“桀纣”。伏震为主，坎为悖。艮为荣，为邑，为室。坎为聚敛。巽为入。

归妹 **仓库盈亿，年岁有息。商人留连，虽久有得。阴多阳少，因地就力。**

伏艮为仓库，坎众，故盈亿。震为年岁，为生，为息，为商人。坎陷，故留连。

丰 **火山不然，钓鲤失纶。鱼不可得，利去我北。**

离火，伏艮，故曰“火山”。兑水在上，故曰“不然”。巽为系，故为钓；为鱼，为纶。兑折，故失纶。巽陨落，故鱼不得而失利也。

旅 **童女无媒，不宜动摇。安其室庐，傅母何忧？**

兑少，故曰“童女”。坎为媒，坎伏，故无媒。无媒，故不宜动。艮为安，为室。巽为母。

巽 **载风云母，游观东海。鼓翼千里，见吾爱子。**

巽为风，为母。此句疑有讹字，或为载风乘云也。兑为海，伏震，故曰“游观东海”。离为观也。震为翼，为鼓，为千里。兑悦，震子，故曰“爱子”。

兑 **鸿盗我襦，逃于山隅。不见武迹，使伯心忧。**

伏艮。互震为鸿，为衣。坎为盗，艮为山，故逃于山隅。震为武迹。《诗·大雅》：履帝武敏歆。传：武，迹也。震为伯，坎为心，为忧。坎为隐伏，故不见武迹。

涣 **夜视无明，不利远乡。闭门塞牖，福为我母。**

坎为夜，故不明。艮为视，为乡，为门户。坎为闭塞。震为福，巽为母。言夜黯不明，不宜远行，杜门不出，或致福也。

节 **三狗逐兔，于东北路。利以进取，商人有得。**

艮为狗，数三，故曰“三狗”。震为兔，为逐。艮居东北，为路，故曰“于东北路”。震为进，为商人。

中孚 **武王不豫，周公祷谢。载璧秉圭，安宁如故。**

《书·金縢》：武王不豫，周公册祝，植璧秉圭，请以身代，翊日王瘳。震为武，为王；为周，为公。为言，故曰“祷”；为玉，故为圭璧。艮手为秉。

小过 **同载共车，中道别去。爵级不进，君子下舆。**

震为车，为载。艮为道，为反震，故曰“别去”。言背震别行也。震为樽爵，艮为君子。艮止，故不进。古君子方得乘舆，下舆言不仕也。

既济 **六雁俱飞，游戏稻池。大饮多食，食饱无患。**

坎数六，震为雁，为飞。卦有三半震，故曰“俱飞”。震为游，为稻。坎为池。兑为饮食。

未济 **符左契右，相与合齿。乾坤利贞，出生六子。长大成就，风言如母。**

卦一阴一阳相间皆相交，故曰“符契”，曰“合齿”。震左，兑右。兑齿，坎为合也。卦气至亥，阴凝于阳，故曰“利贞”。未济，亥月之卦也。至子则震出矣，故出生六子。

䷚ 艮上震下 颐之第二十七

家给人足，颂声并作。四夷宾服，干戈卷阁。

艮为家，震为人；坤多，故给足。震为声。坤阴，故为夷狄。震卦数四，故曰“四夷”。震为宾，艮为干戈。艮止，故卷阁。

之乾 **思初道古，哀吟无辅。阳明不制，上失其所。**

乾为初，为古。颐互坤为思，为哀。震为道，为吟。一阳在上，故曰“失所”。“阳明不制”者，言阳不能制阴也。全用遇卦象。

坤 **江河淮海，天之奥府。众利所聚，可以饶有，乐我君子。**

详《乾之观》。

屯 **三雁俱行，避暑就凉。适与矰遇，为缴所伤。**

震为雁，数三，故曰“三雁”。坎为寒，离伏，故曰“避暑就凉”。伏巽为矰缴，兑为伤。

蒙 **秋南春北，随时休息。处和履中，安无忧凶。**

伏兑为秋，艮纳丙，故曰“秋南”。震为春，坤为北，故曰“春北”。艮为鸿雁，雁随阳转，故曰“随时”。艮为时，为休息。坎为中和，震为履。艮为安。

需 **履危无患，跳脱独全。不利出门，伤我左膝。疾病不食，鬼哭其室。**

坎为危，为患；跳脱在外，故无患。乾为门户，出门遇险，故不利。兑为伤。膝象疑为坎。股之屈信，全在膝，而坎为矫輮，又为美脊，以义以形，皆有膝象。互离为东，故曰“伤我左膝”。坎为疾病，兑为食；坎忧，故云不食。坎为鬼，为室；兑为口，故曰“鬼哭其室”也。

讼 **东家凶妇，怨其公姥。毁柈破盆，弃其饭飧，使吾困贫。**

巽为妇，坎凶。伏震为东，为公，巽为姥。姥，母也。伏震为柈，为盆，坎为破。巽为饭飧，风散，故曰“弃”。伏坤为吾，为贫。

师 **泥滓污辱，弃捐沟渎。众所笑哭，终不显录。**

坤土，坎水，故曰“泥”，曰“污”。坎为沟渎，为众。震为笑哭。坤贱，坎隐，故曰“终不显录”。

比 **旦往暮还，各与相存，身无凶患。**

颐震为旦，为往。坤为暮。艮者，震之反，故曰“暮还”。坤为身，坎为患。

小畜 **六翮长翼，夜过射国。高飞冥冥，羿氏无得。**

伏豫。震为翮，为翼，坎数六，故曰“六翮长翼”。坤为夜，为国，震为射，故曰“射国”。震为飞。坤恶，故曰“羿”；坤虚，故无得。

履 **蜂虿之门，难以止息。嘉媚之士，为王所食，从去其室。**

巽为虫，伏坎为毒，故曰“蜂虿”。乾为门。风散，故难以止息。兑为媚，为食。乾为王，伏坎为室。言王食养嘉士，士皆归王室也。伏震为士。

泰 **被狐乘龙，为王道东。过时不返，使我忧聋。**

伏艮为狐，震为龙。言被狐裘，乘龙马也。震为道，为东，乾为王。震往，故不返。坤为忧，坤迷，故聋。

否 **雹梅零坠，心思愦愦，乱我魂气。**

乾、艮皆为果，而乾为冰，故曰“雹梅”。《方言》：大袴谓之倒顿。郭注：即今之雹袴。雹袴、雹梅，皆象形语。巽陨落，故曰“坠”。坤为心，坤迷，故曰“愦愦”。

同人 **长女三嫁，进退无羞。牝狐作妖，夜行离忧。**

巽为长女；伏震为嫁，数三，故曰“三嫁”。巽为进退；坤为羞，坤伏，故无羞。伏坎为狐，为妖，为夜，为忧。巽为牝。

大有 **轰轰輷輷，驰东逐西。盛盈必毁，高位崩颠。**

此用遇卦象。震为车，为声，故曰“轰輷”。震为东，为驰逐，兑为西。乾为盛盈，兑为毁，故曰“盛盈必毁”。艮为高位，艮覆为震，故曰“崩颠”。

谦 **乘船涉济，载水逢火。赖得无患，蒙我生全。**

震为船。坎为水，为济，艮为火，故曰“载水逢火”。坎为患，震为乐，故曰“无患”。

豫 **至德之君，政仁且温。伊吕股肱，国富民安。**

震为君，为仁。坤为政，艮为火，故曰“政仁且温”。伏巽为股肱。伊吾，语声；吕，从口，皆震象也。又艮为臣，亦或为艮象。坤为国，为民。

随 **生不逢时，困且多忧。无有冬夏，心常悲愁。**

震为生，艮为时；兑向晦，故生不逢时。艮为困，巽为忧；正反巽，故多忧。震春，兑秋，故曰“无有冬夏”。言无时不悲愁也。

蛊 **南历玉山，东入生门。登福上堂，饮万岁浆。**

震为南，为玉，艮山，故曰“南历玉山”。艮门，震东，巽入，故东入生门。震为登，为福，艮为堂，故曰“登福上堂”。兑口，为饮。兑泽，故曰“浆”。震为万岁。

临 **大斧斫木，谗人败国。不关二五，祸及三子。晋人乱危，怀公出走。**

兑为斧，震为木。兑震为口，为言，故曰“谗人”。坤为国，为关。兑数十，故曰“二五”。《左传·僖二十八年》，姬赂外嬖梁五，与东关嬖五是也。震数三，故曰“三子”。申生、夷吾、重耳也。震为晋，为人，为公。坤为祸乱；为心，故曰“怀公”。

观 **一室百孙，公悦姬欢。相与笑言，家乐以安。**

艮为室，为孙，坤为百，故曰“一室百孙”。巽为姬，伏震为公，为欢笑。艮为家。

噬嗑 **随阳转行，不失其常。君安于乡，国无咎殃。**

离为日。震为随，为行，为转运；而离上震下，故曰“随阳转行”。震为君，艮为乡，为国。艮止，故君安而国无殃咎也。

贲 **群虎入邑，求索肉食。大人御守，君不失国。**

艮为虎，为邑；正覆艮，故曰“群虎”。艮为求，坎为肉，故求索肉食。震为大人，为君。艮为守，为国；能守，故不失也。

剥 **弱足刖跟，不利出门。商贾无赢，折崩为患。汤火之忧，转解喜来。**

此用颐象。震为足，为跟。艮刀，故曰“刖”。坤柔，故曰“弱”，故出不利。坤为门也。震为商贾，上震覆，故无赢，故崩折。坤为患；为水，艮火，故曰“汤火”。

复 **夏台羑里，汤文厄处。鬼侯饮食，岐人悦喜。**

此用遇卦颐象，义详前无妄林。《史记》：西伯九侯，为纣三公。纣烹九侯。徐广曰：九，一作鬼。

无妄 **栋桡榱坏，廊屋大败。宫阙空廓，如冬枯树。**

震为榱栋，巽陨落，故桡坏。艮为廊屋，为宫阙。巽陨，故大败。震虚，故空廓。乾为冬，震为树，巽为枯。

大畜 **谗以内安，不利其国。室家大惧，幽囚重闭。疾病多求，罪乱愦愦。**

三至上正反震，故曰“谗”。艮为国，为室家。伏坤为惧，为幽闭，为重，为疾病，为罪乱。言内有谗人，群臣被谗，幽囚重闭，不利其国也。坤迷，故曰“愦愦”。

大过 **六龙俱怒，战于坂下。苍黄不胜，旅人艰苦。**

乾数六，故曰“六龙”。震为怒。颐正反震，故曰“战”。艮为坂，坤为下。震为苍黄，为旅人。皆用伏象。

坎 **天下雷行，尘起不明。市空无羊，疾人忧凶。三木不辜，脱归家邦。**

艮为天，震为雷。艮上震下，故曰“天下雷行”。艮为尘，坎黑，故不明。兑为羊，巽为市，兑巽皆伏，故曰“市空无羊”。坎为疾，为忧。震为木，数三，故曰“三木”。三木拲桎梏，亦坎象也。艮为家邦，震为脱。三木不辜，言虽被三木之刑，而非其罪也。

离 **一指食肉，口无所得。染其鼎鼐，舌馋于腹。**

伏坎。艮为指，坎为肉，兑为口。震为鼎鼐，兑为舌，离为腹。《左传》：子公染指于鼎，尝之而出。林似指其事。一，当作以。

咸 **喜笑不常，失其福庆。口辟言疥，行者畏忌。**

兑为喜笑，正反兑，故曰“不常”。乾为福庆，巽陨落，故曰“失”。兑为口，乾为言。辟，邪也。疥，疮也。言口邪言秽也。伏坤为畏忌。艮为节，故曰“疥”。

恒 **毛生豪背，国乐民富，侯王有德。**

《山海经》：竹山有兽，状如豚，白毛，名曰豪彘。注：夹髀有粗毫，能以脊上毫射物。故曰"毛生豪背"。震为毛。伏艮为背，为国。坤为民，为富。乾为侯王。

遁 **豮豕童牛，害伤不来。三女同堂，生我福仁。**

巽为豕，艮为牛；艮少，故曰"豮豕童牛"。象本大畜也。互巽为女，艮数三；艮为堂，故曰"三女同堂"。乾为福仁，伏震为生。

大壮 **江海淮济，盈溢为害。邑被其濑，年困无岁。**

乾为河，为盈。兑毁，故曰"害"。伏坤为邑。乾为年岁。

晋 **两虎争斗，股创无处。不成仇雠，行解却去。**

详《大畜之损》。

明夷 **五岳四渎，润洽为德。行不失理，民赖恩福。**

震为山，坎为五，故曰"五岳"。震卦数四，坤坎皆为水，故曰"四渎"，曰润洽。《淮南子》：河润百里。坤为理，为民。

家人 **载车乘马，南逢君子。与我嘉福，虽忧无咎。**

此用颐象。震为车，为马，为载，为乘，为南。艮为君子，故曰"南逢君子"。震为嘉福，坤为忧。

睽 **缺囊破筐，空无黍粱。不媚如公，弃于粪墙。**

此用颐象。坤为囊，震为筐。伏兑毁，故曰"缺"，曰"破"。震为稻粱，为黍稷。坤虚，故曰"空"。震为公，兑为媚。兑伏，故曰"不媚"。艮为墙，坤柔，故曰"粪墙"。

蹇 **杀行桃园，见虎东还。螳螂之敌，使我无患。**

此用颐象。震为行，为桃。艮为园，为虎。震为东，为反，故曰"东还"。螳螂，疑伏兑象。《左传·宣二年》：赵穿攻灵公于桃园，弑之。《淮南子》：齐庄公出行，有螳螂奋臂当车，回车避之。

解 **箕仁入室，政衰弊极。抱其彝器，奔于他国，因祸受福。**

此用颐象。震为箕，为仁，艮为室。入室，谓箕子囚于圜室也。坤为政，为弊。艮为抱。震为彝器，为奔，坤为国。抱其彝器，《周本纪》：少师强抱其祭器以奔周。《宋世家》又云：微子持祭器造于军门是也。

损 **庭燎夜明，追古伤今。阳弱不制，阴雄坐戾。**

详《剥之大有》。

益 **悬貆素飡，食非其任。失舆剥庐，休坐徙居。**

详《乾之震》。

夬 **嘉门福喜，缯帛盛炽。日就为得，财宝敌国。**

乾为门，为福。兑悦，故喜。伏坤为缯帛。乾为盛，为日，为财宝。伏坤为多，故曰“敌国”。言富可敌国也。

姤 **执绥登车，骖乘东游。说齐解燕，霸国以安。**

《史记·苏秦传》：臣居燕不能使燕重，而在齐则燕重。林用其事。巽为绥。伏震为车，为东，为燕，为解。巽为齐。伏坤为国，乾健，故曰“霸国”。

萃 **水深无桴，蹇难何游。商伯失利，庶人愁忧。**

坤为水，震为桴。震伏，故无桴。艮止，故蹇。巽为利，坤丧，故失利。坤为庶人，为忧。

升 **三鸟鸳鸯，相随俱行。南到饶泽，食鱼与粱。君子长乐，见恶不伤。**

震为鸟，数三，故曰“三鸟”。坤文，故曰“鸳鸯”。震为随，为行，为南。兑为泽，坤多，故曰“饶泽”。坤为鱼，震为粱，互兑，故日食鱼与粱。伏艮为君子。坤为恶，震乐，故见恶不伤。

困 **远视目盼，临深苦眩。不离越都，旅人留难。**

互离为目，为视。盼，黑白分明也。兑泽，故临深。眩，惑乱也。坎疑，故苦眩。巽东南，故曰“越”。正反巽，故曰“不离”。伏震为旅人。

井 **终风东西，涣散四方。终日至暮，不见于欢。**

正反巽，故曰“终风”。离东，兑西。巽陨，故曰“涣散”；兑数四，故曰“四方”。离日，坎暮。坎隐，故不见。《诗·邶风》：终风且暴。传：终日风为终风。

革 **言无要约，不成券契。殷叔季姬，公孙争之。强入委禽，不悦于心。**

正反兑相背，故曰“言无要约，不成券契”。《左传·昭元年》：郑徐吾犯之妹美，公孙楚聘之矣，公孙黑强委禽焉。伏震为姬，为公。艮为季、孙。正反艮，故曰“争”。艮为禽。兑悦，伏坎为心。

鼎 **牛马聋聩，不知声味。速贤贱仁，自令乱愦。**

伏屯。坤牛，震马。坎耳坤迷，故聋聩。震为声，本卦巽为味。震为贤仁，在下，故曰“远贤贱仁”。坤为贱，为乱。

震 **从商近游，饱食无忧。图圄之困，中子见囚。**

震为商，为游，为食。坎中满，故饱食。坎为忧，震乐，故无。坎为图圄，为中男。艮止，故见囚。

艮 **据斗运枢，顺天无忧，与乐并居。**

艮为星，卦数七，故曰“斗”。互坎为枢。艮为天，坤顺；卦二阴承一阳，故曰“顺天”。坎忧，震乐，故曰“并居”。

渐 **姬奭姜望，为武守邦。屏藩燕齐，周室以强，子孙亿昌。**

伏震为姬，为奭，巽为姜，离为望，故曰“姬奭姜望”。震为武。艮为守，为邦，为屏藩。艮为燕，巽齐。言姬奭封燕，姜望封齐，屏藩周室，为武王守土也。震周，坎室。震子，艮孙。亿，大也。

归妹 **亡羊东泽，循堤直北。子思其母，复返其所。**

兑为羊，为泽。震东，故曰“东泽”。震往，故曰“亡羊”。坎为北，震为阪，故曰“循堤直北”。震为子，坎为思，巽为母。巽伏，故思母。震为归，故复返其所。

丰 **张目关口，舌直距齿。然诺不行，政乱无绪。**

离为目，震为张。兑口，伏艮，故曰“关口”。兑为舌，为齿。二至五，正反兑相背，故曰“距”。距，抗也。相背，故然诺不行。巽为绪。二至五正反巽，故乱而无绪。此皆用覆象。自覆象失传，困有言不信等词皆失解。

旅 **载船逢火，忧不为祸。家在山东，入门见公。**

通节。震为船，艮为火，故曰“载船逢火”。坎为忧，为祸。船近水，故虽逢火不为祸患。艮为家，为山，震为东，故曰“家在山东”。震为公，艮为门，巽入，故曰“入门见公”。

巽 **绝国异路，心不相慕。蛇子两角，使我相恶。**

通震。艮为国，为路。坎为心，为慕。二至上两震相反，故不相慕。巽为蛇，伏艮为角。兑卦数二，故曰“两角”。《新序》：孙叔敖为儿时，出游见两头蛇，杀而埋之，归而泣。林似指其事。

兑 **鼻顶移徙，居不安坐。枯竹复生，失其宠荣。**

伏艮为鼻，为顶。互震，故曰“移徙”。艮为居，为坐；震动，故不安坐。震为竹，离科上槁，故曰“枯竹”。震为复，为生。艮阳在上，为宠荣；互坎，故失其宠荣。坎为失也。

涣 **火息无光，年岁不长，殷商以亡。**

艮火在坎水上，故无光。震为年岁；为子，故曰“殷商”。子，殷姓也。坎失，故曰“亡”。

节 **文王四乳，仁爱笃厚。子畜十男，夭折无有。**

震为王，伏离，故曰“文王”。艮为乳，震卦数四，故曰“四乳”。震为仁爱，艮为笃厚。震为子，兑数十，故曰“十男”。兑为折，震生，故不折。《帝王世纪》：文王身长十尺，有四乳。《诗》：太姒嗣徽音，则百斯男。传：太姒十子。据《史记索隐》注：十子，伯邑考、武王、管、蔡、霍、鲁、卫、毛、聃、曹是也。

中孚 **熊罴豺狼，在山阴阳。伺鹿取獐，道候畏难。**

二至五正反艮，故曰“熊罴豺狼”。艮纳丙，故曰“山阳”。艮反则山阴矣，故曰“山阴”。《易·中孚》：鸣鹤在阴。亦山阴也。解者皆误。艮止，故曰“伺”。艮手，故曰“取”。震鹿，艮麞。候，斥候也。掌检行道路，伺候盗贼。

小过 **凋叶被霜，独蔽不伤。驾入喜门，与福为婚。**

震为叶，巽落，故曰“凋叶”。艮为门，震为喜福。霜，或用兑泽象，抑或取大坎。

既济 **黄离白日，照我四国。元首昭明，民赖恩福。**

《离·六二》曰：黄离。离为日，为照。艮为国。震卦数四，故曰“四国”。艮为首，坤为民。颐本大离，林词全取颐象。

未济 **顺风直北，与欢相得。岁熟年丰，邑无盗贼。**

似亦取颐象。

䷛ 兑上巽下 大过之第二十八

典册法书，藏在兰台。虽遭乱溃，独不遇灾。

详《坤之大畜》。

之乾 **日在北陆，阴蔽阳目。万物空虚，不见长育。**

此用大过象。乾为日，为寒，故曰“日在北陆”。大遇本末阴，故曰“阴蔽阳目”。伏坤为万物，为空虚。坤死，故不长。

坤 **鬼泣哭社，悲商无后。甲子昧爽，殷人绝祀。**

坤为鬼，为社，大过兑为哭泣。坤为伤，为悲。伏震为子，位东，故曰“甲子”。震为晨，兑为昧，故曰“昧爽”。震为子，殷子姓。坤杀，故曰“绝祀”。

屯 **涉涂履危，不利有为。安坐垂裳，乃无灾殃。门户自开，君忧不昌。**

震为涂，为涉，为履，坎为危，故涉涂履危。险在前，故不利有为。艮止，故宜安坐。坤为裳，为灾殃。安坐垂裳，高拱无为，故无灾殃。坤为门户，震为君，坎为忧。

蒙 **阳失其纪，枯木复起。秋华冬实，君不得息。**

上阳在上，二阳陷阴中，皆不当位，故曰“失纪”。震为木，为起；坤虚，故曰“枯木”。震为华，艮为实，伏兑为秋，坎为冬，故曰“秋华冬实”。震为君。

需 **大树之子，百条共母。当夏六月，枝叶盛茂。鸾凤以庇，召伯避暑。翩翩偃仰，各得其所。**

此用大过象。巽为大树，伏震为子，故曰“大树之子”。巽为条，为母，乾为百，故曰“百条共母”。兑为月，乾数六，故曰“六月”。伏坤为文，为鸾凤。巽为枝叶，乾为盛茂。鸾凤居枝叶之中，故曰“鸾凤以庇”。伏震为召伯。坤为暑，一阳潜坤下，故曰“避暑”。正反震，故曰“翩翩偃仰”。用遇卦象，兼及遇卦伏象。《易林》象学之难窥如此。

讼 **秉钺执殳，挑战先驱。不从元帅，败破为忧。**

《诗》：伯也执殳，为王前驱。《左传》：邲之战，晋军不用命，遂败。言先縠不从元帅荀林父命而挑战也。离为戈兵，故曰“钺”、“殳”。伏震为战，为驱。坎为破败，为忧。

师 **启室开关，巡狩释冤。夏台羑里，汤文悦喜。**

坎为室，震为启，为开，坤为关，故曰“启户开关”。震为巡狩，为释，坎为冤。坤为台，为里。伏离，故曰“夏台”。震为大涂，故曰“羑里。羑，亦道路也。震为王，坤为文，故曰“汤文”。震为喜。

比 **衰灭无成，渊溺在倾。狗吠夜惊，家乃不宁。**

坤死，故衰灭。坤为渊，坎陷，故曰“溺倾”。艮为狗，伏兑为吠，坤为夜，故曰“狗吠夜惊”。艮为家，坎险，故不宁。

小畜 **西邻少女，未有所许。志如委衣，不出房户。心无所处，傅母何咎。**

兑为西，为少女。伏坎为志。坤为衣裳，坤柔，故曰“委衣”。未有所许，谓未字人也。志如委衣，言柔顺也。艮为户房，艮止，故不出。坎为心。坤为母。全用伏象。

履 **狗吠夜惊，履鬼头颈。危者弗倾，患者不成。**

伏谦。艮为狗，震为吠，为惊。坎为夜，为鬼。震在坎上，故曰“履鬼头颈”。坎为大首，故曰“头”也。坎为危患，震解，故危患皆免也。

泰 **当年少寡，独与孤处。鸡鸣犬吠，无敢难者。我生不辰，独婴寒苦。**

通否。乾为年，巽为寡。艮少，故曰“少寡”。坤亦为寡，故曰“独与孤处”。巽为鸡，艮为犬。震为鸣吠，为辰，为生。坤丧，故曰“不辰”。乾为寒，坤为独。

否 **无道之君，鬼哭其门。命与下国，绝不得食。**

乾为君，坤恶，故曰“无道”。坤为鬼，为门，艮为哭。巽为命，坤为国。

兑口为食，兑覆，故不得食。《论衡》：纣之时，鬼泣哭社。

同人 **乘龙南游，夜过糟丘，脱厄无忧。**

伏师。震为龙，为南游，为糟。为陵，故为丘。坤为夜。坎为厄，震出，故脱厄。

大有 **马蹶车伤，长舌破家。东关二五，晋君出走。**

事详《颐之临》。

谦 **瓜葩瓠实，百女同室。醯苦不熟，未有妃合。**

艮为果蓏，故曰“瓜”，曰“瓠”。震为葩。艮为实，为室。坤为百，为女，故曰“百女同室”。坎为醯，为合。妃，匹也。醯苦不熟，言或酸或苦，尚未成熟，故未有所遇，犹室女之未有妃合也。

豫 **晨风文翰，大举就温。昧过我邑，羿无所得。**

震为晨，坤为风。晨风，隼也。艮为隼。震为翰，坤文，故曰“文翰”。《逸周书·王会篇》：蜀人以文翰，大翰若皋鸡。而《说文》“翰”下引《逸周书》曰：大翰若翚雉，一名鷐风。然则晨风、文翰为一物。不有《说文》，焉知《易林》以晨风与文翰连文之故哉！坎为昧，坤为邑。为恶，故曰“羿”。坤丧，故无得。《诗·秦风》：鴥彼晨风，郁彼北林。郁，《齐诗》盖作温。详《小畜之革》。

随 **瀺瀺浞浞，涂泥至毂。马泞不进，虎啮我足。**

兑泽，互大坎，故曰“瀺浞”。瀺，水声。浞，濡也。坎为毂，为泥泞。震为马，艮止，故不进。艮马虎，兑口为啮，震为足。

蛊 **胶车驾东，与雨相逢。五絭解堕，顿辀独坐，忧为身祸。**

震为车，为东。兑为雨，故曰“胶车”，故曰“与雨相逢”。言胶车遇水即解，故五絭解堕也。《诗·秦风》：五絭梁辀。《毛传》：五，五束也。絭，历录也。言以皮五处束辀上，其文历录章美也。巽数五，故曰“五絭”。巽陨落，故曰“解堕”。艮止，故曰“顿”，曰“坐”。

临 **六家作权，公室剖分。阴制其阳，唐叔失明。**

晋六卿擅权，剖分公室。唐叔，晋始封之君。伏乾数六，艮为家，为室。震为公，兑折，故剖分。临阴多阳少，阳又在下，故为阴制。艮为叔，为明；艮伏，故失明。言失其明祀也。

观 **去室离家，来奔大都。火息复明，姬伯以昌，商人失功。**

艮为室家，风散，故曰“去”、“离”。坤为大都，伏震，故曰“来奔大都”。艮为火，为明。伏震为姬，为伯，为昌，为商人。

噬嗑 **牧羊稻园，闻虎喧欢。危惧喘息，终无祸患。**

详《否之节》。

贲 **婴儿求乳，母归其子，黄麑悦喜。**

详《无妄之节》。

剥 **廓落失业，跨祸度福，利无所得。**

坤虚，故曰“廓落”。坤丧，故失业。

复 **出入无时，忧患为灾。行人失牛，利去不来。老马遗驹，勿与久居。**

冬至震出，夏至巽人，震巽相往来，故曰“出入无时”。坤为灾，为忧患，为牛，为失。震为行人，故曰“行人失牛”。巽为利，巽伏，故曰“利去不来”。坤为马，为老。震子为驹。坤上震下，故曰“遗驹”。震出，故不居。

无妄 **风怒漂木，女惑生疾。阳失其服，阴孽为贼。**

巽风，震巽皆为木，故曰“漂木”。巽为女，为进退，为疾病，故曰“女惑生疾”。《左传·昭元年》：女，阳物而晦时，淫则生内热惑蛊之疾。乾为阳卦，二至上遁阴销阳，故曰“阳失其服”。服，职也。巽为贼。

大畜 **车马病伤，不利越乡。幽人元亨，去晦就明。**

震为车马，兑毁，故伤。艮为乡，艮止，故不利。艮为幽人，兑向晦；艮在上，故曰“元亨”，故曰“去晦就明”。

颐 **三奇六耦，各有所主。周南召南，圣人所在。德义流行，民悦以喜。**

震数三，伏乾数六。乾奇，坤耦。震为主。言阴阳各有所主也。震为周，为召，为南，故曰“周南召南”。伏乾为圣人。坤为民，震悦喜。

坎 **坐争立讼，纷纷讻讻。卒成祸乱，灾及家公。**

中爻，正反艮震，故曰“争讼”。艮坐，震立。艮家，震公。坎为祸灾。

离 **凶忧为残，使我不安。从之南国，以除心疾。**

兑折，故曰“凶残”，曰“不安”。离为南，伏艮为国，震为从，为之。言从往南国也。坎为心，为疾；坎伏，故曰“除”。

咸 **爱我婴女，牵衣不与。冀幸高贵，反得贱下。**

详《屯之未济》。

恒 **宜行贾市，所聚必倍。载喜抱子，与利为友。**

巽为贾市，为近市利三倍。上震为喜，为子。为车，故曰“载喜”。伏艮手，故曰“抱子”。巽为利。震巽同声，又互兑，故曰“友”。

遁 **坐席未温，忧来扣门。逾墙北走，兵交我后，脱于虎口。**

艮为坐，为火；风散，故未温。巽为忧，乾为门；艮手，故曰“扣门”。艮为墙，为兵戈，为虎。伏震为逾，为走，为脱，为后。兑为口。

大壮 **赤帝悬车，废职不朝。叔带之灾，居于泛庐。**

乾为赤，为帝。震为车，伏巽为系。车在上，故曰“悬车”。伏艮为叔，巽为带。艮为庐。泛，水名。《左传·僖二十四年》：天王出居于郑。来告难曰，不谷得罪于母弟之宠子带，鄙在郑地泛。首二句义未详。

晋 **子畏于匡，厄困陈蔡。明德不危，竟自免害。**

详《师之鼎》。

明夷 **逐雁南飞，马疾牛罢。不见渔池，失利忧危。牢户之冤，脱免无患。**

震为雁，为南，为飞，故曰“逐雁南飞”。震为马，坤为牛；震健坤柔，故马疾牛罢。坎为池，坤为渔；坎隐，故不见。坤为户，坎为狱，故曰“牢户”。坎为忧患，震出，故脱免无患。

家人 **推辇上山，高仰重难。终日至暮，不见阜颠。**

此用大过伏象。坤为辇。艮为推，为山，为高，为终，为日，为阜颠。坤为暮也。

睽 **忧不为患，福在堂门，使吾偃安。**

坎为忧患，兑悦，故不患。伏艮为门堂、为安，为吾。

蹇 **春桃生华，季女宜家。受福多年，男为邦君。**

详《师之坤》。

解 **高山之颠，去地亿千。虽有兵寇，足以自守。**

此仍用大过对象颐。颐上艮为高山，为颠。坤为地，为亿千；为师旅，故为兵寇。艮为守。

损 **遇时历月，役夫憔悴。处子叹室，思我伯叔。**

艮时，兑月，故曰“过时历月”。震夫，坤役，兑折，故役夫憔悴。兑为处子，为口，故为叹息。《东山》诗，妇叹于室是也。艮为室，为叔。震为伯。坤为我，为思，故曰“思我伯叔”。

益 **太微复明，说升傅岩，乃称高宗。**

艮为星，为明，故曰“太微复明”。艮为岩，震为说；又为主，故曰“高宗”。《史记》：殷武丁求得傅说于傅险中，殷道复兴。《晋书·天文志》：太微，天子庭也，五帝之坐也。喻殷道复兴。

夬 **旁多小星，三五在东。早夜晨行，劳苦无功。**

通剥。艮为星，艮少，故曰“小星”。《诗·召南》、《毛传》云：三，心星。五，噣星。噣，即柳也。以下用大过象。大过伏震为早，为晨。坤为夜，为劳苦。

姤 **东乡烦烦，相与笑言。子般鞭荦，圉人作患。**

通复。震为东，为笑言。巽为鞭，坤牛，故曰“鞭荦”。荦，驳牛也。坤为圉，震为人，故曰“圉人”。《周礼·夏官》：圉人掌牧马刍秣之事。坤为患。《左传·庄三十二年》：雩，讲于梁氏，女公子观之。圉人荦自墙外与之戏。子般怒，使鞭之。后圉人荦贼子般于党氏。

萃 **鼻移在头，枯苇复生。下朽上荣，家乃不宁，其舍不成。**

艮为鼻，又为头，在一处，故曰“鼻移在头”。伏震为苇，为生。巽下断，故曰“下朽”。兑为华，在上，故曰“上荣”。艮为家舍，巽陨，故不宁不成。

升 **虾蟆群聚，从天请雨。云雷集聚，应时辄与，得其愿所。**

巽为虾蟆，坤为群聚。伏乾为天，兑为雨。坤为云，震为雷。元本注云：《续汉书·礼仪志》，春旱求雨，取虾蟆置社中。

困 **大步上车，南到喜家。送我貂裘，与福载来。**

伏震，故曰“步”，曰“车”，曰“南”，曰“喜”。艮为家，为貂。震为裘，为福。全用伏象。

井 **贼仁伤德，天怒不福。斩刈宗社，失其土宇。**

通噬嗑。坎为贼。震为仁，为怒，为福。坎破，故不福。艮为天，为宗社，为土宇。艮为刀兵，故曰“斩刈”。

革 **从猬见虎，虽危不殆，终已无咎。**

《史记·龟策传》注：猬能伏虎。故不危殆。乾为虎。伏坎为猬，为危殆。

鼎 **履素行德，卒蒙佑福。与尧侑食，君子有息。**

通屯。震为履，为白，故曰“履素”。震为福佑；为帝，故曰“尧”。兑为口，故曰“食”。艮为君子。

震 **利在北陆，寒苦难得。忧危之患，福为道门，商叔生存。**

坎为北陆，为寒；震生于子，故曰“利在北陆”。坎为忧危，震为福。艮为道，为门，为叔。震为商，为生，故曰“商叔生存”。

艮 **四蹇六盲，足痛难行。终日至暮，不离其乡。**

坎为蹇，震卦数四，故曰“四蹇”。互大离为盲，坎数六，故曰“六盲”。震为足，为行；坎痛，故难行。艮为终日，为乡。坎为暮。坎陷，艮止，故不离其乡。

渐 **台骀昧子，明知地理。障泽宣流，封居河涣。**

艮为台，坎为昧。《左传·昭元年》：昔金天氏有子曰昧，为玄冥。是生台骀，能业其官。宣汾、洮，障大泽。帝用嘉之，封诸汾水。台骀昧子，言昧子台骀能治水，障泽宣流也。坎为泽。艮止，为障。坎为流，为河也。

归妹 **蓄水待时，以备火灾。柱车绊马，郊行出旅，可以无咎。**

通渐。坎水，艮止，故曰“蓄”。艮为时，为待，故蓄水待时。互离为火，艮亦为火，故曰“火灾”。震为车马，坎陷，故曰“柱”，曰“绊”。

丰 **岁暮花落，君衰于德。荣宠陨坠，阴夺其室。**

互兑为秋，故曰“岁暮”。兑为华，巽陨落，故曰“花落”。震为君，为荣宠，巽为陨坠。

旅 **夏败蔡悲，千里为市。黄落澧郁，利得无有。**

未详。

巽 **仲春巡狩，东见群后。昭德允明，不失其所。**

震为春，为巡狩，坎为仲，故曰“仲春巡狩”。震为东，为后。重震，故曰“群后”。震为昭明。全用伏象。《虞书》：岁二月，东巡狩至于岱宗，肆觐东后。

兑 **捌絜堁堁，缔结难解。嫫母衒嫁，媒不得坐，自为身祸。**

详《坤之晋》，《比之大有》。

涣 **鸟鸣庭中，以戒灾凶。重门击柝，备忧暴客。**

艮为鸟，震为鸣，艮为庭，故曰“鸟鸣庭中”。坎为灾。《左传·襄三十年》：或叫于宋太庙，曰嘻嘻出出。未几，果灾。艮为门，正反艮，故曰“重门”。震为鸣，为柝，艮手为击。震为客，震躁而武，故曰“暴客”。坎为忧。

节 **朝霁暮露，濈我衣襦，道无行牛。**

震为朝，坎为暮，为露。震为衣襦。濈，濡也。艮为道，为牛；坎伏，故无。

中孚 **抱璞怀玉，与桀相触。诎坐不申，道无良人。**

震为玉，上艮为怀抱。兑刚卤，故曰“桀”。正反兑，故曰“相触”。艮为坐，巽伏，故曰“诎坐”，曰“不申”。诎，屈也，折也。申，舒也。震为道，为人，艮为良。巽伏，故曰“无良人”。

小过 **两心相悦，共其茅芦。夙夜在公，不离房中，得君子意。**

巽为心，正反巽，故曰“两心”。兑为悦，正反兑，故曰“相悦”。互巽为茅茹，故曰“茅芦”。艮手为共，故曰“共其茅芦”。按《郑风》：东门之坛，茹芦在阪。传：茹芦，茅搜也。《疏》：茜也，可染赤色。又云：出其东门，缟衣茹芦，聊可与娱。《笺》：茹芦，茅搜，染巾也。聊可与娱者，且可留与我为乐。兹云“两心相悦”，正《诗》所谓聊可与娱也。云共其茅芦，正《笺》所谓留与我为乐也。茹与茅义通。然林读为茅芦，是《齐诗》与《毛》异读也。夙，早也。震为旦，坎为夜。艮为房，为君子。

既济 载馈如田，破钮失餐。苗秽不辟，独饥于年。

未济 甘露醴泉，太平机关。仁德咸应，岁乐民安。

焦氏易林注卷八

䷜ 坎上坎下 坎之第二十九

有鸟黄足，归呼季玉。从我睢阳，可避刀兵。与福俱行，有命久长。

互艮为鸟。震为足，为黄，故曰“黄足”。震为归，为呼，为玉。艮为季，故曰“季玉”。震为从，艮为我。纳丙，又为视，故曰“睢阳”。艮为刀兵，坎隐，故可避刀兵。

之乾 太王为父，季历孝友。文武圣明，仁德兴起。孔张四国，载福绥厚。

乾为王，为父，为姤，故曰“太王”。下兼用遇卦坎象。互艮为季，为时，为友，故曰“季历孝友”。季历，文王父也。伏离为文，震为武，坎为圣，艮为明，故曰“文武圣明”。震为仁德，为兴起，为孔，为张。艮为国，震卦数四，故曰“四国”。震为福，为车，故曰“载福”也。

坤 猿堕高木，不踒手足。保我金玉，还归其室。

详《否之临》。惟此全用坎象。艮猿震木，艮手震足，艮金震玉，艮室震归。

屯 重耳恭敏，遇谗出处。北奔戎狄，经涉齐楚。以秦伐怀，诛杀子圉，身为伯主。

坎为耳。坤为重，故曰“重耳”。初至五正覆震，故曰“谗”。震为出奔，坤为北，为戎狄，故曰“北奔戎狄”。伏巽为齐，震为楚，为伐，为伯主。坤为诛杀，为圉，为身。

蒙 倚锋据戟，伤我胸臆，耗折不息。

艮为锋、戟。坤为胸臆，为伤，为耗。震为息，坤死，故不息。

需 狗冠鸡步，君失其所。出门抵山，行者忧难。水灌我园，高陆为泉。

伏晋。艮为狗，为冠。鸡步，犹鸡祸。凡灾害之神皆曰步。乾为君，坎为失。坤为门,坤上艮,故曰“出门抵山”。震为行,震覆,故难。艮为园,坎水坤水,故曰“水灌我园”。高陆为泉,高陆,艮也。狗冠,《五行志》:昌邑王见大白狗冠方山冠而无尾,未几废。《周礼·夏官校人》:冬祭马步。注:马步谓神,为马灾害者。又,《地官》注:凡人物灾害之神皆曰步。鸡步即《五行志》所谓鸡祸。

讼 **众鸟所翔,中有大怪。丈身长头,为我惊忧。**

坎众离鸟,故曰“众鸟”。坎为中,为怪,乾为大。伏坤为身,坎为忧。

师 **雷行相逐,未有休息。战于平陆,为夷所覆。**

详《坤之泰》。

比 **禹凿龙门,通利水泉。同注沧海,民得安土。**

艮为门,为凿。伏乾为王,故曰“禹”;为龙,故曰“龙门”。坎水坤水,故曰“通利水泉”。坤为海,为民,为安,为土。

小畜 **尧舜仁德,养贤致福。众英积聚,国无寇贼。**

乾为帝,故曰“尧”、“舜”。乾为仁,为贤,为福。兑为食,故曰“养贤”。伏坤为积聚,为国。坎为贼,坎伏,故无。

履 **陆居少泉,山高无云。车行千里,涂不污轮,渴为我怨。**

伏艮为陆,为居,为山。坤为云,坎为泉。坤、坎皆伏,故曰“少泉”,曰“无云”。震为车,为行,坤为千里。坎为泥涂,为轮,为污。坎下震上,故轮不污。坎为怨,艮火故渴。全用伏象。

泰 **朝视不明,夜不见光。暝抵空床,季女奔亡,怆然心伤。**

震为朝,坤黑,故不明。坤为夜,为暝,故不见光。伏艮为床,兑为季女。震往,故曰“奔”。坤为亡,为心,为忧。

否 **齐鲁永国,仁圣辅德。进礼雅言,定公以安。**

巽齐,伏兑为鲁,坤为国,乾为永,故曰“齐鲁永国”。乾为仁圣。坤为礼,乾为言。艮为定,为安,乾为公,故曰“定公以安”。

同人 **束帛玄圭,君以布德。伊吕百里,应聘辅国。**

互巽为帛,乾为玉,为圭,为玄,故曰“束帛玄圭”。乾为君。伏震为音,故曰“伊”。吾伊,读书声也。为乐,故曰“吕”。伏坤为百里,为国。言汤、文、秦穆以璧帛聘伊尹、吕望、百里奚为辅也。

大有 **棘钩我襦，为绊所拘。灵巫拜祝，祸不成灾。东山之邑，中有土服，可以饶饱。**

伏比。坎为棘，坤为襦。艮止，故曰“绊”，曰“拘”。本卦兑为口，故曰“巫祝”。坤为祸灾。艮为山，为邑；离位东，故曰“东山”。艮为果蓏，为土服。服、菔同。《诗·小雅》：象弭鱼服。《周礼》素服。《笺》与注皆作菔，是其证。土服即芦菔。《尔雅·释草》：葖，芦葩。注：葩，宜为菔，芦菔，芜菁属。今俗所谓蔓菁，可食。故下云“可以饶饱”。坎为饱。

谦 **门烧屋燔，为下所残。西行出户，顺其道里。虎卧不起，牛羊欢喜。**

艮为门屋，为火，故燔烧。坤为下，为残，为户。震为行，坎西，故曰“西行”。艮为道里，为虎。艮止，故不起。坤为牛，伏兑为羊，震为喜。

豫 **墙高蔽目，昆仑翳日。远行无明，不见欢叔。**

艮为墙，为山。离为目，为日。离伏，故曰“翳蔽”，故曰“无明”。震为行，为欢。艮为叔。

随 **天地际会，不见内外。祖辞遣送，与世长诀。**

艮阳在上为天，震阳在下为地。艮震相对，故曰“际会”，曰“内外”。震为祖。道祭也。兑毁折，巽陨落，故曰“与世长诀”。

蛊 **深水难涉，泥涂至毂。牛罢不进，汙陷为疾。**

互大坎，故曰“深水”，曰“泥涂”。坎为毂。艮为牛，艮止，故不进。坎陷，坎疾。

临 **羊惊虎狼，耸耳群聚。无益于僵，为齿所伤。**

兑为羊，震为惊，伏艮为虎狼。兑为耳，坤为群，为聚。兑为齿，为伤。

观 **履蛇蹑虺，与鬼相视。惊恐失气，如骑虎尾。**

巽为蛇、虺，伏震在上，故曰“履蛇蹑虺”。坤为鬼，艮为视。震为惊恐。巽为臭，故曰“气”。巽陨，故失气。震为骑，艮为虎，为尾。

噬嗑 **车惊人堕，两轮脱去。行者不至，主人忧惧。结缔复解，夜明为喜。**

震为车，为惊，为人。在下，故曰“人堕”。坎为轮，伏兑数二，故曰“两轮”。坎破，故脱去。震为行，坎隐伏，故不至。震为主人。坎为忧，为夜。离为明，故曰“夜明”。《礼记》：夜明，祭月也。《左传》：恒星不见，夜明也。又《拾遗记》：炎帝时，有石磷之玉，号曰夜明，以暗投水，浮而不灭。

贲 **南贩北贾，与怨为市，利得百倍。**

震为商贾，为南，坎为北，故曰“南贩北贾”。坎为怨。《论语》：放于利而行多怨。伏巽为市，为利。震为百，巽为倍。

剥 **延陵适鲁，观乐太史。车辚白颠，知秦兴起。卒兼其国，一统为主。**

详《大畜之离》。

复 **出门逢患，与福为怨。更相击刺，伤我手端。**

此用遇卦坎象。互艮为门，震为出，坎为患，故曰“出门逢患”。震为福，坎为怨。艮为击刺，正反艮，故更相击刺。相击，故手受伤。

无妄 **獐鹿群走，自然燕喜。公子好游，他人多有。**

艮为獐鹿，伏坤为群。震为走，为喜，为公，为子。

大畜 **恭宽信敏，履福不殆。从其邦域，与喜相得。**

乾为福，上震，故曰“履福”，曰“喜”。艮为邦。

颐 **欲飞无翼，鼎重折足。失其福利，苞羞为贼。**

震为飞，为翼，坤亡，故无翼。震为鼎，为足。坤为重。为败，故折足。乾为福，巽为利。乾巽皆伏，故曰“失其福利”。坤为羞，在中，故曰“苞羞”。

大过 **府藏之富，王以赈贷。捕鱼河海，罟网多得。**

伏颐。坤为府藏，为富。震为王，为赈。言王以其富赈民也。坤为鱼，为河海，艮手为捕。互大离，故曰“罟网”。坤为多。

离 **阴生麕鹿，鼠舞鬼哭。灵龟陆处，釜甑尘土。仁智盘桓，国乱无绪。**

通坎。震为鹿。艮为鼠，坎为鬼。震为哭，为釜甑，为仁。艮为龟，为陆，为尘土，为盘桓，为国。

咸 **风尘暝迷，不见南北。行人失路，复反其室。**

伏损。坤为风，为迷，艮为尘。震南坤北，兑昧，故不见。震为行人，为道路。坤迷，故失路。艮为室。震为反。

恒 **金革白黄，宜利戎市。嫁娶有息，商人悦喜。**

通益。艮为金，为革，巽白震黄，故曰“金革白黄”。坤为戎狄，巽为利市，故曰“宜利戎市”。震为嫁，为商人，为喜。

遁 **匏瓜之德，宜系不食。君子失舆，官政怀忧。**

艮为匏瓜，巽为系。兑口为食，兑覆，故不食。《论语》：吾岂匏瓜也哉！焉能系而不食？艮为君子，震为舆；震覆，故失舆。艮为官。

大壮 **乘船渡济，载水逢火。赖得免患，我有所恃。**

震为船，乾为江河，故曰“渡济”。伏坤为水，艮为火，故曰“载水逢火”。坤为患，为我。

晋 **道险多石，伤车折轴。与市为仇，不利客宿。**

艮为道，为石，坎险，故曰“道险多石”。坎为车，为轴，为多眚，故伤车折轴。艮为宿，震为客；震覆，故不利。

明夷 **托寄之徒，不利请求。结衿无言，乃有悔患。**

艮为请求，艮覆，故不利。震为襟，坤闭，故曰“结衿”。震为言，坤括囊，故无言。坎为患。结衿乃罪人就刑时结束之状，坤为死，坎为刑，故有此象。

家人 **三羊争雌，相逐犇驰。终日不食，精气竭罢。**

详《乾之大畜》。

睽 **退恶防患，见在心苗。日中之恩，解释倒悬。**

蹇 **两足四翼，飞入嘉国。宁我伯姊，与母相得。**

详《贲之同人》。

解 **寒露所凌，渐至坚冰。草木疮伤，华落叶亡。**

坎为寒，为露；为冰，艮为坚，故渐至坚冰。震为草木，坎为破，故为疮。震为花叶，伏巽为落，故叶落花亡。

损 **后稷农功，富利我国。南亩治理，一室百子。**

震为稷。坤为富利，为国，为亩。震为南，故曰“南亩”。艮为治理，为室。震为子，坤为百，故曰“百子”。室，实也。言农家治理果蓏，一实之中有百子也。

益 **设网张罗，捕鱼园池。网罟自决，虽得复失。危诉之患，受其忻欢。**

上巽为绳，坤中虚，艮手，故曰“设网张罗”。巽为鱼，坤为园池，艮击，故捕鱼园池。巽为敝漏，故网决。决，绝也。网决，故得而复失。坤为失，为患。末二句有讹字，义未详。

夬 **路舆县休，侯伯恣骄。上失其威，周室衰微。**

夬伏剥。坤为大舆，故曰“路舆”。艮一阳止于上，故曰“县休”。震为诸侯，为威，为周。震反于上，故曰“恣骄”。震覆，故失其威，故周室衰微。坤为失。艮为室也。

姤 **逐走追亡，相及扶桑。复见其乡，使我悔丧。**

伏复。震为逐，为走，坤为亡。震为桑，又为东，故及于扶桑。坤为乡，为我，为悔，为丧。《山海经》：日浴扶桑。

萃 **履禄绥厚，载福受祉。衰微复起，继世长久。疾病献麦，晋人赴告。**

通大畜。震为履。乾为禄，为厚，为福，为祉。巽陨落，故曰“衰微”。震为起，故曰“衰微复起”。坤为世，巽为长。坤为疾病。震为麦，为晋，为人，为告。《左传·成十年》：晋侯欲麦，使甸人献麦。将食而卒。“赴告”者，赴君丧于各国也。

升 **鳏寡孤独，禄命苦薄。入宫无妻，武子哀悲。**

坤巽皆为寡，故曰“孤独”。震为禄，巽为命；巽寡，故苦薄。伏艮为宫，巽为妻，为入。坤丧，故曰“无妻”。震为武，为子，坤为哀悲。武子，崔杼。杼将娶棠姜，筮得困三爻，曰入其宫，不见其妻。后果得祸。

困 **山没丘浮，陆为水鱼。燕雀无巢，民无室庐。**

详《观之大有》。

井 **冠带南游，与福喜期。徼于嘉国，拜位逢时。**

伏噬嗑。艮为冠，巽为带，离为南，故冠带南游。伏震为福喜。艮为国，为位，为时。

革 **东行亡羊，失其羝牂。少女无夫，独坐空庐。**

通蒙。震为东，兑为羊；坤丧，故亡羊。兑为少女，震为夫；坤丧，故无夫。艮为坐，为庐；坤虚，故曰"空庐"。

鼎 **探巢捕鱼，耕田捕鳅。费日无功，右手空虚。**

通屯。艮为巢，艮手，故曰"探"，曰"捕"。坤为鱼，为田，震为耕。夫探雀得鱼，耕田得鳅，二者皆必无之事，故曰"无功"。艮为日。兑右坤虚。

震 **东行饮酒，与喜相抱。福为吾家，利来从父。水泽之徒，望邑而处。**

震为东，坎为酒；震口，故曰"饮酒"。震为喜，艮手为抱；正反艮，故曰"相抱"。艮为家。震为父，伏巽为利。坎为水。艮为望，为邑。

艮 **妄怒失精，自令畏悔。忪忪之惧，君子无咎。**

震为怒。坎为畏惧。艮为君子。

渐 **白云如带，往往来处。飞风送迎，大雹将下。击我禾稼，僵死不起。**

巽为白，为带，坎为云。巽进退，故曰"往来"，曰"送迎"。艮为雹，为击。巽为禾稼。坎陷，故曰"僵"。

归妹 **南至之日，阳消不息。北风烈寒，万物藏伏。**

离为南，为日。日南至冬至，纯阴极寒，故曰"阳消不息"。伏巽，互坎，故曰"北风"。坎为寒，为伏。震为万物，故曰"万物藏伏"。

丰 **火中仲夏，鸿雁解舍。体重难移，未能高举。君子显名，不失其誉。**

《月令》：季夏之月，昏火中。火，心星也。仲当为季。火谓鹑火，属南方。离为星，为火，为夏。伏艮为季，故曰"季夏"。震为鸿雁。中互大坎，故曰"难移"，故不能高举。伏艮为君子，为名誉。解舍，言天暑而弃其巢也。

旅 **北行出门，履蹈蹶颠。踒足据涂，污我襦袴。**

伏节。坎北，震行，艮门，故曰"北行出门"。震为履蹈，坎为蹇，故曰"蹶颠"，曰"踒足"。蹶、踒，皆跌也。坎为污，震为襦袴。

巽 **轻车醱祖，疾风暴起。促乱祭器，飞扬鼓舞。明神降佑，道无害寇。**

兼用震象。详《豫之大畜》。

兑 **酒为欢伯，除忧来乐。福喜入门，与君相索，使我有得。**

伏艮。互坎为酒，震为欢，为伯。《酒谱》：昔人谓酒为欢伯。坎为忧。艮为门。震为福喜，为君。艮为求，正反艮，故曰“相索”。艮为我。

涣 **三足孤乌，灵明督邮。司过罚恶，自贼其家，毁败为忧。**

《五行志》：日中有三足乌。震为足，数三，故曰“三足”。艮为黔喙，故曰“乌”。艮为龟，故曰“督邮”。详《小畜之未济》。震为邮。

节 **三河俱合，水怒涌跃。坏我王屋，民饥于食。**

详《蛊之颐》。节中互颐，故词同。

中孚 **南行枣园，恶虎畏班。执火销金，使我无患。**

震为南。艮为果，为园，为虎，为班。班亦虎也。楚人谓虎为班。恶，憎也。艮为火，为手，故曰“执火”。艮为金，为我。虎为金精，以火销金，故无虎患。

小过 **求鹿过山，与利为怨。暗聋不言，谁知其欢。**

艮为求，为山。震为鹿，鹿在山外，故曰“过山”。巽为利。兑为耳，为昧，故暗聋。震言，艮止，故不言。

既济 **行旅困蹶，失明守宿。囹圄之忧，启蛰出游。**

此用坎象。震为行旅，艮止坎陷，故曰“困”。坎为宿，为隐伏，故曰“失明守宿”。坎为囹圄，为忧，为蛰。震出，故曰“启蛰出游”。

未济 **据棘履杞，跌刺为忧。夫妇不和，乱我良家。**

此仍用坎象。坎为棘，为杞，为刺，为夫。离为妇，妇前夫后，故曰“不和”。

䷝ 离上 离下 离之第三十

时乘六龙，为帝使东。达命宣旨，无所不通。

通坎。互艮为时。震为龙，坎数六，故曰“六龙”。震为帝，为东。本卦巽为命，风散，故达命宣旨，无所不通。

之乾 **执辔四骊，王以为师。阴阳之明，载受东齐。**

遇卦离为东，互巽为齐。

坤 **春秋祷祝，解祸除忧，君子无咎。**

此与上皆兼用离象。离互兑为秋，兑口，故祷祝。离伏震，故曰“春”。伏坎，故曰“祸忧”。伏艮为君子。

屯 **坐朝乘轩，据国子民。虞叔受命，六合和亲。**

坤为朝，为轩车。艮为坐，震为乘，故曰“坐朝乘轩”。艮为据，为国，震为子，坤为民，故据国子民。艮为叔，震为欢虞，伏巽为命，故曰“虞叔受命”。坎为和，为合，数六，故曰“六合”。

蒙 **开户下堂，与福相迎。禄于公室，曾祖以昌。**

坤为门户，艮为堂。震为开，坤为下，故曰“开户下堂”。震为福禄，正反震，故曰“与福相迎”。震为公，坎为室。艮为祖。

需 **高木腐巢，漏湿难居。不去甘棠，使我无忧。**

坎为木，离为巢。在上，故曰“高木”。坎水，故曰“腐巢”，故曰“漏湿”。下二句言巢虽漏湿，只不伐甘棠，即无倾覆之忧也。

讼 **三女为奸，俱游高园。背室夜行，与伯笑言。不忍主母，为失醴酒，冤尤谁告。**

通明夷。坤为女，震数三，故曰“三女”。坎为奸。巽为高，坤为园，故俱游高园。艮为背，坎为室，为夜；艮覆，故曰“背室夜行”。震为伯，为笑言，为主。坤为母，故曰“主母”。坎为酒，为冤尤。《列女传》：周大夫主父妻淫于邻人，恐主父觉，置毒酒使婢进之。婢知之，佯僵覆酒，受笞。

师 **漏卮盛酒，无以养老。春贷黍稷，年岁实有。履道坦坦，平安无咎。**

坎为酒，震为卮，伏巽，故曰“漏卮”。坤为老，坤丧，故不能养老。震为黍稷，为春。坤为年岁。震为履，为大涂，故曰“履道坦坦”。

比 **松柏枝叶，常茂不落。君子惟体，日富安乐。**

艮为木，为坚，故曰“松柏”，曰“不落”。艮为君子，为安。坤为身，故曰“体”。

小畜 **夫妇不谐，为燕攻齐。良弓不张，骑劫忧亡。**

互离，下震上巽，震夫巽妇，而正反两兑口相对，故曰“不谐”。兑为燕，巽为齐。坎为弓，坎伏，故曰“不张”。骑劫，燕将，代乐毅。战死，故曰“亡”。

履 **出令不胜，反为大灾。强不克弱，君受其忧。**

巽为令，兑为反巽，为毁折，故曰“不胜”，曰“反为大灾”。卦以一阴为主，故强不克弱，言五阳不能胜此一阴也。乾为君。“君受其忧”者，言上乾恐被阴消也。

泰 **犇牛相错，败乱绪业，民不得作。**

坤为牛，震为奔。坤为败乱，伏巽为绪。坤为民，坤僵，故不作。

否 **载璧秉圭，请命于河。周公克敏，冲人瘳愈。**

乾为玉，坤为车。故曰“载璧”。艮为手，故曰“秉圭”。巽为命，乾为河。伏震为周，为公，为冲人。艮坚，故曰“瘳”。“冲人”者，成王。言成王有疾，周公以圭璧祷于河，使王疾愈也。事见《史记·鲁世家》。

同人 **素车伪马，不任重负。王侯出征，忧危为咎。**

通师。震为车，为白，故曰“素车”。震为马，坤虚，故曰“伪马”。盖刍灵之属。坤柔，故不任重负。震为王，为诸侯，为出征。坎为忧危。

大有 **大树之子，同条共母。比至火中，枝叶盛茂。**

通比。艮坎皆为木，坤为母。本卦离为火。《左传·昭三年》：火中，寒暑乃退。注：心星。以季夏昏中而暑退。季夏之时，草木长成，故曰“枝叶盛茂”。

谦 **壅遏堤防，水不得行。火盛阳光，阴霓伏藏，走归其乡。**

详《比之大畜》。

豫 **五岳四渎，润洽为德。行不失理，民赖恩福。**

随 **驾骏南游，虎惊我牛。阴不奉阳，其光显扬。言之谦谦，奉义解患。**

震为马，为南。艮为虎，为牛，震为惊。上下卦阴皆居上，故曰“阴不奉阳”。即不承阳也。艮为光。初至四正反震，故曰“言之谦谦”。震为解也。

蛊 **早霜晚雪，伤害禾麦。损功弃力，饥无所食。**

震为禾麦，兑毁，故曰“伤害”。巽陨落，故损功弃力。兑为食，震为虚，故曰“饥无所食”。

临 **岐周海隅，有乐无忧。可以避难，全身保财。**

震为周，坤为海，为忧。震乐，故无忧。坤为财。

观 **阴蔽其阳，日暗不明。君忧其国，求骍得黄，驹犊从行。**

卦阴盛阳衰，故曰“阴蔽其阳”。艮为日，坤黑，故不明。坤为国，为忧，伏震为君。坤为马，故曰“骍”、“黄”。骍，赤色；黄，黄色马也。乾为赤。坤为黄，乾伏，故不得骍而得黄。艮为求。为少，故曰“驹”。坤牛，故曰“犊”。坤母，故驹犊从行。

噬嗑 **金城铁郭，上下同力。政平民欢，寇不敢贼。**

艮为城郭，为金铁。正反震，故曰“上下同力”。坎为平，为民，为寇贼。

贲 **平公有疾，迎医秦国。和不能愈，晋人赴告。**

坎为平，为疾，震为公。艮为国，伏兑，故曰“秦国”。坎为和，震为晋。按《左传·成十年》：晋景公有疾，秦伯使医缓为之医，言病入膏肓，不能为，公果卒。“赴告”者，言赴告列国公丧也。

剥 **戴尧扶禹，松乔彭祖。西遇王母，道路夷易，无敢难者。**

乾为王，一阳在上，群阴戴之，故曰“戴尧扶禹”。艮为寿，故曰“松乔彭祖”。赤松子、王子乔、彭篯皆仙人而享大年者。伏兑为西。坤为母，伏乾，故曰“王母”。坤为道路。

复 **羔羊皮革，君子朝服。辅政扶德，以合万国。**

详《谦之离》。

无妄 **振钟鼓乐，将军受福。安帖之家，虎狼为忧。履危不殆，师行何咎。**

震为钟，为乐。鼓乐，言奏乐也。震为武人，故曰“将军”。艮为安，为家，为虎狼。震为履，伏坤为师。

大畜 **嫡庶不明，孽乱生殃，陈失其邦。**

震为长子，嫡也。乃三至上正反震，故曰“嫡庶不明”。震为陈，四至上震覆，故陈失其邦。艮为邦。

颐 **鸟惊狐鸣，国乱不宁。上弱下强，为阴所刑。**

震为鸟，为惊，为鸣，艮为狐。坤为国，为乱。艮孤阳在上，故曰“上弱”。震为健，故曰“下强”。坤为刑，中四爻重坤，故曰“为阴所刑”。

大过 **被绣夜行，不见文章。安坐于堂，乃无咎殃。长子帅师，得其正常。**

卦通颐。坤为夜，震为行。坤为绣，为文章，坤黑，故不见。艮为坐，为堂。震为长子，坤为师。三四句言艮止义，五六句言震动义也。

坎 **六月采芑，征伐无道。张仲方叔，克胜饮酒。**

六月、采芑，《小雅》篇名，颂周宣王也。张仲、方叔，皆宣王臣。诗张仲孝友，方叔召虎是也。坎为月，数六，故曰“六月”。互震为芑，艮手为采。震为征伐。坎为仲，艮为叔。坎为酒。

咸 **昧暮乘车，东至伯家。逾梁越河，济脱无他。**

伏损。坤为黑，为夜，故曰“昧暮”。震为车，为乘，为东，为伯。艮为家，故东至伯家。艮为梁，坤为河。震往，故曰“逾越”，曰“济脱”。

恒 **东风解冻，和气兆升，年岁丰登。**

震东巽风，乾为寒，为冻，震为解，故曰“东风解冻”。巽为气，兑悦，故曰“和气”。坤为年岁。

遁 **三狸捕鼠，遮遏前后。死于圜城，不得脱走。**

古猫未为家畜，故以狸捕鼠。狸，狐属。艮为狸，数三，故曰“三狸”。艮为鼠。艮止，故曰“遮遏前后”。伏坤为死，乾为圜，艮为城。艮止，故难脱。

大壮 **绥德孔明，履禄久长。贵且有光，疾病忧伤。**

震为履。乾为禄，为久长，为贵，为光。伏坤为疾病忧伤。

晋 **三虎搏狼，力不相当。如摧腐枯，一击破亡。**

艮为虎，数三，故曰“三虎”。艮为狼，为手，故搏狼。离中虚，故曰“枯腐”。艮为击，坎为破，坤为亡。

明夷 **使伯采桑，狠不肯行。与叔争讼，更相毁伤。**

震为伯，为桑。坎为狠，坎陷，故不肯行。坎上下兑口相背，故曰“争讼”。坎破，故曰“毁伤”。

家人 **抱空握虚，鹑惊我雏，利去不来。**

此用遇卦象。离中爻伏艮，故曰“抱”，曰“握”。离为空虚。艮为鹑，震子，故曰“雏”。震为惊。巽为利，风散，故不来。

睽 **李华再实，鸿卵降集。仁哲以兴，荫国受福。**

详《小畜之离》。

蹇 **东山皋洛，勇悍不服。金玦玩好，衣为身贼。**

《左传・闵二年》：晋侯使太子申生伐东山皋洛氏，佩之金玦。后太子果败。离东艮山，离为赤。东山皋洛，赤狄别种，故用以为象。艮为金，伏兑为玦。坎为贼。

解 **飞蚊污身，为邪所牵。青蝇分白，贞孝放逐。**

伏巽为蚊，震为飞。坎水，故曰“污”。震为青，伏巽为蝇，为白。

损 **南山黄竹，三身六目。出入制命，东里宣政。主尊君安，郑国无患。**

震为南，为竹，艮山。数三，坤身，故曰“三身”。六目，未详。伏巽为命令。坤为里，震东，故曰“东里”。指子产也。震为主，艮为安，为居。坤为国，为郑。《说文》：郑，地町町然平也。象坤形。

益 **泉起昆仑，东出玉门。流为九河，无有忧患。**

艮山坤水，故曰“泉起昆仑”。艮为门，震为东，为玉，故东出玉门。坤为河，震数九，故曰“九河”。坤为忧患，震解，故无。言河出昆仑山，遇玉门关，播为九河也。

夬 **命短不长，中年夭伤。思及哭堂，哀其子亡。**

巽为命，为长，巽覆兑折，故曰“命短不长”。乾为年，兑少，伏坤为死，故曰“中年夭伤”。坤为思，伏艮为堂，兑口为哭。震为子，伏艮震覆，故子亡。

姤 **君臣不和，上下失宜，宗子哀歌。**

通复。坤为臣，震为君，臣上君下，故曰“不和”，曰“失宜”。震为宗，为子，为歌。坤忧，故曰“哀歌”。

萃 **苛政日作，螟食华叶。割下啖上，民被其贼，秋无所得。**

坤为政，艮为日。巽为螟，兑为食，为华，故曰“螟食华叶”。坤为下，艮为刀，故曰“割下”。兑口在上，故曰“啖上”。坤为民，互巽为贼，故曰“民被其贼”。兑为秋，巽陨落，故无得。

升 **南行载铠，登履九魁。车伤牛罢，日暮嗟咨。**

震为南，伏艮为铠。《说文》：铠，甲也。坤为车，为牛，为暮。伏艮为日。坤忧震语，故嗟咨。第二句义未详。

困 **春东夏南，随阳有功，与利相逢。**

伏贲。互震为春，为东。离为夏，为南，故曰“春东夏南”。离为阳，震为随。本卦巽为利。

井 **头尾颠倒，不知绪处，君失其国。**

伏噬嗑。艮为首，为尾。初至四正反艮，故曰“颠倒”。巽为绪。震为君，艮为国。互坎，故曰“失国”。

革 **言无要约，不成券契。殷叔季姬，公孙争之。强入委禽，不悦于心。**

详《颐之革》。

鼎 **缺破不成，胎卵不生，不见其形。**

互兑为缺破。震为胎，为卵。震伏巽陨，故不生。

震 **见蛇交悟，惜蚖畏恶，心乃无悔。**

伏巽为蛇，为蚖。互坎为心。义未详。

艮 **河水孔穴，坏败我室。水深无涯，鱼鳖倾倒。**

坎为河水，震为孔，艮为穴，故曰“河水孔穴”。艮为室，为鳖。伏巽为鱼。

渐 **五岳四渎，地得以安。高而不危，敬慎避患。**

艮山，坎数五，故曰“五岳”。坎为渎，巽数四，故曰“四渎”。巽为高，艮安，故不危。坎为患，巽顺，故曰“敬慎”。

归妹　南至之日，阳消不息。北风冽寒，万物藏伏。

离日，震南，故曰“南至之日”。上下卦阴在阳上，故曰“阳消不息”。坎为北，为寒；伏巽，故曰“北风”。震为万物，坎为藏伏。

丰　五利四福，俱田高邑。黍稷盛茂，多获高稻。

巽为利，卦数五，故曰“五利”。震为福，卦数四，故曰“四福”。艮为邑，巽为高，震为耕，故曰“俱田高邑”。震为黍稷，为盛茂，为稻。

旅　公孙驾车，载游东齐。延陵说产，遗季纻衣。

详《乾之益》。

巽　蛟虬当道，民困愁苦。望羊置群，长子在门。

巽为蛇，故曰“蛟虬”。伏震为道，故曰“蛟虬当道”。坎为民，为愁苦。坎陷，故曰“民困愁苦”。互兑为羊。艮为门，震为长子。

兑　金玉满堂，忠直乘危。三老冻饿，鬼夺其室。求鱼河海，网举必得。

伏艮为金，为堂，震为玉，故曰“金玉满堂”。坎为忠直，为危，为冻。震数三，艮寿，故曰“三老”。三老，乡官也。坎为鬼，为河海。艮为求，互巽为鱼。离为网。

涣　日入明匿，阳晶隐伏。小人劳心，求事不得。

离伏，故曰“日入明匿”。晶、精通。坎为隐伏，为心，为劳。震为人，艮为小，故曰“小人劳心”。艮为求，风散，故不得。

节　频逢社饮，失利后福。不如子息，旧居故处。申请必得，乃无大悔。

艮为社，兑口为饮。古社日最重春秋两社，皆祭后乡饮，故曰“频逢社饮”。巽为利，巽伏，故失利。震为后，为福，故曰“后福”。震为子息，为申请。艮为居处。

中孚　南有嘉鱼，驾黄取鳉。鲂鲔诩诩，利来无忧。

震为南，巽为鱼。震福，故曰“嘉鱼”。震为黄。黄，马也。正反巽，故曰“鳉”，曰“鲂鲔”。巽为利。

小过 **黄裳建元，文德在身。禄佑洋溢，封为齐君。**

震为衣，为黄。《坤·六五》“黄裳元吉”，故曰“建元”。艮为身，坤为文，卦上下皆坤爻，故曰“文德在身”。震为福佑，为君，巽为齐。

既济 **口不从心，欲东反西。与意乖戾，动举失便。**

离东坎西。

未济 **虎狼之乡，日争凶讼。叨尔为长，不能定从。**

卦有三艮形，故曰“虎狼之乡”。离，正覆兑相背，故曰“争讼”。不能定从，言不能定从约。虎狼之乡，谓秦也。

䷞ 兑上 艮下 咸之第三十一

雌单独居，归其本巢。毛羽憔悴，志如死灰。

巽为雌，为寡，故曰“单独”。艮为巢。巽寡发，故曰“毛羽憔悴”。伏坤为志，为死。

之乾 **小窗多明，道里利通。仁贤君子，国安不僵。**

此用咸象。咸伏损。艮为小，为窗，为明。坤为道里。震为利通，为仁贤。艮为君子，为国，为安。

坤 **心恶来怪，冲冲何惧。颜渊子骞，尼父圣诲。**

咸艮为颜，兑为渊，故曰“颜渊”。艮手为骞，故曰“子骞”。乾为父，为圣。艮山，故曰“尼父”。兑言，故曰“圣诲”。

屯 **鸟鸣呼子，哺以酒脯。高栖水处，来归其母。**

艮为鸟，震为鸣，为子，故曰“鸟鸣呼子”。震为口，故曰“哺”。坎为酒，为脯。脯，肉也。艮高，故曰“高栖”。坤水坎水，故曰“水处”。坤为母，震为归。言鸟闻呼，或高栖，或水处，皆至也。

蒙 **国马生角，阴孽萌作。变易常服，君失于宅。**

坤为国，为马，艮为角，互震，故曰“生角”。坤为阴，为服，为失。艮为宅。震为萌，为君。《汉书·五行志》：文帝十二年，有马生角于吴。刘向以为吴举兵向上之萌。又《史记》：燕太子丹为质于秦，求归。秦王曰，待马生角。既而马果生角，乃放归。此皆反常之事，故曰“变易常服”。

需 **入宇多悔，耕石不富。衡门屡空，使士失意。**

似多用伏象。

讼 **诸孺行贾，远涉山阻。与旅为市，不危不殆，利得十倍。**

伏震为孺，为商贾。坤众，故曰“诸孺”。乾为陵，故曰“山阻”。伏巽为市，为利，为三倍。

师 **梁破桥坏，水深多畏。陈郑之间，绝不得前。**

艮为桥梁，艮覆，故曰“破坏”。坎为破也。坤水坎水，故曰“水深”。坎为畏。震为陈。坎为平，为郑。坎陷，故不前。

比 **双凫俱飞，欲归稻池。经涉萑泽，为矢所射，伤我胸臆。**

此兼咸象。艮为凫，兑数二，故曰“双凫”。兑为池。巽为稻，为萑。坎为矢。坤为胸。

小畜 **谩诞不成，倍梁灭文。许人卖牛，三夫争之。失利后时，公孙怀忧。**

未详。

履 **南国饥凶，民食糟糠。少子困捕，利无所得。**

乾为南，伏坤为国，离为饥。巽为糟糠，兑为食。

泰 **狗吠非主，狼虎夜扰。惊我东西，不为家咎。**

震为鸣吠，为主。伏艮为狗，为虎狼。震为惊，为东。兑为西。艮为家。狗吠非主，言非其主人而必吠也。

否 **望龙无目，不见手足。入水求玉，失其所欲。**

乾为龙，艮为目，巽伏故无。震为足，震伏故不见。艮为手，巽伏故亦不见。乾为玉，坤为水。巽入艮求，故曰“入水求玉”。坤为失，故所欲不得也。

同人 **以鹿为马，欺误其主。闻言不信，三日为咎。黄龙三子，中乐不殆。**

伏师。震为鹿，坤为马，故曰“以鹿为马”。震为主。离上下兑口相背，故曰“期误”，曰“闻言不信”。与《明夷·初九》之“有言”义同也。离数三，故曰“三日”。震为黄龙，为子，为乐。《史记·秦本纪》：赵高献鹿于二世，曰马也。

大有 **养幼新婚，未能出门。登宋望齐，不见太师。**

此用咸象。少男少女，故曰“养幼”。六爻皆交，故曰“新婚”。乾为门，巽伏，故曰“未能出门”。架木为屋曰宋。艮为宋，为望，巽为齐。乾为太师，巽伏，故不见。

谦 **王孙季子，相与为友。明允笃诚，升擢荐举。**

艮为王孙，为季子。艮为友，正反艮，故曰“相与为友”。艮为明，为升擢。

豫 **山水暴怒，坏梁折柱。稽难行旅，留连愁苦。**

艮为山，坤水坎水，上震，故曰“山水暴怒”。艮为梁柱，坎折，故曰“坏梁折柱”。坎陷艮止，故曰“稽难”，曰“留连”。震为行旅，坎为愁苦。

随 **鹳鸠徙巢，西至平州。遭逢雷电，碎我苇芦。室家饥寒，思吾故初。**

艮为鹳鸠，为巢。下震，故曰“徙巢”。兑为西。震为雷，为苇芦。艮为室家。

蛊 **登高伤轴，上阪弃粟。贩盐不利，买牛折角。**

互震为轴，为登。兑为折，故伤轴。艮为阪，巽为粟。在下，故曰“弃粟”。震为商贩，兑为盐卤。艮为牛，为角，兑为折。

临 **祝鮀王孙，能事鬼神。节用绥民，卫国以存。飨我旨酒，眉寿多年。**

《论语》：祝鮀治宗庙。故曰“能事鬼神”。注：祝鮀，卫大夫子鱼也。《疏》：《左传》，子行敬子谓灵公曰，会同难，其使祝鮀从。将盟，果长卫侯。故曰“卫国以存”。坤为鮀，震言，故曰“祝鮀”。震为王，为神。坤为鬼，为民，为国。

观 **九里十山，道却峻难。牛马不前，复反来还。**

坤数十，互艮，故曰“十山”。朱震云：坤亦数九。故曰“九里”。艮为道。却，退也。巽为进退，故曰“道却”。坤为牛，为马。艮止，坤下，故不前。

噬嗑 **枯树不花，空渊无鱼。旧鸟飞翔，利弃我去。**

震为树，离火，故枯。坎为渊，巽为鱼，巽伏，故无鱼。艮为鸟，为飞。

贲 **雄狐绥绥，登上崔嵬。昭告显功，大福允兴。**

艮为狐，阳卦，故曰“雄狐”。震为登。艮山，故曰“崔嵬”。震言，故曰“告”。

剥 **哑哑笑喜，相与饮酒。长乐行觞，千秋起舞，拜受大福。**

此用咸卦伏象。

复 **大椎破毂，长舌乱国。床第之言，三世不安。**

兑为舌，震形较兑多一阴，故曰“长舌”。坤为国，为乱。伏巽为床，震为言；数三，坤为世，故曰“三世”。椎、毂，疑皆为震象。

无妄 **男女合室，二姓同食。婚姻孔云，宜我孝孙。**

艮为室，震男巽女；俱在艮体中，故曰“合室”。震为口，为食；正反震相对，故曰“同食”。艮为孙，巽顺，故曰“孝孙”。

大畜 **千仞之墙，祸不入门。金笼铁疏，利以辟兵。欲南上阪，轴方不转，还车复反。**

艮为墙，在上，故曰“千仞”。乾为门，坤为祸；坤伏，故祸不入门。乾为金，艮亦为金，故曰“金笼铁疏”。疏、梳同。艮为刀兵，艮止，故辟兵。震为南，艮为阪。伏坤为轴，为方；艮止，故不转。震为车，为反也。

颐 **华言风语，自相诖误。终无凶事，安宁如故。**

震为敷，故曰“华言”。伏巽，故曰“风语”。正反震，故诖误。坤为凶，为事，艮为终，故终无凶事。艮止，故安宁如故。

大过 **泛泛柏舟，流行不休。耿耿寤寐，心怀大忧。仁不遇时，退隐穷居。**

详《屯之乾》。

坎 **大尾小头，重不可摇。上弱下强，阴制其雄。**

艮为尾，坎为头。阳陷阴中，故曰“阴制其雄”。

离 **一身三口，语无所主。东西南北，迷惑失道。**

兑为口，离数三，故曰“三口”。伏坎数一，伏艮为身，故曰“一身”。正反兑，故曰“语无所主”。兑为西，伏震为东，离为南，伏坎为北。伏艮为道，正反艮，故迷惑失道。

恒 **南行求福，与喜相得。封受上赏，鼎足辅国。**

震为南，为行，为喜，为鼎，为足。乾为福。伏坤为国。

遁 **过时不归，雌雄苦悲。徘徊外国，与母分离。**

艮为时，震为归。二至四震伏，故曰“不归”。互巽为雌，震为雄。震伏不见，故曰“苦悲”。艮为国，艮止，故徘徊。坤为母，坤伏不见，故曰“与母分离”。

大壮 **尧舜在国，阴阳和得。涿聚衣裳，晋人无殃。**

震为帝，故曰“尧舜”。《左传·哀二十三年》：晋伐齐，智瑶禽颜涿聚。故曰“晋人无殃”。然语意与上二句不属。

晋 **周成之隆，越裳夷通。疾病多祟，鬼哭其公。狼子野心，宿客不同。**

此用咸象。伏震为周，艮为成，故曰“周成”。坤为裳，震为南，故曰“越裳”。坤为夷，为疾病，为鬼。艮为哭，震为公。震覆坤死，故曰“鬼哭其公”。艮为狼，坤为野，为心。巽为旅客，坤为夜，故曰“宿客”。

明夷 **申酉脱服，牛马休息。君子以安，劳者得欢。**

坤居申方，坎先天居酉方。坤为牛，震为马，坎隐伏，故曰“脱服”。服，辕外马。脱服，即休息也。坎为劳，震为欢。言申酉日暮，牛马与人皆安息也。

家人 **凯风无母，何恃何怙。幼孤弱子，为人所苦。**

巽为风，为母；巽陨落，故无母。坎为孤，为苦。凯风，《邶风》篇名。《毛》谓母不安其室，兹谓无母。义与《毛》异。

睽 **出门上堂，从容牖房，不失其常。天牢地户，劳者忧苦。**

伏艮为门堂、牖房。坎为牢，艮为天，故曰“天牢”。坎为北，为劳、忧。《晋书·天文志》：天牢六星在北斗下，贵人之牢也。《河图括地象》：西北为天门，东南为地户。兑居东南，伏艮为户也。

蹇 **天厌周德，命与南国。以礼静民，兵革休息。**

艮为天，震为周，为德，故曰“天厌周德”。艮为国，离南，故曰“南国”。

离为兵革，艮止，故休息。厌，足也，满也。言周德盛，天与以南国也。

解 **堂桑折冲，佐斗者伤。暴臣失国，良臣被殃。**

未详。

损 **合欢之国，嘉喜我福。东岳西山，朝齐成恩。**

震为欢，坤为国。正反震相对，故曰“合欢之国”。震为喜，为福。艮为山岳，震东兑西，故曰“东岳西山”。震为朝，为齐。齐，同隮。《诗·墉风》：朝隮于西，崇朝其雨。传：隮，升也。按《乐记》：地气上齐。注：济，跻也。而跻与隮皆训升。是《齐诗》本作齐，字与《毛》异而义同也。言云升雨降，故曰“成恩”。

益 **耕石不生，弃礼无名。缝衣失针，襦袴不成。**

震为耕，艮为石。坤死，故曰“不生”。坤为礼，为失。震为衣，为襦袴。巽敝，故不成。针为坎象，四五半坎，故失针。

夬 **聋瞢暗盲，跛倚不行。坐尸争骸，身被火灾，困其多忧。**

《履·六三》云：眇能视，跛能履。谓兑为半离、半震也，故兹亦曰盲，曰跛。推之夬亦半坎也，故曰“聋”。伏艮为坐，坤为尸，兑为骸。坤为身，艮为火，故曰“身被火灾”。艮为困，坤为忧，故曰“困其多忧”。争，《广韵》云：谏诤也，止也。坐尸争骸，言不能行之人，有类于坐尸止骸而不能动，故遇火而困。伏坤为灾忧。

姤 **生长太平，仁政流行。四方归德，社稷康荣。**

此用复象。震为生，震乐，故曰“太平”。坤为政，震为仁，故曰“仁政流行”。坤为四方，为社稷。震为德，为康荣。

萃 **桀跖并处，民人愁苦。拥兵荷粮，战于齐鲁。合卺同牢，姬姜并居。**

坤恶，故曰“桀”。巽为盗，故曰“跖”。坤巽连体，故曰“并处”。坤为人民，为愁苦。艮为兵，为荷。巽为粮，为齐。兑为鲁。

升 **南与凶俱，破车失襦。西行无袴，亡其宝赂。**

震为南。坤为凶，为车。兑毁，故破车。震为襦，坤亡，故失襦。兑为西，巽为袴，震为玉。坤亡，故曰“无袴”，曰“亡其宝赂”。

困 **空槽注器，豚彘不至。张弓祝鸡，雄父飞去。**

伏震为槽，为器。注，击也。伏艮为击。巽为豕，故曰“豚彘”。坎陷，故不至。凡饲豕，击槽即至。今槽空无食，故虽击不至。巽为难，坎为弓。兑口，故曰“祝鸡”。祝，呼也。张弓呼，故惧而飞去也。

井 **望尚阿衡，太宰周公。藩屏汤武，立为王侯。**

详《同人之师》。

革 **朝鲜之地，箕子所保。宜家宜人，业处子孙。**

详大畜林。

鼎 **息忧解笑，故贫今富。载乐履善，与福俱遇。**

伏坎为忧，震为解，为笑。伏坤为贫，乾为富，故曰“故贫今富”。伏震为乐，为善，为履；为车，故曰“载乐”。震为福也。

震 **叔迎伯兄，遇巷在阳。君子季姬，并坐鼓簧。**

震为伯，为兄，互艮为叔。伏离为巷，为阳。言遇伯兄于巷之阳也。艮为君子，为季。震为姬，故曰“季姬”。为乐，故曰“鼓簧”。

艮 **顺风纵火，芝艾俱死。三害集房，十子中伤。**

详《剥之坤》。

渐 **驾车入里，求鲜鲂鲤。非其肆居，自令失市。君子所在，安无危殆。**

坎为车。艮为里，为求。巽为入，为鱼，故曰“求鲜鲂鲤”。所求非地，故曰“非其肆居”。巽为市。艮为君子，为安。

归妹 **拔剑伤手，见敌不起。良臣无佐，困辱为咎。**

伏艮为剑，为手。坎破，故伤手。坎为隐伏，故不起。艮为臣，坎为困辱。

丰 **乱君之门，佐斗伤跟。营私贪禄，身为悔残。东下泰山，见我所欢。**

离为乱，震为君，伏艮为门，故曰“乱君之门”。伏震为跟。正反震相对，故曰“斗”。兑折，故曰“伤”。艮为身，为山。震东，故曰“东下泰山”。

旅 **慈母望子，遥思不已。久客外野，使我心苦。**

巽为母。巽顺，故曰“慈母”。离为望。巽为旅客，艮为外野。伏坎为心。

巽 **鲂生淮郤，一转为百。周流四海，无有患恶。**

详蛊林。

兑 **甘露醴泉，太平机关。仁德感应，岁乐民安。**

详《屯之谦》。

涣 **采薇出车，鱼丽思初。上下役急，君子免忧。**

采薇、出车、鱼丽，皆《小雅》诗。《诗序》：采薇，遣将率戍役也；出车，劳还率也；鱼丽，美万物盛多而备礼也。又云：文武以天保以上治内，采薇以下治外。故林曰思初，言思文武周初之盛美也。震为薇，艮为采。震为出，为车。巽为鱼。艮为君子。坎忧震解，故免忧。

节 **豕生鱼鲂，鼠舞庭堂。雄佞施毒，上下昏荒，君失其邦。**

详《蒙之比》。此以坤为鱼，坎入坤，故曰“豕生鱼鲂”。

中孚 **三头六目，道畏难宿。寒苦之国，利不可得。**

丁云：《山海经》，一身三头。《淮南子·地形训》：有三头氏。艮为头，数三，故曰“三头”。

小过 **燕雀衔茅，以生孚乳。昆弟六人，姣好孝悌。各同心愿，和悦相乐。**

详《小畜之兑》。兑为燕。

既济 **文君之德，仁义致福。年无胎夭，国富民实。君子在室，曾累益息。**

此用咸象。伏坤为文。乾为君，为仁，为年。伏震为胎，震生，故不夭。艮为国，为君子，为室。乾为富实。伏坤为层累。

未济 **秋梁未成，无以至陈。水深难涉，使我不前。**

此似用咸象。兑秋艮梁，兑毁，故不成。互大坎，故曰“水深”。艮止，故不前。

䷟ 震上 巽下 恒之第三十二

黄帝所生，伏羲之宇。兵刃不至，利以居止。

震为帝，为玄黄，故曰"黄帝"。坤为牛，坤伏，故曰"伏羲"。羲、牺同，牛牲也。艮为兵刃，艮覆，故不至。巽为利。

之乾 登墀踒足，南行折角。长夜之室，不逢忠直。

此用恒象。震为足，兑折，故踒足。震为南。艮为角，艮覆，故折角。伏坤，故曰"夜"，曰"室"。

坤 燕雀衰老，悲鸣入海。忧在不饰，差池其羽。颉颃上下，寡位独处。

此仍用恒象。兑为燕雀。坤为老，为海。四、五二句，《诗·邶风》：燕燕文，乃庄姜送戴妫大归于陈之诗，故曰"寡位独处"。义与《毛》合。

屯 开门除忧，伯自外来。忉忉无患，我心得欢。

坤为门，震为开，为除。坎为忧，在外，故开门除忧。震为伯。伯自外来，言由外来内也。坎为患。为心，震乐，故无。

蒙 郊耕释耜，有所疑止，空虚无子。

坤为郊，震为耕，为耜。坎为疑。释耜，言辍耕也，故因疑而止。坤为虚，震为子。坤亡，故无子。

需 张牙切齿，断怒相视。祸起萧墙，牵引吾子。患不可解，忧惊吾母。

互兑为牙齿。兑刚鲁，故曰"断怒"。离为视，故曰"断怒相视"。离为祸。伏艮为墙，为牵引。坎为患，为忧。伏坤为母。

讼 履不容足，南山多棘。毋出房闼，乃无病疾。

伏明夷。震为足，为履，为南。坎为棘，为室，故曰"房闼"。坎隐伏，故曰"毋出"。坎为病疾，震解，故无。

师 **牛骍亡子，鸣于大野。申后阴微，还归其母。**

骍，《玉篇》云：马赤黄也。坤为牛，为黄，故曰“骍牛”。震为子，坤杀，故曰“无子”。坤为野，震为鸣，故曰“鸣于大野”。坤为后，为母。震为归。周幽王后申国女，幽王宠褒姒，废申后，故曰“还归其母”。

比 **龙生于渊，因风升天。章虎炳文，为禽败轩。发輗温谷，暮宿昆仑。终身无患，光精照耀，不被祸难。**

首二句兼用恒象。震为龙，为生，兑为渊，故曰“龙生于渊”。巽为风，乾为天，龙在天上，故曰“因风升天”。比，坤为文，艮为虎。震为车，震覆，故曰“败轩”。“禽”者，田猎也。輗，辕端持衡者。坤为车，一阳在坤上，若辕端衡木，盖艮象也。《水经注》：渭水右有温谷。然此温谷即旸谷。《书》：宅嵎夷曰旸谷。《淮南子》：日出于旸谷。言发輗东海，夕至仑昆也。坤为暮，艮为昆仑。坤为身，艮为终，为光明。坎为患难。

小畜 **既嫁宣吉，出入无咎。三圣并居，国安无灾。**

通豫。震为嫁，为出。巽为入。坎为圣，震数三，故曰“三圣”。坤为国。震乐，故无咎灾。

履 **北陆阳伏，不知白黑。君子伤谗，正害善人。**

通谦。坎为北，阳陷阴中，故曰“阳伏”。《左传》：日行北陆而藏冰。言天寒也。坎为黑，巽为白；巽坎皆为伏，故不知。艮为君子，正反震，故曰“伤谗”。

泰 **一身两头，近适二家，乱不可治。**

坤为身，乾数一，故曰“一身”。乾为头，坤数二，故曰“两头”。伏艮为家，坤为乱。

否 **牝马牡驹，岁字不休。君子衣服，利得有余。**

乾坤合体，故曰“牝牡”，故“岁字不休”。字，息也。乾为岁。互艮为君子，巽为利，乾为衣。

同人 **南行怀忧，破其金舆。安坐故庐，乃无灾患。**

通师。震为南。坤为忧患，为车。乾为金，故曰“金舆”。坎为破，为室庐。

大有 **忧人之患，履伤浮愿，为身祸残。笃心自守，与喜相抱。**

通比。坤为忧患。震为履，震覆，故曰“履伤”。坤为身，为祸。坎心，艮为抱。

谦 **咸阳辰巳，长安戌亥。丘陵生心，非鱼鳅市。可以避水，终无凶咎。**

谦，震、坎、艮三阳俱备，震乾初，坎乾中，艮乾上。三阳成乾，故曰“咸阳”。辟卦乾居辰巳，故曰“咸阳辰巳”。震为长，坤为安，故曰“长安”。辟卦坤居戌亥，故曰“长安戌亥”。坎先天位西，坤为都邑。咸阳、长安，皆西方都邑也。艮为丘陵，坤为鱼，为水。言丘陵可避水，不可得鱼也。

豫 **不知何孙，夜来扣门。我慎外寝，兵戎且来。**

艮为孙。坎为夜。坤为门，艮手，故曰“扣门”。外寝，外室也。艮为外，为寝，为刀兵。

随 **昧旦不明，日暗无光。丧灭失常，使我心伤。**

震为旦，兑为昧，故曰“昧旦不明”。艮为日，为光，兑向晦，故无光。

蛊 **江阴水侧，舟楫破乏。狐不得南，豹无以北。虽欲会盟，河水绝梁。**

坤为大川，故曰“江水”。震为舟，兑毁，故破乏。艮为狐，为豹。震为南。震反为艮，则北矣。艮止，故不得南北。艮为梁，兑折故梁绝。

临 **神之在丑，破逆为咎。不利西南，商人休止。**

震为神，先天居丑方。又临为丑月卦，故曰“神之在丑”。兑为破。《易》至于八月有凶，言至未遁，丑未冲。故曰“破逆为咎”，曰“不利西南”。西南，遁未也。震为商人，因逆破故休止。

观 **然诺不行，欺天误人。使我露宿，夜归温室。神怒不直，鬼击其目。欲求福利，适反自贼。**

震为言，震覆，故曰“然诺不行”，曰“期天误人”。艮为天，为室。坤为宿，为夜。艮为火，故曰“温室”。伏震为神，为怒。坤为鬼，艮为目。艮手，故曰“鬼击其目”。艮为求，巽为利，为贼。

噬嗑 **攘臂极肘，怒不可止。狼戾愎佷，无与为市。**

艮为臂肘。极，放也。《仪礼·大射》：赞设决，朱极三。注：极，放也。

极肘，即放肘也。震为怒。艮为狼。巽为市，巽伏，故曰“无与为市”。

贲 **贩马买牛，会值空虚。利得尠少，流连为忧。**

离为牛，震为马；为商旅，故曰“贩买”。离为空虚。巽为利，巽伏，故利得鲜少。坎为忧，艮止，故曰“流连”。

剥 **高楼陆处，以避风雨。深堂邃宇，君安其所。牝鸡之晨，为我利福，请求弗得。**

此用恒象。伏坤为重，故为楼。巽为高，故曰“高楼”。坤为陆，故曰“陆处”。巽为风，兑为水，故亦为雨。巽为伏，故曰“以避风雨”。艮为堂宇，下乘坤，故曰“深邃”。震为君，艮为安，故曰“君安其所”。震为晨。巽为鸡，为利。艮为请求，坤虚，故弗得。

复 **阿衡服箱，太乙载行。逃时历舍，所之吉昌。**

《商颂》：实维阿衡。注：阿，倚；衡，平也。《天官书》：北斗，帝车运乎中央。《晋书·天文志》：北斗杓三星为玉衡。衡，平也，辕端横木也。坤为平，为方，为车箱，故曰“阿衡服箱”。《诗》：睆彼牵牛，不以服箱。《毛传》：服，牝服也。箱，大车之箱也。《疏》：牝服，长八尺，谓较也，今俗为平较。两较之内谓之箱。按，大车，牛车。两辕，今车两边之墙，古谓之较，两较之中即为箱。以其中虚，故名牝服。兹曰“阿衡服箱”，与太乙并称，则阿衡指玉衡，服箱指牵牛，言太乙居中，御斗牛以行也。震为君，故曰“太乙”。太乙即北辰，极尊象君。复，出入无疾，故所之吉昌。

无妄 **飞来之福，入我嘉室，以安吾国。**

乾为福，震为飞。巽为入。艮为室，为国。

大畜 **不孝之患，子孙为残。老耄莫养，独坐空垣。**

巽为孝，二至四巽覆，故曰“不孝”。伏坤为患。震为子，艮为孙；皆履乾上，而兑毁折，故曰“残”。乾为老，坤为养，坤伏，故莫养。艮为垣，为坐，为独。

颐 **南过棘门，钩裂我冠。断衣伤襦，使君恨忧。**

通大过。乾为南，为门；互大坎，故曰“棘门”。艮为冠，为钩；兑毁，故冠裂。乾为衣襦，巽下断，故断衣伤襦。乾为君，坤为恨忧。

大过 **重弋射隼，不知所定。质疑蓍龟，孰可避之。明神答报，告以肌如，宜利止居。**

以绳系矢而射，曰弋。正反巽，故曰“重弋”。伏艮为隼，震为射。正反震，故不能定射的在何所也。震为蓍，艮为龟，坤为疑。震言，故曰“质疑”。震为往，正反震，故曰“孰可避之”。震为神，艮为明；上艮为反震，故曰“答报”。艮为止，巽为肌。肌，虫名。《尔雅·释虫》：密肌、继英，皆虫名。注云：未详。兹曰“止居”，或密肌为蛰伏之虫，正巽象也。

坎 **麟麑凤雏，安乐无忧。捕鱼河海，利逾徙居。**

伏离为文，故曰“麟凤”。艮亦为兽，为鸟。艮少，故曰“麑”，曰“雏”。麑，鹿子也。坎为忧，震乐，故无忧。伏巽为鱼，为利。艮为捕，坎为河海，故曰“捕鱼河海”。艮为居，震行，故曰“徙居”。

离 **新田宜粟，上农得谷。君子怀德，以干百禄。**

离为新，伏艮为田。二岁为新田。巽为粟，为谷。中爻正反巽，故曰“宜粟”，曰“得谷”。伏艮为君子。为求，故曰“干”。震为百，为禄。

咸 **簪短带长，幽思苦穷。瘠蠡小瘦，以病之瘫。**

详《复之节》。

遁 **争讼之门，不可与邻。出入有为，忧生我心。**

乾为言，艮亦为言，兑为口；二至四兑反，与乾言相背，故曰“争讼”。义本《夬·九四》也。艮为门。伏震为出，巽为入。伏坤为忧，为心。

大壮 **朽根枯株，不生肌肤。病在心腹，日以焦枯。**

伏巽为木，为陨落，故曰“朽根枯株”。艮为肌肤，上卦艮覆，故肌肤不生。伏坤为心腹，为病。巽陨，故枯。按：壮者伤也，故林词如此，而象则用伏。

晋 **雨师娶妇，黄岩季子。成礼既婚，相呼南去。润泽田里，年岁大喜。**

此用恒伏象。兑为雨，坤为师，巽为妇。卦六爻皆有应予，《易》所谓婚媾也，故曰“雨师娶妇”。震为黄，艮为岩，为季子，故曰“黄岩季子”。坤为礼，艮为成，震巽为夫妇，故曰“成礼既婚”。震为呼，为南。兑为润泽。坤为田里，为年岁。震为喜。言田里得雨泽，年岁丰熟而大喜也。元本旧注：《博物志》，太公为灌坛令，武王梦妇人当道夜哭，问之，曰，我是东海神女，嫁于西海神童，我行必有风雨云云。按，此注于林词不甚合，恐别有故实，为今所不能考。

明夷 **冬采薇兰，地冻坚难。利走室北，暮无所得。**

坎为冬，震为薇兰。坤为地。坎为冻，为险难，为室，为北。震行，故曰“利走室北”。坤为暮，坤虚，故无得。

家人 **昧之东域，误过虎邑。失我熊蔺，饥无所食。**

此用恒象。震为东，兑为昧。伏艮为虎，为邑，为熊。伏坤为失。为虚，故为饥。

睽 **日暮闭目，随阳休息。箕子以之，乃受其福。举首多言，必为悔残。**

离为日，为目。坎为闭，为暮，故曰“日暮闭目”。离为阳，兑向晦宴息，故曰“休息”。兑为口舌，故曰“箕”。坎为首，坎上下兑口，故曰“多言”。

蹇 **蓼萧瀼瀼，君子龙光。鸣鸾雍雍，福禄来同。**

蓼萧，《小雅》篇名，天子燕诸侯之诗。龙，宠也。为龙为光，和鸾雝雝，万福攸同，皆《诗》语。遇卦恒下巽为蓼萧。震为龙，为鸣鸾，为雍雍。乾为福禄。

解 **鸟飞无翼，兔走折足。虽不会同，未得医工。**

震为鸟，为兔，为翼，为足。坎折，巽寡发，故无翼。坎蹇，故折足。坎为医，巽为工；巽伏坎隐，故不得。言不得医折足之患也。

损 **五胜相贼，火得水息。精光消灭，绝不能续。**

卦兑金克震木，震木克坤土；而兑又为水，艮又为火，故火得水而息灭也。元本注：五胜者，言五行相胜之义。伏巽为贼，卦数五，故曰“五胜相贼”。艮为光，坤消兑绝。

益 **东资齐鲁，得骍大马。便辟能言，巧贾善市。八邻并户，请火不与。人道闭塞，鬼守其宇。**

震为东，巽为齐，伏兑为鲁。震为马，伏乾为赤，故曰“骍”。骍，赤色也。正反震，故曰“便辟能言”。巽为贾市。坤为户，卦数八，艮亦为户，数亦八，故曰“八邻并户”。并、屏同，并户即闭户也。艮为火，下乘坤水，故不得火。坤为道路，为闭塞。《孟子》：请火于邻，无弗与者。今八邻闭户不与，故曰"人道闭塞"。坤为鬼，艮为守，为宇，故曰"鬼守其宇"。

夬 **争鸡失羊，亡其金囊，利不得长。陈蔡之患，赖楚以安。**

遇卦互兑为羊，巽为鸡，而兑巽相反复，故得鸡则失羊，得羊必失鸡，不可得兼也。坤为囊，坤伏，故亡。乾金巽利。震为陈，为蔡，为楚。伏坤为患。《史记·孔子世家》：陈蔡闻楚聘孔子，惧，发徒役围，孔子不得行，绝粮。于是使子贡至楚，楚昭王兴师迎孔子，然后得免。

姤 **九登十陟，马跌不前。管子佐之，乃能上山。**

通复。震数九，坤数十。震为登，为陟，为马。坤失，故曰"马跌不前"。震为竹，故曰"管子"。乾为山。言管子佐齐桓，乃能霸天下也。

萃 **东邻愁苦，君乱天纪。日贪禄宠，必受其咎。**

通大畜。震为东邻。坤为愁苦，为乱。乾为君，为天，为禄宠。义多未详，或指纣。

升 **三狸捕鼠，遮遏前后。死于环城，不能脱走。**

详《离之遁》。

困 **狼虎争强，礼义不行。兼吞其国，齐鲁无王。**

上兑为虎狼，正反兑。故曰"争强"。兑为吞，为鲁。巽齐。震为王，震伏，故曰"齐鲁无王"。言秦并吞六国，致列国无主也。

井 **五岳四渎，合润为德。行不失理，民赖恩福。**

伏艮为山岳，巽卦数五，故曰"五岳"。坎为江河，巽后天数四，故曰"四渎"。坎为合，为润。为众，故曰"民"。伏震为恩福。

革 **六月种黍，岁晚无雨。秋不宿酒，神失其所。先困后通，与福相从。**

通蒙。坎为月，数六，震为黍，故曰"六月种黍"。坎为雨，为暮，坤为岁。坤虚，故无雨。兑为秋，坎为酒。宿，肃也。《仪礼》：宿尸。注：宿，与《曲礼》主人肃客之肃同。又《礼·祭统》：先期旬有一日，宫宰宿夫人。注：宿读为肃，戒也。兹云"秋不宿酒"，言无黍不能酿，至秋祭，不能先期戒备酒醴也。震为神，坤失，故曰"失所"。坎为困。震为通，为后，为从。震为福，正反震故曰"相从"。

鼎 **骕牝龙身，日驭三千。南上苍梧，与福为婚。道里夷易，身安无患。**

详《观之比》。

震 **出入休居，安止无忧。上室之欢，虎为季残。**

震出，伏巽为入。艮止，故曰“休居”，曰“安止”。艮为室，为虎，为季。

艮 **南山昊天，刺政闵身。疾病无辜，背憎为仇。**

详《谦之复》。

渐 **苍耳东从，道顿跂踦。日辰不良，病为祟祸。**

元本注：苍耳，马也。《遁之小过》曰“骑骓与苍”，盖即苍耳。坎为耳，伏震为东；为青，故曰“苍耳”。艮为道，坎蹇，故曰“跂踦”。离为日，艮为时，故曰“日辰”。坎破，故不良。坎为病。

归妹 **兄征东燕，弟伐辽西。大克胜还，封居河间。**

震为东，为兄，兑为燕，故曰“兄征东燕”。兑为西，坎为弟，坎水，故曰“弟伐辽西”。坎为河。

丰 **播轮折辐，马不得行。竖牛之谗，贼其父兄。布衣不伤，终身无患。**

互大坎为轮辐，兑毁，故曰“播轮折辐”。震为马，坎陷，故马不行。离为牛，伏艮为竖，正反兑口，故曰“竖牛之谗”。震为兄，为父，坎为贼。

旅 **驾之南海，晨夜不止。君子劳罢，仆夫憔苦。**

通节。震为南，兑为海，震车，故曰“驾之南海”。震为晨，坎为夜。艮为君子，为仆夫。坎为劳罢，为苦。

巽 **怨虱烧被，忿怒生祸。褊心作难，意如为乱。**

巽为虫，故曰“虱”。震为被，离火，震伏不见，故曰“烧被”。兑为附决，为刚鲁，故曰“怨”，曰“忿怒”。伏坎为心，坎陷，故曰“褊心”。意如，季平子名也。《左传·昭二十五年》：公伐季氏。褊心，谓昭公也。后公卒为季氏所逐，故曰“意如作乱”。

兑 **张狂妄行，窃食盗粮。狗吠非主，啮伤我足。**

通艮。互震为张狂，为行。坎为盗窃，震为粮，故曰“窃食盗粮”。艮为狗，兑为吠，震为主；震覆，故曰“非主”。兑为啮，震为足；兑毁，故伤足。

涣 **警跸戒道，先驱除咎。王后亲桑，以率群功，安我祖宗。**

首二句皆震象。艮为道，为王。巽为桑。艮为安，为祖。

节 **门户乏食，困死谁告。对门不通，安所归急。积藏五谷，一花千叶，市贾有息。**

艮为门户，坎为困。互震为虚，故乏食。艮败言，故困死谁告。二至五正反艮相对，故曰“对门”。艮止坎陷，故曰“不通”。不通则缓急难恃，故曰“安所归急”。震为归也。坎为积藏，卦数五，震为谷，故曰“积藏五谷”。震为敷，为华叶，为商贾。震生，故曰“息”。

中孚 **破敝复完，危者得安。乡善无患，商人有息，利来入门。**

兑为破敝，为毁折，故为危。艮成终，故复完而得安也。震为商人，巽为利入，艮为门。

小过 **叠叠累累，如岐之室。一息十子，古公治邑。**

艮为山，为室。震为生，为息，为子。兑数十，故曰“一息十子”。震为公，艮为邑。按《诗·大雅》云：古公亶父，陶复陶穴，未有家室。言古公初至岐未有家室，暂陶覆陶穴而居。叠叠累累，穴居之状，故曰“如岐之室”。

既济 **三姬治民，不胜其任。两马争车，败坏室家。**

未济 **蔽镜无光，不见文章。少女不市，弃于相望。**

离为镜，为光。坎为蔽，故无光，故不见文章。离为文也。

焦氏易林注卷九

䷠ 乾上艮下 遁之第三十三

三涂五岳，阳城太室。神明所保，独无兵革。

艮为径，纳丙，数三，故曰“三涂”。艮为山，互巽卦数五，故曰“五岳”。三涂、五岳、太室，皆山名。阳城，谷名。艮为谷也。乾为神明，为保佑。乾数无，故曰“独无兵革”。艮为刀兵，为肤革。

之乾 **软弱无辅，不能自理。意在外野，心怀劳苦，虽忧不殆。**

此用遇卦遁象。遁伏临，上坤为柔，故曰“软弱”。坤为野，为心，为忧苦。震往，故曰“意在外野”。坤为万物役，故曰“劳”。

坤 **周成之降，刑措无凶。太宰赞佑，君子作仁。**

此仍用遇卦象。遁伏临，震为周，坤为刑。震为主，故曰“太宰”。艮为君子，震为仁。

屯 **穴有孤乌，坎生虾蟆。象去万里，不可得捕。**

艮为穴，为黔喙，为乌。坎孤，故曰“穴有孤乌”。上坎，震为生，伏巽为虾蟆。艮为象，又为鼻。象鼻最大，故取之。坤为万里。艮手为捕，坤亡，故不可得捕。

蒙 **俱为天门，云过吾西。伯氏嫉妬，与我无恩。**

艮坤皆居戌亥，故曰“俱为天门”。坤为吾，坎为云，位西，故曰“云过吾西”。震为伯。坎为嫉妬，为恩泽。坤为我，坤虚，故无恩。

需 **三首六目，政多烦惑。皋陶瘖聋，乱不可从。**

乾首，离卦数三，故曰“三首”。离目，坎数六，故曰“六目”。通晋。坤为政，为多；离为烦，坎为惑，故政多烦惑。艮为皋，离火为陶，坎耳坤闭，故曰“皋陶瘖聋”。离为乱。震为从，震覆，故不可从。

讼 **德积不轻，辞王钓耕。三媒不已，大福来成。**

通明夷。坤为积，为重，故曰"不轻"。震为言，为王，为耕，故曰"辞王钓耕"。坎为合，为媒，震数三，故曰"三媒"。三媒，即三聘。乾为福，为大，故曰"大福"。用伊、吕事。

师 **坚固相亲，日笃无患。六体不易，执以安全。雨师驾西，濡我毂轮。张伯李季，各坐关门。**

坎为坚固。坤顺，故相亲。坤厚，故日笃。坎为患，震乐，故无患。坤为身体，坎数六，故曰"六体"。坤为安全。坎为雨师，位西，故曰"雨师驾西"。又为轮毂，为濡。震为伯，为张，为李。遁艮为季，为坐。坤为门，坤闭，故关门。

比 **方内不行，辐摧轮伤。马楚踶甚，受子闵时。**

坤为方，为内。坎陷艮止，故不行。坎为轮辐，坎破，故摧伤。震为马，震倒足向上，故踶。坤为受，艮为时，坎为闵。楚，不驯貌。受子，应为寿子。《桓十六年》：卫朔构急于。使于齐，将以盗杀诸涂。寿子闵其兄，乃自载其旌以行。

小畜 **畜牝无驹，养鸡不雏。群羊三岁，不生两头。**

五阳畜一阴，故曰"畜牝"。震为马，震伏，故无驹。兑为难，兑折，故不雏。兑羊，乾为岁；离卦数三，故曰"三岁"。二至上正覆两兑，故曰"群羊"。乾为头，兑卦数二，故曰"两头"。乾为生，巽陨落，故不生。

履 **老耄罢极，无取中直。悬舆致仕，得归乡国。**

通谦。坤老，坎为劳卦，故曰"疲极"。坎矫鞣，故无取中直。艮手为取。坤为舆，在上，艮为手，故曰"悬舆"。艮为官，为清高，故曰"致仕"。坤为乡国，震为归。

泰 **缩绪乱丝，手与为灾。越亩逐兔，断其裈襦。**

巽为绳，为绪，为丝。巽倒，故曰"乱"、"缩"。伏艮为手，坤丧兑折，故曰"为灾"。坤为亩。震为兔，为越，为逐。坤震连体，故曰"越亩逐兔"。兑为决断。伏巽为裈，震为襦，皆里衣也。

否 **海老水乾，鱼鳖萧索。稿落无润，独有沙石。**

坤为海水，乾为老，故曰"海老水乾"。巽为鱼，艮为鳖，坤敝，故萧索。巽为稿，风散故稿落。艮为沙石，故无润。

同人 **入市求鹿，不见头足。终日至夜，竟无所得。**

中爻巽为市，为入，故曰“入市”。旁通师。师震为鹿，坎为大首。震为足，坎伏，故不见头足。离为日，坎为夜，故曰“终日”。坤丧坎失，故无所得。

大有 **筑门壅户，虎卧当道。惊我骅骝，不利出处。**

乾为门户，乾实，故曰“筑”、“壅”。乾为道，兑虎在前，故曰“当道”。乾为马，故曰“骅骝”。乾在下，兑毁折，故不利出处。

谦 **陶朱白圭，善贾息资。公子王孙，富贵不贫。**

通履。乾为朱，离火为陶，故曰“陶朱”。乾为玉，为圭，巽白，故曰“白圭”。巽为商贾，为利，故能息资。本卦震为公子，为王。艮为孙，为贵。坤富，故不贫。

豫 **王良善御，伯乐知马。周旋步骤，行中规矩。止息有节，延命寿考。**

震为帝，为王，艮为贤良，故曰“王良”。震为乐，为伯，故曰“伯乐”。马、御亦震象也。震为周，为旋，为步骤，为行。坎为规，坤为矩。艮为止息，为节，为寿考。

随 **尧问尹寿，圣德增益。使民不惧，安无怵惕。**

震为帝，故曰“尧”。艮为寿。《新序》：尧学乎尹寿。震为言，故曰“问”。坎为圣，震为生，故曰“圣德增益”。坎为民，为怵惕。震乐艮安，故不惧。

蛊 **昭公失常，季氏悖狂。逊齐处郓，丧其宠身。**

互大离为昭。艮为常，在外故失常。坎为失也。事见前。艮为季，震为狂。巽齐坎陷，故曰“逊齐”，曰“处郓”。艮为邑，故曰“郓”。艮为身，兑折，故丧。

临 **昏莫不行，候旦待明。复往止后，未得相从。**

坤为昏暮，震为行，坤闭，故不行。伏艮止，故曰“候”，曰“待”。震为旦，为明，为复，为后。艮止故不从。《左传》云：不行之谓临。林义与《左氏》同。

观 **安上宜官，一日九迁。升擢超等，牧养常山。**

艮为官，为安，在上卦，故曰“安上宜官”。艮为日。伏乾，乾卦数一，又数九，艮官在上，故曰“一日九迁”。艮手为擢，巽为高，故曰“超等”。坤为牧养。艮山，故曰“常山”。

噬嗑 **去恶就凶，东西多讼，行者无功。**

离为恶人，坎为凶，震往，故去恶就凶。离东坎西。初至四两震言相对，故多讼。震为行，坎失，故无功。

贲 **老马垂耳，不见百里。君子弗恃，商人莫取，无与为市。**

震为马，坎疾，故老。坎为耳，在下，故曰“垂耳”。震为百，艮为里。坎隐，故不见。艮为君子，震为商人。艮手为取，坎失故莫取。巽为市，巽伏，故无与为市。言马老不能远行，皆不顾也。

剥 **蜗螺生子，深目黑丑。似类其母，虽或相就，众人莫取。**

艮为蜗螺。为观，为目，形长故曰“深目”。坤为黑，为丑。为母，为近，故曰“似类其母”。坤为众，艮手为取，以其丑故莫取。

复 **百足俱行，相辅为强。三圣翼事，王室宠光。**

百足，虫名。震为足，为百，为行，为强。坤为辅，重坤，故曰“相辅”。坤伏乾，乾为圣，震数三，故曰“三圣”。坤为事。震为翼，为王，为宠光。

无妄 **容民畜众，履德有信。大人受福，童蒙忧惑，利无所得。**

乾伏坤，坤为民，为众，艮止，故容民畜众。震为履。乾为德，为信，为大人，为福。艮为童蒙，伏坤为忧惑。巽为利，风散，故无得。

大畜 **左跌右僵，前踬触桑。其指据石，伤其弟兄。老蚕不作，家无织帛。贵货贱身，留连久客。**

中爻震为左，兑为右，兑毁折，故左跌右僵。乾为前，兑折，故前踬。震为桑，在前，故触桑。艮为指，为石。震为兄，艮为弟，兑折，故伤其弟兄。卦通萃。萃中爻巽为蚕，坤为老。兑毁，故不作茧。艮为家，坤为帛，巽为织。巽陨坎失，故无织。艮为贵，坤为财货，为身，为贱，故曰“贵货贱身”。艮为留连，震为客。

颐 **昏人旦明，卖食老昌。国祚东表，号称太公。**

坤为昏，震为人，为旦，艮为明，故曰“昏人旦明”。言人由贫贱而富贵,如人处昏夜而忽遇旦明也。震为食,为商旅,故曰“卖食”。坤老,震昌,故曰“老昌”。言姜尚始卖饭朝歌,老而受封也。坤为国,震为东。震言为号,为称。坤伏乾,乾为父,为太公。谯周云:吕望尝屠牛于朝歌,卖饭于孟津。

大过 **敝笱在梁,鲂逸不禁。渔父劳苦,焦喉乾口,虚空无有。**

通颐。坤为敝,震为笱,艮为梁,故曰“敝笱在梁”。坤为鱼,震为逸,故曰“鲂逸不禁”。坤聚为渔,伏乾为父。坤役,故劳苦。震为喉,为口,艮火,故焦喉。乾口坤虚,故无有。

坎 **盛中后跌,衰老复掇。盈满减毁,疾羸肥腯。郑昭失国,重耳兴立。**

坎中满,故曰“盛中”。坎陷,故跌。震为后,故后跌。坎疾病,故衰老。艮手为掇,坎破,故盈、毁。坎疾,故肥腯者羸。坎平,故曰“郑”。《释名》云:郑,町也,地多平町町然也。艮为昭,为国。坎失,故曰“郑昭失国”。习坎,故曰“重耳”。郑昭被弑在桓十七年,晋文入国在僖二十四年,事不相涉,此但取卦象耳。

离 **折亡破瓮,使我贫困。与母生分,别离异门。**

伏震为瓮,中爻兑毁,故曰“折”,曰“破”。离虚,故贫。坎陷,故困。坤为母,坤二五之乾成离,乾二五之坤成坎,坎中爻震,震生,故曰“与母生分”。言坎居坤中,使坤分析,所谓坎折坤也。坎中爻艮,艮为门,正覆两艮相反,故异门。亡,疑为缶之讹字。

咸 **野有积庾,啬人驾取。不逢狼虎,暮归其宇。**

通损。坤为野,为积,艮为庾。震为啬人,为驾,艮手为取。艮为虎狼,艮在外,故不逢。坤为暮,艮为宇,伏震为归。

恒 **襁褓孩呱,冠带成家。出门如宾,父母何忧。**

巽为襁褓,兑为孩,为呱。乾为冠,巽为带,伏艮为家。成家,言由孩提而成立也。乾为门,震出,震为宾客,故曰“出门如宾”。乾为父,伏坤为母,坎为忧。乾福震乐,故不忧。

大壮 **陈力就列,官职并废。手不胜盆,失其宠门。**

通观。震为陈力,为就列。《孟子》:陈力就列,不能者止。艮为官职,艮伏,故并废。艮为手,震为盆,坤弱,故不胜盆。乾为宠,为门,坤丧,故失。

晋 **积雪大寒,万物不生。阴制庶士,时本冬贫。**

坎为雪,为积,为寒。坤为万物,坤杀,故不生。坤为阴,为庶。艮为时,坎为冬,坤为贫。庶士二字,必有讹。

明夷 **龙斗时门,失理伤贤。内畔生贼,自为心疾。**

震为龙,为门,为时。坤为斗,故曰"龙斗时门"。坤为理,震为贤,坎为失,为伤,故曰"失理伤贤"。坤为内,离为畔乱。震为生。坎为贼,为心,为疾。

家人 **犬畏猛虎,依人为辅。三夫执戟,伏不敢起,身安无咎。**

此用遇卦遁象。艮为犬,乾为虎。伏震为人,兑为辅。震为夫,数三,故曰"三夫"。艮为执,为戟。震为起,巽伏,故不敢起。艮为身,为安。安故无咎。

睽 **南山高冈,回颓难登。道路辽远,行者无功。忧不成凶,恶亦消去。**

此仍用遁象。艮山,纳丙,故曰"南山",曰"高冈"。巽进退不果,故曰"回颓难登"。艮为道路,乾为辽远,为行。巽陨,故无功。坤为忧,为恶。坤伏,故不凶,故消去。

蹇 **逢时阳遂,富且尊贵。**

艮为时,阳居五,故遂,故富且贵。艮为尊贵。

解 **求我所欲,得其利福,终身不辱。盈盛之门,高屋先覆,君失邦国。**

此仍用遁象。艮为求。互巽为利,乾为福,故曰"得其利福"。艮为终,为身。艮贵,故不辱。乾为盈盛,为门户。巽为高,艮为屋,巽为陨落,故曰"高屋先覆"。艮为邦国,乾为君,在外,故曰"君失邦国"。

损 **安坐至暮,祸灾不到。利诘奸妖,罪人不赦。**

艮为安坐,坤为暮,故曰"安坐至暮"。坤为祸灾,震解,故祸灾不到。二至上两震言相对,故利诘。坤为奸妖,为罪过。震为人。坤杀,故罪人弗赦。

益 **胶车驾东，与雨相逢。五絭解堕，顿踣独坐，忧为身祸。**

详《大过之蛊》。此用伏象恒。恒、蛊象多同，故词同。

夬 **择日高飞，远至东齐。见孔圣师，使我和谐。**

此用遁象。乾为日，艮为高。巽为齐。伏震为东，为孔。乾为圣。

姤 **陈妫敬仲，兆兴齐姜。乃适营丘，八世大昌。**

通复。震为陈，乾为敬。坤拆为兆，巽为齐姜，故曰"兆兴齐姜"。震为丘陵。巽数八，故曰"八世大昌"。震为昌也。事详《屯之噬嗑》。

萃 **缺埒无墠，难从东西。毁破我盆，泛弃酒食。**

埒，短垣也。《尔雅》：山上有水，埒。卦下坤为水，艮为埒，而兑上缺，故曰"缺埒"。坤为墠，兑毁，故无墠。兑为西，震为东，为从。震覆，故难从。震为盆，震覆兑毁，故破我盆。兑为酒食，在外，中爻艮手，故曰"泛弃酒食"。

升 **中夜犬吠，盗在庐外。神光佐助，消散归去。**

通无妄。坤为夜，艮为犬，震为吠。巽为盗，艮为庐，巽在艮上，故曰"盗在庐外"。震为神光，兑为辅，故曰"神光佐助"。巽风为散，震为归去。

困 **雷车不藏，隐隐西行。霖雨三旬，流为河江，使我忧凶。**

通贲。震为雷，为车。坎伏震出，故不藏。坎隐兑西，故曰"隐隐西行"。坎为雨，互大坎，下坎，故曰"霖雨"。中爻震数三，故曰"三旬"。坎水，故曰"流为河江"。坎为忧凶。

井 **老河空虚，旧井无鱼。利得不饶，避患东邻。祸来入门，使我悔存。**

坎为河，为旧，故曰"老河"。离为空虚。兑为井，故曰"旧井"。巽为鱼，坎失，故无鱼。巽为利，坎瘠，故不饶。坎为患，坎隐，故避患。离为东邻，为祸。伏艮为门，巽入，故曰"祸来入门"。坎为悔。

革 **福德之士，欢悦日喜。夷吾相国，三归为臣，贵流子孙。**

通蒙。震为福德，为士，为欢喜。坤为夷，为吾，为国。兑为辅相。震数三，震反为归，坤为臣，故曰"三归为臣"。艮为贵，为孙，震为子，坤为水，故曰"贵流子孙"。

鼎 **清人高子，久屯外野。逍遥不归，思我慈母。**

通屯。艮为清高，震为人，为子，故曰“清人高子”。艮止为久，为屯，坤为野。震为逍遥，为归。坤迷，故不归。坎为思，坤为我，为慈母也。

震 **骢䮴黑鬣，东归高乡。白虎推轮，苍龙把衡。朱雀导引，灵鸟载游。远扣天门，入见真君，马全人安。**

震马，故曰“骢䮴”。坎黑，对象巽，巽发，故曰“黑鬣”。震为东，为归。艮为高乡，为虎。震白坎轮，艮手为推，故曰“白虎推轮”。震为龙，色青，故曰“苍龙”。坎为衡。互大离为朱雀，为灵鸟。震往为导引，为游。艮为天门，艮手为扣。震为帝，故为真君。为马，为人，艮为安全。

艮 **路多枳棘，前刺我足。不利旅客，为心作毒。**

艮为路，坎为棘。中爻震为足，坎棘，故刺足。震为旅客。坎为毒，为心。

渐 **端坐生患，忧来入门，使我不安。**

艮为端坐，坎为患，故曰“端坐生患”。坎为忧，艮为门，巽入，故曰“忧来入门”。艮为安，坎险，故不安。

归妹 **小陬之市，利不足喜。二世积仁，蒙其祖先。匪躬之言，狂悖为患。**

通渐。巽为市，坎狭，故曰“小陬之市”。陬，隅也。巽为利，坎忧，故不喜。本卦兑卦数二，震仁坎积，故曰“二世积仁”。艮为祖，坎为蒙，故曰“蒙其祖先”。坤为躬。本卦震为言，为狂。坎为悖，为患。

丰 **登高望时，见乐无忧。求利南国，与宝相得。**

巽为高，震为时，为登，离为目，为望，故曰“登高望时”。坎为忧，震乐，故无忧。巽为利。伏艮为求，为国。离南，故曰“南国”。震为玉，为宝，坎为得也。

旅 **跛足息肩，有所忌难。金城铁郭，以铜为关。藩屏自卫，安土无患。**

通节。震为足，坎蹇，故跛足。艮为肩，艮止，故息肩。坎为忌难。艮为金铁，为铜，为城郭，为关，为藩屏。震为卫，故曰“藩屏自卫”。艮为安，坤为土。坎为患，震出故无患。

巽 **江有沱汜，思附君子。仲氏爰归，不我肯顾，侄娣悔恨。**

通震。中爻坎为江，为沱汜，为思。艮为君子，故曰“思附君子”。坎为仲，震反为归。女嫁曰归，爰归者，言仲氏已嫁也。艮为顾，坎蔽，故不顾。兑为侄娣，坎为悔恨。

兑 **芽蘖生达，阳倡于外。左手执钥，公言锡爵。**

通艮。中爻震为芽蘖，为生。艮上下卦皆阳居上，故曰“阳倡于外”。震为左，为钥，艮手为执，故曰“左手执钥”。震为言，为爵。为诸侯，故曰“公”。二语皆《诗》辞。

涣 **云梦苑囿，万物蕃炽。犀象玳瑁，荆人以富。**

坎水为云梦，艮为苑囿。震为万物，为蕃炽。艮为犀象，为玳瑁。震为荆，为人，为富。

节 **渠戎万里，昼夜愁苦。櫜甲戎服，虽荷不贼。鹰鹯之殃，害不能伤。**

坎为戎，为沟渎，故曰“渠戎”。《后汉书》：义渠戎在泾北。震为万里。伏离为昼，坎为夜。坎忧，故愁苦。艮为甲，坎隐，故櫜甲。坎西为戎，震为服，故曰“櫜甲戎服”。艮为负荷。坎为贼，在外，故不贼。艮为鹰鹯，坎为殃害。震解，故不伤。

中孚 **镃基逢时，稷契皋陶。贞良得愿，微子解囚。市恐无虎，谩言妄语。**

镃基，锄也。震为镃基，艮为时。震为稷。为竹，故为契。艮为皋。为火，故为陶。故曰“稷契皋陶”。艮为贞良。为小，震为子，故曰“微子”。艮为拘，故为囚。震出，故解囚。巽为市，艮为虎，风散故无虎。中爻正反两震言相背，故曰“谩言妄语”。

小过 **骑骓与苍，南贾太行。逢驳猛虎，为所吞殇，葬于渭阳。**

震为马，东方色青，故骑骓与苍。骓、苍，青色马也。震为商贾，为南。艮山，故曰“太行”。艮为驳，为猛虎。兑口为吞折，为殇。坎为葬，为渭。渭浊坎黑，故象之。水北为阳，坎北故曰“渭阳”。凡《易林》用字取象之精，皆如此。

既济 **出门东行，日利辰良。步骑与驷，经历宗邦。暮宿北燕，与乐相逢。**

此用遁象。伏震为出，为东行，坤为门，故曰“出门东行”。乾为日，巽为利，艮时，故曰“日利辰良”。伏震为骑，为驷，为宗。坤为邦，乾坤相间隔，故曰“经历宗邦”。坤为暮，为宿，为北，兑为燕。震为乐。

未济 **酒为欢伯，除忧来乐。福善入门，与君相索，使我有得。**

兼用半象。坎为酒，震为欢，为伯。坎为忧，震出，故除忧。震福艮善，巽入艮门，故曰“福善入门”。震为君，艮为求索。离正反艮相对，故相索。坤我，坎得。

䷡ 震上 乾下 大壮之第三十四

左有噬熊，右有啮虎。前触铁矛，后蹶强弩，无可抵者。

震为左，兑为右，伏艮为熊虎。兑口，故曰“左有噬熊，右有啮虎”。乾为前，为铁。震为后，兑折，故后蹶。伏艮为刀兵，故曰“矛”，曰“弩”。抵，御也。艮为御，艮伏，故无可御者。

之乾 **金齿铁牙，寿考宜家。年岁有储，贪利者得，离其咎忧。**

大壮中爻兑，兑为齿牙，乾为金铁，故曰“金齿铁牙”。伏艮为寿考，为家。乾为年岁，为富，故有储，故利得。乾为吉庆，故离咎忧。

坤 **家给人足，颂声并作。四夷宾服，干戈橐阁。**

大壮震为人，伏艮为家，坤富，故家给人足。震言为颂，为声。坤阴为夷顺，为服。震卦数四，为宾客，故曰“四夷宾服”。艮为干戈，艮伏，故曰“干戈橐阁”。坤为橐也。

屯 **猕猴冠带，盗载非位。众犬嘈吠，狂走蹶足。**

震为猕猴，艮为冠，伏巽为带。坎为盗，震车为载，艮为位。古君子方许乘车。今载以盗，故曰“非位”。艮为犬，坤众震鸣，故曰“众犬嘈吠”。震为足，为走，坎蹇，故蹶足也。

蒙 **心患其身，不念安存。忠臣孝子，为国除患。**

坎为心，为患，为念。坤为身，为安。言身之所以安存，由心时时虑患也。坤为臣，坎为忠，故曰“忠臣”。震为子，坤顺，故曰“孝子”。坤为国，坎为患。震解，故除患。

需 **君不明德，臣乱为惑。丞相命马，胡亥失所。**

乾为君，为德，坎隐故不明。乾伏坤，坤为臣，为乱，为惑，故曰“臣乱为惑”。兑为辅相，兑口为命，乾为马。伏坤为胡，乾居亥，故曰“胡亥”。坎为失。谓赵高命鹿为马，而弑胡亥。胡亥，秦二世名。乾为君，居亥。胡亥亦国君。用字取象，神妙如此。

讼 **东行西穷，南北无功。张伯卖鹿，从者失羊。**

通明夷。震为东，为行。坎为西，坎陷，故穷。离南坎北。坤丧，故无功。震为伯，为鹿。震为商贾，故卖鹿。震为从，为羊。本《大壮·上六》也。坤为失。

师 **鹿下西山，欲归其群。逢羿锋箭，死于矢端。**

震为鹿，为陵。坎西，故曰“西山”。坤为群。“群”者，五阴也。震为归。坤为恶，故曰“羿”。坎为箭，为矢，为锋。锋矢，末也。坤为死，在坎上，故死于矢端。

比 **明夷兆初，三日为灾。以谗复归，名曰竖牛。剥乱叔孙，馁卒虚丘。**

坎黑坤晦，故曰“明夷”。坤为兆。《左传·昭五年》：初，穆子生穆庄叔，筮之，遇明夷之谦。初爻动，故曰“明夷兆初”。坎为灾，艮为日，数三，故曰“三日为灾”。坎上下两兑口相背，故曰“谗”。大壮震为归，故曰“以谗复归”。艮为名，为竖，为牛。坤为乱，艮为剥，为叔孙，故曰“剥乱叔孙”。坤为馁，为卒，为虚，艮为丘。言鲁叔孙穆子为竖牛所乱，三日不得食而饿死也。与《剥之比》参看。

小畜 **秦失嘉居，河伯为怪。还其衔璧，神怒不佑。织组无文，烧香不芬。**

通豫。兑西，故曰“秦”。艮为居，震为嘉，坎失，故失嘉居。震为伯，坎为河，为怪，故曰“河伯为怪”。震为璧，为衔，为还，为神，为怒。按《秦纪》：使者从关东夜遇华阴，有人持璧遮使者，曰，为吾遗滈池君，今年祖龙死。因置其璧去，忽不见。始皇视之，乃二十八年过江所沉璧也。未几，始皇果死。故曰“还璧”，曰“不佑”。坤为文，为帛。坎为伏，故织组无文。本卦巽为香，为芬，互离为烧。风散，故不芬。

履 **至德之君，祸不过邻。使我世存，身无患灾。**

乾为德，为君。离东为邻，离乱兑毁，故曰“祸不过邻”。言不及乾也。通谦。坤为我，为身，为世。坎为灾患，震解，故无灾患。

泰 **众恶之堂，相聚为殃。幽毒良人，使道不通。**

坤为众，为恶，伏艮为堂，故曰“众恶之堂”。坤为聚，为殃，为幽毒。震为人，乾为善，故曰“良人”。乾在下，故曰“幽毒良人”。乾为道，坤闭，故道不通。

否 **三痴六狂，欲之平乡。迷惑失道，不知昏明。**

通泰。坤为痴，震数三，故曰“三痴”。震为狂，乾数六，故曰“六狂”。震为之。坤为平乡，为迷惑。乾为道。迷惑故失道。坤为昏，震旦为明。

同人 **老弱无子，不能自理。郭氏虽忧，终不离咎。管子治国，侯伯来服。乘舆八百，尊祀祖德。**

通师。乾老坤弱，震子坤丧，故无子。坤为自，为理，柔弱故不能自理。坤为郭，坎为忧咎。郭为齐灭，故曰“终不离咎”。震为竹，为管子。坤为国。震为侯伯，坤顺为服。坤为乘舆，卦数八，故曰“乘舆八百”。乾为祖，为德，为尊。坎为祀也。

大有 **褒后生蛇，经老日微。退跌衰耄，酒灭黄离。**

通比。坤为后。昔周人发龙漦，化为玄鼋，后宫童女遭之而孕，生褒姒。玄鼋，蜥蜴也。亦非蛇，且卦无蛇象。而各本皆作蛇，无如何也。坤帛为经。坎为跌，乾为衰老。坎为酒，离为黄。于卦象虽偶合，而语皆难解，疑讹字仍多。

谦 **骢骝黑鬣，东归高乡。白虎推轮，苍龙把衡。遂至夷伤，不离咎殃。**

解详《遁之震》。

豫 **信谲龙且，塞水上流。半渡决囊，楚师覆亡。**

坎为信。正反两震言相背，故曰“谲”。震为龙，故曰“信谲龙且”。艮为防，为塞。卦本坤体，亦为水，阳在坤上，故曰“塞水上流”。坤为囊，艮手为决。震为渡，阳居中，故曰“半渡”。震木为楚，坤为师。坤丧，故覆亡。《史记》：韩信与项羽将龙且战于潍水，令万余人囊沙壅水上流，引军半渡，佯不胜走还。龙且追信。信令人决壅，水大至，且军大半不得渡。信急击杀龙且。

随 **有莘季女，为王妃后。贵夫寿子，母字四海。**

莘，草也，震象。兑为季女。大禹母，有莘氏也。震为王，兑为妃，故曰“为王妃后”。震夫艮贵，故曰“贵夫”。艮寿震子，故曰“寿子”。兑泽，故曰“海”。震卦数四，故曰“四海”。巽为母。

蛊 **德被八表，蛮夷率服。螫贼不作，道无苛慝。**

震为德，艮为表，数八，故曰“德被八表”。互大坎为蛮夷。巽顺，故曰“率服”。巽为螫贼，为苛慝。艮为道，艮在上，故无苛慝。

临 **载日精光，骖驾六龙。禄命彻天，封为燕王。**

伏乾为日，为精光，坤为载。乾为龙，数六，乾行，故曰“骖驾六龙”。乾为天，为禄，伏巽为命，故曰“禄命彻天”。震为王，兑为燕，故曰“燕王”。巽为诰命，故曰“封”。

观 **缨急缩颈，行不得前。五石示象，襄霸不成。**

巽为绳，为缨。巽躁故急，巽退故缩。艮为颈。言缨急项不得伸也。震为行，震覆，故行不得前。乾为前也。艮为石，巽卦数五，故曰“五石”。艮为象，故曰“五石示象”。伏乾为君，故曰“襄”。震为霸，震覆，故曰“襄霸不成”。《左传·僖十六年》：陨石于宋五。后宋襄图霸不成而死，以陨石为不祥。石，星石也。

噬嗑 **蛇失其公，戴麻当丧。哀悲哭泣，送死离乡。**

通井。巽为蛇，震为公，坎失，故曰“蛇失其公”。巽为麻，艮为戴，兑折为丧，故曰“戴麻当丧”。卦正反兑口，故曰“哀悲哭泣”。坎为死，艮为乡。

贲 **回颓不安，兵革为患。掠我妻子，客屡饥寒。**

中爻震为马。回颓，病也。《诗》，我马虺颓，是也。艮为兵革，坎为患。艮手为掠，离妻震子，故曰“掠我妻子”。震客，离饥，坎寒。虺颓，《说文》又作瘣颓。盖传写异文，不得以与《诗》异，即定回为讹字。

剥 **乘风驾雨，与飞鸟俱。一举千里，见吾爱母。**

坤为风，伏兑为雨。艮为鸟，为飞。乾卦数一，艮为举，坤为里，故曰

“一举千里”。坤为吾，为母，伏兑为见。

复 **雷霆所击，诛者五逆。劗灭无迹，有惧方息。**

震为雷霆，艮手为击。坤杀，故曰“诛”。乾顺行，坤逆行，五阴，故曰“五逆”。坤死，故劗灭。坤虚，故无迹。乾为惕，为惧。“息”者，生也。言乾阳从此渐息也。

无妄 **张氏揖酒，请谒左右。平叔枯槁，独不蒙所。**

震为张，艮手为揖，伏兑为酒，故曰“张氏揖酒”。艮为求，为请谒，震左兑右，故请谒左右。伏坤为平，艮为叔，离为枯槁。离虚，故独不蒙所。《关西方言》：致力于一事为所。《书·无逸》，君子所其无逸；《召诰》，王敬作所，是也。言独不致意于平叔也。按，《史记·陈丞相世家》：富人张负，独伟视平，归谓其子仲曰，人固有美好如陈平而长贫贱者乎？乃以其孙女嫁之，并假以币，为内妇酒食之资。林用其事。三、四句言平叔不能久枯槁也。

大畜 **坐争立讼，纷纷匈匈。卒成祸乱，灾及家公。**

艮为坐，震为立。三至上正反两震言相对，故有争讼之象，而纷纷匈匈也。离为祸乱，为灾。艮为家，乾父为公。

颐 **霜降闭户，蛰虫隐处。不见日月，与死为伍。**

坤为门户，为闭，为霜，故曰“霜降闭户”。通大过。巽伏为蛰，为隐处，为虫。艮为日，兑为月，巽伏，故不见。坤为死也。

大过 **鼠聚生怪，为我患悔。道绝不通，商旅失意。**

通颐。艮为鼠，震为生。坤为聚，为鬼怪，为患悔。坤为我。艮震皆为道路，坤闭，故不通。震为商旅，坤丧，故失意。《汉书·五行志》：昭帝元凤元年，燕有黄鼠衔其尾，舞王宫端门中，未几，燕王诛死。

坎 **寒暑不当，轨度失常。一前一后，年岁鲜有。**

坎有寒，伏离为暑。震为道，故曰“轨度”。艮为常，坎失，故曰“失常”。艮为前。震为后，为年岁。离虚坎病，故年岁鲜有。

离 **筑室水上，危于一齿。丑寅不徙，辰巳有咎。**

通坎。中爻艮为室，为筑，下坎，故曰“筑室水上”。坎为危险，后天坎数一，故曰“危于一齿”。齿字恐讹，未详其义。先天震居丑寅，后天艮居丑寅,故曰“不徙”。坎中爻也。先天兑居辰巳,后天巽居辰巳。离中爻也。泽风成大过,大过死,故曰“有咎”。

咸 **畜鸡养狗,长息有储。耕田得黍,主母喜舞。**

巽为鸡,艮为狗。旁通损,震为长,为息。艮止,故有储。坤为田,震为耕,为黍,故耕田得黍。震为主,为喜,为舞,坤为母,故曰“主母喜舞”。

恒 **东壁余光,数暗不明。主母嫉妬,乱我业事。**

震为东。伏艮为壁,为明,故曰“余光”。兑昧,故暗而不明。震为主,伏坤为母,为嫉妬。坤为事业,为我,为乱。

遁 **刚柔相伤,火烂销金。雕鹰制兔,伐楚有功。**

通临。遁阴消阳,临阳消阴,故曰“刚柔相伤”。乾金,艮为火,阴在下消阳,故曰“火烂销金”。艮为黔喙,为雕鹰。震为兔,为楚,为伐。震乐,故伐楚有功。

晋 **郑国谗多,数被楚忧。征夫愁苦,民困无聊。**

坤为国,为平,故曰“郑国”。郑,町也,地多平,町町然也。离上下两兑口相背,故曰“谗多”。大壮震木为楚,坎为忧。震为征夫,坎为愁苦。坤为民,坎困,故无聊。

明夷 **弓矢斯张,把弹弦折。丸发不至,道遇害患。**

坎为弓,为矢,震为张。坎为弹,为弦,为折,故曰“把弹弦折”。坎为丸,坎陷,故不至。震为道,坎为患害。

家人 **举觞饮酒,未得至口。侧弁醉酗,拔剑斫怒,武侯作悔。**

通解。坎为酒,为饮。震为觞,为举,为口。震伏,故未得至口。艮为弁,艮覆,故曰“侧弁”。离为恶人,故醉酗。坎为匕,为剑,震为拔,为怒,为斫,故曰“拔剑斫怒”。震为武,坎为悔,故曰“武侯作悔”。按《小雅》:宾之初筵,宾既醉止,载号载呶。又曰:侧弁之俄,屡舞傞傞。乃卫武公饮酒悔过之诗,故曰“武公作悔”。

睽 **苍鹰群行,相得旅前。王孙申公,惊夺我雄。北天门开,神火飞灾。如不敬信,事入尘埃。**

此用遇卦象。伏艮为鹰,震色青,故曰“苍”。伏坤为群。震为行,为旅。“旅”者，侣也。言结为伴旅而前行也。震为王公，艮为孙，为明故为申，故曰“王孙申公”。震为惊，艮手为夺，震为武，为雄。伏坤为北，艮为天门，震为开，故曰“北天门开”。震为神，艮为火，为灾，为飞，故曰“神火飞灾”。乾为信，坤为疑。艮为尘埃。

蹇 **穿屋相宜，利倍我北。循邪诡道，逃不可得。南北望邑，遂归入室。**

艮屋，坎为穿，故曰“穿屋”。坎为北，巽利坤我，故曰“利倍我北”。坎为邪诡，艮为道。震往为逃，震覆，故不得逃。离南坎北，离目为望，艮为邑，故曰“南北望邑”。坎为室，故曰“入室”。

解 **寿如松乔，与日月俱。常安康乐，不罹祸忧。**

此用大壮象。伏艮为寿，为松乔。赤松子、王乔皆古仙人名。艮日兑月。艮为常，为安。震为康乐，在外故不忧。

损 **出门望东，伯仲不来。疾病为患，使母忧叹。**

艮门震出。震东，艮为观，故曰“望东”。震为伯，艮止，故不来。坤为疾病，为患，为忧，为母。震为叹也。

益 **太姒之孙，周文九子。咸遂受成，宠贵富有。**

坤为母后，故曰“太姒”。艮为孙。“太姒”者，文王之妃。《诗》，太姒嗣徽音，是也。《春秋传》曰：武王同母弟八人。是并武王为九子也。震为周，坤为文。震为子，数九，故曰“九子”。艮为成，坤为受。艮为宠贵，坤为富有。言太姒教诲诸子，成武王、周公之德而富贵。

夬 **桃李华实，累累日息。长大成熟，甘美可食，为我利福。**

兑为反巽，巽木，故曰“桃李”。兑为华。大过九五，枯杨生华是也。乾为木果，故曰“实”。重乾，故累累日息。乾为日，为长大，为美好。兑为食，乾为福。伏坤为成熟，为我，为利。

姤 **昏礼不明，男女失常。行露反言，出争我讼。**

通复。坤为昏，为礼，故曰“昏礼不明”。乾男坤女，姤坤消乾，复乾消坤，故男女失常。震为行，坤为水，为露。《诗》，厌浥行露是也。震为言，为反，故曰“反言”。又，乾为言，巽为覆兑，兑言与上乾言相背，故曰“争讼”。《行露》诗：何以速我讼。用其事也。

萃 **室穿廠漏，破桴残缺。阴弗能完，瓦碎不全。**

艮为室，兑毁，故穿。巽为廠漏，故曰“室穿廠漏”。伏震为桴，兑毁折，故曰“破桴”，曰“残缺”。坤为阴，兑折，故弗完，故瓦碎不全。艮为瓦也。

升 **数穷廓落，困于历室。往登玉堂，与尧侑食。**

中爻兑数十，坤纳癸，亦数十，故曰“数穷”。坤虚，故廓落。伏艮为室，为时，故曰“历室”。震为往，为登，为玉，伏艮为堂，故往登玉堂。震为帝，故曰“尧”。兑为食，震为侑，故曰“与尧侑食”。

困 **道湿为坑，轮陷踬僵。南国作讳，使我多畏。**

伏震为道，下坎，故道湿，故为坑。坎为轮，为陷，为踬，为僵。离为南，伏艮为国，坎为讳。讳，避也。言南国禁忌多也。坎为畏，困正互两坎，故多畏。

井 **鳏寡孤独，福禄苦薄。入室无妻，武子哀悲。**

通噬嗑。艮为鳏，巽为寡，坎为孤独。震为福禄，坎为薄，故曰“福禄苦薄”。坎为室，巽入。离为坎妻，坎失，故入室无妻。震为武人。井正覆皆兑口，故曰“悲哀”。《左传·襄二十五年》：崔杼取棠姜，筮得入其宫不见其妻凶，《困·三》繇词。林用其事。

革 **举袂覆目，不见日月。衣衾杖机，就其夜室。**

通蒙。震为袂，为举，艮为目。《士丧礼》：幂目缁尺二寸。注：覆目者也。坎隐，故覆目，故不见日月。艮日坎月也。坤为衣衾，震木为杖，艮为几，故曰“衣衾几杖”。坎为夜室，古以坎有棺椁象。就夜室者，言死也。首句似用吴王夫差幂目而死事。

鼎 **长尾踒跎，画地为河，深不可涉。绝无以北，悯然愤息。**

通屯。艮为尾，巽为长，下互坤形长，故曰“长尾”。踒跎，当为委佗。《诗》，委委佗佗是也。所以形容长尾。坤为地，为河，艮手为画。上坎水，下坤水，故深不可涉。坎为北，兑折，故绝无以北。坎为悯，为愤，为太息。

震 **晨风文翰，大举就温。昧过我邑，羿无所得。**

震旦为晨，伏巽为风，伏离为文，震为羽翰，故曰“晨风文翰”。《诗》：郁彼晨风。传：晨风，鹯也。《逸周书·王会篇》：蜀人以文翰。文翰若皋鸡。艮为鸟，亦艮象也。震举离温。艮为邑，为我，坎为昧，故曰“昧过我邑”。言夜过也。离为恶人，故曰“羿”。离虚，故无所得。羿，后羿，善射，纂夏后氏者也。

艮 **出入节时，南北无忧。行者亟至，在外来归。**

中爻震出坎入，艮为时，为节。震为南，坎为北，为忧。震乐，故无忧。震为行，为亟。震反，故来归。

渐 **阳氏狂惑，季孙乱愦。陪臣执政，平子拘折，我心不快。**

互离为阳，伏震为狂。谓阳虎也。坎为惑。艮为季，为孙，离乱坎愦，故曰“季氏乱愦”。谓平子也。艮为臣仆，艮手为执，巽为政令，故曰“陪臣执政”。坎为平，震为子，坎为拘折。言平子被囚也。坎为心，为忧，艮为我，故曰“我心不快”。按《左传》：阳虎为季氏陪臣，专政作乱。囚季平子，欲杀之，遇救免。

归妹 **五乌六鸱，相对蹲跂。礼让不兴，虞芮争讼。**

伏艮为乌，为鸱，坎数五，又卦数六，故曰“五乌六鸱”。震为立，故曰“蹲跂”。震决躁，兑附决，故礼让不兴。坎为忧虞，震为草莽，故曰“虞芮”。卦上震下兑，而震言与兑言相背，故曰“争讼”。昔虞、芮二国争田不决，欲讼于西伯，及入周界，耕皆让畔，乃惭而还。首句义未详。八乌，星名。

丰 **顾念所生，隔在东平。遭离满沸，河川决溃。幸得无恙，复归相室。**

离目为顾，伏坎为念，震为生。坎为隔，震东坎平，故曰“东平”。互大坎为满沸，为河川，为溃决，为病恙。震出，故得无恙。坎为室，震为归。

旅 **追猎东走，兔逃我后。吾锐不利，独空无有。**

通节。震为追猎，为东走，为兔，为后。坎为棘，故为锐。巽为利，坎蹇，故不利。离虚，故空无有。坎为独也。

巽 **犬吠非主，上下胶扰。敌人袭战，闵王逃走。**

伏艮为犬。震为鸣，为吠，为主。震伏，故曰“非主”。艮为上，震为下。坎为膏，为胶，离乱，故曰“上下胶扰”。震为人，为战。三至上正反震艮相对，故曰“敌人袭战”。坎为闵，震为王，为走，故曰“闵王逃走”。《战国策》，乐毅伐齐，至济西，闵王走莒是也。

兑 **嵩高岱宗，峻直且神。触石肤寸，千里蒙恩。**

通艮。艮为山，互坎为中，故曰“嵩高”。互震为东，故曰“岱宗”。艮为高峻。震为神，为触。艮为石，为肤，故曰“触石肤寸”。震为千里，坎为恩泽，故曰“千里蒙恩”。《公羊传》：触石而出，肤寸而合，不崇朝而雨遍天下者，惟泰山之云耳。注：侧手为扶，覆手为寸。肤、寸皆艮象。

涣 **陈鱼观社，佷荒逾矩。为民开绪，亡其祖考。**

巽为鱼，震为陈，艮为社，为观。《春秋·隐公五年》：公如棠，陈鱼而观之。又，庄二十三年，公如齐观社，非礼也。故曰“佷荒逾矩”，言荒淫逾越规矩也。坎为曲，为矩，为民。巽为绪。艮为寿，故曰“祖考”。坎失，故亡其祖考。佷音恒，有骄、痴二义。《后汉·蔡邕传》：董卓自佷用是也。

节 **四壁无户，三步一止。东西南北，利不可得。**

艮为壁，震卦数四，故曰“西壁”。坤为户，坎塞坤，故无户。震为步，数三，故曰“三步”。艮止，坎数一，故曰“一止”。震东兑西，震南坎北。巽为利，巽覆，故利不可得。

中孚 **求君衣裳，情不可当。触讳西行，为伯生殃。君之上欢，得其安存。**

震为君，艮为求。震为衣裳，为健，故不可当。震为触，为行，巽伏故曰“讳”。讳，避也。兑为西，故曰“触讳西行”。震为伯，为生，兑折故生殃。震为君，为欢。艮为安。《春秋》：蔡昭侯如楚，有善裘，子常欲之，弗与，留楚三年。后蔡人闻之，固请献之，遂得归。

小过 **春鸿飞东，以马贸金，利可得深。**

震为春，为鸿，为飞，为东，为马。巽为商旅，故曰“贸”。艮为金，故曰“贸金”。坎为深也。巽为利。利可得深，言得利多也。

既济 **禾生虫蠹，还自克贼，使我无得。**

此用遇卦象。震为禾，为生。巽为虫，为贼。伏坤为我，坤虚，故无得。

未济 **桀乱无道，民散不聚。背室弃家，遁逃出走。**

离为恶人，故曰“桀”。离为乱，震为道，坎隐故无道。坤为民，为聚，三爻间隔，故民散不聚。坎为室，艮为背，故曰“背室”。艮为家，坎失，故曰“弃家”。坎伏为遁，震走为逃也。凡震、艮皆用半象。

䷢ 离上坤下 晋之第三十五

销锋铸耜，休牛放马。甲兵解散，夫妇相保。

坎为锋、耜，离火为销，为铸。离牛坎马，艮止，故休、放。离为甲兵，坎水克火，故解散。坎夫离妇，坤聚艮安，故相保。

之乾 **一衣三冠，冠无所绊。元服不成，为身灾患。**

乾为衣，卦数一，故曰"一衣"。晋艮为冠，数三，故曰"三冠"。艮下坤，坤拆，故曰"冠无所绊"，曰"元服不成"。坤为身，为灾患。

坤 **百足俱行，相辅为强。三圣翼事，王室宠光。**

详《屯之履》、《比之无妄》。履用伏象谦，与无妄皆以震为足。此则以坤形象百足虫。坤为百也。

屯 **鱼蛇之怪，大人忧惧。梁君好城，失其安居。**

坤为鱼，为蛇，坎为怪。震为大人，坎为忧惧。震为君，震木为梁，故曰"梁君"。艮为城，正覆艮，故曰"好城"。艮为安居，坎失，故曰"失其安居"。元本注：《春秋》，梁君好城而弗处，卒亡其国。

蒙 **少无强辅，长不见母。劳心远思，自伤忧苦。**

艮为少，兑为辅，为刚。兑伏，故无。震为长，坤为母。坎隐，故不见。坎为劳，为心，为思，为忧苦。

需 **前涉溽暑，解不可取。离门二里，败我利市。老牛病马，去之何悔。**

乾为前，为行。离为暑，与坎连，故曰"溽暑"。解、懈同。《诗·大雅》：不解于位。注：怠惰也。坎劳，故曰"解不可取"。乾为门，兑卦数二，故曰"离门二里"。巽为利市，二至四巽覆，故败我利市。离为牛，乾老，故曰"老牛"。乾为马，坎病，故曰"病马"。坎为悔，在外，故去之无悔。

讼 **君明有德，登天大禄。布政施惠，以成恩福。中子南游，翱翔未复。**

乾为君，为德，离火为明。乾为天，为大禄。巽为政命，巽风为布施。乾为恩福。坎为中男，乾为南，为行，故曰“中子南游”。离为飞，故曰“翱翔”。坎陷，故曰“未复”。言未归也。

师 **哓然唯诺，敬上尊客。执恭除患，御侮致福。**

坎正反两兑口，震为声，故曰“哓然唯诺”。震为客，伏乾为贵，故曰“尊客”。乾惕为敬。坎为患，震解，故除患。坤为御，为侮。震乐，故致福。

比 **黍稷禾稻，垂秀方造。中旱不雨，伤风病稿。**

坤为茅茹，故为黍稷禾稻。造，作也。言苗秀兴起也。坎为中，为雨，艮火，故中旱不雨。坤为风，故伤风病稿。

小畜 **三羸六罢，不能越跪。东贾失马，往返劳苦。**

通豫。震数三，坎数六。坎病故羸，坎劳故罢。震为越跪，为东，为贾，为马。坎失，故失马。震为往反，坎为劳苦。

履 **倚立相望，引衣欲装。阴云蔽日，暴雨降集。使道不通，阻我欢会。**

通谦。震为倚立。艮为望，正反艮，故曰“相望”。坤为衣裳，艮手为引，为装。装，束也。坤为阴云，为蔽，离日，故曰“阴云蔽日”。坎为暴雨，为降集。震为道，坎塞，故不通，故阻我欢会。坤我，震欢也。

泰 **高脚疾步，受肩善趋。日走千里，贾市有得。**

中爻震为足，故曰“脚步”。震躁，故高脚疾步，故善趋，故日走千里。震伏巽，为贾市。巽利，故有得。坤为受，伏艮为肩。

否 **北风寒凉，雨雪益冰。忧思不乐，哀悲伤心。**

中爻巽风，坤为北，乾为寒，为冰雪，故曰“北风寒凉，雨雪益冰”。乾惕，故忧。震乐，震倒，故不乐。坤为哀悲，为心。

同人 **贞鸟雎鸠，执一无尤。寝门治理，君子悦喜。**

离为鸟，为鸠。通师。坎为尤，数一，震乐，故执一无尤。坤为门，为寝，为理。震为君子，为悦喜。

大有 **蓼萧露瀼，君子龙光。鸣鸾噰噰，福禄来同。**

通比。坤为薪，为蓼萧。坎为露。艮为君子，为贵。龙，宠也。坤文为鸾，兑为鸣。乾为福禄。蓼萧义，详《恒之蹇》。

谦 **南行求福，与喜相得。封受上赏，鼎足辅国。**

震为行，为南，艮为求。震为福，为喜。坤为受，坤闭为封。艮为赏，阳在上，故曰"上赏"。震为足，数三，故曰"鼎足"。坤为国，艮伏兑，兑辅，故曰"辅国"。

豫 **桑叶腐蠹，衣敝如络。女功不成，丝布为玉。**

震为桑叶，坎病，故腐蠹。坤为衣裳，坎破，故敝。震伏巽，巽绳，故曰"如络"，故曰"丝布"。坤为女，坤丧，故功不成。震为玉。"丝布为玉"者，言桑坏不能产丝，故值贵也。

随 **左服易右，王良心欢，喜利从己。**

震左兑右。"服"者，夹辕之马。震为马。"左服易右"者，震为左，兑为右，言马初在左，至上兑而右也。震为王，艮为良，故曰"王良"。坎为心，震为欢喜，为从。巽为利。王良，古善御者。

蛊 **寿考不忘，驾驷东行。三适陈宋，南贾楚荆。得利息长，旅身多罢，畏昼喜夜。**

艮为寿考。震为马，故曰"驾驷"。震东，故东行。震为陈，艮为宋，震数三，故曰"三适陈宋"。互震为南，巽为贾，为楚荆，故曰"南贾楚荆"。巽为利，为长，为商旅。互大坎为罢，为畏，为夜。离为昼。昼动故畏，夜伏故喜。

临 **羔羊皮革，君子朝服。辅政扶德，以合万国。**

兑为羔羊。通遁。艮为皮，为革，为君子。坤为朝，为衣服，故曰"君子朝服"。兑为辅，坤为政，艮手为扶，乾为德，故曰"辅政扶德"。坤为国，坤众，故曰"万国"。坤闭为合，故曰"以合万国"。《诗·召南》：羔羊之皮，素丝五纶。羔羊之革，素丝五緎。美召公也。

观 **鹳鸠徙巢，西至平州。遭逢雷电，破我苇庐。室家饥寒，思吾故初。**

艮为鹳，坤文为鸠，艮为巢，伏震为徙，故曰"鹳鸠徙巢"。兑为西，坤为州，为平。震为雷电。兑折为破。艮为庐，巽为苇，故曰"苇庐"。艮为室家，坤为饥，乾为寒，故曰“室家饥寒”。坤为吾，乾为初。

噬嗑 **大尾小头，重不可摇。上弱下强，阴制其雄。**

艮为尾，震大，故曰“大尾”。坎为首，艮为小，故曰“小头”。坤为重，坎陷，故重不可摇。艮上震下。艮小故弱，震长故强。四阳陷阴中，故曰“阴制其雄”。

贲 **疏足息肩，有所忌难。金城铜郭，以铁为关。藩屏自卫，安止无患。**

震为足，艮为肩。坎为忌难，艮为城郭。三至上正反两艮，故又为关。艮为金，故曰“金”，曰“铜”，曰“铁”。艮为藩屏，为安止。坎为患，安止故无患。

剥 **天命玄鸟，下生大商。造定四表，享国久长。**

通夬。乾为天，兑为言，故曰“天命”。乾为玄，艮为黔喙，为鸟，故曰“玄鸟”。“玄鸟”者，燕也。兑为燕。震为生，震反，故下生。震为子，故生商。商，子姓也。艮为定，为表，伏兑数四，故曰“造定四表”。坤为国，艮为久长。据《诗·商颂》笺：高辛氏妃简狄吞乣卵，生契，为商祖。

复 **赋敛重数，政为民贼。杼柚空虚，我去其室。**

坤聚，故曰“赋敛”。重坤，故曰“重数”。坤为政，为民。伏巽为贼，震为杼柚。《诗》：杼柚其空。《笺》云：杼，持纬者；柚，受经者也。杼柚上下震动，故取象于震。坤虚。艮为室，艮倒，故去室。

无妄 **阴阳隔塞，许嫁不答。宛丘新台，悔往叹息。**

初阳伏阴下，艮止，故曰“隔塞”。女嫁曰归。震为归，为言，故许嫁。二至四震反，故曰“不答”。艮为丘，为台。宛丘，《陈风》篇名，悔嫁非其人而作也。震为叹息。《毛诗》谓刺陈幽公淫乱无度。新台，《邶》诗篇名，《毛》谓刺卫宣公娶其子伋妻，国人恶之。林意似谓妇为夫弃也。

大畜 **愿望登虚，意常欲逃。贾辛丑恶，妻不安夫。**

艮为丘墟，为望，震为登，故曰“愿望登虚”。震为逃，伏坤为意。震伏巽，巽为商贾，纳辛，故曰“贾辛”。兑为丑恶。震夫兑妻，兑毁折而躁，故不安。《左氏·昭二十八年》：昔贾大夫娶妻而美，三年不言不笑。辛，大夫名。

颐 **踧行窃视，有所畏避。蔽目伏藏，以夜为利。**

震为踧行，艮为视。坤藏，故窃视，故有所畏避。艮为目。坤为夜，为利。

大过 **信敏恭谦，敬鬼尊神。五岳四渎，克厌帝心，受福宜年。**

乾为信敏，伏坤为恭谦。乾为惕，故曰“敬”。伏坤，故曰“鬼”。乾为神，兑伏艮，艮为尊，故曰“敬鬼尊神”。艮为岳，巽卦数五，故曰“五岳”。互大坎为河川，乾亦为江河，巽后天数四，故曰“四渎”。坤为心，巽伏震，震帝，故曰“帝心”。震为福，坤为受，为岁，故曰“受福宜年”。

坎 **悬悬南海，去家万里。飞兔腰袅，一日见母，除我忧悔。**

坎为海，伏离，故曰“南海”。震为万里，故曰“悬悬”。艮为家。震为马，为兔，坎为腰，故曰“飞兔腰袅”。飞兔、腰裹，皆良马名。离日，坎数一，故曰“一日”。本卦坤体，坤为母，乾二五之坤，故见母。坎为忧悔，震为除。

离 **虽污不辱，因何跣足。童子褰衣，五步平复。**

通坎。坎为污。坤为辱，坎折坤，故不辱。“跣足”者，赤足也。震足坎赤，故曰“跣足”。艮为童子。艮手为褰，震为衣，故曰“褰衣”。震为步，坎数五，坎平，故曰“五步平复”。

咸 **宫城立见，衣就袂裾。恭谦自卫，终无祸尤。**

通损。艮为宫城，震立，兑见。艮为衣，震口为袂，为裾。巽为恭谦，震为警卫。坤为自，为祸尤。震解，故无祸尤。

恒 **敝笱在梁，不能得鱼。望食千里，所至空虚。**

巽为绳，故为笱。笱，罟也。巽下断，故曰“敝”。艮为梁。巽为鱼，巽敝漏，故无得。伏艮为望，震为粒粟，为食，为千里。震为虚，故所至空虚。首句，《齐风》语。

遁 **千里骍驹，为王服车。嘉其骊荣，君子有成。**

乾为马，为赤，故曰“骍”。艮少为驹，乾为千里，故曰“千里骍驹”。乾为王。二至四通震，震为车，为服。乾为嘉荣。艮为君子，为成。

大壮 **鼎足承德，嘉谋生福。为王开庭，得心所欲。**

乾为德。震为足，数三，故曰“鼎足”。乾为福，为生，为嘉，为王，为开。伏艮为庭。兑悦，故得所欲。

明夷 **右手无合，独折左指。禹汤失佐，事功不立。**

艮为手，为指。先天坎西，故曰"右手"。艮覆，故指折。震左，坎折，坤寡，故曰"独折左指"。震为王，故曰"禹"。水在火上，故曰"汤"。震佐坎失，故曰"禹汤失佐"。坤为事功，坤丧，故事功不立。

家人 **忧凶增累，患近不解。心意西东，事无成功。**

坎为忧，为凶，为累，为患。坎陷，故不解。坎为心意，为西，离为东，故曰"心意西东"。巽为风，风散，故事无成功。

睽 **东行食榆，困于枯株。夫妻无家，志穷为忧。**

离东，兑食。坎为榆，皮可食。坎上下皆离，离科上槁，故困于枯株。株枯，则无皮可食。坎夫，离妻。艮为家，艮伏，故曰"无家"。坎为志，为忧。稽康《养生论》：榆令人瞑。《博物志》：啖榆则眠不欲觉。又《礼·内则》：枌榆以滑之。古盖常食榆皮。

蹇 **五经六纪，仁道所在。正月繁霜，独不离咎。**

离为文，故曰"经纪"。坎纳戊，数五，故曰"五经"。坎数六，故曰"六纪"。艮为道路，为反震，震为仁，故曰"仁道所在"。坎为中正，为月，为霜，重坎，故曰"正月繁霜"。坎为独，为咎。离，罹也。坎隐，故独不罹咎。"五经"者，五常。《汉书·贾谊传》：六亲有纪。"六纪"，即六亲也。《白虎通》：六纪者，诸父、兄弟、族人、诸舅、师长、朋友。正月，《小雅》篇名，忧乱而作。

解 **懈缓不前，怠惰失便。二至之戒，家无祸凶。刻木象形，闻言不信。**

震往为前，坎陷，故懈缓不前，故怠惰失便。坎为冬至，离为夏至，故曰"二至"。《复·象传》云：先王以至日闭关，商旅不行。又《月令》：是月齐戒掩身。故云戒。坎为室家，为凶祸。知戒故无祸。刻木象形，未详。坎为闻，震为言。坎上下两兑口相背，故云不信。

损 **仁爱笃厚，不以所忿，害其所子。从我旧都，日益富有。**

震为仁爱，艮为笃厚。乾为忿，乾三之上成艮，故不忿。《象传》所谓惩忿也。震子坤害，故害其所子。坤为都，伏乾为旧，为我，震为从，故曰"从我旧都"。坤为富有，艮为日，故曰"日益富有"。

益 **缺破不成，胎卵未生，弗见兆形。**

巽陨落，故缺破不成。震为胎卵，震生。坤拆为兆，为形，巽伏故弗见。

夬 **摧角不伤，虽折复长。秉德无愆，老赖荣光。**

艮为角，艮伏兑折，故摧角。然阳必长，故摧而不伤，折而复长。乾为德，为老。阳长，故无愆，故老而愈荣。

姤 **乘桴浮海，免脱厄中，虽困无凶。**

通复。震为桴，为乘，坤为海。坤厄震出，故免脱，故虽困无凶。

萃 **孔鸾鸳雏，鵔鸡鹈鸪，翱翔紫渊。嘉禾之圃，君子以娱。**

通大畜。震为竹，为孔。坤为文，故为鸾鸳。艮鸟，故为鵔鸡鹈鸪。卦为萃，故多若是。震为翱翔。兑为渊，乾赤，故曰“紫渊”。震为嘉禾。艮为圃，为君子。震乐故娱。

升 **甘露温润，众来得愿。乐易君子，不逢祸乱。**

兑为露，为润。坤为众，震乐，故众来得愿。通无妄。艮为君子，震乐乾易，故曰“乐易君子”。坤为祸乱，乾在外，故不逢。

困 **东骑堕落，千里独宿。高岸为谷，阳失其室。**

通贲。震为东，为骑，坎陷，故堕落。震为千里，坎为独，为宿，故曰“千里独宿”。艮为高岸，坎窞为谷，故曰“高岸为谷”。坎为室，为失。困刚掩，故曰“阳失其室”。《诗·小雅》：高岸为谷，深谷为陵。

井 **八才既登，以成嘉功。龙降庭坚，国无灾凶。**

通噬嗑。后天艮数八。震为才，为登，为嘉，为功。艮为成，故曰“以成嘉功”。震为龙，艮为庭。龙降、庭坚，乃八元之二人。庭坚，即皋陶字也。艮为国，坎为灾凶，震乐故无。

革 **邯郸反言，父兄生患。竟涉忧恨，卒死不还。**

通蒙。二至上正覆两震言相反，坤为国，故曰“邯郸反言”。乾父震兄，坎为患，震生，故曰“父兄生患”。坎为忧恨，为水，坤亦为水；震为涉，艮为终，故曰“竟涉忧恨”。震为还，坤死，故曰“卒死不还”。案，此似用《史记·陈涉传》事。“邯郸反言”者，言武臣反陈涉，自立为赵王。涉欲系其家属，后涉竟战死不得还也。

鼎 **玉铣铁颐，仓库空虚。贾市无盈，与利为仇。**

元本旧注：钟口两旁曰铣。盖乾为金玉，初至五正倒皆兑，兑为口，故曰“玉铣铁颐”。颐亦口。卦通屯，屯互颐也。屯艮为仓库，坤为空虚。巽为贾，为市，为利。坤虚，故无盈，故与利为仇。坎为仇也。

震 **白鸟衔饵，鸣呼其子。旋枝张翅，来从其母。**

震为白，互离为鸟，震口为衔，坎为饵，故曰“白鸟衔饵”。震为子，为鸣呼，为木，为枝，为张翅，为从，为来。坤为母。“来从其母”者，言阳反坤初也。

艮 **学灵三年，圣且神明。先见善祥，嘉吉福庆。鸰鹄知来，告我无忧。**

“学灵”者，学语也。三至上正反两震言相对，下震如何言，上即如言反答，故曰“学灵”。震为年，数三，故曰“三年”。坎为圣，震为帝，为神，艮为明，故曰“圣且神明”。震为善祥，为吉庆。艮为鸰鹄。震为来，为告。坎为忧，震出故无忧。

渐 **云孽蒸起，失其道理。伤害年谷，神君乏祀。**

坎为云，为孽。下得艮火，故能蒸起。伏震为起，为道。坎为失，故失其道里。震为年谷，巽陨落，故曰“伤害年谷”。震为神，为君。

归妹 **春耕有息，秋入利福。献豜大豵，以乐成功。**

震为春，为耕。为生，故曰“息”。兑为秋，震为利福。秋收，故曰“入”。坎为豕，故曰“豜”，曰“豵”。震为功，为乐也。

丰 **羸豕踯躅，虎入都邑。遮遏左右，国门敕急。**

巽为豕，巽绳，故曰“羸豕”。震为踯躅。巽入，伏艮为都邑，为虎，故曰“虎入邑都”。艮止，故遮遏。震左兑右。艮为国门，坎险故急。震为敕。

旅 **东行西维，南北善迷。逐旅失群，亡我襦衣。**

通节。震为东，为行，兑为西，巽绳为维。维，系也。震南坎北，坎又为疑，故曰“南北善迷”。震为逐。阴以阳为伴旅，旅卦下二阴随二阳，上一阴随一阳，故曰“逐旅”。坤众为群，坎为失。言否二升五，遗二阴在下，故曰“失群”。否上乾为衣，下坤为襦。今变旅，乾坤形变，故曰“亡我襦衣”。“东行西维”者，言身向东而心系属于西也。

巽 **居室之伦，夫妇和亲。小人乘车，硕果失豢。**

通震。中爻艮为居，坎为室。震夫巽妇，兑悦故和亲。震为车，为人，艮为小，故曰“小人乘车”。艮为硕果，两艮皆覆，故失豢。豢，养也。

兑 **东方孟春，乘冰戴盆。惧危不安，终失所欢。**

通艮。中爻震为东，为孟春。坎为冰，震为乘，坎在下，故乘冰。震为盆，艮为戴，故曰“戴盆”。坎为危惧。艮为终，兑为欢。

涣 **风吹尘起，十里无所。南国年伤，不可安处。**

巽为风，震口为吹。艮为沙石，为小，故为尘。震为起。艮为里，伏兑数十，故曰“十里”。坎隐，故无所也。震为南，艮为国，为时。坎灾风陨，故南国年伤。坎险，故不安。

节 **重载伤车，妇女无夫。三十不室，独坐空庐。**

震为车，为载，艮山在上，故曰“重载”。兑折，故伤。兑为妇女，震为夫。坎失，故无夫。震数三，兑数十，艮为室，坎隐，故三十无室。坎为独，艮为坐，为庐。离虚，故曰“空庐”。

中孚 **败牛羸马，与利为市，不我嘉喜。**

中爻艮为牛，震为马。兑毁折，故曰“败”，曰“羸”。巽为利市，震嘉喜也。

小过 **月出阜东，山蔽其明。章甫荐履，箕子佯狂。**

震为东，为出，艮为阜，兑月在山上，故曰“月出阜东”。艮山巽伏，故明隐。艮为冠，故曰“章甫”。震为履，为草，故曰“荐履”。荐，草也。震为箕，为子，为狂。御章甫之礼冠，而下蹑草履，不恭甚矣，故曰“佯狂”。

既济 **出入门所，与道开通。杞梁之信，不失日中。少季渡江，来归其邦，疾病危亡。**

此用晋象。艮为门，为道。坎为木，为杞。艮为梁，坎为信。离为日中。艮为少季，坎为江。艮为邦，坎为疾病危亡。杞梁，齐大夫。襄二十三年，齐与莒战，杞梁夜入莒地。莒子赂杞梁，使勿死战。杞梁曰，昏而受命，日中弃之，亦君之所恶也。少季，未详。或指吴季札。林语似此者甚多，不能强解也。

未济 **邑居卫师，如转蓬时，居之凶危。**

此仍用晋象。坤为众，为兵，为师，为邑。坤为薪，为蓬。艮为时，为居。坎为凶危。

䷣ 坤上 离下 明夷之第三十六

他山之错，与璆为仇。来攻吾城，伤我肌肤，邦家骚忧。

震为玉，为璆。坤为城，为邦家。艮为肌肤，三至五艮覆，故曰“伤我肌肤”。坎为仇，为忧。《诗·小雅·鹤鸣篇》：他山之石，可以为错。传：错，石也。可以琢玉，故与璆为仇。

之乾 **践履寒冰，十步九寻。虽有苦痛，不为忧病。**

此用遇卦明夷象。震为践履，坎为寒，为冰。坤数十，震数九，故曰“十步九寻”。《礼·王制》注：六尺为步。《周礼·地官·媒氏》注：八尺曰寻。坎为苦痛，为忧病。震在外，故解也。

坤 **太公避纣，七十隐处。卒逢圣文，为王室辅。**

此仍用明夷象。震为公，坤老，故曰“太公”。坤为恶，故曰“纣”。坎伏，故曰“避纣”。坤为文。坎为圣，为室。震为王，故曰“王室”。言太公遇文王，为周室辅也。

屯 **日月之涂，所行必到，无有患悔。**

艮日坎月。震为涂，为行。坎为患。

蒙 **讽德诵功，美风盛隆。旦辅成周，光济冲人。**

震为功德，为言。正反震，故曰“讽诵”。震为周，为盛，为旦。艮为光，坎为和。冲，和也。震为人。冲人，成王也。旦，周公也。

需 **童子无室，未有配合，空坐独宿。**

伏艮为童子。坎为室，兑毁，故无室。坎为合，二五不相应，故无合。坎为独，为宿。

讼 **穿鼻系株，为虎所拘。王母祝词，祸不成灾，惠然肯来。**

艮为鼻，坎为穿。初至四艮，二阳穿其中，故曰“穿鼻”。此与入于渊入字同义，皆谓二也。巽为系，为木，故曰“系株”。言既穿其鼻，复系于木上也。乾为虎，为王。巽为母，故曰“王母”。伏震为祝。坎为祸，离为灾，风散故脱。

师 **黄帝神明，八子圣聪。佚受大福，天下平康。**

震为帝，坤黄，故曰“黄帝”。坎为圣，为聪。坤卦数八，震为子，故曰“八子”。震为福。坤为天下，坎为平，故天下平康。

比 **深谷为陵，衰者复兴。乱倾之国，民得安息。中妇病困，遂入冥室。**

艮为谷，为陵。坤为国，为乱，为民。艮止为安息。火为水妃，火伏，故曰“中妇病困”。坎为室，为冥，坤为死。入冥室，言死也。卦坎为水，坤又为水，故离火病也。《诗·小雅》：高岸为谷，深谷为陵。

小畜 **道远辽绝，路宿多悔。顽嚚相聚，生我畏忌。**

乾为道路，为辽远。坎为宿，坤为悔，故曰“路宿多悔”。坤为聚，为恶，故曰“顽嚚相聚”。震为生，坎为畏。皆用伏象。

履 **旦树菽豆，暮成藿羹。心之所乐，志快心欢。**

伏谦。震为旦，为树，为菽豆。坎为暮，巽为藿羹。坎为心，震为乐。

泰 **切切之患，凶忧不成。虎不敢啮，利当我身。**

坤为患，为凶忧。兑为虎，为啮。坤为我，为身。伏巽为利。

否 **王伯远宿，长妇在室。异庖待食，所求不得。**

震为王，为伯。坤为宿，震伏不见，故曰“远宿”。巽为长妇，互艮为室，故曰“长妇在室”。艮为庖，为待，伏兑为食。艮为求。言与庖厨离异，不能得食也。

同人 **寒燠失时，阳旱为灾，虽耗无忧。**

乾寒，离火，故曰“寒燠失时”。离为阳旱，为灾。巽陨落，故曰“耗”。坎为忧，坎伏，故无忧。

大有 **虽穷复通，履危不凶，得其明功。**

此用遇卦明夷象。震为通，为履。坎在震下，故曰“履危”。

谦 **狼虎所宅,不可以居,为我患忧。**

艮为虎狼,为宅。坎坤皆为忧患,故不可居。

豫 **喋嗫嚎嚾,昧冥相搏。多言少实,语无成事。**

震言,故曰"喋嗫"。嚎,大笑;嚾,喧嚣也。卦正反艮,故曰"相搏"。正覆震相背,故曰"多言少实,语无成事"。

随 **履冰蹈凌,虽困不穷。播鼓登岩,卒无忧凶。**

明夷坎为冰凌,震为蹈履。为通,故不穷。震为鼓,互艮手,故曰"播鼓"。艮为岩,震为登。言登山击鼓也。

蛊 **文文墨墨,忧祸相杂。南北失志,东西不得。**

震东兑西,震亦为南,北象或指大坎。

临 **争讼不已,更相谈诟。张季弱口,被发北走。**

详《大畜之家人》。

观 **德积逢时,宜其美才。相明辅圣,拜受福休。长女不嫁,后为大悔。**

坤为积。艮为时,为明。伏乾为圣,为休福。艮为拜,故拜受福休。巽为长女。震为嫁,震伏故不嫁。

噬嗑 **江水沱汜,思附君子。仲氏爰归,不我肯顾,侄娣恨悔。**

详《遁之巽》。

贲 **光祀春成,陈宝鸡鸣。阳明失道,不能自守,消亡为咎。**

详《大有之井》。

剥 **惊虎无患,虞为我言,赖得以安。**

艮为虎,坤为患,艮安故无患。虞,虞人,守山泽之官。艮为官,为山,故艮为虞人。反震为言。

复 **伪言妄语,转相诖误,不知狼处。**

震为言,坤虚,故曰"伪妄",曰"诖误"。艮为狼。艮覆坤迷,故不知。

无妄 **履隙自敌,凶忧来到,痛不能笑。**

互巽为隙。震为履,为笑。伏坤为凶忧,故不能笑。

大畜 **牵尾不前，逆理失臣，惠朔以奔。**

艮为尾，为牵，艮止故不前。坤为理，为臣，坤伏故失臣。乾为朔，互震为奔。卫惠公名朔，初，谮急子于宣公，公令急于使齐。其弟寿知之，先往，盗杀之。急子至，又杀之。及朔即位，为诸公子所恶，故出奔。见《左传·桓十六年》。

颐 **三狸捕鼠，遮遏前后。死于环城，不得脱走。**

详《离之遁》。

大过 **言笑未毕，忧来暴卒。身加槛缆，囚系缚束。**

大过为棺椁，故为死卦。兑口，故曰"言笑"。伏坤为忧，为身。艮为槛。《史记·陈平传》：即反接哙，载槛车，诣长安。巽为绳，故曰"缆"。缧，绁也。卦为大坎，坎为囚，巽为系缚。汉人以大过为死卦，故象如此。

坎 **阴积不已，云作滛雨。伤害平陆，民无室屋。**

坎为积，为云，为雨。重坎，故曰"滛雨"。艮为平陆，为室屋，为民。坎陷，故伤害，而无室庐也。

离 **山林麓薮，非人所处。鸟兽无礼，使我心苦。**

伏艮为山麓，巽为林。

咸 **新作初陵，逾蹈难登。三驹推车，跌顿伤颐。**

艮为陵。震为逾蹈，为登。震伏，故难登。言始皇初即位，即穿治骊山为陵，其高大难登也。震为驹，为车，数三，故曰"三驹"。兑毁折，故曰"跌顿"。兑又为颐。

恒 **魂微惙惙，属纩听绝。扩然大通，复更生活。**

乾为魂，陷阴中，成大过。大过死，故曰"魂微惙惙"。惙惙，短气貌。巽为纩，兑为绝。震为通，为生。震在上，出大过，故更生也。

遁 **栾子作殃，伯氏诛伤。州犁奔楚，去其邑乡。**

通临。震木，故曰"栾子"。坤为殃，为诛伤。震为伯，故伯氏诛伤。震为犁，坤为州，震为奔，为楚。坤为邑，为乡。《左传·成十五年》：晋三郤杀伯宗及栾弗忌，伯宗子伯州犁奔楚。

大壮 **骄胡犬形，造恶作凶。无所能成，还自灭身。**

通观。坤为胡，艮为犬，故曰“骄胡犬形”。坤为凶恶，为身。兑毁，故无成。坤死，故灭身。

晋 **陈词达情，使安不倾。增荣益誉，以成功名。**

艮为荣誉，为名。

家人 **三杞无枣，家无积蒉。使鸠求妇，顽不我许。**

巽为杞，离卦数三，故曰“三杞”。巽为不果，故无枣。巽为茅，为蒉。坎为积，为室家。蒉在火上，故曰“家无积蒉”。离为鸠，巽为妇。巽为反兑，言反故不许。

睽 **慎祸重患。颜子为友，乃能安存。牢户系羊，乃能受福。**

坎为祸患。伏艮为颜，与下兑为友。坎为牢，兑羊在坎下，故曰“系羊牢户”。坎陷，故曰“系”。

蹇 **鹿得美草，鸣呼其友。九族和睦，不忧饥乏。**

详《同人之蹇》。

解 **亡玉失鹿，不知所伏。利以避危，全我生福。甘雨时降，年谷有得。**

震为玉，为鹿。坎为隐伏，故亡失。坎为甘雨。震为年，为谷。

损 **逢时积德，身受福庆。**

益 **鹄思其雄，欲随凤东。顺理羽翼，出次须日。中留北邑，复反其室。**

艮为鹄。坤为凤，震为东，为随，故欲随凤东。震为羽翼。艮为日，艮止，故曰“须日”，曰“中留”。坤为邑，为北。艮为室。

夬 **环堵倚锄，斗升属口。贫贱所处，心寒悲苦。**

此用明夷象。坤为堵，震为锄。为升斗，为口。坤为贫贱。坎为心，为寒，为悲苦。

姤 **孤独特处，莫依为辅，心劳志苦。**

巽为寡，故曰“孤独”。伏坤为心志，为劳苦。

萃 **稷为尧使，西见王母。拜请百福，赐我喜子，长乐富有。**

此用明夷象。互震为稷，又为帝，为尧。坎为西，震为王，坤为母，故曰“王母”。震为百，为福，为富有，又为喜子。喜子，蟏蛸也。刘勰《新论》：野人昼见蟢子者，以为有喜乐之瑞。

升 **鸣条之灾，北奔犬胡。左衽为长，国号匈奴。主君旄头，立为单于。**

详《屯之无妄》。

困 **绝而复通，虽危不穷。终得其愿，姬姜相从。**

兑为绝，坎为通，故绝而复通。坎为危。巽为姜，伏震为姬。

井 **阳并悖狂，拔剑自伤，为身生殃。**

革 **方圆不同，刚柔异乡。掘井得石，劳而无功。**

互乾为圆，伏坤为方。乾刚坤柔，故曰“异乡”。兑为井，乾为石，互巽亦为石。伏坎为劳。掘井得石，不能再掘，故劳而无功。

鼎 **乘风驾雨，与鸣鸟俱。动举千里，见我爱母。**

通屯。震为乘，坤为风，故曰“乘风”。坎为雨，故曰“驾雨”。震为鸣，艮为鸟。坤为千里，为母。

震 **三涂五岳，阳城太室。神明所扶，独无兵革。**

详《需之蒙》。

艮 **鸱鸮娶妇，深目窈身。折腰不媚，与伯相背。**

艮为鸱鸮，震为娶，伏兑为艮妇。互大离，故曰“深目”。艮为身，坎隐，故曰“窈身”。坎为腰，为折。兑为媚，兑伏，故曰“不媚”。互震为伯，为反艮，故曰“相背”。

渐 **转行轨轨，行近不远。旦夕入门，与君笑言。**

伏震为旦，坎为夕。艮为门，巽入。震为君，为笑言。

归妹 **求利离国，逃去我北。复归其城，不为吾贼。**

伏艮为求，为国，为城。巽为利，在外，故曰“离国”，曰“逃去”。坎为北，为贼。巽亦为贼。兹曰“不为吾贼”，似用伏巽。

丰 **日月之涂，所行必到。无凶无咎，安宁不殆。**

离日兑月。伏震为大涂，为行。伏艮为安宁。

旅 **管仲遇桓，得其愿欢。胶目启牢，振冠无忧。笑喜不庄，空言妄行。**

通节。震为管，坎为仲，震为桓。桓，木表也。故曰“管仲遇桓”。震为欢。兑为泽，为胶，上离，故曰“胶目”。坎为牢，互震，故曰“启牢”。艮为冠，为手，故曰“振冠”。坎忧震解，故曰“不忧”。《吕氏春秋》：鲁送管仲于齐，鞹其拳，胶其目。

巽 **出入蹈践，动顺天时。俯仰有节，祸灾不来。**

巽入震出。伏艮为天，为时，巽顺。离为祸灾。

兑 **内崩中伤，上乱无常。虽有美粟，我不得食。**

互离为乱，兑毁，故曰“内崩中伤”。兑为常，乱故无常。互巽为粟，兑为食。

涣 **逐祸除患，道德神仙。遏恶万里，福常在前，身乐以安。**

坎为患，震为逐。艮为寿，故曰“仙”。震为神，为道德，为福，为乐。艮为身。

节 **牛惊马走，上下浑扰。鼓音不绝，顷公奔败。**

艮为牛，震为马，正反艮震，故曰“牛惊马走”，上下浑扰。震为鼓，为音，为公。兑毁折，故败。

中孚 **西上九阪，往来流连。止须时日，虚与有得。**

兑西，震为阪，数九，故曰“西上九阪”。正覆艮震，故曰“往来流连”。艮为时日，艮止故曰“须”。

小过 **虎怒捕羊，猬不能攘。**

艮虎，兑羊。卦是坎形，故曰“猬”。猬能伏虎，见《龟策传》注。

既济 **涌泉涓涓，南流不绝。卒为江海，坏败邑里，家无所处。将师袭战，获其丑虏。**

重坎，故泉流不绝，故为江海。离为南。

未济 **桃弓苇戟，除残去恶，敌人执服。**

此用遇卦明夷象。震为桃、苇，坎为弓，离为戟。丁云：《左传·昭四年》，桃弧棘矢，以除其灾。又，《太平御览》引《礼稽命征》曰：桃弧苇矢，以除疾殃。

焦氏易林注卷十

䷤ 巽上 离下 家人之第三十七

天命赤乌，与兵徼期。征伐无道，诛其君傲，居止何忧。

坎为赤，离为乌，巽为命。离为兵戈，伏震为征伐。震为大涂，为君。震伏，故曰“无道”，曰“诛其君”。坎巽皆为伏，故曰“居止”。《史记·周本纪》：武王伐纣，有赤乌流于王屋。首二句，谓天以赤乌示瑞，示伐纣之期至也。

之乾 **千岁槐根，身多斧瘢。伤夷倒掘，枝叶不存。**

乾为千岁，家人巽为槐。兑为斧，初二三四皆兑形。艮为节，为瘢，二三四五皆艮形，故曰“身多斧瘢”。巽陨落，故曰“伤夷”，故无“枝叶”。

坤 **噂噂谔谔，虎豹相龇。畏惧悚息，终无难恶。**

此亦取遇卦家人象。家人重离，离正反兑口相对。噂噂谔谔，语多貌。离正反艮相对，艮为虎豹，故曰“相龇”。龇亦兑象也。坎为畏惧。

屯 **娶于姜吕，驾迎新妇。少齐在门，夫子欢喜。**

震为娶。伏巽为姜吕，为震妇，为少齐。坤为门。震为夫子，为喜。《左传·昭二年》：少姜有宠于晋，谓之少齐。

蒙 **膏壤肥泽，民人孔乐。宜利居止，长安富有。**

坎为膏泽。坤为壤，为民人。互震为孔乐。艮止，故利居。坤为安，震为长，故曰“长安”。坤多，故曰“富有”。

需 **主有圣德，上配太极。皇灵建中，授我以福。**

乾为圣，为主。乾天，故配太极。乾为帝，为皇，为福。坎为中。

讼 **耄老蒙钝，不见东西。少者弗慕，君不与谋。悬舆致仕，退归里居。**

乾为老。离东坎西，坎隐，故不见东西。兑为少，乾为君。今兑口向下，与乾君背，故曰“弗慕”，曰“君不与谋”。伏坤为舆，在上，故曰“悬舆”。艮为官，为仕，伏震艮覆，故曰“致仕”。震为归，坤为里。

师 **三狂北行，道逢大狼。暮宿患宅，为祸堪伤。**

震为狂，数三，故曰“三狂”。坤北，故曰“北行”。震为行，为道。艮为狼，狼首向内，与坎室连，故曰“患宅”。坤为暮，坎马宿，为患，为室，故曰“暮宿患宅”。

比 **更旦初岁，振除祸败。新衣元服，拜受利福。**

震为旦，震覆，故曰“更旦”。坤为岁，为祸败。艮手，故曰“振除祸败”。坤为衣服，坤黑，故曰“元服”。艮手为拜，坤为受。一阳居五，群阴拱之，故云利福。指五。

小畜 **杲杲白日，为月所食。损上毁下，郑昭出走。**

互离为日，兑为月。兑侵入离体之半，故曰“日为月所食”。巽为损，在上，故曰“损上”。兑毁折，在下，故曰“毁下”。伏坎为郑，离为昭。郑昭名忽，桓十一年出奔。

履 **君子失意，小人得志。乱扰并作，奸邪充塞。虽有百尧，颠不可救。**

通谦。艮为君子，在下，故失意。坤为小人，在上，故得志。坎为失，为志。坤为乱，为奸邪。震为帝，坤为百，故曰“百尧”。正反震，故曰“颠”。

泰 **仁德利洽，恩及异域。泽被殊方，福庆隐伏。作蚕不织，寒无所得。**

乾为仁德，兑为恩泽，坤为方域。乾为福庆，在下，故隐伏。巽为蚕，巽覆，故不织。乾为寒。

否 **东求金玉，反得弊石。名曰无宜，字曰丑恶，众所贱薄。**

伏震为东，艮为求，乾为金玉。艮为石，互巽，故曰“弊石”。艮为名。坤为字，为丑恶，为众，为恶。为贱。

同人 **击鼓合战，士怯叛亡。威令不行，败我成功。**

通师。震为鼓，为战，为士。坤柔，故曰“怯”。震为往，为亡，为威令。坤闭，故不行。坤丧，故败。

大有 **仲春孟夏，和气所舍。生我嘉福，国无残贼。**

伏震与坎连，故曰“仲春”。巽为孟夏。坎为和。舍，发也。伏艮为国，坎为贼。首二句言春夏之交，阳和之气发生也。用家人象。

谦 **尹氏伯奇，父子生离。无罪被辜，长舌为灾。**

震为伯，为父，又为子。正反震相背，故曰“生离”。坤为罪辜。兑为舌，震形似兑而长，故曰“长舌”。坤为灾。伯奇，尹吉甫子，为后母所谗，被放逐。

豫 **五谷不熟，民苦困急。驾之新邑，嘉乐有得。**

震为谷，坎纳戊，数五，故曰“五谷”。坤丧，故不熟。坤为民，坎为困苦。震为驾，为乐。坤为邑。

随 **登虚望贫，暮食无飧。长子南戍，与我生分。**

震为登，艮为虚。《诗》：登彼虚矣。艮为望。巽陨落，故曰“贫”。兑为暮，为食。震为长子，为南。艮守，故曰“南戍”。艮为我，正反艮，故曰“生分”。震为生。

蛊 **东市齐鲁，南贾荆楚。羽毛齿革，为吾利宝。**

巽齐，兑鲁。震为东，为南。巽为市，为贾。震为荆楚，故东市齐鲁，南贾荆楚。震为羽毛，兑为齿，艮为革。巽为利，震为宝。

临 **节情省欲，赋敛有度。家给人足，公刘以富。**

坤为情欲。为吝啬，故曰“节省”。坤为聚，故曰“赋敛”。坤多，故曰“家给人足”。坤为杀，震为公，故曰“公刘”。公刘，周祖也。

观 **恭宽信敏，功加四海。辟去不祥，喜来从母。**

坤柔，故曰“恭宽”。艮止，故信。风散，故敏。坤为海，巽数四，风散，故功加四海。坤死，故不祥。巽伏，故避去不祥。伏震为喜，坤为母。

噬嗑 **张狂妄行，与恶相逢。不得所欲，生我独凶。**

震为张狂，为行。遇坎陷，故曰“与恶相逢”，故曰“不得所欲”。

贲 **画龙头颈，文章不成。甘言美语，诡辞无名。**

贲，饰也，故曰“画”。震为龙，艮为头颈。离为文章，坎黑而隐伏，故文章不成。三至上正反震，故曰“甘言美语”，故曰“诡辞”。艮为名，坎伏，故无名。

剥 **骑龙乘风，上见神公。彭祖受刺，王乔赞通。巫咸就位，拜寿无穷。**

伏乾为龙，坤为风，一阳在上，故曰“骑乘”。乾为神，为公。艮为寿，故曰“彭祖”。艮阳在上，故曰“刺”。刺，谒札也。王乔，古仙人，亦艮象。巫咸，王逸《离骚注》：古神巫也，殷中宗之世下降。伏兑为巫。“彭祖受刺”者，言欲见神公，彭祖受谒札。“王乔赞通”者，言见神公时，王乔为通其名也。艮为拜，为寿。

复 **温仁君子，忠孝所在。八国为邻，祸灾不处。**

坤柔，故曰“温仁”，曰“忠孝”。震为君，为子，故曰“温仁君子”。震为邻，坤为国，卦数八，故曰“八国为邻”。坤为祸灾，震解，故不处。

无妄 **威权分离，乌夜徘徊。群蔽月光，大人诛伤。**

震为威，巽为权，初至四正反震，故曰“分离”。艮为乌。伏坤为夜，为群。兑为月，兑伏，故月为坤黑所蔽也。乾为大人，坤杀，故诛伤。此必有故实，或以《左氏》楚幕有乌，及城上有乌，齐师其遁当之，皆不合。俟考。

大畜 **学灵三年，仁圣且神。明见善祥，吉喜福庆。鸲鹊知来，告我无忧。**

详《小畜之渐》。

颐 **东山辞家，处妇思夫。伊威盈室，长股羸户。叹我君子，役日未已。**

震为东，为夫。艮为山，为室家，为君子。巽为震妇，巽伏，故曰“处妇”。坤为心，为思。巽为虫，故曰“伊威”。《诗传》：伊威，委黍也。陆机云：生瓮底，似白鱼。长股，蟏蛸也。《诗疏》：即长脚小蜘蛛。羸，宋衷《易》羸豕注：以羸为大索。陆绩、虞翻皆读作缧。“长股羸户”者，言蜘蛛作网于户。元本旧注疑羸为赢，误之远矣。巽为股，为长，故曰“长股”。《诗》：蟏蛸在户。传：蟏蛸，长踦。是焦《诗》与《毛》同也。

大过 **张颔开口，舌直距齿。然诺不行，政乱无绪。**

兑为口，为颔，为舌，为齿。乾为直，兑为言。正覆兑相背，故曰“舌直距齿”，曰“然诺不行”。伏坤为政，为乱，巽为绪。

坎 **吹角高邦，有失牛羊，众民惊惶。敬慎避咎，敕不行殃。**

互艮为角，为高邦。震口为吹，为羊。艮为牛。坎为失，故有失牛羊。坎为众，为民，震为惊。艮为敬慎。

离 **南行出城，世得福祉。王姬归齐，赖其所欲。**

通坎。震为南，为行。艮为城，为世。震为福祉，为王，为姬，为归。巽为齐。

咸 **心狂志悖，视听耸类。政令无常，下民多孽。**

通损。坤为心志，震为狂。艮为视，坤为类。艮一阳在坤上，故曰"耸类"。坤为政，巽为令。二至上正反巽，故曰"无常"。坤为下民，为孽。

恒 **安上宜官，一日九迁。逾群越等，牧养常山。**

通益。艮为安，为上，为官。乾为日，卦数一，故曰"一日"。震数九，故曰"九迁"。坤为群，为等，为牧养。震为迁，故曰"逾越"。艮为山，坤北，故曰"常山"。常山，北岳也。

遁 **东邻嫁女，为王妃后。庄公筑馆，以尊王母。归于京师，季姜悦喜。**

详《屯之观》。

大壮 **六甲无子，以丧其戊。五丁不亲，庚失曾孙，癸走出门。**

乾纳甲，震为子，兑毁折，乾数六，故曰"六甲无子"。坎居于方，纳戊。六甲始于子，今无子，故曰"以丧其戊"。互兑纳丁，伏巽卦数五，故曰"五丁"。乾健震健，兑刚违行，故不亲。震纳庚，艮为曾孙。艮覆，故曰"失"。坤上卦纳癸，乾为门，震出。大壮五上皆坤爻，在外，故曰"癸走出门"。

晋 **阴雾不清，浊政乱民。孟秋季夏，水坏我居。**

坎为阴雾，为混浊。坤为政，为民。伏兑为秋，兑与离连，故曰"孟秋"。上离为夏，离与艮连，故曰"季夏"。坤坎皆为水，艮为居。坎破，故曰"坏"。孟秋、季夏，用象之精，非夷所思。

明夷 **骑豚逐羊，不见所望。径涉虎庐，亡豚失羊。**

震为骑，坎为豕，震为羊。离为望，坎隐，故不见。又豚行缓，亦不能及也。艮为虎，艮反，与坎室连，故曰"虎庐"。坤为丧，故曰"亡失"。

睽 **安床厚褥，不得久宿。弃我喜宴，困于南国。投杼之忧，不成祸灾。**

伏蹇。艮为床，坎为宿。离为南，艮为国，故曰“南国”。坎为杼。《战国策》：甘茂曰，昔曾参之母方织，人谓曾参杀人，三告之，其母投杼而走。

蹇 **五方四维，安平不危。利以居止，保有玉女。**

坎纳戊数五，伏兑纳丁数四，故曰“五方四维”。艮为安，为居止。坎为危，艮安，故不危。伏兑为女，艮坚，故曰“玉女”。

解 **西贾巴蜀，寒雪至毂。欲前不得，复反其室。**

坎位西，伏巽为贾。巽在西南，故曰“巴蜀”。坎为寒，为雪，为毂。坎陷，故不能前。震为反，坎为室。

损 **刚柔相呼，二姓为家。霜降既同，惠我以仁。**

兑为刚，互坤为柔。正反震，故曰“相呼”。坤为姓，数二，故曰“二姓”。艮为家。坤为霜，为我。震为仁。家音姑。《荀子·大略篇》：霜降逆女，冰泮杀内。言嫁娶始于霜降，至冰泮而止。

益 **天马五道，炎火分处，往来上下。相随哭歌，凶恶如何。**

震为马，为大涂，艮为天，巽卦数五，故曰“天马五道”。《晋书·天文志》：王良五星，一名天马。艮为火，正反艮，故曰“分处”。震为往，正反震，故曰“往来上下”。震为歌，震之反则哭矣。《中孚·六二》云“或泣或歌”，林所本也。坤为凶恶。

夬 **出门怀忧，东上祸丘。与凶相遇，自为灾患。**

通剥。坤为门，为忧祸，为凶灾。艮为丘，乾坤纳甲乙，故曰“东上祸丘”。

姤 **西行求玉，冀得隋璞。反见凶恶，使我惊惑。**

通复。震为行，为玉璞。坤为凶恶，为惑。震为惊。

萃 **出入无妄，动作失利。衔忧怀祸，使我多悴。**

伏震为出，巽为入。坤丧，兑毁，故无妄。妄，西汉人皆读为望。兑口为衔。坤为忧祸，为我。

升 **高楼无柱，颠僵不久。纣失三仁，身死牧野。**

坤为重，故日高楼。本弱，故无柱。巽陨，故颠僵。坤恶，故曰“纣”。震为仁，数三，故曰“三仁”。兑毁折，故失三仁。坤为身。为野，为养，故曰“牧野”。坤杀，故曰“身死”。

困 **避祸逃殃，身全不伤。高位疾颠，华落坠亡。**

坎为灾，故曰“祸殃”。坎隐，故曰“避逃”。伏艮为身，在外，故曰“身全不伤”。艮为位，在上，故曰“高位”。巽陨，故颠。兑为华，巽落，故曰“坠亡”。

井 **张牙反目，怒龇作怒。狂马挠犬，道惊伤轸。**

兑为牙，离为目。坎两半离相背，故曰“反目”。兑为龇，伏震为怒，为狂。伏艮为犬，艮止，故狂。马竟为犬所挠，而车惊伤轸也。震为道，为惊，兑为伤。轸象或属坎。

革 **泉涸龙忧，箕子为奴。干叔陨命，殷破其家。**

详《泰之剥》。

鼎 **向食饮酒，嘉宾聚会。牂羊大猪，君子饶有。**

通屯。坎为酒，兑口为饮。震为嘉宾，坤为聚，故曰“嘉宾聚会”。兑为羊。巽为豕，与乾连。乾为牡，为大，故曰“牂羊大猪”。艮为君子。

震 **黄牛骍犊，东行折角。冀得百祥，反亡我囊。**

艮为牛犊，震为玄黄，故曰“黄牛”。坎赤，故曰“骍犊”。艮为角，震东，坎破，故东行折角。震为百，为祥。坤为囊。坤初变阳，囊之形毁矣，故曰“亡”。

艮 **路多枳棘，步刺我足。不利旅客，为心作毒。**

详《遁之艮》。

渐 **执斧破薪，使媒求妇。和合二姓，亲御饮酒。召彼邻里，公姑悦喜。**

艮手为执，伏兑为斧。巽为薪，坎为破，故曰“破薪”。《诗·豳风》：伐柯如何，匪斧不克。娶妻如何，匪媒不得。坎为合，为媒。艮为求，巽为妇。坤为姓，数二，坎入坤，故曰“和合二姓”。坎为酒。按《礼·昏义》：婿亲御妇车三周，共牢而食，合卺而酳。亲御饮酒，皆古礼也。艮为邻里。

巽为母,震为公,为悦喜。

归妹 **驾车出门,顺时宜西。福佑我身,安宁无患。**

震为驾,马车,伏艮为门。兑为西。卦春夏秋冬皆备,故曰“顺时”。

丰 **日新东升,魁杓为祸。仆台为秦,使我久坐。**

离为日,为新。震为东,为升,为魁杓。又伏艮为星,卦数七,斗七星,故曰“魁杓”。“魁杓”者,斗柄也。斗柄所指,四时以成。《易》《六二》《九四》皆不吉,皆曰“日中见斗”,故曰“为祸”。又魁杓,即魁罡也,亦谓天罡。《涣之比》云:行触天罡,马死车伤。《睽之渐》曰:魁罡所当,初为败殃。

旅 **山陵丘墓,魂魄室屋。精光竭尽,长卧无觉。**

艮为山丘,为室屋。震为精光。震伏风陨,故曰“竭尽”。艮为卧。

巽 **孩子贪饵,为利所说。探釜把甑,烂其臂手。**

伏震为孩子,为饵。巽为利。震为说,为釜甑。巽为烂,艮为手,为臂。言孩子无知,贪饼饵微利,探手釜甑,为沸汤所伤也。

兑 **何材待时,闭户独愁。蚯蚓冬行,解我无忧。桑蚕不得,女红无成。**

何、荷同。伏艮为材,为负何,为待,为时,故何材待时。艮为门。坎为闭,为愁。坎孤,故闭门独愁。互巽为蚯蚓,伏坎为冬。震为解,故无忧。巽为桑,为蚕。为工。故曰“女红”。红同工。《汉书·郦食其传》:红女下机。师古读红为工。兑毁,故无成。

涣 **解商惊惶,散我衣装,君不安邦。**

震为解,为商旅,为惊惶,为衣装,为君。艮为邦,正反震,故不安。

节 **害政养贼,背主入愆。跛行不安,国危为患。**

坤为政,坎折坤,故曰“害政”。坎为贼。震为主,艮为背,为覆震,故曰“背主”。震为足,兑折,故跛行。艮为国,坎为危。

中孚 **祸走患伏,喜为我福。凶恶消亡,灾害不作。**

巽为伏,兑为祸患,震行,故曰“祸走患伏”。震为喜,为福。兑刚鲁,故曰“凶恶”。毁折,故曰“灾害”。兑覆为巽,巽敝漏,故曰“凶恶消亡”,曰“灾害不作”。

小过 **老马为驹，病鸡不雏。三雌独宿，利在山北。**

震为马，艮为寿，故曰“老马”。兑少，故曰“驹”。巽为难，为疾，故曰“病鸡”。兑为雏，为雌。震数三，故曰“三雌”。巽为独，为伏，故曰“独宿”。巽为利。上震为覆艮，故曰“山北”。中孚二至四艮覆，曰“鸣鹤在阴”，在山阴也。兹曰“山北”，义同。

既济 **播天舞，光地乳。神所守，乐无咎。**

此皆用半象。

未济 **异国殊俗，情不相得。金木为仇，酋贼擅杀。**

䷥ 离上 兑下 睽之第三十八

仓盈庾亿，宜稼黍稷，年岁有息。

详《乾之师》。

之乾 **被服文衣，游观酒池。上堂见觞，喜为吾兄，使我忧亡。**

此兼用遇卦象。乾为衣，睽互离为文。坎为酒，为忧。兑为池。

坤 **邑姜叔子，天文在手。实沈参虚，封为晋侯。**

详《随之恒》。

屯 **改柯易叶，饭温不食。豪雄争强，先者受福。**

震为柯叶，坤杀，故更改。坎为饮食，下有艮火，故曰“饭温”。坤闭，故不食。震为雄强，为福。初至五正反震，故曰“争强”。

蒙 **馨香陟降，明德上登。社神佑顾，命予大邻。**

伏巽为臭，故曰“馨香”。二至上正反震，故曰“陟降”。艮为明，震为德，为登。艮阳在上，故曰“上登”。坤为社，震为神，艮为顾。伏巽为命，震为邻，震言，故曰“命予大邻”。

需 **老狼白䝙，长尾大胡。前颠却踬，进退遇祟。**

此用伏象，艮为狼，下坤，故曰“老狼”。䝙，犬也。艮为犬，故曰“白䝙”。艮为尾，为胡。胡，领肉下垂也。艮形长，故曰“长尾大胡”。坎陷，故前颠却踬。《诗》，狼跋其尾、狼跋其胡是也。

讼 **山没丘浮，陆为水鱼，燕雀无庐。**

详《观之大有》。

师 **懿公浅愚，不受深谋。无援失国，为狄所贼。**

详《比之家人》。

比 **鼎炀其耳，热不可举。大涂塞壅，旅人心苦。**

详《观之中孚》。

小畜 **凶声丑言，恶不可闻。君子舍之，往恨我心。**

通豫。坤为凶，为丑。震为声，为言。坎为闻，坤恶，故不可闻。艮为君子。坎为恨，为心。

履 **昧暮乘车，履危蹈沟。亡失群物，摧折两轴。**

见前。

泰 **南有嘉鱼，驾黄取鲂。鲂鲔诩诩，利来无忧。**

详《离之中孚》。

否 **隔在九山，往来劳难。心结不通，失其所欢。**

艮为山，乾数九，故曰“九山”。艮止，故曰“隔”。坤役万物，故曰“劳难”。坤为心，为失。坤闭，故不通。震为欢，二至四震覆，故不欢。

同人 **下流难居，狂夫多罢。贞良温柔，年岁不富。**

通师。坤水，坎水，一阳在下，故曰“下流难居”。震为夫，为狂。坤柔，故曰“疲”。坎冬，故曰“贞”。坤为年岁，坤穷，故曰“不富”。

大有 **狐狸雉兔，畏人逃去。分首窜匿，不知所处。**

通比。离为雉，艮坎皆为狐狸。坎为畏，坎隐伏，故曰“逃去”，曰“窜匿”。坎为首。乾亦为首，乾在下，坎伏，故曰“分首窜匿”。

谦 **异体殊俗，各有所属。西邻孤妪，欲寄我室。主母骂詈，终不可得。**

坤为体，为俗，中为一阳所隔，故曰“异体殊俗”。伏兑为西，震为邻，巽为寡，故曰“西邻孤妪”。互坎为室，艮止，故曰“欲寄我室”。震为主，坤为母。正反震相背，故曰“骂詈”。艮为终。

豫 **怒非怨妬，贪得腐鼠。而呼鹰鹯，自令失饵，致被困患。**

震为怒，坎为妬。为鼠，伏巽，故曰“腐鼠”。震为呼，艮为鹰鹯。坤为失，震为饵。坎为困。言自得腐鼠而呼鹰鹯，致为所夺。语袭《庄子》。

随 **五心六意，歧道多怪。非君本心，生我恨悔。**

巽卦数五，互坎为心意，数六，故曰“五心六意”。艮为道路，正反艮，故曰“歧道”。坎为怪，互大坎，故曰“多怪”。震为君，为生。坎为心，为恨。

蛊 **三班六黑，同室共食。日长月息，我家有德。**

楚人呼虎为班。艮为虎，数三，故曰“三班”。黑，豕也。《诗·小雅》：以其骍黑。传：黑，豕也。巽为豕。艮为室。兑为食，为月。艮为日，为家。震为息。言德能感物，使虎豕同居也。

临 **方船备水，旁河燃火，终身无祸。**

震为船，坤方，故曰“方船”。方，并也。坤为水，为河。伏艮为火，为终。坤为身，为祸。震解，故无祸。言有船则无水患，旁河则无火患也。

观 **翳屏独语，不闻朝市。以利居服，兔跛后闻。**

艮为屏。坤为寡，故曰“独”。伏兑为语，巽为翳。翳屏独语，隔屏独语也。坤为朝市，为利。兑为耳，兑覆，故不闻。艮为居。震为兔，兑折，故曰“兔跛”。

噬嗑 **居处不安，徙反触患。**

艮为居处，正反艮，故不安。震为徙，前与坎遇，故曰“触患”。

贲 **剠刖髡劓，人所贱弃。批捍之言，我心不快。**

通困。兑上缺，故曰“剠”。巽下断，故曰“刖”。巽寡发，故曰“髡”。艮为鼻，兑上缺，故曰“劓”。震为人，为言。艮手，故曰“批捍”。批捍之言，犹挞之使言也。坎为心，为忧，故不快。

剥 **皋田禾黍，堆壤麻枲。衣食我躬，室家饶有。**

艮为皋。坤为田，为茅茹，故曰“禾黍”，曰“麻枲”。艮为堆壤。坤为衣，伏兑为食。艮为躬，为室家。坤多，故曰“饶有”。麻枲可以为衣，禾黍可食，故曰“衣食我躬”。

复 **两目失明，日夺无光。胫足跛倚，不可以行，顿于丘旁。**

此兼用遇卦睽象。睽重离，故曰“两目”。坎黑，故失明。离为日光，为坎所夺，故无。震为胫足，坤敝，故跛倚不行。坤闭，故顿于丘旁。震为陵丘。

无妄 **金城朔方，外国多羊。履霜不时，去复为忧。**

艮为城，乾金，故曰“金城”。乾西北，故曰“朔方”。金城，亦西北郡也。伏坤为国，在外卦，故曰“外国”。震为羊，正覆震，故曰“多羊”。坤初为霜，初震爻，故曰“履霜”。艮为时，正反艮，故不时。伏坤为忧。“去复为忧”者，言震往与坤遇也。

大畜 **匿病不医，乱政伤灾。纣作淫虐，商破其墟。**

通萃。坤为病，巽为伏匿，艮止，故曰“匿病不医”。坤为政，为乱，为灾。为恶，故曰“纣”。坤为虐，为墟。兑为破，震为子，震覆，故曰“商破其墟”。商，子姓也。

颐 **鬼哭泣社，悲伤无后。甲子昧爽，殷人绝嗣。**

坤为社，为鬼。震为哭，为后。艮为覆震，故无后。震为子，在东方，故曰“甲子”。震为旦，故曰“昧爽”。震为子，殷子姓。坤杀，故殷人绝嗣。按《论衡》云：世称纣之时，鬼郊夜哭。又曰：纣郊鬼哭。即所谓鬼哭泣社也。又《墨子·非攻下》云：商王纣之时，妇妖宵出，有鬼宵吟。

大过 **猋风卒起，车驰揭揭。弃古追亡，失其和节，忧心惙惙。**

正反巽，故曰“猋风”。猋风，回风也。《月令》：猋风暴雨总至。注：回风曰猋。伏震为车，为驰。乾为古，大过死，故曰“弃古”，曰“追亡”。伏坤为失，为忧，为心。按《诗·桧风》：匪风发兮，匪车偈兮。传云：偈偈疾驱。兹作揭揭，是《齐诗》与《毛》异字。又按，此《诗》思周道而作。“弃古追亡”者，言见今之人弃周道，而蹈灭亡之道也。

坎 **耄老失明，闻善不从。自令颠沛，反为咎殃。**

互艮为明，为耄老。坎黑，故失明。坎耳为闻。互震为善，为从。艮止，故曰“不从”。

离 **随风骑龙，与利相逢。田获三狐，商伯有功。冲冲之邑，长安无他。**

互巽为风，伏震为龙。巽为利，震为田猎。艮为狐，数三，故曰“三狐”。震为伯，为商旅。艮为邑，为安。

咸 **三牛五牂，重明作福，使我有得。疾入官狱，忧在心腹。**

艮为牛，数三，故曰“三牛”。兑为羊，巽卦数五，故曰“五牂”。互乾为大明，艮亦为明，故曰“重明”。艮为官。伏坤为忧，为疾，为心腹。坤闭，故曰“入狱”。

恒 **孟巳己丑，哀呼尼父。明德讫终，乱害滋起。**

巽居巳，巳四月为孟夏，故曰“孟巳”。巽贞丑，故曰“己丑”。《左传·哀十六年》：四月己丑，孔丘卒。公诔之曰，呜呼哀哉，尼父！乾为父，为山，故曰“尼父”。兑口为呼。乾为明德。伏坤为死，故曰“讫终”，曰“乱害”。

遁 **华灯百枝，消暗衰微。精光讫尽，奄如灰糜。**

乾为大明，为百。艮亦为明，巽为枝，故曰“华灯百枝”。阴消阳，故衰尽糜烂也。《孟子》：糜烂其民。巽消象也。

大壮 **鹰飞雉退，兔伏不起。狐张狼鸣，野鸡骇惊。**

通观。艮为鹰，坤文为雉。艮上，故曰“鹰飞”。坤下，故曰“雉退”。震为兔，巽伏，故曰“兔伏不起”。艮为狐狼，震为张，为鸣。巽为鸡，坤为野，故曰“野鸡”。震为惊骇。

晋 **斗战天门，身有何患。室家具在，不失其欢。**

《内经》以戌亥为天门。艮为刀兵，居戌亥，为天，为门，故曰“天门”。坤为身，为患。坎为室，艮为家。

明夷 **东家杀牛，行逆腥臊。神背西顾，命衰绝周。亳社灾烧，宋人夷诛。**

详《噬嗑之巽》。震为周。坤为社，下离，故曰“灾”。艮为宋，坤杀，故夷诛。

家人 **阴阳辨舒，二姓相合。婚姻孔云，生我利福。**

坎为合，巽为利。二姓谓离坎。

蹇 **东入海口，循流北走。一高一下，五邑无主。十日六夜，死于水涘。**

离为东，坤为海，伏兑为口，坎入坤中，故曰“东入海口”。坎为流，重坎，故曰“循流”。坎北，故北走。艮高坎下，卦一阴一阳相间，故曰“一高一下”。坎纳戊数五，艮为邑，震为主，震覆，故五邑无主。伏兑数十，故曰“十日”。坎为夜，数六，故曰“六夜”。坎为死卦，故曰“死于水涘”。

解 **孤竹之墟，失妇无夫。伤于蒺藜，不见其妻。东郭棠姜，武子以亡。**

详《需之剥》。

损 **天门东墟，尽既为灾。跰踒喑聋，秦伯受殃。**

艮居戌亥，为天门。震为东。坤为墟，为灾。跰踒，足互貌。震为足。兑为口，为耳。坤闭，故曰“喑”，曰“聋”。喑，失音也。震为伯，兑西，故曰“秦伯”。义多不解。

益 **赖先休光，受福之祉。虽遭乱溃，独不危殆。**

伏乾为先，为休，为光，为福祉。坤为乱溃，为危殆。震解，故不危殆。殆，古音以。

夬 **折若蔽日，不见稚叔。三足孤乌，远其元夫。**

详《师之蒙》。

姤 **二人同室，兄弟合食。和乐相好，各得所欲。**

通复。震为人，坤数二，故曰“二人”。坤为室。震为口，故曰“食”。震为乐。

萃 **继体守藩，纵欲废贤。君臣淫佚，夏氏失身。侧室之门，福禄来存。**

坤为体，艮为藩。乾为贤，乾伏，故曰“废贤”。乾为君，坤为臣。正反震，故曰“纵欲”，曰“淫佚”。巽为夏，坤为身，为失，故曰“夏氏失身”。艮为室，兑毁，故曰“侧室”。坤为门，乾为福禄。此似指陈灵公君臣通夏姬事。

升 **老狐屈尾，东西为鬼。病我长女，哭涕诎指。或西或东，大华易诱。**

通无妄。艮为狐，为尾。正反艮，故曰“屈尾”。震东，兑西。坤为鬼，为病。巽为长女。兑为哭涕，艮为指。艮覆，故曰“诎指”。此似述狐祟人故事。自《庄子》即有孽狐为祥之语。《虞初志》亡后，不得其详耳。

困 **大树之子，百条共母。当夏六月，枝叶茂盛。鸾凤以庇，召伯避暑。翩翩偃仰，各得其所。**

井 **井堙木刊，国多暴残。秦王失戍，坏我太坛。**

兑为井，坎为塞，故曰“井堙”。巽为陨落，故曰“木刊”。伏艮为国。震为暴，为王。兑西，故曰“秦王”。戍，守也。艮为守，艮伏，故曰“失戍”。“太坛”者，社稷。言秦社稷之坏，由于谪戍也。

革 **驾黄买苍，与利相迎。心获所守，不累弟兄。**

通蒙。震为马，为黄，为苍。巽为利，震巽相往复，故曰“相迎”。坎为心。艮为守，为弟。震为兄。

鼎 **仓盈庾亿，宜稼黍稷。年丰岁熟，民得安息。**

详《乾之师》。

震 **龙生马渊，寿考且神。飞腾上天，舍宿轩辕，居常乐安。**

震为龙，为马，为神。坤为渊。艮为寿考，为天。为星，故曰“舍宿轩辕”。《史记·天官书》：轩辕十二星。

艮 **思顾所之，今乃逢时。洗濯故忧，拜我欢来。**

互坎为思，震为之。艮为顾，为时。坎为洗濯，为忧。震为欢。

渐 **魁罡所当，初为败殃。君子留连，困于水浆。求金东山，利在代乡。贾市有息，子载母行。**

艮为星，故曰“魁罡”。《参同契》：二月榆魁临于卯麦，生天罡，据西。注：天罡，即北斗。《梦溪笔谈》：斗杓谓之刚。《史记·天官书》：魁枕参首。注：魁，北斗第一星也。《涣之比》云：行触天罡，马死车伤。是罡星所指之地凶也。巽陨落，故败。艮为君子。坎为水浆，坎陷，故困。艮为金，为求，为山。离位东，故曰“东山”。巽为利市，为母。伏震为子。

归妹 **铅刀攻玉，无不钻凿。龙体具举，鲁般为辅。三圣翼事，所求必喜。**

通渐。艮为刀，巽柔，故曰“铅刀”。震为玉，为龙。艮手为钻凿。兑为鲁，故曰“鲁般”。坎为圣，震数三，故曰“三圣”。震为羽翼，为喜。

丰　喜来如云，举家蒙欢。众才君子，驾福盈门。

通涣。震为喜，坎为云。艮为家，为君子，为门。坎为众。震为驾，为福。

旅　响像无形，骨体不成。微行衰索，消灭无名。

巽风响而无形。艮为体，为名。巽伏，故无名。

巽　积水不温，北陆苦寒。露宿多风，君子伤心。

伏坎，故曰"积水"，曰"苦寒"。坎北，故曰"北陆"。坎为露，为宿。重巽，故风多。艮为君子，坎为心。

兑　黄马绿车，驾之大都。赞达才能，使我无忧。

伏震为玄黄，为马，为车。兑西方数四，九宫四色绿，故曰"绿车"。艮为都，重艮，故曰"大都"。兑口，故曰"赞达"。互巽为材。坎为忧，坎伏，故无忧。

涣　从风放火，艾芝俱死。三害积房，叔子中伤。

巽风，艮火。巽为艾芝，在火上，故死。震数三，坎为害，为积。艮为房，为叔子。坎为中，为伤。《论衡》：身蒙三害，虽孔丘墨翟不能自免。

节　一身三手，无益于辅。两足共节，不能克敏。

艮为身，坎数一，故曰"一身"。震数三，艮手，故曰"三手"。兑毁坎破，故无益于辅。正反震，故曰"两足"。艮多节，正反艮，故曰"共节"。"节"者，止也，故不能克敏。

中孚　南向陋室，风雨并入。埃尘积湿，王母盲痹。偏枯心疾，乱我家次。

震为南。艮为室，巽为敝漏，故曰"陋室"。巽风，故起埃尘。兑雨，故积湿。艮为埃尘。震为王，巽为母，故曰"王母"。互大离，故曰"盲"。上风下湿，故曰"痹"。痹，湿病也。巽枯在上，故曰"偏枯"。

小过　采薇出车，鱼丽思初。上下促急，君子怀忧。

采薇、鱼丽，皆《小雅》诗篇名。《毛序》谓，美万物盛多，能备礼。郑注《乡饮酒》云：鱼丽，言太平年丰物多也。焦云"思初"，念初时之盛而今不然也。与毛、郑异。艮手为采，巽为薇，震马车。巽为鱼，震为初。艮上震下，风散兑毁，故曰"上下促急"。艮为君子。

既济 **先易后否，告我利市。骚苏自苦，思吾故止。**

未济 **生宜地乳，上皇大喜。隆我福祉，贵寿无极。**

此与上皆用半象。

䷦ 坎上 艮下 蹇之第三十九

同载共舆，中道别去。丧我元夫，独与孤居。

坎为舆，重坎，故曰“同载共舆”。艮为道，坎为中，坎死，故别去。震为夫，为元，震覆，故曰“丧我元夫”。坎为孤，艮为独，故曰“独与孤居”。

之乾 **叔肸居冤，祁子自邑，乘遽解患。羊舌脱免，赖得生全。**

肸，叔向名也。《左传·襄二十一年》：乐盈之乱，范宣子杀羊舌虎。虎，叔向弟。故囚叔向。大夫祁奚闻之，乘驲而见宣子，救叔向，免之。遽即驲。僖三十三年，且使遽告于郑。注：传车，即驿递也。此似用遇卦象。蹇下艮为叔，为邑。坎为车，重坎，故曰“遽”。遽，传车，至驿而更，有类重坎象。坎为患。兑为羊，为舌。兑伏，故曰“脱免”。

坤 **兔聚东郭，众犬俱猎。围缺不成，无所能获。**

此仍兼用遇卦象。坎为聚，离位东。艮为郭，为犬。坎为众。坤为围，中断，故围缺。震为兔，兹无震象，疑用艮。《战国策》：东郭㕙，宋之狡兔也。

屯 **作室山根，人以为安。一夕崩颠，败我壶飧。**

艮为室，为山。震为人，艮为安。坎为夕，数一，故曰“一夕”。震为覆艮，故曰“山崩”。坤为壶，为浆，为我。坎破，故曰“败”。

蒙 **疾风尘起，乱扰崩始。强大并小，先否后喜。**

坤为风，为疾，艮为尘，震为起。坤为乱扰，二四艮覆，故曰“崩”。震为始，言乱自此始也。震为强大。正反震，中互坤，坤小，故曰“强大并小”。坎陷，故曰“否”。震为喜，为后，故曰“先否后喜”。

需 **洁齐沐浴，思明君德。哀公怯弱，风氏复北。**

《论语》：陈成子弑简公，孔子沐浴而朝，请讨之。坎为水，故曰“洁”，曰“沐浴”。乾为君，互离为明。“思明君德”者，言宜讨齐，以明君臣之分也。乾为公，坎为忧哀，为怯。风，疑为姜。巽为姜，二至四巽覆，故曰“姜氏复北”。北，败也。坎为北。言公不从孔子之请，姜氏自此灭也。丁晏等以风氏指颛臾，季氏伐之为解。似非。

讼 **土瘠瘦薄，培塿无柏，使我不乐。**

通明夷。坤土，坎为薄。震为陵，故曰“培塿”。艮为木，为坚，故为柏。艮覆，故无柏。震为乐，坎忧，故不乐。

师 **褰衣涉河，水深渍罢。赖遇舟子，济脱无他。**

比 **送我季女，至于荡道。齐子旦夕，留连久处。**

详《屯之大过》。

小畜 **三孙六子，安无所苦。中岁废殆，亡我所使。**

通豫。艮为孙，数三，故曰“三孙”。震为子，坎数六，故曰“六子”。艮为安。坎为劳苦，为中。坤为岁。为丧，故曰“废殆”。坤又为亡，为我。

履 **扬风偃草，尘埃俱起。清浊溷散，忠直隐处。**

互巽为风，为草。巽为伏，故曰“偃”。伏艮为尘埃。伏坎为水，而与土连，故曰“浊”，曰“溷”。清浊溷散，言清浊不分也。坎为忠，乾为直，坎为隐。

泰 **履险登危，道远劳罢。去家自归，困涉大波。**

兑折，故危险。震为足，故曰“履”，曰“登”。震为道。坤役万物，故劳疲。伏艮为家。震为归，为涉。坤水乾大，故曰“大波”。

否 **六艺之门，仁义俱存。镃基逢时，尧舜为君。伤寒热温，下至黄泉。**

乾为门，数六，故曰“六艺之门”。六艺，六经也。乾仁坤义。艮为时。乾为尧舜，为君，为寒。艮火，故曰“热温”。坤为水，为泉，为下，坤死，故下至黄泉。镃基，《孟子》赵岐注：耒耜也。伏震象。

同人 **被服文衣，游观酒池。上堂见觞，喜为吾兄，使我忧亡。**

乾为衣，离为文，故被服文衣。伏震为游，离为观，伏坎为酒池，故游观酒池。震为觞，为喜，为兄。伏坤为我，为忧，为亡。

大有 **生时不利，天命灾至。制于斧瘢，昼夜勤苦。**

伏艮为时。巽为利，为命。巽覆，故不利，故灾至。乾为天，坤为灾也。伏坎为制，兑为斧。艮多节，故曰“斧瘢”。离昼坎夜。坎劳，故勤苦。

谦 **天门开辟，牢户寥廓。桎梏解脱，拘囚纵释。**

《内经》以戌亥为天门。艮先天居戌亥，故曰“天门”。坤为门户也。坎为牢，为桎梏。震解，故脱。坎为拘囚，震纵释。

豫 **川原难游，水为我忧。多言少实，命鹿为驹。建德开基，君子逢时，利以中疑。**

坤为川原，坎陷，故难游。震为言，正反震。坤虚，故少实。震为鹿，亦为马，故曰“命鹿为驹”。命，名也。《史记》：秦赵高命鹿为马。艮为名，为君子，为时。伏巽为利，坎为疑，为中。林文疑只四句而止，后三句皆他人林文羼入者。

随 **乡岁逢时，与生为期。枝叶盛茂，君子无忧。**

震为岁，艮为时。震为生，为枝叶，为茂盛。艮为君子。震喜，兑悦，故无忧。

蛊 **六鹢退飞，为襄败祥。陈师合战，左股夷伤。遂崩不起，霸功不成。**

《左传·僖十六年》：六鹢退飞，过宋都。周内史叔兴对襄公曰，君将得诸侯而不终。后二十一年，楚人执宋公。二十二年，宋败于泓，襄公伤左股，遂卒。故曰“为襄败征”。艮为鹢，震反，故曰“退飞”。震为诸侯，故曰“襄公”。兑折，故败。祥，犹征也。震为陈，坎为众，互大坎，故曰“陈师”。巽为股。震为战，为左。兑折，故伤。三至五艮覆，故曰“崩”。震为霸，为功。四至上震覆，故霸功不成。

临 **雷君出装，隐隐西行。霖雨不止，流为河江，南国以伤。**

震为雷，为君，为出，故曰“雷君出装”。雷君，即雷师也。兑为西，为雨。坤为水，为江河，为国。震为南，故曰“南国”。兑为伤。

观 **牙孽生达，室蟠启户。幽人利贞，鼓翼起舞。**

通大壮。震为芽孽，为生。艮为室，坤为户。蟠，曲也，屈也，言室宇曲屈而启户也。震为启。艮为高尚，为幽人。巽为利，为伏，故曰“利贞”。震为鼓，为翼，为起，为舞。

噬嗑 **火起上门，不为我残。跳脱东西，独得生完。不利出邻，病疾忧患。**

离火在艮门上，故不为患。震为跳脱，离东坎西，故跳脱东西。震为邻，为出。然出即与坎逢而疾病，故不利也。

贲 **举事无成，不利出征。言不可用，众莫能平。**

震为举，正反震，故无成，故不利出征，故言不可用。坎为平，为众。

剥 **老狼白狖，长尾大胡。前颠却踬，进退遇祟。**

详《睽之需》。

复 **日入道极，劳者休息。班马还师，复我燕室。**

此用蹇象。坎为暮，离在坎下，故曰“日入”。艮为道。极，尽也，言道止于此也。坎为劳，艮止，故休息。坎为马，重坎，故曰“班马”。坎众，故曰“师”。艮止，故曰“还师”。艮为室，伏兑，故曰“燕室”。

无妄 **林麓山薮，非人所处。鸟兽无礼，使我心苦。**

震为林，为薮。艮为山，为麓。乾为人，在上，故不处山林。艮为鸟，为兽。坤为礼，坤伏，故曰“无礼”。伏坤为我，为心。

大畜 **蓄利积福，日新其德。高氏饮食，忧不为患。**

乾为福，伏巽为利。艮止在上，故曰“蓄积”。艮为日，为高。兑口为饮食，故曰“高氏饮食”。坤为忧患，坤伏，故不忧。

颐 **张罗百目，鸟不得北。缩颈挂翼，困于窘国。君子治德，获誉受福。**

离为目，为网罗。大离，故曰“百目”。坤为百也。坤先天位北，震为鸟。艮止在上，故不得北。艮为颈，震为翼。坤退而闭，故缩颈。震反在上，故挂翼。艮为国，坤闭，故曰“窘国”。艮为君子，为名誉。震为福。艮为获，故获誉。坤受，故受福。

大过 **伯虎仲熊，德义渊宏。使布五教，阴阳顺序。**

伏艮为虎熊，震为伯，坎为仲。卦本大坎也。乾为德，伏坤为义；为渊，故曰“渊宏”。巽卦数五，又为命令，故曰“使布五教”。乾阳坤阴，巽顺。伯虎仲熊，高辛子八恺之二。

坎 **踱踦相随，日暮牛罢。陵迟后旅，失利亡雌。**

详《大有之归妹》。

离 **嬴氏违良，使孟寻兵。老师不已，败于齐卿。**

互兑为西，故曰“嬴氏”。艮为良，艮伏，故曰“违良”。伏震为孟，艮为兵。坎为众，为师，重坎，故曰“老师不已”。兑为败，巽为齐。齐卿，言孟明视、西乞术、白乙丙皆卿爵。案，《汉书·食货志》：世家子弟富人或走狗马，博戏，乱齐民。如淳注：齐，等也。言无贵贱。又《诗·召南》：齐侯之子。齐侯犹通侯，即诸侯也。由此证，败于齐卿，即败于诸卿也。《左传·僖三十二年》：秦穆公违蹇叔谏，使孟明等伐郑，败于崤函。

咸 **日月并居，常暗且微。高山崩颠，丘陵为溪。**

兑月艮日，故曰“并居”。兑为暗昧，故曰“暗微”也。艮为高山，兑毁巽陨，故崩颠。艮为丘陵，兑为溪。

恒 **鸟鹊食谷，张口受哺。蒙被恩德，长大成就。柔顺利贞，君臣合好。**

震为鸟鹊，为谷。兑为口，故曰“食谷”，曰“受哺”。乾为大。巽为顺，为利。乾君，伏坤为臣。六爻皆有应，故曰“合好”。

遁 **虽踬复起，不毁牙齿。克免平复，忧除无疾。**

通临。兑毁折，故曰“踬”。震为起，兑为牙齿。坤为忧，为疾。震解，故除。

大壮 **草木黄落，岁暮无室。虐政为贼，大人失福。**

通观。候卦为八月。巽为草木，为陨落。坤黄，故曰“黄落”。候卦坤居亥，故曰“岁暮”。艮为室，巽陨，故无室。坤为政，巽为贼。乾为大人，壮伤也，故失福。

晋 **避凶东走，反入祸口。制于牙爪，骨为灰土。**

坤为凶，离位东，在外，故曰“避凶东走”。坤为祸。伏兑为口，为牙爪，为骨骸。坤为土，艮火离火，故曰“灰土”。

明夷 **欲飞不能。志苦心劳，福不我求。**

离为飞，坎陷，故不能飞。坎为心志，为劳苦。

家人 **羔裘豹祛，东与福遇。驾迎吾兄，送我骊黄。**

疑用半象。

睽 **东耕破犁，西失良妻。灾害不避，家贫无资。**

离为东，兑为西，坎为灾害。

解 **鱼陆失所，黾蛙困苦。泽无萑蒲，晋国以虚。**

伏巽为鱼，震为黾蛙，坎为困。

损 **脱兔无蹄，三步五罢。南行不进，后市劳苦。**

震为兔，为蹄。《庄子》：得兔而忘蹄。注：蹄，兔罥也。系其脚，故曰“蹄”。坤亡，故无蹄。震数三，故曰“三步”。伏巽，卦数五，坤乏，故曰“五罢”。震为南，艮止，故行不进。伏巽为市，坤劳苦。

益 **行役未已，新事复起。姬姜劳苦，不得休止。**

震行坤役。震为姬，巽为姜，坤为劳苦。艮止，故曰“休止”。正反艮，故不得休止。

夬 **白日扬光，火为正王。消金厌兵，雷车避藏。阴雨不行，民安其乡。**

通剥。艮为日，为光，为火。乾为王，为金。艮为兵戈，阴消阳，故曰“消金厌兵”。震为雷，为车。震覆，故曰“避藏”。兑为雨，坤为民，为乡。艮日在上，故阴雨不行而民得安也。

姤 **放衔垂辔，奔马不制。弃法作奸，君失其位。**

通复。震为衔，为辔，为奔马。阳遇阴则通，故曰“奔马不制”。坤为奸，震为君。坤为丧，故失位。

萃 **司命下游，喜解我忧。皇母缓带，婴儿笑喜。**

巽为命。《礼记》：大夫祭五祀。注：五祀，一曰司命。《汉书·天文志》：近魁六星，四曰司命。《晋书·天文志》：司命主寿。互艮为星，故曰“司命下游”。主寿，故解忧。兑悦，故喜。坤为母，伏乾，故曰“皇母”。巽为带。兑为婴儿，兑悦，故笑喜。

升 **黄帝出游，驾龙乘马。东上泰山，南过齐鲁，邦国咸喜。**

震为帝，坤土色黄，故曰“黄帝”。震为龙，为马，为东。伏艮为山，故东上太山。震又为南，巽齐兑鲁，故曰“南过齐鲁”。坤为邦国，震乐兑悦，故曰“咸喜”。

困 **既往不说，忧来祸结。比户为患，无所申雪。**

坎为忧患，坎陷，故祸结。伏艮为户，正反艮相对，故曰“比户”。下与坎连，故曰“比户为患”。比户，近邻也。近邻为患，防御难，故曰“无所申雪”。

井 **何蒉隐居，以避乱倾。终身不仕，遂其洁清。**

通噬嗑。艮为何，震为蒉。坎隐伏，故曰“避乱”。离为乱也。艮为终，为身，为仕。坎隐，故不仕。坎水，故曰“洁清”。

革 **折梃舂稷，君不得食。头痒搔跟，无益于疾。**

兑为折，巽为梃，为稷。伏艮手，故曰“舂”。《孟子》：杀人以梃。赵岐注：梃，杖也。舂米须用槌，今以梃舂，非器。乾为君，兑为食。二至上大过，大过死，故不得食。伏艮为头，震为跟。坤为疾，故曰“痒”。正反震艮，故曰“头痒搔跟”。搔不得所，与以梃舂稷无功同也。

鼎 **植根不固，华叶落去，便为枯树。**

巽下腐，故曰“植根不固”。兑为华。巽为落，为枯，为树。

震 **凶门生患，牢户多冤。沙池秃齿，使叔困贫。**

艮为门，坎陷，故曰“凶门”。坎为狱，故曰“牢户”。坎为忧患，故曰“多冤”。艮为沙。伏兑为齿，巽为寡发，故曰“秃齿”。艮为叔，坎为困。

艮 **登山履谷，与虎相触。猬为功曹，班叔奔北，脱之喜国。**

艮为山谷，为虎。震为登，坎为猬。艮为官，故曰“功曹”。艮为叔。楚人谓虎为班，故曰“班叔”。《史记·龟策传》注：猬能伏虎。故虎见而奔北。艮为国，震为脱，为喜。《论衡》云：人谓虎食人，功曹为奸所致也。其意以为，功曹众吏之率，虎亦诸兽雄。

渐 **麟凤所翔，国无咎殃。贾市十倍，复归惠里。**

离为麟凤，艮为国。巽为贾市，为利三倍。伏兑数十，故曰“十倍”。艮为里。

归妹 **路险道难，水遏我前。进往不利，回车复还。**

震为道路，坎险，故曰“道难”。坎为水，坎陷，故水遏我前。震为进，坎险，故不利。震为车，为反，故曰“复还”。

丰 **延颈望邑，思归我室。台榭不成，未得安息。**

通涣。艮为颈，为望，为邑。坎为室，震为归，故曰“思归我室”。艮为台榭，巽陨落，故不成，不得安息也。

旅 **蒙生株瞿，棘挂我须。小人妬嫉，使恩不遂。**

通节。震为蕃鲜，故曰“蒙生”。震为木，故曰“株”。为草，故曰“瞿”。《尔雅·释草》：大菊蘧麦。注：即瞿麦。药草也。又《韩诗外传》：直曰车前，瞿曰芣苢。坎为棘，艮为须。坎在艮上，若须挂棘上也。艮为小，震为人，坎为妬嫉，故曰“小人妬嫉”。

巽 **南至隐域，深潜处匿。聪明闭塞，与死为伍。**

互离为南。巽伏，故曰“隐”，曰“潜”，曰“匿”，曰“闭塞”。伏坎为聪，离为明。初至四大过死，故曰“与死为伍”。

兑 **机饵设张，司暴子良。范叔不廉，凶害及身。**

通艮。坎为机。震为饵，为张，为暴，为子。艮为司，为良，故曰“司暴子良”。《左传》：郑子良之父子孔，为政也专。国人杀子孔，子良奔楚。互巽为虫，故曰“范”。范，蠭也。《礼·内则》，爵鷃蜩范是也。艮为叔，故曰“范叔”。坎为凶害，艮为身。《史记》：范睢从须贾使齐，齐王赐睢金牛酒。归，以此受折髂之辱。

涣 **从骑出谷，游戏苦域。阪高不进，利无所得。**

震为骑，为出。艮为谷，为域。坎为苦。艮为阪，为高。巽为利，风散，故无得。

节 **西国强梁，为虎作伥。东吞齐楚，并有其王。**

兑西，艮国。震为健，故为强梁。强梁，多力也。艮为虎。坎为鬼，故曰“伥”。《本草》：人死于虎，则为伥鬼，道虎而行。震为楚，伏巽为齐，兑口为吞，震东，故曰“东吞齐楚”。震为王。言西秦并吞六王也。

中孚 **登山伐辐，虎在我侧。王孙无惧，仁不见贼。**

艮山，震登。艮为伐，为虎。巽为辐，故曰“登山伐辐”。震为王，艮为孙，故曰“王孙”。震为仁。巽伏，故为贼。

小过 **六月骙骙，各欲有至。专征束装，俟时旦明。**

兑为月。震为反，故曰“至”。震为征，为旦明。艮为时，艮止，故曰

"俟时旦明"。《诗·小雅》:六月栖栖,戎车既饬。四牡骙骙,载是常服。王于出征,以匡王国。载是常服,即束装之事,言尹吉甫奉宣王命出征狁而治装也。

既济 **道陟多阪,牛马蜿蟺。车不利载,请求不得。**

用半象。重艮,故曰"多阪"。

未济 **一口三舌,相妨无益。群羊百群,不为威强。亡马失驹,家耗于财。**

用半象。重兑,故曰"三舌",故曰"群羊"。

䷧ 震上坎下 解之第四十

驾言出游,鸟斗车前,更相捽灭。兵寇旦来,回车亟还,可以无忧。

震为驾,为言,为游,这车。离为鸟,艮为斗。离正反艮相对,故曰"斗",曰"捽"。坎隐伏,故曰"灭"。坎为寇,震为旦,故曰"兵寇旦来"。震为反,故回车亟还。坎忧,震解,故无忧。

之乾 **大都之居,无物不具。抱布贸丝,所求必得。**

伏坤为大都,为万物,为布。抱布贸丝。《卫风》语。

坤 **胶着木连,不出牢关,家室相安。**

此用解象。坎为胶,为木,与震木连体,故曰"木连"。坎为牢,为空。重坎,故不出。

屯 **孟伯食长,惧其畏王。赖四蒙五,抱福归房。**

震为孟伯;为长,为口,故曰"食长"。坎为畏惧,震为王。卦数四,坎纳戊,数五,故曰"赖四蒙五"。艮为抱,为房,震为福,故曰"抱福归房"。

蒙 **朽舆疲驷,不任衔辔。君子服之,谈何容易。**

震为车,为马。坤敝,故曰"朽",曰"疲"。震口为衔,艮手为辔。艮为君子,坤为服。服,用也。言车马不良,不易驾驭。

需 **许嫁既婚,利福在身。适惠生桓,为我鲁君。**

《左传·隐元年》:宋武公生惠子,惠子生而有文在其手,曰为鲁夫人。

故归惠公,生桓公。因手有文,故曰“利福在身”。坎为婚。伏坤为身。兑为鲁,乾为君。

讼 **入门大喜,上堂见母。妻子俱在,兄弟饶有。**

巽为入,乾为门,伏震为喜,故入门大喜。坎为室,故为堂。巽为母,伏震,故上堂见母。离为坎妻。震为子,为兄。坎为弟。

师 **推车上山,力不能任。颠蹶蹉跌,伤我中心。**

坤为车,震往,故曰“推车”。震为陵,故曰“上山”。坤弱,故不能任。坎蹇,故颠蹶蹉跌。坎为心,为中。坎破,故伤。

比 **鹰飞退去,不食其雏。禽尚如此,何况人乎。**

艮为鹰,为飞。坎隐伏,故退去。兑为食,为雏,兑伏,故不食其雏。

小畜 **福弃我走,利不可得。幽人利贞,终无怨慝。**

乾福风陨,故福弃我走。巽为利,在外,故利不可得。艮为幽人,为终。坎怨慝。正伏象杂用。

履 **夫妻反目,不能正室。翁云于南,妪言还北。并后匹嫡,二政乱国。**

伏坎为夫,离为妻,为目。离上下两半目相对,坎上下两半目相背,故曰“反目”。坎为室,为邪曲,故曰“不能正室”。乾为父,位南,故曰“翁云于南”。伏坤为母,为北,故曰“妪言还北”。坤为后,为政,为国,为乱。数二,故曰“并后”,曰“匹敌”,曰“二政”。震为嫡也。

泰 **阳衰伏匿,阴淫为贼。赖幸王孙,遂至嘉国。**

阳在下,故曰“伏匿”。阴在上,故曰“阴淫”。坤杀兑折,故曰“贼”。震为王,为嘉。坤为国。

否 **入山求玉,不见和璞。终日至暮,劳无所得。**

巽为入,艮为山,为求。乾为玉,为璞。楚人卞和得璞玉,故曰“和璞”。巽伏,故不见。艮为日,为终。坤为暮,为劳。坤虚,故无得。

同人 **鸣鸾四牡,驾出行狩。合格有获,献公饮酒。**

通师。震为鸣鸾,为马。卦数四,故曰“四牡”。震为行,为狩。坎为获,为酒。震为公。

大有 **覆手举牍，易为功力。正月元日，平饮致福。**

通比。艮为手，为举。牍，木简也，所以作书。坤为文，坎为木，故曰“牍”。坎为月，为中正。离为日，乾为元，故曰“元日”。坎为平，为饮。《史记·魏其侯传》：灌夫与长乐卫尉饮，轻重不得其平。兹曰“平饮”，则两人对饮，轻重得平也。

谦 **三火起明，雨灭其光。高位疾颠，骄恣诛伤。**

详《大有之师》。

豫 **裹糗荷粮，与利相逢。高飞有得，君子获福。**

震为糗粮，艮为荷。伏巽为利。艮为高飞，为君子。

随 **水土相得，万物蕃殖。膏泽优沃，君子有德。**

兑为水，艮为土。震为万物，为蕃鲜，故曰“蕃殖”。兑为膏泽，为优沃。艮为君子。

蛊 **道理和得，人不相贼。君子往之，乐有利福。**

艮为道。震为人，为乐。巽为利。

临 **天孙帝子，与日月处。光荣于世，福禄繁祉。**

伏艮为天，为孙，震为帝，为子，故曰“天孙帝子”。伏乾为日，兑为月。《汉书·天文志》：织女，天帝孙也。伏艮为星，故曰“与日月处”。

观 **陪依在位，乘非其器。折足覆悚，毁伤宝玉。**

坤顺，故曰“陪依”。艮为贵，为位。坤为车，为小人。以小人而乘车，故曰“非器”。又震为器，震覆，故非器。震为足，为悚，为玉。震覆，故折足。覆悚，故伤玉。

噬嗑 **鹢飞中退，举事不遂。且守仁德，犹恐失坠。**

《左传》：六鹢退飞。宋襄图霸不成，故曰“举事不遂”。艮为鹢，为飞。震为归，故曰“退”。艮为守，震为仁。坎为失。

贲 **经枣正冠，意盈不廉。桀纣迷谗，惑佞伤贤，使国乱烦。**

艮为枣，为冠，艮手为正。正冠举手，有类摘果，故曰“不廉”。盈，极也。离为恶人，故曰“桀纣”。坎为迷惑。三至上正反震，故曰“谗佞”。艮为贤，为国。离为乱。

剥 **申酉退跌，阴慝前作。柯条华枝，复泥不白。**

候卦申否，酉观，戌剥。阳日退，故曰“跌”。阴日增，故曰“作”。艮为柯条，伏兑为华。震为白，震覆，故不白。

复 **平正贱使，主服苦事。**

震为主，坤贱而役万物，故主服苦事。

无妄 **钓鲂河湄，水泛无涯。振衣徒归，上下昏迷，属公孙齐。**

巽为鱼，艮手为钓。乾为河海，乾大，故水无涯。乾为衣。震为归，为公。互巽为齐。《左传·昭二十五年》：公孙于齐。注：讳奔，犹逊让而去也。孙音逊。

大畜 **胎养萌生，始见兆形。遭逢雷电，摧角折颈。采虻山头，终安不倾。**

震为胎，为萌芽。艮为龟，故曰“兆形”。震为雷电。艮为角，为颈，兑毁，故折角摧颈。震为草莽，故曰“虻”。《诗·墉风》：言采其虻。注：虻，贝母也。艮为山头，为终，为安。

颐 **阳春枯槁，夏多水潦。霜雹俱作，伤我禾黍，年岁困苦。**

震为春，坤死，故枯槁。坤为水，互重坤，故曰“多水”。卦本大离，故曰“夏”。坤为霜，为冰，故曰“雹”。震为禾稼。坤为年岁。

大过 **三耳六齿，痛疾不已。齲病蠹缺，堕落其宅。**

兑为耳，艮数三，故曰“三耳”。兑为齿，乾数六，故曰“六齿”。伏坤为疾痛。正反兑，故曰“齲”。齲，齿缺也。巽为虫，故曰“蠹”。巽陨，故堕落。

坎 **失时无友，嘉耦出走，傫如丧狗。**

坎为失，艮为时，为友。震为嘉，为走。艮为狗，为家。二四艮覆，故如丧家之狗。《史记·孔子世家》：傫傫然如丧家之狗。

离 **宣重微民，岁乐年息。有国无咎，君子安喜。**

重离，故曰“宣重”。宣，明也。言宣重光于民也。微字恐有讹。伏震为年岁，为乐，为息。伏艮为国，为君子。

咸 **登几上车，驾驷南游。合从散横，燕秦以强。**

详《屯之否》。

恒 **鸟集茂林，柔顺利贞。心乐愿得，感戴慈母。**

通益。艮为鸟，正反艮，故曰“鸟集”。震为林，正反震，故曰“茂林”。坤为柔顺，巽为利，艮为贞。坤为心，为慈母。艮为戴。

遁 **启蛰始生，万物美荣。祉禄未成，市贾无赢。**

通临。震为春，为生，故曰“启蛰始生”。震为蕃鲜，故曰“万物美荣”。乾为祉禄，阳消，故未成。巽为市贾，巽陨，故无赢。

大壮 **骄胡犬形，造恶作凶。无所能成，还自灭身。**

详《明夷之大壮》。

晋 **异国他土，出良骏马。去如奔虻，害不能伤。**

坤为国土，为马。艮为良。潘岳《闲居赋》：激矢虻飞。此云奔虻，言马疾如奔虻也。又箭名飞虻。《方言》云：箭之三镰，长尺六者，谓之飞虻。晋互坎为矢。奔虻，坎象也。

明夷 **恪敬竞职，心不作慝。君明臣忠，民赖其福。**

坎为心，震为君。坤为臣，为民。

家人 **三女求夫，伺候山隅。不见复关，长思忧叹。**

详《乾之家人》。

睽 **驾福乘喜，东至嘉国。戴庆南行，离我室居。**

详《小畜之贲》。

蹇 **四奸为残，齐鲁道难。前驱执殳，戒守为患。**

《左传·僖二十四年》：富辰曰，聋昧顽嚣，狄皆有之，四奸具矣。坎为奸，伏兑数四，故曰“四奸”。伏兑为鲁，覆巽为齐。艮为殳，为守。坎为患。

损 **下扰上烦，蠹政为患，岁饥无年。**

下互震为扰，上互坤为乱，故曰“扰烦”。坤为政，伏巽为虫，故曰“蠹政”。坤为患，为年岁。坤虚，故曰“饥”。

益 **鸡雉失雏，常畏狐狸。黄池要盟，越国以昌。**

巽为鸡，坤文为雉。艮少，故曰“雏”。坤死，故失雏。坤为畏，艮为狐狸。狐狸食雏，故畏之。坤为黄，坤水，故曰“黄池”。正反震，故曰“要盟”。坤为国，巽位东南，故曰“越国”。

夬 **坚冰黄鸟，终日悲号。不见白粒，但观蓬蒿。数惊鸷鸟，为我心忧。**

乾为坚冰，伏坤为黄。艮为鸟，为终日。兑口为号，坤忧，故曰“悲号”。巽为白，为粒。巽覆，故不见白粒。坤为茅茹，故曰“蓬蒿”。伏艮为鸷鸟。坤为心，为忧。

姤 **玉铣铁颐，仓库空虚。市贾无盈，与我为仇。**

详《晋之鼎》。

萃 **窃名盗位，居非其家。霜陨不实，为阴所贼。**

艮为名位，巽伏，故曰“盗名窃位”。艮为居，为家。盗位，故非其家。坤为霜。艮为果蓏，霜杀物，故不实。巽为贼。

升 **贼仁伤德，天怒不福。斩刈宗社，失其本域。**

巽为贼。震为仁德，为怒。伏乾，故曰“天怒”。坤杀，故曰“斩刈”。震为宗。坤为社，为失。

困 **万物初生，蛰虫振起。益寿增福，日受其喜。**

巽为草莽，故曰“万物”。伏震为春，故曰“初生”。巽为虫，坎蛰，震起。震福。伏艮为寿，为日。

井 **和气所在，物皆不朽。圣贤居位，国无凶咎。**

革 **龙游凤舞，岁乐民喜。**

伏震为龙。坤为凤，为岁，为民。震为喜乐。

鼎 **行行窘步，次宿方舍。居安不惧，姬姜何忧。**

通屯。正反震，故曰“行行”。艮止，坎陷，故曰“窘步”。坎为宿。艮为舍，坤方，故曰“方舍”。艮为安居。震为姬，巽为姜。坎忧震解，故不忧。

震 **水深难游，霜寒难涉。商伯失利，旅人稽留。**

互坎为水，坤亦为水，四上下重阴，故曰“水深”。震为游，为涉。坎为霜，为寒。震为伯，为商旅。巽伏，故失利。坎陷艮止，故稽留。

艮 **跛倚相随，日暮牛罢。陵迟后旅，失利亡雌。**

详《大有之归妹》。

渐 **一牛九锁，更相牵挛。案明如市，不得东西。请谳得报，日中被刑。**

艮为牛，坎数一，故曰“一牛”。坎为桎梏，离数九，故曰“九锁”。巽为市。离为明，位东。坎位西。艮止，故不得东西。艮为请。坎为刑，为中。艮又为首，否乾首自上落下，中互离，故曰“日中被刑”。虞翻刻关公首至得随，义同。“案明”者，言案验明白，赴市被刑。

归妹 **春桃生花，季女宜家。受福孔多，男为邦君。**

详《师之坤》。震为春，为桃花。兑季。

丰 **雷鼓东行，稼穑凋伤。大夫执政，君赞其明。**

首句震象。巽为稼穑，为陨落，故凋伤。震为夫，为君。离为明。

旅 **季世多忧，乱国淫游。殃祸立至，民无以休。**

艮为季世。互大坎，故多忧。离为乱，艮为国。伏坎为殃祸，为民。

巽 **发轫温汤，过角宿房。宣时布和，无所不通。**

通震为车，故曰“发轫”。互坎为水，艮火在下，故曰“温汤”。艮为星，故曰“角房”。而角房皆巽方宿，故曰“过角宿房”。巽四月卦，正角房二宿当值之时，故曰“宣时布和”。

兑 **水中大贾，求利食子。商人不至，市空无有。**

互巽为贾，为利，兑为水，故曰“水中大贾”。震为子，兑为食，伏艮为求，故曰“求利食子”。言食其资息也。震为商人，震伏，故云不至。巽为市，离中虚，故曰“市空”。

涣 **春草萌生，万物敷荣。阴阳和调，国乐无忧。**

巽草震春，震为萌芽。艮国。

节 **左眇右盲，目视不明。下民多孽，君失其常。**

震为左。二五互大离，故曰“盲”。言目无睛也。兑半离，故曰“眇”。眇，小目也。兑右，故曰“左眇右盲”。眇象，本履卦也。坎为民，兑泽，故曰“下民”。坎为孽，震为君。

中孚 **悦以内安，不利出门。忧除祸消，公孙何尤。**

兑为悦，在内卦，故曰“内安”。艮为安也。艮门，震出。巽陨，故不利。震为公，艮为孙。震解，故忧祸消除。

小过 **丹书之信，言不负语。易我骕骦，君子有德。**

艮为信。震为言语，正反震相同，故曰“不负”。震为马，故曰“骕骦”。下艮为反震，故曰“易”。艮为君子。《左传》：裴豹，隶也，著于丹书。注：以丹书其罪。又《大戴礼》：武王问黄帝、颛顼之道可得闻乎？尚父曰：在丹书。此丹书似用《左传》。

既济 **上政搔扰，螟虫并起。害我嘉谷，年岁无稷。**

半象重巽，故曰“螟虫并起”。余亦用半象。

未济 **干旄旌旗，执职在郊。虽有宝玉，无路致之。**

详《师之随》。此用半象。

焦氏易林注卷十一

䷨ 艮上 兑下 损之第四十一

路多枳棘，步刺我足。不利旅客，为心作毒。

详《履之遁》。

之乾 **鲤鲔鲫虾，积福多鱼。资所无有，富我邦家。**

此用损象。坤为鱼，为积，为邦家。本卦乾为福，为富。

坤 **景星照堂，麟游凤翔。仁施大行，颂声作兴。征者无明，失其宠光。**

此仍用遇卦象。详《豫之节》。

屯 **羊肠九萦，相推稍前。止须王孙，乃能上天。**

详《临之巽》。

蒙 **四手共身，莫适所闲。更相访接，动失事便。**

坤为身，震卦数四，艮手，故曰"四手共身"。坤闭，故曰"闲"。震言艮手，正反艮震，故曰"更相访接，动失事便"也。

需 **水流趋下，远至东海。求我所有，买鲂与鲤。**

详《益之无妄》。

讼 **春栗夏枣，山鲜希有。斗千石万，贵不可贩。**

详《否之渐》。

师 **旦往暮还，相佑与聚，无有凶患。**

震为旦，为行，为归。坎为暮。坤为聚，为凶患。

比 **大蛇当路，使季畏惧。汤火之灾，切近我肤。赖其天幸，归于室庐。**

详《屯之井》。

小畜 **徙足去域，飞入陈国。有所畏避，深藏邃匿。**

通豫。震为足。艮为域，为飞，为国。震为陈，故曰“飞入陈国”。坎为畏避，为藏匿。全用伏象。

履 **海为水宗，聪圣且明。百流归德，无有叛逆，常饶优足。**

详《蒙之乾》。

泰 **夏麦䴸䴵，霜击其芒。病君败国，使年大伤。**

详《泰之贲》。

否 **秋隼冬翔，数被严霜。雄犬夜鸣，家扰不宁。**

详《贲之随》。

同人 **乐仁上德，东邻慕义，来兴吾国。**

乾为仁德。离为东邻。伏坤为义，为国。

大有 **逐忧除殃，污泥生粱，下田为汪。**

坎为忧，为殃。坎伏，故曰“除”。坎为污泥，坤为粱。为水，为下，故曰“为汪”。汪，潴水也。

谦 **暗昧冥语，转相迷误。鬼魅所居，谁知卧处。**

坎隐，故暗昧。正反震，故语迷误。坤为迷，为鬼。艮为卧。坤迷坎隐，故不知。

豫 **南历玉田，东入玉关。登上福堂，饮万岁浆。**

震为南，为玉。艮为田，为关，为堂。坤为万岁，为浆。玉关，玉门关。《汉书・班超传》：但愿生入玉门关。玉田疑指和阗，和阗在南疆，出玉。

随 **比目四翼，来安我国。福善上堂，与我同床。**

互大离，若两目相比，故曰“比目”。比目，鱼名。巽为鱼。震为翼，卦数四，故曰“四翼”。艮为国，为堂，为床。

蛊 **乘牛逐骥，日暮不至。路宿多畏，亡其骍骓。**

艮牛震马，故曰“乘牛逐骥”。艮为日，兑向晦，故曰“日暮”，曰“路宿”。艮为路。纳丙，色赤，故曰“骍”。震青，故曰“骓”。兑折，故亡。牛行迟，骥行速，乘牛逐骥，断不能及，故亡其骍骓也。

临 **元吉无咎，安宁不殆。**

震为元。

观 **奋翅鼓翼，翱翔外国。逍遥徙倚，来归温室。**

伏震为翼，为飞。坤为国，艮阳在上，故曰“外国”。艮为室，艮火，故曰“温室”。

噬嗑 **河伯娶妇，东山氏女。新婚三日，浮云洒雨。露我菅茅，万邦蒙佑。**

坎为河，震为伯，离为坎妇。震为娶，为东。艮为山，故曰“东山氏女”。坎为婚。离日，震数三，故曰“三日”。坎为云雨，为露。震为草莽，在坎下，故曰“露我菅茅”。艮为邦，震为万。《史记》：西门豹为邺令，三老五更为河伯娶妇。然下云东山氏女，似别有故实。

贲 **婴儿求乳，慈母归子，黄麑悦喜。**

剥 **贫鬼守门，日破我盆。毁罂伤瓶，空虚无子。**

坤为鬼，为贫，为门。艮为守，为日。伏兑为破。震为罂瓶，为子。震覆，故曰“破”，曰“伤”，曰“无子”。坤为虚。

复 **多载重负，捐弃于野。王母谁子，但自劳苦。**

坤厚，故能多载重负。坤为野，坤丧，故曰“捐弃于野”。坤为母，震为王，为子。坤死，故曰“王母谁子”。言无子也。坤为劳。

无妄 **雄狐绥绥，登山崔嵬。昭告显功，大福允兴。**

详《咸之贲》。

大畜 **婴儿孩子，未有知识。彼童而角，乱我政事。**

艮为婴儿，震为孩子。艮为角。伏坤为乱，为政事。《毛诗传》：童，羊之无角者也。

颐 **十丸同投，为雉所离。独得逃脱，完全不亏。**

坤数十，坎为丸，伏大坎，故曰“十丸”。坤为雉。离、罹同，遭也。震为逃脱。

大过 **狐济濡尾，求橘得枳。季姜怀悔，鲍舍鱼臭。**

伏艮为狐，为尾，为求，为橘，为枳。巽为姜，上兑，故曰“季姜”。巽为鲍鱼，为臭。伏坤为悔，为淮。上艮为橘，下震为反艮而中隔坤水。《考工记》：橘逾淮为枳。以反艮为枳，其切当神妙，真不可思议矣。

坎 **踆足息肩，所忌不难。金城铜郭，以铁为关。藩屏周卫，安全无患。**

震为足。艮为踆，止也。艮为金铜，为铁，为城郭，为关，为藩屏。震为周，为卫。艮为安。

离 **戴尧扶禹，松乔彭祖。西过王母，道路夷易，无敢难者。**

详《讼之家人》。

咸 **京庾积聚，黍稷以极。行者疾至，可以厌饱。**

《尔雅》：丘绝高曰京。《诗·小雅》：曾孙之庾，如坻如京。传：京，高丘也。艮为京庾。互大坎，故曰“积聚”。巽为黍稷，伏震为行。中实，故曰“厌饱”。厌、餍同，足也。

恒 **良夫孔姬，胁悝登台。柴季不扶，卫辄走逃。**

《左传·哀十五年》：浑良夫与太子蒯聩，胁孔悝，使立之。柴，高柴。季，子路。“不扶”者，言不扶卫辄也。震为夫，为姬，为孔。伏艮为台，为季。艮手为扶，艮伏，故不扶。震为卫，为逃。

遁 **天之所予，福禄常在，不忧危殆。**

乾为福禄。

大壮 **行触天刚，马死车伤。身无寥赖，困穷乏粮。**

《参同契》：天罡据西。注：天罡即北斗。《家人之渐》曰：魁罡所当，初为败殃。故曰“马死车伤”。伏艮为星，故曰“天罡”。震为马，为车。伏坤为身，为穷乏。震为粮。

晋 **铅刀切玉,坚不可得。尽我筋力,胝茧为疾。**

艮为刀,坤柔,故曰"铅刀"。艮为坚多节,故曰"胝茧"。坎为疾。玉或为艮坚象。

明夷 **穆违百里,使孟奋武。将军帅战,败于殽口。**

详《蹇之离》。坤为百里。震为孟,为武,为口。

家人 **有人追亡,鸟言所匿,不日而得。**

通解。震为亡,为追,为人,为言。离为鸟。坎隐,故曰"匿"。离为日。此必有故事。如公冶长解鸟言之类,而今不能考。

睽 **府藏之富,王以振贷。捕鱼河海,罟网多得。**

此全用遇卦损象。坤为府藏,为多,故曰"富"。震为王,为振。振、赈同,而古皆作振。坤为鱼,为河海。离为网罟,互大离,故曰"多得"。

蹇 **鸿飞遵陆,公归不复,伯氏客宿。**

艮为鸿,为陆。震为公,为归。震覆,故不复。《豳风》诗《九罭篇》:鸿飞遵陆,公归不复。公谓周公。

解 **凫过稻庐,甘乐鳇鳅。虽惊不去,田畯怀忧。**

此仍用遇卦损象。震为凫,为稻,为乐。艮为庐。坤为鱼,故曰"鳇鳅"。震为惊,艮止,故不去。坤为田畯,农官也。艮为官。坤为忧。

益 **雨师娶妇,黄岩季女。成礼既婚,相呼南去。膏泽田里,年丰大喜。**

详《恒之晋》。

夬 **蓄积有余,粪土不居。美哉轮奂,出有高车。**

乾实,故曰"积"。坤为粪土,坤伏,故曰"不居"。伏大艮为宫室,故曰"轮奂",曰"高"。坤为大舆。

姤 **重门击柝,介士守护。终有他道,虽惊不惧。**

此仍用遇卦损象。损二至上正反两艮相对,故曰"重门"。震为柝。艮为击,为介。介,甲也。为守护,为终,为道路。震为惊,坤为惧。

萃 **大都王市,稠人多宝。公孙宜贾,资货万倍。**

坤为大都,巽为市。伏震为人,为宝,坤为多,故曰"稠人多宝"。震为公，艮为孙，巽为贾，故曰“公孙宜贾”。坤为资货，为万，巽为倍，故曰“万倍”。

升 **秋隼冬翔，数被严霜。甲兵充庭，万物不生。**

详《贲之随》。

困 **招祸致凶，来螫我邦。痛在手足，不得安息。**

通贲。坎为祸，为痛，为螫。艮为邦，为手。震为足。正反震，故不得息。

井 **秦失其鹿，疾走先得。勇夫慕义，君子率服。**

兑西，故曰“秦”。伏震为鹿。坎为失，为疾。震为走，为勇夫。艮为君子。

革 **山陵四塞，遏我径路。欲前不得，复还故处。**

已详《同人之革》。

鼎 **一指食肉，口无所得，舌馋于腹。**

详《颐之离》。

震 **晨夜惊骇，不知所止。皇母相佑，卒得安处。**

震为晨，互坎为夜。艮为止，坎隐，故不知。伏巽为母，震为王，故曰“皇母”。互艮为安。

艮 **豺狼所言，语无成全。误我白马，使乾口来。**

艮为豺狼。互震为言语，正反震，故曰“误”。震为马，为白，为口。互大离，故曰“乾口”。

渐 **呼精灵来，魄生无忧。疾病瘳愈，解我患愁。**

通归妹。震为呼；为帝，故曰“精灵”。兑为月。震生，震乐，而纳庚，初三月出庚，故曰“魄生无忧”。坎为疾病，为忧。震解，故病愈而不愁也。

归妹 **牧羊逐兔，使鱼捕鼠。任非其人，废日无功，不免辛苦。**

兑羊震兔。伏巽为鱼，坎为鼠。互离为日。坎劳，故曰“辛苦”。羊逐兔，鱼捕鼠，皆失所使，犹任人不当而无功也。

丰 **堂祥上楼，与福俱居。帝姬冶好，国安无忧。**

堂祥，疑与徜徉同。伏艮为堂，为楼，为居，为国，为安。震为帝，为姬，兑为冶好。互坎为忧，震解，故无。

旅 **禹召诸神，会稽南山。执玉万国，天下康安。**

通节。震为王，坎劳，故曰“禹”。震为神，坎众，故曰“诸神”。艮为山，震南，故曰“会稽南山”。震为玉，艮为执，为国。坎众，故曰“万国”。艮为天，为安。

巽 **太姒文母，仍生圣子。昌发受命，为天下主。**

太姒。文王妃，生武王发。文母为太任。《诗》，思齐大任，文王之母是也。大任生昌，太姒生发，故曰“仍生”。《大雅》：大任有身，生此文王。又曰：缵女维莘，长子维行，笃生武王。林所本也。巽为母，互离，故曰“文母”。伏震为子，坎为圣。巽为命。伏震为主，伏艮为天。故曰“为天下主”。

兑 **两罝同室，兔无谁告。与狂相触，蒙我以恶。**

互离为罝，兑卦数二，故曰“两罝”。伏坎为室。震为兔，震伏，故兔无。伏震为狂，三至上正反震相对，故曰“与狂相触”。《说文》：室，实也。言罝原有兔，因触兔逸，反疑我也。

涣 **桃雀窃脂，巢于小枝。动摇不安，为风所吹。心寒悚惕，常忧殆危。**

已详《噬嗑之涣》。

节 **阳春长日，万物华实，乐有利福。**

震为春，为长。互大离，故曰“长日”。震为万物，为华。艮为果蓏，故曰“实”。震为乐，为福，伏巽为利。

中孚 **邻不我顾，而望玉女。身疾疮癞，谁肯媚者。**

震为邻，艮为顾，二四艮反，故不我顾。艮为我，为望。震为玉，兑为女，为媚，故曰“玉女”。艮为身而多节。故曰“疮癞”。

小过 **涸旱不雨，泽竭无流。鱼鳖干口，皇天不忧。**

艮为火，故曰“涸旱”。兑为雨泽，艮止，故不流。巽为鱼，艮为鳖。兑为口，艮火在下，故曰“干口”。震为帝，为皇，艮为天。震乐，故不忧。言灾重如此，而天不恤。

既济 **狼虎之乡，日争凶讼。受性贪饕，不能容纵。**

半象重艮，故曰“狼虎”，曰“乡”。坎上下口相背，故讼。离为日。又取损象，于争讼尤切。

未济 **阴注阳疾，水离其室。舟楫大作，伤害黍稷。民饥于食，亦病心腹。**

三阴皆在内，故曰“注”。注：灌也。阳皆在外，故疾。《杂卦》：未济，男之穷也。与此旨同。离、罹同。坎为水，为室。半震为舟，坎为楫。重震重坎，故曰“大作”。震为黍稷。坎为病，为心，离为腹。

䷩ 巽上震下 益之第四十二

文王四乳，仁爱笃厚。子畜十男，无有夭折。

详《颐之节》。

之乾 **下堂出门，东至九山。逢福值喜，得其安闲。**

此用遇卦益象。艮为堂，坤为下，为门，震出。震东，数九，故曰“九山”。震为福喜。艮为山，为安。

坤 **城上有乌，自名破家。招呼鸩毒，为国灾患。**

详《坤之蒙》。

屯 **伯虎仲熊，德义渊泓。使敷五教，阴阳顺序。**

详《泰之随》。

蒙 **饮酒醉酗，跳起争斗。伯伤仲僵，东家治丧。**

需 **四目相视，稍近同轨。日昳之后，见吾伯姊。**

互离为目，兑数四，故曰“四目”。昳，日昃也。坎西，离与坎连，日向西，故曰“日昳”。兑为伯姊，本大过也。

讼 **随时逐便，不失利门。多获得福，富于封君。**

伏震为时，为逐。乾为门，巽为利，故曰“利门”。乾为福，为富，为君。

师 **陇西冀北，多见骏马。去如猋扬，害不能伤。**

坎为西，坤为北。震为马，坤坎亦为马，故曰“多见骏马”。坤为风，故曰“猋扬”。猋音标，回风也。坎为害，为伤。震解，故不伤。

比 **白龙黑虎，起伏俱怒。蚩尤败走，死于鱼首。**

详《蒙之坎》。

小畜 **鸿飞戾天，避害紫渊。虽有锋门，不能危身。**

通豫。巽为鸿，在乾上，故曰“戾天”。坤为渊，为害，坎隐伏，故曰“避害紫渊”。离色紫也。锋门，丁晏云：《艺文志》有《逢门射法》二篇。师古曰：即逢蒙。艮为锋，坤为门。坎为矢，震为射，故曰“锋门”。坤为身。《诗·大雅》：鸢飞戾天。注：戾，至也。

履 **平国不君，夏氏作乱。乌号窃发，灵公陨命。**

详《临之晋》。

泰 **江汉上游，政逆民忧。阴伐其阳，雄受其殃。**

坤为水，故曰“江汉”。在上，故曰“上游”。坤为政，为逆，为民，为忧。阴上阳下，故曰“阴伐其阳，雄受其殃”。

否 **东家杀牛，闻臭腥臊。神怒不顾，命衰绝周。亳社灾烧，宋公夷诛。**

详《噬嗑之巽》。“命衰绝周”者，言殷命将绝于周也。

同人 **西诛不服，恃强负力。倍道趋敌，师徒败覆。**

丁云似指项梁。卦伏师。师坎为西，坤为诛。震健，故恃强负力。震为大涂，巽为倍，故曰“倍道趋敌”。坤为师徒，为败。

大有 **一妇六夫，乱扰不治。张亡季疾，莫适为公。政道壅塞，周君失邦。**

此用益象。上巽为妇，下震为夫。震数三，互艮亦为夫，亦数三，故一妇六夫。坤为乱。震为张，艮为季，坤为亡，坎为疾，故曰“张亡季疾”。震为公，初至五正反震，故曰“莫适为公”。坤为政，艮为道。艮止，故壅塞。震为君，为周，坤为邦，坤丧，故周君失邦。

谦 **配合相迎，利之四乡。昏以为期，明星煌煌。欣喜奭怿，所言得当。**

坎为配合。坤为乡，震卦数四，故曰“四乡”。坎为昏。艮为明，为星。震为喜，为言。奭，盛也。

豫 **猿堕高木，不踒手足。握金怀玉，还归其室。**

详《蒙之临》。

随 **卷领遁世，仁德不害。三圣攸同，周国茂兴。**

详《需之震》。

蛊 **去患脱厄，安无怵惕。上福喜堂，见我欢悦。**

互大坎为患，为厄，为怵惕。震为福喜，一阳上升，故去患脱厄而无惧也。艮为堂，为我。兑见。

临 **带季儿良，时利权兵。将师合战，敌不能当，赵魏以强。**

通遁。艮为季，巽为带，故曰“带季”。带季，即带佗。震为儿，为良，故曰“儿良”。《艺文志》有《儿良》一篇，列兵家。《过秦论》：带佗、儿良，并称兵家。故曰“权兵”。艮为时，巽为利。坤为师。震为战，为赵，为强。

观 **鹄思其雄，欲随凤东。顺理羽翼，出次须日。中留北邑，复反其室。**

详《明夷之益》。

噬嗑 **耳如惊鹿，不能定足。室家分散，各走匿窜。**

互坎为耳。震为惊，为鹿，为足。艮为室家。坎为匿。

贲 **甲乙丙丁，俱归我庭。三丑六子，入门见母。**

震东方甲乙，离南丙丁。艮为庭，为我，震为归，故曰“俱归我庭”。艮居丑，数三，故曰“三丑”。坎居子，数六，故曰“六子”。艮为门，伏巽为母，离为见。

剥 **蹑华颠，观浮云。风不摇，雨不薄。心安吉，无患咎。**

艮为山，为颠，伏兑为西，故曰“华颠”。坤为云，为风。兑为雨，兑伏，故云不薄。坤为心，为患。艮安，故无。

复 **德施流行，利之四乡。雨师洒道，风伯逐殃。巡狩封禅，以告成功。**

震为德，为行。卦数四，坤为乡，故曰“四乡”。坤为师，为水，故曰“雨师”。坤为风，震为伯，故曰“风伯”。独断云：雨师，毕星；风伯，箕星也。古者天下太平，天子必巡狩四方，封太山，禅梁父。震为言，故曰“以告成功”。

无妄 **水流趋下，遂成东海。求我所有，买鳣与鲤。**

详《损之需》。

大畜 **和气相薄，膏润津泽，生我嘉谷。**

兑为和，为润泽。震为生，为谷。

颐 **忧惊以除，祸不成灾，安全以来。**

坤忧，震惊。艮安，正反艮，故曰“忧惊以除，祸不成灾”。互坤为灾祸。

大过 **坚冰黄鸟，常哀悲愁。不见白粒，但睹藜蒿。数惊鸷鸟，为我心忧。**

详《乾之噬嗑》。

坎 **翕翕輷輷，陨坠崩颠。灭其令名，身命不全。**

详《泰之谦》。

离 **因祸受福，喜盈其室。**

通坎。互艮为室，震为喜。

咸 **陆居千里，不见河海，无有鱼市。**

坤为陆，为千里。为河海，坤伏，故不见。巽为鱼，为市，乾无，故曰“无有鱼市”。

恒 **鹿得美草，鸣呼其友。九族和睦，不忧饥乏。**

详《同人之蹇》。

遁 **出门得党，不逢祸殃。入户自若，不见矛戟。**

乾为门户，艮为党。坤为祸殃，坤伏，故不逢。艮为矛戟。巽为人。为伏，故不见予戟。党，助也。《论语》：君子不党。注：相助为非曰党。

大壮 **罍尊重席，命我嘉客。福佑久长，不见祸殃。**

震为尊罍，为席。兑卦数二，故曰“重席”。震为嘉，为客，为长。乾为福佑。坤为祸殃，坤伏，故不见。

晋 **鸿雁俱飞，北就鱼池。鳣鲔鳂鲤，众多饶有。一笱获两，利得过倍。**

详《比之观》。

明夷 **当风奋翼，与鸟飞北。入我家国，见吾庆室。**

坤为风，震为翼。离为鸟。坤为北，为家国。坎为室，震喜，故曰“庆室”。

家人 **麒麟凤凰，善政得祥。阴阳和调，国无灾殃。**

详《大有之旅》。

睽 **逐狐东山，水遏我前。深不可涉，失其后便。**

详《大畜之震》。

蹇 **丑戌亥子，饥馑所生。阴为暴客，水绝我食。**

下艮先天居戌，后天居丑，坎居亥子。丑、戌、亥、子，皆在北方，北方属水。《史记·货殖传》：水毁木饥。故曰“饥馑所生”，曰“阴为暴客”。北方坎水，故曰“水绝我食”。

解 **狐狸雉兔，畏人逃去。分走窜匿，不知所处。**

详《睽之大有》。

损 **桀跖恶人，使德不通。炎旱为殃，年谷大伤。**

坤为恶，故曰“桀”。伏巽为盗，故曰“跖”。正反艮，故不通。震为使也。艮为火，故炎旱。震为年谷，兑毁，故伤。

夬 **兔乳在室，行来雀食。虎攫我子，长号不已。**

此用遇卦益象。震为兔。艮为室，为雀，为虎。艮手，故曰“攫”。震为子，为长号。正反震，故曰“不已”。

姤 **土阶明堂，礼让益兴。雄雌相得，使我无疾。**

通复。坤为土阶，为礼。震为兴。一阳临五阴，故曰“雄雌相得”。坤为我，为疾。震解，故无。

萃 **送金出门，并失玉丸。往来井上，破瓮坏盆。**

坤为门，互艮为金。震为玉，互大坎为丸。震伏，故失玉丸。兑为井，三至上正反兑，故曰“往来井上”。上，疑为井。以重文作匕，故讹为上也。震为瓮，为盆。震覆，故曰“破”。兑毁故也。往来井井，谓二至上正反兑也。井初至四亦正反兑，由此证《井·象》往来井井，亦由正反兑。焦氏说之甚明也。

升 **讽德诵功，美周盛隆。加其旦辅，光济冲人。**

震为德，为功。为言，故曰“讽诵”。震为周，为旦，为冲人。言周公旦辅成王，以成周德。

困 **盗窃灭身，二母不亲。王后无党，毁其宝灵。**

互巽为盗，艮为身。艮伏，故灭身。巽为母，正反巽相背，故曰“二母”，故曰“不亲”。震为王，为宝。震伏，故毁。兑为毁也。

井 **六月骙骙，各欲有至。专征束装，俟时旦明。**

详《蹇之小过》。

革 **雀行求粒，误入网罭。赖仁君子，复说归室。**

离为雀，为网。巽为粒。伏震为仁，为脱，为归。艮为君子，为室。

鼎 **仁德孔明，患祸不伤。期誓不至，室人衔恤。**

通屯。震为仁德，为孔，艮为明，故曰“仁德孔明”。坤为患祸。艮为室，震为人，故曰“室人”。震为衔，坤忧，故曰“衔恤”。

震 **龟厌江海，陆行不止。自令枯槁，失其都市，虽忧无咎。**

详《泰之节》。

艮 **孤独特处，莫依为辅，心劳志苦。**

坎为孤，艮为独。坎为心，为劳。

渐 **伯仲言留，叔子云去。虽去无咎，主母大喜。**

通归妹。震为伯，坎为仲，艮为叔。艮止，故留。震往，故去。巽为母，震为主，为喜，故曰“主母大喜”。

归妹 **初忧不安,后得笑欢,虽惧无患。**

互坎为忧。震为笑,在外卦,故曰“后”。

丰 **好战亡国,师不以律。称上陨坠,齐侯狠戾,被其灾祟。**

震为战。坤为国,为师。坎为律。坤坎皆伏不见,故曰“亡国”,曰“师不以律”。巽为齐,震为诸侯,为狠。离为灾。似指顷公。

旅 **鹿在泽陂,豺伤其麑,泣血独哀。**

通节。震为鹿,兑为泽陂。艮为豺,震为麑。麑,鹿子也。兑折,故伤。坎为血,为独。为忧,故曰“哀”。

巽 **天地闭塞,仁智隐伏。商旅不行,利润难得。**

初至四大过,故曰“天地闭塞”。震为仁,坎为智。皆伏不见,故曰“隐伏”。震为商旅,震伏,故不行。巽为利。

兑 **福德之士,欢悦日喜。夷吾相桓,三归为臣,赏流子孙。**

通艮。互震为福德,为士,为喜。本卦互离,故曰“日喜”。震为桓。为归,数三,故曰“三归”。艮为臣,为孙。夷吾,管仲字。《论语》:管氏有三归。三归,台名。

涣 **上无飞鸟,下无走兽。扰乱未治,民劳于事。**

互艮为鸟,上巽为伏,故曰“上无飞鸟”。艮为兽,下坎隐伏,故曰“下无走兽”。震为走也。风散,故扰乱。坎为民,为劳。

节 **握斗运枢,顺天无忧,与乐并居。**

详《谦之观》。

中孚 **戴盆望天,不见星辰。顾小失大,福逃墙外。**

艮为戴,震为盆,艮为覆。震若戴盆于首,故不见天与星辰也。艮为天,为星。上巽为伏,亦不见也。艮为顾,为小,震为大。艮为墙,伏小过震在艮外,故曰“福逃墙外”。

小过 **月削日衰,工女下机。宇宙灭明,不见三光。**

兑为月,艮为日,艮手为削。巽为工,为女,互坎为机。风散艮止,故曰“工女下机”。艮为天,为宇宙。坎黑,故灭明,故不见三光。艮为光,数三。

既济 **操戟刺鱼，被发立忧。虎脱我衣，狼取我袍，亡马失财。**

此用益象。艮为戟。巽为鱼，为发。艮为虎狼。震为衣，为马。

未济 **两人俱醉，相与悖戾。心乖不同，争讼匈匈。**

此仍用益象。坤迷，故曰“醉”。震为人，坤数二，故曰“两人”。坤为悖戾，为心。初至五正反震，故曰“心乖”，曰“争讼”。

䷪ 兑上乾下 夬之第四十三

戴尧扶禹，松乔彭祖。西遇王母，道路夷易，无敢难者。

详《讼之家人》。

之乾 **狼戾美谋，无言不殊。允厌帝心，悦以获佑。**

此用遇卦夬象。伏艮为狼。兑为言，乾亦为言，而兑言与乾言相背，故曰“殊”。乾为帝，为佑。伏坤为心，兑为悦。

坤 **岁暮华落，阳入阴室。万物伏匿，绝不可得。**

候卦坤居亥，故曰“岁暮”。遇卦夬为华。后天乾本居亥，阳为阴所牝，故《坤·上六》曰“龙战于野”。战即交也，故也阳入阴室。其义详《焦氏易诂》中。坤为万物，坤藏，故曰“伏匿”。

屯 **鸡鸣失时，君骚相忧。犬吠不休，行者稽留。**

伏巽为鸡，震为鸣，艮为时，坎为失。“失时”者，言至鸡鸣而尚未治事，故下曰“骚忧”。震为君，为相，坤为忧。艮为犬。震为吠，为行。艮止，故“稽留”。

蒙 **凫鹥游泾，君子以宁。履德不愆，福禄来成。**

艮为凫鹥，坎水故曰“泾”。艮为君子。震为德，为福。艮为成。凫鹥，《大雅》篇名。首句及第四句皆《诗》语。

需 **魃为灾虐，风吹云却。欲上不得，复归其宅。**

通晋。坎为鬼，离为恶人，故曰“魃”。坎为灾，为云。坤为风，艮止，故不能上。艮为宅。

讼 **东行破车，步入危家。衡门垂倒，无以为主。卖袍续食，糟糠不饱。**

通明夷。震为东行，为车，为步。坎为破，为室，故曰“危家”。艮为门，坎平，故曰“衡门”。艮覆，故曰“垂倒”。震为主，为袍，为食。为商，故曰“卖”。震为糟糠，坤虚故不饱。

师 **青牛白咽，呼我俱田。历山之下，可以多耕。岁稔时节，民人安宁。**

详观林。

比 **异国殊俗，情不相得。金木为仇，百贼擅杀。**

坤为国，为俗。重坤，故曰“异国殊俗”。坤为心志，故曰“情”。艮为金，坎为木，为仇。金克木，故相仇。坎为贼，坤为百，为杀，故曰“百贼擅杀”。

小畜 **阴阳精液，膏熟脱拆。胎卵成魄，肇生头目，日有大喜。**

通豫。乾阳坤阴。坎为精液，为膏。巽下断，故曰“拆”。震为胎，为卵，坤为魄，故曰“胎卵成魄”。艮为头。离为目，为日。震为喜。

履 **饥虫作害，偏多乱缠，绪不可得。**

离虚，故饥。巽为虫，故曰“饥虫”。巽为缠，为绪。离为乱，故难得绪。

泰 **青蛉如云，为兵导先。民人冤急，不知东西。**

伏巽为虫，为青蛉。坤为云。为众，故为兵。震为民人，为急。坤忧，故曰“冤急”。震东兑西，体连，故不知东西。

否 **班马旋师，以息劳疲。役夫嘉喜，入户见妻。**

详《观之既济》。

同人 **坐争立讼，纷纷匈匈。卒成祸乱，灾及家公。**

详《大过之坎》。

大有 **鹿食美草，逍遥求饱。趋走山间，过期乃还，肥泽且厌。**

通比。艮为鹿，坤为草。坎实，故饱。艮为求，为山。为时，故曰“期”。坎为肥泽。厌，足也。

谦 **田鼠野雉，意常欲去。拘制笼槛，不得摇动。**

详《需之随》。

豫 **日趋月步，周遍次舍。历险致远，无有难处。**

艮日坎月。震为步趋，为周。艮为次舍。坎险震出，故无难处。

随 **天孙帝子，与日月处。光荣于世，福禄祉祉。**

详《解之临》。

蛊 **晨风文翰，大举就温。昧过我邑，羿无所得。**

详《小畜之革》。文翰，鸟名，见《逸周书》。

临 **旦生夕死，名曰婴鬼，不可得祀。**

观 **疾贫望幸，使伯南贩。开牢择羊，多得大牂。**

详《讼之遁》。

噬嗑 **长城骊山，生民大残。涉叔发难，唐叔为患。**

艮为城，为山；震为长，为马，故曰“长城骊山”。坎为民，为残破，故曰“生民大残”。艮为叔。涉，陈胜字；叔，吴广字。坎为患。言秦役民筑长城、骊山，民不堪命。陈、吴因以为乱，而唐叔兴起也。汉为唐尧后。刘向《高祖颂》云：汉帝本系，出自唐帝。又《随之剥》云：唐季发愤，禽灭子婴。皆指汉高。牟庭谓唐为广，是不知涉叔为二人，并不知唐季即刘季，故谬误若斯也。

贲 **娶于姜吕，驾迎新妇。少齐在门，夫子欢喜。**

详《否之涣》。

剥 **随时草木，灌枝叶起。扶疏条桃，长大盛美，华沃铄舒。**

艮为时，为木。坤为草。

复 **姬姜既欢，二姓为婚。霜降合好，西施在前。**

震为姬，伏巽为姜。坤为姓，数二，故曰“二姓为婚”。坤为霜。《荀子》：霜降婚嫁，冰泮杀止。西施，吴王妃。阳息至二成兑为西，故曰“在前”。

无妄 **戴笠独宿，昼不见日。勤苦无代，长劳悲思。**

艮为戴，为笠。巽伏，故曰“宿”。巽寡，故独宿。乾为昼，为日。巽伏，故不见日。伏坤为劳，为悲思。

大畜 **始加元服，二十系室。新婚既乐，伯季有得。**

古者年二十行冠礼，艮为冠，故曰“元服”。乾为始，故曰“始加”。兑数二，又数十，艮为室，伏巽为绳，故曰“二十系室”。《易》“系”，《释文》云：系，系也，续也。“二十系室”者，言继续将有室家也，故下曰“新婚”。或曰古男子三十而娶。然证以孔子、伯鱼之年，亦不拘也。震为嫁，故曰“婚”。为乐，为伯。艮为季。

颐 **二至灵台，文所止游。云物备具，长乐无忧。**

震为冬至，震之反则夏至矣，故曰“二至”。灵台，艮为台。坤为文，艮止震游，故曰“文所止游”。坤为云，为物，为忧。震乐，故不忧。《左传》：至日登台，望云物。

大过 **久阴霖雨，涂行泥潦。商人休止，市空无宝。**

伏坤为阴，为水。互大坎，故曰“霖雨”。伏震为大涂，坤为泥潦。震为商人，艮止，故休。巽为市，坤虚，故曰“市空”。震为玉，为宝。震伏，故曰“无宝”。

坎 **城坏压境，数为齐病。侵伐不休，君臣扰乱。上下屈竭，士民乏财。**

互艮为城，坎破，故曰“城坏”。艮为境。伏巽为齐，坎为病，上下坎，故曰“数为齐病”。震为侵伐，正反震，故曰“不休”。震君艮臣，正反艮震，故曰“扰乱”，曰“上下屈竭”。巽为利，巽伏，故乏财。震为士也。林意似指吴伐齐事。

离 **南国盛茂，黍稷醴酒。可以飨养，乐我嘉友。**

通坎。艮为国，离南，故曰“南国”。震为盛茂，为黍稷。坎为酒。兑口，故曰“飨养”。艮为友，震为乐。

咸 **忧在心腹，内崩为疾。祸起萧墙，意如制国。**

通损。坤为忧，为心腹，为内，为疾。兑为毁折，与坤连体，故曰“忧在心腹，内崩为疾”。坤为祸，为墙，震为草莽，故曰“萧墙”。坤为心意，为国。意如，鲁三家季平子名也。《论语》：吾恐季氏之忧，不在颛臾，而在萧墙之内也。制国，言专政。

恒 **朽根刖树，华叶落去。卒逢大猋，随风僵仆。**

巽木下断，故曰“朽根”，故曰“刖树”。兑华震叶，巽陨，故曰“落去”。初至四正反巽，故曰“猋”。猋，回风也。巽陨落，故僵仆。

遁 **树表为坛，相与期言。午中不会，宠荣弃废。**

《史记·田穰苴传》：苴与庄贾期旦日日中会，先期至军，立表下漏，以待庄贾。日午不至，杀之。艮为坛。为时，为言，故曰“期言”。艮为日，纳丙，故曰“日午”。乾为宠荣，阴消阳，故曰“宠荣废弃”。

大壮 **四足俱走，奴疲在后。两战不胜，败于东楚。**

震卦数四，故曰“四足”。艮为奴仆，艮伏，故曰“在后”。震为战，兑卦数二，故曰“两战”。震为东，为楚。兑毁，故败。

晋 **执辔西朝，回还故处。麦秀伤心，叔父有忧。**

通需。兑为西，艮手为执，为拘。辔所以拘拂马，疑艮象也。坤为麦，为心。艮为叔，乾为父，坤忧。言箕子朝周，过殷墟，作麦秀之歌。箕子为纣叔父。

明夷 **夜长日短，阴为阳贼。万物空枯，藏于北陆。**

震为长，坤坎皆为夜，故曰“夜长”。离日，居坎，故日短。阳皆在阴下，坎为盗，故曰“阴为阳贼”。言阴贼阳也。坤为万物，为空虚，离为枯。坤藏坎北，故曰“藏于北陆”。

家人 **鸤鸠七子，均而不殆。长大成就，弃而合好。**

离为鸠。伏震为子，数七，故曰“七子”。巽为长大，坎为合。

睽 **三羊上山，驰至大原。黄龙负舟，遂到夷阳，究其玉囊。**

兑为羊，离卦数三，故曰“三羊”。伏艮为山。余象未详。

蹇 **首足易处，头尾颠倒。公为雌妪，乱其蚕织。**

此用夬象。乾为首在下，伏震为足，覆在上，故曰“首足易处”。乾为头在下，伏艮为尾在上，故曰“首尾颠倒”。乾为公。上兑，故曰“雌妪”。巽为蚕，为织。巽覆，故曰“乱其蚕织”。

解 **登高望家，役事未休。王事靡盬，不得逍遥。**

详《鼎之困》。

损 **畏昏不行，候旦待明。燎猎受福，老赖其庆。**

兑为昧，坤为畏，为昏。震为行，坤为闭，故曰“畏昏不行”。艮为明，震为旦，艮止，故曰“候旦待明”。震为猎，艮为火，故曰“燎猎”。坤为老。震为福庆。太公年八十遇文王田猎，后封于齐，故曰“老赖其庆”。

益 **孤独特处，莫依为辅，心劳志苦。**

详《益之艮》。

姤 **山石朽破，消崩堕坠。上下离心，君受其祟。**

乾为山，为石。下断，故朽破、坠堕。乾为上，巽为下。坤为心，坤伏，故“离心”。乾为君。阴消阳，故“君受其祟”。

萃 **文母圣子，无疆寿考，为天下主。**

坤为文，为母。伏乾为圣，震为子，故曰“文母圣子”。艮为寿。坤为天下，伏震为主。

升 **倔傀无仪，前后相违。言如鳖咳，语不可知。**

坤为仪。兑刚卤，故为倔傀。倔傀，倔强貌。兑见巽伏，故曰“前后相违”。震为言，为咳，伏艮为鳖。初至四正反兑，故语不可知。《诗》：无非无仪，惟酒食是议。

困 **五龙俱起，强者败走。露我苗稼，年岁大有。**

巽卦数五，伏震为龙，故曰“五龙”。兑为刚强，兑毁，故曰“败走”。巽为苗稼，兑为雨泽，故曰“露我苗稼”。伏震为年岁。

井 **虙除善疑，难为攻医。骥疲盐车，困于衔棰。**

详《艮之夬》。伏艮为虙除，坎为疑。震为骥，为车。兑为卤，故曰“盐车”。坎劳，故疲困。兑为衔，震为棰。

革 **江南多蝮，螫我手足。冤烦诘屈，痛彻心腹。**

通蒙。坎为江，为螫，为蝮。震为南，为足。艮为手。坎为冤烦，为诘屈，为痛，为心。坤为腹。

鼎 **心无所据，射鹿不得。多言少实，语无成事。**

通屯。坎为心。震为射，为鹿。正反震，故曰“多言”。坤虚，故少实。

震 **君明臣贤，鸣求其友。显德之士，可以履土。**

震为君。互艮为臣，为明，为友，为求。震为鸣，为德。艮为显，故曰“显德”。震为士，为履。坎为土。

艮 **安上宜官，一日九迁。逾群越等，牧养常山。**

详《履之节》。

渐 **峻词解谢，除去垢污。惊之成患，婴去酷残。**

艮山，故曰“峻”。峻词，犹严词也。坎为垢污。伏震为惊，坎为患。

归妹 **翁狂妪盲，相牵北行。欲归高邑，迷惑不得。**

震为翁，为狂。伏巽为妪，兑半离，故曰“妪盲”。伏艮为牵，互坎故北行。震为行，为归。艮为高邑。坎疑，故曰“迷惑不得”。言不得至高邑也。

丰 **醉卧道傍，迷旦失明，不全我生。**

通涣。巽进退不果，故曰“醉”。震为道傍，为旦。艮为明，坎隐，故曰“失明”。坎破，故曰“不全我生”。震为生。

旅 **北登鬼丘，驾龙东游。王叔御后，文武何忧。**

通节。坎为北，为鬼，艮丘，故曰“北登鬼丘”。震为龙，位东，故曰“驾龙东游”。震为王，艮为叔，故曰“王叔”。王良善御，故不忧。离为文，伏震为武。

巽 **恬淡无患，游戏道门。与神往来，长乐以安。**

巽为伏，故曰“恬淡”。坎伏，故无患。伏震为游戏，艮为道，为门。震为神，巽究成震，故曰“与神往来”。震为乐。

兑 **以缗易丝，抱布自媒。弃礼急情，卒罹忧悔。**

详《蒙之困》。

涣 **被服衣冠，游戏道门。以礼相终，身无灾患。**

震为衣。艮为冠，为道，为门，为终，为身。坎为灾患，震解，故无。

节 **大麓鱼池，陆为海涯。君子失行，小人相携。**

中爻艮为山麓，伏巽为鱼，兑为池，故曰“大麓鱼池”。兑为海，艮为陆，艮兑连体，故曰“陆为海涯”。艮为君子，艮止故失行。震为人，兑小，故曰“小人”。艮手为携，正反艮，故曰“相携”。

中孚 **渊泉溢出，为我邑祟。道路不通，孩子心愦。**

兑为渊泉，互震出，故曰“渊泉溢出”。艮为我，为邑，兑毁，故曰“为我邑祟”。震为道路，艮止，故不通。震为孩子，坎为心。卦中虚无心，故曰“孩子心愦”。《集韵》：愦，乱也。孩子与箕子音同。《易林》以震为孩子，是读《明夷·六五》“箕子之明夷”为“孩子之明夷”也。

小过 **十里望烟，散涣四方，形体灭亡。可入深渊，终不见君。**

详《豫之观》。

既济 **传言相误，非干径路。鸣鼓逐狼，不知迹处。**

详《乾之无妄》。

未济 **东失大珠，西行弃繻。时多不利，使我后起。**

多用半象。《汉书》：终军至关，弃繻于地。注：繻，关验也。按《易·既济》、《汉书》皆作繻。繻、襦通用。《周礼·罗氏》及《弓人》，前郑注两引《易》，既作襦又作繻。是通用也。

䷫ 乾上 巽下 姤之第四十四

河伯大呼，津不可渡。往复尔故，乃无大悔。

详《屯之大有》。

之乾 **蒙被恩德，长大成就。柔顺利贞，君臣合好。**

此用姤象。上乾为恩德，为大。下巽为柔顺。《姤·彖传》：天地相遇。天地即君臣，故曰“君臣合好”。

坤 **东山西山，各自止安。心虽相望，竟不同堂。**

详《渐之屯》。

屯 **登山上谷，与虎相触。猬为功曹，班叔奔北，脱之嘉国。**

详《蹇之艮》。

蒙 **蹶跌未起，失利后市，不得鹿子。**

坎蹇，故跌。巽为利市，巽伏，故失利后市。震为鹿子，坤丧，故不得。

需 **结珠怀履，卑斯似鬼，为君奴婢。**

通晋。震为珠、履，震覆，故曰"结珠怀履"。言不见也。艮为奴婢，为斯役。坤为鬼。

讼 **鸡鸣失时，民侨劳苦。尨吠有威，行者留止。**

通明夷。巽为难，为鸣。震为时辰，坎失，故失时。坤为民，与震连，故曰"侨"。侨，旅寓也。震为商旅，坎为劳。震为尨。尨，多毛犬也。震多毛，故为尨。震为威。坎陷，故留止。

师 **陈妫敬仲，示兆兴姜。乃适营丘，八世大昌。**

详《屯之噬嗑》。

比 **鹿畏人匿，俱入深谷。短命不长，为虎所得，死于牙腹。**

震为鹿，震覆，坎为隐，为畏，故曰"鹿畏人匿"。艮为谷，初至五形长，故曰"深谷"。艮为虎，坤为死，故曰"短命"。坤为腹，伏兑为牙，故曰"死于牙腹"。

小畜 **言无约结，不成券契。殷叔季姬，公孙争之。强入委禽，不悦于心，乃适于南。**

详《颐之革》。

履 **鼓瑟歌舞，欢遗于酒。龙喜张口，大喜在后。**

通谦。震为鼓，为瑟，为歌舞，为欢喜。坎为酒。震为龙，为口，为后。

泰 **凶忧灾殃，日益章明。祸不可救，三郤夷伤。**

详《需之复》。

否 **水流趋下，遂至东海。求我所有，买鳣与鲤。**

详《益之无妄》。

同人 **阴为阳贼，君不能克。举动失常，利无所得。**

通师。上下五阴，坎为盗，故曰“阴为阳贼”。震为君，阳寡，故不能胜阴。巽为利，坤虚，故无得。

大有 **离床失案，龟丧其愿。都市无会，叔季怀恨。**

通比。艮为案，为床，为龟。坤丧，故曰“离”，曰“失”，曰“丧”。坎为心，故曰“愿”。坤为都市，艮为叔季。坎忧，故曰“忧恨”。

谦 **壅遏堤防，水不得行。火盛阳光，阴霓伏藏，走归其乡。**

详《比之大畜》。

豫 **躄屈复伸，东乘浮云，贵宠毋前。**

坎蹇，故曰“躄屈”。震为伸，为东。坤为云，艮为贵。“毋前”者，言莫过也。

随 **实沈参伐，以义断割。次陆服刑，成我霸功。**

艮为星辰，故曰“实沈”，曰“参伐”。《考工记》：熊旗六斿，以象伐也。注：伐属白虎宿，与参连体而六星。《汉书·天文志》：太白曰西方秋，金义也。以义断割，谓太白主兵杀也。“次陆服刑”者，谓鲍叔迎管仲至堂阜，仲持斧请罪也。第三句恐有讹字。

蛊 **金泉黄宝，宜与我市。娶嫁有息，利得过母。**

艮为金，震为宝，为玄黄，兑为泉，故曰“金泉黄宝”。巽为市。震为归，故曰“娶嫁”。震为子，故曰“息”。息，生也。巽为母，为利。言以宝泉权子母，息过母也。

临 **禹召诸神，会稽南山。执玉万国，天下康安。**

详《损之旅》。

观 **三虫作蛊，践迹无与。胜母盗泉，君子不处。**

《左传》：三虫为蛊。巽为虫，艮数三，故曰“三虫为蛊”。蛊，坏也。震为迹，震覆，故无迹。巽为母，为盗。坤水，故曰“盗泉”。《家语》：孔子忍渴于盗泉。里名胜母，曾子回车。故曰“不处”。艮为君子。

噬嗑 **华叶陨落，公归妪宅。夷子失民，洁己不食。**

伏兑为华，震为叶。巽为陨落，为妪。震为公，为归，艮为宅，故曰“公归妪宅”。坎为平，故曰“夷”。坎为民，为失。巽为白，故曰“洁”。言伯夷让国，不食周粟也。

贲 **履机惧毁，身王子废。终得所欲，无有凶害。**

互震为履，坎为机。震在坎上，故曰“履机”。而坎为破，为惧，故曰“惧毁”。艮为身，震为子。上卦震覆，故曰“子废”。艮为终。坎为欲，为害。

剥 **道理和得，仁不相贼。君子攸往，乐有利福。**

艮为道。

复 **合匏同牢，姬姜并居。**

震为匏，为牢。匏，合卺杯。牢，《史记·平准书》：官与牢盆。注：乐彦云，牢，盆名。《昏礼》：同牢而食。震为姬，伏巽为姜，震巽皆在初，故曰“姬姜并居”。《礼记·昏义》：男迎妇以入，共牢而食，合卺而酳。

无妄 **关雎淑女，贤妃圣偶。宜家寿母，福禄长久。**

艮为鸟，故曰“关雎”。乾为善，巽女，故曰“淑女”，曰“贤妃”，曰“圣偶”。乾为圣也。艮为家，为寿。巽为母，故曰“寿母”。乾为福禄，为久。此说《关雎》诗意，与《毛》同。

大畜 **骓骥脱乳，不知子处。旋踵悲鸣，痛伤我心。**

乾为马，艮为乳，在外，故曰“骓骥脱乳”。震为子，三上正反震，故不知。震为踵，正反震，故曰“旋踵”。震为鸣，伏坤，故曰“悲”，曰“心痛”。

颐 **知严绝理，阴孽谋主。十日不食，困于申亥。**

坤为阴。数十，上艮为日，故曰“十日”。震为食，坤闭，故不食。坤居申，艮居亥，艮为拘，故困于申亥。

大过 **磁诸攻玉，无不穿凿。龙体具举，鲁班为辅。麟凤成形，德象君子。**

通颐。丁云：《淮南子》，玉待礛诸而成器。注：礛诸，攻玉之石。艮为石，震为玉，艮手，故曰“攻玉”，曰“穿凿”。震为龙，震反在上，故曰“具举”。兑为鲁，巽为工，故曰“鲁班”。鲁班，即公输般，巧匠也。坤文为麟凤，为形。艮为君子。君子之德温如玉，故玉象君子。

坎 **昧暮乘车，以至伯家。逾梁渡河，济脱无他。**

坎为昧暮。互震为车，为伯。艮为家，为梁。坎为河。

离 **吾有黍稷，委积外场。有角服箱，运致我藏，富于嘉粮。**

互巽为黍稷。伏艮为场，为角。角谓牛，言有牛服箱而运也。伏震为车箱，为富，为粮。巽伏，故曰“藏”。

咸 **喜笑且语，不能掩口。官爵并至，庆贺盈户。**

兑悦，故喜笑。兑口，故语。艮为官爵。乾为户，为盈。

恒 **雾露雪霜，日暗不明。阴孽为疾，年谷大伤。**

伏坤为雾，为雪霜，兑为雨露。乾为日，兑为昧，故曰“日暗不明”。伏坤为阴，为疾。震为年谷，兑折故伤。

遁 **伯去我东，发如飞蓬。寤寐长叹，展转空床。内怀怅恨，摧我肝肠。**

通临。见前。

大壮 **亡羊补牢，张氏失牛。骍驷奔走，鹄盗我鱼。**

兑为羊，兑折，故亡羊。伏艮为牢。牢，《说文》：牛闲也。艮手，故曰“补”。震为张，艮为牛，艮伏，故张氏失牛。震为马，为走，为鹄。伏巽为盗，为鱼。

晋 **贩鼠卖蛙，利少无谋，难以得家。**

此用遇卦姤象。下巽为利市，故曰“贩卖”。巽为伏，故亦为鼠；为虫，故为蛙。二者皆小物，故曰“利少”。顾云：贩鼠卖朴者，《战国策》，周人谓玉未理者为璞，郑人谓鼠未腊者为朴。郑人怀朴至周，曰欲买璞乎？出之乃鼠。

明夷 **西戎为疾，幽君去室。陈子发难，项伯成就。**

坎为西，坤为戎，为疾，故曰“西戎为疾”。坎为幽，震为君，坎为室。言幽王因犬戎失国也。震为陈，为子。陈涉首起反秦。震为伯，坎为项。言陈涉首发难，项氏因以兴。又，鸿门会，项伯护高祖，亦通。

家人 **秋风生哀，华落心悲。公室多难，羊舌氏衰。**

巽为风，坎西，故曰“秋风”。坎忧，故曰“哀”。震为华，震伏不见，巽陨落，故曰“华落”。坎为室，为难。伏震为公，故曰“公室”。兑为羊，为舌。兑覆，故曰“衰”。

睽 持福厌患，去除大残。日长夜尽，喜世蒙恩。

重离，故曰“日长”。

蹇 新受大喜，福履重来。乐且日富，足用丰财。

此用遇卦姤象。姤通复。震为喜，为福履。坤为重，故曰“重来”。震为乐。坤为多，为财，故曰“丰财”。

解 前顿却蹶，左跌右逆。登高安梯，复反来归。

重坎，故曰“顿”，曰“蹶”，曰“跌”。震左，坎西为右。震为登，为高，卦似梯形。震为归。却，退后也。言前后左右皆不可，只有梯高而反耳。

损 梦饭不饱，酒未入口。婴女虽好，媒雁不许。

震为粟米，故曰“饭”。坤迷，故曰“梦”。梦饭，虚也。坤为虚，故不饱。兑为口，坤为水，亦为酒。坤闭，故不入口。兑少为婴女，兑为媚，故女好。震为嫁，上卦震覆不能嫁，故媒雁不许。兑为口舌，为巫。媒，亦以口舌为用者也。故兑亦为媒。《礼·昏义》：婿亲迎，奠雁于庙。不成昏，即不奠雁，故曰“媒雁不许”。

益 大都王市，稠人多宝。公孙宜贾，资货万倍。

坤为大都，震为王，巽为市。震为人，为宝，坤多，故曰“稠人多宝”。艮为孙，震为公，为商贾。坤为资财。巽为倍，坤多，故曰“万倍”。

夬 两人俱醉，相与悖戾。心乖不同，讼争匈匈。

乾为人，兑卦数二，故曰“两人”。巽为心，上卦巽覆，故曰“心乖”。乾为言，兑言与乾言相背，故曰“讼争”。《易·夬·九四》闻言不信，林所本也。

萃 身无头足，超跖空乖。不能远之，中道废休，失利后时。

坤为身。艮亦为头，艮伏，兑见上缺，故曰“无头”。震为足，震伏，故无足。无足则不能超越。坤为乖，为虚，故曰“超跖空乖”。艮为道，艮止，故休。之，往也。言不能远之，中道而废也。巽为利，艮为时，兑折，故失利后时。

升 **三人俱行，六目光明。道逢淑女，与我骥子。**

震数三，故曰“三人行”。三人则六目，伏艮为目，为明。震为善，兑女，故曰“淑女”。震为大涂，故曰“道”。震为马，为子，故曰“骥子”。

困 **进仕为官，不若复田，获寿保年。**

通贲。艮为仕，为官。震为复，艮为田，艮止，故复田。艮为寿，震为年。

井 **先易后否，失我所市。骚苏自苦，思吾故事。**

下巽为利，故曰“先易”。上坎为陷，故曰“后否”。巽为市，坎失，故曰“失市”。坎为劳，故曰“苦”。坎为忧，故曰“思”。坤为事，坤变坎，故曰“思吾故事”。《易》曰“震苏苏”，惊惧不安之貌。骚苏自苦，言骚扰劳苦也。皆坎象。

革 **苏秦发言，韩魏无患。张子驰说，燕齐以安。**

巽为薪，为苏，兑西为秦，为言，故曰“苏秦发言”。伏坤为国，故曰“韩魏”。伏震为张，为子，为言，故曰“张子驰说”。上兑为燕，巽为齐。张子，张仪也。张仪连横，苏秦合从，游说六国。

鼎 **武库军府，甲兵所聚。非里邑居，不可舍止。**

详《师之蹇》。此以伏震为武，坤为军府。艮为甲兵。

震 **二桃三口，莫适所与。为孺子牛，田氏生咎。**

《晏子春秋》：田开疆、公孙接、古冶子勇而无礼，晏子馈之二桃，使计功而食。三人二桃，田开疆、公孙接各言功持桃，古冶后言。二人惭，自杀。古冶亦自杀。所谓二桃杀三士也。艮为桃，伏兑卦数二，故曰“二桃”。震为口，数三，故曰“三口”。震为孺子，艮为牛。按《左传》：尔忘君之为孺子牛乎？注：孺子，荼也。景公常衔绳为牛，荼牵之而折其齿。后田恒杀荼，故曰“生咎”。艮为田也。

艮 **西山东山，各自止安。心虽相望，竟不同堂。**

详《姤之坤》。艮山，震东坎西，故曰“东山西山”。又，震为东，震反为艮，则西也。艮止，故安。坎为心，艮为望。三上正反艮，故曰“相望”。艮为堂。

渐 **不改柯叶，和气冲适。君子所在，安无怵惕。**

坎为和，艮为君子。

归妹 **将戌系亥，阳藏不起。君子散乱，太山危殆。**

兑居酉，下戌，故曰“将戌”。坎居子，上亥，故曰“系亥”。言戌在兑下，若为酉所将；坎在亥下，若系于亥也。阳皆居阴下，故曰“藏”。艮为君子，为山。上卦艮覆，故曰“散乱”，曰“危殆”。

丰 **天官列宿，五神舍室。宫阙完坚，君安其居。**

伏艮为天，为官，为星宿。震为神，巽卦数五，故曰“五神”。伏艮为宫室，为完坚。震为君。五神，五星也。

旅 **左手把水，右手把火。如光与鬼，不可得从。**

通节。震为左，艮手坎水，故曰“左手把水”。兑为右，艮火，故曰“右手把火”。艮为光，坎为鬼。光、鬼，皆虚物，故不可从。震为从。

巽 **逐狐东山，水遏我前。深不可涉，失利后便。**

详《大畜之震》。

兑 **水渎鱼室，来灌吾邑。冲没我家，与狗俱游。**

巽为鱼，伏坎为水，为室。伏艮为邑，为家，为狗。家与狗皆在水上，故曰“俱游”。

涣 **山险难登，涧中多石。车驰辖击，重载伤轴。担负善踬，跌踒右足。**

详《乾之谦》。

节 **槽空无实，豚彘不食。庶民屈竭，离其居室。**

艮为槽，震虚，故不实。巽为豕，艮止，故豚彘不食。坎众，故曰“庶民”。坎为屈，为室。

中孚 **执热烂手，火为灾咎。公孙无赖，败我王室。**

艮为执，艮火故曰“热”，巽为烂，故曰“执热烂手”。《诗·大雅》：谁能执热，誓不以濯。震为公。艮为孙，为室。震为王，兑毁，故败王室。

小过 **三虎上山，更相噬啮。心志不亲，如仇与怨。**

艮为虎，数三，故曰“三虎上山”。兑口，故噬啮。正覆兑相对，故曰“更相噬啮”。巽为心志，正反巽，故不亲，而如仇怨也。

既济 **西家嫁子，借邻送女。嘉我淑姬，宾主俱喜。**

坎为西。余多用半象。震为嫁，为主。

未济 **克身洁己，逢禹巡狩。锡我玄圭，拜受福祉。**

用半象。详《屯之大畜》。

焦氏易林注卷十二

䷬ 兑上坤下 萃之第四十五

蒙庆受福，有所获得。不利出域，病人困棘。

伏震为福庆。艮止，故有获，故不利出域。艮为域。互大坎为病，为棘。

之乾 **硕鼠四足，飞不上屋。颜氏淑德，未有爵禄。**

《说文》：鼫鼠五技，能飞不能上屋。此用萃象。艮为鼠。伏震为足，卦数四，故曰“四足”。艮为飞，为屋，为颜，为爵。

坤 **新受大喜，福履重职，乐且日富。**

兑为悦，正反兑，故喜乐。坤为重。坤多，故曰“富”。仍用萃象。

屯 **克身洁己，逢禹巡狩。锡我玄龟，拜受福祉。**

坤为身，坎水，故曰“洁”。震为王，故曰“禹”。艮为龟，震为玄，故曰“玄龟”。《书·洪范》：天乃锡禹洪范九畴。注：天与禹，洛出书，神龟负文而出，列于背，有数至九，禹因而第之以成九畴。故曰“锡我玄”龟，拜受福祉。艮为拜，震为祉。

蒙 **罝筐失筥，轮破无辅。家伯为政，病我下土。**

震为筐筥。坎为失，为轮，为破，为家。震为伯。《诗·小雅·十月篇》：家伯冢宰，助幽王为虐者也。坎为病，坤为下土。《小雅》：无弃尔辅。注：辅以佐车。

需 **机言不发，顽不能达。齐鲁为仇，亡我葵丘。**

此用萃象。兑为言，三至上正反兑，故曰“机言”。坤闭，故不发。艮止，故顽不能达。巽齐兑鲁相背，故曰“为仇”。艮为丘，兑为华，故曰“葵丘”。

讼 **亡锥失斧，公输无辅。抱其彝器，适君子处。**

坎为锥，坎失，故曰“亡锥”。兑为斧，兑覆，故曰“失斧”。巽为工，故曰“公输”。兑为辅，兑折，故无辅。伏震为彝器。萃艮为抱，为君子。言微子抱彝器适周也。兼用萃象。

师 **家在海隅，桡短深流。伯氏难行，无木以趋。**

详《蛊之蒙》。

比 **德施流行，利之四乡。雨师洒道，风伯逐殃。巡狩封禅，以告成功。**

详《益之复》。

小畜 **筐倾筥覆，丧我公粒。简伯无礼，太师正食。**

通豫。震为筐筥，二至四震覆，故曰“倾覆”。震为公，为粒，为竹简，为伯。故实未详。

履 **泥滓污辱，弃捐沟渎。为众所笑，终不显录。**

通谦。坤水坎水，故曰“泥滓污辱”。坤死，故曰“弃捐”。互坎，故曰“沟渎”。坎众，震笑。艮为显，在下，故不显。

泰 **猕猴兔足，腥臊少肉。漏卮盛酒，利无所有。**

震为猕猴，为兔，为足。伏巽为腥臊。兑为骸骨，故少肉。震为卮，伏巽下断，故曰“漏卮”。兑为酒，与震连，故曰“漏卮盛酒”。巽为利，巽伏，故无利。

否 **鹿畏人藏，俱入深谷。命短不长，为虎所得，死于牙腹。**

详《姤之比》。

同人 **南山芝兰，君子所有。东家淑女，生我玉宝。**

乾为山，位南，故曰“南山”。巽为芝兰，乾为君子。离为东家，巽为女，乾善，故曰“东家淑女”。乾为玉，为宝。

大有 **左指右挥，邪佞侈靡。执节无良，灵君以亡。**

通比。离东故曰“左”，坎西故曰“右”。艮为指挥。乾言，兑亦为言，而与乾背，故曰“邪佞”。离为文，故曰“侈靡”。艮为执，为节。乾为君，坤死，故曰“灵君以亡”。似指楚灵王。

谦 **郁映不明，为阴所伤。众雾群聚，共夺日光。**

艮为明，坎隐，故郁映不明。映，日食色也。坤阴在上，故曰“为阴所伤”。坤为众，为雾，故曰“众雾群聚”。艮为日，坎黑，地黑，故日光被夺也。

豫 **穿鼻系株，为虎所拘。王母祝祷，祸不成灾，突然脱来。**

互艮为鼻，坎为穿，故曰“穿鼻”。伏巽为系，为木，故曰“系株”。艮为虎，艮止，故为虎所拘。坤为母，震为王，为言，故曰“王母祝祷”。坎为祸灾，震出在外，故脱去祸灾也。

随 **贫鬼守门，日破我盆。毁罂伤缸，空虚无子。**

详《临之兑》。

蛊 **襄王叔带，郑人是赖。庄公卿士，王母忧苦。**

互震为王，艮为叔，巽为带。震为庄，为公。巽为母。互大坎为郑，为忧苦。按《左传·僖二十四年》：大叔带以狄师伐周。襄王奔郑。大叔居温。郑伯与郑大夫每日省视官、具于泛，而后听私政。叔带亦依附郑人。故曰“襄王叔带，郑人是赖”。王母，似指隗氏。

临 **昭君死国，诸夏蒙德。异类既同，宗我王室。**

震为君，坤为文，故曰“昭君”。坤为死，为国。昭君死国，言昭王南征不返也。坤为众，故曰“诸夏”。震为德也。坤为类，伏艮为室。震为宗，为王。

观 **冬薮枯腐，常风于道。蒙被尘埃，左右劳苦。**

坤为冬，为薮。《尔雅·释地》：薮，大泽也。薮至冬日，芦苇皆枯死，故曰“冬薮枯腐”。巽为枯腐，为风。艮为道路。常风于道，言枯腐之物，常为风吹至道也。坤为尘埃。伏震为左，兑为右。

噬嗑 **六爻既立，神明喜告。文定吉祥，康叔受福。**

坎数六。爻，交也。坎乾交坤，故曰“六爻既立”。《左传》：六体不易。亦以六为坎。震为神，为喜告。离为明，为文。《诗》：文定厥祥。震为康，艮为叔。

贲 **泣涕长诀，我心不悦。远送卫野，归宁无咎。**

坎为泣涕，为心，为忧，故不悦。震为卫。艮为野，为宁。震为归。

《诗·卫风》:远送于野,泣涕如雨。庄姜送戴妫归国之诗。

剥 **三宿无主,南行劳苦。东里失利,丧其珍宝。**

坤为宿,正互三坤,故曰"三宿"。震为主,震覆,故无主。坤为劳苦。乾为行,位南,故曰"南行"。乾为金玉,故曰"珍宝"。乾伏,故丧其珍宝。坤为里,东象或取纳乙。

复 **大斧破木,谗佞败国。东关梁五,祸及三子。晋人乱危,怀公出走。**

详《颐之临》。兑为斧,兑形长,故曰"大斧"。

无妄 **乘风上天,为时服轩。周旋万里,无有患难。**

巽为风,乾为天。艮为时。震为轩,为周旋。乾为万里。

大畜 **大树百根,北与山连。文君作人,受福万年。**

震为木,乾大,故曰"大树"。乾为百。艮山,伏坤为北,故曰"北与山连"。坤为文,乾君,故曰"文君"。震为人,为福。乾为万年。言文王作人也。

颐 **阳伏在下,阴制佑福。生不逢时,潜龙隐处。**

阳在初,故曰"伏在下"。坤为阴。震为福佑,为生。艮为时,坤闭,故不逢时。震为龙。《乾·初九》曰"潜龙勿用",故曰"隐处"。

大过 **乱头多忧,搔虱生愁。膳夫仲允,使我无聊。**

乾为头,伏坤为乱,为忧。巽为虱,伏艮为搔。伏震为夫,为饵,故曰"膳夫"。互大坎为仲,乾为信,故曰"仲允"。伏坤为我。《诗·小雅》十月篇,仲允膳夫。注:皆用后嬖,进助幽王乱国者。

坎 **江河淮海,天之都市。商人受福,国家富有。**

详《谦之小畜》。

离 **泰山幽谷,凤凰游宿。礼义有序,可以求福。**

通坎。互艮为山,震东,故曰"泰山"。艮为谷,与坎连,故曰"幽谷"。离为文,为凤凰。坎为宿。离为夏,为礼。兑为秋,为义。艮求,震福。

咸 **山水暴怒,坏梁折柱。稽难行旅,留连愁苦。**

详《咸之豫》。

恒 **阿衡服箱，太一载行。巡时历舍，所之吉昌。**

详《恒之复》。

遁 **三宿无主，南行劳苦。东里失利，丧其珍宝。**

详本林剥。

大壮 **生无父母，出门不喜。买菽失粟，亡我大利。**

震为生，乾数无，坤伏兑折，故生无父母。乾为门户，震出，震喜。父母毁折，故不喜。震为菽豆。巽为粟，为利。巽伏，故失粟，故无利。

晋 **安坐玉堂，听乐行觞。饮福万岁，曰寿无疆。**

详《鼎之升》。

明夷 **登危入厄，四时变易。春霜夏雪，物皆凋落。**

震为登，伏巽为入，坎危坤厄。震为春，离为夏，坎为冬，坤为秋，故曰“四时变易”。震又为时，卦数四也。坤为霜，与震连，故曰“春霜”。坎为雪，与离连，故曰“夏雪”。坤为死，故物皆凋落。

家人 **衣穴履穿，无以御寒。细小贫窭，不能自存。**

震为衣履。震伏，巽下断，故曰“穴”，曰“穿”。坎为寒。离虚，故曰“贫窭”。

睽 **目不可合，忧来搔足。怵惕恐惧，去其邦域。**

睽，《说文》：两目不相听也。不相听，故目不可合。坎为忧，为恐惧。艮为邦域，艮伏，故去其邦域。

蹇 **赍贝赎狸，不听我词。系于虎须，牵不得来。**

艮为贝，为狸，为虎，为须，为牵。离为有言，故不听我词。坎陷艮止，故牵不得来。

解 **伯夷叔齐，贞廉之师。以德防患，忧祸不存，声芳后时。**

详《泰之乾》。

损 **张王子季，争财相制。商君顽嚣，不知所由。**

震为张，为王，艮为季。坤为财，正反艮，故曰“争财相制”。震为君，为商旅，故曰“商君”。兑鲁，故曰“顽嚣”。正反震，故不知所由。

益 **长城既立，四夷宾服。交和结好，昭君是福。**

艮为城，巽为长，故曰“长城”。坤为夷，震卦数四，故曰“四夷”。震为宾客，故曰“宾服”。震喜，正反震，故曰“交和结好”。震为君，坤为文，艮为明，故曰“昭君”。顾宁人谓，昭君为王嫱。岂知《萃之临》曰：昭君守国。《鼎之噬嗑》曰：昭君丧居。皆因卦有坤、离之象。固非指王嫱也。

夬 **千欢万悦，举事为决。获受嘉庆，动作有得。**

兑为欢悦，为决。乾为千万。

姤 **种一得十，日益有息。仁政获民，四国睦亲。**

姤伏复，一阳下生，坤数十，故曰“种一得十，复阳日息”。震为仁。坤为政，为国，为民。震卦数四，故曰“四国”。复，出入无疾，故睦亲。

升 **安子富有，东国不殃。齐郑和亲，显比以喜。**

坤为安，为富有，震为子，故曰“安子富有”。坤为国，为殃。震为东，震解，故曰“东国不殃”。巽为齐，坤为郑。《说文》：郑，地町町然平也。故坤形象之。兑悦，故和亲。坤为比，震为喜。

困 **九里十山，道仰峻难。牛马不前，复反来还。**

通贲。震数九，兑数十，艮为里，为山，故曰“九里十山”。艮为道，艮高，故曰“峻难”。离为牛，震为马。艮止，故不前。震反，故曰“还”。

井 **鸠杖扶老，衣食百口。曾孙寿考，凶恶不起。**

风俗通，高祖战败，匿丛薄间，鸠鸣其上，因得脱。后作鸠杖以赐老者。离为鸠。巽为杖，伏艮为扶，为寿，故曰“扶老”。兑为食，为口。上下卦正反皆有口形，故曰“百口”。又伏震为百也。艮为曾孙，为寿考。

革 **雾露雪霜，日暗不明。阴孽为疾，年谷大伤。**

详《姤之恒》。

鼎 **迷行数却，不知东西。阴强暴逆，道里不通。**

通屯。坤为迷，为退，故数却，故不知东西。震为东，兑为西也。坤为阴，为逆。震为大涂，坎陷，故不通。

震 **登高上山，见王自言。信理我冤，得职蒙恩。**

震为登，艮为山，故曰“登高上山”。震为伸，为王，为言。坎为冤，震解,故曰“伸理我冤”。艮为官职。

艮 **三世为德,天祚以国。封建少昊,鲁侯之福。**

艮为世,纳丙,故曰“三世”。艮为天,为国。互震为德。艮为封建。震为帝,故曰“少昊”。伏兑为鲁,震为诸侯,为福。鲁国为少昊之墟。言周公佐文王、武王、成王,有功于三世,故得建国于少昊之虚也。

渐 **乔木无息,汉女难得。橘柚请佩,反手难悔。**

《诗·周南》:南有乔木,不可休息。汉有游女,不可求思。《列仙传》:江妃二女,郑交甫悦之。下请其橘柚之佩,遂解佩与交甫。交甫受而怀之。去数十步,佩亡,二女亦不见。黄丕烈云:《韩诗内传》亦载此事,所谓聘之以橘柚也。然则此事相传甚古,《诗》词是否指此,诚不敢定。然焦、韩二家,则皆与《列仙传》同也。巽为木,为高,故曰“乔木”。震为息,震伏,故曰“无息”。坎水巽女,故曰“汉女”。艮为橘柚,为手,为佩。伏震为反艮,故曰“反手难悔”。言一释手即无也。

归妹 **东邻西家,来即我谋。中告吉诚,使君安宁。**

离为东邻。坎为西邻,为谋,为中,为诚。震为告,为君。伏艮为安宁。

丰 **褰衣出户,心欲北走。王孙母惊,使我长生。**

通涣。艮为褰,为户;震为衣,为出走,故曰“褰衣出户”。坎为心,为北,故曰“心欲北走”。震为王。艮为孙,为我。震为生,为惊。巽长,故曰“长生”。

旅 **三日不饮,远水无酒。昼夜焦喉,使我为咎。**

离日,艮数三,故曰“三日”。兑口为饮,艮止,故曰“不饮”。坎为水,为酒,坎伏在山上,故曰“远水无酒”。离为昼,坎为夜,兑为喉。上离火,下艮火,故焦喉。

巽 **众口销金,愆言不验。腐臭败兔,入市不售。**

初四正反兑,故曰“众口”。乾为金,一阴下生销阳,故曰“销金”。正反兑,故曰“愆言”。“愆”者,差也,爽也。巽为臭腐。伏震为兔,巽烂,故曰“败兔”。巽为入,为市。

兑 **姬冠应门，与伯争言。东家失狗，意我不存。争乱忘因，绝其所欢。**

伏艮。互震为姬，禹伯。艮为门，三至上正反震，故曰“应门”，曰“争言”。震为东。艮为狗，艮伏，故曰“失狗”。坎为意，艮为我。“意我不存”者，意我有无也，不谓无存，谓有。

涣 **祚加明德，兴我周国。公刘文母，福流子孙。**

艮为明。震为周，为德，为公。伏离为文，巽为母。公刘，周祖。文母，大任也。《诗》：思齐太任，文王之母。震为福，为子，艮为孙。

节 **针头刺手，百病瘳愈。抑按扪灸，死人复起。**

坎为针，为刺；艮为手，为头，故曰“针头刺手”。坎为病，震为百。震解，故瘳愈。艮为按扪，艮火故曰“灸”。震为人，为起，坎为死，故曰“死人复起”。

中孚 **元龟象齿，大赂为宝。稽疑当否，衰微复起。**

艮为龟，为象。震长，故曰“元龟”。兑为齿，震为宝。龟可卜，故曰“稽疑”。正反艮，故曰“当否”。巽陨落，故曰“衰微”。震为起。《诗·鲁颂》：元龟象齿，大赂南金。

小过 **故室旧庐，消散无余。不如新创，可以乐居。**

上二句，说上卦震。震为覆艮，艮为室，为庐。艮覆，故曰“消散”。下二句，说下艮。艮手为创，为居形，俨然新屋。震喜，故曰“乐居”。

既济 **老狐多熊，行为蛊怪。惊我王母，终无咎悔。**

多用半象。

未济 **爱子多材，起迹空虚。避害如神，水不能濡。**

多用半象。

䷭ 坤上 巽下 升之第四十六

禹凿龙门，通利水源。东注沧海，人民得安。

详《乾之豫》。

之乾 **白鹿鸣呦，呼其老小。喜彼茂草，乐我君子。**

此用遇卦升象。震为白，为鹿，为鸣呼。坤老兑小。震为喜乐，为茂草。伏艮为君子。

坤 **百里南行，虽微复明。去虞适秦，为穆国卿。**

百里奚仕虞，后适秦，相秦穆公。坤为百里。遇卦升，震为南行，为欢虞。兑为秦，坤为国。

屯 **王孙宜家，张名益有。龙子善行，西得大寿。**

震为王。艮为孙，为家，为名。震为张，故曰“张名”。言张大其名也。震为龙子。艮为寿，坎居西，故曰“西得大寿”。

蒙 **画龙头颈，文章不成。甘言善语，谲词无名。**

详《家人之贲》。

需 **商子无良，相怨一方。引斗交争，咎以自当。**

商鞅变法，人民怨恨。此用遇卦升象。震为商旅，为子。坤恶，故曰“无良”。坤为怨，为方。兑为刚鲁，故争斗。正反兑，故曰“交争”。“咎以自当”者，言商鞅亡至客舍，无验，舍人曰，商君之法，舍人无验者坐之。而自当其咎也。

讼 **衰老困极，无齿不食。痔病痏瘵，就长夜室。**

乾为老，坎为困。兑为齿，兑覆，故曰“无齿”，故曰“不食”。痔，《说文》：后病也。二至五巽，巽下腐，有类于痔漏。痏，创也。瘵，痨病也。坎为劳，为夜，为室。

师 **鸢生会稽，稍巨能飞。翱翔桂林，为众鸟雄。**

震为鸢，为生。坤聚，故曰“会稽”。震为飞，为桂林，为鸟。坤为众，故曰“众鸟”。

比 **安平不倾，载福长生，君子以宁。**

坎为平。艮为安，为君子。

小畜 **牛骥同槽，郭氏以亡。国破为墟，君奔走逃。**

详《小畜之晋》。

履 **日中明德，盛兴两国。仁圣会遇，君受其福，臣多荣禄。**

离为日，为明。伏坤为国，坤数二，故曰“两国”。乾为仁圣，为君。伏艮为臣。

泰 **公刘之居，太王所业。可以长生，拜受福爵。**

乾君，故曰“公刘”，曰“太王”。震为长生。伏艮为拜，为爵。公刘，周祖。言公刘迁邠，太王因以兴起也。

否 **时凋岁霜，君子疾病。宋女无辜，郑受其殃。**

艮为时，巽陨落，故曰“时凋”。坤为岁，为霜，为疾病。艮为君子。为宋，与坤连体，故曰“宋女”。《说文》：宋，以木架屋也。故艮形象之。坤为郑。郑，地町町然平也。坤形象之。坤为殃，故曰“郑受其殃”。按《左传·桓十一年》：宋雍氏女于郑庄公，曰姞，生厉公。雍氏宗，有宠于宋庄公，故诱祭仲而执之，曰不立突，将死。亦执厉公而求赂。自是郑公子更相立，乱屡起，故曰“郑受其殃”。然此自雍氏祸郑，宋女何辜哉？

同人 **济河逾陇，脱母怵惕。四叔为卫，使惠不废。**

九家及荀爽皆以乾为河，伏坎为厄。坤为母，坤伏，故曰“脱母”。乾为惕，故怵惕。脱母，字恐有讹。

大有 **缺破不完，残瘵侧偏。公孙幽遏，跛倚后门。**

兑为缺破。伏坎为劳，为瘵，为幽遏，为跛倚。乾为门。事未详。

谦 **延颈远望，眯为目病。不见叔姬，使伯心忧。**

艮为颈，为望。伏乾，故曰“远望”。艮为目，坎棘入居目中，故曰“眯为目病”。眯，《说文》：物入目中也。正坎象也。艮为叔，震为姬。坎隐，故不见。震为伯，坎为心忧。

豫 **上无飞鸟，下无走兽。扰乱未清，民劳于事。**

震为鸟，为飞，在上。艮为兽，在下。中互坎隐，故曰“无”。震为扰，坤为乱。坎黑，故曰“未清”。坎为劳，坤为民，为事。

随 **久阴霖雨，涂行泥潦。商人休止，市空无宝。**

详《夬之大过》。

蛊 **盲者目张，跛倚起行。瞻望日月，与主相迎。**

互大离，故曰“盲”。言目无睛也。震为足，兑折，故足跛。艮为瞻望，为日，兑为月，故曰“瞻望日月”。震为主，三至上正反震，故曰“与主相迎”。

临 **据斗运枢，高步六虚。权既在手，寰宇可驱。国大无忧，与乐并居。**

通遁。艮为星，为手，故曰“据斗运枢”。巽为高，本卦震为步。坤为虚，乾数六，故曰“六虚”。《系辞》：变动不居，周流六虚。虞翻云：六虚，六位也。巽为权，艮为手。坤为寰宇，为国，为忧。震解，故无忧。

观 **稼穑不偏，重适不倾。巧言贼忠，伤我申生。**

巽为稼穑。伏震为适子，坤为重。坤厚载物，故不倾。巽为贼。伏震为言，兑为言，乾亦为言。言多，故曰“巧言贼忠”。震为生，兑毁，故伤我申生。

噬嗑 **金城铁郭，上下同力。政平民亲，寇不敢贼。**

艮为城郭，为金铁。艮上震下，坎为平，故上下同力。坎为众，为民，又为寇贼。

贲 **日镜不明，冬灾大伤。盗华失实，十年消亡。**

离日为镜，坎黑，故不明。坎为冬，为灾，为盗。震为华，故曰“盗华”。言不时也。《春秋·十二月》书桃李华是也。艮为果实，坎失，故曰“失实”。震为年，伏兑数十，故曰“十年”。

剥 **鳏寡孤独，命禄苦薄。入室无妻，武子悲哀。**

艮鳏坤寡。艮为室。兑焉艮妻，兑伏，故曰“无妻”。震为武，为子。震覆，故悲哀。坤为悲也。武子，崔杼。杼娶棠姜，占得《困·六三》：入其室，不见其妻。见《左传》。

复 **饮酒醉酗，跳起争斗。伯伤叔僵，东家治丧。**

详《益之蒙》。

无妄 **介绍微子，使君不殆。二国合欢，燕齐以安。**

震为子，艮小，故曰“微子”。正反震，故曰“介绍”。《礼·聘仪》：介绍而传命。又《战国策》：请为绍介。注：相佐助也。震为君。艮为国，正反艮相对，故曰“合”。正反震相对，故曰“合欢”。艮为燕，为安。巽为齐。殆音以，与子韵。

大畜 **牵牛系尾，诎折几死。雕世无仁，不知所比。**

通萃。艮为牛，艮手为牵，艮为尾，巽为系。前牵后系，故诎折几死。兑为折，坤为死。为世，为敝，故曰“雕世”。《论语》：岁寒然后知松柏之后雕。雕，残也，零落也。

颐 **东龙冤毒，不知所触。南北困穷，王子危急。**

震为龙，为东，坤为毒。艮为角，为触。正反艮，故曰“不知所触”。震为南，坤为北，为困穷。震为王，为子，坤为危。

大过 **疾贫王孙，北陆无辉。禄命苦薄，两守孤门。**

通颐。坤为疾，为贫；震为王，艮为孙，故曰“疾贫王孙”。坤为北，故曰“北陆”。坤黑，故无辉。巽为命，乾为禄，故曰“禄命”。坤为苦薄。兑卦数二，故曰“两”。乾为门，巽为寡，故曰“孤门”。

坎 **公孙驾骊，载游东齐。延陵说产，遗季纻衣。**

震为公，艮为孙。震马，故曰“驾骊”。震为东，伏巽为齐。艮为陵，重艮，故曰“延陵”。又，艮为季子也。震为悦，为纻衣。事详《乾之益》。

离 **王良善御，伯乐知马。文王东猎，获嘉贤士。开福佑周，发旦兴起。**

震为王，艮为良。震为马，为伯，为乐，为王，为福，为周，为士，为旦。离为文，震为东，为猎。全用伏象。

咸 **日月不居，重耳趋舍。游齐入秦，晋国是霸。**

艮乾皆为日，兑为月。“不居”者，不息也。兑焉耳，伏坤为重，故曰“重耳”。艮为舍。巽为齐。兑为秦，巽入，故曰“入秦”。艮为国。伏震为晋，为霸。

恒 **假文翰翼，随风偕北。至虞夏国，与舜相得。年岁大乐，邑无盗贼。**

震为羽翰，伏坤，故曰“文翰”。“文翰”，鸟也。《逸周书》：蜀人以文翰。“文翰”者，似皋鸡。巽风坤北，故曰“随风偕北”。伏坤为国。震为帝，故曰“舜”。坤为年岁，为邑。巽为盗贼，乾无也。

遁 **南行北走，延颈望食。举止失利，累我子孙。**

乾为南，为行；伏坤为北，震为走，故曰“南行北走”。艮为颈，为望，伏兑为食。巽为利，艮止，故失利。艮为我，为孙，伏震为子。

大壮 **开市作喜，建造利事。平准货宝，海内殷富。**

震喜。伏巽为市，为利。震为玉，乾亦为金玉，故曰“货宝”。乾为富，为海。“平准”者，《史记索隐》云：大司农有平准令丞，贵则粜之，贱则买之。平赋以相准，输于京师。

晋 **三犬俱走，斗于谷口。白者不胜，死于阪下。**

艮数三，故曰“三犬”。艮为谷。震为白。震覆，故死于阪下。艮为阪，坤为死也。

明夷 **骄胡犬形，造恶作凶。无所能成，还自灭身。**

坤为胡，覆艮为犬，而与坤连体，故曰“骄胡犬形”。坤为凶恶。为丧亡，故无成。坤为身，坤死，故曰“灭身”。

家人 **拜跪赞词，无益于尤。大夫顽嚣，使我心忧。**

《新序》：晋中行寅将亡，召其太祝，而欲加罪焉。曰，子为我祝，而使我亡国，何也？曰，子不务德，而厚敛于民，则民怨。一人祝之，一国诅之，国亡不亦宜乎？

睽 **辰次降娄，王驾巡狩。广佑施惠，万国咸喜。**

详《小畜之大畜》。

蹇 **牵羭上楼，与福俱游。劳躬治国，安乐无忧。**

此林或用升象。兑为羭，坤为楼。他林或言楼，皆坤象。互震为福，为游。坤为躬，为国。坤役万物，故劳。坤为忧，震乐，故无忧。

解 **白鸟衔饵，鸣呼其子。旋枝张翅，来从其母。**

详《晋之震》。

损 **盲瞽独宿，莫与共食。老穷于人，病在心腹。**

互大离，若目之无睛，故曰“盲瞽”。坤为寡，为宿，故曰“独宿”。兑为食，独则无与共也。坤为老，为穷，为病，为心，为腹。于，依也。震为人。言穷老依人也。

益 **登木出渊，稍上升天。明德孔圣，白日载荣。**

震为木，为登；坤为渊，故曰“出渊”。艮为天，与震对，故曰“稍上升天”。艮为明，震为孔，为德。伏乾为圣，故曰“孔圣”。艮为日，震为白，为荣。震车，故曰“载荣”。

夬 **彭离济东，迁废上庸。狠戾无节，失其宠功。**

元刊注：彭越后赦迁蜀。上庸，蜀地。按，武帝元鼎元年，济东王彭离有罪，废徙上庸。似指此事。

姤 **赞扬上舞，神明正气。禹拜受福，君施我德。**

伏震为言，故曰“赞扬”。震为舞，为神。为君，故曰“禹”。又为福，为德。古臣谒君，须赞名拜舞。艮为首，艮覆，首至地，故曰“禹拜受福”。

萃 **从首至足，部分为六。室家离散，逐南乞食。**

通大畜。乾为首，艮为肩背，震为足。乾数六。言首、肩、胸、腹、股、足共六部也。艮为室家，三上正反艮，故曰“离散”。乾南震逐，兑食艮求，故曰“逐南乞食”。三四句，似指伍子胥事。

困 **民迷失道，乱我统纪。空使乾华，实无所有。**

通贲。坎为众，为民。坎隐，故迷而失道。震为道。正反震，故曰“乱我统纪”。震为华，离火下熇，故曰“乾华”。艮为实，华萎，故无实。

井 **刻画为饰，嫫母无益。毛嫱西施，求事必得。**

通噬嗑。艮手为刻画。离为恶人，故曰“嫫母”。震为毛羽，坎为西，而兑为媚好，故曰“毛嫱西施”。皆古美人名。艮为求。首二句，言嫫母本丑，虽饰无益。

革 **日居月诸，遇暗不明。长夜丧中，绝其纪纲。**

鼎 **衣裳颠倒，为王来呼。成就东周，封受大侯。**

《诗·齐风》：颠倒衣裳，颠之倒之，自公召之。《毛》谓，刺无节。林意似指吕伋父子为卿，王朝在公情状。鼎通屯。震为衣裳，正反震，故颠倒衣裳。震为呼，为王。震为东，为诸侯。坤为国。

震 **当变立权，擿解患难。涣然冰释，六国以宁。**

伏巽为权。互坎为患难。震为解，故曰“涣然冰释”。坎为冰也。艮为国，坎数六，故曰“六国”。艮安，故宁。此指苏秦说六国合从事。

艮 **西戎獯鬻，病于我国。杖策之岐，以保乾德。**

互坎为西，艮为狗，故曰“犬戎獯鬻”。坎为病，艮为国。坎为杖策，为西，艮山，故曰“杖策之岐”。艮居西北乾地，故曰“以保乾德”。顾千里云：扶陕之岐，当作杖策之岐。《尚书大传》：遂杖策而去，遇梁山，邑岐山。陈朴园《齐诗考引》：亦作杖策。故从之。

渐 **南行逐羊，予利喜亡。阴孽为病，复返其邦。**

伏震为羊，为南，为行，为子。巽为利。坎为阴孽，为病。艮为邦。

归妹 **游戏仁德，日益有福。凶言不至，妖孽灭息。**

震为仁德，为游戏，为福。离日，故曰“日益有福”。震为言。坎为凶，为妖孽。

丰 **春日新婚，就阳日温。嘉乐万岁，获福大椿。**

震春离日，故曰“阳”，曰“温”。震为嘉乐，为万岁，为大椿。《庄子》：上古有大椿，以八千岁为春秋。

旅 **阴升阳伏，鬼哭其室。相饰不食，安巢如棘。**

通节。阳皆在阴下，故曰“阴升阳伏”。坎为鬼，艮为室。震为笑，震之反则哭也。震为玄黄，故曰“饰”。正反震，故曰“相饰”。兑为食，艮止，故不食。艮为巢，坎为棘，艮坎连，故曰“安巢如棘”。

巽 **臣尊主卑，权威日衰。侵夺无光，三家逐公。**

通震。震为主，阴为臣，阳下阴上，故曰“臣尊主卑”。震为威，巽为权。互离为日，巽陨，故曰“日衰”。震为侵，艮手为夺；互坎，故曰“无光”。艮为家，数三，故曰“三家”。震为公，为逐，故曰“三家逐公”。三家，孟孙、叔孙、季孙，合谋逐昭公也。

兑 **反言为贼，戎女生患。乱吾家国，父子相贼。**

互巽为贼。三至上正反兑，为反言。兑为女，兑西，故曰“戎女”。《禹贡》：西戎即叙。伏艮为家国，离为乱。伏震为父，为子。正反震相背，中隔坎，故曰“相贼”。此指晋骊姬谗申生，献公杀申生事，故曰“戎女”，曰“父子相贼”。

涣 **迎福开户，喜随我后。康伯恺悌，治民以礼。**

震为开，艮为户。震为喜，为后，为伯。坎为民。按《史记》：卫康叔卒，子康伯立。注：康伯，名王孙牟。《左传》所称王孙牟父是也。按《左传》：牟父与伯禽、吕伋并事康王，必有贤德，特其事今皆亡耳。

节 **日就月将，昭明有功。灵台观赏，胶鼓作人。**

艮日兑月。艮为昭明，为灵台。震为鼓，坎水，故曰“胶鼓”。震为作，为人。《广韵》：胶，太学也。《礼·王制》：养国老于东胶。正字通，东胶，周学名，即东序也。

中孚 **百草嘉卉，萌芽将出。昆虫扶户，阳明得所。**

震为百草，为嘉卉，为萌芽。巽为昆虫，与艮连，故曰“扶户”。此以震为荄兹，与赵宾读同。

小过 **天所佑助，万国日有。福至祸去，寿命长久。**

艮为天。为国，为日，震福，故曰“万国日有”。艮为寿，为长久，巽为命。

既济 **穷夫失居，唯守弊庐。初忧中惧，惟日兢兢，无悔无虞。**

通未济。未济男之穷，故曰“穷夫失居”。多用半象。

未济 **买玉得石，失其所欲。荷蒉击磬，隐世无声。**

震为玉，为蒉，为磬，为声。艮石。皆半象。《论语》：子击磬于卫，有荷蒉者曰，有心哉，击磬乎！按，荷蒉，隐士。

䷮ 兑上 坎下 困之第四十七

席多针刺，不可以卧。动而有悔，言行俱过。

坎为针刺。下坎，互大坎，故多针刺。伏贲。贲下互坎，上互震，震为席，与坎连，故席多针刺。艮为卧，三至上正反艮，故不可卧。亦正反震，故言行俱过也。

之乾 **乌鹊食谷，张口受哺。蒙被恩德，长大成就。柔顺利贞，君臣合好。**

详《履之咸》。

坤 **六鹢退飞，为襄败祥。陈师合战，左股夷伤。遂以薨崩，霸功不成。**

详《蹇之蛊》。此与上乾，皆用遇卦困象。

屯 **匍匐出走，惊惶悼恐。白虎生孙，蓐收在后，居中无咎。**

震走坎蹇，故匍匐出走。震惊坎惧，故曰"悼恐"。互艮为虎，震白，故曰"白虎"。震为生，艮为孙。伏兑为秋，故曰"蓐收"。《月令》：孟秋之月，其帝少昊，其神蓐收。《国语》：史嚚曰，天之刑神也。震为后，坎为中。

蒙 **庇庐不明，使孔德妨。女孽乱国，虐政伤仁。**

艮为庐，坤坎皆为黑，故不明。震为孔。言齐人馈女乐，妨害孔子，不安其位也。坤为女，为孽，为国，为乱，为虐政。

需 **硕鼠四足，不能上屋。颜氏淑德，未有爵禄。**

详《萃之乾》。

讼 **襄送季女，至于荡道。齐子旦夕，留连久处。**

详《屯之大过》。

师 **麞鹿逐牧，饱归其居。还反次舍，乐得自如。**

详《屯之比》。

比 **望尚阿衡，太宰周公。藩屏辅弼，福禄来同。**

详《坤之鼎》。

小畜 **开廓宏绪，王迹所基。报以八子，功德俟时。**

定四年，武王母弟八人，周公为太宰。巽为绪。伏震为开，为王，为迹，为子。伏坤，卦数八，故曰"八子"。艮为时，艮止，故俟时。

履 **八会大都，饶富有余。安民利国，可以长居。**

巽数八。坤为大都，为饶富，为民，为国。巽为利，为长。

泰 **阴云四方，日在中央。人虽昏雾，我独昭明。**

坤为云，为方，震卦数四，故曰"阴云四方"。乾为日。震为人，坤为雾。乾为大明。言震人居坤雾之中，虽昏黯，无碍于乾之明也。

否 **魃为灾虐，风吹云却。欲上不得，复归其宅。**

坤为鬼，为恶，为灾，故曰“魃为灾虐”。坤云巽风，而巽为退，故曰“风吹云却”。艮止，故不得上。

同人 **昭昭略略，非忠信客。言多反复，以黑为白。**

离明，故曰“昭昭”。昭昭略略，似当时方言，形容不忠之象貌。巽为客。乾为信，为言。离正反兑口相对，为有言，故曰“言多反复”。巽为白。乾天为玄，为黑。

大有 **三女为奸，俱游高园。背室夜行，与伯笑言。祸反及身，冤无所祷。**

此用困象。互离，卦数三，故曰“三女”。坎为奸。伏艮为高园。坎为室，为夜，艮为背，故曰“背室夜行”。伏震为行。兑为笑言。坎为祸，艮为身。艮者，震之反，故曰“祸反及身”。坎为冤，震为祷。又多用困伏象。

谦 **涉尸留鬼，大斧所视。文昌司过，简公乱死。**

坤为尸，为鬼。涉，疑为移或徙之讹，言尸去而鬼留也。伏兑为斧，离为视。坤为文。震为竹简，为公。坤为乱，为死。《晋书·天文志》：文昌六星，四曰司禄、司隶，五曰司命。简公为陈成子所弑，见《论语》。

豫 **大足长股，利出行道。困仓充盈，疏齿善市。宜钱富家，事得万倍。**

震为大足。伏巽为长，为股，为利。震为大涂，为行，故曰“利出行道”。艮为困仓，坤多，故曰“充盈”。伏兑为齿，震形兑而长，故曰“疏齿”。伏巽为市，坤为财货，故曰“宜钱富家”。艮为家。伏巽为倍，坤多，故曰“万倍”。按，大足、长股、疏齿，盖皆夷狄名。《淮南·地形训》：有跂踵民。《大荒北经》曰：跂踵国，在拘缨东，其为人大两足，亦曰大踵。大踵，即大足。长股，亦西方戎名。详《比之蹇》。疏齿，疑即《淮南》所谓凿齿民，在海外东南方。善市，即善贾也。

随 **筐筥锜釜，可活百里。伊氏鼎俎，大福所起。**

震为筐筥锜釜。艮为里，震为百，为生，故曰“可活百里”。《史记》：晋灭虞，以百里奚为秦缪夫人媵。《吕氏春秋》：百里奚饭牛于秦。盖其职贱，所司皆筐筥锜釜之事，反因以得活而相秦也。伊尹以鼎鼐干汤。震为鼎俎，为伊吾。伊，歌声也。

蛊 **升高登虚，欲有望候。驾之北邑，与喜相扶。**

巽为高。艮为墟，为望。震为登，为南。震反为艮，则北矣。艮为邑，故曰“驾之北邑”。震为喜，艮为扶。正反艮，故曰“相扶”。

临 **用彼嘉宾，政平且均。螟虫不作，民得安宁。**

伏巽为螟虫。震为嘉宾。坤为政，为平均。

观 **桃夭少华，婚悦宜家。君子乐胥，长利止居。**

巽为桃。兑为华，为少，故曰“少华”。兑为悦。《诗·周南》：桃之夭夭，灼灼其华。之子于归，宜其室家。艮为家，为君子。伏震为乐。巽为利，艮为居。长利止居，言女嫁得所也。

噬嗑 **东行失旅，不知所处。西归无配，莫与笑语。**

震为东，为行旅。互坎，故失旅，故不知所处。坎位西，坎孤，故无配，故无笑语。

贲 **玩好乱目，巧声迷耳。贼败贞良，君受其殃。**

坎耳离目。坎隐伏，故曰“迷耳”。离乱，故曰“乱目”。震为声，正反震，故曰“巧声”。坎为贼，艮为贞良。震为君。

剥 **明德孔嘉，万岁无亏。驾龙巡狩，王得安所。**

艮为明。坤虚为孔，为万岁。伏乾为龙，为王，为行，故曰“驾龙巡狩”。

复 **同本异叶，安仁尚德。东邻慕义，来兴古国。**

震木，故曰“本”，曰“叶”。坤为安。震为仁德，为东，为邻。坤为义，为国。

无妄 **戴山崔嵬，日高无颓。君王我德，赐以嘉国。**

乾为山，艮为戴，在乾下，故曰“戴山崔嵬”。艮为日，巽为高。乾为君王，为德，艮为我。我德，言德我也。艮为国，震为嘉。

大畜 **筑室合欢，千里无患。周公万年，佑我二人，寿以高远。**

艮为室，震为欢。正反震相对，故曰“合欢”。坤为千里，为患。坤伏，故无患。震为周，为公。乾为万年，为佑。兑卦数二，震为人，故曰“二人”。艮为寿，为高。乾为远。

颐　养鸡生雏，畜马得驹。明堂太学，君子所居。

伏巽为鸡，震为马。艮少，故曰“雏”，曰“驹”。艮为明堂，为君子。坤文，故曰“太学”。

大过　雷行相逐，无有休息。战于平陆，为夷所覆。

详《坤之泰》。

坎　委蛇循河，北至海涯。涉历要荒，君世无他。

坎为曲，故曰“委蛇”。伏巽为蛇。坎位北，伏兑为海。互震为君。

离　鸿声大视，高举神化。背昧向明，以通福功。

伏艮为鸿，震为声，离为视。巽为高。互兑为夜，故曰“背昧”。离明，故曰“向明”。伏震为通，为福。

咸　比目四翼，来安吾国。福喜上堂，与我同床。

咸伏损。上艮为目，三至上正反艮，故曰“比目”。震为翼，卦数四，故曰“四翼”。艮为安，为国，为堂，为床。震为福喜。

恒　先縠彘季，反谋桓子。不从元帅，遂行挑战，为荆所败。

《左传·宣十二年》：楚子围郑，荀林父帅师救之。及河，闻楚与郑平。桓子欲归。彘子曰，不可。遂挑战。晋师败绩。巽为縠，为彘。震为桓，为子。巽震卦相反，故曰“反谋桓子”。震为元帅，为战，为荆楚。兑毁，故曰“败”。

遁　三头六足，欲盗东国。颜子在庭，祸灭不成。

乾为头，艮数三，故曰“三头”。乾数六，故曰“六足”。伏震为足，为东。艮为国，故曰“东国”。巽为盗。艮为颜，为庭。坤为祸灭，坤伏，故不成。三头，似指鲁三家。颜子，或指颜渊。

大壮　缘山升木，中堕于谷。子舆失劳，黄鸟哀作。

通观。艮为山谷。巽为木，为陨落，故曰“中坠于谷”。震为舆，为子，为黄。伏艮为鸟，坤为哀。《左传·文六年》：秦伯任好卒，以子车氏之三子殉，国人哀之，为赋黄鸟。子舆，即子车也。

晋　南有嘉鱼，驾黄取鳅。鲂鲤弥弥，利来无忧。

离为南。坤为鱼，为黄。黄、鳅、鲂、鲤，皆鱼名。嘉鱼，《小雅》篇名。

明夷 **邃炁作云，蒙覆大君。塞聪闭明，殷人贾伤。**

震为大君，坤为云气。炁、气同。坤云在震上，故曰“蒙覆大君”。坎耳聪，离目明，坤为闭塞，故曰“塞聪闭明”。震为子，殷子姓。震为商贾，故曰“殷人贾伤”。

家人 **举翅摅翼，跂望南国。延颈却缩，未有所得。**

此用困象，伏贲。震为翅翼，为摅举，为南。艮为国，下离，故跂望南国。艮为颈，在上，故曰“延颈”。震为返，故却缩。坎失，故未有所得。

睽 **坎中虾蟆，乍盈乍虚。三夕二朝，形消无余。**

此用遇卦困象。巽为虾蟆，下坎，故曰“坎中虾蟆”。坎盈，离虚。坎为夕，离卦数三，故曰“三夕”。言晦日三十也。伏震为朝，兑卦数二，故曰“二朝”。按，张衡《灵宪》云：嫦娥窃不死之药，遂托身于月，是为蟾蜍。坎中虾蟆，即月中虾蟆也。言月前盈后虚，至月朔而消灭无有也。

蹇 **重弋射隼，不知所定。质疑蓍龟，孰可避之。国安土乐，宜利止居。兵寇不至，民无骚忧。**

此仍用困象。《诗·郑风》：弋凫与雁。传：以绳系矢而射曰弋。巽为弋，正反巽，故曰“重弋”。伏艮为隼，震为射。巽进退不果，故曰“不知所定”。坎为筮，故曰“质疑”。巽为蓍，离为龟。坎为避。孰可避之，言孰可避免也。艮为国，为土。震乐巽利。

解 **阴淫寒疾，水离其室。舟楫大作，伤害黍稷。民饥于食，不无病厄。**

坎为阴寒，为疾，为室。震为舟楫，为黍稷。坎破，故伤害黍稷。坎为民，为厄。离虚，故饥。

损 **离友绝朋，巧言谗慝。覆白污玉，颜叔哀哭。**

艮友在外，故曰“离”。兑为朋，兑附决，故曰“绝”。正反震，故曰“巧言谗慝”。震为白，为玉，坤蒙闭，故曰“覆白污玉”。覆，掩也。艮为颜，为叔，兑为哭。颜叔未详。

益 **童女无媒，不宜动摇。安其室庐，傅母何忧。**

巽为女，艮少，故曰“童女”。艮止，故不宜动摇。言宜贞静也。艮为室庐，艮止，故曰“安”。坤为母，震乐，故傅母不忧也。古女子皆有傅母，以为教导。

夬 **作凶造患，北檄困贫。东与祸连，伤我左跟。**

此用遇卦困象。困通赍。坎为凶患，为北。檄，以木简为牍，长尺二寸，以为征召。坎陷，故曰“困”。离虚，故贫。《后汉·安帝纪》：民穷困道路，欲归本郡，在所为封长檄。震为东。坎为祸，为伤。震为左，为跟。

姤 **东南其户，风雨不处。睆睆仁人，父子相保。**

乾为门户，巽居东南，故曰“东南其户”。巽风，进退无常，故曰“不处”。《毛诗》：睆睆好貌。乾为仁人，为父。伏震为子。

萃 **被发兽心，难与比邻。来如飘风，去似绝弦，为狼所残。**

巽为发，艮为兽，坤为心。巽为飘风。为绳，故为弦。兑毁，故绝弦。艮为狼，兑口，故曰“为狼所残”。言为狼所噬也。

升 **天覆地载，日月运照。阴阳允作，方内四富。**

坤为地。伏乾为天，为日。兑为月。坤为方，为多，故为富。震卦数四，故曰“四富”。

井 **桀乱无道，民散不聚。背室弃家，君孤出走。**

离为恶人，故曰“桀”。震为大涂，震伏，故曰“无道”。坎为众，为民。风散，故曰“不聚”。艮为室家，艮伏，故曰“背”，曰“弃”。震为君，坎为孤。震伏，故曰“出走”。

革 **申酉稷射，阴慝萌作。荷葭载牧，泥涂不白。**

巽先天居申，兑后天居酉。丁云：《谷梁·定十五年》，传日下稷。注：稷，日仄也。下稷为晡时。伏震为射。“申酉稷射”者，言日至申酉，晡时而射也。伏坤为阴慝。震为萌芽，故曰“萌作”。伏艮为荷，巽为葭，坤为牧。坎为泥涂。巽为白，坎隐，故不白。

鼎 **踝踵足伤，左指病疡。失旅后时，利走不来。**

详《蒙之履》。

震 **四足俱走，驽疲在后。俱战不胜，败于东野。**

震卦数四，故曰“四足”。震为后，坎劳，故曰“驽疲在后”。震为战，坎陷，故不胜，故败。震东，艮野。

艮 **涂行破车，丑女无媒。莫适为偶，孤困独居。**

互震为大涂，为行，为车，坎破，故曰“涂行破车”。伏兑为女，离为恶人，故曰“丑女”。坎为孤，艮为鳏，故曰“孤困独居”。

渐 **拊髀大笑，不知忧惧。开立大路，为王所召。**

髀，《说文》：股也。巽为股，艮手，故曰“拊髀”。伏震为笑。坎为忧惧，兑悦震乐，故不知忧惧。震为大路，为王，为召。

归妹 **伯圭东行，与利相逢。出既遭时，孰不相知。**

震为伯，为玉，故曰“伯圭”。伯圭善货殖，见《史记》、《孟子》。伏巽为利，故与利相逢。震为出，为时。

丰 **东行贼家，郑伯失辞。国无贞良，君受其殃。**

震为东行，巽为贼，伏艮为家。震为伯，伏坎为平，为郑，故曰“郑伯”。正反震，故失词。艮为国，为贞良。艮伏，故无。震为君，离为殃。东行贼家，指桓十五年郑厉公居栎，是东行也。后自栎入郑，杀傅瑕、原繁，逐昭公，是贼家也。杀原繁，言不顺，是失词也。

旅 **前屈后曲，形体饬急。绞黑大索，困于请室。**

通节。坎为屈曲，艮前震后，故曰“前屈后曲”。艮为形体。兑刚鲁附决，故曰“饬急”。犹紧急也。巽为索，坎为黑。正反巽，故曰“绞”。绞，缚也。艮为室，震为请，坎陷，故曰“困于请室”。请室，大臣待罪之所也。

巽 **鼓翼大喜，行婚饮酒。嘉彼诸姜，乐我皇考。**

伏震为翼，为鼓，为喜。兑口为饮，伏坎为酒，为婚，故曰“行婚饮酒”。巽为姜，重巽，故曰“诸姜”。伏震为父，为大，故曰“皇考”。

兑 **狐嘈向城，三旦悲鸣，邑主大惊。**

伏艮为狐，为城。震为鸣，故曰“嘈”。嘈，啼也。震为旦，数三，故曰“三旦”。互坎为忧，故曰“悲鸣”。艮为邑，震为主，为惊。皆用伏象。此必有故事，为今所不能考。或以吴广诈狐鸣事说之，似非。

涣 **明德克敏，重华贡举。放勋征用，浚哲蒙佑。**

震为德，艮为明，故曰“明德”。震为华，正反震，故曰“重华”。震又为帝，故又曰放勋。

节 **秋隼冬翔，数被严霜。甲兵充庭，万物不生。鸡犬夜鸣，民人扰惊。**

详《鼎之观》。

中孚 **丝纻布帛，人所衣服。掺掺女手，纺绩善织。南国饶足，取之有息。**

巽为丝纻布帛。震为衣。艮手，与巽连体，故曰“女手”。巽为纺绩，为织。艮为国，与震连，故曰“南国”。震生，故有息。

小过 **凤有十子，同巢共母。仁圣在位，欢以相保，兴彼周鲁。**

艮为凤，震为子。兑数十，故曰“十子”。艮为巢，巽为母。震为仁，为欢，为周。兑为鲁。

既济 **雄鸡不晨，雌鸣且呻。志疕心离，三旅生哀。**

此似用遇卦困象。巽为难，震为晨，为雄。震伏，故不晨。巽为雌，兑口为鸣，为呻。坎为心志。为疾，故曰“疕”。疕、痹同。《说文》：湿病也。《内经》曰：风痛也。亦巽象也。

未济 **光祀春城，陈宝鸡鸣。阳明失道，不能自守，消亡为咎。**

详《大有之井》。

䷯ 乾坎上 巽下 井之第四十八

蹶跛未起，失利后市，不得鹿子。

详《屯之困》。

之乾 **左辅右弼，金玉满堂。常盈不亡，富如厥仓。**

详《蒙之坤》。

坤 **雨师娶妇，黄岩季女。成礼既婚，相呼南去。膏泽田里，年岁大喜。**

详《恒之晋》。

屯 **螟虫为贼，害我嘉谷。尽禾殚麦，家无所得。**

详《坤之革》。

蒙 **跛蹦难步，迟不及舍。露宿泽陂，亡其襦袴。**

震为步，坎蹇，故曰“跛蹦难步”。艮为舍，艮止，故迟不及舍。坎为露，为宿，为泽陂。震为襦袴，坤为亡，故又曰亡其襦袴。

需 **大夫祈父，无地不涉。为吾相土，莫如韩乐。可以居止，长安富有。**

乾为父，兑言，故曰“祈父”。陈朴园云：《诗·祈父》，予王之爪牙。《毛传》：祈父，司马也。蹶父为司马之官。《尚书》称司马亦曰圻父。圻、祈，古通用。《诗·大雅·韩奕篇》：蹶父孔武，靡国不到。为韩姞相攸，莫如韩乐。林所本也。伏坤为土地。艮为居止，为安。乾为富。兑悦，故曰“乐”。

讼 **少孤无父，长失慈母。悖悖茕茕，莫与为耦。**

通明夷。坎为孤。震为父，坤丧，故无父。震为长。坤为慈母，坤亡，故失慈母。坤寡，故曰“茕茕”，故无耦也。

师 **侧弁醉客，长舌作凶。披发夜行，迷乱相误，亡失居处。**

艮为冠，二四艮覆，故曰“侧弁”。《诗·小雅》：侧弁之俄，屡舞傞傞。震为客，坤迷，故曰“醉客”。兑为舌，二至上兑形特长，故曰“长舌”。震为发。坤为夜，为迷乱，为亡失。

比 **马惊车破，王坠深津。身死魂去，离其室庐。**

震为车马，坎为破。三至五震覆，故马惊车破。九五为王，坎陷。一阳陷坤水中，故曰“王坠深津”。坤为死，为身。乾为魂，坤为魄。乾伏，故曰“魂去”。艮为室。

小畜 **东行述职，征讨不服。侵齐伐陈，衔璧为臣，大得意还。**

通豫。震为东，为征讨，为陈，为璧。兑为口，故曰“衔璧”。巽为齐。艮为臣。《左传》：楚子围许，许男面缚衔璧。

履 **百足俱行，相辅为强。三圣翼事，王室宠光。**

详《屯之履》。

泰 **本根不固，华叶落去，更为孤妪。**

通否。巽陨落，故曰“本根不固”。兑为华，巽落，故曰“落去”。巽为妪，巽寡，故曰“孤妪”。

否 **牧羊稻园，闻虎喧欢。畏惧怵惕，终无祸患。**

详《否之节》。

同人 **履位乘势，靡有绝弊。为隶所图，与众庶位。**

通师。震为履，为乘。坤贱，故曰“隶”。坤为众庶。与众庶位，言初得位乘势，后为皂隶所图，与齐民等也。

大有 **大舆多尘，小人伤贤。皇甫司徒，使君失家。**

通比。坤为大舆，为小人。艮为尘，故曰“大舆多尘”。艮为贤良，坤丧，故伤贤。艮为臣，故曰“皇甫司徒”。震为君，艮为家。震覆坎失，故曰“使君失家”。《诗》：番维司徒，皇甫卿士。皆幽王臣。又无将大车，只自尘兮，无思百忧，只自疷兮。又无将大车，维尘冥冥。

谦 **安如泰山，福禄屡臻。虽有狼虎，不能危身。**

坤为安，艮为山。震东，故曰“泰山”。震为福禄。艮为狼虎，为身。震出。故不能危身。

豫 **同气异门，各别西东。南与凶遇，北伤其孙。**

艮为气，为门。正反皆艮，故曰“同气”。两艮相背，故曰“异门”。震东坎西，故曰“各别西东”。震又为南。坤为凶，故与凶遇。坎又为北，坤为死，艮为孙，故曰“北伤其孙”。孙与东韵。

随 **蚬见不祥，祸起我乡。行人畏惧，邑客逃藏。**

《尔雅·释虫》：蚬，缢女也。好自经死，故见者以为不祥。互巽为虫，为系，正缢女象也，故曰“不祥”。艮为我，为邑，为乡。震为行人，为客。巽伏，故曰“逃藏”。

蛊 **养虎畜狼，必见贼伤。无事招祸，自取灾殃。**

艮为虎狼，艮止为畜。巽为盗贼，兑毁折，故曰“招祸”，曰“灾殃”。

临 **顺风吹火，牵骑骥尾。易为功力，因权受福。**

伏遁。互巽为风，艮为火，故曰“顺风吹火”。艮手为牵，乾为骥，艮为尾，故曰“牵骑骥尾”。巽为权。

观 **五岳四渎，润洽为德。行不失理，民赖恩福。**

详《颐之明夷》。

噬嗑 **延陵聪敏，乐听太史。鸡鸣大国，姜氏受福。**

《左传·襄二十九年》：吴季札聘鲁，为之歌齐，曰，美哉！洋洋乎，大风也哉！表东海者，其太公乎？艮为山，为少，故曰“延陵”。札号延陵季子也。震为乐，坎耳为听。离文，故曰“太史”。伏巽为鸡，艮为国。巽为姜。鸡鸣，《齐诗》篇名。

贲 **神鸟五色，凤凰为主。集于王国，使君得所。**

震为神，艮为鸟。离文，故为凤凰。震为主，为王，为君。艮为国。

剥 **媒妁无明，虽期不行。齐女长子，乱其纪纲。**

此用遇卦井象。坎为媒妁，坎隐伏，故无明。震为行，震反，故不行。下巽为齐女，伏震为长子。互离为乱，巽为纪纲。

复 **明月作昼，大人失居。众星宵乱，不知所据。**

此仍用井象。兑为月，离为昼，兑离连体，故曰“明月作昼”。乾为大人，三阳皆陷阴中，故曰“失居”。离为星，坎为众，为夜，故曰“众星宵乱”。离为乱也。

无妄 **少康兴起，诛浇复祖。微灭复明，享祀大禹。**

震为君，故曰“少康”，曰“兴起”。伏坤为恶，故曰“浇”。坤杀，故曰“诛浇”。言浇为少康所诛也。艮为祖，震为复，故曰“复祖”。乾为大明，为王，故曰“大禹”。按《帝王世纪》：后羿之相寒浞，既杀后羿，因羿之室生奡及豷。奡有力，杀夏帝相。帝妃仍氏女曰后缗，逃于有仍，生少康。少康长，与夏旧臣靡诛奡，复夏室。奡既浇也。

大畜 **千门万户，大福所处。黄屋左纛，龙德独有。**

艮为门户，乾亦为门户，为千万，故曰“千门万户”。乾为大福。艮为屋，震玄黄，故曰“黄屋”。震为旗，为左，故曰“左纛”。纛，旗也。震为龙，为德。“龙德独有”者，言非天子不能如此也。

颐 **乾作圣男，坤为智女。配合成就，长生得所。**

伏乾为圣，为男。坤为女。坎为水，为智，坤亦为水，故曰“智女”。乾道成男，坤道成女，故曰“配合成就”。震为长生。

大过 **羿张乌号，彀射天狼。钟鼓夜鸣，将军壮心。柱国雄勇，斗死荥阳。**

通颐。坤恶，故曰“羿”。艮为乌，震为鸣，故曰“乌号”。乌号，弓名也。艮为天，为狼。天狼，星名。《楚辞》：青云衣兮白霓裳，举长弓兮射天狼。彀，张弓也。彀射天狼，言羿暴戾也。震为射，为钟鼓。坤为夜，为军，为心，为国。艮为柱，故曰“柱国”。坤为死，正覆艮，故曰“斗死”。坤水，故曰“荥阳”。柱国，房君蔡赐也。见《陈涉世家》。惟史不言其死处，林盖别有所据。

坎 **炙鱼椢斗，张伺夜鼠。不忍香味，机发为祟，笮不得去。**

伏巽为鱼，下有离火，故曰“炙鱼”。震为椢斗。坎为夜，为鼠。艮止，故曰“伺”。震发，故曰“张”。言以炙鱼置椢斗之中，至夜引鼠而射杀之也。伏巽为臭，故曰“香味”。坎为机，为祟。震为发。艮止，故曰“笮”。笮音窄，狭也，迫也。

离 **高飞不视，贪饕所在。臭腐为患，自害其身。**

离为飞，为视。巽伏，故不视。兑口为食，正反兑，故曰“贪饕”。巽为臭腐，伏坎为患。艮为身。

咸 **铅刀攻玉，坚不可得。单尽我力，胝胼为疾。**

详《坤之豫》。

恒 **方喙宣口，圣智仁厚。解释倒悬，家国大安。**

详《小畜之噬嗑》。

遁 **蜘蛛南北，巡行罔罟。杜季利兵，伤我心旅。**

此用遇卦井象。巽为虫，故曰“蜘蛛”。离南坎北。离为网罟。艮为少，为木，故曰“杜季”。艮为刀剑，故曰“利兵”。坎为心旅。杜季，即杜伯。《史记正义》引周《春秋》云：宣王杀杜伯而无辜。后三年，宣王会诸侯田于圃。日中，杜伯起于道左，衣朱衣冠，操朱弓矢，射宣王，中心折脊而死。《国语》则云“于鄗”。

大壮 **公孙之政，惠而不烦。乔子相国，终身无患。**

通观。艮为公孙，坤为政。乔，丁云：乔、侨通用，郑子产也。艮为乔木，故取象。坤为国，为终，为身，为患。艮安，故无患。

晋 **弧矢大张，道绝不通。小人寇贼，君子壅塞。**

坎为弧，为矢。艮为道路，坎陷，故不通。坤为小人，艮为君子。坎为寇贼，为壅塞。

明夷 **藏戟之室，封豕受福。充泽肥腯，子孙蕃息。**

坎为戟，为室；为隐伏，故曰“藏”。坎为豕，震为福；为大，故曰“封豕”。伏乾为肥腯。震为子，为蕃息。

家人 **八子同巢，心劳相思，虽苦无忧。**

伏震为子，巽数八，故曰“八子”。离为巢。坎为心，为劳，为忧。

睽 **循理举手，举求取予。六体相摩，终无殃咎。**

通蹇。艮为手。坤为理，二阳分居坤中，故曰“循理”。艮为举求，为取予。艮为体，坎数六，故曰“六体”。重坎，故曰“相摩”。艮为终。《左传·闵元年》：遇屯之比，曰六体不易。六体即谓坎也。

蹇 **公子王孙，把弹摄丸。发辄有获，室家饶足。**

详《比之小畜》。

解 **井渚有悔，渴霓为怪。不亟徙乡，家受其殃。**

坎为井，为渚，为悔。震为蜕，下有离火，故曰“渴霓”。坎为怪。《汉书·燕刺王传》：上官桀谋废昭帝，立燕王。是时天雨，虹下属宫中，饮井水竭。《淮南子》：虹霓者，天之忌也。故不避则受其殃。

损 **郑会细声，国乱失倾。弘明早见，止乐不听。**

《左传·襄二十九年》：吴季札聘鲁观乐，为之歌郑，曰，美哉！其细已甚，民弗堪也。是其先亡乎！自郐以下无讥焉。林全用其意。坤为郑。会，《左传》作郐，《毛诗》作桧，会盖其省字。震为声，坤柔，故曰“细声”。坤为国，为乱，为倾。艮为明。弘明犹弘通，谓季子也。震为乐，兑为耳，为听。艮止，故不听。

益 **穿室凿墙，不直生讼。褰衣涉露，虽劳无功。**

《诗·召南·行露篇》：厌浥行露。又云：谁谓雀无角，何以穿我屋？谁谓鼠无牙，何以穿我墉？艮为室，为墉。艮手，故曰“穿凿”。正反震，故曰“生讼”。坤为邪，故曰“不直生讼”。震为衣。坤为水，故曰“露”。艮手震行，故曰“褰衣涉露”。坤为劳，坤丧，故无功。

夬 **脱卵免乳，长大成就。君子万年，动有利得。**

震为卵，今阳长至五，故曰“脱卵”。艮为乳，艮伏，故免乳。乾为长大，为成就，为君子，为万年。

姤 **五心乖离，各引是非。莫适为主，道路塞壅。**

巽卦数五，伏坤为心，为乖离。乾为言，兑亦为言，兑背乾，故曰“各引是非”。《夬·九四》云：闻言不信。林用象所本也。震为侯，为主，为道路。震伏，故曰“莫适为主”。乾实，故壅塞。

萃 **百柱载梁，千岁不僵。大愿辅福，文武以昌。**

艮巽为梁柱，下坤为多，故曰“百柱”。坤为车，故曰“载”。坤为千岁，为僵。艮坚，故不僵。伏乾为大，为福。坤为文，伏震为武，为昌。

升 **营城洛邑，周公所作。世逮三十，年历七百。福佑丰实，坚固不落。**

坤为城邑，为世，为年。震为周，为公。数三，坤数十，故曰“世逮三十”。震数七，坤数百，故曰“年历七百”。伏乾为福佑，为实。伏艮为坚。《左传》：周公城洛邑，卜世三十，卜年七百。

困 **从叔旅行，食于东昌。嘉伯悦喜，与我芝酒。**

通贲。艮为叔，震为从，为行旅，故曰“从叔行旅”。震为食，为东，为昌。东昌，齐地名。震为伯，为嘉，为喜。坎为酒，巽为芝，艮为我，故曰“与我芝酒”。此似有故实，俟考。

革 **牛耳聋蔽，不晓声味。委以鼎俎，方始乱溃。**

通蒙。坤为牛，坎为耳。坤闭，故耳聋。巽为味，震为声。坤闭，故不知声味。震为鼎俎。离为乱。

鼎 **娵訾开门，鹤鸣弹冠。文章进用，舞韶和鸾。三仁翼政，国无灾殃。**

详《坤之明夷》。

震 **游魂六子，百木所起。三男从父，三女随母。至巳而反，各得其所。**

震为游，为子。坎为魂，数六，故曰“游魂六子”。震为木，为百。数三，互坎艮皆男象，而震为父，为从，故曰“三男从父”。伏巽，互离兑，皆女象，巽为母，故曰"三女从母"。离卦数三也。巽居巳方。"至巳而反"者，言震巽相反复，震究为巽，与震相反也。

艮 **南山兰茝，使君媚好。皇女长妇，多孙众子。**

《左传》：郑文公有妾曰燕姞，梦天与之兰，曰兰有国香，人服媚之。艮纳丙，故曰"南山"。震亦为南。震伏巽，故曰"兰茝"。震为君，伏兑为媚好。伏巽为皇女，为长妇。艮为孙子，重艮，故曰"多"，曰"众"。

渐 **黄虹之野，贤君在位。管叔为相，国无灾殃。**

巽为虹，互离，故曰"黄虹"。艮为野。伏震为贤君，为管。下艮，故曰"管叔"。管仲相齐伯天下。《孝经·援神契》曰：黄虹抱日，辅臣纳忠。又，《帝王世纪》：少昊母曰女节，见星如虹，下流华渚，梦感而生少昊。

归妹 **穿凿道路，为君除舍。开辟福门，喜在我邻。**

坎为穿。震为道路，为君，为喜。伏艮为门。《史记·吕后纪》：东牟侯兴居曰，诛吕氏无功，请得除宫。震为喜，为邻。

丰 **商风数起，天下昏晦。旱魃为虐，九土兵作。**

兑为秋，下互巽，故曰"商风"。互大坎，故曰"昏晦"。丰卦屡言日中见斗，林所本也。坎为鬼，下离，故曰"旱魃"。《诗·大雅》：旱魃为虐。《毛传》：魃，旱神也。震数九，伏艮为兵。

旅 **自卫反鲁，时不我与。冰炭异室，仁道闭塞。**

详《坤之颐》。

巽 **春阳生草，夏长条肄。万物蕃滋，充实益有。**

伏震为春阳，为生，为草。互离为夏，巽为枝条。震为万物，为蕃滋。《诗·周南》：伐其条肄。传：斩而复生曰肄。即嫩条也。

兑 **六蛇奔走，俱入茂草。惊于长注，畏惧啄口。**

互巽为蛇，伏坎卦数六，故曰"六蛇"。伏震为走。巽为入，为茂草。兑为口，坎为畏，艮为黔啄。蛇最畏鹳鹤之属，以其啄也。《易林》读黔喙为黔啄，此又一证也。

涣 **明月照夜，使暗为昼。国有仁贤，君尊于故。**

坎为夜，为月，故曰"明月照夜"。坎隐，伏艮光明，故曰"使暗为昼"。艮为国。震为仁，为君。

节 **避蛇东走，反入虎口。制于爪牙，骨为灰土。**

震为东，伏巽为蛇，坎隐伏，故曰“避蛇东走”。艮为虎。兑为口，为爪牙，为骨。坎为土。

中孚 **倾迭不行，弱走善僵。孟絷无良，失其宠光。**

巽为倾迭。震为走，兑折，故曰“弱走善僵”。震为孟，巽绳为絷，故曰“孟絷”。艮为良，为光。巽为伏，故曰“无良”，曰“失其宠光”。按《左传·昭七年》：卫襄公嬖人婤姶生孟絷。孟絷之足不良。孔成子曰，孟非人也，将不列于宗。后竟不得立。孟絷无良，即谓孟絷之足不良也。

小过 **十羊俱见，黄头为首。岁美民安，国乐无咎。**

兑为羊，数十，又为见，故曰“十羊俱见”。震为黄，艮为头，为首，故曰“黄头为首”。震为岁，为乐。艮为国，又为安。

既济 **望风入门，来到我邻，铺吾养均。**

此用遇卦象。

未济 **登高车返，视天弥远。虎口不张，害贼消亡。**

此仍用遇卦象井。通噬嗑。震为车，为返，为登，巽为高，故曰“登高车返”。艮为天，为虎。坎闭塞，故口不张。震为口也。巽为贼，风散，故消亡。

焦氏易林注卷十三

䷰ 兑上离下 革之第四十九

马服长股，宜行善市。蒙佑谐偶，获金五倍。

乾为马，巽为股，为长，故曰“马服长股”。服，犹驾也。乾为金。巽为市，为倍，卦数五，故曰“获金五倍”。

之乾 **高原峻山，陆土少泉。草木林麓，喜得所蓄。**

此用革象。伏艮，故曰“高原”，曰“峻山”。伏坤为陆土。坎为泉，坎伏，故曰“少泉”。震为草木，为喜。艮止，故曰“蓄”。

坤 **一门二关，结缉不便。峻道异路，日暮不到。**

此用遇卦革象。坤为门，伏坎数一，故曰“一门”。坎为关，坤数二，故曰“二关”。坤闭，故曰“结缉”。艮为道路，山高，故曰“峻道”。蒙二至上正反艮，故曰“异路”。艮为日，坤为暮。艮止，故不到。多用革伏象。关，门牡也。一门数关，故结缉不便。

屯 **忧患解除，喜至庆来。坐立欢门，与乐为邻。**

坎为忧患。震为解，为喜乐。艮为门，为坐。

蒙 **殊类异路，心不相慕。牝牛牡猳，鳏无室家。**

坤为类，艮为路，二至上正覆艮，故曰“殊类异路”。坎为心，二至上艮震相反，故不相慕。坤为牝牛，坎为牡猳。艮为鳏，为家，坎为室。言牛豕殊类，虽一牝一牡而不能配合，故无室家也。

需 **太王为父，季历孝友。文武圣明，仁政兴起。旦隆四国，载福绥厚。**

乾为王，为父，为始，故曰“太王”。伏艮为季。坤为孝友，为文。兑刚为武。乾为仁圣。互离为昼，故曰“旦”。坤为国，兑西方金，数四，故曰“四国”。

讼 **临河求鲤，燕婉失饵。屏气摄息，不得鲤子。**

通明夷。坤为水，为河，为鱼。坤柔顺，故曰“燕婉”。巽为饵，坎失，故燕婉失饵。震为气息，坤闭，故屏气摄息。震为子，坤鱼，故曰“鲤子”。坤丧，故不得。

师 **买利求福，莫如南国。仁德所在，金玉为质。**

坤为利。震为福，为南。坤为国，故曰“南国”。震为仁德。伏乾为金，震为玉。

比 **白虎赤愤，窥观王庭。宫阙被甲，大小出征。天地烦溃，育不能婴。**

革兑为虎，为西，故曰“白虎”。坎为赤，为忧愤。赤愤，犹丹愤也，袁高诗：茫茫苍海间，丹愤何由伸。盖与赤心同义。兹曰“赤愤”，言虎猛也。或疑愤当为帻。然虎无饰朱帻之理。或又疑为羵，羵为土中怪羊，不能出游也。离为观，为甲。坤为乱溃。乾为王。坎为宫室。伏震为征。乾为大。为天。坤为小，为地。革二至上正反兑巽，兑毁折，巽散乱。而伏艮震，艮为婴儿，震为覆艮，故婴不能育也。

小畜 **子车针虎，善人危殆。黄鸟悲鸣，伤国无辅。**

《秦风·黄鸟》诗，哀三良殉穆公葬。子车针虎，三良名也。伏震为子，为车，艮为虎，坎为针。故曰“子车针虎”。震为善，为人，坎危殆。艮为鸟，坤为黄，故曰“黄鸟”。震为鸣，坎为悲。坤为国。伤国无辅，言失贤人也。

履 **两目失明，日暮无光。胫足跛曳，不可以行，顿于丘傍。**

详《剥之萃》。

泰 **罗网四张，鸟无所翔。征伐困极，饥寒不食。**

坤为网罗。震卦数四，故曰“四张”。震为鸟，为翔，为征伐。坤为饥。乾为寒。兑口为食，坤闭，故不食。

否 **伯夷叔齐，贞廉之师。以德防患，忧祸不存。**

震为伯，震伏，故曰“伯夷”。艮为叔，互巽，故曰“叔齐”。余详《比之剥》。

同人 **疾贫望幸，贾贩市井。开牢择羊，多得大牂。**

详《否之坎》。

大有 **南山之杨，其叶牂牂。嘉乐君子，为国宠光。**

首二句，《陈风》诗。牂牂，《毛传》：盛貌。伏艮纳丙，故曰“南山”。艮为木，故曰“杨”。艮为君子，为光。坤为国。

谦 **东壁余光，数暗不明。主母嫉妬，乱我事业。**

震东，艮壁，艮又为光，故曰“东壁余光”。言烛在东壁。艮为明，互坎，故不明。坤母，震为主，故曰“主母”。坎为嫉妬，坤为事业，为乱。事详《谦之屯》。

豫 **厌浥晨夜，道多湛露。濊衣濡袴，重难以步。**

《诗·召南》：厌浥行露，岂不宿夜，畏行多露。传：厌浥，湿意。震为晨，坤坎皆为夜。震为道，坎为露。濊，湿也。震为襦袴。坤为重，震为步，坎陷故难。

随 **目瞤足动，嘉喜有顷，举家蒙宠。**

详《乾之需》。

蛊 **鹰鹯欲食，雉兔困急。逃头见尾，为害所贼。**

艮为鹰鹯，震为食。震为兔。雉，鸡属，疑用巽象也。艮为头，为尾。艮在外，故曰“逃头”。三至五艮覆，故曰“见尾”。兑为见。为毁折，故为害。巽为贼。

临 **鼻移在项，枯叶伤生，下朽上荣。家扰不宁，失其金城。**

通遁。艮为鼻，乾为首。鼻在首下，故曰“移鼻在项”。震为叶，巽陨落，故曰“枯叶”，故曰“下朽”。乾为荣，故曰“上荣”。艮为家，为城。乾为金，坤消，故失其金城。

观 **飞不远去，法为罔待，禄养未富。**

乾为禄，为富。乾伏，故未富。

噬嗑 **倒基败宫，重舌作凶。被发夜行，迷乱相误，亡失居止。**

艮为基，为宫，正覆艮，故曰“倒基败宫”。伏兑为舌，正覆兑，故曰“重舌”。震为发，为行，坎为夜。正反震，故曰“迷乱相误”，而失居止也。

贲 **亥午相错，败乱绪业，民不得作。**

离居午，艮居亥。离为败乱，伏巽为绪。坎众为民。《诗泛历枢》云：

卯酉为革政，亥午为革命。又，《汉书·翼奉传》：《易》有阴阳，《诗》有五际。孟康曰：五际，卯酉午戌亥，阴阳始终际会之岁，于此则有改变之政。

剥 **野麋畏人，俱入山谷。命短不长，为虎所得，死于牙腹。**

艮为麋，为山谷。坤为畏。为死，故曰"命短"。艮为虎。坤为腹，伏兑为牙。

复 **秋冬探巢，不得鹊雏。衔指北去，愧我少姬。**

详《观之屯》。

无妄 **双凫俱飞，欲归稻池。经涉萑泽，为矢所射，伤我胸臆。**

详《屯之旅》。

大畜 **天门开辟，牢户寥廓。桎梏解脱，拘囚纵释。**

详《小畜之泰》。

颐 **尼父孔丘，善钓鲤鱼。罗网一举，得获万头，富我家居。**

上艮，故曰"尼"，曰"丘"。下震，坤虚，故曰"孔丘"。《史记·孔子世家》：叔梁纥祷尼丘，生孔子，字仲尼。《左传·哀十六年》：孔丘卒，哀公诔之曰，呜呼哀哉尼父！无自律。坤为鱼，为罗网，为万。艮为首，故曰"万头"。艮为家。坤多，故曰"富"。

大过 **彭生为豕，暴龙作灾。盗尧衣裳，桀跖荷兵。青禽照夜，三旦夷亡。**

坎 **华言风语，乱相诳误。终无凶事，安宁如故。**

详《咸之颐》。

离 **延颈见足，身困名辱。欲隐避仇，为害所贼。**

伏艮为颈，震为足，离为见。艮为身，为名。二四艮覆，故曰"困辱"。伏坎为隐伏，为仇，为害贼。

咸 **无足断跟，居处不安，凶恶为残。**

详《夬之大过》。

恒 **三人俱行，北求大牂。长孟病足，倩季负粮。柳下之宝，不失我邦。**

详《同人之丰》。

遁 **退飞见祥，伤败毁坠。守小失大，功名不遂。**

艮为飞，阴消阳，故曰“退飞”。“祥”，犹兆也。凡吉凶之兆先见者，皆曰祥。伏兑，故曰“见”。巽为陨落，故曰“伤败毁坠”。艮为守，阴小阳大。阴消阳，故曰“失大”。艮为名。《左传·僖十六年》：六鹢退飞，过宋都。宋襄公曰，是何祥也？注：祥，吉凶之先见者。后战于泓，不击半济，不杀二毛，襄公果败。故曰“守小失大”。

大壮 **持心瞿目，善摇数动，不安其处。散涣府藏，利得无有。**

伏艮为目，乾惕，故持心瞿目。震为动摇，震往，故曰“善摇数动，不安其处”。伏巽风，故曰“散涣”。坤为府藏。巽为利，坤亡，故无利。

晋 **牵尾不前，逆理失臣，卫朔以奔。**

明夷 **禄如周公，父子俱封。**

震为周，为公，为父，为子。

家人 **君有八人，信允笃诚，为尧所举。**

通解。震为君，为人。巽数八，故曰“八人”。坎为信，为诚笃。震为帝，故曰“尧”。

睽 **久阴霖雨，泥涂行潦。商人休止，市空无宝。**

详《夬之大过》。

蹇 **无足断跟，居处不安，凶恶为残。**

见前咸卦。

解 **马蹄踬车，妇恶破家。青蝇污白，恭子离居。**

详《观之随》。蹄音踶，足相蹵曰蹄。

损 **噂噂所言，莫如我垣。欢喜坚固，可以长安。**

详《乾之困》。

益 **懿公浅愚，不受深谋。无援失国，为狄所贼。**

详《比之家人》。

夬 **骐骥绿耳，章明造父。伯夙奏献，衰续厥绪。佐文成伯，为晋元辅。**

《史记·赵世家》：造父幸于周缪王，取骥之乘匹，骅骝、绿耳献之缪王。王使造父御，西巡狩，乃赐造父以赵城。十二世，生赵夙，事晋献公。夙之孙曰赵衰，事晋文公成伯业。乾为马，为父，为大明。"章明"者，言始显也。遇卦革。伏震为伯，坤为夙，艮手为奏，为献。奏，进也。"奏献"者，言进事献公也。巽为绪。离为文。震为晋。

姤 **驾车入里，求鲜鲂鲤。非其肆居，自令后市。**

通复。坤为车，为里，震为驾。巽为鱼，为市肆。震为后。言里非产鱼之地，故求之不得。

萃 **求麞嘉乡，恶地不行。道止中返，复还其床。**

艮为麞，为乡。坤为恶，坤闭，故曰"恶地不行"。艮为道，为止，为床。伏震为反，为还。

升 **杖鸠负装，醉卧道傍。不知何公，窃我锦囊。**

坤文为鸠，互震，故曰"杖鸠"。《白帖》云：老人食多咽，刻鸠为杖，取鸠食不咽之义。震为装，为道。伏艮为卧，坤迷，故曰"醉卧"。震为公。巽为盗。坤为囊，坤文，故曰"锦囊"。

困 **登昆仑，入天门。过糟丘，宿玉泉。同惠欢，见仁君。**

详《比之姤》。三字句。

井 **水为火牡，患厌不起。季伯夜行，与喜相逢。**

《左传·昭七年》：水，火之牡也。卦水火相交，故曰"水为火牡"。坎为患，为夜。伏艮为季。震为伯，为行，为喜。

鼎 **乌孙氏女，深目黑丑。嗜欲不同，过时无耦。**

通屯。艮为乌，为孙，坤女。互大离，故曰"深目"。坤为黑，为丑。坎为嗜欲。艮时坤寡，故过时无耦。

震 **子钮执麟，春秋作经。元圣将终，尼父悲心。**

详《讼之同人》。

艮 **灼火泉源，钓鲂山巅。鱼不可得，火不肯燃。**

渐 **天马五道，炎火久处。往来上下，作文约己。衣枲丝麻，相随笑歌，凶恶如何。**

义不可晓，恐多讹字，故不释象。

归妹 **鸱鸮破斧，冲人危殆。赖旦忠德，转祸为福，倾危复立。**

详《否之蛊》。

丰 **牡飞门启，忧患大解，不为身祸。**

详《需之兑》。

旅 **石门晨门，荷蒉食贫。遁世隐居，竟不逢时。**

《论语》：子路宿于石门，晨门曰，奚自？又，子击磬于卫，有荷蒉过门者曰，有心哉，击磬乎？注：晨门、荷蒉，皆隐者。艮为石，为门。伏震为晨，为蒉。艮为荷，兑为食。离虚，故曰“食贫”。艮为世，巽伏，故曰“遁世隐居”。艮为时。

巽 **兔聚东郭，众犬俱猎。围缺不成，无所能获。**

详《蹇之坤》。

兑 **三羊群走，雉兔惊骇。非所畏惧，自令劳苦。**

兑羊，离卦数三，故曰“三羊群走”。离为雉，伏震为兔，为惊骇。伏坎为畏，为劳。

涣 **羽翮病伤，无以为强。宋公德薄，败于水泓。**

震为羽翮，坎为病，故曰“羽翮病伤”。震为公。《说文》：以木架屋曰宋。艮象也，故曰“宋公”。下坎，故曰“泓水”。《左传》：宋襄公与楚战，败于泓。

节 **姬姜稚叔，三人偶食。论仁议福，以安王室。**

震为姬，伏巽为姜。艮少，故曰“稚叔”。震数三，兑食，兑卦数二，故曰“三人偶食”。震为言，为仁，为王。坎为室。

中孚 **精诚所在，神人为辅。德教之中，弥世长久。三圣乃兴，多受福祉。**

震为精诚，为神，为人，为德教，为福祉。数三，故曰“三圣”。革互乾为圣，文武周公也。

小过 **岐周海隅，独乐不忧。可以避难，全身保才。**

震为周，艮山，故曰“岐周”。兑为海。震为乐，巽寡，故曰“独乐”。巽伏，故曰“避难”。艮为保全，为身。

既济 **孤独特处，莫依为辅，心劳志苦。**

详《益之艮》。

未济 **顾望登台，意常欲逃。贾辛丑恶，妻不安夫。**

离为顾望，为丑恶。坎夫离妻，卦离在上，故妻不安夫。《左传·昭二十八年》：魏献子谓贾辛曰，昔贾大夫恶，娶妻而美，三年不言不笑。

䷱ 离上巽下 鼎之第五十

积德之君，仁政且温。伊吕股肱，国富民安。

伏屯。震为德，为君，为仁。坤为积，为政，为国，为民，为富。震为伊，巽为吕，为股肱。

之乾 **倾筐卷耳，忧不能伤。心思古人，悲慕失母。**

此用遇卦鼎象。伏震为筐。坎为耳，为忧，为心，为悲慕。坤为母。卷耳，草名。《周南》：采采卷耳，不盈倾筐。《毛传》谓，后妃思君子不在。兹谓失母，与《毛》异。

坤 **郤叔贾贷，行禄多悔，利无所得。**

此仍用鼎象。巽为退，伏艮为叔，故曰“郤叔”。震为商贾，为行，为路。坤为悔。巽为利，坤亡，故无得。晋郤氏贪而好货，数世不改，至成公十七年，果为厉公所灭。故林词云云。

屯 **蹶足狂跛，怪碎不行。弃捐乎人，名字无申。**

震为足，坎蹇，故曰“蹶”，曰“跛”。坎为怪，为破。坤闭艮止，故不行。坤为弃捐，震为人。艮为名，坤为文字。坤黑坎伏，故曰“无申”。申，明也。

蒙 **文王四乳，仁爱笃厚。子畜十男，夭折无有。**

见前《颐之节》。

需 **容民蓄众，不离其居。**

坎为众，为民。伏艮为居。

讼 **三雏相逐，蝇坠釜中。灌沸淹殪，与母长决。**

伏震为子，为行，故曰“三雏相逐”。巽为蝇。伏坤为釜，为水，为死，为母。

师 **所望在外，鼎令方来。拭爵涤罍，炊食待之，不为季忧。**

此兼用鼎象。离在外卦，故曰“所望在外”。震为鼎，为爵，为罍。伏艮，故曰“拭爵”。坎水，故曰“涤罍”。艮为待，为季。

比 **陆居少泉，高山无云。车行千里，涂污尔轮，亦为我患。**

坎为泉，坤艮皆为陆，故曰“少泉”。坎为云，艮为高山。坎隐伏，故无云。坤为车，为千里。坎为轮，为泥涂，故曰“涂污尔轮”。坎为患。

小畜 **东家杀牛，闻臭腥臊。神背西顾，命衰绝周。亳社灾烧，宋人夷诛。**

详《噬嗑之巽》。

履 **长子入狱，妇馈母哭。霜降旬日，向晦伏法。**

旁通谦。震为长子，坎为狱。坤为母。伏巽为入，为妇。兑口，故曰“母哭”。坤为霜。离日，坤数十，故曰“旬日”。坤为晦，为杀，故曰“伏法”。《隋书·刑法志》：圣王莫不先春风而播恩，后秋霜而动宪。是自古杀人，皆在霜降后。兹曰“向晦”，并用晦日也。

泰 **温山松柏，常茂不落。凤凰以庇，得其欢乐。**

详《需之坤》。

否 **大屋之下，朝多君子。德施溥育，宋受其福。**

艮为屋，上乾，故曰“大屋”。艮为朝，为君子。坤众，故曰“多”。《说文》：以木架屋曰宋。故艮为宋。

同人 **罗张目抉，围合耦缺，鱼鸟生脱。**

离为网罗，为目。抉、决通。兑毁，故目决。言网目毁也。离中虚，故曰“围合”。二人为耦。按,《周礼·天官》:掌次,射则张耦次。注:耦,俱升射者。《疏》:凡射耦,皆两两俱升,南面而射。耦缺,则射者无。巽寡,故曰“耦缺”。巽为鱼,离为鸟。目抉耦缺,故鱼鸟得脱也。

大有 **羔裘豹祛,高易我宇。君子维好,至老无忧。**

兑为羊,离文为豹,乾为衣,故曰“羔裘豹祛”。伏艮为高,为宇,为君子。乾为老。坤为忧,坤伏,故不忧。羔裘,《唐风》篇名。《毛》谓晋人不恤其民,刺诗。兹云“君子无忧”,与《毛》异。

谦 **大头明目,载受嘉福。三雀飞来,与禄相得。**

坎为大首,伏离为明目。震为载,为嘉福。数三,艮为雀,故曰“三雀”。

豫 **销锋铸耜,休放牛马。甲兵解散,夫妇相保。**

详晋林。

随 **吉日车攻,田弋猎禽。反行饮至,以告嘉功。**

详《履之夬》。

蛊 **商人行旅,资无所有。贪贝逐利,留连王市。轘辕内安,公子何咎。**

震为商旅。艮为贝,巽为利。艮止,故曰“留连”。巽为市,震为王,故曰“王市”。震为辕,为公子。艮为安。按《左传·襄二十一年》:乐盈被掠于周,周王使候出诸轘辕。又,《高祖纪》:因张良遂掠韩地轘辕。是轘辕为地名。而《管子》云:凡主兵者,必先审知地图轘辕之险。又《东京赋》:邪径捷乎轘辕。薛综注:轘辕十二曲道,将去复还,故曰轘辕。是轘辕为曲径,所以设险。故曰“轘辕内安,公子无咎”。盖艮震皆为道路,卦三至上艮震相反复,像轘辕也。

临 **火入井口,扬芒生角。犯历天门,窥观太微。登上玉床,家易其公。**

通遁。艮为星,为火。兑为井,为口。艮为角。火,荧惑也。言荧惑入井。艮为门,上乾为天。《内经》以戌亥为天门。乾艮皆位西北,故曰“天门”。艮为观。《天文志》:太微为五帝之庭,明堂之房。乾为帝,为玉。艮为床,故曰“玉床”。艮为家,震为公。言荧惑入井,芒角犯太微,国君将易也。

观 **秋隼冬翔，数被严霜。甲兵充庭，万物不生。鸡釜夜鸣，民扰大惊。**

通大壮。兑马秋，艮为隼，乾为冬，震为翔，故曰“秋隼冬翔”。坤为霜。艮为甲兵，为庭。坤为万物，坤杀，故不生。巽为鸡，坤为釜，为夜，震为鸣，故曰“鸡釜夜鸣”。坤为民，震为惊。釜鸣，详《复之旅》。鸡夜鸣，言失时也。

噬嗑 **东行西步，失其次舍。乾侯野井，昭君丧居。**

震为东行。坎西，故曰“西步”。艮为次舍，坎为失，故曰“失其次舍”。震为诸侯，为君。上离，故曰“乾侯”，曰“昭君”。艮为野，伏兑为井。《左传·昭三十二年》：公薨于乾侯。野井，齐地名。《昭二十五年》，齐侯唁公于野井是也。

贲 **肿胫病腹，陷厕污辱。命短时极，孤子哀哭。**

震为胫，艮为节，故曰“肿胫”。肿，《说文》：癰也。离为腹，互坎，故曰“病腹”。坎为厕，为陷，为污。艮为时。伏巽为命，兑为折，故曰“短命”。震为子，坎孤坎悲，故曰“孤子哀哭”。伏兑为哭。《左传》：晋侯有疾张，如厕陷而卒。

剥 **切肤近火，虎绝我须。小人横暴，君子何之。**

艮为肤，为火，为虎，为须，为君子。坤为小人，重坤，阴盛销阳，故曰“横暴”。艮止坤闭，故曰“何之”。

复 **女室作毒，为我心疾。和不能治，晋人赴告。**

坤为女，为室，为毒，为心，为疾。《左传·昭元年》：女，阳物，而晦时，淫则生内热惑蛊之疾。故曰“女室作毒，为我心疾”。坤死，故和不能治。震为晋，为人，为告。言平公死，赴告列国也。

无妄 **兵征大宛，北出玉门，与胡寇战。平城道西，七日绝粮，身几不全。**

详屯林。此以巽为寇，余象皆同。

大畜 **九子十夫，莫适与居。贞心不壹，自令老孤。**

震数九，故曰“九子”。震为夫，兑数十，故曰“十夫”。艮为居，正反艮，故曰“莫适与居”，曰“贞心不壹”。艮为贞。乾为老。伏巽为寡，故曰“孤”。

颐 **车行稻麦，遂至家国。乐土无灾，君子何忧。**

震为车，为稻麦。坤为家国，为土，为灾，为忧。震为乐，为解，故无灾忧。

大过 **作室山根，所以为安。一夕崩颠，破我饔飧。**

详《贲之明夷》。

坎 **六人俱行，各遗其囊。黄鹄失珠，无以为明。**

详《临之师》。

离 **伯蹇叔盲，莫为守装。失我衣裘，不离其乡。**

伏坎。中爻震为伯，坎蹇，故曰“伯蹇”。艮为叔，中爻互大离，故曰“叔盲”，故曰“装”。艮守坎伏，故莫为守装。震为衣裘，上下坎，故曰“失”。艮为乡也。

咸 **褒宠洒尤，败政倾家。覆我宗国，秦灭周室。**

互乾为王，巽为母，有王母之象，故曰“褒”。“褒”，幽王后褒姒也。伏坤为尤。“洒尤”者，言龙漦洒于王庭也。伏坤为政。艮为家室，为国。兑毁，故曰“败倾”。艮为国，震为宗，震覆为艮，故曰“覆我宗国”。兑为秦，震为周，震覆，故曰“秦灭周室”。《诗》：赫赫宗周，褒姒灭之。林咏其事。

恒 **诡言译语，仇祸相得。冰入炭室，消灭不息。**

伏正反震，故曰“诡言译语”。伏坤为仇，为祸，为冰。艮为室，为火。火与坤连，故曰“冰入炭室”。坤消坤死，故曰“不息”。

遁 **彭生为豕，暴龙作灾。盗尧衣裳，聚跖荷兵。青禽照夜，三日夷亡。**

详《比之蒙》。此以巽为豕，为盗，为跖。

大壮 **朝露白日，四马过隙。岁短期促，时难再得。**

震为朝，为白。兑为露。乾为日，为马。震卦数四，故曰“四马”。伏巽为隙。乾为岁，伏艮为时期，伏观为消卦，故曰“岁短期促”也。《汉书·张良传》：人生如白驹遇隙。

晋 **耳阙道丧，所为不成，求事匪得。**

伏坎，故耳阙。艮为道。道丧，言无耳，丧失人道也。艮为求，坤为事。坤丧，故所为不成，求事不得也。

明夷 **申公患楚，危不自安。重耳出奔，恻丧其魂。**

震为申，为楚。坎为患危。坤为重，故曰“子重”。耳，讹字。震为出奔，为子。坎为邪，故曰“恻”。恻，子反名也。乾为魂，乾伏，故曰“丧魂”。坤为丧也。《左传·成七年》：子重请取于申、吕以为赏。子反欲取夏姬。皆为申公巫臣所止。后巫臣自取夏姬奔晋，故子重、子反皆怨巫臣，而灭其族。巫臣遗二子书曰，余必使尔疲于奔命以死。后巫臣教吴伐楚，子重、子反于是乎一岁七奔命。重耳为子重之讹，然各本皆如此，不敢改也。

家人 **南上太山，困于空桑。左沙右石，牛马无食。**

此用鼎象。伏震为南，艮为山。坎为困。巽为桑，离枯，故曰“空桑”。震左兑右，艮为沙，巽为石，故曰“左沙右石”。离牛乾马。兑为食，离虚，故无食。

睽 **海隅辽右，福禄所在。柔嘉蒙礼，九夷何咎。**

兑为海，为右。伏艮为东北，故曰“辽右”。遇卦鼎乾为福禄。伏坤为柔，为礼。震为嘉。数九，故曰“九夷”。坤为夷也。《论语》：子欲居九夷。

蹇 **阳春生长，万物茂壮。垂枝布叶，君子比德。**

此仍用鼎象。伏震为阳春，为生长，为壮茂。伏坤为万物，为枝叶。艮为君子，震为德。

解 **低头窃视，有所畏避，行作不利。酒酸鱼败，众莫贪嗜。**

坎为首，为窞，故曰“低头”。离为视，坎盗，故曰“窃视”。坎为畏，坎隐伏，故曰“畏避”。坎险，故曰“不利”。坎为酒，伏巽为鱼。巽木，木曲作酸，故曰“酒酸”。巽为臭，故曰“鱼败”。坎为众。

损 **左辅右弼，金玉满堂。常盈不亡，富如敖仓。**

详《师之归妹》。

益 **坐朝垂轩，据德宰民。虞叔受命，六合和亲。**

艮为坐。坤为朝，为轩，为民。震为德，艮手，故曰“据德”。艮官，故曰“宰民”。震为欢虞，艮为叔，故曰“虞叔”。巽为命。坤为合，伏乾数六，故曰“六合”。言虞舜坐朝堂，为天子也。

夬 **东行西坐，丧其犬马。南求骅骝，失车林下。**

此用鼎象。伏震为东，为行。伏坎为西，艮为坐，故曰“西坐”。艮犬震马，坤丧，故曰“丧其犬马”。震为南，为马，艮为求，故曰“南求骅骝”。坤为舆，震为林，坎失，故曰“失车林下”。坤为下也。

姤 **砥德砺材，果当成周。拜受大命，封为齐侯。**

此亦用鼎象。伏震为德，为材。艮为石，故曰“砥砺”。艮为果，震为周，艮为成，故曰“果当成周”。艮为拜。本卦巽为命，重乾，故曰“大命”。巽为齐，震为诸侯，故曰“齐侯”。“果当成周”者，言太公积德，果遇文王也。

萃 **西逢王母，慈我九子，相对欢喜。王孙万户，家蒙福祉。**

兑在西，坤母伏乾，故曰“王母”。伏震为子，数九，坤为慈，故曰“慈我九子”。伏象正反震相对，故曰“相对欢喜”。艮为孙，伏震为王，故曰“王孙”。坤为户，为万，故曰“万户”。艮为家，伏震为福祉。

升 **安坐玉床，听韶行觞。饮福万岁，曰寿无疆。**

伏艮为坐。震为玉，巽为床，故曰“玉床”。震为乐，为觞，兑为耳，故曰“听韶行觞”。震为福，为万岁。兑口，故曰“饮”。伏艮为寿，坤广，故曰“无疆”。

困 **登高望家，役事未休。王事靡盬，不得逍遥。**

详《夬之解》。

井 **击鼓蹈陔，不得相逾。章甫文德，福厌祸消。**

元刊注云：陔，阶次也。按《礼》有陔夏乐，有击鼓为登阶之节。故曰“不得相逾”。言登阶有节，不得乱也。伏震为鼓。艮为击，为陔。为冠，故曰“章甫”。伏离为文。震为福，坎为祸。厌，足也。

革 **追亡逐北，至山而复。稚叔相呼，反其室庐。**

震 **老滑大貐，东行盗珠。困于噬敖，几不得去。**

《山海经》云：尧光之山有兽，穴居而冬蛰，名曰猾。余峩之山有兽焉，见人则眠，名曰狳。狳即貐也。皆艮象。震为东，为珠；坎为盗，故曰“盗珠”。坎为困。噬敖，按《诗》：搏兽于敖。传：敖，地名。噬敖，疑亦地名也。

艮 **禹召诸神，会稽南山。执玉万国，天下康安。**

详《姤之临》。

渐 **忉忉怛怛，如将不活。黍稷之恩，灵辄以存，获生保年。**

详《蒙之损》。

归妹 **侯叔兴起，季子富有。照临楚国，蛮荆是安。**

元刊注：季氏富于周公。然下曰照临楚国，则上二句皆楚事也。按，《左传·文元年》：楚成王欲立商臣为太子。令尹子上曰，楚国之举，恒在少者。言楚君恒为少子也。又《昭十三年》：叔向曰，弃疾必有楚国。芈姓有乱，必季实立，楚之常也。首二句，言楚之兴起富有者，恒在叔季之子，与子上、叔向语同也。《左传·昭七年》：薳启强曰，将使衡父照临楚国。震为侯，为兴起，为荆楚。伏艮为叔季，为安。

丰 **白马骏骝，更生不休。富我商人，利得如丘。**

通涣。震为白，为马，故曰“白马骏骝”。震为生，二五正反震，故曰“更生不休”。震为商人。艮为丘，巽为利。

旅 **灼火泉源，钓鲂山颠。鱼不可得，炭不肯燃。**

详《革之艮》。

巽 **避患东西，反入祸门。糟糠不足，忧动我心。**

详《否之需》。

兑 **成王多宠，商臣惶恐。生其祸心，使君危殆。**

伏艮为成，震为王。兑为媚，为姬。重兑，故曰“多宠”。震为商，艮为臣。坎为恐，为心，为祸，为危殆。震为君。

涣 **虎饥欲食，见猬而伏。禹通龙门，避咎除患，元丑以安。**

艮为虎。伏离中虚，故曰“饥”。伏兑为食。坎为棘，为猬，为隐伏。《史记·龟策传》注：猬能伏虎。言虎将食，见猬而畏伏。震为龙，艮为门。震为帝王，故曰“禹”。《孟氏逸象》：坤为丑，此似以坎为丑。

节 **按民呼池，玉杯文案。鱼如白云，一邑获愿。**

“杯”者，杖之讹。《后汉书·礼仪志》：仲秋，县道按户比民，年七十者授以玉杖，八十九十礼有加文案。盖养老加礼也。坎为民，为池。艮为按。震为玉，为椀，为案。案，椀也。伏离，故曰“文”。伏巽，故曰“鱼”，曰“白”。坎为云，故曰“白云”。艮为邑，坎数一，故曰“一邑”。此亦有故事，为今所不能考。牟庭等便谓呼池改为安民县。在平帝二年，为焦氏所不及见。疑为崔篆所为。岂知安为按之讹字。《同人之豫》，宋本、元本、汲古皆作按呼，汲古且作湖。安得据此讹字，以致疑乎？多见其不考耳。丁晏卿谓，牟庭私改按为安，虽未必然，然按民呼池，与安民呼池，义孰为优，可不烦言而解。乃牟氏故作安民县解，固可疑也。

中孚 **双凫鸳鸯，相随群行。南至饶泽，食鱼与粱，君子乐长。**

艮为鸟，正反艮，故曰“双凫”，曰“鸳鸯”，曰“群行”。震为行，为南。兑为泽，为食。巽为鱼，为稻粱。艮为君子，震为乐，巽为长。

小过 **蔡侯朝楚，留连江渚。逾时历月，思其君后。**

详《豫之坤》。

既济 **胶车驾东，与雨相逢。五梁解堕，颓杌独坐，忧为身祸。**

详《大过之蛊》。

未济 **螟虫为贼，害我稼穑。尽禾殚麦，秋无所得。**

详《同人之节》。

䷲ 震上 震下 震之第五十一

枯匏不材，利以济舟。渡逾河海，无有溺忧。

互艮为匏，伏巽，故曰“枯匏”。震为舟，为济，伏巽为利。坎为河海，为忧。震出，故无有溺忧。

之乾 **陷涂溺水，火烧我履，忧患重累。**

此用遇卦震象。震为大涂，坎为水，为陷溺。互艮为火，震在艮上，故曰“火烧我履”。坎为忧患。

坤 **旦生夕死，名曰婴鬼，不可得祀。**

详《小畜之升》。

屯 **扬水潜凿，使石洁白。里素表朱，游戏皋沃。得其所愿，心志娱乐。**

详《否之师》。

蒙 **众鸟所翔，中有大怪，九身无头。魂惊魄去，不可以居。**

详《否之同人》。

需 **刖根枯株，不生肌肤。病在于心，日以焦枯。**

此亦用震象。伏巽下断，故曰“别根”。巽殒落，故曰“枯株”。艮为肌肤。本卦伏坤为死，故曰“不生”。坎为心病。离为日，为焦枯。

讼 **府藏之富，王以振贷。捕鱼河海，笱芒多得。**

详《坎之大过》。

师 **一茎九缠，更相牵挛。宿明俯仰，不得东西。请谳当决，日午被刑。**

坎为茎，数一，故曰“一茎”。震数九，故曰“九缠”。伏巽为绳，为缠。遇卦震互艮为牵，初至四正反艮，故曰“互相牵挛”。震为旦，故曰“宿明”。宿明，即黎明也。震东坎西，艮闭，故曰“不得东西”。震为请，为谳。坤杀，故曰“当决”，曰“被刑”。伏离，故曰“日午被刑”。《史记》：司马穰苴与监军庄贾，期旦日日中会于军门。及期，贾不至。召军正问曰，军法期而后至者云何？曰，当斩。乃斩之。

比 **耋老鲐背，齿牙动摇。近地远天，下入黄泉。**

坤为老，为鱼。艮为背，故曰“鲐背”。《诗·大雅》：黄耇台背。《尔雅·释诂》：老人皮肤消瘠，若鲐鱼也。伏兑为齿牙，为毁折，故曰“动摇”。乾伏，故曰“远天”。坤为水，为黄，为下，为死，故下入黄泉。

小畜 **羊舌叔虎，野心善怒。黩货无厌，以灭其身。**

羊舌虎，叔向弟，襄二十二年，以受贿为范宣子所杀。兑为羊，为口舌；伏艮为叔，为虎，故曰“羊舌叔虎”。坤为野，为心，震为怒，故曰“野心善怒”。坤为货财，为身。坤杀，故曰“以灭其身”。

履 **讦疑八子，更相欺绐。管叔善政，不见邪期。**

伏谦。震为子，坤卦数八，故曰“八子”。震为言，正反震，故曰“更相欺绐”。震为管，艮为叔，故曰“管叔”。坤为政，震为善，故曰“善政”。“管叔”者，管仲。言桓公死，诸公子为乱，管仲不及见也。

泰 **绊跳不远，心与言反。尼丘顾家，茅簟朱华。**

震为跳，伏巽为绳，故曰“绊跳”。坤近，故曰“不远”。坤为心。震为言，乾亦为言，震言与乾言相背，故曰“言反”。伏艮为尼丘，为家。巽为茅。兑为华，乾为大赤，故曰“朱华”。下二句，义未详，或有讹字。

否 **蜉蝣戴盆，不能上山。摇推跌跋，顿伤其颜。**

巽为虫，故曰“蜉蝣”。艮为戴，为盆，故曰“蜉蝣戴盆”。艮止，故不能上山。巽进退，故摇推跌跋。艮为颜，坤为伤。

同人 **朝露不久，为恩惠少。膏泽欲尽，咎在枯槁。**

通师。震为朝，坎为露。风散，故曰“不久”。震为恩惠，坎为膏泽。坤亡，故曰“少”，曰“尽”。离为枯槁。

大有 **河伯之功，九州攸同。载祀六百，光烈无穷。**

此用震象。震为伯，互坎，故曰“河伯”。互艮为州，震数九，重震，故曰“九州攸同”。震为百，坎数六，故曰“六百”。离为光也。按《竹书纪年》：谓夏祀前后共四百七十一年。后儒疑之。兹谓九州攸同，确谓禹也。载祀六百，谓禹食报之久也，较《竹书》更多。

谦 **三人北行，大见光明。道逢淑女，与我骥子。**

震为人，数三，故曰“三人”。坎为北。艮为光明，为道。坤女，震为淑，故曰“道逢淑女”。震为马，故曰“骥子”。

豫 **金精耀怒，带剑过午。徘徊高库，宿于木下。两虎相拒，弓弩满野。**

详《噬嗑之泰》。《河图帝览嬉》：月者，金之精。又，虎亦为金精。艮为虎。“两虎相拒”者，言正反艮相背也。高库，地名。《吕氏春秋》：出高库之兵以赋民。《越绝书》：高库在安成里，勾践藏兵之所。

随 **江河淮海，天之奥府。众利所聚，可以富有。乐我君子，百福是受。**

详《乾之观》。

蛊 **不虞之患，祸至无门。奄忽暴卒，病伤我心。**

详《蒙之明夷》。

临 **画龙头角，文章未成。甘言美语，说辞无名。**

详《蒙之噬嗑》。

观 **缺破不成，胎卵不生，不见兆形。**

详《晋之益》。

噬嗑 **旁行不远，三里复反。心多畏恶，日中止舍。**

震为行，艮止，故不远。艮为里，震为反，数三，故曰“三里复反”。坎为心，为畏恶。离为日，艮为止，为舍。

贲 **四颓不安，兵革为患。掠我妻子，家复饥寒。**

震数四。《说文》：颓，坠也，又坏也。司马相如《上林赋》：颓墙填堑。坎为破坏，故曰“四颓不安”。艮为兵革，坎为患。艮手为掠，震为子，伏巽为妻，故曰“掠我妻子”。艮为家。坎为寒，离虚，故曰“饥寒”。

剥 **喜来如云，嘉福盈门。众才君子，举家蒙欢。**

此兼用震象。震为喜，坎为云。震为嘉福。艮为门，为君子，为家。坎众，故曰“众才”。震乐，故曰“蒙欢”。

复 **载金贩狗，利弃我走。藏匿渊底，折毁为咎。**

详《随之革》。

无妄 **日中为市，各抱所有。交易赀贿，函珠怀宝，心悦欢喜。**

详《泰之升》。

大畜 **日趋月步，周遍次舍。经历致远，无有难处。**

乾为日，兑为月，震行，故日趋月步。震为周，艮为次舍。

颐 **阳明失时，阴凝为忧。主君哀泣，丧其元侯。**

艮为时，坤失乾伏，故曰“阳明失时”，曰“阴凝为忧”。坤为忧也。震为主，为君。震为乐，为歌，震反为艮，故曰“哀泣”。震为诸侯，为长，故曰“元侯”。坤为丧。

大过 **年衰岁暮。精魂游去。形容消枯，哀子相呼。**

乾为年岁，乾老，故曰“衰暮”。乾为精魂，大过死，故曰“精魂游去”。伏坤为形容，巽陨落，故消枯。伏震为子，坤忧，故曰“哀子”。兑口，故曰

"呼"。正反兑，故曰"相呼"。

坎 **少无功绩，老困失福。跂行徙倚，不知所立。**

艮为少，又为老。震为功绩，坎困，故无功，故失福。震为行，为徙倚，为立。上下坎，故不知所立。

离 **持心瞿目，善数摇动。自东徂西，不安其处。散涣府藏，无有利得。**

伏坎为心。重离，故曰"瞿目"。《礼·玉藻》：视容瞿瞿。注：瞿瞿，惊遽不审貌。巽风，故摇动。离东兑西。风散，艮为府藏，艮伏，故曰"散涣府藏"。巽为利，兑折，故无。

咸 **赍贝赎狸，不听我辞。系于虎须，牵不得来。**

详《需之睽》。

恒 **老狼白狏，长尾大胡。前颠却踬，无有利得。**

通益。艮为狼，为狏。《玉篇》：韩狏，天下俊犬。艮为尾，与巽连，故曰"长尾"。艮为须，故为胡。胡，领肉下垂也。《诗·豳风》：狼跋其胡。《毛传》：老狼有胡，进则躐其胡。故曰"前颠后踬"。乾为前。巽为颠，为利。却，退也。坤丧，故无利。

遁 **背地相憎，心志不同，如火与金。君猛臣慢，虎行兔伏。**

艮为背。伏坤为地，为心志。艮火乾金，火烁金，申不同与相憎之故也。乾君艮臣。艮虎，震为兔。震伏，故曰"兔伏"。

大壮 **夏台羑里，汤文厄处。鬼侯歠醢，岐人悦喜。**

详《颐之复》。

晋 **牙蘖生达，螳螂启户。幽人利贞，鼓翼起舞。**

此亦兼用震象。震为萌芽，为生，故曰"牙蘖生达"。兑为斧，为螳螂。艮为户。震为人，互坎，故曰"幽人"。艮止，故曰"利贞"。震为翼，为鼓，为启舞。

明夷 **烈女无夫，闵思苦忧。齐子无良，使我心愁。**

坤为女，震为夫。坤丧，故无夫。坤坎皆为思，为忧。伏巽为齐子。《诗·齐风》：齐子居止。传：文姜也。与其兄襄公通，故曰"无良"。坤为我，坎为心，为愁。

家人 **践履危难，脱厄去患。入福喜门，见我大君。**

此用震象。互坎为危难，上震，故践履危难。震出，故曰“脱厄去患”。震为福喜，互艮为门。伏巽，故曰“入”。震为君。

睽 **折臂接手，不能进酒。祈祀闲旷，神怒不喜。**

此仍用震象。互艮为臂，为手，坎为折，为矫輮，故曰“折臂接手”。手反接也，即反缚也。《史记·陈丞相世家》：至即命武士缚信，反接之。又《前汉·陈平传》：哙受诏，即反接槛车，诣长安。坎为酒，艮止，故不能进。震为言，故曰“祈祀”。坎隐伏，故日闲旷。言旷绝不祀也。震为神，为怒。

蹇 **蚁封户穴，大雨将集。鹊起数鸣，牝鸡叹室。相薨雄父，未到在道。**

此仍用震象。伏巽为蚁，艮为穴户。坎闭，故曰“封”。坎为雨，为集。震为鹊，为鸣。伏巽为鸡，艮为室。末二句，有讹字，故义未详。按，汉明帝祷雨，曾筮得此林，召沛献王辅诠叙其义。王，传京《易》者也。

解 **胡俗戎狄，太阴所积。固冰沍寒，君子不存。**

古者以戎狄为阴物，故《易林》皆以坤象戎狄。卦有重坎，坎为月。月者，太阴之精，故亦象戎狄。重坎，故曰“积”。坎为冰，为寒。艮为君子。上卦艮覆，故曰“不存”。

损 **翕翕輷輷，消颓崩颠。灭其令名，身不得全。**

坤震皆为车，而震为声，故曰“翕翕輷輷”。皆车声也。坤消。二至四艮山覆，故曰“崩颠”。艮为名，震淑，故曰“令名”。坤丧，故灭其令名。坤为身，坤死，故不得全。

益 **螟虫为贼，害我稼穑。尽禾弹麦，秋无所得。**

详《坤之革》。

夬 **三鸟飞来，自我逢时。俱行先至，多得大利。**

伏艮为鸟，数三，故曰“三鸟”。艮为时，坤为我。

姤 **龙马上山，绝无水泉。喉焦唇干，渴不能言。**

详《乾之讼》。

萃 **春生孳乳，万物蕃炽。君子所集，祸灾不至。**

伏震为春，为生。坤为孳乳，为万物。坤为多，故曰“蕃炽”。艮为君子。坤为集，为祸灾。

升 **王孙季子，相与为友。明允笃诚，升擢荐举。**

震为王，艮为孙，为少男，故曰“王孙季子”。兑为朋友。言舜举八元、八恺也。

困 **六明并照，政纪有统。秦楚战国，民受其咎。**

坎卦数六，互离，故曰“六明并照”。巽为纪，为统。兑西为秦。伏震为楚，为战。上艮，故曰“战国”。坎为众，为民。六明指六国。

井 **蝃蝀充侧，佞人倾惑。女谒横行，正道壅塞。**

详《蛊之复》。

革 **登昆仑，入天门。过糟丘，宿玉泉。同惠欢，见仁君。**

三字句。详《比之姤》。

鼎 **体重飞难，未能越关，不离空垣。**

通屯。坤为体，为重。坎陷，故难飞。艮为关，为垣。坤虚，故曰“空垣”。

艮 **玄黄虺颓，行者劳罢。役夫憔悴，逾时不归。**

详《乾之革》。

渐 **孔德如玉，出于幽谷，飞上乔木。鼓其羽翼，辉光照国。**

详《同人之坎》。

归妹 **火虽炽，在吾后。寇虽众，在吾右。身安吉，不危殆。**

详《大有之需》。

丰 **旃裘膻国，文礼不饰。跨马控弦，伐我都邑。**

详《豫之需》。

旅 **被发八十，慕德献服。边鄙不耸，以安王国。**

巽为发，兑数十，艮数八，故曰“被发八十”。伏震为德，坎为慕。此似言太公八十归周也。艮为边鄙，为国。伏震为王，故曰“王国”。

巽 **心得所好，口常欲笑。公孙蛾眉，鸡鸣乐夜。**

伏坎为心，为夜。互兑为口。伏震为笑，为公。艮为孙，故曰“公孙”。巽为蛾，为鸡鸣。艮为眉。坎为夜。《诗·卫风》：螓首蛾眉。皆状美人之貌。《齐风》：鸡既鸣矣。《毛传》云：鸡鸣而夫人作，朝盈而君作。皆遵《诗序》，思贤妃之说。兹云“乐夜”，与下匪鸡则鸣，苍蝇之声意合。然则焦谓此诗为荒淫乐夜之诗，与《毛序》异。

兑 **马能负乘，见邑之野。并获粱稻，喜悦无咎。**

伏震为马，为乘。艮为负，为邑，为野。巽为稻粱。兑悦。

涣 **高飞视下，贪饕所在。腐臭为患，害于躬身。**

艮为飞，上巽，故曰“高飞”。艮为视，坎为下。巽为臭腐。坎为患害。艮为身。

节 **东行西步，失其次舍。乾侯野井，昭君丧居。**

详《鼎之噬嗑》。

中孚 **神鸟五彩，凤凰为主。集于王谷，使年岁有。**

震为神，艮为鸟，巽卦数五，故曰“神鸟五彩”。震为主，艮为凤凰。艮为谷，震为王，故曰“王谷”。《一统志》：中条山有王官谷。卢思道《从驾玉照寺颂》：王谷虫篆。震为年岁。

小过 **石门晨门，荷蒉食贫。遁世隐居，竟不逢时。**

详《革之旅》。

既济 **齫齫啮啮，贫鬼相责。无有欢怡，一日九结。**

卦为三兑形，兑为牙齿，故曰“齫齫啮啮”。兑为口，故相责。坎为鬼。为忧，故不怡。离为日，数九。故一日九结。

未济 **白日扬光，雷车避藏。云雨不行，各止其乡。**

详《否之困》。

䷳ 艮上艮下 艮之第五十二

君孤独处，单弱无辅，名曰困苦。

互震为君，坎为孤。艮一阳在上，故为鳏，为独，为单弱。坎为困苦。

之乾 **忧惊已除，祸不为灾，安全以来。**

艮中爻坎，坎为忧。中爻震，震为惊。今艮之乾，坎与震象皆不见，故曰“忧惊已除，祸不为灾”。乾为福，故曰“安全”。

坤 **穿匏挹水，箒铁然火。劳疲力竭，饥渴为祸。**

艮为匏，今化坤，上爻拆，故曰“穿匏”。又艮卦坎为穿。坎水艮手，故曰“挹水”。艮为箒。箒，笼也。为铁，为火。夫穿匏挹水，箒铁然火，皆不能之事，故劳疲无功。坎为劳，为祸。坤虚，故饥。艮火，故渴。

屯 **蹇牛折角，不能载粟。灾害不避，年岁无谷。**

坤为牛，艮为角，上坎，故曰“蹇牛折角”。坤为载。震为粟，为谷。坤为年岁。为灾害。故无谷也。

蒙 **邑将为墟，居之忧危。**

坤为邑，坎破，故为墟，为忧危。

需 **根刖树残，华叶落去。卒逢火猋，随风僵仆。**

此仍用艮象。伏巽下断，故曰“根刖”，曰“树残”。伏兑为华，震为叶，巽陨，故曰“华叶落去”。艮为火，重艮，故曰“猋”。猋，音艳，火华也。班固《东都赋》：猋猋炎炎。巽风坎陷，故仆。

讼 **元后贪欲，穷极民力。执政乖互，为夷所覆。**

乾为君，故曰“元后”。坎为心，故曰“欲”。为劳，故曰“穷极民力”。伏坤为政，为乖，为夷狄。坤丧，故曰“覆”。

师 **北山有枣，使叔寿考。东岭多栗，宜行贾市。陆梁雌雉，所至利喜。**

此仍用艮象。艮为枣栗。下艮与坎连，故曰“北山”。上艮与震连，故曰“东山”。艮为叔，为寿。伏巽为贾市。离为雉。

比 **高原峻山，陆土少泉。草木林麓，嘉禾所炎。**

艮为高原峻山。坤为陆土，坎为泉。坎下乘坤土、艮火，故曰“少泉”。坤为品物，故曰“草木林麓”，曰“嘉禾”。艮为火，故曰“炎”。

小畜 **辰次降娄，王驾巡狩。广施德惠，国安无忧。**

通豫。艮居西北。“降娄”者，戌次，故曰“辰次降娄”。震为王，为巡狩，为德惠。坤为国，艮安。坤为忧，震出，故无忧。

履 **輷輷轠轠，岁暮偏弊。宠名损弃，君衰于位。**

通谦。震为车，为声，故曰“輷輷”。輷，车声也。而坤亦为车，故曰“轠轠”。轠，音雷，连属不绝也。坎为暮，坤为岁，故曰“岁暮”。巽为弊，故曰“偏弊”。艮为名，坤丧，故曰“损弃”。震为君，坤敝，故衰于位。艮为位也。

泰 **放衔委辔，犇乱不制。法度无恒，君失其位。**

互兑为衔，伏巽为辔。震出，故曰“放衔委辔”，曰“奔乱不制”。坤为乱也。乾君在下，故曰“失位”。

否 **独坐西垣，莫与笑言。秋风多哀，使我心悲。**

艮为坐，为垣。伏兑，故曰“西垣”。震为笑言，震伏，故莫与笑言。巽风，伏兑，故曰“秋风”。坤为心，为悲哀，为我。

同人 **胫急股挛，不可出门。暮速群旅，必为身患。**

伏震为胫，巽为股。巽风，故曰“急”。巽为绳，为系，故曰“挛”。挛，音恋，手足曲病也。乾为门，巽陨，故不可出门。伏坤为暮，为群，为身，为患。“暮速群旅”者，言使伴旅至暮戒备也。

大有 **情伪难知，使我偏颇。小人在位，虽圣何咎。**

通比。坎为心，又为隐伏，故曰“情伪难知”。坤为我。坎为邪曲，故曰“偏颇”。坤为小人，艮为位，故曰“小人在位”。坎为圣，为咎。

谦 **黍稷醇醲，敬奉山宗。神嗜饮食，甘雨嘉降。庶物蕃茂，时无灾咎。**

详《比之需》。

豫 **公子王孙，把弹摄丸。发辄有获，室家饶足。**

详《比之小畜》。

随 **阴升阳伏，舜失其室。慈母赤子，相喂不食。**

阴上阳下，故曰“阴升阳伏”。震为帝，故曰“舜”。艮为室，兑毁，故舜失其室。巽母，故慈。震子，艮纳丙，故曰“赤子”。震为食，正覆震，故曰“相喂”。以饭哺人曰喂。艮止，故不食。

蛊 **七窍龙身，造易八元。法天则地，顺时施恩，利以长存。**

详《谦之升》。

临 **逐狐东山，水遏我前。深不可涉，失利后便。**

详《蒙之蛊》。

观 **衔命辱使，不堪其事。中坠落去，更为负载。**

巽为命，伏兑，故曰“衔命”。坤为事。巽为陨落，故曰“中坠落去”。艮为负，坤车，故曰“载”。

噬嗑 **温仁君子，忠孝所在。入闺为仪，祸灾不起。**

震为温仁，艮为君子。坎为忠。伏巽为孝，为入。艮为闺，离为礼，故曰“入闺为仪”。离为祸灾，震解，故曰“祸灾不起”。

贲 **春多膏泽，夏润优渥。稼穑成熟，亩获百斛。师行失律，霸功不遂。**

震为春，离为夏。坎为膏泽，为优渥。震为稼穑。艮为成，为亩。震为斛，为百，故曰“亩获百斛”。师行二句，与上文不类，定为衍文。

剥 **二女同室，心不聊食。首发如蓬，忧常在中。**

艮为室，重坤，故曰“二女”。坤为心。兑为食，兑伏，故不食。艮为首，坤为忧。发象、蓬象，疑用坤。否则用遇卦艮象。艮中爻互震为蓬，为发。互坎为忧，为中。

复 **筑阙石巅，立基泉源。病疾不安，老孤为邻。**

此用艮象。艮为阙，为石，重艮，故曰“筑阙石巅”。互坎为泉，震为基，在坎上，故曰“立基泉源”。坎为疾病，为孤。艮为寿，故为老。震为邻也。

无妄 **欲避凶门,反与祸邻。颠覆不制,痛熏我心。**

乾为门,巽陨,故曰“凶门”。巽伏,故曰“避”。伏坤,故曰“祸邻”。震为邻也。巽陨,故曰“颠覆”。坤为心,为痛,为我。《艮·九三》云:厉熏心。林所本也。

大畜 **踧行窃视,有所畏避。狸首伏藏,以夜为利。**

此用艮象。互震为行,艮为视。互坎为险,故曰“踧行”。踧,敬畏不安之貌也。互坎为盗,故曰“窃视”。坎为伏,故曰“畏避”。艮为狸,为首。互坎,故曰“伏藏”。坎为夜。言狸利夜动也。又,狸首,逸诗篇名。《周礼·春官》:钟师凡射,王奏驺虞,诸侯奏《狸首》。按,此言乐节。狸,《周礼》、《礼记》皆作貍。《庄子》、《史记》皆作狸。《广韵》:狸,貍俗字。

颐 **人面鬼口,长舌为斧。斫破瑚琏,殷商绝后。**

震为人,艮为面,坤为鬼,震为口,故曰“人面鬼口”。伏兑为舌,为斧,巽为长,故曰“长舌为斧”。艮手,为斫。震为玉,故曰“瑚琏”。震为子,殷商子姓,而坤为杀为死,故曰“殷商绝后”。震为后也。

大过 **和气相薄,膏泽津液,生我嘉谷。**

兑悦,故曰“和”。正反兑,故曰“相薄”。兑水,故曰“膏泽津液”。巽为谷,乾为生。

坎 **销金厌兵,雷车不行,民安其乡。**

艮为金,艮火,故销金。艮为兵戈,艮止,故厌兵。震为车,为雷,艮止坎陷,故不行。坎为民,艮为乡,为安,故曰“民安其乡”。

离 **秦仪机言,解其国患。说燕下齐,作相以权。**

互兑为秦。离为礼,故曰“仪”。苏秦、张仪也。中爻正反兑,故曰“机言”。伏艮为国,坎为患,震为解,故曰“解其国患”。兑为说。说燕,指秦。下齐,指仪。兑为燕。巽为齐,为权。按,秦仪说齐燕,见《史记》。“作相以权”者,言秦为六国相,仪为秦相魏,皆权诈之事。下,犹服也。

咸 **旦奭辅王,周德孔明。越裳献雉,万国咸康。**

通损。震为旦,为奭,为王,为周孔。坤为裳,为雉,为万国。艮为安,故曰“咸康”。《史记》:周召秉政,越裳氏献白雉。

恒 **弱足刖跟，不利出门。贾市无盈，折亡为患。**

震为足，为跟。兑折，故弱足。初震爻下断，故曰“刖跟”。伏艮为门，足刖，故不利出门。巽为贾市。兑毁折，故不利也。

遁 **坚冰黄鸟，常哀悲愁。不见白粒，但睹藜蒿。数惊鸷鸟，为我心忧。**

详《乾之噬嗑》。

大壮 **魂微惙惙，属纩听绝。豁然大通，复更生活。**

详《明夷之恒》。

晋 **阴生麋鹿，鼠舞鬼哭，灵龟陆处。**

坤为阴。艮为麋鹿，为鼠。坤为鬼。震为笑歌，震反为艮，则哭泣矣。《中孚·六三》即如此取象也。离为龟，坤艮皆为陆，故曰“陆处”。

明夷 **诸石攻玉，无不穿凿。龙体具举，鲁班为辅。麟凤成形，德象君子。**

详《姤之大过》。诸石即监诸。

家人 **山作天时，陆为海口，民不安处。**

此用艮象。艮为天，为时，故曰“山作天时”。艮为陆，中爻坎为海，震为口。坎为民，坎陷，故不安。天时，疑皆讹。

睽 **东风启户，隐伏欢喜。氓庶蒙恩，复得我子。**

此仍用艮象。互震为东，伏巽，故曰“东风启户”。坎为隐伏，为氓庶。震为欢喜，为子。

蹇 **华灯百枝，消暗衰微。精光欲尽，奄如灰糜。**

详《随之大有》。

解 **三十无室，寄宿桑中。上宫长女，不得乐同，使我失期。**

《卫风》：期我乎桑中，要我乎上宫。淫奔诗也。此仍取艮象。互震数三，伏兑数十，坎为室，坎伏，故曰“三十无室”。坎为宿，震为桑，故曰“寄宿桑中”。艮为上，为宫，巽为长女。巽伏，故曰“不得乐同”。坎为失，艮为期。

损 **卵与石斗，糜碎无疑。动而有悔，出不得时。**

震为卵，艮为石。震艮相对，故曰“斗”。兑毁，故曰“糜碎”。震为动，坤为悔。艮为时。

益 **秦兵争强，失其贞良，败于殽乡。**

伏兑为秦，坤为兵。正反震，故曰“争强”。艮为贞良，坤丧，故曰“失”。艮山，故曰“殽乡”。《左传》：秦穆公违蹇叔，使孟明伐郑，败于殽。

夬 **虡除善疑，难为攻医。骥穷盐车，困于衔棰。**

虡除，即籧篨。籧、籧同。《尔雅》：籧篨，口柔。《诗·邶风》《毛传》云：籧篨，不能俯者。郭云：口柔之人，视人颜色，常亦不伏，因以为名。按《疏》：口柔之人，必仰面察人颜色而为辞，故曰善疑。虡除为生成之病，故不能攻治也。此仍用艮象。艮为虡除，互坎为疑。三至上正反艮，故曰“攻医”。坎陷，故难。互震为车，为马，兑为卤，故曰“盐车”，故曰“衔”。坎为困穷，故曰“骥穷盐车，困于衔棰”。棰，马策也。艮为小木，故曰“棰”。

姤 **操笱搏狸，荷弓射鱼。非其器用，自令心劳。**

此仍用艮象。艮为狸，艮手为操，为搏。伏离为笱，故曰“操笱搏狸”。艮为荷，坎为弓，震为射，伏巽为鱼。震为器。坎为心，为劳。笱，所以取鱼。弓矢，所以射狸。今施非物，故无功也。

萃 **葵丘之盟，晋献会行。见太宰辞，复为还舆。**

兑为华，艮山，故曰“葵丘”。兑为口，为巫，故曰“盟”。伏震为晋，为行。艮为官，故曰“太宰”。坤为舆，巽退，故曰“还舆”。按，《左传·僖九年》：会于葵丘。王使宰孔赐齐侯胙。既盟，宰孔先归，遇晋侯，曰，可无会也，晋将乱。晋侯乃还。

升 **膑诈庞子，夷灶书木。伏兵卒发，矢至如雨。魏师惊乱，将获为虏，涓死树下。**

刖足曰膑。巽下断，故曰“膑”。正反兑口，故曰“诈”。震为子，坤乱，故曰“庞子”。坤为夷，为釜，故曰“夷灶”。夷，平也。震为木，坤文，故曰“书木”。坤为兵，巽为伏，震出，故曰“伏兵卒发”。初四互坎，坎为矢，为雨。震为魏，为惊，坤为师，为乱，故曰“魏师惊乱”。震为主，为将。坤为死丧，巽为树。《史记·孙膑传》：膑率齐兵与魏鹿涓战，日减灶，佯退兵。

至马陵，道设伏，并斫树使白大书曰，庞涓死此树下。涓追至，钻火视书，忽万弩齐发，果被射死。公子卬被虏。

困 **南行出城，世得大福。王姬归齐，赖其所欲。**

伏贲。震为南，为行。艮为城，为世。震为福，为王，为姬，为归。巽为齐。《左传·庄二年》：王姬归齐，鲁为主。

井 **冬采薇兰，地冻坚难。利走室北，暮无所得。**

巽为臭，为草莽，故曰“薇兰”。坎为冬，为冰，故曰“地冻”。伏艮为坚，故曰“坚难”。坎为室，为北，巽为利，伏震为走，故曰“利走室北”。坎为暮，离虚，故无得。

革 **王乔无病，狗头不痛。亡屐失履，乏我送从。**

革伏蒙。艮为寿，故为仙人。王子乔，古仙人也。艮为狗，为头。坎为病痛，艮在上，出险，故不病痛。互震为屐履。坤为亡失，为乏。

鼎 **宛马疾步，盲师坐御。目不见路，中宵不到。**

通屯。震为马，为步。坎为疾，故曰“疾步”。屯初至五大离，故曰“盲”。坤为师，艮为坐，为御，故盲师坐御。震为大涂，坤坎皆为黑，故目不见路。坤为夜，坎为中，艮止，故中宵不到。

震 **求利难国，亡去我北。忧归其城，反为吾贼。**

中爻艮为求，为国；坎为难，伏巽为利，故曰“求利难国”。坎为北，为忧。艮为城，震为反，故曰“归城”。坎为盗贼。

渐 **比目四翼，安我邦国。上下无患，为吾喜福。**

通归妹。互离，兑卦数二，故曰“比目”。震为翼，卦数四，故曰“四翼”。本卦艮为邦国，艮安，故曰“安我邦国”。艮山，故曰“上”。兑泽，故曰“下”。坎为患，震出，故曰“无患”。震为喜福，艮为吾。

归妹 **八材既登，以成股肱。龙降庭坚，国无灾凶。**

伏巽为股，艮为臂，为肱。震为鸣，为毛羽，故曰“龙”。龙，多毛犬也。伏艮为庭，为坚，为国。互坎为灾凶，震解，故无。八材象，或以震居东方。

丰 **消弊穿空，家莫为宗。奴婢逃走，子西父东，为身作凶。**

巽陨落，故曰“消弊”。伏坎为穿。离虚，故曰“空”。伏艮为家，震为主，为宗。风散，故莫与为宗。艮为奴婢，艮伏，故曰“逃走”。震为子，兑西，故曰“子西”。震为父，故曰“父东”。伏艮为身，巽陨，故凶也。

旅 **鸟舞国城，邑惧卒惊。仁德不修，为下所倾。**

艮为鸟，为舞，为国城，为邑。伏坎为惧。震为惊，为仁德。震伏，故曰“仁德不修”。兑为下，兑毁，故曰“倾”。

巽 **五谷不熟，民苦困急。驾之南国，嘉乐有得。**

巽为谷，卦数五，故曰“五谷”。巽陨落，故不熟。伏坎为民，为困急。伏震为南，艮为国。

兑 **黄裳建元，福德在身。禄佑洋溢，封为齐君，富贵多孙。**

遇卦艮，互震为裳，为黄，为元，为福德、禄佑。艮为身。互坎，故曰“洋溢”。震为君，本卦互巽，故曰“齐君”。艮为贵，为孙。

涣 **齐东郭卢，嫁于洛都。骏良美好，利得过倍。**

详《坤之坎》。

节 **安床厚褥，不得久宿。弃我嘉宴，困于南国。投杼之忧，不成祸灾。**

艮为床，伏巽为褥。坎为宿，兑毁折，坎险，故不得久宿。兑食震嘉，故曰“嘉宴”。坎为困，震南，艮国，故曰“困于南国”。坎为机杼，为忧，为祸灾。《战国策》：有人与曾参同姓名，杀人。人告其母，不信。三告母，乃投杼而走。

中孚 **内崩身伤，中乱无常。虽有美粟，不我得食。**

卦中虚，故曰“内崩”。艮为身，兑为伤。巽为粟，震为嘉，故曰“美粟”。兑为食，上卦兑覆，故不得食。

小过 **出门逢患，与祸为怨。更相击刺，伤我指端。**

此仍用艮象。艮为门，震出。中爻坎为患，为祸，为怨。艮为击刺，三至上正覆艮相对，故曰“更相击刺”。艮为指，坎为伤。

既济 **出入节时，南北无忧。行者函至，在外归来。**

此仍用艮象。震出，伏巽为入，艮为时，故曰“出入节时”。震为南，坎为北，为忧。震为行，为归。艮为函。三至上震起，艮止，故曰“在外归来”。

未济 **公孙驾骊，载游东齐。延陵说产，遗季纻衣。**

此仍用艮象。震为公，艮为孙。震马，故曰“驾骊”。震为游，为东。伏巽为齐，故曰“东齐”。艮为山，为季子，故曰“延陵”。吴延陵季子也。震为生，为乐，故曰“悦产”。产，郑子产也。震为衣，为草莽，故曰“纻衣”。《左传》：吴季札至郑，见子产，如旧相识，与之缟带。子产献纻衣。

焦氏易林注卷十四

䷴ 巽上艮下 渐之第五十三

别离分散，长子从军。稚叔就贼，寡老独居，莫为种瓜。

巽陨落，故别离分散。震为长子，为争战。震伏，故曰“长子从军”。艮为少男，故曰“稚叔”。艮坎连，故曰“就贼”。巽为寡，艮为老，坎为孤独，故曰“寡老独居”。艮为果蓏，故曰“瓜”。

之乾 **旦种谷豆，暮成藿羹。心之所愿，志快意惬。**

详前。以其为乾卦，故再释之。此用渐象。伏震为旦。巽为谷豆，为藜藿。坎为暮，为羹。旦种暮食，言其速也。坎为心志。兑悦，故曰“快”，曰“惬”。

坤 **牡飞门启，忧患大解，不为身祸。**

坎为牡，艮为门，渐变坤中虚，故曰“牡飞门启”。坎为忧患，变坤，故曰“忧患大解”。坤为身，为祸，风散，故不为身祸。

屯 **东山西山，各自止安。虽相登望，竟未同堂。**

详《姤之坤》。艮山，震东坎西。艮为止，为望，为堂。震为登。

蒙 **众鸟所翔，中有大怪，九身无头。魂惊魄去，不可以居。**

详《否之同人》。丁云：郭璞《江赋》，奇鸧九头。《御览》，《典略》云：齐园有九头鸟，赤色似鸭，九头皆鸣。又引《岭表录异》云：鬼车入人家，炼人魂气。又《酉阳杂俎》亦云：鬼车十首，后为犬嚼落一首。

需 **交侵如乱，民无聊赖。追戎济西，敌人破阵。**

通晋。坤为乱，为民。坤丧，故民无聊赖。坤为戎。坎为西，坎水，故曰“济西”。坎为破，坤为师，故曰“破阵”。《左传·庄十八年》：追戎于济西，不言其来，讳之也。

讼 **麟凤所翔，国无咎殃。贾市十倍，复归惠乡。**

互离为文，故曰“麟凤”。伏坤为国。巽为贾市，为倍，坤数十，故曰“贾市十倍”。坤为乡，震为归，为惠。

师 **凿井求玉，非卞氏宝。身困名辱，劳无所得。**

互震为宝玉。坎为井，为困辱，为劳。坤为身，艮为名。二四艮覆，故曰“名辱”。

比 **文山鸿豹，肥腯多脂。王孙获愿，载福巍巍。**

陆佃《埤雅》：引郭璞曰，鸨似雁，无后趾，毛有豹文，亦名鸿豹。《易林》文山鸿豹，谓此也。坤为文，艮为山，为鸿，为豹，故曰“文山鸿豹”。伏乾为肥，坎为膏，为脂。艮为孙，伏乾，故曰“王孙”。艮山形长，故曰“巍巍”。

小畜 **周成之隆，刑措除凶。太宰费石，君子作人。**

通豫。震为周，艮为成。坎为刑法，坤为凶，艮止，故曰“刑措除凶”。艮为官，为石，故曰“太宰费石”。按，《左传·庄八年》：反，诛屦于徒人费。鞭之，见血。出，遇贼于门。袒而示之背，请先入。伏公而出，斗，死于门中。石之纷如死于阶下。费、石皆忠于襄公者，故下曰“作人”。艮为君子。

履 **珪璧琮璋，执贽见王。百里宁戚，应聘齐秦。**

详《需之井》。

泰 **穿空漏彻，破坏残缺。陶弗能冶，瓦甓不凿。**

伏巽为穿漏，兑为破缺。伏艮为火，故曰“陶冶”。破缺，故不能陶冶。艮为瓦甓，坤虚，故不必凿。

否 **鸿飞遵陆，公出不复，伯氏客宿。**

详《损之蹇》。

同人 **虾蟆群聚，从天请雨。云雷运集，应其愿所。**

详《大过之升》。

大有 **老弱无子，不能自理。为民所忧，终不离咎。管子治国，侯伯宾服。乘舆八百，尊我桓德。**

通比。坤为老弱。三至五震覆，故曰“无子”。坤为民，为咎。坎为忧。艮为终。离同罹。后四句与上文意不属，定为崔篆、虞翻等林辞所窜入者。

谦 **播梅折枝，与母别离，绝不相知。**

详《讼之谦》。播，种也，言折枝种于他处。“与母别离”者，言此枝与母树分离也。震为梅，为枝，为耕种。坤为母。丁宴《释文》引《说苑》，执一枝梅事为解，皆由播讹为蟠之误也。

豫 **盛中不绝，衰老复拙。盈满减亏，瘯瘰腯肥。郑昭失国，重耳兴起。**

震为盛，坎觅中。坤为老，为减亏。艮为节，故曰“瘯瘰”，曰“肥腯”。坎为郑，艮为光明，故曰“郑昭”。坎为失，坤为国，故曰“失国”。坎为耳，坤为重，震起，故曰“重耳兴起”。

随 **闻虎入邑，心欲逃匿。走据阳德，不见霍叔，终无忧慝。**

艮为邑，为虎，巽为入，兑为闻，故曰“闻虎入邑”。《战国策》：夫市无虎明矣，然而三人言而成市虎。巽为隐伏，故曰“逃匿”。震为走，艮纳丙，为山阳，故曰“走据阳德”。艮为叔，为山，故曰“霍叔”。巽伏，故不见。艮为终。丁宴所释，至为牵强，不可从。阙疑可也。

蛊 **随时逐便，不失利门。多获得福，富于封君。**

艮为时，震为逐。巽为利，艮为门，故曰“利门”。震为福，为君。

临 **禹作神鼎，伯益衔指。斧斤既折，憧立独坐。贾市不雠，枯槁为祸。**

详《小畜之益》。

观 **春鸿飞东，以马货金。利得十倍，重载归乡。**

详《比之中孚》。

噬嗑 **金齿铁牙，寿考宜家。年岁有余，贪利者得，虽忧无咎。**

艮为金铁，为寿考。伏兑为齿牙。震为年岁，为有余。伏巽为利。坎为忧，震解，故无咎也。

贲 **膏泽沐浴，洗去污辱。振除灾咎，更与福处。**

互坎，故曰“膏沐”，曰“洗去污辱”。离为灾，震为福。

剥 **履阶登墀，高升峻巍。福禄洋溢，依天之威。**

坤形似阶墀，而一阳在上，故曰“履阶登墀，高升峻巍”。伏乾为福禄，为天。坤水，故曰“洋溢”。

复 **坤厚地德，庶物蕃息。平康正直，以绥大福。**

坤为庶物。震为生，故曰“蕃息”。坤为平，为直。震为福。

无妄 **绝域异路，多所畏避。使我惊惶，思吾故处。**

伏升。坤为域，兑决，故曰“绝域”。震为大涂，巽为歧，故曰“异路”。巽伏乾惕，故曰“畏避”。坤为我，震为惊。

大畜 **襁褓孩幼，冠带成家。出门如宾，父母何忧。**

详《遁之恒》。兹取象旁通萃。

颐 **一寻百节，绸缪相结。其指诘屈，不能解脱。**

八尺曰寻，坤卦数八，故曰“一寻”。艮多节，坤为百，故曰“一寻百节”。伏巽为结。艮为指。震为解脱。下卦艮反，故曰“其指诘屈”。

大过 **鹰鹯猎食，雉兔困极。逃头见尾，为人所贼。**

通颐。艮为鹰鹯，震为食。坤文为雉，震为兔。正反艮，故曰“困极”。艮为头。在上，故曰“逃”。而下为覆艮，艮为尾，故曰“见尾”。本卦兑为见。巽为贼，震为人，坤杀，故曰“为人所贼”。贼，害也。

坎 **危坐至暮，请求不得。膏泽不降，政戾民忒。**

艮为坐，为请求。坎为暮。坎失，故不得。坎为膏泽，艮止，故不降。坤为政，为民。坎折坤，故政戾民忒。

离 **刚柔相呼，二姓为家。霜降既同，惠我以仁。**

详《家人之损》。

咸 **慈母念子，飨赐得士。蛮夷来服，国人欢喜。**

伏损。坤为慈母，为思念。震为子，为士。兑食，故曰“飨”。坤为夷狄，为国。震为人，为喜。

恒 **良夫孔姬，胁悝登台。柴季不扶，卫辄走逃。**

详《损之恒》。

遁 **子长忠直，李陵为贼。祸及无嗣，司马失福。**

互巽为长，为直，为桃李。艮山，故曰“李陵”。巽为贼。巽下断，故曰“无嗣”。乾为马，为福。阴消阳，故曰“司马失福”。谓司马子长因救李陵而被腐刑也。

大壮 **节度之德，不涉乱国。虽昧无光，后大受庆。**

伏艮为节。坤为乱，为国。坤伏，故曰“不涉乱国”。坤为黑，故曰“昧”，曰“无光”。震为后，乾为大。

晋 **驱羊南行，与祸相逢。狼惊我马，虎盗我子，悲恨自咎。**

伏兑为羊，离为南。中爻坎，故曰“与祸相逢”。艮为虎狼。坎为马，为盗。震为子，二至四震覆，故子为虎盗。坎为悲恨。

明夷 **尼父孔丘，善钓鲤鱼。罗网一举，获利万头，富我家居。**

震为陵，为父，为孔，为丘，故曰“尼父孔丘”。坤为鱼。离为罗网。坤为利，为万，坎为首，故曰“获利万头”。坎为室家，坤为富。

家人 **本根不固，华叶落去，更为孤妪。**

巽为枯，下断，故曰“本根不固”。伏震为华叶，巽陨落，故曰“华叶落去”。巽为寡，为妇，故曰“孤妪”。

睽 **设罟捕鱼，反得屠诸。员困竭忠，伍氏夷诛。**

此用渐象。互离为罔罟，巽为鱼，艮手为捕，故曰“设罟捕鱼”。坎为匕，为刺，故曰“屠诸”。言得屠者专诸也。坎为弓，为员，为忠。坎数五，巽颠陨，故曰“伍氏夷诛”。谓伍员也。《左传》：伍员进专诸于吴公子光。《吴越春秋》：专诸曰，王何好？光曰，好鱼炙。专诸乃去，从太湖学鱼炙。

蹇 **敏捷亟疾，如猿集木。彤弓虽调，终不能获。**

水流动，故曰“敏捷亟疾”。艮为猿，为木，坎为集，故曰“如猿集木”。坎为弓，为赤。故曰“彤弓”。艮为终。

解 **冠带南行，与福相期。邀于嘉国，拜位逢时。**

此用渐象。渐艮为冠，巽为带。互离，故曰“南行”。震为福，为嘉。艮为国，为拜，为时。

损 **年丰岁熟，政仁民乐，禄入获福。**

坤为年岁，为多，故曰“丰熟”。坤为政，为民。震为仁，为乐，为福禄。

益 **筑阙石颠，立基泉源。疾病不安，老孤无邻。**

详《艮之复》。

夬 **逐狐东山，水遏我前。深不可涉，失利后还。**

详《蒙之蛊》。

姤 **麟子凤雏，生长嘉国。和气所居，康乐温仁，邦多圣人。**

伏坤为麟凤。震为子，为雏，为生长。坤为国，为邦。震为乐，为仁。乾为圣人。

萃 **西行求玉，冀得瑜璞。反得凶恶，使我惊惑。**

兑为西，伏震为瑜璞，为玉，艮为求，故曰“西行求玉”。坤为凶恶，为忧惑。

升 **心狂老悖，听视聋盲。正命无常，下民多孽。**

坤为心，为老悖。《易》以兑为眇，二至四互兑，故曰“视盲”。初至四互大坎，故曰“听聋”。巽为命，巽进退不果，故曰“无常”。坤为民，为孽，为下，为多。

困 **南国少子，才略美好。求我长女，贱薄不与。反得丑恶，后乃大悔。**

详《比之渐》。此亦用渐象。

井 **逶迤高原，家伯妄施，乱其五官。**

伏艮为高原。伏震为伯，艮为家，故曰“家伯”。家伯，幽王臣，助王为虐者也。《诗·小雅》，家伯冢宰是也。离为乱，艮为官。互坎，卦数五，故曰“五官”。

革 **谢恩拜德，东归吾国，欢乐有福。**

震为恩德，艮为拜，为国。震为东，为反，故曰“东归吾国”。震为乐，为福。全用旁通象。

鼎 **鸡鸣同兴，思配无家。执珮持凫，无所致之。**

巽为鸡，为鸣，伏震为兴。艮为家，艮伏，故曰“无家”。艮为执持，为凫。震为玉，故曰“珮”。坤虚，故曰“无所致之”。《诗·郑风》：女曰鸡鸣，士曰昧旦。将翱将翔，弋凫与雁。又，知子之来之，杂珮以赠之。

震 **凶重忧累，身受诛罪，神不能解。**

坎为凶忧，为桎梏。艮为身，故曰“身受诛罪”。震为神，为解。坎陷，故不能解。

艮 **虎豹熊罴，游戏山谷。仁贤君子，得其所欲。**

详《谦之中孚》。

归妹 **海隅辽右，福禄所至。柔嘉蒙祉，九夷何咎。**

兑为海，为右。震居东北，故曰“辽右”。震为福禄，数九，故曰“九夷”。坎为夷也。

丰 **华首之山，仙道所游。利以居止，长无咎忧。**

详《谦之井》。

旅 **甲乙戊庚，随时转行。不失常节，萌芽律屈。咸达生出，各乐其类。**

详《噬嗑之坤》。

巽 **跛踬未起，失利后市，不得鹿子。**

伏震。震为起，坎蹇，故跛踬。巽为利市，坎为失，震为后，故曰“失利后市”。震为鹿，为子，风散，故不得。

兑 **怙恃自负，不去于下。血从地出，诛罚失理。**

伏艮为负。二阳皆在上，故曰“不去于下”。言有所恃，不肯居下也。《诗》曰：无父何怙，无母何恃。坎为血，居重阴之间，故曰“血从地出”。坎为刑罚。

涣 **江河淮海，天之都市。商人受福，国家饶有。**

详《谦之小畜》。

节 **节情省欲，赋敛有度。家给人足，且贵且富。**

坎为情欲，艮止，故曰“节”，曰“省”。坎为聚，故曰“赋敛”。度，《说文》：法制也。坎为法，故曰“有度”。艮为家，震为人。艮贵震富。

中孚 **蛙池鸣呴，呼求水潦。云雨大会，流成河海。**

巽为蛙，兑为池，震为鸣呼。伏大坎为潦，为云雨，为河海。

小过 **日月之涂，所行必到，无有患故。**

艮为日，兑为月。震为大涂，为行。震乐，故无有患故。

既济 **乘风而举，与飞鸟俱。一举千里，见吾爱母。**

详《明夷之鼎》。

未济 **阴配阳争，卧木反立。君子攸行，丧其官职。**

卦三阳三阴，故曰“阴配阳争”。言阴盛与阳争也。昭帝元凤三年春，上林有柳树，枯僵自起生。故曰“卧木反立”。时眭孟言僵柳复起，将有匹夫为天子者，被诛。三四句亦似指其事。

䷵ 震上 兑下 归妹之第五十四

坚冰黄鸟，常哀悲愁。不见白粒，但睹藜蒿。数惊鸷鸟，为我心忧。

详《乾之噬嗑》。

之乾 **荆木冬生，司寇缓刑。威权在下，国乱且倾。**

此仍用遇卦象归妹。上震为荆木，为生。坎为冬，故曰“冬生”。坎为寇，为刑。震生，故曰“缓刑”。伏艮为国，离为乱，故曰“国乱且倾”。

坤 **喘牛伤暑，不能耕亩。草莱不辟，年岁无有。**

《世说》：满奋曰，臣犹吴牛，见月而喘。盖吴牛畏暑，见月以为日，故喘也。又，《汉书·丙吉传》：见牛喘吐舌而问之。此用遇卦归妹象。离为牛，震声，故曰“喘牛”。离为夏，故曰“伤暑”。震为草莱，为年岁。坎折兑毁，故无有。

屯 **鱼欲负流，众不同心，至德潜伏。**

坤为鱼，艮为负，坎为流。坤上艮，艮上坎，故曰“鱼欲负流”。坤为众，坎为心。震起艮止，故不同心。震为德。坎隐，故曰“潜伏”。

蒙 **春耕有息，秋入利福。献豜私豵，以乐成功。**

互震为春，为耕，为生，故曰“有息”。伏兑为秋，伏巽为入，为利，震为福，故曰“秋入利福”。《诗·豳风》，言私其豵，献豜于公。传：豕一岁曰豵，三岁曰豜。坎为豕，艮手为献。艮为小，坎隐，故曰“私豵”。震为乐，为功，艮为成。

需 **生有圣德，上配太极。皇灵建中，授我以福。**

详《家人之需》。

讼 **右抚琴头，左手援带。凶讼不已，相与争戾，失利而归。**

此似用归妹象。兑为右，坎为首，震为乐，故曰“右抚琴头”。震为左，伏艮为手，为援，巽为带，故曰“左手援带”。兑口震言，故曰“讼”，曰“争”。巽为利。坎失，故曰“失利”。

师 **炙鱼棝斗，张伺夜鼠。舌不忍味，机发为祟，笮不得去。**

详《井之坎》。棝，依丁校。宋、元本作枯。汲古作拈。卦旁通同人。巽为鱼，下离，故曰“炙鱼”。坤为闭，故曰“棝斗”。震为斗也。

比 **申酉脱服，牛马休息。君子以安，劳者得欢。**

坤位申，坎位酉。服，犹驾也。坤为牛，坎为马。艮止，故脱服而休息也。艮为君子，为安。坎为劳，五统群阴，故曰“得欢”。

小畜 **尧问尹寿，圣德增益。使民不疲，安无怵惕。**

详《遁之随》。尹寿，人名。《新序》：尧学乎尹寿。

履 **孤公寡妇，独宿悲苦。目张耳鸣，莫与笑语。**

详《讼之归妹》。巽为寡。乾父，故曰“孤公”。

泰 **外得好畜，相与嫁娶。仁贤集聚，咨询厥事。倾夺我城，使家不宁。**

坤为养，为畜，在上，故曰“外得好畜”。震为嫁，为娶，为仁贤。为言，故曰“咨询”。坤为集聚。艮为城，为家。三五艮覆，故曰“倾城”，曰“家不宁”。按,《上六》“城复于隍”,即谓三至上艮覆也。

否 **煎砂盛暑,鲜有不朽。去河千里,败我利市。老牛盲马,去之何悔。**

艮为砂,为火,故曰“煎砂”。候卦乾在巳,巽后天亦居巳,艮火,故曰“盛暑”。巽为朽,为利市。坤为河,为千里,为我,为败,为老牛。乾为马,坤迷,故曰“盲马”。

同人 **甲乙戊庚,随时转行。不失常节,萌芽律屈。咸达出生,各乐其类。**

详《渐之旅》。

大有 **衣宵夜游,与君相遭。除解烦惑,使心不忧。**

乾为衣。《说文》:衣,依也。伏坤为帛,故曰“衣宵”。宵、绡同。《士昏礼》:宵衣。注:宵读为《诗》素衣朱绡之绡。绡,绮属也。又,《特牲馈食礼》:主妇宵衣南面。郑注:宵,绮属也。此衣染之以黑,其缯本名曰宵。《诗》有素衣朱宵,《记》有玄宵衣。然则“衣宵夜游”者,即衣锦夜游也。伏坎为夜。乾为君。坎为心,为忧惑。坎伏,故解除。

谦 **死友绝朋,巧言为谗。覆白污玉,颜叔哀喑。**

艮为朋友,坤为死,故曰“死友绝朋”。正反震,故曰“巧言”,曰“谗”。震为白,为玉,坤黑,故曰“覆白污玉”。艮为颜,为少子,故曰“颜叔”。坎为悲哀。颜叔未详。

豫 **逐利三年,利走如神。展转东西,如鸟避丸。**

震为逐,伏巽为利。坤为岁,震数三,故曰“三年”。震为神,为东。坎位西,为丸,为隐伏。艮为鸟,故曰“如鸟避丸”。

随 **堤防坏决,河水泛溢。伤害禾稼,君孤独宿,没溺我邑。**

艮为堤防。兑附决,故曰“坏决”。互大坎,故曰“河水泛溢”。震为禾稼,兑毁折,故曰“伤害禾稼”。震为君,坎为孤,坤为寡,故曰“君孤独宿”。艮为邑。

蛊 **阴阳隔塞,许嫁不答。旄丘新台,悔往叹息。**

详《晋之无妄》。旄,无妄作宛。宛丘,陈诗。旄丘,卫诗。姑两存之。

临 **伯夷叔齐，贞廉之师。以德防患，忧祸不存。**

详《泰之乾》。

观 **阳为狂悖，拔剑自伤，为身生殃。**

详《明夷之井》。

噬嗑 **进士为官，不若服田，获寿保年。**

艮为官。震为士，为进，故曰“进士”。艮为田，为寿，为保。震为年。

贲 **耕石不生，弃礼无名。缝衣失针，襦袴不成。**

震为耕，上艮，故曰“耕石”。离为礼，艮为名，坎隐伏，故曰“弃礼”，曰“无名”。震为衣，坎为针，伏巽绳，故曰“缝衣”。坎失，故曰“失针”。震为襦，伏巽为袴。坎破，故不成。

剥 **灵龟陆处，一旦失所。伊子复耕，桀乱无辅。**

艮龟，处坤上，故曰“陆处”。

复 **室当源口，漂溺为海。财产殚尽，衣食无有。**

坤水，故曰“漂溺”。

无妄 **鸡方啄粟，为狐所逐。走不得食，惶惧喘息。**

巽为鸡。震为粟，为逐。艮为狐。乾惕，故曰“惶惧”。

大畜 **家在海隅，桡短流深。岂敢惮行，无木以趋。**

详《观之明夷》。

颐 **他山之错，与璆为仇。来攻吾城，伤我肌肤，国家骚忧。**

艮为山，为错。《禹贡》：厥贡磬错。注：治玉之石曰错。《诗·小雅》：他山之石，可以为错。惟错玉，故曰“与璆为仇”。璆亦玉也。坤为仇，为城，为国，为伤。艮手为攻，为肌肤，为家。坤为忧也。

大过 **弊镜无光，不见文章。少女不嫁，弃于其公。**

离为镜，卦上下皆半离，故曰“弊镜”。互大坎，故无光。坤为文章，坤伏，故曰“不见文章”。巽为少女。震为归，为嫁，为公。震伏，故曰“不嫁”，曰“弃于其公”也。《易·大过》以巽为少女，兑为老妇，故《易林》本之。

坎 **大蛇巨鱼，相搏于郊。君臣隔塞，戴公庐漕。**

详《噬嗑之讼》。

离 **绝世无嗣，福禄不存。精神涣散，离其躬身。**

艮为世，震为子。艮震皆伏，而兑为附决，故曰“绝世无嗣”，曰“福禄不存”。震又为福禄也。震为精神，互巽风，故曰“涣散”。艮为身，艮伏不见，故曰“离”。

咸 **文君之德，养人致福。年无胎夭，国富民实。忧者之望，曾参盗息。**

通损。坤为文。震为德，为君，为人，为福。坤为养，为年岁。震为胎，坤为死，为夭，震福故无。坤为国民，为富实。下二语有讹字，难解。

恒 **合欢之国，喜为我福。东岳南山，朝跻成恩。**

通益。坤为国，初至五正反震相对，故曰“合欢之国”。震为东，又为南，上艮，故曰“东岳南山”。震为朝，为跻，为恩德。案，《周礼·眂祲》，注云:隮，虹也。鄘风，朝隮于西，崇朝其雨。《疏》亦训隮为虹，言虹见于西方，则雨气应也。隮、跻同字。然《易林》数见，皆作跻。“朝跻成恩”者，言山岳虹见雨应，以成其恩泽也。

遁 **忧人之患，履悖易颜，为身祸残。率身自守，与喜相抱。长子成老，封受福祉。**

乾为畏惕，故曰“忧患”。伏震为履，坤为悖，艮为颜。坤为身，为祸。艮为守，为抱。震为喜，为长子。坤为老。后四句与前三句吉凶相反，定为衍文。本林至第三句而止。

大壮 **太公避纣，七十隐处。卒逢圣文，为王室辅。**

详《明夷之坤》。

晋 **江汉上流，政逆民忧。阴代其阳，雌为雄公。**

互坎为水，坤亦为水，为江汉，为流。坤为政，为民，逆行，故曰“政逆民忧”。坎为忧也。坤为阴，为雌。五阳位，阴居之，故曰“代阳”，曰“雌为雄”。

明夷 **缩绪乱丝，举手为灾。越亩逐兔，丧其衣裤。**

伏巽为绪，为丝。震为反，故曰“缩绪”。坤乱，故曰“乱丝”。坤为亩，为丧。震为兔，为越，为衣。伏巽为裤，坤丧，故曰“丧其衣裤”。

家人 **臭彘腐木，与狼相辅。亡夫失子，忧及父母。**

巽为臭，坎豕，故曰“臭彘”。巽为木，为腐。狼象未详。震为夫，为子，震伏，故曰“亡失”。坎为忧，巽为母，伏震为父。

睽 **刲羊不当，女执空筐。兔跛鹿踦，缘山坠堕，谗佞乱作。**

此用归妹象。上二句，《归妹·上六》意也。兑为羊，坎为刺，故曰“刲羊”。兑为女，震为筐，震虚，故曰“女执空筐”。震为兔，为鹿，互坎，故曰“跛踦”。伏艮为山，伏巽为坠堕。兑口震言，故曰“谗佞乱作”。

蹇 **拔剑伤手，见敌不喜。良臣无佐，困忧为咎。**

艮为剑，为手，坎为伤，故曰“拔剑伤手”。坎忧，上坎，中爻坎，坎遇坎为敌，故曰“见敌不喜”。离为见。坎病，故不喜。艮为臣，为佐，坎为孤，故曰“无佐”。坎为困忧。《艮·彖传》云“上下敌应”，即以艮见艮为敌也。

解 **三羖五牂，相随俱行。迷入空泽，循谷直北。径涉六驳，为所伤贼。**

详《无妄之观》。

损 **争鸡失羊，亡其金囊，利得不长。陈蔡之患，赖楚以安。**

详《恒之夬》。

益 **三骊负衡，南取芷香。秋兰芬馥，盈满神匮，利我仲季。**

震为马，数三，故曰“三骊”。艮为负，为衡。巽为香，为兰芷。震为南，故曰“南取”。伏兑为秋，故曰“秋兰”。震为神，为匮。坤多，故曰“盈满”。巽为利，艮为季。

夬 **孟夏己丑，哀呼尼父。明德讫终，乱虐滋起。**

详《睽之恒》。

姤 **履不容足，南山多叶。家有芝兰，乃无病疾。**

震为履，为足。震伏，故不容足。乾为山，为南。巽为芝兰。坤为疾病，坤伏，故无。

萃 三足无头，不知所之。心狂睛伤，莫使为明，不见日光。

伏震，故曰“三足”。乾为头，乾伏，故曰“无头”。三至上正反震，故曰“不知所之”。坤为心，巽风，故曰“心狂”。兑为半离，《易·履》卦谓之眇，故此曰睛伤。艮为日，为光。互巽为伏。故曰“不见”。

升 载尧扶禹，松乔彭祖。西过王母，道路夷易，无敢难者。

详《师之离》。

困 式微式微，忧祸相绊。隔以岩山，室家分散。

详《小畜之谦》。

井 灵龟陆处，一旦失所。伊子复耕，桀乱无辅。

详剥林。

革 仁德覆治，恩及异域。泽被殊方，祸灾隐伏。蚕不作室，寒无所得。

通蒙。震为恩德。坤为异域，为殊方。兑为恩泽。坤为祸灾，坎为隐伏。巽为蚕。坎为室，坎伏，故曰“不作室”。坎为寒。室，茧也。

鼎 夏麦䴷麸，霜击其芒。疾君败国，使年夭伤。

详《泰之贲》。

震 火虽炽，在吾后。寇虽多，在吾右。身安吉，不危殆。

详《大有之需》。

艮 辽远绝路，客宿多悔。顽嚚相聚，生我畏恶。

详《明夷之小畜》。

渐 悬悬南海，去家万里。飞兔腰袅，一日见母，除我忧悔。

详《晋之坎》。

丰 困而后通，虽厄不穷。终得其愿，姬姜相从。

震为姬，巽为姜。

旅 西贾巴蜀，寒雪至毂。欲前不得，还反空屋。

详《家人之解》。

巽 **新作初陵，烂陷难登。三驹摧车，蹶顿伤颐。**

伏艮为陵。巽为烂，伏震为登，坎陷，故难登。震为驹，数三，坎破，故曰“三驹摧车”。伏坎为蹇，初至四互颐，故曰“蹶顿伤颐”。

兑 **延颈望酒，不入我口，深目自苦。利得无有，幽人悦喜。**

详《无妄之大畜》。

涣 **仲春孟夏，和气所舍。生我嘉福，国无残贼。**

坎为仲，互震，故曰“仲春”。对卦离为夏，震为长，故曰“孟夏”。坎为和。震出，故曰“舍”。震为生，为嘉福。艮为国。坎为贼，风散，故无贼。舍，发也。

节 **张网捕鸠，兔离其灾。雌雄俱得，为罝所贼。**

通旅。离为网，为鸠，艮为捕。震为兔，旅下卦震覆，故曰“兔罹其灾”。离、罹通用。艮为雄，互巽为雌，离罝在上，故曰“雌雄俱得”。巽为贼也。

中孚 **三人俱行，一人言北。伯仲欲南，少叔不得。中路分争，道斗相贼。**

详《剥之巽》。

小过 **然诺不行，欺绐误人。使我露宿，夜归温室。神怒不直，鬼击其目。欲求福利，适反自贼。**

详《恒之观》。

既济 **陈辞达诚，使安不倾。增禄益寿，以成功名。**

详《明夷之晋》。

未济 **火烧公床，破家灭亡。然得安昌，先忧重丧。**

半艮为床。重离，故曰“烧”。坎为破，为忧。

䷶ 震上离下 丰之第五十五

诸孺行贾，经涉山阻。与狄为市，不忧危殆，利得十倍。

孺，《说文》：乳子也。震为子，兑少。诸，《尔雅·释诂》：诸诸便便，辩也。震为言，故曰"诸孺"。震为商贾，故曰"行贾"。伏艮为山。兑为狄。按，《吕览》：有西翟。翟、狄通用。《周语》，自窜于戎翟之间是也。《尔雅注》称，东夷、西戎、北狄。然观各书，戎狄于西北实不分。故林以兑西为狄也。巽为市。坎为忧，坎伏，故不忧不殆。巽为利，为倍。兑数十，故曰"十倍"。林意言诸孺行贾，当危殆而竟得利也。

之乾 **鼎足承德，嘉谋生福。为王开庭，得心所欲。**

详《晋之大壮》。

坤 **曳纶江海，钓鲂与鲤。王孙列俎，以飨仲友。**

此用丰卦。互巽为纶，兑为江海。巽为鱼，故曰"鲂鲤"。伏艮为王孙，伏震为俎。兑食，故曰"飨"。兑为朋友，伏坎，故曰"仲友"。

屯 **东山皋落，叛逆不服。兴师征讨，恭子败覆。**

艮山，震东。皋，亦小山，故曰"东山皋落"。皋落，赤狄别种。坤为叛逆，为师。震为征讨，为子。坤顺，故曰"恭子"。坤为败覆。恭子，太子申生也。《闵二年》：晋侯使太子申生伐东山皋落氏。后申生卒，被谮死。

蒙 **千里骍驹，为王服车。嘉其丽荣，君子有成。**

坤为千里，震马，故曰"千里骍驹"。震为王，为车，为荣。艮为君子，为成。为王服车，即为王驾车也。

需 **二龙北行，道逢六狼。莫宿中泽，为祸所伤。**

乾为龙，兑卦数二，故曰"二龙"。坎北，故曰"北行"。伏艮为道，为狼，坎数六，故曰"六狼"。坎为莫，为宿，兑为泽。坤为祸。

讼 **天灾所游，凶不可居。转徙获福，留止危忧。**

乾为天，离为灾凶。伏震为转徙，为福。坎陷，故曰“留止”。坎为危，为忧也。

师 **狐狸雉兔，畏人逃去。分走窜匿，不知所处。**

详《益之解》。

比 **雨师娶妇，黄岩季女。成礼既婚，相呼南去。膏润田里，年岁大喜。**

详《损之益》。

小畜 **外栖野鼠，与雉为伍。疮痍不息，即去其室。**

伏坎为鼠，离为雉。坎离夫妇，故曰“为伍”。伏艮为疮痍，坤死，故不息。坎为室，震为去。言将死而去其室也。

履 **天命绝后，孤阳无主。彷徨两社，独不得酒。**

乾天巽命，巽下断，故曰“绝后”。乾阳巽寡，故阳孤。震为主，震伏，故曰“无主”。伏坤为社，兑卦数二，故曰“两社”。元本注：春社、秋社也。坎为酒，坎伏，故不得酒。古者社祭饮食宴乐，故曰“得酒”。或谓周社亳社，亦为两社。然下曰得酒，似指春秋社祭也。

泰 **鹄思其雄，欲随凤东。顺理羽翼，出次须日。中留北邑，复反其室。**

详《需之离》。

否 **蝼蛇九子，长尾不殆。均明光泽，燕自受福。**

巽为蛇，震数九，故曰“九子”。艮为尾，巽为长，故曰“长尾”。乾大明，艮光明，故曰“均明光泽”。伏兑为燕，乾为福。殆，音以。

同人 **日走月步，趋不同舍。夫妻反目，君主失国。**

详《小畜之同人》。

大有 **定房户室，枯薪除毒。文德渊府，害不能贼。**

通比。艮为星，艮止，故曰“定”。定，星名也。房、方通用。《诗·小雅》：既方既阜。《郑笺》：方，房也。定方者，离乾皆在南，坎坤皆在北。《鄘诗》：定之方中，作于楚宫。言定星中，四方定，可作宫作室也。艮为室。坤为毒，为薪，离为枯。“枯薪除毒”者，按《管子》：萩室熯造，注：熯，谓火干之也。三月之时，阳气盛发，易生瘟疫，楸树郁臭以辟毒气，故烧之于新造之室，以为禳祓。枯薪除毒即此事也。离为文。坤为渊，为府，为害。坎为贼。

谦 **齐东郭卢，嫁于洛都。骏良美好，利得过倍。**

详《坤之坎》。

豫 **病笃难医，和不能治。命终期讫，下即蒿里。**

详《临之益》。

随 **开廓绪业，王迹所起。姬德七百，报以八子。**

定四年，武王之母弟八人。又，卜年七百。震为开廓。为王，为足，故曰“王迹”。震为姬，数七，故曰“姬德七百”。艮数八，故曰“八子”。

蛊 **丰年多储，河海饶鱼。商客善贾，大国富有。**

震为年，艮止，故曰“储”。巽为鱼，兑泽，故曰“河海饶鱼”。巽为商贾。艮为国，震为富。

临 **鹄求鱼食，过彼射邑。缯加我颈，缴挂羽翼。欲飞不能，为羿所得。**

震为鹄，为口，坤为鱼，故曰“鹄求鱼食”。坤为邑，震为射，故曰“射邑”。伏巽为缯缴，伏艮为颈。震为羽翼，为飞。坤闭兑折，故不能飞。坤恶，故曰“羿”。坤丧，故为所得。

观 **望城抱子，见邑不殆。公孙上堂，文君悦喜。**

艮为望，为城，为抱。坤为邑，为文。艮为孙，为堂。伏震为君，故曰“文君”。伏震为喜，兑为悦。

噬嗑 **左指右麾，邪淫侈靡。执节无良，灵君以亡。**

震左坎右，艮手为指麾。坎为邪淫，震富，故曰“侈靡”。艮为执，为节。震为君。坎为棺椁，故曰“亡”。灵君谓陈灵公，通夏姬，为夏微舒所弑也。

贲 **日中为市，各持所有。交易资贿，函珠怀宝，心悦欢喜。**

详《泰之升》。

剥 **山没丘浮，陆为水鱼，燕雀无庐。**

艮为山丘，在坤水上，故曰"山没丘浮"。艮为陆，坤为水，为鱼，故陆为水鱼。艮为庐，伏兑为燕雀。水大，故庐圮也。

复 **马服长股，宜行善市。蒙佑谐偶，获利五倍。**

震为马，伏巽为长，为股。服，犹驾也。巽为市。马而长股，必得善市。伏巽为市，为利，为倍。巽卦数五，故曰"获利五倍"。

无妄 **三狸捕鼠，遮遏前后。死于圜城，不得脱走。**

详《离之遁》。

大畜 **鬼舞国社，岁乐民喜。臣忠于君，子孝于父。**

伏坤为鬼，为国，为社，震为舞。乾为年岁，坤为民，震为喜乐。乾为君父，艮为臣，震为子。坤顺，故曰"孝"，曰"忠"。

颐 **慈母望子，遥思不已。久客外野，我心悲苦。**

详《咸之旅》。

大过 **雨师娶妇，黄岩季女。成礼既婚，相呼南去。膏泽田里，年岁大喜。**

坎 **两狗同室，相啮争食。枉矢西流，射我暴国。高宗鬼方，三年乃服。**

艮为狗，为室，中爻正反艮，故曰"两狗同室"。震为口，为食，正反震相对，故曰"相啮"，曰"争食"。坎为矢，为曲屈，故曰"枉矢"。枉矢，星名。《史记·天官书》：枉矢如大流星。坎位西，故曰"西流"。震为射。艮为国，震健躁，故曰"暴国"。震为宗，坎为鬼。震为年，数三，故曰"三年"。

离 **早霜晚雪，伤禾害麦。损功弃力，饥无可食。**

详《离之蛊》。

咸 **腐臭所在，青蝇集聚。变白为黑，败乱邦国。君为臣逐，失其宠禄。**

巽为腐臭，为青蝇。青蝇，《小雅》篇名，戒王信谗也。伏坤为集聚。巽为白，为败乱。艮黔，故曰"黑"。艮为邦国，为臣。乾为君，在艮外，故曰"君为臣逐"。乾为宠禄，兑毁折，故曰"失"。

恒 **牵羊不前，与心戾旋。闻言不信，误给丈人。**

兑为羊。震为后，故曰“不前”。伏坤为心。正反兑，故曰“戾旋”。戾旋，不合也。兑口为言，正反兑，故曰“不信”。兑为耳，故曰“闻”。《夬·九四》，闻言不信，以兑口与乾言背也。恒二至四，与夬体同也。不信，故曰“误给”。震为丈人。

遁 **甘忍利害，还相克贼。商子酷刑，鞅丧厥身。**

互巽为利，巽陨落，故曰“害”。巽伏，故曰“贼”。言甘于利害，还自贼也。巽为商贾，故曰“商子”。伏坤为酷，坤杀，故曰“酷刑”。坤为身，为丧，故曰“鞅丧厥身”。言商鞅用酷刑，终自害也。巽为绳，为鞅。《说文》：鞅，颈系也。

大壮 **刲羊不当，血少无羹。女执空筐，不得采桑。**

晋 **龃龃啮啮，贫鬼相责。无有欢怡，一日九结。**

详《震之既济》。

明夷 **两足四翼，飞入嘉国。宁我伯姊，与母相得。**

详《贲之同人》。

家人 **文山紫芝，雍梁朱草。生长和气，王以为宝。公尸侑食，福禄来处。**

详《师之夬》。

睽 **绝世游魂，福禄不存。精神涣散，离其躬身。**

互坎为魂。兑决，故曰“绝”。震为福禄，为精神。兑折震，故曰“福禄不存”，曰“精神涣散”。艮为身，艮伏，故曰“离”。京房以七世卦为游魂卦。《系辞》云：精气为物，游魂为变。郑云：九六为游魂。

蹇 **北辰紫宫，衣冠立中。含和建德，常受大福。**

详《坤之解》。

解 **伯蹇叔盲，莫为守装。失我衣裘，代尔阴乡。**

详《鼎之离》。

损 **两女共室，心不聊食。首发如蓬，忧常在中。**

详《艮之剥》。

益 **去辛就蓼，毒愈酷甚。避穽遇坑，忧患日生。**

《说文》：蓼，辛菜。震为草莽，故曰"蓼"。震纳庚，巽纳辛，庚辛西方，味辛，故曰"去辛就蓼"。《诗·周颂》：自求辛螫。未堪家多难，予又集于蓼。坤为毒，为酷。兑为穽，兑伏，故曰"避穽"。坤为渊，故曰"坑"，曰"忧患"。震生，艮为日，故曰"日生"。

夬 **初病终凶，季为死丧，不见光明。**

通剥。坤为病，坤死，故曰"凶"，曰"丧"。艮为终，为季，为光明。坤黑，故不见。

姤 **三鸟飞来，是我逢时。俱行先至，多得大利。**

详《同人之大有》。

萃 **鹿食山草，不思邑里，虽久无咎。**

伏震为鹿，兑食，艮山，巽草。坤为思，为邑里。艮为久。

升 **羊肠九萦，相推稍前。止须王孙，乃能上天。**

详《履之师》。

困 **管仲遇桓，得其愿欢。胶目启牢，振冠无忧。笑戏不庄，空言妄行。**

井 **桀跖并处，民困愁苦。旅行迟迟，留连齐鲁。**

详《复之离》。

革 **魂孤无室，衔指不食。盗张民馈，见敌失肉。**

乾为魂，巽为寡，故曰"魂孤"。坎为室，坎伏，故无室。兑为衔，为食，伏艮为指。伏坤为闭，故不食。伏坎为盗，坤为民。民畏盗，故馈之。坎为肉，坤丧，故失肉。

鼎 **谗言乱国，覆是为非。伯奇乖离，恭子忧哀。**

详《巽之观》。

震 **卫侯东游，惑于少姬。亡我考妣，久迷不来。**

详《乾之升》。

艮 鸡鸣同兴，思配无家。执佩持凫，莫使致之。

详《渐之鼎》。

渐 义不胜情，以欲自萦。觊利危躬，摧角折颈。

详《坤之丰》。

归妹 臣尊主卑，权力日衰。侵夺无光，三家逐公。

详《升之巽》。

旅 叔仲善贾，与喜为市。不忧危殆，利得十倍。

通节。艮为叔，坎为仲。震为商贾，为喜。巽为市。坎为危殆，为忧。震解，故不忧。巽为利，为倍。兑数十，故曰“十倍”。

巽 六蛇奔走，俱入茂草。惊于长路，畏惧啄口。

详《井之兑》。

兑 水坏我里，东流为海。凫鳖欢嚣，不得安居。

详《泰之兑》。

涣 飞不远去，卑斯内侍，禄养未富。

互震为飞，艮止，故飞不远去。互艮为斯。《旅·初六》云：旅琐琐，斯其所。注：斯，贱役也。故曰“卑斯”。

节 阴变为阳，女化为男。治道大通，君臣相承。

详《屯之离》。

中孚 践履危难，脱厄去患。入福喜门，见诲大君。

详《震之家人》。

小过 罟密网缩，动益蹶急，困不得息。

伏大离为网罟。缩，束缚也，卦象似之。互大坎，故曰“蹶”，曰“困”。

既济 负牛上山，力劣行难。烈风雨雪，遮遏我前，中道复还。

详《同人之无妄》。

未济 **喁喁嘉草，思降甘雨。景风升上，沾洽时澍，生我禾稼。**

此仍用丰象。兑口震言，故曰“喁喁”。喁，向慕之义。震为嘉草，为禾稼。巽风坎雨。坎伏，故曰“思降”。

䷷ 离上 艮下 旅之第五十六

罗网四张，鸟无所翔。征伐困极，饥渴不食。

详《革之泰》。

之乾 **寄生无根，如过浮云。立本不固，斯须落去，更为枯树。**

详《小畜之蛊》。此用旅象。以艮为寄生，象形。艮下阴，故无根。坎为云，互巽为枯。

坤 **人无足，法缓除。牛出雄，走羊惊。阳不制阴，男失其家。**

屯 **众鸟所翔，中有大怪，九身无头。魂惊魄去，不可以居。**

详《渐之蒙》。

蒙 **封豕沟渎，灌溃国邑。火宿口中，民多病疾。**

《史记·天官书》：奎曰封豕，为沟渎。《正义》曰：奎，一名天豕，亦曰封豕，主沟渎。故曰“灌溃国邑”。坎为豕，为沟渎。坤为国邑。火，荧惑也。箕为口舌。火宿口中，言荧惑守箕也。艮为火，震为口，艮止，故曰“火宿口中”。坤为民，坎为疾病。又案，艮为星，故林辞多即星言。

需 **奋翅鼓翼，翱翔外国。逍遥徙倚，来归温室。**

详《损之观》。

讼 **秋蚕不成，冬种不生。殷王逆理，弃其宠荣。**

巽为蚕，旅互兑为秋。兑毁，故不成。坎为冬，为种。震为生，震伏，故不生。震为王，为子，故曰“殷王”。殷，子姓也。伏坤为理，为逆。震为荣，震伏，故曰“弃”。

师 **卫侯东游，惑于少姬。忘我考妣，久迷不来。**

详《乾之升》。

比 **乌合卒会，与恶相得。鸱鸮相酬，为心所贼。**

艮为乌，为鸱鸮。坤坎皆为聚，故曰“会合”。坤为恶。坎为心，为贼。

小畜 **眵鸡无距，与鹊格斗。翅折目盲，为鸠所伤。**

巽为鸡。兑半离，故曰“眵”。《说文》：目眦伤也。震伏，故曰“无距”。伏震为鹊，为斗，为翅。坎为折，故曰“翅折”。离为目，兑半离，《易》曰“眇”，故此曰“目盲”。离为鸠，兑毁故伤。

履 **木内生蠹，上下相贼，祸乱我国。**

巽为木，为蠹，为贼。天上兑下，正反巽，故上下相贼。离为乱，伏坤为国。

泰 **延陵适鲁，观乐太史。车辚白颠，知秦兴起。卒兼其国，一统为主。**

详《大畜之离》。

否 **辅相之好，无有休息。时行云集，所在遇福。**

艮为时，坤为云，为集。乾为福。

同人 **床倾箦折，屋漏垣缺，季姬不惬。**

巽为床箦，巽陨，故倾折。巽为垣墉，伏坎为室，为屋。巽下缺，故曰“漏”。伏震为姬。《易林》本《大过》，每以巽为少，故曰“季姬”。

大有 **东入海口，循流北走。一高一下，五邑无主。七日六夜，死于水浦。**

详《睽之蹇》。

谦 **群虎入邑，求索肉食。大人守御，君不失国。**

正反艮，故曰“群虎”。伏巽为入，坤为邑。艮为求，坎为肉，故曰“求索肉食”。伏乾为大人。艮为守御，为国。震为君，故曰“君不失国”。

豫 **四乱不安，东西为患。退身止足，无出邦域。乃得完全，赖其生福。**

详《大有之睽》。

随 **叔肸抱冤，祁子自邑，乘遽解患。羊舌以免，赖其生全。**

详《蹇之乾》。

蛊 **延颈望酒，不入我口。深目自苦，利得无有。**

详《讼之益》。

临 **仁政之德，参参日息。成都就邑，人受厥福。**

震为仁德。坤为都邑。参参，多貌。束皙《补亡诗》：参参其稼。

观 **牵头系尾，屈折几死。周世无人，不知所归。**

详《升之大畜》。

噬嗑 **教羊逐兔，使鱼捕鼠。任非其人，费日无功。**

详《需之噬嗑》。

贲 **生角有尾，张孽制家，排羊逐狐。张氏易公，忧祸重凶。**

震为生。艮为角，为尾，为家。坎为孽，与震连，故曰“张孽”。《左传·昭十年》：蕴利生孽。注：孽，妖害也。震为羊，艮为狐。震为张，为公。上艮为反震，故曰“易公”。坎为忧祸，为凶。生，疑为牛之讹。

剥 **去安就危，坠陷井池，破我玉螭。**

坤为安，孤阳在坤上，故曰“去安就危”。坤为渊，故曰“井池”。震为玉，为螭。上卦震覆，故曰“破我玉螭”。

复 **茹芝饵黄，涂饮玉英。与神流通，长无忧凶。**

震为芝，为玄黄。震食，故曰“茹”，曰“饵”。黄，黄精也。二者皆延年益寿之草。震为大涂。为玉，为萌芽，故曰“玉英”。震为神，坤为忧凶。

无妄 **体重飞难，未能越关，不离室垣。**

详《震之鼎》。

大畜 **巢成树折，伤我彝器。伯踒叔跌，亡羊乃追。**

艮为巢，为成。震木，兑毁，故曰“树折”。震为器，艮虎，故曰“彝器”。《书》：宗彝。《释文》引郑云：彝，虎也。兑毁，故伤。震为伯，艮为叔。兑折，故曰“踒”，曰“跌”。兑为羊。震往，故曰“亡羊”，曰“追”。

颐 **六人俱行，各遗其囊。黄鹄失珠，无以为明。**

详《贲之噬嗑》。

大过 **播梅折枝，与母分离，绝不相知。**

详《大有之坤》。

坎 **迎福开户，喜随我后。曹伯恺悌，为宋国主。**

中爻震为福，艮为户，震为开，故曰“迎福开户”。震为喜，为后，为伯，为主。艮为宋，为国。元本旧注：宋以曹师杀公子游，立桓公。依此注：则国字似为立字方适。

离 **既痴且狂，两目又盲。箕踞喑哑，名为无中。**

巽进退不果，故曰“痴狂”。中互大坎，坎黑，故曰“目盲”。伏震为箕，兑为喑哑。

咸 **金梁铁柱，千年牢固。完全不腐，圣人安处。**

乾为金铁，艮为梁柱。乾为千年。艮坚，故曰“牢固”。互巽为腐。乾为圣人，艮止，故曰“安处”。

恒 **裹糗荷粮，与跖相逢。欲飞不得，为罔所获。**

巽为糗粮，艮为荷。巽为盗贼，故曰“与跖相逢”。震为飞，坤为网罟。

遁 **彭生为豕，暴龙作灾。盗尧衣裳，聚跖荷兵。青禽照夜，三旦夷亡。**

大壮 **独夫老妇，不能生子，鳏寡居处。**

震为夫，兑为老妇。震为子，兑折，故不能生子。伏巽为寡，故曰“独夫”。伏艮为鳏。

晋 **鹪鹩窃脂，巢于小枝。摇动不安，为风所吹。心寒栗栗，常忧殆危。**

明夷 **素车木马，不任负重。王子出征，忧危为咎。**

震为白，坤为车，故曰“素车”。震为木，为马。坤为重，下互坎，坎险，故不任负重。震为王子，为出征。坎为忧危。

家人 **土陷四维，安平不危。利以居止，保有玉女。**

未详。

睽 **负牛上山，力劣行难。烈风雨雪，遮遏我前，中道复还。**

详《讼之剥》。

蹇 **金城铁郭，上下同力。政平民亲，寇不敢贼。**

艮为金铁，为城郭。坎为平，为贼寇，为民。

解 **清洁渊塞，为人所言。证讯诘情，系于枳温。甘棠听断，昭然蒙恩。**

详《师之蛊》。

损 **皋陶听理，岐伯悦喜。西登华首，东归无咎。**

艮为山，为火，故曰"皋陶"。舜时士官，故曰"听理"。兑为耳，为听，坤为理也。震为伯，艮山，故曰"岐伯"。《本草经》：黄帝问岐伯。《汉书·人物表》：上古之时有岐伯，中古有扁鹊。盖与黄帝创制医药者。兑为西，艮山，故曰"华首"。震为东，为归。华，华山。首，雷首山，在蒲阪。

益 **低头窃视，有所畏避，行作不利。酒酸鱼败，众莫贪嗜。**

详《鼎之解》。

夬 **十鸡百雏，常与母俱。抱鸡搏虎，谁肯为侣。**

此用旅象。旅互巽为鸡，兑数十，故曰"十鸡"。伏震为雏，为百，故曰"百雏"。巽为母，故曰"常与母俱"。艮为虎，为抱，为搏。巽为寡，故曰"无侣"。

姤 **高阜山陵，陂陁颠崩。为国妖祥，元后以薨。**

《左传·僖十四年》：沙麓崩，晋卜偃曰，期年将有大咎，国几亡。次年，惠公被执。又九年，怀公杀于高梁。姤通复。艮为山陵，初至三艮覆，故曰"颠崩"。坤为国，为妖祥。为丧，故曰"薨"。震长，故曰"元"。震为君，故曰"元后"。

萃 **六鹢退飞，为襄败祥。陈师合战，左股夷伤。遂以崩薨，霸功不成。**

详《蹇之蛊》。

升 **异国殊俗，情不相得。金木为仇，百贼擅杀。**

困 **鸦噪庭中，以戒灾凶。重门击柝，备忧暴客。**

详《大过之涣》。《左传·襄十三年》：有鸟叫于宋太庙，曰嘻嘻出出。后果灾。

井 **慈母念子，享赐得士。蛮夷来服，以安王室，侧陋逢时。**

巽为母，巽顺，故曰"慈母"。坎为念，伏震为子，故曰"念子"。兑为享。伏震为士，为王。艮为室，为时。坎为侧陋。

革 **迁延恶人，使德不通。炎旱为殃，年谷大伤。**

鼎 **躬履孔德，以待束帛。文君燎猎，吕尚获福。号称太师，封建齐国。**

通屯。坤为躬，震为履，为德，为孔。孔，大也。本卦巽为帛。离为文，乾为君。文君，文王也。震为猎，艮火，故曰"燎猎"。言文王出猎，遇吕尚也。乾为福，为师。巽齐，坤国，故曰"封建齐国"。

震 **征将止恶，鼓鞞除贼。庆仲奔莒，子般获福。**

震为征，为鼓鞞。坎为邪，为恶，为贼。《月令》：仲夏命乐师修鼗鞞鼓。坎为仲，震喜，故曰"庆仲"。互艮为邑，震往，故曰"奔莒"。按《左传·庄三十二年》：共仲使圉人荦，贼子般于党氏。共仲即庆父。闵二年，奔莒。兹云"获福"，于事正反。疑福为偪之讹字。抑如丁宴说，般为谷之讹。谷，共仲孙。文十四年，鲁人立之。所谓谷也丰下，必有后于鲁国也。般、谷形近，疑丁说是也。

艮 **良夫淑女，配合相保。多孙众子，欢乐长久。**

艮为夫，伏兑为女，震为善，故曰"良夫淑女"。坎为合，艮为保，艮兑为夫妇，故曰"配合相保"。艮为孙，震为子，坎众，故曰"多孙众子"。震乐艮久。

渐 **蝼蛇四牡，思念父母。王事靡盬，不得安处。**

渐上巽，巽为蛇，伏震为马，卦数四，故曰“蝼蛇四牡”。坎为思念，震父巽母。震为王，巽陨落，故曰“王事靡盬”。盬，恶也。《前汉·息夫躬传》：器用盬恶。艮为安，坎险，故曰“不得安处”。按，林词皆《诗·小雅》语。

归妹 **水坏我里，东流为海。龟凫欢嚣，不得安居。**

详《泰之兑》。

丰 **束帛戋戋，赙我孟宣。征召送君，变号易字。**

巽为帛，伏艮为手，故曰“束帛”。戋戋，马云委积貌。《子夏传》作残。兹曰“赙我孟宣”，是焦义与马同也。伏震为孟，为宣，为君。事实未详。

巽 **乾行天德，覆赡六合。呕煦成熟，使我福德。**

二五皆阳，故曰“乾行天德”。“覆赡六合”者，言乾天覆徧六合也。赡，《说文》：给也。《玉篇》：周也。伏坎为合，数六，故曰“六合”。呕煦，犹吹嘘养育也。兑口，故曰“呕煦”。伏艮为成，为我。伏震为福德。

兑 **秦晋大国，更相克贼。获惠质圉，郑被其咎。**

兑西为秦，伏震为晋，艮为国。互巽为贼，兑毁折，三至上正反兑巽，故曰“更相克贼”。伏震为德惠，艮为圉守也。《诗·大雅》：孔棘我圉。《左传》：亦聊以固吾圉。惠，晋惠公。僖十五年为秦所获，后秦放惠公归，以子圉质于秦。伏艮，故曰“获”，曰“质”。伏坎为郑。庆郑也。庆郑以惠公违谏，不救惠公。及被释，杀庆郑而后入。

涣 **晦昧昏冥，君无纪纲。甲午成乱，简公丧亡。**

坎隐伏，故曰“晦冥”。震为君，巽为绳，为纪纲。艮为时，为甲。纳丙，故曰“甲午”。《春秋·哀十四年》：甲午，齐陈恒弑其君壬于舒州。壬，简公名也。陈恒，陈成子也。“甲午成乱”者，言成子作乱，弑简公也。震为简，为公。巽陨，故丧亡。

节 **三足无头，不知所之。心狂睛伤，莫使为明，不见日光。**

详《小畜之复》。

中孚 **长夜短日，阴为阳贼。万物空枯，藏于北陆。**

详《谦之渐》。

小过 **依宵夜游，与君相遭。除烦解惑，使我无忧。**

详《归妹之大有》。

既济 **逐鹿南山，利入我门。阴阳和调，国无灾残。长子出游，须其仁君。**

此皆用半象。阴阳和调，谓阴阳爻相等而当位也。

未济 **请骋左耳，啬不我与，驱我父母。**

未详。

焦氏易林注卷十五

䷸ 巽上 巽下 巽之第五十七

温山松柏，常茂不落。鸾凤以庇，得其欢乐。

详《需之坤》。

之乾 **采唐沫乡，要期桑中。失信不会，忧思约带。**

详《师之噬嗑》。

坤 **有鸟飞来，集于宫树。鸣声可恶，主将出去。**

详《屯之夬》。

屯 **仁政之德，参参日息。成都就邑，日受厥福。**

详《旅之临》。

蒙 **他山之错，与璆为仇。来攻吾城，伤我肌肤，邦家搔忧。**

详明夷。

需 **赍贝赎狸，不听我辞。系于虎须，牵不得来。**

详《否之革》。

讼 **一簧两舌，佞言谄语。三奸成虎，曾母投杼。**

详《师之乾》。

师 **魁行摇尾，逐云吹水。污泥为陆，下田宜稷。**

详《同人之渐》。

比 **天门九重，深内难通。明登至莫，不见神公。**

艮居戌亥，故曰“天门”。《内经》以戌亥为天门，辰巳为地户是也。坤为重，数九，故曰“天门九重”。《汉上易》谓，坤纳癸，自乙至癸，故数九也。重坤，故曰“深”。坤闭，故曰“难通”。艮为光明，坎为莫。震为神，为公。

三五震覆，又坎为隐，故不见也。《后汉·郎𫖮传》：神在天门，出入听候。言神在戌亥，司候帝王兴衰得失。

小畜 **暗目失明，耳阏不聪。陷入深渊，灭顶忧凶。**

二至四兑，《易》以兑为眇，故曰“暗目失明”。又离为目，伏坎，故曰“暗目”也。伏坎为耳，为塞，故曰“耳阏不聪”。阏，音遏，壅塞也。伏坤为渊，坎陷。艮为顶，坤为灭，为凶，故曰“灭顶忧凶”。坎水，坤水，故有此象。

履 **雾露早霜，日暗不明。阴阳孽疾，年谷大伤。**

伏坎为雾露，坤为霜。离为日，伏坎，故不明。但林词似全用旁通。艮亦为日，与坎连体，故曰“不明”也。坎为疾。震为谷，坤为年岁，为丧，故曰“年谷大伤”。

泰 **三阶土廊，德义明堂。交让往来，享燕相承。箕伯朝王，锡我玄黄。**

《汉书·东方朔传》注：泰阶者，天之三阶也。上阶为天子，中阶为诸侯、公卿、大夫，下阶为士、庶人。坤为阶，震数三，故曰“三阶”。艮为廊，为明堂。兑为燕享。震为伯，为箕，乾为王。天玄地黄，故曰“锡我玄黄”。

否 **争鸡失羊，利得不长。陈蔡之患，赖楚以安。**

巽为鸡。兑为羊，兑伏，故失羊。巽为利，为长，坤丧，故曰“不长”。震为陈，为蔡，为楚。坤为患，艮为安。《史记》：孔子厄于陈蔡，楚昭王发兵救之，得免。

同人 **天旱水涸，枯槁无泽，未有所获。**

火在天下，故曰“天旱”。坎伏，故曰“水涸”。离为枯槁。

大有 **陶朱白圭，善贾息赀。公子王孙，富利不贫。**

乾为大赤，离火，故曰“陶朱”。乾为玉，乾金色白，故曰“白圭”。遇卦巽为商贾，为利，故曰“善贾息赀”。伏震为公，为子，为王，艮孙，故曰“公子王孙”。重巽，故曰“富利不贫”。

谦 **龟厌江海，陆行不止。自令枯槁，失其都市，忧悔无咎。**

详《泰之节》。

豫 **黄鸟采蓄，既嫁不答。念吾父兄，思复邦国。**

《诗·小雅·黄鸟篇》：言旋言归，复我诸兄，复我诸父。《我行篇》：言采其蓫，尔不我畜，复我邦家。皆刺礼教不行，妇中道见弃之诗。蓫，《释文》云：本又作蓄。今《易林》即作蓄，是《焦》与《毛诗》异读也。震为黄，艮为鸟，为采，震为蓄。蓄，冬菜也。震为嫁。二至四震反，故云不答。坎为思念，伏乾为父，震为兄。坤为吾，为邦国。震反，故曰"复"。

随 **田鼠野鸡，意常欲逃。拘制笼槛，不得动摇。**

详《需之随》。

蛊 **平国不君，夏氏作乱。乌号窃发，灵公殒命。**

详《临之晋》。

临 **巨蛇大鳅，战于国郊。上下闭塞，君主走逃。**

详《剥之艮》。

观 **谗言乱国，覆是为非。伯奇流离，恭子忧哀。**

详《丰之鼎》。

噬嗑 **郁映不明，为阴所伤。众雾集聚，共夺日光。**

详《噬嗑之艮》。

贲 **望城抱子，见邑不殆。公孙上堂，大君欢喜。**

离为望，艮为城，为抱，震子，故曰"望城抱子"。艮为邑，坎为殆。震解，故不殆。艮为孙，为堂，震为公，故曰"公孙上堂"。震为君，为喜。殆音以。

剥 **三虫为蛊，刬迹无与。胜母盗泉，君子弗处。**

详《观之困》。

复 **车驰人趋，卷甲相求。齐鲁寇战，败于犬丘。**

详《坤之兑》。

无妄 **欲访子车，善相欺绐。桓叔相迎，不见所期。**

初至四正反震，故曰"期绐"。艮为叔，为木，故曰"桓叔"。《说文》：桓，邮亭表也。其事未详。

大畜 **争鸡失羊，亡其金囊，利得不长。陈蔡之患，赖楚以安。**

详《恒之夬》。

颐 **岁暮花落，阳入阴室。万物伏匿，利不可得。**

坤候卦为亥，故曰“岁暮”。兑为华，兑伏不见，故曰“花落”。乾本居亥，坤行至亥，阴牝阳，故曰“阳入阴室”。艮为室。即《文言》所谓阴凝于阳也。坤为万物所藏，故曰“伏匿”。巽为利，巽伏，故曰“利不可得”。

大过 **晨风文翰，大举就温。昧过我邑，羿无所得。**

详《小畜之革》。

坎 **时鹊抱子，见蛇何咎。室家俱在，不失其所。**

详《否之鼎》。

离 **隐隐大雷，雱霈为雨。有女痴狂，惊骇邻里。**

伏震为雷。重坎，故曰“雱霈为雨”。巽为女。巽进退，故曰“痴狂”。伏震为惊骇，艮为里。

咸 **无足断跟，居处不安，凶恶为患。**

详《革之蹇》。

恒 **破筐敝筥，弃捐于道，不复为宝。**

震为筐筥，为道，为宝。兑毁，故破敝，故弃捐。

遁 **三鸡啄粟，十雏从食。饥鸢卒击，亡其两叔。**

详《中孚之颐》。

大壮 **乘车七百，以明文德。践土葵丘，齐晋受福。**

详《兑之剥》。

晋 **百足俱行，相辅为强。三圣翼事，王室宠光。**

详《屯之履》。

明夷 **典册法书，藏阁兰台。虽遭溃乱，独不遇灾。**

详《坤之大畜》。

家人 **西诛不服，恃强负力。倍道趋敌，师徒败覆。**

详《需之屯》。

睽 **春阳生草，夏长条肄。万物蕃滋，充实益有。**

详《井之巽》。

蹇 **礅硗秃白，不生黍稷。无以供祭，祇灵乏祀。**

此用遇卦巽象。巽为白，寡发，故曰“秃白”。艮山，故曰“礅硗”。礅硗，山田小石也。巽为黍稷，兑毁，故不生。震为祭，为神，故曰“祇灵”。震伏，故乏祀。

解 **褰衣涉河，水深渍罢。幸赖舟子，济脱无他。**

详《坤之萃》。

损 **宜行贾市，所求必倍。戴喜抱子，与利为友。**

详《大过之恒》。

益 **兄征东夷，弟伐辽西。大克胜还，封居河间。**

震为兄，为东，为征。互坤，故曰“东夷”。伏兑为西，坤水，故曰“辽西”，曰“河间”。艮为封。

夬 **初虽惊惶，后乃无伤。受其福庆，相孝为王。**

乾为福庆，为王。相孝为王，言辅相秦孝公，使秦称王也，似指商鞅。兑西，故曰“商”。

姤 **随风乘龙，与利相逢。田获三倍，商旅有功。憧憧之邑，长安无他。**

巽风，乾龙，故曰“随风乘龙”。巽为利，为三倍，伏震为田，故曰“田获三倍”。巽为商旅。伏坤为邑，为安。巽为长，故曰“长安”。他、蛇古通。巽为蛇。中孚初爻有他不燕，即以巽为蛇。林本《易》也。

萃 **鱼扰水浊，寇围吾邑。城危不安，惊恐狂惑。**

坤巽皆为鱼，而坤为水。坤黄，故曰“水浊”。风散，故曰“鱼扰”。坤为吾，为邑，巽为寇，故曰“寇围吾邑”。艮为城，风陨，故曰“城危”。坤为忧惧，为迷，故曰“惊恐狂惑”。

升 **虽塞复通，履危不凶，保其明功。**

坤为闭塞。震为通，为履。互大坎为危，故曰“履危”。坤为凶，震解，故不凶。

困 **坤厚地德，庶物蕃息。平康正直，以绥大福。**

巽为庶物。伏震为蕃鲜，故曰“蕃息”。伏坎为平，为正直。震为大福。

井 **山水暴怒，坏梁折柱。稽难行旅，留连愁苦。**

详《咸之豫》。

革 **使燕筑室，身不庇宿。家无聊赖，灖我衣服。**

兑为燕。伏艮为室，为筑，为身，为庇。艮伏，故曰“身无庇宿”，曰“家无聊赖”。坎为宿，艮为家也。伏震为衣，坤水，故曰“灖我衣服”。灖，湿也。

鼎 **矢石所射，襄公疠剧。吴子巢门，伤病不治。**

通屯。坎为矢，为射，艮为石。震为公，为辅佐，故曰“襄公”。疠，病也。按，宋襄公与楚战，伤股而病。坤死，故曰“疠剧”。震为子，为言，故曰“吴子”。《说文》：吴，大言也。《诗·周颂》：不吴不敖。《鲁颂》：不吴不扬。传：吴，哗也。故震为吴。坤为门，艮为巢，故曰“巢门”。襄二十五年，诸樊伐楚，门于巢。巢牛臣射之，卒。坤死，故曰“伤病不治”。

震 **日月运行，一寒一暑。荣宠赫赫，不可得保。颠陨坠堕，更为士伍。**

详《中孚之晋》。

艮 **宫门悲鸣，臣围其君，不得东西。**

艮为宫门。互坎为悲。震为鸣，为君。艮为臣。上艮下艮，震君在中，故曰“臣围其君”。震东坎西，坎陷艮止，故曰“不得东西”。

渐 **戴盆望天，不见星辰。顾小失大，福逃墙外。**

详《贲之蒙》。

归妹 **天之所明，祸不遇家。反目相逐，终得和美。**

小畜以离为反目，兹二至四互离，故亦曰反目。

丰 **天阴霖雨，涂行泥潦。商人休止，市无所有。**

详《夬之大过》。

旅 **嘉门福喜，增累盛炽。日就有德，宜其家国。**

艮为门。伏震为福喜，为盛炽。离为日，艮为家国。

兑 **南山之阳，华叶将将。嘉乐君子，为国宠光。**

详《革之大有》。此皆用旁通象。

涣 **画龙头颈，文章未成。甘言美语，诡辞无名。**

详《蒙之噬嗑》。

节 **婴儿孩子，未有知识。彼童而角，乱我政事。**

详《损之大畜》。以震为孩子，可证明夷五爻非箕子也。

中孚 **阴作大奸，欲君勿言。鸿鹄利口，发其祸端。荆季怀忧，张伯被患。**

通小过。坎为奸，互大坎，故曰“大奸”。震为君，为言，艮止，故曰“勿言”。震为鸿鹄。兑为口，互巽，故曰“利口”。震为荆，为张伯。艮季，坎为忧患。

小过 **德之流行，利之四乡。雨师洒道，风伯逐殃。巡狩封禅，以告成功。**

详《益之复》。

既济 **禹将为君，装入昆仑。稍进阳光，登见温汤，功德昭明。**

坎为汤，下离，故曰“温汤”。离为阳光，为昭明。余皆用半震半艮。

未济 **五岳四渎，含润为德。行不失理，民赖恩福。**

详《颐之明夷》。

䷹ 兑上兑下 兑之第五十八

班马还师，以息劳疲。役夫嘉喜，入户见妻。

详《观之既济》。

之乾 **践履危难，脱厄去患。入福喜门，见诲大君。**

详《震之家人》。

坤 **子锄执麟，春秋作经。元圣将终，尼父悲心。**

屯 **夹河为婚，期至无船。摇心失望，不见所欢。**

详《屯之小畜》。

蒙 **天孙帝子，与日月处。光荣于世，福禄祉祉。**

详《解之临》。

需 **三羊争雌，相随奔驰。终日不食，精气劳疲。**

讼 **禹召诸侯，会稽南山。执玉万国，天下康安。**

师 **早霜晚雪，伤害禾麦。损功弃力，饥无所食。**

详《比之遁》。

比 **嵩融持戟，杜伯荷弩。降观下国，诛逐无道。夏商之季，失福逃走。**

艮为山，为戟，艮手，故曰“嵩融持戟”。翟云升云：《国语》：祝融降于崇山。崇即嵩字。按下文曰“诛逐无道”，其事必与杜伯相类。翟说非也。《墨子·非攻下》云：汤之时，有神来告曰：夏德大乱，往攻之，予必使汝大堪之。予既受命于天，天命融隆火于夏之城。疑融隆即嵩融。又《国语》云：夏之亡也，以回禄。回禄仍火神也。是《墨子》说与林词诛除无道，夏商之季合。与《国语》亦合。惟《墨子》不言持戟，或焦氏别有所据。若其事，则无疑也。且嵩融与融隆皆音近字转。又按《楚辞》云：吾令丰隆乘云兮。王逸注：云师。《淮南子》云：季春三月，丰隆乃出。许慎注：雷师。吴挚父先生云：《墨子》之融隆，即丰隆。依许注，则雷师也。《墨子》所谓“火其城”，以雷火烧其城也。然则融隆为雷师，而非祝融，尤与《国语》合。以《国语》夏之兴也，祝融降；其亡也，以回禄。明回禄非祝融也。艮为弩，为负何。杜伯似用覆震象。艮为观，为国。坤杀，故曰“诛”。伏离为夏，兑为商，艮为季。坤凶，故曰“失福”。《国语》：杜伯射王于镐。注：宣王杀杜伯，而非其罪。后王猎，杜伯起于道左，以朱弓矢射王，中心而死。

小畜 **生有圣德，上配太极。皇灵建中，受我以福。**

详《家人之需》。

履 **下田陆黍，万华生齿。大雨霖集，波病溃腐。**

通谦。坤为下田，艮为陆，震为黍。兑为华，为齿，坤多，故曰“万华生齿”。坤水，坎水，故曰“大雨霖集”。坎为波，为病，巽为腐。

泰 **子畏于匡，困厄陈蔡。明德不危，竟克免害。**

详《大过之晋》。

否 **有两赤鹞，从五隼噪。操矢无笞，趋释尔射。扶伏听命，不敢动摇。**

艮为鹞，为隼，乾为大赤，故曰“赤鹞”。坤数二，故曰“两”。巽卦数五，故曰“五隼”。艮为矢，艮手为操。笞，矢末受弦处也。按卦象，兑应为笞。兑伏，故曰“无笞”。震为射，震覆，故曰“趋释尔射”。言矢既无笞，应释矢不射，而扶伏听命也。巽为命。艮手在地，故曰“扶伏”。扶伏，匍匐也。《说文》：伏地也。《诗·大雅》：诞实匍匐。傅，以手行也。《前汉·霍光传》：扶服叩头。扶伏，扶服，义皆同也。艮止，故不动。动亦有去声，与命为韵。动摇，应作摇动。

同人 **当得自知，不逢凶灾。衰者复兴，终无祸来。**

离为灾，乾福，故不逢，故无祸。

大有 **朽根刖树，华叶落去。卒逢火焱，随风僵仆。**

详《屯之坎》。惟此用遇卦兑象，须知。

谦 **葛生衍蔓，绨络为愿。家道笃厚，父兄悦喜。**

震为葛，为蕃鲜，故曰“衍蔓”。坤为帛，为绨绤，为愿。艮为家，为笃厚。震为公，故曰“父”。为兄，为喜。《诗·周南·葛覃篇》：为絺为绤，服之无斁。

豫 **东行求玉，反得弊石。名曰无直，字曰丑恶，众所贱薄。**

详《家人之否》。

随 **瞻白用弦，驽孱恐怯。任力堕劣，如猬见鹊。偃视恐伏，不敢拒格。**

互大坎，故曰“恐怯”，故曰“猬”。震为鹊。巽伏，故曰“偃”。巽为弦，为白。然首句恐有讹字。

蛊 **疮痍多病，宋公危殆。吴子巢门，陨命失所。**

艮为节，故曰“疮痍”。艮为宋，震为公。巽为病，正反巽，故曰“多病”，曰“危殆”。宋襄公战泓伤股。震为吴，为子。艮为巢，为门。巽为命，为陨落，故曰“陨命”。详《巽之鼎》。

临 **东山西岳，会合俱食。百喜送从，以成恩福。**

伏艮为山岳，震东兑西，故东山西岳。兑为食。坤为会，为百。震为喜福。

观 **舞非其处，失节多悔，不合我意。**

巽进退，故曰“舞”。舞在山上，故曰“非其处”。艮为节，坤为亡，故曰“失节”。坤为悔，为意。

噬嗑 **南循汝水，伐树斩枝。过时不遇，惄如周饥。**

离为南。互坎，故曰“汝水”。震为树，二至四互艮，艮为刀剑，故曰“斩枝”。《诗·周南》：遵彼汝坟，伐其条枚。未见君子，惄如调饥。艮为时，坎隐伏，故不遇。惄，思也，忧也，坎象也。离虚，故曰“饥”。周，《毛诗》作调。传云：朝也。丁晏云：周，《释文》作輖。周即輖之省文。按，震为周，为旦。是焦《诗》与《毛》异文，犹《韩诗》惄作溺也。

贲 **公孙驾骊，载游东齐。延陵说产，遗季纻衣。**

详《艮之未济》。

剥 **乘舆八百，以明文德。践土葵丘，齐晋受福。**

详《巽之大壮》。

复 **雄处弱水，雌在海滨。别离将食，悲哀于心。**

详《剥之同人》。

无妄 **结网得鲜，受福安坐，终无患祸。**

巽为绳，故曰“结网”。巽为鱼，故曰“得鲜”。乾为福，艮为坐。

大畜 **秋南春北，随时休息。处和履中，安无忧凶。**

兑为秋，震为春，乾南坤北。艮为时，艮止，故曰“休息”。兑悦，故曰“和”。震足，故曰“履”。坤为忧凶，坤伏，故无。

颐 **启户开门，巡狩释冤。夏台羑里，汤文悦喜。**

坤为门户。震为启，为巡狩。坤为忧，为冤，震解，故曰“释冤”。艮为台，纳丙，故曰“夏台”。坤为里。震为帝，故曰“汤文悦喜”。

大过 **符左契右，相与合齿。乾坤利贞，乳生六子。长大成就，风言如母。**

详《大畜之未济》。大过通颐。艮节震符，震为左，兑为右，故曰“符左契右”。兑为齿，正反兑，故曰“合齿”。大遇为亥月卦，坤与乾相遇于亥，阴牝阳，故曰“乾坤利贞”。艮为乳，震为生，为子。乾数六，故曰“六子”。巽为风，震为言。巽亦为母，故曰“如母”。《坤·上六》：龙战于野，其血玄黄。即林所言之义。详《焦氏易诂》。

坎 **饥蚕作室，丝多乱绪，端不可得。**

详《豫之同人》。

离 **东壁余光，数暗不明。主母嫉妬，乱我事业。**

详《谦之屯》。

咸 **白茅缩酒，灵巫拜祷。神嗜饮食，使君寿考。**

详《小畜之坎》。

恒 **范公陶朱，巧贾货资。东之营丘，易字子皮。抱珠载金，多得利归。**

巽为虫，故曰“范”。震为公。乾为大赤，伏艮火，故曰“陶朱”。巽为利，为商贾，故曰“巧贾货资”。震为东。伏艮，故曰“营丘”。坤为字，艮为皮，震为子。坤艮皆伏，故曰“易字子皮”。言陶朱公范蠡后适齐，改名曰鸱夷子皮，隐居贸易也。事见《史记》。震为珠，艮为金。艮手，故曰“抱珠”。震车，故曰“载金”。巽为利，震为归。

遁 **三羖五羝，相随俱行。迷入空泽，循谷直北。经涉六驳，为所伤贼。**

详《同人之蒙》。

大壮 **雄鹄延颈，欲飞入关。雨师洒道，濺我袍裘。车重难前，侍者稽首。**

震为鹄，为飞。伏艮为关。兑为雨，震为道，故曰“雨师洒道”。乾为衣，故曰“袍裘”。坤为车，为重。艮止，故难前。艮为斯役，故曰“侍者”。艮为首，艮止，故曰“稽首”。末二句皆伏象。

晋 **中年蒙庆，今岁受福。必有所得，荣宠受禄。**

互坎为中，坤为年岁。艮为荣，伏乾为福禄。

明夷 **禄如周公，建国洛东，父子俱封。**

详《革之明夷》。

家人 **安床厚褥，不得久宿。弃我嘉宴，困于东国。投杼之忧，不成灾福。**

详《家人之睽》。

睽 **蓄积有余，粪土不居。**

蹇 **心愿所喜，乃今逢时。得我利福，不离兵革。**

坎为心愿。艮为时，为兵革。

解 **目不可合，忧来搔足。怵惕危惧，去其邦族。**

详《萃之睽》。

损 **福德之士，欢悦日喜。夷吾相桓，三归为臣，赏流子孙。**

震为福德，为士，为欢悦。艮为桓。桓，木表也。言管仲相齐桓公也。艮为台，为臣，故曰“三归为臣”。震为归，数三，三归亦震象。《论语》曰：管氏有三归，官事不摄，焉得俭？”朱注：三归，台名。后儒不知朱注本《说苑》，颇讶与古注异。今《易林》以艮为三归，是亦以三归为台也。

益 **夏姬附耳，心听悦喜，利以博取。**

巽为夏，震为姬，伏兑为耳。坤为心，震为喜。巽为利。

夬 **叔迎伯兄，遇巷在阳。君子季姬，并坐鼓簧。**

此用兑象。伏艮为叔，伏震为伯兄。艮震相对，故曰“迎”。艮为君子，兑为季姬。重兑，故曰“并坐”。震为鼓簧。

姤 **徙巢去家，南遇白乌。东西受福，与喜相得。**

此仍用兑象。伏艮为巢，为家。伏震为南。艮为乌，互巽，故曰“白乌”。震为东，为喜福，兑为西。

萃 舜登大禹，石夷之野。征诣王庭，拜治水土。

详《乾之中孚》。

升 江河淮海，天之都市。商人受福，国家富有。

坤为江河淮海，为都。巽为市，伏乾，故曰“天之都市”。震为商人，为福。坤为国家，为富有。

困 隐隐填填，火烧山根。不润我邻，独不蒙恩。

详《贲之蹇》。

井 暗昧不明，耳聋不聪。陷入深渊，灭顶忧凶。

详《巽之小畜》。

革 鸟鸣嗜嗜，天火将下。燔我馆舍，灾及妃后。

详《屯之晋》。

鼎 十鸡百雏，常与母俱。抱鸡搏虎，谁肯为侣。

详《旅之夬》。

震 营城洛邑，周公所作。世建三十，年历八百。福佑盘结，坚固不落。

详《井之升》。

艮 三人俱行，别离将食。一身五心，反复迷惑。

详《坤之贲》。

渐 三虎搏狼，力不相当。如鹰格雉，一击破亡。

艮为虎狼，纳丙，故曰“三虎搏狼”。艮为鹰，离为雉。格，敌也。《史记·张仪传》：驱群羊，攻猛虎，不格明矣。注：格，敌也。坎为破，艮为击。

归妹 养虎畜狼，还自贼伤。无事招祸，自取灾殃。

详《井之蛊》。

丰 后时失利，不得所欲。

旅 雉兔之东，以野为场。见鹰惊走，死于谷口。

离为雉，伏震为兔，为东。艮为野，为场。兑为见，艮为鹰，伏震，故曰

"见鹰惊走"。兑毁，故曰"死"。兑为口，艮为谷。

巽 秋蛇向穴，不失其节。夫人姜氏，自齐复入。

详《临之损》。

涣 鸟鸣葭端，一呼三颠。摇动东西，危魂不安。

详《复之井》。

节 命夭不遂，死多鬼祟。妻子啼喑，早失其雄。

伏巽为命。兑毁，故曰"死"。坎为鬼。兑为妻，震为子。兑口为啼，啼失声曰喑。坎失，故曰"啼喑"。震为雄。

中孚 茆屋结席，崇我文德。三辰旂旗，家受其福。

巽为茅，互艮，故曰"茆屋"。互震为席，巽为结。艮为崇，为我，震为德，故曰"崇我文德"。震为旗，为辰。数三，故曰"三辰"。艮为家，震为福，故曰"家受其福"。

小过 罗网四张，鸟无所翔。征伐困极，饥穷不食。

巽为绳，故曰"罗网"。震为张，卦数四，故曰"四张"。艮为鸟，止于网下，故曰"鸟无所翔"。震为征伐。互大坎为劳，故曰"困极"。伏大离，离虚，故曰"饥"。兑为食，艮止，故不食。

既济 天成地安，积石为山。润洽万里，人赖其欢。

乾坤爻皆当位，故曰"天成地安"。三半艮，故曰"积石为山"。坎为润洽。半震为欢。

未济 铜人铁柱，暴露劳苦。终月卒岁，无有休止。

此用兑象。伏艮为铜铁，为柱。伏坎为劳苦。艮为终，为时，故曰"终月卒岁"。艮为休止，艮伏，故曰"无"。

䷺ 巽上 坎下 涣之第五十九

望幸不到，文章未就。王子逐兔，犬踦不得。

详《谦之既济》。

之乾 **猋风阻越，车驰揭揭。弃古追思，失其和节，忧心惙惙。**

详《需之小过》。

坤 **蛇得泽草，不忧危殆。**

此用涣象。巽为蛇。震为草，草在坎中，故曰“泽草”。坎为危殆，震解，故不危。

屯 **两犬争斗，股疮无处。不成仇雠，行解郤去。**

互艮为犬，正反艮，故曰“两犬争斗”。艮为节，为疮，巽为股，巽伏，故曰“股疮无处”。坎为仇，巽为隙。震解，巽伏，故曰“不仇”，曰“解隙”。

蒙 **因祸受福，喜盈其室，求事皆得。**

坤为祸，震为福喜。艮为室，坤多，故曰“喜盈其室”。

需 **江有宝珠，海多大鱼。亟行疾去，可以得财。**

乾为江河。为玉，故曰“宝珠”。伏坤为海，为鱼，为疾，为财。

讼 **三牛生狗，以戌为母。荆夷上侵，姬伯出走。**

详《坤之震》。

师 **安息康居，异国穹庐。非吾习俗，使伯忧惑。**

详《蒙之屯》。

比 **行触天罡，马死车伤。身无聊赖，困穷乏粮。**

《参同契》：二月榆落，魁临于卯，八月麦生，天罡据酉。注：天罡即北斗。《睽之渐》曰：魁罡所当，初为败殃。是天罡所指之处亡也。艮为星，故曰“天罡”。艮卦数七，北斗七星象尤切也。坤为车马，为死伤，为身，为穷乏。震为粮，震覆，故曰“乏粮”。

小畜 **裸裎逐狐，为人观笑。牝鸡司晨，主母乱门。**

详《大有之咸》。

履 **为季求妇，家在东海。水长无船，不见所欢。**

详《屯之蹇》。

泰 **男女合室，二姓同食。婚姻孔云，宜我多孙。**

乾男坤女。伏艮为室，乾坤交，故曰“合室”。坤为姓，兑为食，兑卦数二，故曰“二姓同食”。震为嫁，故曰“婚姻”。伏艮为孙。

否 **太微帝室，黄帝所直。藩屏周卫，不可得入。常安长在，终无祸患。**

太微即紫微。《史记·天官书》：中宫天极星，其一明者，太一常居也。注云：紫微，大帝室。“太微帝室”者，言紫微垣为天帝之中宫也。《天官书》又云：填星，中央土。主季夏，日戊、己。黄帝，主德。兹曰“黄帝所直”，黄帝即轩辕星。言黄帝直中宫，中宫即中央。“藩屏周卫”者，《天官书》：太一旁，三星三公。后句四星，末大星正妃，余三星后宫之属。环之匡卫十二星，藩臣。皆曰紫宫。言各星藩卫太微，周环紫宫，故曰“不可入”也。否互艮为星，而与乾连。乾为帝，艮为室，故曰“帝室”。坤为黄，为直，故曰“黄帝所直”。艮为屏藩，为卫。艮坚，故不得入。

同人 **赍金观市，欲买骝子。猾偷窃发，盗我黄宝。**

乾为金。互巽为市，下离，故曰“观市”。乾为马，伏震为子，故曰“骝子”。巽为盗，为偷窃。离为黄，乾为金玉，故曰“黄宝”。

大有 **三人俱行，欲归故乡。望邑入门，拜见家亲。**

此用涣象。震为人，数三，故曰“三人”。震为行，为归。艮为乡邑，为门，为拜，为家。为观，故曰“望”。

谦 **娶于姜吕，驾迎新妇。少齐在门，夫子悦喜。**

详《否之涣》。

豫 **伯仲旅行，南求大牂。长孟病足，倩季负粮。柳下之宝，不失我邦。**

震为伯，坎为仲。为众，故曰“旅行”。旅，众也。震为南，艮为求。伏兑为羊，故曰“大牂”。震为长，为孟，为足。互坎，故曰“病足”。《家语》：叔梁纥取施氏生九女，其妾生孟皮，孟皮病足。长孟即谓孟皮也。艮为季，为负。伏巽为粮，故曰“负粮”。季，季路也。《家语》：子路为亲负米百里之外。震为柳，坤下，故曰“柳下”。艮为邦。事详《同人之丰》。

随 **洁身白齿，衰老复起。多孙众子，宜利姑舅。**

艮为身，兑为齿，巽白，故曰“洁身白齿”。艮为寿，故曰“衰老”。下卦艮覆为震，故曰“衰老复起”。艮为孙，震为子。巽为姑，震为舅。

蛊 **独宿憎夜，嫫母畏昼。平王逐建，荆子忧惧。**

巽为寡，巽伏，故曰“独宿”。互大坎为夜，为憎。巽为母，兑鲁，故曰“嫫母”。互大离，故曰“畏昼”。坎为平，震为王，为逐，为建。言楚平王逐太子建也。震为子，为草莽，故曰“荆子”。

临 **追亡逐北，至山而得。稚叔相呼，反其室庐。**

观 **鸟飞无翼，兔走折足。虽欲会同，未见其功。**

震为翼，为足，为兔。震覆，故无翼，故折足。艮为鸟。由此证明夷初爻之垂其翼，以六四震为翼。诸家以离为翼，皆非。

噬嗑 **抱空握虚，鹑惊我雏，利去不来。**

详《离之家人》。

贲 **山作大池，陆地为海。**

艮为山，为陆地。坎为池，为海。

剥 **为虎所啮，太山之阳。众多从者，莫敢救藏。**

艮为虎，伏兑为啮。艮为山，纳丙，故曰“山阳”。坤为众多。丁云：事见《檀弓》。按《檀弓》记孔子过泰山，谓苛政猛于虎，于此亦不甚合。

复 **逶迤四牡，思归念母。王事靡盬，不得安处。**

详《旅之渐》。

无妄 **猕猴所言，语无成全。误我白马，使干口来。**

艮为猕猴，震言。乾马，巽色白，故曰“白马”。震为口，艮火，故曰“干口”。

大畜 **飞不远去，卑斯内侍，禄养未富。**

详《丰之涣》。

颐 **大尾细要，重不可摇。阴权制国，平子逐昭。**

艮为尾，震为大，故曰“大尾”。坎为腰，今中爻皆阴，故曰“细腰”。《庄子》：细要者化。谓蜂也。坤为重。震为摇，艮止，故不可摇。坤为国，伏巽为权，故曰“阴权制国”。坤为平，震为子，为逐。震为光明，故曰“平子逐昭”。

大过 **旦生夕死，名曰婴鬼，不可得祀。**

详《小畜之升》。

坎 **子畏于匡，困于陈蔡。明德不危，竟免厄害。**

坎为畏。艮邑，故曰“匡”。坎为困。震为陈，为蔡，为德。艮为光明，故曰“明德”。坎为困厄，震解，故曰“免”。

离 **畏昏潜处，候时昭朗。卒逢白日，为世荣主。**

详前。

咸 **白鸟衔饵，鸣呼其子。旋枝张翅，来从其母。**

详《晋之震》。

恒 **宫商角征，五音和起。君臣父子，弟顺有序。唐虞袭德，国无灾咎。**

伏坤，故曰“宫”。兑秋，故曰“商”。巽居巳，故属夏。《乐书》：征配夏。《月令》：孟春之月，其音角。故震为角。宫商角征，皆卦象也。震为音，巽卦数五，故曰“五音”。震为君，伏艮为臣，乾父震子，故曰“君臣父子”。巽顺，故曰“悌”。震为帝，故曰“唐虞”。伏坤为国。

遁 **季姬踟蹰，望孟城隅。终日至暮，不见齐侯。**

详《同人之随》。

大壮 **鬼哭于社，悲商无后。甲子昧爽，殷人绝祀。**

详《大过之坤》。

晋 **天之所予，福禄常在，不忧危殆。**

详《小畜之遁》。

明夷 **比目四翼，相恃为福。姜氏季女，与君合德。**

离为目，坤偶，故曰“比目”。震为翼，卦数四，故曰“四翼为福”。伏巽为姜。坎为合，震为君，为德。《左传·桓九年》：纪季姜归于京师，为桓王后。

家人 **翕翕㕷㕷，稍崩坠颠。灭其令名，长没不全。**

详《泰之谦》。

睽 **折若蔽目，不见稚叔。三足孤乌，远去家室。**

详《师之蒙》。

蹇 **羊肠九萦，相推稍前。止须王孙，乃能上天。**

详《履之师》。

解 **坤厚地德，庶物蕃息。平康正直，以绥大福。**

详《泰之解》。

损 **有莘外野，不逢尧主。复归穷处，心劳志苦。**

震为莘。莘，草名也。坤为野。震为主，为帝，故曰"尧主"。震为归。坤为心志，为劳苦。鲧取有莘氏女，本在野之人，后尧用以治水。倘鲧不逢尧，则穷老于有莘之野耳。

益 **县长景行，来观柘桑。土伯有喜，都叔允臧。**

县，为邑之讹字。《礼·檀弓》：以吾为邑长于斯也。震为长，为行，为柘桑。艮为观，故曰"来观柘桑"。言邑长出巡也。震为伯，互坤，故曰"土伯"。土伯，即《周礼·地官》之土训。土训，掌辨地物而原其生。震乐，故曰"有喜"。坤为都，艮为叔，故曰"都叔"。都叔，盖都士、都则之属。

夬 **周师伐纣，战于牧野。甲子平旦，天下大喜。**

详《谦之噬嗑》。

姤 **逾江求橘，并得大栗。烹羊食豕，饮酒歌笑。**

乾为木果，乾曰橘，曰栗。乾为河，为江。为大，故曰"大栗"。伏震为羊，巽为豕。震为歌笑。

萃 **敝笱在梁，鲂逸不禁。渔父劳苦，焦喉干口，虚空无有。**

升 **生有阴孽，制家非阳，遂送还床。张氏易公，忧祸重凶。**

困 **绝域异路，多有畏恶。使我惊惧，思吾故处。**

详《渐之无妄》。

井 **迷行失道，不得牛马。百贾逃亡，市空无有。**

坎为失，为隐伏，故曰"迷行失道"。伏震为行，为道也。艮为牛，震为马，艮震伏，故不得。巽为市贾。离虚，故曰"空"。

革 **雌鸷生雏，神异兴起。乘云龙腾，民戴为父。**

通蒙。艮为鸷。震为生，为雏，为神，为起。坤为云。震为龙，为乘，为腾，为父。坤为民，艮为戴。

鼎 **叠叠累累，如岐之室。畜一息十，古公治邑。**

详《恒之小过》。

震 **疮疡疥瘙，孝妇不省。君多疣赘，四牧作去。**

互艮多节，故曰“疮疡疥瘙”。瘙，亦疮也。巽为妇，巽顺，故曰“孝妇”。巽伏，故曰“不省”。艮为疣赘，震君，故曰“君多疣赘”。震为马，卦数四，故曰“四牧”。震往，故曰“去”。

艮 **羊头兔足，羸瘦少肉。漏囊败粟，利无所得。**

详《剥之恒》。

渐 **孽蔑徙靡，空无谁是。言季不明，乐减少解。**

归妹 **妹为貌执，败君正色。作事不成，自为心贼。**

震为嫁，兑为妹，伏艮为须。以女而有须，故曰“貌热”。《庄子·田子方》：老聃新沐，被发而干，热然似非人。热，音慑，言可怖也。坎为畏惧，故曰“热”。震为君。兑毁，故曰“败”，曰“不成”。艮为成，艮伏，故不成。坎为心，为贼。

丰 **四马共辕，东上太山。骍骊同力，无有重难，与君笑言。**

详《剥之解》。

旅 **阴变为阳，女化作男。治道得通，君臣相承。**

详《屯之离》。涣之旅中四爻，艮为兑，震为巽。震为巽，亦巽为震，故曰“女化男”。《左传》，震之离亦离之震，是其例也。“君臣相承”者，言阳为君，阴为臣。卦形上一阴承一阳，下二阴承二阳也。

巽 **南国少于，材略美好。求我长女，贱薄不与。反得丑恶，后乃大悔。**

详《比之渐》。

兑 **昭公失常，季氏悖狂。逊齐处野，丧其宠光。**

详《遁之蛊》。

节 **文山紫芝，雍梁朱草。生长和气，王以为宝。公尸侑食，福禄来处。**

详《同人之剥》。

中孚 **牵羊不前，与心戾旋。闻言不信，误绐丈人。**

兑羊，艮手，故曰“牵羊”。艮止，故曰“不前”。兑为耳，中爻正反震，故曰“闻言不信”，曰“误绐丈人”。震为丈人。

小过 **东山西山，各自止安。心虽相望，竟未同堂。**

详《姤之坤》。艮为望，为堂。正反艮，故曰“相望”，曰“未同堂”。

既济 **鹿求其子，虎庐之里。唐伯李耳，贪不我许。**

详《随之否》。

未济 **三虎上山，更相喧唤。心志不亲，如仇与怨。**

详《姤之小过》。首二句，用半象。

䷻ 坎上 兑下 节之第六十

海为水王，聪圣且明。百流归德，无有叛逆，常饶优足。

详《蒙之乾》。

之乾 **虎豹怒咆，慎戒外忧。上下俱搔，士民无聊。**

此用节象。艮为虎豹，震怒。坎为忧。艮为上。震为下，为士。坎为民。

坤 **探巢得雏，鸠鹊俱来，使我心忧。**

此仍用节象。艮为巢，艮手，故曰“探巢”。震为鹊，为雏。坎为心忧。

屯 **日望一食，常恐不足，禄命寡薄。**

艮为日，为望，震为食。坤虚，故不足。乾为禄，巽为命，坤为寡，坎为薄。乾巽伏，故曰“禄命寡薄”。

蒙 **良马疾走，千里一宿。逃难它乡，谁能追复。**

震为马，为走。下坎，故曰“疾走”。坤为千里，为宿。坎数一，故曰

"一宿"。坎为难。坤为乡,为蛇,故曰"它乡"。它、蛇同字。蛇乡有毒。故不能追复。震为追,为归,故曰"追复"。

需 **鹊巢鸠成,上下不亲。外内乖畔,子走失愿。**

互离为巢,为鸠。《诗》:维鹊有巢,维鸠居之。"鹊巢鸠成"者,言鹊营巢成,为鸠居也。坎水性下,乾阳上升,故曰"不亲"。

讼 **云龙集会,征讨西戎。招边定众,谁敢当锋。**

坎云,乾龙。坎为积,故曰"集会"。伏震为征讨。坤为戎,坎为西,故曰"西戎"。坤为边,为众。坤安,故曰"定"。坎为矢,故曰"锋"。

师 **春多膏泽,夏润优渥。稼穑成熟,亩获百斛。**

详《临之明夷》。

比 **僮妾独宿,长女未室,利无所得。**

详《豫之益》。

小畜 **四野不安,东西为患,退身止足。无出邦域,乃得全完,赖其生福。**

详《大有之睽》。

履 **长宁履福,安我百国。嘉宾上堂,与季同床。**

通谦。震为履,为福。坤为安,为百国,故曰"安我百国"。震为宾。艮为堂,为季,为床。

泰 **骐骥绿耳,章明造父。伯夙奏献,衰续厥绪。佐文成霸,为晋元辅。**

详《革之夬》。

否 **张陈嘉谋,赞成汉都。主欢民喜,其乐休休。**

伏震为张,为陈,为嘉。坤为谋。为都,为水,故曰"汉都"。坤为民。震为主,为欢乐。言张良、陈平主张都关中也。

同人 **大面长头,来解君忧。**

乾为头,互巽,故曰"长头"。

大有 **畏昏不行，待旦昭明。燎猎受福，老赖其庆。**

详《夬之损》。

谦 **伯去我东，首发如蓬。长夜不寐，辗转空床。内怀惆怅，忧摧肝肠。**

详《姤之遁》。

豫 **朽条腐索，不堪施用。安静候时，以待亲知。**

伏巽为索，为腐，故曰“朽条腐索”。艮为时，坤为安。艮止，故曰“候时”。

随 **比目四翼，相倚为福。姜氏季女，与君合德。**

详《涣之明夷》。

蛊 **履阶升墀，高登崔嵬。福禄洋溢，依天之威。**

艮为阶墀。震为履，为登。巽为高。震为福禄。艮为天。

临 **奢淫吝啬，神所不福。灵祇凭怒，鬼瞰其室。**

坤多，故曰“奢”。坤闭，故曰“吝啬”。震为神，为福，为灵祇，为怒。坤为鬼，伏艮为室，为观，故曰“鬼瞰其室”。

观 **大步上车，南到喜家。送我狐裘，与福载来。**

伏震为步，坤为车。震为南，为喜。坤为家，为狐。

噬嗑 **南行西步，失次后舍。乾侯野井，昭公失居。与彼作期，不觉至夜。**

震为东，坎为西。震为后，艮为舍，坎失，故曰“失次后舍”。震为诸侯，上离，故曰“乾侯”。坎为井，艮为野，故曰“野井”。震为公，上离，故曰“昭公”。坎为夜。言昭公为季氏所逐，次于乾侯野井也。

贲 **喜乐踊跃，来迎名家。鹊巢百两，以成嘉福。**

震为踊跃，为乐。艮为名，为家，故曰“名家”。震为鹊，艮为巢。震为车，故曰“百两”。《诗·周南》：维鹊有巢，维鸠居之。之子于归，百两御之。艮为成，震为嘉福。

剥 **非理所求，谁敢相与。往来不获，徒劳道路。**

艮为求，坤为理。艮止，故不与。艮为道路。离虚，故不获而徒劳也。

坤役万物，故亦曰劳。

复　北虏匈奴，数侵边境。左衽为长，国犹未庆。

坤为北，为夷，故曰“匈奴”。坤为境。震为侵，为左，为衽，为长。坤为国。末句疑有讹字。

无妄　征不以理，伐乃无名。纵获臣子，伯功不成。

震为征伐，为子，为伯。艮为臣，为拘系，故曰“获”。

大畜　景星照堂，麟游凤翔。仁施大行，颂声作兴。

详《豫之节》。

颐　文明之世，销锋铸耜。以道顺民，百王不易。

坤为世，为文，艮为明，故曰“文明之世”。艮为锋，为耜，艮火，故曰“销锋铸耜”。坤为民，为顺，震为大涂，故曰“以道顺民”。震为王，坤为百。艮止，故不易。

大过　鸟飞无羽，鸡斗折距。徒自长嗟，谁肯为侣。

震为鸟，为飞。巽寡发，故曰“无羽”。巽为鸡，震为距。震伏不见，故曰“折距”。巽为长，兑口为叹。巽寡，故无侣。

坎　群队虎狼，啮彼牛羊。道路不通，妨农害商。

互艮为虎狼，正反艮，故曰“群队”。伏兑为啮，离为牛，兑为羊。震为道路，坎塞，故不通。震为商旅，坎为害。

离　商伯沉湎，庶兄奔走。淫女荡夫，仁德并孤。

伏震为商，为伯，坎为酒，故曰“商伯沉酒”。震为兄，坎为众，故曰“庶兄”。庶，众也。震为奔走。言商纣沉湎于酒，庶兄微子抱祭器奔周也。兑为媚，正反兑，故曰“淫女”。谓妲己也。伏坎为夫，坎水，故曰“荡夫”。谓纣也。震为仁德，坎为孤。

咸　三狸搏鼠，遮遏前后。当此之时，不能脱走。

通损。震为狸，数三，故曰“三狸”。艮为鼠，故曰“三狸搏鼠”。艮为前，震为后。二至上正反艮，艮止，故曰“遮遏前后”，“不能脱走”。

恒　陶叔孔圉，不处乱国。初虽未萌，后受福庆。

陶叔，谓陶朱公去越适齐，以避勾践。孔圉，未详。按《史记·孔子世家》：孔防叔畏华氏之乱，奔鲁。疑圉或防叔之名。恒通益。艮为叔，艮火，故曰"陶叔"。震为孔，艮止，故曰"孔圉"。坤为国，为乱。震为福庆，为后。萌，疑为明字。

遁 **奋翅鼓翼，翱翔外国。逍遥北域，不入温室。**

伏震为翼。坤为国，为北。本卦艮为室，艮火，故曰"温室"。

大壮 **德音孔博，升在王室。八极蒙佑，受其福禄。**

震为德，为音，为孔，为升，为王。伏艮为室。伏坤数八，故曰"八极蒙佑"。乾为福禄。

晋 **当变立权，摘解患难。涣然冰释，大国以安。**

详《升之震》。

明夷 **羽动角，甘雨续。草木茂，年岁熟。**

坎为冬，故曰"羽"。《月令》：冬月，其音羽。震为春，故曰"角"。《月令》：春月，其音角。"羽动角"者，言羽音发动以后，角音继之，至春而有甘雨也。坎为雨。震为草木。坤为年岁。三字句。

家人 **天所佑助，福来祸去，君王何忧。**

此用节象。艮为天。震为福，在内，故曰"福来"。坎为祸，在外，故曰"祸去"。震为君王，坎为忧。祸去，故不忧。

睽 **方喙宣口，圣智仁厚。释解倒悬，唐国大安。**

详《小畜之噬嗑》。

蹇 **葛藟蒙棘，华不得实。谗佞乱政，使恩壅塞。**

详《师之中孚》。

解 **皇母多恩，字养孝孙。脱于襁褓，成就为君。**

损 **积冰不温，北陆苦寒。露宿多风，君子伤心。**

详《睽之巽》。

益 **伯夷叔齐，贞廉之师。以德防患，忧祸不存。**

详《革之否》。

夬 **一雌三雄，子不知公。乱我族类，使吾心愦。**

此用节象。下兑为一雌，上坎、互艮、震为三雄。震为子，为公。坎隐，故不知。坎为心。

姤 **主安多福，天禄所伏。居之宠昌，君子有光。**

详《剥之观》。

萃 **千岁槐根，身多斧瘢。树维枯屈，枝叶不出。**

详《家人之乾》。

升 **周师伐纣，胜殷牧野。甲子平旦，天下大喜。**

详《谦之噬嗑》。

困 **日走月步，趋不同舍。夫妻反目，主君失居。**

详《小畜之同人》。

井 **宣发龙叔，为王主国。安土成稷，天下蒙福。**

巽为发，为白，故曰"宣发"。宣，明也。《说卦》：巽为寡发。《释文》云：本又作宣。黑白杂为宣发。《易林》遇巽多谓秃，是读为寡。兹曰"宣"，是兼读也。伏震为龙，艮为叔，故曰"龙叔"。震为王，为主。艮为国，为土，为稷。言筑土立稷以祭也。《左传·昭二十九年》：共工氏有子曰勾龙，为后土，后土为社。又曰：有烈山氏之子曰柱，为稷。自夏以上祀之。周弃亦为稷，自商以来祀之。龙叔即勾龙。言勾龙为社稷神，筑土为坛祀之，而天下蒙福也。艮为天，震为福。

革 **讽德诵功，美周盛隆。奭旦辅成，光济冲人。**

详《明夷之蒙》。

鼎 **三夜不寝，忧来益甚。戒以危惧，弃其安居。**

通屯。坤为夜，震数三，故曰"三夜"。坤为寝，震动，故不寝。坎为忧惧，为险，故曰"弃其安居"。

震 **思愿所之，乃今逢时。洗濯故忧，拜其欢来。**

详《睽之艮》。

艮 **噂噂嗫嗫，夜作昼匿。谋议我资，来窃吾室。空尽己财，几无以食。**

三至上正反震，故曰"噂噂嗫嗫"。噂、嗫，对语也。坎为夜，与震连，故曰“夜作”。对象离为昼，与巽连，故曰“昼匿”。巽为伏也。坎为谋议，为窃，为室。

渐 **骍牛无子，鸣于大野。申复阴征，还归其母，说以除悔。**

离为牛，坎赤，故曰“骍牛”。震伏，故曰“无子”。《左传》：介葛卢来朝，闻牛鸣，曰，是生三牺，皆用之矣。艮为大野，震巽同声，故曰“鸣于大野”。三四句，或谓申者申后，先为幽王所废，后平王立后，复还。然第三句终难解，疑有讹字。又《比之蹇》有申生见母之语。盖自《虞初志》亡后，故事多遗失，故莫定其是非也。

归妹 **王良善御，伯乐知马。周旋步骤，行中规矩。止息有节，延命寿考。**

详《遁之豫》。

丰 **释然远咎，避患害早。田获三狐，以贝为宝。**

详《贲之谦》。

旅 **仁兽所处，国无凶咎。市贾十倍，复归惠里。**

艮为兽，互巽，故曰“仁兽”。艮为国。巽为市贾，为倍。兑数十，故曰“十倍”。艮为里，伏震为归，为仁，故曰“复归惠里”。

巽 **六目俱视，各欲有志。一言不同，乖戾生讼。**

互离为目，数六，故曰“六目”。伏坎为心志。兑为言，初至四正反兑，故曰“一言不同，乖戾生讼”也。

兑 **傅说王良，骖御四龙。周径万里，无有危凶。**

傅说、王良，皆星名。《庄子》：傅说相武丁，奄有天下。骑箕尾，上比于列星。故张衡《周天六象赋》云：天江为太阴之主，傅说奉中闱之祠。《史记·天官书》：天驷旁一星，曰王良。王良策马，车骑满野。故下云“骖御四龙”。惟《星经》云：傅说一星在尾后，主子嗣。兹与王良并言，似亦与天驷有关。抑以傅说骑箕尾，箕主风，喻马行之神速欤？兑通艮，艮为星。互震为龙，为骖驾，为周，为万。艮为里，故曰“万里”。互坎为危，震解，故不危。

涣 **伯仲叔季，日暮寝醉。醉醒失明，丧其贝囊，卧拜道旁。**

详《谦之蛊》。

中孚 **江有宝珠，海多大鱼。亟行疾至，可以得财。**

详《涣之需》。

小过 **远视千里，不见所持。离娄之明，无益于耳。**

艮为视，艮手为持。艮为光明，兑为耳。巽伏，故不见所持。

既济 **弱足刖跟，不利出门。市贾无赢，折亡为患。**

详《乾之鼎》。

未济 **利尽得媒，时不我来。鸣雌深涉，寡宿独居。**

似用半象。而语特难解。

焦氏易林注卷十六

䷼ 巽上 兑下 中孚之第六十一

鸟鸣嘻嘻，天火将下。燔我屋室，灾及妃后。

详《兑之革》。

之乾 **黄虹之野，贤君所在。管叔为相，国无灾咎。**

此用中孚象。震为玄黄，为虹，为君。艮为野，为叔。《孝经·援神契》：黄虹抱日，辅臣纳忠。《帝王世纪》：少昊生，虹流华渚。《洛书》：黄帝起，黄云扶日。又《东方朔别传》：凡占，长吏下车，当视天有黄云来覆车。震为竹，故曰“管叔”。艮为国。

坤 **符左契右，相与合齿。乾坤利贞，乳生六子。长大成就，风言如母。**

详《兑之大过》。

屯 **蝗啮我稻，驱不可去。实穗无有，但见空稿。**

详《小畜之大壮》。

蒙 **婴孩求乳，母归其子，黄麑悦喜。**

详《履之同人》。

需 **折若蔽目，不见稚叔。失旅亡民，远去家室。**

详《师之蒙》。

讼 **牂羊羵首，君子不饱。年饥孔荒，士民危殆。**

《诗·小雅》：牂羊坟首。兹作羵。按，《鲁语》云：土之怪曰羵。注：羵，羊雌雄未成者，亦作坟。然则羵、坟古通用。是焦《诗》与《毛诗》异字，非讹字也。伏震为羊。羵，大也。乾为首，为大，故曰“羵首”。乾为君子。离虚，故不饱，故饥。乾为年。坎为民，为危殆。

师 **灵龟陆处，盘桓失所。伊子退耕，桀乱无辅。**

详《归妹之剥》。

比 **威约拘囚，为人所诬。皋陶平理，几得脱免。**

小畜 **乌升鹊举，照临东海。龙降庭坚，为陶叔后。封于英六，福履绥厚。**

详《需之大畜》。

履 **四目相视，稍近同轨。日昳之后，见吾伯姊。**

详《益之需》。

泰 **大步上车，南至喜家。送我狐裘，与福载来。**

详《节之观》。

否 **穿都相合，未敢面见。媒妁无良，使我不乡。**

坤为都。

同人 **鸿飞遵陆，公出不复，伯氏客宿。**

详《剥之升》。

大有 **代戍失期，患生无知。惧以发难，为我开基，邦国忧愁。**

《左传·庄八年》：齐侯使连称、管至父戍葵丘，瓜时而往，曰及瓜而代。期戍，公问不至。故与无知等作乱。伏艮为守，为戍，为期。坎为失，故曰“失期”。坎为患，为忧惧。坤为我，为邦国。全用旁通。

谦 **伯氏争言，战于龙门。构怨结祸，三世不安。**

详《坤之离》。正反震相背，故争言。震为伯，故曰“伯氏”。

豫 **周政养贼，背生人足。陆行不安，国危为患。**

震为周，坎为贼，坤为政，为育，故曰“周政养贼”。震为足，艮为背，足在背上，故曰“背生人足”。坤为陆，坎险，故不安。坤为国，坎为患也。此全由卦象制辞，未必有故实。

随 **蜩螗欢喜，草木嘉茂。百果蕃生，日益富有。**

详《谦之解》。

蛊 **魃为灾虐，风吹云却。欲止不得，复归其宅。**

临 **乘骝驾骊，游至东齐。遭遇行旅，逆我以资，厚得利归。**

震为马，坤亦为马，故曰“乘骝驾骊”。震为东，伏巽为齐，故曰“东齐”。震为行旅。坤为资财，逆行，故曰“逆我以资”。坤多，故曰“厚得利”。

观 **凤生七子，同巢共乳，欢悦相保。**

坤文，故曰“凤”。艮为七，故曰“七子”。艮为巢，为乳。伏震为欢悦。

噬嗑 **桃雀窃脂，巢于小枝。动摇不安，为风所吹。心寒漂摇，常忧殆危。**

详《损之涣》。

贲 **东山西山，各自止安。虽相登望，竟未同堂。**

详《姤之坤》。

剥 **匍匐出走，惊惧惶恐。白虎生孙，蓐收在后。**

匍匐，以手行也。艮为手，手在地上，故曰“匍匐”。阳在上，故曰“出”。坤为恐惧。艮为虎，为孙。伏兑为西方，色白，故曰“白虎”。兑为秋，故曰“蓐收”。《月令》，孟秋之月，其神蓐收是也。

复 **重弋射隼，不知所定。质疑蓍龟，告以肥牡。明神答报，宜利止居。**

详《困之蹇》。

无妄 **开门内福，喜至我侧。加以善祥，为吾室宅。宫城洛邑，以昭文德。**

震为开，艮为门。上乾，故曰“纳福”。震为喜，为善祥。艮为室宅，为宫城，为邑。乾为王，故曰“洛邑”。洛邑，王城也。伏坤为文。

大畜 **鸟飞狐鸣，国乱不宁。下强上弱，为阴所刑。**

艮为鸟，为狐，震为飞，为鸣，故曰“鸟飞狐鸣”。艮为国，兑毁，故曰“不宁”。四五阴爻，乾为艮所畜，故曰“为阴所刑”。

颐 **三鸡啄粟，八雏从食。饥鹰卒击，失亡两叔。**

伏巽为鸡，震数三，故曰“三鸡”。伏兑为啄，巽为粟。震为雏，坤数八，故曰“八雏”。震为从，为食。艮为鹰，坤虚，故曰“饥鹰”。艮为击，为叔。坤数二，坤丧，故曰“失亡两叔”。

大过 **叹息不悦，忧从中出。丧我金罍，无妄失位。**

兑口，故曰“叹息”。互大坎，故不悦，故忧从中出。乾为金，震为罍，震伏，故曰“丧我金罍”。

坎 **刚柔相呼，二姓为家。霜降既同，惠我以仁。**

详《家人之损》。

离 **襄送季女，至于荡道。齐子旦夕，留连久处。**

详《屯之大过》。

咸 **低头窃视，有所畏避。行作不利，酒酢鱼馁，众莫贪嗜。**

艮为头，泽下，故曰“低头”。艮为视，巽为盗，故曰“窃视”。巽伏，故曰“畏避”。兑毁，故不利。兑为泽，为酒。巽为鱼，为木。木作酸，故曰“酒酢”。酢，酸也。巽为烂，故曰“馁”。馁，烂也。

恒 **典册法书，藏阁兰台。虽遭乱溃，独不遇灾。**

详《坤之大畜》。

遁 **旦醉病酒，暮即瘳愈，独不及咎。**

伏震为旦，坤迷，故曰“旦醉”。坤为病，为暮。

大壮 **画龙头颈，文章未成。甘言美语，说辞无名。**

详《蒙之噬嗑》。

晋 **日月运行，一寒一暑。荣宠赫赫，不可得保。颠蹶殒坠，更为士伍。**

详《巽之震》。

明夷 **争利王市，朝多君子。苏氏六国，获其荣宠。**

伏巽为利市，震君，故曰“王市”。坤为朝。震为君子，为苏。坤为国，坎卦数六，故曰“六国”。言苏秦说六国，佩六国相印也。

家人 **六蛇奔走，俱入茂草。惊于长途，畏惧啄口。**

详《丰之巽》。

睽 **悬貊素餐，食非其任。失舆剥庐，休坐徙居。**

详《颐之益》。

蹇 **欢欣九子，俱见大喜。携提福至，王孙是富。**

此用中孚象。震为欢欣，数九，故曰“九子”。艮手为提携，为孙。震君，故曰“王孙”。

解 **伯夷叔齐，贞廉之师。以德防患，忧祸不存。**

详《革之否》。

损 **雄圣伏名，人匿麟惊。走凤飞北，乱溃未息。**

详《否之大过》。

益 **久鳏无偶，思配织女。求其非望，自令寡处。**

艮为鳏。坤女，巽为绳，为织，故曰“织女”。艮为求，为望。巽为寡。言织女为天孙，不能求也。

夬 **破亡之国，天所不福，难以止息。**

兑为破，坤为国。坤伏不见，故曰“天所不福”。乾为天。

姤 **老慵多郤，弊政为贼。阿房骊山，子婴失国。**

伏坤为老，坤柔，故曰“老慵”。巽为隙。郄、隙同，巽伏为贼，坤为弊，为政，故曰“弊政为贼”。中孚艮为房，为山。震马，故曰“骊山”。艮少，故曰“子婴”。

萃 **三羖六羝，相随俱行。迷入空泽，经涉虎庐。为所伤贼，死于牙腹。**

详《同人之蒙》。

升 **喋嗫嚎嚾，昧冥相搏。多言少实，语无成事。**

震言，正反兑亦为言，故曰“喋嗫”。喋嗫，多言也。震为笑乐，故曰“嚎嚾”。嚎，大笑。嚾音欢，喧嚣也。坤为黑，故曰“昧冥”。伏艮为搏，正反艮，故曰“相搏”。正反兑，故曰“多言”。坤虚，故曰“少实，语无成事”。坤为事。

困 **舞阳渐离，击筑善歌。慕丹之义，为燕助轲。阴谋不遂，矐目死亡，功名何施。**

《史记·刺客传》：荆轲奉樊于期首函，秦舞阳奉地图。及事败，秦人大索太子丹及荆卿之客。高渐离善击筑，秦王乃矐其目，使击筑于侧。后以铅实筑中击秦王，乃被杀。伏震为舞，为筑，为歌。艮手为击，故曰“击筑善歌”。坎赤，故曰“丹”。兑为燕，震为轲，故曰“为燕助轲”。坎为阴谋。离为目，坎为失，故曰“矐目”。矐，《索隐》曰：以马矢熏目令失明也。坎为棺椁，故曰“死亡”。震为功，艮为名，艮震皆伏，故曰“功名何施”。

井 **尹氏伯奇，父子分离。无罪被辜，长舌为灾。**

详《讼之大有》。

革 **五精乱行，政逆皇恩。汤武赫怒，共伐我域。**

《东京赋》：辨方位而正则，五精帅而来摧。注：五精，五方星也。伏艮为星，坤为乱，震为行，故曰“五精乱行”。伏坤为政，坤逆行，故曰“政逆”。皇恩，为怠遑讹字。《诗·商颂》：不敢怠遑。《笺》：怠，惰；遑，暇也。怠遑，言怠惰敖嬉也。坤柔，故曰“怠遑”。震为王，故曰“汤武”。震为怒，为伐。坤为域。全用旁通象。

鼎 **西历玉山，东入玉门。登上福堂，饮万岁浆。**

通屯。坎位西，震为玉，互艮，故曰“玉山”，故曰“玉门”。震为东也。震为登，为福，艮为堂。坤为万岁，为浆，震口，故曰“饮万岁浆”。

震 **行触大忌，与司命忤。执囚束缚，拘制于吏，幽人有喜。**

震为行，坎为忌讳。讳，避也。坎隐，故曰“忌”。伏巽为命，坎为忤，故与司命忤。艮为执囚，为拘制。伏巽为束缚。艮为官吏，为幽人。震为喜。

艮 **机父不贤，朝多谗臣。君失其政，保家久贫。**

机，疑为皇之讹。《诗·小雅》：皇父卿士，谗口嚣嚣。林似本此。艮初至五正反震，故曰“谗”。互震为君，艮为臣。坎为失。保，疑为使之讹。

渐 **三人俱行，北求大牂。长孟病足，倩季负粮。柳下之宝，不失我邦。**

详《同人之丰》。“不失我邦”者，按《家语》：齐求岑鼎于鲁，鲁与赝鼎。齐侯曰，柳下季谓是，则受之。鲁侯请季。季曰，与齐鼎，求免君国也。但臣亦有国，免君之国，破臣之国，亦君之所恶也。鲁乃以真鼎往。此林屡见，皆作骊黄，惟此作我邦，于事独切。

归妹 **鹄思其雄，欲随凤东。顺理羽翼，出次须日。中留北邑，复反其室。**

详《需之离》。

丰 **常德自如，不逢祸灾。**

离为祸灾。

旅 **白鹄游望，君子以宁。履德不愆，福禄来成。**

互巽为白，艮为鹄，为望，故曰“白鹄游望”。艮为君子，艮安，故曰“宁”。伏震为履，为福禄。

巽 **肤敏之德，发愤晨食。虏豹禽说，为王得福。**

详《大有之困》。

兑 **百足俱行，相辅为强，三圣翼事，王室宠光，国富民康。**

详《屯之履》。

涣 **生不逢时，困且多忧。年老衰极，中心悲愁。**

艮为时，震为生。下坎，故曰“困且多忧”。艮为寿，故曰“年老”。坎为中心，为悲愁。

节 **出门蹉跌，看道后旅。买羊逸亡，取物逃走。空手握拳，坐恨为咎。**

艮为门，震为出。坎蹇，故曰“蹉跌”。震为大涂，为后。兑为羊，与震连体，故曰“逸亡”。艮为手，正反艮相对，故曰“空手握拳”。坎为恨。

小过 **牧羊稻田，闻虎喧欢。畏惧悚息，终无祸患。**

详《随之渐》。

既济 **龙潜凤北，箕子变服，阴孽萌作。**

未济 **国无比邻，相与争强。纷纷匈匈，天下扰攘。**

䷽ 震上 艮下 小过之第六十二

初虽惊惶，后乃无伤。受其福庆，永永其祥。

震为惊，为后，为福庆。

之乾 **积德累仁，灵佑顺信，福祉日增。**

乾为仁德，为信，为福，顺行。纯乾，故曰“积”，曰“累”。

坤 **谨慎重言，不幸遭患。周召述职，脱免牢门。**

此用小过象。艮为谨慎。震为言，正反震，故曰“重言”。互大坎为患。震为周，为召。坎为牢狱，艮为门。震出在外，故曰“脱免”。

屯 **鸟飞鼓翼，喜乐尧德。虞夏美功，要荒宾服。**

艮为鸟，震为翼，为鼓，为飞。为帝，故曰“尧”，故曰“虞夏”。坤为要荒。

蒙 **牙孽生齿，室堂启户。幽人利贞，鼓翼起舞。**

详《临之姤》。

需 **使伯采桑，拒不肯行。与叔争讼，更相毁伤。**

讼 **手足易处，头尾颠倒。公为雌妪，乱其蚕织。**

详《夬之蹇》。惟此用小过象。艮为手在下，震为足在上，故曰“易处”。艮为头在下，覆艮为尾在上，故曰“颠倒”。震为公，与兑连体，故曰“公为雌妪”。巽为蚕，为织。巽陨，故曰“乱”。

师 **匠卿操斧，豫章危殆。袍衣脱剥，禄命讫已。**

刘毓崧云：《左传·襄四年》，匠庆用蒲圃之檟。庆、卿古通用。匠卿即匠庆，鲁匠人也。伏巽为工，故曰“匠卿”。震为木，故曰“豫章”。坎为危殆。震为袍衣。伏巽为命，坤丧，故曰“讫已”。讫，终也。

比 **天女踞床，不成文章。南箕无舌，饭多沙糠。虐众盗名，雌雄折颈。**

详《大畜之益》。

小畜 **大椎破毂，长舌乱国。墙茨之言，三世不安。**

艮为椎，震为毂。兑毁，故曰“破毂”。兑为舌，震为大兑，故曰“长舌”。巽为墙，坎为茨。《毛传》：茨，蒺藜也。震为言，数三。艮为世，故曰“三世”。

履 **衔命辱使，不堪厥事。中堕落去，更为斯吏。**

巽为兑口，巽为命，故曰“衔命”。巽为陨落，故曰“中堕落去”。伏艮为僮仆，故曰“斯吏”。《后汉·左雄传》：职斯禄薄。注：斯，贱也。

泰 **三蛇共室，同类相得。甘露时降，生我百谷。**

伏巽为蛇，艮为室，数三，故曰“三蛇共室”。兑为露。震为生，为百谷。

否 **衣宵夜游，与君相遭。除患解惑，使我不忧。**

详《归妹之大有》。

同人 **被发兽心，难与为邻。来如风云，去如绝弦，为狼所残。**

此用小过象。震为发。艮为兽，互大坎为心，故曰“兽心”。巽为风，坎为云，故曰“来如风云”。巽为弦，兑为绝。艮为狼，兑口，故曰“为狼所残”。

大有 **刚柔相呼，二姓为家。霜降既同，惠我以仁。**

详《家人之损》。

谦 **牛马聋瞆，不晓齐味。委以鼎俎，治乱愦愦。**

豫 **低头窃视，有所畏避。行作不利，酒酢鱼馁，众莫贪嗜。**

详《鼎之解》。

随 **雨师娶妇，黄岩季子。成礼既婚，相呼南去。膏泽下土，年岁大有。**

详《井之坤》。

蛊 **戴盆望天，不见星辰。顾小失大，遁逃墙外。**

详《贲之蒙》。

临 **二人辇车，徙去其家。井沸釜鸣，不可以居。**

兑卦数二，震为人，为车。为行，故曰“徙”。伏艮为家。兑为井，坤水在上，故曰“井沸”。坤为釜，震为鸣，故曰“釜鸣”。艮为居，艮伏，故曰“不可居”。

观 **攘臂反肘，怒不可止。狼戾腹心，无与为市。**

艮为臂，为肘。伏震为归，故曰“反肘”。震为怒。艮为狼，坤为腹心。巽为市。

噬嗑 **汤火之忧，转解喜来。**

离火，坎水，故曰“汤火”。震为解，为喜。言由坎忧转为震喜也。

贲 **忠信辅成，王政不倾。公刘肇基，文武绥之。**

坎为忠信，震为王。艮成终，故曰“成王”。言周公辅佐成王也。震为公，艮为基。离为文，震为武，故曰“文武绥之”。

剥 **登高斩木，顿蹶蹈险。车倾马罢，伯叔吁嗟。**

一阳在上，故曰“登高”。艮为木，为刀剑，故曰“斩木”。震为车，震覆，故曰“车倾”。坤为马，为劳，故曰“马罢”。罢、疲同，音婆，与嗟韵。

复 **桑之将落，陨其黄叶。失势倾侧，而无所立。**

无妄 **鸾凤翱翔，集于家国。念我伯姊，与母相得。**

伏坤为文，艮鸟，故曰“鸾凤”。艮为家国。巽长女，故曰“伯姊”。伏坤为母。

大畜 **阴淫所居，盈溢过度，伤害禾稼。**

通萃。坤为阴，为水，兑泽亦为水，故曰“阴淫”，曰“盈溢”。巽为禾稼，兑毁，故曰“伤害禾稼”。

颐 **霄冥高山，道险峻难。王孙罢极，困于阪间。**

艮为天，故曰“霄”。《玉篇》：霄，云气也。霄冥高山，言山高入霄汉青冥之间也。震为王，艮为孙。坤为劳，故曰“罢极”。艮为道，为阪。坤为困苦，正反艮，故曰“困于阪间”。

大过 **和璧隋珠，为火所烧。冥昧失明，夺精无光，弃于道旁。**

通颐。震为珠，为玉。艮为火，故曰“为火所烧”。坤为黑，故曰“冥昧失明”，曰“夺精无光”。震为精。艮为光，为道。

坎 **虞君好神，惠我老亲。恭承宗庙，虽愠不去，复我内事。**

《左传·僖五年》：虞公曰，吾享祀丰洁，神必据我。故曰“好神”。互震为神。艮为宗庙。坎为愠。

离 **爪牙之士，怨毒祈父。转忧与己，伤不及母。**

详《谦之归妹》。

咸 **仓盈庾亿，宜稼黍稷，年岁有息。**

详《乾之师》。

恒 **窗牖户房，通利明光。贤智辅圣，仁德大行。家给人足，海内殷昌。**

详《大畜之升》。

遁 **切切之患，凶重忧荐，为虎所吞。**

伏坤为忧患，为凶。艮为虎，伏兑口，故曰“为虎所吞”。

大壮 **水无鱼滋，陆为海涯。君子失居，小人相携。**

坤为水，为鱼，坤伏，故曰“水无鱼滋”。滋，生也。伏艮为陆，坤为海，艮坤相连，故曰“陆为海涯”。艮为君子，为居，巽陨落，故失居。坤为小人，重坤，故曰“相携”。

晋 **九疑郁林，沮湿不中。鸾凤所恶，君子攸去。**

详《无妄之巽》。

明夷 **六翮泛飞，走归不及。脱归王室，亡其骍特。**

震为翮，为飞，坎数六，故曰“六翮泛飞”。震为走，为归。坎陷，故不及。震为王。坎为室，为马。坎为赤，故曰“骍”。骍，赤色马也。坤为牛，故曰“特”。坤丧，故曰“亡其骍特”。

家人 **不直庄公，与我争讼。媒伯无礼，自令壅塞。**

详前《大畜之无妄》。

睽 **疮痍多病，宋公危殆。吴子巢门，殒命失所。**

详《兑之蛊》。

蹇 **失羊捕牛，无损无忧。**

兑为羊，兑伏，故曰“失羊”。艮为牛，艮手，故曰“捕牛”。

解 **夏麦䴸䵚，霜击其芒。疾君败国，使我诛伤。**

详《泰之贲》。

损 **昧昧暗暗，不知白黑。风雨乱扰，光明伏匿，幽王失国。**

坤黑，故曰“昧暗”。巽为白，巽伏，故不知。坤为风，为乱，兑为雨，故曰“风雨乱扰”。艮为光明，坤闭，故伏匿。震为王，坤黑，故曰“幽王”。坤为国，为丧，故曰“失国”。

益 **执斧破薪，使媒求妇。和合二姓，亲御饮酒。色比毛嫱，姑公悦喜。**

详《家人之渐》。毛嫱，古美女名。

夬 **六疾生狂，痴走妄行。北入患门，与祸为邻。**

伏坤为疾，乾数六，故曰“六疾”。兑刚鲁，故曰“狂”，曰“妄”，曰“痴”。乾为行。坤为祸患，为门，位北，故曰“北入患门”。

姤 **驱羊就群，佷不肯前。庆季愎谏，子之被患。**

通复。震为羊，坤为群。坤闭，故不前。震为谏。坤为患。《左传·襄二十八年》：庆嗣谓庆封曰，祸将作矣，请速归。庆封不听。又，其女卢蒲姜曰，夫子愎，莫之止，将不出。子之，即庆舍，为庆封子。庆季，即庆封。后子之被卢蒲癸刺死，庆封奔鲁。

萃 **二人共路，东趋西步。十里之外，不相知处。**

升 **义不胜情，以欲自营。几利危躬，折角摧颈。**

详前。

困 **骚骚扰扰，不安其类。疾在颈项，凶危为忧。**

巽进退不果，故曰“骚扰”，曰“不安”。坎为疾，艮为项颈。艮伏，兑见，兑毁在上，故曰“疾在头颈”。坎为危忧。

井 **三河俱合，水怒涌跃。坏我王室，民困于食。**

详《蛊之颐》。

革 **阳曜旱疾，伤病稼穑，农人无食。**

离火，故曰“阳曜”，曰“旱”。伏坎为疾病，巽为稼墙。伏震为耕，故曰“农人”。坤虚，故无食。

鼎 **流浮出食，载豢入屋。释辔系马，西南庑下。**

通屯。坎水坤水，故曰“流浮”。震为出，为食。坤为载。豢，《说文》：以谷圈养豕也。坎为豕，故曰“载豢入屋”。艮为屋。震为马，为释，巽为辔，为系，故曰“释辔系马”。坤为西南，为下。上艮，故曰“庑下”。

震 **门户之居，可以止舍。进仕不殆，安乐相保。**

互艮为门户，为居。艮止，故曰“舍”。艮为官，故曰“仕”。震为进，为乐。坎为殆，震解，故不殆。

艮 **过时不归，雌雄苦悲。徘徊外国，与母分离。**

详《豫之大壮》。

渐 **中田有庐，疆埸有瓜。献进皇祖，曾孙寿考。**

坎为中。艮为田，为庐，为疆埸，为瓜。艮为寿，为祖，又为曾孙。林词皆《小雅》诗句。

归妹 **失时无友，覆家出走，傫如丧狗。**

艮为时，为友，为家。艮覆，故曰“失时”，曰“无友”，曰“覆家”。震为出走。艮为狗。艮覆，故曰“丧狗”。全取反艮象。《家语》：孔子在卫东门外，傫傫如丧家之狗。

丰 **反鼻岐头，二寡独居。**

艮为鼻，上卦艮反，故曰“反鼻”。《释名》：物两为岐。艮为头，艮反向上，故象形曰岐头。巽为寡，二至五正反巽，又兑卦数二，故曰“二寡”。

旅 **衣裳颠倒，为王来呼。成就东周，封受大福。**

通节。震为衣裳，正反震，故曰“衣裳颠倒”。震为王，兑为呼。《诗·齐风》：颠倒衣裳，自公召之。震为东，为周，艮为成，故曰“成就东周”。震为福。义与《毛》异。

巽 **飞不远去，还归故处，兴事多悔。**

巽进退不果，故曰“飞不远去，还归故处”。伏震为飞，为反，故曰“还归”。

兑 **含血走禽，不晓五音。瓠巴鼓瑟，不悦于心。**

瓠巴，人名。《荀子》：瓠巴鼓瑟，游鱼出听。《列子》：瓠巴鼓瑟，而鸟舞鱼跃。首二句，言鸟兽含有气血，并不晓音律。然一闻瓠巴鼓瑟，而感于心也。伏坎为血，艮为禽。伏震为音，巽卦数五，故曰“五音”。艮为瓠，震为鼓，为瑟。坎为心，坎忧，故不悦。

涣 **求玉获石，非心所欲，祝愿不得。**

震为玉，艮为求，为石，故曰“求玉获石”。坎为心愿，坎失巽陨，故不得。

节 **山崩谷绝，大福尽竭。泾渭失纪，玉历既已。**

中孚 **瞋目惧怒，不安其居。散涣府藏，无有利得。**

震为怒，互大离，故曰“瞋目惧怒”。艮为居，为安，风陨落，故不安其居。艮为府。巽为散涣，为利。此指吕媭散弃财宝事。

既济 **众邪充侧，凤凰折翼。微子复北，去其邦国。**

多用半象。

未济 **六月采芑，征伐无道。张仲方叔，克敌饮酒。**

详《离之坎》。

䷾ 坎上 离下 既济之第六十三

玄兔指掌，与足相恃。证讯诘问，诬情自直。宛死谁告，口为身祸。

多用半象。

之乾 **游驹石门，騄耳安全。受福西邻，归隐玉泉。**

乾为门，为石，为马，故曰“游驹石门”，曰“騄耳”。坎为西邻，为泉。乾为玉。

坤 **阳春草生，万物风兴。君子所居，祸灾不到。**

坤为茅茹，故曰“草”，曰“万物”。坤为风，为祸灾。

屯 **人无足，法缓除。牛出雄，走羊惊。不失其家。**

前四句三字句，末四字句。震为人，为足。伏巽下断，故曰“无足”。坎为法律。除，授官也。坤柔，故曰“缓除”。言人有疾，不能授官也。坤为牛。震为出，为雄，为羊，为惊。艮为家。家，音姑，与除韵。

蒙 **泰山上奔，变见太微。陈吴废忽，作为祸患。**

艮为山，震东，故曰“泰山”。泰山，东岳也。震为奔。艮为星，故曰“太微”。坤坎皆在北，太微，北极星也。陈吴皆讹字，疑吴为突之形讹，陈为臣之音讹。言祭仲臣突废忽也。事见《左传·桓十一年》。突，郑厉公。忽，郑昭公。坤为臣。坎为祸患。

需 **乘龙吐光，先暗后明。燎猎大得，六师以昌。**

乾为龙。离为光，互兑口，故曰“吐光”。坎为暗。离为明，为燎。坎数六，坎众，故曰“六师以昌”。言文王因猎得太公也。

讼 **羊头兔足，羸瘦少肉。漏囊贮粟，利无所得。**

详《剥之恒》。

师 **因祸受福，喜盈其室。螟虫不作，君无苛忒。**

坤为祸。震为福，为喜。坎为室。巽为螟虫，巽伏，故曰“不作”。震为君，坤为苛忒。震解，故无。

比 **舜升大禹，石夷之野。征诣王庭，拜治水土。**

小畜 **乌子鹊雏，常与母俱。顾类群族，不离其巢。**

伏艮为乌，震为鹊。坤为母，为群，为族类。艮为巢。

履 **夷羿所射，发辄有获。矰加鹊鹰，双鸟俱得。**

元本注：夷羿，古之善射者。伏震为射，坎为获。系缴于矢曰矰。巽为矰，艮为鹰，震为鹊。坤数二，故曰“双鸟”。

泰 **晨风文翰，大举就温。昧过我邑，羿无所得。**

详《小畜之革》。文翰，鸟也。

否 **六喜三福，南至欢国。与喜同乐，嘉我洁德。**

乾为喜福，数六，艮数三，故曰“六喜三福”。乾为南，坤为国。乾为金玉，故曰“洁德”。

同人 **斗龙股折，日遂不明。自外为主，弟伐其兄。**

《左传·庄十四年》：内蛇与外蛇斗于郑南门中，内蛇死。后宋人劫祭仲纳厉公。所谓自外为主也。厉公入，昭公出奔。所谓弟伐其兄也。同人巽为股，伏震为龙。坎为折，故曰“折股”。离为日，在下，故不明。震为主，为兄。坎为震弟。

大有 **蒙庆受福，有所获得，不利出域。**

通比。坤为民，拱向九五，故曰“有获”。坤为域，坤闭，故不利出域。

谦 **蛮夷戎狄，太阴所积。涸冰沍寒，君子不存。**

详前《师之巽》。

豫 **畏昏潜处，候旦昭明。卒逢白日，为世荣主。**

详《大有之中孚》。

随 **水流趋下，欲至东海。求我所有，买鲔与鲤。**

详《益之无妄》。

蛊 **冠带南游，与福喜期。徼于嘉国，拜位逢时。**

临 **莎鸡振羽，为季门户。新沐弹冠，仲父悦喜。**

莎鸡，蟋蟀也。《诗·豳风》：六月莎鸡振羽。伏艮为季，坤为门户。为，疑为在之讹，言莎鸡在季门户也。《诗》，九月在户，是其证。伏艮为冠，艮手，故曰“弹冠”。仲父，管仲也。管仲初至，齐桓公为三薰三沐然后见，即以为相。震为乐，乾为父，故曰“仲父悦喜”。

观 **结衿流粥，遭谗桎梏。周召述职，身受大福。**

坤为衿，为结。为浆，故曰“粥”。伏震为周、召。坤为身。按《管子》初见桓公，绁缨捷衽，使人操斧。结衿，即捷衽，罪人之服也。粥、鬻通，养也。“结衿流粥”者，言得罪而流寓在外也。“周召”者，周、召公也。《扬子法言·先知篇》云：召公述职，蔽芾甘棠。言《甘棠》诗为召公述职时，听讼树下也。“身受大福”者，言罪人蒙召公恩，得释也。盖鲁、韩《诗》说只言听讼，齐说兼平反冤狱也。

噬嗑 **田鼠野鸡，意常欲逃。拘制笼槛，不得动摇。**

详《需之随》。

贲 **居华巅，观浮云。风不摇，雨不濡。心平安，无咎忧。**

艮为华颠，为观。坎为云，伏巽为风，坎为雨。风雨皆在山下，故不被其祸。坎为心，为忧。

剥 **倾倚将颠，乱不能存。英雄作业，家困无年。**

阳穷上反下，故曰“将颠”。坤为乱，为亡，故不能存。艮为家。坤为年，坤丧，故无年。

复 **心愿所喜，今乃逢时。保我利福，不离兵革。**

详《兑之蹇》。

无妄 **灵龟陆处，盘桓失所。阿衡退耕，夏封于国。**

艮为龟，为陆。艮止，故盘桓。巽为衡，为夏。坤为国，故曰“夏封于国”。

大畜 **弱水之右，有西王母。生不知老，与天相保，不利行旅。**

伏坤为水，坤柔，故曰“弱水”。互兑为右，为西。伏坤为母，乾为王，故曰“王母”。乾为老，为天。震为行旅，兑折，故不利。元注：柳宗元曰，西海之山有王母，神仙所居。其下有水，散涣无力，不能负芥。

颐 **抱瑰求金，日暮坐吟。终月卒岁，竟无成功。**

瑰，《说文》：珠也。震为珠，艮为抱，为求，为金。抱瑰求金，必不能得，故日暮坐吟也。艮为日，坤为暮，震为吟。伏兑为月，坤为岁，艮为终，故曰“终月卒岁”。坤丧，故无功。

大过 **言笑未毕，忧来暴卒。身加槛缆，囚系缚束。**

详《明夷之大过》。

坎 **望幸不至，文章未成。王子逐兔，犬踦不得。**

详《谦之既济》。

离 **震悚恐惧，多所畏忌。行道留难，不可以步。**

详前《蒙之涣》。

咸 **雄狐绥绥，登山崔嵬。昭告显功，大福允兴。**

详《咸之贲》。

恒 **火起吾后，喜炙我庑。苍龙衔水，泉噀屋柱，虽忧无咎。**

详《噬嗑之兑》。

遁 **危坐至暮，请求不得。膏泽不降，政戾民忒。**

详《需之颐》。

大壮 **孟春和气，鹰隼搏鸷，众雀忧愦。**

震为长，为春。兑悦，故曰“和气”。伏艮为鹰隼，为雀。伏坤为众，故曰“众雀”。坤为忧。

晋 **缓法长奸，不能理冤。沉湎失节，君受其患。**

坎为法，坤柔，故曰“缓法”。坎为奸，为冤。为酒，故曰“沉湎”。艮为节，坎失，故曰“失节”。震为君，二至四震覆，坤为患，故曰“君受其患”。

明夷 **鱼鳖贪饵，死于网钩。受危因宠，为身殃咎。**

坤为鱼，离为鳖，震为饵。离为网，坎为矫輮，故为钩。坎为危，震为宠，坎震连，故曰“受危因宠”。坤为身，为殃咎。

家人 **金精耀怒，带剑过午。徘徊高库，宿于山谷。两虎相拒，弓弩满野。**

详《噬嗑之泰》，及《震之豫》。

睽 **四目相望，稍近同光，并坐鼓簧。**

离为目，兑数四，故曰“四目”。重离，故曰“相望”，曰“同光”。兑为舌，故曰“簧”。

蹇 **茹芝饵黄，涂饮玉英。与神流通，长无忧凶。**

详《旅之复》。

解 **求獐嘉乡，恶蛇不行。道出岐口，复反其床。**

伏巽为蛇，为床。震为行，为道，为口，为反。獐、岐，似用半艮象。

损 **天门地户，幽冥不睹，不知所在。**

艮为天，为门，在戌亥。《乾凿度》以戌亥为天门，以辰巳为地户。兑在辰巳，故曰“天门地户”。坤为地，为户也。坤黑，故曰“幽冥不睹”。

益 **跛足息肩，有所忌难。金城铁郭，以铜为关。藩屏自卫，安止无患。**

详《遁之旅》。

夬 **三雁俱飞，欲归稻池。经涉萑泽，为矢所射，伤我胸臆。**

姤 **济深难渡，濡我衣袴。五子善棹，脱无他故。**

通复。坤为水，为济。重坤，故曰“深”。乾为衣，巽为袴。数五，故曰“五子”。震为子，为棹，为脱。

萃 **饮酒醉酗，跳起争斗。伯伤叔僵，东家治丧。**

详《比之鼎》。

升 **跛踬未起，失利后市。蒙被殃咎，不得鹿子。**

详前。

困 **辰次降娄，建星中坚。子无远行，外颠霄陷，遂命讫终。**

降娄，九月辰次。伏艮居戌，艮为星。《月令》：孟秋之月，建星昏中。兑为秋。降娄，伏象艮；建星，本象兑也。伏震为子，为行。艮止，故曰“无行”。外颠句有讹字。巽为命。困三至上互大过，大过死，故曰“讫终”。

井 **商风召寇，来呼外盗。间牒内应，与我争斗。殚己宝藏，主人不胜。**

详《豫之革》。

革 **甘露醴泉，太平机关。仁德感应，岁乐民安。**

详《屯之谦》。

鼎 **祭仲子突，要门逐忽。祸起子商，弟代其兄，郑文不昌。**

《左传·桓十一年》：宋人执郑祭仲，与之盟，以厉公归而立之。郑忽出奔卫。“祸起子商”者，谓祸起于宋也。或谓子应作于，非也。《哀九年》：不利于商。注：子商，谓宋。宋，子姓，商后，故曰“子商”。厉公名突，郑忽之弟，故曰“弟代其兄”。忽即昭公。昭，明也，文也，故曰“郑文不昌”。鼎通屯，上坎为仲。本卦兑刚鲁，故曰“子突”。艮为门。震为逐，为子。震为兄在下，坎为弟居五爻君位，故曰“弟代其兄”。坤为文，为郑。坤丧，故不昌。

震 **反孽难步，留不及舍。露宿泽陂，亡其襦袴。**

《左传·昭十年》：蕴利生孽。孽，害也，疾病也。“反孽难步”者，言身反向后，不能步也。艮为舍，艮止，故留不及舍。坎为露，为宿，为泽陂。巽为襦袴。襦袴皆里衣。巽象伏不见，故曰“亡”。

艮 **狼虎结谋，相聚为保。伺候牛羊，病我商人。**

详《比之困》。

渐 **明德克敏，重华贡举。放勋征用，八哲蒙佑。**

伏兑为华，兑卦数二，故曰“重华”。八哲，八元、八恺也。艮后天数八。

归妹 **贫鬼守门，日破我盆。毁罂伤瓶，空虚无子。**

详《损之剥》。

丰 **天命赤乌，与兵徽期。征伐无道，箕子游遨。**

《史记》：武王观兵盟津，有火至于王屋，流为乌，其色赤，其声魄云。离为乌，离南方，故曰“赤乌”。伏艮为天，巽为命，故曰“天命”。艮为兵，为时。“徽期”者，言赤乌之瑞，与兵事相应也。震为征伐，为箕子，为遨游。

旅 **威约拘囚，为人所诬。皋陶平理，剖械出牢，脱归家闾。**

伏震为威，巽绳为约，艮为拘囚。正反兑口，故曰“为人所诬”。艮为皋陶。伏坎为械，为牢。震在坎下，故曰“剖械出牢”，曰“脱归家闾”。艮为家也。

巽 **羊惊虎狼，耸耳群聚。无益威强，为齿所伤。**

详《坎之临》。皆以兑为耳。

兑 **初虽啼号，后必庆笑。光明照耀，百喜如意。**

兑口，故啼号。伏震为后，为笑。互离，故曰“光明照耀”。震为百喜。

涣 **马服长股，宜行善市。蒙佑谐耦，获金五倍。**

《诗·郑风》：两服上襄。《笺》：两服，中央夹辕者。震为车，为驾，故曰“马服”。巽为股，为长。长股，蛛也。蛛亦巽象也。巽为市。艮为金，巽为倍，卦数五，故曰“获金五倍”。股长善走。

节 **应门内崩，诛贤杀暴。上下咸悖，景公失位。长归元洹，望妻不来。**

《诗·大雅》：乃立应门。《笺》：诸侯之宫，外门曰皋门，朝门曰应门。兑毁，二三四艮覆，艮为门，故曰“应门内崩”。兑为斧，故曰“诛贤杀暴”。艮上泽下，二至五正反艮，故曰“上下咸悖”。言相反也。艮纳丙，故曰“景”。景，日也。震为公，坎为失，故曰“景公失位”。

中孚 **执斧破薪，使媒求妇。和合二姓，亲御饮酒。色比毛嫱，姑悦公喜。**

详《小过之益》。

小过 **两轮日转，南上大阪。四马共辕，无有险难，与禹笑言。**

详《贲之需》。

未济 **千柱百梁，终不倾僵，周宗宁康。**

详《谦之未济》。

䷿ 离上 坎下 未济之第六十四

志慢未习，单酒糗脯。数至神前，欲求所愿，反得大患。

坎为志，为酒。单，尽也，厚也。坎为糗脯。言厚备酒糗脯也。坎为愿，为患。

之乾 **旦生夕死，名曰婴鬼，不可得祀。**

详《小畜之升》。

坤 **大步上车，南到喜家。送我狐裘，与福载来。**

详《大过之困》。

屯 **西多小星，三五在东。早夜晨兴，劳苦无功。**

详《大过之夬》。

蒙 **北陆藏冰，君子心悲。困于粒食，鬼惊我门。**

坎为北陆。《左传》：日在北陆而藏冰。坎为冰，坤为藏。艮为君子。坎为心，为悲，为困。震为粒，为食，故曰“困于粒食”。坤为鬼，为门，震惊，故曰“鬼惊我门”。

需 **山水暴怒，坏梁折柱。稽难行旅，留连愁苦。**

详《咸之豫》。

讼 **比目四翼，来安吾国。福喜上堂，与我同床。**

详《比之离》。

师 **狡兔趯趯，良犬逐咋。雄雌爰爰，为鹰所获。**

详《谦之益》。

比 **增禄益福，喜来入室，解除忧惑。**

坎为室，为忧惑。阳居五，故吉。

小畜 **骑龙乘风，上见神公。彭祖受刺，王乔赞通。巫咸就位，拜福无穷。**

详《家人之剥》。

履 **天火卒起，烧我旁里。延及吾家，空尽己财。**

通谦。艮为天，为火，震起，故曰“天火卒起”。坤为里。艮为家。坤为财，坤虚，故空。

泰 **金帛黄宝，宜与我市。嫁娶有息，利得过倍。**

乾为金玉，坤为帛，为黄，故曰“金帛黄宝”。伏巽为市。震为嫁娶，为息。巽为利，为倍。

否 **鬼魅之居，凶不可舍。**

坤为鬼。艮为居，为舍。坤凶，故不可舍。

同人 **鸟飞兔走，各有畏恶。雕鹰为贼，乱我室舍。**

通师。震为鸟，为飞，为兔，为走。坎为畏恶。艮为雕鹰。艮反，与坎连，故曰“雕鹰为贼”。坤为乱，坎为室。

大有 **初虽惊惶，后乃无伤，受其福庆。**

详《巽之夬》。

谦 **两金相击，勇气均敌。日月斗战，不破不缺。**

详《同人之噬嗑》。

豫 **曳纶河海，挂钓鲂鲤。王孙利得，以享仲友。**

伏巽为纶。坤水坎水，故曰“河海”。坤为鱼，故曰“鲂鲤”。艮手，故曰“挂钓鲂鲤”。艮为孙，震为王，坤为利，故曰“王孙利得”。坎为仲，艮为友。

随 **犬畏狼虎，依人作辅。三夫执戟，伏不敢起，身安无咎。**

艮为犬，为狼虎。震为人，为夫。数三，故曰“三夫”。艮为戟，为手，故曰“执戟”。巽为伏，艮为身。

蛊 **蜘蛛作网，以伺行旅。青蝇馋聚，以求膏腴。触我罗域，为网所得。**

巽为蜘蛛，为绳，故曰“作网”。震为行旅，艮止，故曰“伺”。巽为蝇，震为青，故曰“青蝇”。艮为求。震为触。

临 **所望在外，鼎命方来。拭爵涤罍，炊食待之，不为季忧。**

伏艮为望。巽为命。震为鼎，为爵，为罍。按《前汉・贾谊传》：天子春秋鼎盛。注：鼎，方也。又，《南史・王僧辩传》：若鼎命中沦，请从此逝。又，徐陵为陈武帝与周宰相书，钦若唐风，推其鼎命。又，鼎贵、鼎臣、鼎族，为古所常用，似有大意、盛意。“鼎命方来”者，言大命方来也。伏艮为手，故曰“拭”，曰“涤”。兑为食。艮为季，坤为忧，震解，故曰“不为季忧”。

观 **日月并居，常暗匪明。高山崩颠，丘陵为溪。**

详《蹇之咸》。

噬嗑 **春服既成，载华复生。茎叶盛茂，实穗泥泥。**

震为春，为服，艮为成，故曰“春服既成”。震为华，为生，震车，故曰“载华复生”。震为茎叶，为茂盛。艮为果蓏，故曰“实穗”。泥泥，盛茂。

贲 **华首山头，仙道所游。利以居止，常无咎忧。**

详《临之颐》。

剥 **三狐嗥哭，自悲孤独。野无所游，死于丘室。**

艮为狐，数三，故曰“三狐”。震为歌，震反则哭。《易・中孚・六三》，或泣或歌，即以艮为泣也。自覆象失传，其辞遂不能解矣。坤寡，又一阳在上，皆孤独之象也。坤为悲，为野，为死。艮为丘室。《礼》：狐死正首丘，仁也。

复 **火中暑退，禾黍其食。商人不至，市空无有。**

《月令》：季夏之月，火昏中。《诗》：七月流火。传云：火，大火也。流，下也。盖火星未月昏中，申月西流，故谓之下。又《笺》云：火星中而寒，暑退。暑退而禾稼熟，故曰“禾黍其食”。火中用未济象。离居五中，故曰“火中”。离为暑，中则退矣。复下震为禾，为食，为商人。巽为市，巽伏，故市空。坤虚，故无有。

无妄 **独立山颠，求麋耕田。草木不辟，秋饥无年。**

巽为寡，故曰“独立”。艮为山，为求。震为麋，为耕。震为草木，伏兑为秋。无妄，汉人多作无望。无望故无年。言麋非耕田之畜，故草木不辟也。

大畜 **火虽炽，在吾后。寇虽近，在吾右。身安吉，不危殆。**

详《归妹之震》。三字句。

颐 **䶗䶗啮啮，贫鬼相责。无有欢怡，一日九结。**

详《丰之晋》。

大过 **追亡逐北，至山而得。稚叔相呼，反其室庐。**

坎 **衔命辱使，不堪厥事。遂堕落去，更为斯吏。**

伏巽为命，兑口，故曰“衔命”。震为使。伏巽为堕落。艮为僮仆，故曰“斯吏”。斯。贱役也。

离 **被珠函玉，沐浴仁德。应聘唐国，四门穆穆。蟊贼不作，凶恶伏匿。**

伏震为珠玉，为仁德。伏坎，故曰“沐浴仁德”。震为帝，故曰“唐国”。伏艮为国也。艮为门，震卦数四，故曰“四门”。本卦互巽为蟊贼。《诗·小雅》：及其蟊贼。传：食根曰蟊，食节曰贼。巽为伏匿。

咸 **机关不便，不能出言。精诚适通，为人所冤。**

坎为机关。三上互大坎，故曰“不便”。震为言，震伏，故不能言。乾为精诚，为往，故曰“精诚适通”。适通，即感通也。乾为人，兑为言，正反兑，故曰“为人所冤”。言被诬也。《易林》每遇正反兑，或正反震，不曰谗佞，即曰诬罔，皆本《易》与《左氏》。

恒 **瓮破缶缺，南行亡失。**

震为瓮，为缶。巽下断，故破缺。震为南，为行。巽陨落，故曰“亡失”。

遁 **唇亡齿寒，积日凌根。朽不可用，为身灾患。**

兑为唇齿，二四兑覆，故曰“唇亡齿寒”。乾为日，乾实，故曰“积日”。艮为根。凌，寒也，言日久根冷也。巽下断，故曰“朽”。伏坤为身，为灾患。

大壮 **蒙惑憧憧，不知西东。魁罡指南，告我失中。利以宜止，去国忧患。**

通观。坤迷，故曰“蒙惑憧憧”。本卦震为东，兑为西，惑故不知。艮为星，数七，故曰“魁罡”。《参同契》：二月榆落，魁临于卯。八月麦生，天罡据酉。注：天罡即北斗。《梦溪笔谈》：斗杓谓之刚。盖前四星斗之魁，后三星斗之柄，故曰“魁罡”。震为南，伏艮为指。震言，故曰“告”。艮为止。坤为国，为忧患也。

晋 **乌鸱搏翼，以避阴贼。盗伺二女，赖厥生福。旱灾为疾，君无黍稷。**

艮为黔喙，为乌鸱。搏，束也，卷也。《考工记》，鲍人卷而搏之是也。“乌鸱搏翼”者，言鸟下击物时，必戢其两翼，不开张，若卷束然，正以防不测也。震为翼，二四震覆，故曰“搏翼”。坎为盗贼，为隐伏，故曰“以避阴贼”。坤为女，数二，艮止，故曰“伺二女”。离火艮火，故曰“旱”。震为君，为黍稷。震覆，故无黍稷。

明夷 **名成德就，项领不试。景公耄老，尼父逝去。**

详《履之剥》。

家人 **言与心诡，西行东坐。鲧湮洪水，佞贼为祸。**

离两兑口相背，互坎为心，故曰“言与心诡”。坎为西，离为东。离为恶人，故曰“鲧”。坎为水，为贼。离两兑口相对，故曰“佞”。明夷以离为有言，故此曰诡，曰佞。

睽 **猃狁匪度，治兵焦获。伐镐及方，与周争强。元戎其驾，衰及夷王。**

《诗·六月篇》：猃狁匪茹，整居焦获。注：焦获，地名。坎为北，猃狁北狄。离为甲兵，重离，故曰“焦获”。镐、方，皆地名，兑西象也。震为周，兑折震，故曰“与周争强”。

蹇 **三火起明，雨灭其光。高位疾颠，骄恣诛伤。**

详《大有之师》。

解 **阴涿川决，水为吾祟，使我心愦。毋树麻枲，居止凶殆。**

重坎，故曰“阴涿川决”。涿，《说文》：流下滴也。《方言》：泷涿谓之沾渍。言阴盛川决也。坎为祟，为心。震为麻枲。水多，故不可树艺也。

损 **厌浥晨夜，道多湛露。濈衣濡袴，重难以步。**

详《革之豫》。

益 **宜行贾市，所求必倍。载喜抱子，与利为友。**

详《大过之恒》。

夬 **阴变为阳，女化作男。治道得通，君臣相承。**

详《屯之离》。

姤 **树蔽牡荆，生藭山旁。仇敌背憎，孰肯相迎。**

《本草》：牡荆一名黄荆。《淮南·万毕术》曰：南山牡荆，指病自愈。巽为树，为荆，震亦为荆。震伏，故牡荆不见。

萃 **坐茵乘轩，据德宰臣。虞叔受命，六合和亲。**

巽为茵，艮为坐，故曰“坐茵”。坤为车。轩，车也。坤为臣。伏震为帝。艮少，故曰“虞叔”。巽为命。坤为合，伏乾数六，故曰“六合”。

升 **云兴蔽日，雨集草木，年茂岁熟。**

坤为云。乾为日，乾伏，故曰“蔽日”。兑为雨，巽为草木，故曰“雨集草木”。坤为年岁，为丰熟。

困 **播梅折枝，与母别离，绝不相知。**

详《旅之大过》。

井 **天旱水涸，枯槁无泽。困于沙石，未有所获。**

通噬嗑。艮为天，为火，故曰“天旱水涸”。坎上下皆火，故涸也。离为枯槁，艮为沙石。

革 **圭璧琮璜，执贽见王。百里宁戚，应聘齐秦。**

通蒙。震为玉，为王。坤为贽，艮手，故曰"执贽"。坤为里，为百，为忧，故曰"百里宁戚"。本卦巽为齐，兑为秦。言百里奚相秦，宁戚相齐也。

鼎 **龙渴求饮，黑云景从。河伯捧醴，跪进酒浆，流潦滂滂。**

通屯。震为龙，艮为求。坤为云，坤黑，故曰"黑云景从"。坤为河海，震为伯，坎为酒，艮手，故曰"河伯奉醴"。坤为浆，坎水坤水，故曰"流潦滂滂"。

震 **雹梅零坠，心思愦愦，乱我灵气。**

艮 **鹿求其子，虎庐之里。唐伯李耳，贪不我许。**

详《随之否》。

渐 **穿匏挹水，篝铁然火。劳疲力竭，饥渴为祸。**

详前《艮之坤》。

归妹 **龙生马渊，寿考且神。飞腾上天，舍宿轩辕，常居乐安。**

震为龙，为马，为生。下兑，故曰"渊"。震为神。伏艮为寿，为天。震为飞腾，在艮上，故曰"上天"。坎为宿，艮为舍。为星，故曰"轩辕"。轩辕，星名也。震为乐，伏艮为安，为居。

丰 **崔嵬北岳，天神贵客。温仁正直，主布恩德。闵哀不已，蒙受大福。**

详《屯之家人》。

旅 **鬼夜哭泣，齐失其国，为下所贼。**

二五互大坎为鬼，为夜。下卦震覆，故曰"哭泣"。本《中孚·六三》爻词也。巽为齐，艮为国，兑毁坎失，故曰"齐失其国"。巽为盗贼。按《战国策》：齐湣王时，有当阙而哭者，求之则不得。后果失国，为淖齿所杀。

巽 **二政多门，君失其权。三家专制，祸起季孙。**

伏震。互艮为门，初至四正反艮，故曰"多门"。震为君，巽为权。互坎，故曰"失权"。艮为家，震数三，故曰"三家"。艮为孙，为少，故曰"季孙"。季氏三家之一，曾逐昭公，故曰"祸起季孙"。

兑 **望幸不到，文章未就。王子逐兔，犬踦不得。**

详涣林。

涣 **伯虎仲熊，德义渊泓。使布五教，阴阳顺序。**

元刊注：高辛氏有伯虎仲熊，佐伯益治水。互艮为虎熊，震长，坎中，故曰"伯虎仲熊"。震为德，坎水，故曰"德义渊泓"。巽为命，卦数五，故曰"五教"。

节 **两足四翼，飞入家国。宁我伯姊，与母相得。**

详《同人之谦》。

中孚 **春秋祷祝，解祸除忧，君无灾咎。**

互震为春。兑为秋，为祷祝，为君，为解。

小过 **牧羊稻园，闻虎喧欢。畏惧悚息，终无祸患。**

详《随之渐》。

既济 **大蛇巨鱼，相搏于郊。君臣隔塞，卫侯庐漕。**

详《噬嗑之讼》。

焦氏易林注跋

昔杨子云著《太玄》，人皆笑之。子云曰，是不足病也。后世复有杨子云，则好之矣。《焦氏易林》，自来学者多爱其词，而莫有通其义者。今经吾师尚节之先生，按照《易》象句解字释，凡昔人不知其所谓者，经先生以《易》象释之，则机趣环生，神妙尽出。如《复之颐》云：噂噂所言。噂，对语也。震为言，颐初至上正反震相对，俨然对语，故曰“噂噂”。《需之小过》：猋风阻越。《月令》注：猋风，回风也。小过二至五正反巽，俨象回风，故曰“猋风”。《家人之小畜》曰：杲杲白日，为月所蚀。小畜互离，离为日，而下兑为月，侵入离体之半，故曰“为月所蚀”。若是者，不知其几千百。又如林词极幽深晦暗，不易明者。如《大壮之离》：丑寅不徙，辰巳有咎。离伏坎，坎上互艮，下互震，震先天居丑寅，艮后天居丑寅，故曰“不徙”。言艮震同居丑寅也。离上互兑，下互巽，兑先天居辰巳，巽后天居辰巳，泽风大过，故曰“有咎”。又如《井之震》：三男从父，三女从母。至巳而反，各得其所。震上下互坎艮，共三男，而震为父，故曰“从父”。震伏巽，巽上下互离兑，共三女，而巽为母，故曰“从母”。震巽相反复。至巳而反者，言至巳，震究仍为巽也。又如《需之晋》：咸阳辰巳，长安戌亥。晋坤为安，消息卦坤居西北，故曰“长安戌亥”。坤伏乾，消息卦乾盈于巳，故曰“咸阳辰巳”。言乾至巳而为纯阳也。又如《履之既济》：不忍主母，为失醴酒，冤尤谁告。经先生疏明，知用《列女传》侍婢进毒酒事。《豫之恒》：枭鸣室北，声丑可恶。经先生疏明，知用《说苑》齐景公筑台不通，为枭鸣事。《蛊之中孚》：商人子孙，资所无有。贪狼逐狐，留连都市。贪狼逐狐，注家皆认为讹字，经先生注明，狼狐二星，皆主盗贼，见《史记·天官书》。贪狼逐狐者，言流为盗贼也。又如《渐之比》曰：文山鸿豹。依《埤雅》释鸿豹为鸨。《小畜之革》曰：晨风文翰。据《逸周书》释文翰为鸟。复据《说文》，知文翰即晨风。《小畜之未济》曰：灵明督邮。依《古今注》，定督邮为龟名。关于前者，非易理易象熟于胸中，不能识其义。关于后者，非博览群书不能通其词。全书四千九十六林，毕释无遗。无匿象，无遁形。然则二千年来，《易林》之词不能通者，徒以世不复有焦延寿耳。有之，则如镜烛形，一读其词即知其于易象何属，乌足为病哉？至于是书一出，所有二千年《周易》旧解，王陶庐所谓盲词呓说者，尽行改革，于经学所闻至巨，又非第《易林》一书之显晦也。其可宝贵，为何如哉！顾是书脱稿已十余年，徒以卷帙浩博，印行匪易。益与丰润董宗之、作人昆仲，皆从先生游，遂合力举办，成此宝书，公之于世。以己卯夏开雕，至庚辰春竣事。至于校订之役，益与宗之等虽分任其劳，然以易象之故，有非先生自任不可者，此亦无如之何也。庚辰正月受业仵道益谨跋。